기초주의의 세계

The World of Foundationism

기초주의연구원 편

한기언 · 한용진 · 강성현 · 권혜인 · 김정양 · 나병현 · 남경희 · 박의수
신창호 · 신현정 · 우용제 · 이윤미 · 정재걸 · 최관경 · 최광만 · 홍현길 공저

학지사

머리말

교육에 대한 정의는 다양하지만, 이 책에서 말하고자 하는 교육은 "전통과 개혁의 조화를 통한 인간 형성의 논리"(한기언, 『기초주의 교육학』, 1999, p. 3)이다. 그리고 교육학은 "교육 현상에 관한 자율적 종합 과학"(김완진 외, 『학문의 길라잡이』, 1996, p. 90)으로 인간이 주어진 사회환경에 적응하며 살아가는 과정에서 겪게 되는 다양한 현상에 관한 자율적인 종합활동의 학(學)이며, 궁극적으로는 인간으로서 행복한 삶을 지향하는 학문이다. 그럼에도 현대사회에서 교육은 그 자체 배움의 즐거움을 잃고 있다. 사람들은 학교교육을 통해 단지 더 나은 직업군으로 선발되기 위한 도구로 교육을 이용하고 있으며, 국가 수준에서도 교육은 통합 이데올로기를 전달하거나 경제발전의 도구로 간주하는 경향이 있다. 결국 정치논리와 경제논리에 매몰되어 '자아(自我)'를 잃어버리기 쉬운 인간 존재를 위하여 인간으로서 어떻게 살아가야 하는가를 고민하는 교육논리를 올바로 세우는 데 교육의 역할이 요구된다.

기초주의는 '시간의 이념' '자유의 이념' 그리고 '질서의 이념'이라는 3이념을 통해 '전통(傳統) · 주체(主體) · 개혁(改革)'의 3차원을 설정하고, '문화, 생활, 지성, 인격, 협동, 봉사'라는 6개념의 가치실현을 지향하고 있다. 그 핵심에 '기초'가 자리 잡고 있으며, 기초는 곧 '멋있는 삶'을 이루기 위한 토대가 된다. 기초주의는 시대적 · 사회적 상황 변화에 따라 6개념의 특정 가치로 중심축이 되는 기초를 이동할 수 있음을 전제로 하고 있다. 이는 마치 중용(中庸)의 중심이 고정된 것이 아니라, 상황에 따라 어느 한쪽으로 움직여 새로운 중심을 찾아내는 것과 같은 유동적 원리이다. 따라서 전통적 덕목은 사회변화 속에서 개개인의 주체적인 행위를 통해 새로운 변화와 개혁을 낳게 됨으로써 현대사회에 필요한 특수하고도 보편적인 요소들을 창조할 수 있다. 기초주의는 "다양한 서구의 교육이론이 유입되는 가운데서도 교육학 전체를 포괄하는 학문적 이론체계로 한국인에 의해 명명된 한국의 '자생적 교육학'"이라 할 수 있다.

청뢰 한기언 선생은 외국의 유명한 학자들을 인용해야 권위가 생기던 시절인 1957년 기초주의 교육철학을 제창하였다. 이후 생을 마칠 때까지 기초주의 교육철학 정립이라는 한길을 걸으셨다. 포스트모던 시대에는 하나의 특정 주의(主義)를 내세우는 것이 시대에 맞지 않는 것처럼 보일 수도 있다. 하지만 어쩌면 나침반이 없던 시절 망망대해에서 북극성이 방향을 안내해 준 것처럼 무엇이든 선택할 수 있는 무제한적 자유 속에서 올바른 교육에 대한 공통감각(common sense)은 더욱 필요할 것이다. 즉, 스스로 자기 삶을 선택하고 결정할 수 있는 태도와 능력을 갖추도록 기초주의 교육학이 역할을 할 수 있을 것이다.

이 책은 크게 3부로 구성되어 있다. 먼저, 제1부는 지난 2007년 기초주의 50주년 기념 학술대회의 자료집 『자생적 한국교육학: 기초주의의 세계』에 소개된 청뢰 한기언 자신의 원고들이며, 제2부는 3이념 6개념에 관한 현대적 해석으로 작성된 원고들 그리고 제3부는 기초주의의 교육실제적 적용으로 다양한 관점에서 집필된 원고들을 모아 본 것이다.

2021년은 청뢰 한기언 선생의 11주기로, 2020년 2월 4일에는 고려대학교 교육문제연구소와 BK21+ 아시아에듀허브사업단 그리고 기초주의연구원이 공동으로 '기초주의의 현대적 이해'라는 주제로 학술행사를 개최하였다. 이 책에는 당시에 발표된 원고도 포함되어 있다. 최근 출판업계의 사정이 여의치 않음에도 불구하고 흔쾌히 출간을 허락해 주신 학지사 김진환 사장님과 편집을 맡아 꼼꼼하게 원고를 다듬어 주신 편집부 여러분의 노고에도 진심으로 감사드린다.

2021년 8월

기초주의연구원장 한용진

차례

제1부

〈기초〉 기초주의의 세계

제1장

나의 인생, 나의 학문

기초주의의 세계

한기언

짧은 글을 통해 나의 80여 년 인생을 돌이켜 보면 다음과 같습니다.

1. 기(起): 교육자의 길로–관립경성사범학교 시절(1938~1945)

1938년 4월 보통학교(현 경동초등학교) 졸업과 동시에 관립경성사범학교(현 서울대학교 사범대학)에 입학한 것은, 나로 하여금 평생을 교육자의 길로 가게 되는 기점(起點이자 基點)이 되었습니다. 경성사범학교에서의 수련은 여러 가지 면에서 나를 키워 주었다고 봅니다. 그중에서도 체육면에서는 '수영부'에 들어가 결국 대학시절까지 합쳐 만 10년간(1938~1948) 선수 생활을 함으로써 마침내 나의 교육이론이요 교육철학인 '기초주의(基礎主義, Kichojuii, Foundationism)'의 원체험(原體驗)을 얻게 되었던 것입니다. 뿐만 아니라 경성사범학교 입학 당시만 하여도 빈혈증으로 병약했던 내가 20세 때에 이르러서는 체중 70kg인 탄탄한 체격으로 자라날 수 있었습니다. 비록 수영이 운동량이 큰 운동이고, 연습 중에 고통도 많았지만 80세가 넘은 지금까지 체력의 기반을 만들어 준 것이라 생각하니 수영부 생활을 고맙게 여기고 있습니다. 고대 그리스 시대의 청년교육[중등교육]이 '체육'에 주력한 것은 옳은 일이라고 생각됩니다. 우리나라 역시 신라 시대의 화랑도교육이 자연을 벗삼으며 신체 활동에 중점을 둔 것으로 보아 현대교육에서도 역시 이 점이 크게 고려되어야 한다고 생각합니다. 청년기인 중등교육 단계에서 시간을 아끼느라고 체육을 소홀히 하고, 40대 넘어 갑자기 헬스클럽에 다니면서 신체단련에 힘쓰게 된다는 것은 중요한 순서를 잘못 짚은 것이라 하겠습니다. 이런 까닭으로 해서 당시 경성사범학교의 교풍이 의무적으로 체육부 하나에 꼭 들어가야 한다고 불문율로 정하여져 있었던 것은 옳은 일이었다고 생각합니다.

우스운 얘기지만 당시 병약했던 나로서는 가장 힘이 덜 드는 운동부를 택한다고 해서 택한 것이 수영부였습니다. 그러나 나의 예측은 완전히 빗나가서 수영이야말로 근육 전체가 단련되는 가장 고된 운동이었습니다. 그러기에 초기에는 연습 후 집에 돌아오면 아무 일도 못하고 곤히 잠들곤 했습니다. 어떻든 이런 강훈련 덕택으로 나의 골격과 근육 전체는 물론이고, 심폐기능 등 소화기에 이르기까지 몸 전체가 균형 잡힌 건강체로 자랄 수 있었다고 이제와서는 분명히 깨닫고 있습니다. 그러기에 수영을 한다는 사람을 만나게 되면 아주 잘한 선택이라고 말해 줍니다.

'기초주의'의 '1핵 3이념 6개념'의 원형은 수영에서 나왔다고 해도 좋을 것입니다. 수영에서 힘들이는 한 곳을 1핵이라 하고 그것은 배꼽의 정반대 쪽에 있는 명문(命門) 자리의 척추 한 점인 것입니다. 여기에 힘을 들이면 팔-다리 모두 힘을 빼도 자연스럽게 힘이 파급되는 것입니다. 그런데 수영부에 처음 들어갔을 때, 연습 중에 상급생이 지도하기를(고함지르기를), "팔, 다리 힘을 빼!"라는 것이었습니다. 당시 겨우 물에 떠서 팔, 다리, 손가락 등 온몸에 힘을 들이고 필사적으로 물에 가라앉지 않으려고 노력하던 나로서는 선문답(禪問答) 같은 상급생의 요구였던 것입니다. 그러던 것이 오랜 수영부 생활 끝에 알게 된 곳이 이 '명문' 한 곳 척추에 힘을 들이면 전신에 힘이 파급된다는 것을 깨닫게 된 것입니다. 수영만이 아니라 이 1핵(즉, '기초')은 모든 분야에 있다는 것을 확신하게 되었습니다. 바로 이 점이 '기초의 교육적 발견'이기도 한 것입니다.

수영에서의 '3이념'은 부력(浮力), 추진력(推進力), 호흡(呼吸)이라는 3요소에 있습니다. 이 3요소가 1핵(명문 자리 척추)에 통합됨으로써 수영이 제대로 되는 것입니다. '6개념'은 굳이 관련을 짓는다면, 자유형에 있어서의 '6비트'(물장구치는 것)와 관련지을 수도 있겠습니다만, 이 '6개념'은 역시 본격적으로 '기초주의'의 교육적 가치체계를 이론화하는 단계에서 명확하게 만들 수 있었던 것입니다.

경성사범학교 시절, 이 역시 의무적으로 학예부에도 하나 가입해야 한다고 해서 들어간 것이 '미술부'였습니다. 여기는 3학년 때까지 다녔고, 그 후는 지금까지 주로 미술감상 위주의 취미생활이 되었습니다. 하지만 미술부 생활 중 미술잡지를 정기 구독하며 결정적인 순간이요 체험, 감명이라 하면, 「로댕의 유언(遺言)」을 읽은 데 있습니다. 이것은 미술잡지 『미즈에(みずえ: 水絵)』의 로댕 특집호에 로댕의 작품 등과 함께 「로댕의 유언」이 실려 있었던 것입니다. 이 글은 훗날 이와나미 문고본인 『로댕의 어록집』에도 게재되었기에, 이 책은 지금도 가까이 두고 가끔씩 꺼내 읽어 보곤 합니다.

「로댕의 유언」을 읽은 후, 나의 가슴과 머릿속에서 숙성된 아이디어는 ① 무엇을 이어받을 것이며, ② 무엇을 받아들일 것이며, ③ 무엇을 이룩할 것인가라는 세 가지 물음이었고, 이는 '기초주의' 인간 형성의 논리로 결정화(結晶化)하기에 이르렀던 것입니다. 전통 · 주체 · 개혁이라는 말 역시 기초주의에서 쓰는 3차원이 되었습니다. 나의 미술부 3년 생활은 어떤 의미에서는 「로댕의 유언」에서 영감(靈感)을 얻은 결정적 시기였다고 생각합니다.

또 하나 밝혀 둘 것은 경성사범학교의 교훈인 '대애지순(大愛至醇)'이라는 네 글자입니다. 이것은 나 자신 기초주의의 교육자상으로 '대애지순인(大愛至醇人)'이라는 용어로 그 참뜻을 살리고 있습니다. 교육자 정신을 나타내는 말로서, '대애지순'이라는 말이 가장 적절하다고 생각하기 때문입니다.

이렇듯 관립경성사범학교 시절(1938~1945)은 '나의 인생, 나의 학문'을 말하는 데 있어서는 기승전결(起承轉結) 중 분명 기(起)에 해당된다고 보는 것입니다.

2. 승(承): 교육자·교육학자의 길로(1945~현재)

경성사범학교 8년 과정 졸업과 함께 나는 1년간 서울 효제국민학교(현 효제초등학교)에서 정교사 생활을 하였습니다. 만 20세 때의 일입니다. 4학년 학년주임으로 일하게 되는 등 교육자로서 즐겁고 보람 있는 체험을 할 수 있었습니다. 지금도 이 1년간의 생활은 기억에 생생하며 교육자로서 가장 활기찼던 시기가 아니었나 생각됩니다. 그 후 뜻을 세워 교육학자의 길을 밟기로 생각하고, 1946년 국립서울대학교 창설과 함께 학부 2학년으로 복학하였습니다. 이어서 대학원 교육학과 졸업, 문학석사 학위를 취득, 곧바로 모교인 서울대학교 사범대학에서 (전임)강사로 강단에 서게 되었습니다.

이 과정에서 나는 1949년 졸업과 함께 서울대학교 사범대학 부설고등학교[당시는 6년제로서 부중(附中)이라 하였음]에서 가르치게 되어, 1학년 2반 담임교사도 해 보았습니다. 이때 입학한 학생들은 특채(다른 중학교보다 먼저 입시선발을 한 제도)로 들어와 모두가 뛰어난 인재들이라, 나 자신 당시 청년 교사로서 마음껏 교육적 시도를 할 수 있어서 매우 인상 깊었습니다. 결과적으로 나는 서울사대부고 제7회와 제9회 졸업생들의 담임을 한 셈입니다. 짧은 서울사대부고 교사 시절을 마치고 길고 긴 서울사대 교수 경력이 시작된 것입니다. 1952년 4월부터 1990년 2월말까지 만 38년간 현역 교수생활을 한 것입니다. 또 정년과 함께 명예교수(교육학과)가 됨으로써 나와 모교와의 길고 긴 학문적 인연이자 유대는 지금도 계속되고 있습니다.

서울사대 교수 시절은 나에게 많은 것을 얻게 해 주었습니다. 천하의 수재들과의 학문적 절차탁마(切磋琢磨)가 오늘의 나 한기언을 키워 준 것으로 고맙게 여기고 있습니다. 지금에 와서는 '교학상장(教學相長)'이라는 표현이 가장 실감나는 말로써, 내가 학생들을 가르쳤다기보다는 학생들을 가르치려는 과정에서 내가 이만큼이나마 자란 것이니, 우리 학생들(지금의 졸업생들)이 나를 키워 준 것이라 생각되어 이 심경을 나는 졸업생들 앞에서 몇 번이나 솔직히 말한 적이 있습니다.

이제까지 나는 현역 교수생활을 여한(餘恨) 없이 했다고 기쁘게 생각하고 있습니다. 가르치는 과정에서 부산물로 거두게 된 것이 나의 '저서'요 '논문'들입니다. 교육자가 되고 교육학자가 되겠다는 나의 젊은 날의 뜻이요 꿈이 이렇게 '이어지고'[승(承)] 있는 것입니다.

3. 전(轉): 기초주의의 창안(1957. 10. 10.)

지금에 와서 돌이켜 보면 이 '기초주의'의 창안(創案)이야말로 나의 인생, 나의 학문의 '전기(轉機)'가 되었습니다. 아무리 생각해 보아도 정말 잘한 일이라는 생각이 드는 '일대사건'인 것입니다. '기초주의'는 1957년 10월 10일, 컬럼비아대학교 대학원의 기숙사인 휘티어 홀(Whittier Hall) 307호실 나의 방에서 탄생하였습니다. 그리고 이 '기초주의'라는 이름을 조심스럽게 공표한 것은 귀국 직후인 1958년 『교육평론』 8월호에 실린 「(한국) 현행교육의 학적(學的) 기대(基臺) 비판」이라는 논문을 통해서였습니다. 글의 제목은 원고 청탁 단계부터 이미 정해져 있었습니다.

생각해 보면 1957년 미국 국무성 초청 교환교수로 컬럼비아대학교에 가게 된 것은 나에게 있어 큰 행운이었습니다. 당시 만 32세였던 나는, 나와 비슷한 나이에 당나라 유학길에 나섰던 원효(元曉) 대사와 이 역시 같은 나이였던 훗날의 일본 문학가 나쓰메 소세키(夏目漱石)의 영국행의 의의를 회상해 보기도 하였던 것입니다. 그것은 당시 여의도 비행장(서울의 공식 국제공항이었음)에서 비행기(NWA) 탑승 계단을 올라가면서 순간적으로 머릿속을 스친 생각이기도 합니다.

나는 당시 서울대학교 사범대학 조교수 시절이었고, '새로운 교육이론, 새로운 교육철학 창안의 절실성을 느낀 것'은 그간 대학에서 교육학과 상급생들에게 여러 해 '현대교육사조'를 가르치고 있었기 때문입니다. 남의 학설만 가르칠 것이 아니라, 나 역시 자신의 교육이론, 교육철학이 있어야 될 것이 아닌가 하는 '지극히 당돌한' 그러나 어떻게 보면 젊은이로서 너무도 당연한 생각을 품고 있었던 것입니다. 결국 감히 세계 교육학의 메카라고 말할 수 있는 컬럼비아대학교에 간 것을 계기로, 나의 생각을 촉발시켜 '기초주의'를 명명, 탄생시킬 수 있었던 것입니다. 내년(2007년)이면, 기초주의 탄생 50주년이 됩니다. 50년 전의 일이 마치 어제 일과 같이 생생하게 나의 뇌리에 되살아나고 있습니다.

이러한 '기초주의'가 학계의 주목을 받게 되고, 새로운 한국교육철학이라고까지 공인받게 된 것은 1966년 『새한신문』(현 한국교육신문) 창간 5주년 기념 교육철학 특별논문인 「기초주의의 제창(提唱)-전통과 개혁의 조화를 통한 인간 형성의 논리 서장」을 발표한 것이 계기가 되었습니다. 아마도 같은 제목으로 「목요회(木曜會)」에 초청되어 강연한 것 때문에 원고 청탁을 받게 된 듯합니다. 나는 귀국 후 부교수로 승진한 때이고, 「목요회」 회원들은 나보다 10여 년 후배이지만 신진기예의 소장학자요, 전임강사 내지 조교수들이었습니다. 사실 「목요회」 강연 초청 시 대표간사도 나에게 귀띔해 주기를 '초청'이라고는 하지만 점잖게 표현해서 그렇지, 내 또래의 선배학자들을 강연에 초청해서 호되게 비판하자는 것이 목적이니, 설사 그렇게 되더라도 과히 기분 상하지 마시라는 것이었습니다. 실제 강연이 끝나고 질의응답이 되어도 호된 비판은 없었고, 새로운 한국교육철학 출현의 의의가 크다거나, 너무 짧은 논문이니 훗날 저서 형식으로 자세하게 논급해 달라는 주문이 있을 정도였습니다.

사실 나는 기왕에 '제창'한 것이니, 앞으로도 평생에 걸쳐 계속 본격적인 저술을 통하여 '기초주의'를 대성(大成)시키리라 굳게 마음속 깊이 다짐하고 있던 터였습니다. 그러던 중 또 다시 기회가 와서 1968년 1월 15일 「교육사교육철학연구회」 월례발표회에서 발표한 논문이 「한국교육의 이념과 역사의식의 문제」요, 이것을 저서로 간행한 것이 『한국교육의 이념』(서울대학교출판부, 1968)입니다. 이 책의 내용은 곧 '기초주의'의 이론체계요, '1핵 3이념 6개념'에 대하여 알기 쉽게 논술한 것입니다. 그리고 '논문발표'에 대한 회원들의 반응은 매우 진지하였고 장시간에 걸쳐 회식자리로 옮겨 간 곳에서까지 질문이 계속되었던 것을 보면 스스로도 매우 좋았다고 자평하게 됩니다.

그 후 뜻밖에 연구실로 찾아온 배영사 이재영 사장의 적극적 권유가 있어 조심스럽게 간행한 것이 바로 『기초주의-한국교육철학의 정립』(1973)입니다. 이 책은 간행된 지 얼마 안 되어서도 수만 부가 팔렸다고 하니, 나로서는 전무후무한 일이 되었습니다. 간행 직후 정순목(丁淳睦) 박사와 김정환(金丁煥) 박사가 『새한신문』과 『한국교육학회 소식』에 서평을 써 주셔서 나로서 놀랍고, 한편 기쁘게 여겼던 기억이 납니다. 이 두 분의 학문적 격려를 지금까지도 고맙게 여기고 있습니다.

나는 '기초주의'에 관한 논문과 저서를 그 후 정년이 될 때까지 쉬지 않고 저술 발표하였습니다. 그러나 대학 강의에서는 되도록 '기초주의'에 관한 언급을 자제해 왔습니다. 그러므로 보다 활발하게 강연 및 논문과 저서로 발표하게 된 것은 의식적으로 정년 퇴임 후인 명예교수가 되어서부터인 것입니다.

4. 결(結): 정년 이후의 삶(1990~2007)

▶ 주저(主著): 『상황과 기초: 구상교육철학으로서의 기초주의』(서울대학교출판부, 1990), 『기초주의 교육학』(학지사, 1999)

▶ 『한기언교육학전집』(전56권 간행 중, 2001~현재)

서울대학교(교육학과) 명예교수가 된 후 첫 번째로 나온 책이 감히 나의 주저(主著)라 할 수 있는 『상황과 기초: 구상교육철학으로서의 기초주의』입니다. 이 책은 1988년 연구교수로 1년간 지내게 된 것을 계기로 결국 1년 반 걸려서 탈고한 것입니다. 1990년 교수 정년퇴임 후 서울대학교출판부에서 나왔습니다. 800여 쪽의 도톰한 책이 되었습니다.

실은 이 책은 1984년에 쓴 논문 「기초주의의 구조」(『사대논총』 제28집)가 원형(原型)으로 이 논제는 1980년 일본 교육철학회 초청 특별강연에서도 다루었던 제목입니다. 이 특별강연은 큰 호응을 얻었고, 특히 당시 일독교육협회(日獨教育協會) 회장이요 게이오대학(慶應大学) 교육철학 교수인 무라이 미노루(村井實) 박사를 비롯한 중진교수들의 호평을 얻어 나 자신 여간 힘이 된 게 아니었습니다.

또 하나 이런 일로 치면, 1995년 제6회 후쿠오카(福岡) 아시아문화상 학술연구상(국제부문) 수상 사유로 '독창적인 교육이론이요 교육철학인 기초주의를 인정해서'라는 것이 큰 격려가 되었던 것을 기억하고 있습니다. 그때 수상식에서 행한 기조강연은 "변동사회에 있어서의 인간 형성-교육의 세기와 기초주의"였습니다.

이보다 앞선 1994년에는 교육철학연구회(현 한국교육철학학회) 창립 30주년에 즈음하여 「기초주의의 탄생과 성장」이라는 논문을 발표하였고, 이어 1996년 저서 『한국현대교육철학-기초주의의 탄생과 성장』(도서출판 하우)을 간행하였습니다. 별편(別篇) '제1부: 기초주의의 발현'과 '제2부: Kichojuii = Foundationism'은 각각 '기초주의'를 이해하는 데 상당히 도움이 되리라고 생각하고 있습니다.

그 후에도 '기초주의'에 관한 발표를 계속해 왔지만, 특히 20세기가 마감되는 것을 의식해서 발표한 세 편의 논문은 학계의 냉엄한 비판을 받고자 작성된 것입니다. 제목만 적어 보면 다음과 같습니다.

- "21세기 한국의 교육학-대안으로서의 기초주의교육학"(한국교육학회 연차학술대회)
- "기초주의 교육철학의 지평"(한국교육철학학회 연차학술대회)
- "교육의 '구(球)'적 인식"(낙원박사회 연찬회, 중국 남경고도반점에서)

이 세 편의 논문은 현재 『한기언교육학전집』 제16권인 『21세기 한국의 교육학』

(한국학술정보[주], 2001)에 각각 수록되어 있습니다. 또 그 당시 있었던 논평 및 질의 응답 등은 나의 교육학 자서전인 『어깨의 힘을 빼고』(전집 제52권, 미간행)에 수록해 두었습니다. 젊은 후학들의 발표 기회를 빼앗는 노욕(老欲)이 될까 우려하는 집사람의 충고도 있었기에, 21세기에 들어와서는 오직 저서로만 남기기로 마음먹고 학회에서의 논문발표는 일절 하지 않고 있습니다.

하나 더 특기하면 『기초주의 교육학』(학지사, 1999)으로, 이는 기초주의에 관해 가장 잘 요약된 책으로 나로서도 크게 만족하고 있음을 솔직히 말씀드립니다. 또 고희 기념 논문집인 『교육국가의 건설-교육의 세기와 기초주의』(양서원, 1994)와 기초주의 40주년 기념 논문집인 『교육의 세기와 기초주의』(교육과학사, 1997)는 그 전에 증정된 나의 회갑 기념 논문집인 『한국교육학의 탐색』(고려원, 1985)과 교수 정년 기념 논문집인 『한국교육학의 성찰과 과제』(교육과학사, 1990)와 아울러 모두 동료 및 후학들로부터 증정받은 기념논문집이어서 오늘날 '기초주의의 이론적 체계 심화작업'에 주력하고 있는 나에게는 한없이 큰 격려와 힘이 되고 있습니다. 이 네 권의 기념논문집 간행에 힘써 주신 위원장님 및 위원 제위 그리고 논문집필자 여러분께 마음속 깊이 감사드리고 있습니다.

나의 '기초주의' 연구는 아직도 계속 진행 중에 있습니다. 논문 「기초주의 교육적 나침반」(기초주의연구원, 2001)이라든가, 『기초주의의 세계』(기초주의연구원, 초고 2004. 9. 10.)도 그러한 노력 중의 하나라고 하겠습니다(2006. 4. 26. 탈고).

⊙ **덧붙이는 말**: 『한기언교육학전집』(전56권, 한국학술정보[주], 2001~)이 완간되면 좀 더 '나의 인생, 나의 학문'을 이해하는 데 도움이 되리라고 생각됩니다. 또 이 책 〈부록〉의 "기초주의 이해의 길"(기초주의연구원, 2003)은 짤막한 글로 『한기언교육학선집』에 대한 진솔한 자기 술회기(述懷記)입니다. 기초주의 40주년 기념 논문집 『교육의 세기와 기초주의』에 수록한 "청뢰 저서 서문집"(pp. 324-451)과 함께 읽어 주시면, 더욱 기초주의를 이해하는 데 도움이 되시리라고 믿습니다.

제2장

기초주의의 세계[1]

한기언

2007년은 기초주의 50주년의 해입니다. 나는 1997년에 있었던 기초주의 40주년 기념 세미나와 기념논문집 『교육의 세기와 기초주의』 간행의 기쁨과 감격을 지금껏 감사하는 마음으로 가슴에 간직하고 하루하루 기초주의의 이론체계 심화작업에 힘쓰며 살아오고 있습니다.[1]

지난 2001년 1월 5일에 탈고한 「기초주의 교육적 나침반」(이 책 제3장)은 이번에 쓴 「기초주의의 세계」(2004. 9. 10.)와 더불어 기초주의 이론체계 심화작업의 기본 틀로 스스로 의식하고 있습니다. 두 편 모두 200자 원고지 150 내지 200매 미만입니다. 처음부터 100매 길이를 목표로 썼던 것이니 1차적 목표를 약간 초과 달성한 글입니다. 본래 취지는 "어떻게 하면 '기초주의'의 정수를 가장 짧은 글로 표현할 수 있을까"였던 것이니, 이 두 편의 글 가운데 이를테면 후자의 「기초주의의 세계」는 장차 20배, 30배 하는 식으로 부연 설명해 간다면 도톰한 책도 될 수 있을 것입니다.

사실 지금 나의 주저로 꼽고 있는 『상황과 기초: 구상교육철학으로서의 기초주의』(서울대학교출판부, 1990) 역시 그 원형은 「기초주의의 구조」(『사대논총』 제28집, 서울대 사범대학, 1984) 200자 원고지 100매였습니다. 그러나 확대부연을 하지 않더라도 이 두 편의 글은 여전히 간편한 '기초주의' 이해를 위한 것으로서 의미 있는 글

1) 이 책의 제목이기도 한 본 장 '기초주의의 세계'에서 세계의 '세(世)'는 시간성, '계(界)'는 공간성이라는 의미도 갖고 있습니다.

입니다. 우선 여기에 '기초주의의 세계'를 작성·제시해 봅니다. 이것으로 이 제목의 얘기가 끝나는 것이 아님은 말할 나위도 없습니다. 이 주제와 관련해서 수많은 생각을 펼쳐 나갈 수도 있습니다. 다만 여러분의 고견(高見)을 얻고자 우선 이런 형태로 몇 자 적어 봅니다(2004. 9. 14.).

1. 기초(基礎)

1핵	3이념	6개념
기초	시간	문화
		생활
	자유	지성
		인격
	질서	협동
		봉사

〈표 2-1〉 기초주의의 1핵 사상

	기초
1. 교육적 존재론	1핵: 기초
2. 교육적 가치론	3이념: 시간·자유·질서 6개념: 문화·생활·지성·인격·협동·봉사
3. 교육적 인간론	역사적 의식인
4. 교육자론	대애지순인(大愛至醇人)
5. 교육적 지식론	기초의 발견
6. 교육적 방법론(학습지도법·향도방법)	기초에의 주력·자기 향도
7. 교육연구방법론	창조의 이론
8. 교육제도론	발전과 통정의 율동적 자기 전개
9. 교육사관론	역사적 편차
10. 교육학의 구조	교육의 '구(球)'적 인식

1-1. 기초(基礎): 교육적 존재론에서 기초주의[2]의 1핵(核) 사상은 '기초'[3]입니다. 기초주의의 '기초'는 '진리'를 뜻하는 것으로 여섯 가지 특성을 지니고 있습니다.

① 인간 형성의 핵 사상으로서의 기초 ② 진리로서의 기초

③ 창조의 논리로서의 기초 ④ 교육적 평가기준으로서의 기초

⑤ 교육이념으로서의 기초 ⑥ 지남성(指南性)으로서의 기초

1-2. 1핵 3이념 6개념: 교육적 가치론에 있어서 기초주의의 교육적 가치체계[4]는 다음과 같습니다.

1핵: 기초

3이념: 시간 · 자유 · 질서

6개념: 문화 · 생활 · 지성 · 인격 · 협동 · 봉사

1-3. 역사적 의식인: 기초주의는 교육적 인간론에 있어서 '전인(全人)'을 염두에 두면서 이를 가리켜 '역사적 의식인'[5]이라 부르고 있습니다. '전인'이 정태적(靜態的)인데 반하여, '역사적 의식인'은 동태적(動態的)이라는 점에서 후자를 택하고 있습니다. 인간의 특색을 나타내는 수많은 표현 가운데서 '역사적 의식인'이라 한 까닭은 인간이 역사에 의해서 형성될 뿐만 아니라 역사형성자이기 때문입니다.

1-4. 대애지순인(大愛至醇人): 교육자론에 있어서 기초주의는 이상적인 교육자상을 가리켜 '대애지순인'[6]이라고 표현하고 있습니다. '대애'란 큰 사랑을 말합니다. 큰 사랑이란 편애하지 않고 아동 · 생도 · 학생을 인격적으로 대하는 사랑을 말합니다. '지순'이란 이루 말할 수 없이 맑고 맑은 마음씨를 가리켜 말한 것입니다.

---

* 일러두기: 본 장의 '각주'는 '기초주의의 세계'의 부연설명을 위한 것이므로, 일차적으로 나의 논저에 있는 관련사항 표시로 한정하였음을 밝혀 둡니다. 따라서 저자 이름을 생략합니다.

2) 『기초주의-한국교육철학의 정립』, 배영사, 1973. (개정판: 한기언교육학전집6), 한국학술정보[주], 2003; "기초주의의 구조", 『사대논총』 제28집, 서울대학교 사범대학, 1984, pp. 1-30. 재록: 『교육철학 및 교육사』, 양서원, 1985, pp. 353-392; 기초주의의 6특성: 『상황과 기초: 구상교육철학으로서의 기초주의』, 서울대학교출판부, 1990, pp. 815-825; 『한국인의 교육철학』, 서울대학교출판부, 1988(1990, 2쇄).

3) "'기초' 개념의 교육철학적 신석", 『임한영 박사 화갑기념논총』, 임한영박사회갑기념논총 간행위원회, 1974. 재록: 『한국교육의 이념』(증보판), 서울대학교출판부, 1974. (개정판: 한기언교육학전집13), 한국학술정보[주], 2004, pp. 474-503.

4) "기초주의의 교육적 가치체계", 『교육학연구』 XI-1, 한국교육학회, 1973. 재록: 『한국교육의 이념』(한기언교육학전집13), 한국학술정보[주], 2004, pp. 442-473.

5) "역사적 의식인의 형성", 『사회와 교육』(창간호), 한국사회과교육학회, 1972, pp. 5-23. 재록: 『기초주의-한국교육철학의 정립』, 배영사, 1973.(개정판: 한기언교육학전집6), 한국학술정보[주], 2003, pp. 121-161.

6) 제6장 교육과 교사: 대애지순인(大愛至醇人), 『상황과 기초: 구상교육철학으로서의 기초주의』, 서울대학교출판부, 1990, pp. 488-556.

1-5. 기초의 발견: 기초주의의 '교육적 지식론'에서 가장 강조하고 있는 것은 '기초의 발견'[7]입니다. 우리가 무엇을 안다고 할 때, 그것은 그 분야나 관련된 '진리'를 터득했다는 얘기일 것입니다. 다시 말하면 '기초'를 발견했다는 뜻이 됩니다.

1-6. 기초에의 주력 · 자기 향도[8]: 교육적 방법론 중 기초주의의 학습지도법[9]에서는 '기초에의 주력'이 강조됩니다. 또 같은 교육적 방법론에 속하는 '향도방법'에서는 '자기 향도'[10]를 강조하고 있습니다.

1-7. 창조의 이론: 교육연구방법론에 있어서 기초주의는 '창조'를 다음 등식으로 설명하고 있습니다. 즉, 전통 × 주체 × 개혁 = 창조: 기초주의의 '기초'[11]

1-8. 발전과 통정의 율동적 자기 전개: 기초주의는 교육제도론에 있어서 교육제도의 '1핵' 사상을 '평생공부'라는 생각에서 '발전과 통정의 율동적 자기 전개'[12]라는 말로 표현하고 있습니다. 사람은 평생 공부한다는 자세로, 때로는 자기 충전에 힘쓰고[통정(統整)], 그다음에는 사회활동에 힘쓰고[(발전(發展)], 또 다시 자기 충전인 '통정'을 하는 식으로 해서, '발전과 통정의 율동적 자기 전개'를 해 가는 데에 '평생공부'의 묘미가 있다는 것입니다.

1-9. 역사적 편차: 교육사관론에 있어서 교육 현상은 그 모두가 역사적 연유가 있는 것으로서, 교육은 진공 중에서 이루어지는 것이 아님을 강조하기 위해서 '역사적 편차'[13]라 한 것입니다.

1-10. 교육의 '구(球)'적 인식: 나는 인간의 의식구조는 '구(球)'[14]라고 주장하여 왔습니다. 그리고 교육 및 교육학의 구조 역시 '구'와의 관계에서 풀어 나가고 있습니

7) "기초의 교육적 발전-구상교육철학으로서의 기초주의", 『사회와 교육』 제19집, 한국사회과교육학회, 1994.

8) 이 글의 각 절에서 "6. 교육적 방법론"의 두 번째 용어는 '향도방법'을 의미합니다.

9) 제8장 교육과 방법: 탐구 · 각성 · 실현, 『상황과 기초: 구상교육철학으로서의 기초주의』, 서울대학교출판부, 1990, pp. 621-685.

10) 제3장 인생과 교육적 나침반, VII. 향도방법, 『교양으로서의 교육학』(한기언교육학전집17), 한국학술정보[주], 2002, p. 95.

11) "기초주의의 방법론 서설", 『사대논총』 제21집, 서울대학교 사범대학, 1980; 제9장 교육과 연구: 창조의 이론, 『상황과 기초: 구상교육철학으로서의 기초주의』, 서울대학교출판부, 1990, pp. 686-722.

12) "평생공부의 교육철학적 신석", 화곡 서명원 박사 화갑기념 교육학논집, 동 위원회, 1979; 제10장 교육과 제도: 발전과 통정, 『상황과 기초: 구상교육철학으로서의 기초주의』, 서울대학교출판부, 1990, pp. 723-763.

13) 역사적 편차: 『상황과 기초: 구상교육철학으로서의 기초주의』, 서울대학교출판부, 1990, pp. 803-804.

14) 제5장 교육의 '구(球)'적 인식, 『21세기 한국의 교육학』(한기언교육학전집16), 한국학술정보[주], 2001. (초판본: 기초주의연구원, 2000).

다. 기초주의를 가리켜 '구상(球象)'교육철학이라고 하는 것도 바로 이러한 이유 때문입니다.

2. 시간(時間)

1핵	3이념	6개념
기초	**시간**	문화
		생활
	자유	지성
		인격
	질서	협동
		봉사

〈표 2-2〉 기초주의 3이념의 I

	시간
1. 교육적 존재론	1핵 사상: 기초
2. 교육적 가치론	3이념의 I: 시간
3. 교육적 인간론	3특성의 I: 예지성
4. 교육자론	3특성의 I: 통찰성
5. 교육적 지식론	3차원의 I: 전통
6. 교육적 방법론(학습지도법 · 향도방법)	3차원의 I: 탐구 · 입지
7. 교육연구방법론	3차원의 I: 체험의 세계
8. 교육제도론	3마당의 I: 가정교육
9. 교육사관론	3특성의 I: 전통성
10. 교육학의 구조	3분야의 I: 교육기초학

2-1. 기초: 기초주의의 3이념의 I은 '시간의 이념'[15]이고, 그 교육적 존재요, 인간 형성의 1핵 사상은 '기초'입니다.

2-2. 시간: 교육적 가치론의 3이념의 I은 '시간'[16]입니다. 이것은 '전통'의 차원에 속하는 것으로서, 전통의 특성에는 일곱 가지[17]가 있습니다. 사회성(공유성), 역사성(계속성), 가치성, 인식성, 개성성, 권위성, 개방성(포용성)이 그것입니다.

2-3. 예지성(叡智性): 역사적 의식인(교육적 인간상)의 세 가지 특성 중 하나가 '슬기로움(예지성)'에 있습니다. 이것은 선인들의 업적으로부터 크게 배움으로써 힘을 얻게 되는 것입니다. 고전은 인류의 예지의 보고(寶庫)이기에 고전 읽기[18]를 강조하는 까닭 또한 여기에 있습니다.

2-4. 통찰성(洞察性): 대애지순인(교육자)의 세 가지 특성 중 하나가 통찰성[19]입니다. 교육자의 밝은 눈(통찰성)은 피교육자의 방향감각을 키워 줄 수 있습니다.

2-5. 전통(傳統): 교육적 지식론의 3차원 중 '전통'은 '무엇을 이어받을 것인가'를 뜻합니다. 선인이 이룩한 위대한 업적인 문화재의 계승이 중요합니다.[20] '전통'이란 정통(正統)을 전승(傳承)한다는 뜻을 가지고 있습니다.

2-6. 탐구 · 입지: 교육적 방법론의 3차원 중 학습지도법에서는 첫 번째로 '탐구'[21]를 꼽고 있습니다. 선인들의 업적에 고개 숙여 크게 배우는 자세입니다. 또 향도 방법에서는 3차원 중 첫 번째로 '입지(立志)'[22]를 강조합니다. 먼저, 큰 뜻을 세워야 한다는 것입니다.

2-7. 체험의 세계: 교육연구방법론의 3차원 중 첫 번째는 '체험의 세계'[23]입니다. 위대한 발견의 원점(原點)은 가장 자기에게 가까운 곳, 즉 '체험'에 있습니다.

---

15) 제1부 시간의 이념, 『한국교육의 이념』(한기언교육학전집13), 한국학술정보[주], 2004, pp. 39-96.

16) 『교육의 세기』, 양서원, 1989. (개정판: 한기언교육학전집8), 한국학술정보[주], 2004, pp. 132-133, pp. 139-141.

17) 전통(傳統)의 차원: 시간의 이념, 『21세기 한국의 교육학』(한기언교육학전집16), 한국학술정보[주], 2001, pp. 305-308.

18) 제7장 교육고전의 성격, 『21세기 한국의 교육학』(한기언교육학전집16), 한국학술정보[주], 2001, pp. 138-165; 제1장 무엇을 이어받을 것인가, 『기초주의 교육학』, 학지사, 1999. (개정판: 한기언교육학전집2), 한국학술정보[주], 2002, pp. 53-66.

19) 통찰성, 『교사의 철학』, 양서원, 1994, pp. 401-403.

20) 제1장 한국의 문화적 전통과 교육, 『한국교육이념의 연구』, 태극문화사, 1992.

21) 탐구, 『상황과 기초: 구상교육철학으로서의 기초주의』, 서울대학교출판부, 1990, pp. 674-678.

22) 『교양으로서의 교육학』(한기언교육학전집17), 한국학술정보[주], 2002, p. 96.

23) 『교양으로서의 교육학』(한기언교육학전집17), 한국학술정보[주], 2002, pp. 99-100.

2-8. 가정교육: 교육제도론의 3마당 중 첫 번째는 '가정교육'[24]입니다. 동서 가정교육사상을 비교한 후 이끌어 낸 가정교육의 핵심은 '비호(庇護)'와 '개성(個性)'에 있다고 생각합니다. 포근하게 감싸 주면서 각자의 개성을 유감없이 키워 가게 하는 그러한 가정교육을 강조하는 것입니다.

2-9. 전통성(傳統性): 교육사관론의 3특성 중 첫 번째는 '전통성'입니다. 앞에서 '시간'과 관련하여 전통의 일곱 가지 특성을 말한 바 있습니다. 전통이란 의식의 주체자가 간직할 만하다거나 계승할 만하다고 여기게 된 가치체입니다.[25] 따라서 이러한 가치체인 '전통성'은 인간 형성에 큰 힘이 될 것임은 물론입니다.

2-10. 교육기초학: 교육학의 구조 중 3분야의 I은 교육기초학[26]입니다. 교육학의 '구(球)'적 구조 3중층 중 가장 핵심부에 속한다고 할 수 있습니다.

3. 자유(自由)

1핵	3이념	6개념
기초	시간	문화
		생활
	자유	지성
		인격
	질서	협동
		봉사

24) 『새로운 시대의 가정교육』, 도산기념사업회, 1992. 재록: 『한국현대교육철학-기초주의의 탄생과 성장』, 도서출판 하우, 1996, pp. 608-645; 동서가정교육의 비교, 『동양사상과 교육-동양교육철학의 탐구』, 법문사, 1978, pp. 75-95.

25) 한 예로, 제9장 유교정신과 인성교육, 『21세기 한국의 교육학』(한기언교육학전집16), 한국학술정보[주], 2001, pp. 195-221.

26) 『교양으로서의 교육학』(한기언교육학전집17), 한국학술정보[주], 2002, pp. 21-23.

〈표 2-3〉 기초주의 3이념의 II

	자유
1. 교육적 존재론	1핵 사상: 기초
2. 교육적 가치론	3이념의 II: 자유
3. 교육적 인간론	3특성의 II: 관용성
4. 교육자론	3특성의 II: 수월성
5. 교육적 지식론	3차원의 II: 주체
6. 교육적 방법론(학습지도법 · 향도방법)	3차원의 II: 각성 · 선택
7. 교육연구방법론	3차원의 II: 중간공리
8. 교육제도론	3마당의 II: 학교교육
9. 교육사관론	3특성의 II: 보편성
10. 교육학의 구조	3분야의 II: 교육방법학

3-1. 기초: 기초주의 3이념의 II는 '자유의 이념'[27]이고, 그 교육적 존재요, 인간 형성의 1핵 사상은 '기초'입니다.

3-2. 자유(自由): 교육적 가치론의 3이념의 II는 '자유'[28]입니다. 자유란 글자 그대로 '스스로[자(自)]'에 '말미암는[유(由)]' 것이므로, 선택에 대한 책임 또한 스스로에게 있습니다.

3-3. 관용성(寬容性): 교육적 인간론의 세 가지 특성 중 II는 '관용성'[29]입니다. '너그러운 마음'을 가리켜 하는 말로 훈훈한 마음씨, 정조(情操)를 말하는 것입니다.

3-4. 수월성(秀越性): 교육자론의 세 가지 특성 중 II는 '수월성'[30]입니다. 빼어난 능력자는 피교육자에게 커다란 교육력으로 작용하게 됩니다. 따라서 제1급의 수월성을 가진 사람이 교육자가 되어야 하는 것입니다.

3-5. 주체(主體): 교육적 지식론의 3차원 중 II는 '주제'[31]입니다. '무엇을 받아들일 것인가'와 관계됩니다. 여기에는 취사 선택의 문제가 따르게 되며 현명한 판단력이

27) 제2부 자유의 이념 『한국교육의 이념』(한기언교육학전집13), 한국학술정보[주], 2004, pp. 9-150.

28) 자유와 교육, 『교육의 세기』(한기언교육학전집8), 한국학술정보[주], 2004, pp. 141-143.

29) 『교양으로서의 교육학』(한기언교육학전집17), 한국학술정보[주], 2002, p. 80.

30) 『교사의 철학』, 양서원, 1994, pp. 404-406.

31) 제2장 무엇을 받아들일 것인가, 『기초주의 교육학』(한기언교육학전집2), 한국학술정보[주], 2002, pp. 67-83.

요청됩니다. 주체의 특성[32]은 여섯 가지로 독자성, 자각성, 주장성, 결단성, 의식성, 평가성입니다.

3-6. 각성 · 선택: 교육적 방법론의 3차원 중 II에 관하여 학습지도법에서는 '각성(覺醒)'[33]을, 향도방법에서는 '선택(選擇)'[34]을 말하고 있습니다. 우리가 무엇을 배운다고 할 때 매우 중요한 것은 단순 암기가 아니라 깊이 생각하여 크게 깨닫는 각성에 의미를 두어야 합니다. 또한 현명한 선택을 통해 그의 인생은 행복해질 수 있기 때문에 향도방법으로 선택을 말한 것입니다.

3-7. 중간공리(中間公理): 교육연구방법론의 3차원 중 II는 '중간공리'[35]입니다. 체험의 차원이 '일상성'에 있다고 하면, 중간공리는 경험과학의 차원에 속합니다. 개별 교육 현상의 원리를 구명하는 것이어서 '특수성'의 차원에 속하는 것입니다.

3-8. 학교교육(學校教育): 교육제도론의 3마당 중 II는 '학교교육'입니다. 근래에 '탈학교론'도 나오고 있지만 우리는 학교의 필요성에 대하여 바르게 알아야 될 것입니다. 즉, 학교의 필요성은 문화적 보존 및 전달, 분업화, 능률, 사회화 그리고 가정으로부터 지역사회에로의 천이(遷移)[36]와 같은 현상에서 찾아볼 수 있습니다.

3-9. 보편성(普遍性): 교육사관론의 3특성 중 II는 '보편성'[37]입니다. 출렁거리는 역사적 상황 가운데서 추구되는 것은 '진리'입니다. 이것을 가리켜 '중용(中庸)'이니 '보편성'이라 하는 것입니다.

3-10. 교육방법학: 교육학의 구조 중 3분야의 II는 '교육방법학'[38]입니다. 교육학의 '구(球)'적 구조에서는 중간층에 위치하고 있습니다. 가장 안쪽에는 '교육기초학'을, 바깥쪽에는 '교과교육학'이 있는 중간층에 '교육방법학'이 자리 잡고 있습니다.

---

32) 주체와 자유의 이념, 『21세기 한국의 교육학』(한기언교육학전집16), 한국학술정보[주], 2001, pp. 315-324.
33) 『상황과 기초: 구상교육철학으로서의 기초주의』, 서울대학교출판부, 1990, pp. 679-682.
34) 『교양으로서의 교육학』(한기언교육학전집17), 한국학술정보[주], 2002, p. 96.
35) 『교양으로서의 교육학』(한기언교육학전집17), 한국학술정보[주], 2002, p. 100.
36) 『교육학개론』, 법문사, 1986(증보판), pp. 221-222.
37) 『현대인과 기초주의-현대사회와 기초주의의 역할』, 세광공사, 1979, pp. 19-21.
38) 『교양으로서의 교육학』(한기언교육학전집17), 한국학술정보[주], 2002, pp. 22-23.

4. 질서(秩序)

1핵	3이념	6개념
기초	시간	문화
		생활
	자유	지성
		인격
	질서	협동
		봉사

〈표 2-4〉 기초주의 3이념의 III

	질서
1. 교육적 존재론	1핵 사상: 기초
2. 교육적 가치론	3이념의 III: 질서
3. 교육적 인간론	3특성의 III: 웅건성
4. 교육자론	3특성의 III: 독창성
5. 교육적 지식론	3차원의 III: 개혁
6. 교육적 방법론(학습지도법 · 향도방법)	3차원의 III: 실현 · 성취
7. 교육연구방법론	3차원의 III: 일반공리
8. 교육제도론	3마당의 III: 사회교육
9. 교육사관론	3특성의 III: 상황성
10. 교육학의 구조	3분야의 III: 교과교육학

4-1. 기초: 기초주의의 3이념의 III은 '질서의 이념'[39]이고, 그 교육적 존재요, 인간형성의 1핵 사상은 '기초'입니다.

4-2. 질서: 교육적 가치론의 3이념의 III은 '질서'[40]입니다. 교통법규를 비롯한 제반 법규를 준수하는 것을 소극적 질서로 보고, 새로운 문화 '창조'를 적극적 질서로

39) 제3부 질서의 이념, 『한국교육의 이념』(한기언교육학전집13), 한국학술정보[주], 2004, pp. 155-189.
40) 질서와 교육, 『교육의 세기』(한기언교육학전집8), 한국학술정보[주], 2004, pp. 143-145.

생각할 수 있습니다.

4-3. 웅건성(雄健性): 교육적 인간론의 3특성 중 III은 '웅건성'[41]입니다. '씩씩한 기상'을 가리켜 하는 말입니다. 고구려의 정신이 이것을 잘 나타내고 있습니다.

4-4. 독창성(獨創性): 교육자론의 3특성 중 III은 '독창성'[42]입니다. 훌륭한 교사에게는 새로운 교육방법, 새로운 교육이론의 창출이 기대되는 것입니다.

4-5. 개혁: 교육적 지식론의 3차원 중 III은 '개혁'입니다. '무엇을 이룩할 것인가'가 '개혁'의 차원입니다. 개혁의 특성[43]은 여섯 가지로 참신성, 독창성, 이상성, 수월성, 홍익성, 평화성입니다.

4-6. 실현 · 성취: 교육적 방법론의 3차원 중 III에 관하여 학습지도법에서는 '실현'[44]을, 향도방법에서는 '성취'[45]를 말하고 있습니다. "널리 읽고, 깊이 생각하고, 아름답게 표현하라."는 좋은 말이 있는데, '아름답게 표현'하는 차원이 곧 '실현'입니다. 또 향도방법으로 '입지'와 '선택' 다음의 차원이 '성취'로, 자신이 꿈꾸는 큰 뜻을 이루도록 하라는 것입니다.

4-7. 일반공리(一般公理): 교육연구방법론의 3차원 중 III은 '일반공리'[46]입니다. 이것은 '보편성'의 차원을 나타내는 것으로 체험의 세계와 중간공리를 토대로 이루어지는 성과입니다. 기초주의에서는 교육철학의 창조과정을 '논리의 세계'라 하고, 그것은 '구상(具象)으로부터 추상(抽象)에로' 나아가게 됨을 밝히고 있습니다.

4-8. 사회교육: 교육제도론의 3마당 중 III은 '사회교육'[47]입니다. 사회교육의 실제는 그 형태가 다양합니다. 비유적으로 말한다면 학교교육이 규격적이고 구속성이 강한데 반하여, 사회교육은 이 점이 비교적 느슨한 편입니다. 그러나 자기형성의 중요성이 널리 인식되기 시작한 오늘날에는 사회교육의 기회는 더욱 확장되고 매우 활발히 이용되고 있습니다.

4-9. 상황성: 교육사관론의 3특성 중 III은 '상황성'[48]입니다. 교육사관론에서 '전통

41) 웅건성(뜨거운 가슴: 개혁과 실현), 『한국사상과 교육-한국교육철학의 탐구』(한기언교육학전집9), 한국학술정보[주], 2002(초판), 2003(2쇄), pp. 84-86.
42) 『교사의 철학』, 양서원, 1994, pp. 408-409.
43) 『21세기 한국의 교육학』(한기언교육학전집16), 한국학술정보[주], 2001, pp. 325-326.
44) 『한국현대교육철학-기초주의의 탄생과 성장』, 도서출판 하우, 1996, pp. 467-469.
45) 『교양으로서의 교육학』(한기언교육학전집17), 한국학술정보[주], 2002, pp. 96-97.
46) 『한국현대교육철학-기초주의의 탄생과 성장』, 도서출판 하우, 1996, pp. 442-445.
47) 『교양으로서의 교육학』(한기언교육학전집17), 한국학술정보[주], 2002, p. 104.
48) 『현대인과 기초주의-현대사회와 기초주의의 역할』, 세광공사, 1979, pp. 21-22.

성'과 '보편성'의 의미를 앞에서 지적하였지만 이 두 가지 특성만으로는 부족합니다. 이것을 보완하는 특성이 곧 '상황성'입니다. 개성충족적 기준[전통성], 진리현현적 기준[보편성]에 대한 '시대요청적 기준[상황성]'을 강조하는 것입니다.

4-10. 교과교육학: 교육학의 구조 중 3분야의 III은 '교과교육학[49]'입니다. 교육학의 '구(球)'적 구조에서는 제3층인 외곽에 위치하고 있습니다. 여러 다른 학문들의 교육적 편성의 결과로 생긴 것이 '교과'이고, 이를 교육학적으로 연구하기에 '교과교육학'이라 하는 것입니다. 교육기초학이나 교육방법학에 비하여 일반적 인식이 희박하였으나, 근래에 '교과교육학'의 중요성은 이 분야의 연구가 진전됨에 따라 착실히 증가하고 있습니다. 그만큼 교과교육학은 중요한 분야인 것입니다.

5. 문화(文化)

1핵	3이념	6개념
기초	시간	**문화**
		생활
	자유	지성
		인격
	질서	협동
		봉사

〈표 2-5〉 기초주의 6개념의 I

	문화
1. 교육적 존재론	1핵 사상: 기초
2. 교육적 가치론	6개념의 I: 문화
3. 교육적 인간론	6수상의 I: 애국적 인간
4. 교육자론	6수상의 I: 조예자
5. 교육적 지식론	6영역의 I: 문화영역

49) 『교양으로서의 교육학』(한기언교육학전집17), 한국학술정보[주], 2002, pp. 22-24.

6. 교육적 방법론(학습지도법 · 향도방법)	6단계의 I: 목적 · 문제
7. 교육연구방법론	6단계의 I: 문제의식
8. 교육제도론	6교육과제의 I: 교양교육
9. 교육사관론	6유형의 I: 전통일치형
10. 교육학의 구조	6영역의 I: 제1영역(교육기초학 I)

5-1. 기초: 기초주의 6개념의 I은 '문화'[50]이고, 그 교육적 존재요, 인간 형성의 1핵 사상은 '기초'입니다.

5-2. 문화: 교육적 가치론의 6개념 중 I은 '문화'[51]입니다. 일반적으로 '문화'란 '인간생활 양식의 총화'로 규정되고 있습니다. 이것을 기본적으로 이해하면서도, 기초주의 교육적 가치체계인 6개념(여섯 가지 가치체)에서는 문화를 '정신적 · 종교적 가치'로 자기 한정하고 있습니다. '성(聖)'이라 하고 '효(孝)'라고 하는 가치체인 것입니다. 따라서 관련되는 교육사상으로는 종교주의, 문화주의, 본질주의, 항존주의, 민족주의(애국주의) 등을 들 수 있습니다.

5-3. 애국적 인간: 교육적 인간론의 6수상 중 I은 '애국적 인간'[52]입니다. 이를 가리켜 나는 "(예리한 역사의식에 입각한) 인류 문화에 대한 경외심과 공정한 민족애 · 조국애를 지닌 인간"이라 표현해 보았습니다.

5-4. 조예자(造詣者): 교육자론의 6수상 중 I은 '조예자'[53]입니다. 나는 이상적인 교사상의 첫째 조건으로 '인류 문화와 교육 선현에 대한 경외심과 깊은 조예자'가 될 것을 강조하였습니다. 교육자는 자신의 직무적 사명의 하나가 인류문화재의 전달에 있음을 알아야 합니다. 또한 훌륭한 교육자가 되기 위해서는 교육 선현의 행적과 사상에도 통달해야 하며, 선현들에 대한 경외심을 지녀야 할 것입니다.

5-5. 문화영역: 교육적 지식론의 6영역 중 I은 '문화영역'[54]입니다. 여기에 속하는 학문은 어학(국어학 · 외국어학), 종교학, 역사학, 문화인류학 등입니다. 이와 관련된 교과목이 '역사' '국어' '외국어'입니다.

50) 『한국교육의 이념』(한기언교육학전집13), 한국학술정보[주], 2004, pp. 53-75.
51) 『21세기 한국의 교육학』(한기언교육학전집16), 한국학술정보[주], 2001, pp. 308-311.
52) 『교양으로서의 교육학』(한기언교육학전집17), 한국학술정보[주], 2002, pp. 81-83.
53) 『교사의 철학』, 양서원, 1994, pp. 403-404.
54) 『상황과 기초: 구상교육철학으로서의 기초주의』, 서울대학교출판부, 1990, pp. 584-590.

5-6. 목적 · 문제: 교육적 방법론의 6단계 중 I과 관련하여 학습지도법에서는 '목적'[55])을, 향도방법에서는 '문제'[56])를 말하고 있습니다. 학습지도법에서 우리가 무엇을 '배운다'고 할 때 가장 중요한 일은 무엇 때문에 그것을 배우려고 하는가, 즉 '까닭'을 아는 일이라고 하겠습니다. 따라서 기초주의법의 6단계 중 첫 번째 단계를 '목적'이라 하였습니다. 또 향도방법에서는 우선 문제의식을 갖는 것이 중요합니다. 자기에게 있어 무엇이 가장 큰 문제인가를 제대로 알아야 하기 때문입니다.

5-7. 문제의식: 교육연구방법론의 6단계 중 I은 '문제의식'[57])입니다. 학생 시절에 허현(許鉉, 1903~1964) 교수로부터 직접 들은 것으로, "세상에 문제가 많은 것은 문제가 되지 않는 것을 문제로 삼기에 문제가 많은 것이다."라는 표현이 있었습니다. 교육연구의 첫 단계로 올바른 문제의식을 제대로 갖고 있으면 그 문제는 이미 절반은 해명된 것이나 마찬가지라고 하겠습니다. 그만큼 교육연구에 있어서 중요한 것이 '문제의식'입니다.

5-8. 교양교육: 교육제도론의 6교육과제 중 I은 '교양교육'[58])입니다. 교양교육의 주요 안목은 편견의 해소에 있습니다. 편견은 특정 분야에 대한 무지에서 생겨납니다. 따라서 우리가 어떤 분야, 어떤 과제에 대하여 무지할 때 자연히 편견을 가지게 됩니다. 그렇기 때문에 폭넓은 교양교육이 요청되는 것입니다.

5-9. 전통일치형: 교육사관론의 6유형 중 I은 '전통일치형'[59])입니다. 그 시대를 주도하는 교육사상과 사회체제가 다 같이 기존에 인정되어 오던 가치관계를 계속 유지 · 강조한다는 점에서 '전통'일치형인 것입니다.

5-10. 제1영역(교육기초학 I): 교육학의 구조 중 6영역의 I은 '제1영역: 교육기초학 I'입니다. 여기에는 '교육사학'[60])과 '교육철학'[61])이 포함되며, 이들은 교육학의 알파와 오메가와 같은 성격을 갖고 있습니다.

---

55) 『한국현대교육철학-기초주의의 탄생과 성장』, 도서출판 하우, 1996, pp. 469-472.
56) 『교양으로서의 교육학』(한기언교육학전집17), 한국학술정보[주], 2002, p. 97.
57) 『교양으로서의 교육학』(한기언교육학전집17), 한국학술정보[주], 2002, p. 101.
58) 『현대교육사조』, 법문사, 1965. (개정판: 한기언교육학전집24), 한국학술정보[주], 2004, pp. 371-386.
59) 『상황과 기초: 구상교육철학으로서의 기초주의』, 서울대학교출판부, 1990, pp. 808-809.
60) 『교육사학』, 세광공사, 1980. (개정판: 한기언교육학전집26), 한국학술정보[주], 2004.
61) 『교육철학 및 교육사』, 양서원, 1985. (개정판: 한기언교육학전집1), 한국학술정보[주], 2005, pp. 6-7, pp. 167-328.

6. 생활(生活)

1핵	30이념	6개념
기초	시간	문화
		생활
	자유	지성
		인격
	질서	협동
		봉사

〈표 2-6〉 기초주의 6개념의 II

	생활
1. 교육적 존재론	1핵 사상: 기초
2. 교육적 가치론	6개념의 II: 생활
3. 교육적 인간론	6수상의 II: 범애적 인간
4. 교육자론	6수상의 II: 시범자
5. 교육적 지식론	6영역의 II: 생활영역
6. 교육적 방법론(학습지도법 · 향도방법)	6단계의 II: 계획 · 목표
7. 교육연구방법론	6단계의 II: 정밀관찰
8. 교육제도론	6교육과제의 II: 건강교육
9. 교육사관론	6유형의 II: 전통불일치형
10. 교육학의 구조	6영역의 II: 제2영역(교육기초학 II)

6-1. 기초: 기초주의의 6개념의 II는 '생활'[62]이고, 그 교육적 존재요, 인간 형성의 1핵 사상은 '기초'입니다.

6-2. 생활: 교육적 가치론의 6개념 중 II는 '생활'[63]입니다. 이것은 사회적 · 건강적 가치에 해당되는 것으로 '건(健)'이라 하고 '성(誠)'이라고 하는 가치체입니다.

62) 『한국교육의 이념』(한기언교육학전집13), 한국학술정보[주], 2004, pp. 76-96.

63) 『21세기 한국의 교육학』(한기언교육학전집16), 한국학술정보[주], 2001, pp. 311-315.

6-3. 범애적 인간: 교육적 인간론의 6수상 중 II는 '범애적 인간'[64]입니다. 이를 가리켜 나는 "세계적 시야를 지니고 행복한 생활을 영위하는 인간"이라 정의하였습니다. '세계적 시야를 지니고'란 자기 민족, 자기 나라만 생각할 것이 아니라 눈을 크게 떠서 인류 전체, 세계 전체를 보아야 한다는 것입니다.

6-4. 시범자(示範者): 교육자론의 6수상 중 II는 '시범자'[65]입니다. 훌륭한 교육자는 인생의 참뜻에 대한 이해자요, 후회 없는 인생의 설계 및 실천의 시범자여야 합니다. 교육자 스스로가 자기 인생 설계 및 실천의 모범을 보일 때 그가 발휘하는 '교육력'은 이루 말할 수 없이 지대한 것이 됩니다.

6-5. 생활영역: 교육적 지식론의 6영역 중 II는 '생활영역'[66]입니다. 여기에 속하는 학문으로는 지학을 비롯하여 생물학, 보건학, 의학, 체육학, 가정학, 군사학, 지리학, 사회학, 심리학 등이 있습니다. 이를 다루는 교과목으로는 '지리' '체육' '가정' '지학'이 있습니다.

6-6. 계획 · 목표: 교육적 방법론의 6단계 중 II와 관련하여 학습지도법에서는 '계획(計劃)'[67]을, 향도방법에서는 '목표'(인생설계)[68]를 말할 수 있습니다. 이는 기초주의법의 두 번째 단계인데, '계획'은 교사와 학생 양측 모두에서 이루어지며 결과적으로 보면 한 학급단위로서의 계획이 서게 되는 것입니다. 또한 향도방법에서의 '목표'(인생설계)는 어디로 갈 것인가를 제대로 세워야 된다는 것으로, 입지(立志)의 원리를 강조하는 까닭도 바로 여기에 있습니다.

6-7. 정밀관찰(精密觀察): 교육연구방법론의 6단계 중 II는 '정밀관찰'[69]입니다. 문제의식을 통해 어떤 하나의 주제를 택하였으면 다음은 이에 대하여 좀 더 자세하게 여러모로 정밀관찰을 하여야 합니다. 이로써 자신이 택한 주제를 해명하기 위한 구상이 서게 되는 것입니다. 이를 가리켜 편의상 '정밀관찰'이라 해 보았습니다.

6-8. 건강교육(健康敎育): 교육제도론의 6교육과제 중 II는 '건강교육'[70]입니다. 인생에 있어서 건강이 얼마나 소중한가는 새삼 말할 필요도 없습니다. 그럼에도 불구하

64) 『교양으로서의 교육학』(한기언교육학전집17), 한국학술정보[주], 2002, pp. 83-84.
65) 『교사의 철학』, 양서원, 1994, p. 404.
66) 『상황과 기초: 구상교육철학으로서의 기초주의』, 서울대학교출판부, 1990, pp. 590-597.
67) 『한국현대교육철학-기초주의의 탄생과 성장』, 도서출판 하우, 1996, pp. 472-474.
68) 『교양으로서의 교육학』(한기언교육학전집17), 한국학술정보[주], 2002, p. 97.
69) 『교양으로서의 교육학』(한기언교육학전집17), 한국학술정보[주], 2002, p. 101.
70) 『교양으로서의 교육학』(한기언교육학전집17), 한국학술정보[주], 2002, p. 105.

고 청소년 시절에는 건강교육에 대하여 소홀히 하는 경우도 적지 않습니다. 이리하여 장년기에 이르러 체력의 한계를 느끼고 운동에 많은 시간을 보내게 되는데, 이것은 청소년 시절에 비하여 그 효과가 크지 않다는 것을 알아야 합니다. 청소년 시절에 우선적으로 신체를 단련하고 평생토록 건강교육에 유념하는 것이 건강교육의 정도(正道)입니다.

6-9. 전통불일치형: 교육사관론의 6유형 중 II는 '전통불일치형'[71]입니다. 사회가 혼란된 시대에 이를 바로잡기 위하여 교육사상이 '전통'을 지향하는 경우입니다.

6-10. 제2영역(교육기초학 II): 교육학의 구조 중 6영역의 II는 '제2영역: 교육기초학 II' 입니다. 여기에는 교육인간학, 교육심리학, 교육사회학, 비교교육학 등이 포함됩니다.[72] 편의상 여기서는 제1영역과 제2영역이라는 두 영역으로 나누어 보았지만, 이 모두가 '교육기초학'에 속하는 것입니다.

7. 지성(知性)

1핵	3이념	6개념
기초	시간	문화
		생활
	자유	**지성**
		인격
	질서	협동
		봉사

〈표 2-7〉 기초주의 6개념의 III

	지성
1. 교육적 존재론	1핵 사상: 기초
2. 교육적 가치론	6개념의 III: 지성

71) 『상황과 기초: 구상교육철학으로서의 기초주의』, 서울대학교출판부, 1990, pp. 809-810.
72) 『교양으로서의 교육학』(한기언교육학전집17), 한국학술정보[주], 2002, p. 110.

3. 교육적 인간론	6수상의 III: 합리적 인간
4. 교육자론	6수상의 III: 지성자
5. 교육적 지식론	6영역의 III: 지성영역
6. 교육적 방법론(학습지도법 · 향도방법)	6단계의 III: 수집 · 고민
7. 교육연구방법론	6단계의 III: 사고변별
8. 교육제도론	6교육과제의 III: 과학교육
9. 교육사관론	6유형의 III: 전통 · 개혁 동시형
10. 교육학의 구조	6영역의 III: 제3영역(교육방법학 I)

7-1. 기초: 기초주의의 6개념의 III은 '지성'[73]이고, 그 교육적 존재요, 인간 형성의 1핵 사상은 '기초'입니다.

7-2. 지성: 교육적 가치론의 6개념 중 III은 '지성'[74]입니다. 이것은 진리 가치에 해당되는 것으로 '진(眞)'이라 하고 '공(公)'이라고 하는 가치체입니다.

7-3. 합리적 인간: 교육적 인간론의 6수상 중 III은 '합리적 인간'[75]입니다. 이를 가리켜 나는 "사물을 합리적으로 처리할 수 있는 능력을 지닌 인간"이라고 표현하였습니다. '사물을 합리적으로 처리할 수 있는'이란 지성적 인간 특성을 가리켜 하는 말입니다. 흔히 인간을 가리켜 '호모 사피엔스'라고 일컫는 것은, 곧 인간이 사유하는 힘을 가지고 있음을 말하는 것입니다.

7-4. 지성자(知性者): 교육자론의 6수상 중 III은 '지성자'[76]입니다. 흔히 '지성인'이라 하는데 여기서는 '지성자'라 해 보았습니다. 교육자는 '공리권세를 초극하여 진리의 공도(公道)를 공구(功究)하는 양심을 지닌 지성자'여야 합니다.

7-5. 지성영역: 교육적 지식론의 6영역 중 III은 '지성영역'[77]입니다. 여기에 속하는 학문으로는 물리학, 화학, 수학, 철학, 논리학 등이 있습니다. 그리고 이를 다루는 교과목으로는 '과학' '수학'이 있습니다.

7-6. 수집 · 고민: 교육적 방법론의 6단계 중 III과 관련하여 학습지도법에서는 '수

73) 『한국교육의 이념』(한기언교육학전집13), 한국학술정보[주], 2004, pp. 137-143.
74) 『21세기 한국의 교육학』(한기언교육학전집16), 한국학술정보[주], 2001, pp. 317-321.
75) 『교양으로서의 교육학』(한기언교육학전집17), 한국학술정보[주], 2002, pp. 84-85.
76) 『교사의 철학』, 양서원, 1994, pp. 406-407에는 '지성인'으로 되어 있음.
77) 『상황과 기초: 구상교육철학으로서의 기초주의』, 서울대학교출판부, 1990, pp. 597-605.

집(蒐集)'[78]을, 향도방법에서는 '고민(모범발견)'[79]을 말하고 있습니다. 이는 기초주의법의 세 번째 단계인데, 학습지도법에서 우리가 어떤 주제나 단원에 대하여 바르게 알기 위해서는 그에 앞서는 단계로서 관련 자료를 광범하게 '수집'할 필요가 있습니다. 수집의 방법에는 여러 가지가 있는데 서적뿐만 아니라 현지답사나 인터뷰 등도 여기에 속합니다. 또 향도방법으로 '고민한다'는 것은 특히 청소년 단계에서 대단히 중요한 의미를 가지는 것입니다. 이 시기에는 몇 날 몇 밤을 두고서라도 심각하고 철저하게 고민해 보아야 할 것입니다. 이 청소년 시기에 자기 인생 문제에 대하여 철저하고 진지하게 고민해 보지 않은 사람은 반드시 중년에 이르러 그 이상의 고민에 빠지게 됩니다. 대략 40대에 이르러 인생의 갈림길에서 자신을 잃고 갈팡질팡하게 된다면 이는 청소년 시절에 철저하게 고민하지 않았던 대가로는 너무 큰 희생이라 할 수 있습니다.

7-7. 사고변별(思考辨別): 교육연구방법론의 6단계 중 III은 '사고변별'[80]입니다. 주제가 정해지고 구상이 섰으면, 다음은 자료 수집을 하여야 합니다. 이리하여 정한 주제와 관련된 풍부한 자료에 대하여 냉철하게 사고할 뿐만 아니라 자료 비판이 있어야 되리라고 봅니다. 이러한 사고변별을 통해 채택된 자료는 자신의 논지를 전개해 가는 데 매우 강한 설득력을 갖게 됩니다.

7-8. 과학교육: 교육제도론의 6교육과제 중 III은 '과학교육'[81]입니다. 달리 말하면 인문 · 사회 · 자연과학 등 모든 분야의 학문교육을 가리키는 것입니다. 체계화된 정보가 지식임을 생각할 때, '학문세계'는 인류가 유사 이래 피와 땀으로써 이룩한 예지의 금자탑입니다. 과학교육의 성과가 인류 사회 발전에 크게 공헌한 사례는 이루 다 말할 수 없을 정도로 지대합니다. 그런데 통상 과학교육이라 하면 '자연과학교육' 쪽으로 자기 한정하고 있음을 밝혀 두겠습니다.

7-9. 전통 · 개혁 동시형: 교육사관론의 6유형 중 III은 '전통 · 개혁 동시형'[82]입니다. 이것은 파괴되고 상실된 '전통'을 되살리는 동시에 후진성 극복을 위하여 '개혁'이 요청되는 역사적 상황에서 성립되는 또 하나의 유형입니다.

78) 『한국현대교육철학-기초주의 탄생과 성장』, 도서출판 하우, 1996, pp. 474-476.
79) 『교양으로서의 교육학』(한기언교육학전집17), 한국학술정보[주], 2002, pp. 97-98.
80) 『교양으로서의 교육학』(한기언교육학전집17), 한국학술정보[주], 2002, p. 102.
81) 『현대교육사조』(한기언교육학전집24), 한국학술정보[주], 2004, pp. 435-437.
82) 『상황과 기초: 구상교육철학으로서의 기초주의』, 서울대학교출판부, 1990, p. 812.

7-10. 제3영역(교육방법학 I): 교육학의 구조 중 6영역의 III은 '제3영역: 교육방법학 I'[83] 입니다. 여기에는 학습지도학, 향도학, 교육과정학, 교육측정평가학, 교육연구방법학, 교육공학 등이 포함됩니다.

8. 인격(人格)

1핵	3이념	6개념
기초	시간	문화
		생활
	자유	지성
		인격
	질서	협동
		봉사

〈표 2-8〉 기초주의 6개념의 IV

	인격
1. 교육적 존재론	1핵 사상: 기초
2. 교육적 가치론	6개념의 IV: 인격
3. 교육적 인간론	6수상의 IV: 교양적 인간
4. 교육자론	6수상의 IV: 구도자
5. 교육적 지식론	6영역의 IV: 인격영역
6. 교육적 방법론(학습지도법 · 향도방법)	6단계의 IV: 이회 · 결단
7. 교육연구방법론	6단계의 IV: 명확파악
8. 교육제도론	6교육과제의 IV: 도덕교육
9. 교육사관론	6유형의 IV: 개혁 · 전통 동시형
10. 교육학의 구조	6영역의 IV: 제4영역(교육방법학 II)

83) 『교양으로서의 교육학』(한기언교육학전집17), 한국학술정보[주], 2002, p. 110.

8-1. 기초: 기초주의의 6개념의 IV는 '인격'[84]이고, 그 교육적 존재요, 인간 형성의 1핵 사상은 '기초'입니다.

8-2. 인격: 교육적 가치론의 6개념 중 IV는 '인격'[85]입니다. 이것은 도덕 가치에 해당되는 것으로 '선(善)'이라 하고 '관(寬)'이라고 하는 가치체입니다.

8-3. 교양적 인간: 교육적 인간론의 6수상 중 IV는 '교양적 인간'[86]입니다. 이를 가리켜 나는 "사회 정의의 양식과 풍부한 인간성을 기반으로 지닌 인간"이라고 표현하였습니다. 이는 달리 말하면 '도덕적 인간'이라고 해도 좋을 것입니다.

8-4. 구도자(求道者): 교육자론의 6수상 중 IV는 '구도자'[87]입니다. 훌륭한 교육자는 '교회불권(敎誨不倦)하며 교학상장(敎學相長) 신념의 고취자(鼓吹者)로, 자기를 포함한 모든 인생의 구도자'입니다.

8-5. 인격영역: 교육적 지식론의 6영역 중 IV는 '인격영역'[88]입니다. 여기에 속하는 학문으로는 윤리학과 교육학 등이 있습니다. 또 이를 다루는 교과목은 '도덕'과 '교육학'입니다.

8-6. 이회 · 결단: 교육적 방법론의 6단계 중 IV와 관련하여 학습지도법에서는 '이회(理會)'[89]를, 향도방법에서는 '결단[비교검토]'[90]을 말하고 있습니다. 이는 기초주의법의 네 번째 단계인데, '이회'란 '이치회득(理致會得)'을 줄인 말입니다. 뜻을 알게 될 뿐만 아니라 그것이 몸에 붙어 정말 자기 것이 되도록 한다는 뜻입니다. 핵심적인 본질 이해가 충분히 된 상태라는 뜻으로 '이회'라고 해 본 것입니다. 그만큼 바로 알게 되어 뼈가 되고 살이 되어야 한다는 것입니다. 이 '이회' 단계에서 사용되는 학습지도법은 그동안 우리가 개발해 놓은 모든 것이 사용됩니다. 또 향도방법에서 '결단'의 한 예로, 앞에서 본 제3단계인 '고민'을 통해 '교육학'을 전공하기로 하였다고 해도, 아직은 신중을 기해야 될 단계입니다. 교육학 말고도 더 좋은 분야는 없는지 비교 검토해 보아야 할 것입니다. 이리하여 최선의 길을 택한 전공학과가 교육학과요, 학문분야로서 '교육학'이라고 한다면 이것은 진정 네 번째 단계인 '결단'인

84) 『한국교육의 이념』(한기언교육학전집13), 한국학술정보[주], 2004, pp. 143-150.
85) 『21세기 한국의 교육학』(한기언교육학전집16), 한국학술정보[주], 2001, pp. 321-324.
86) 『교양으로서의 교육학』(한기언교육학전집17), 한국학술정보[주], 2002, pp. 85-86.
87) 『교사의 철학』, 양서원, 1994, pp. 407-408.
88) 『상황과 기초: 구상교육철학으로서의 기초주의』, 서울대학교출판부, 1990, pp. 605-609.
89) 『한국현대교육철학-기초주의의 탄생과 성장』, 도서출판 하우, 1996, pp. 476-478.
90) 『교양으로서의 교육학』(한기언교육학전집17), 한국학술정보[주], 2002, p. 98.

것입니다. 이 비교 검토를 제대로 하지 않은 채 이루어지는 '결단'은 나중에 후회하는 일이 생길 수도 있습니다. 그러므로 결단을 할 때에는 눈을 크게 뜨고 신중에 신중을 기하고, 철저하게 비교 검토를 해야만 되는 것입니다.

8-7. 명확파악(明確把握): 교육연구방법론의 6단계 중 IV는 '명확파악'[91]입니다. 이 단계에 이르면 자신이 해명하려고 한 주제의 내용이 대체로 갖추어진 셈입니다. 따라서 여기서는 그 내용에 대해 보다 명확한 파악이 이루어지도록 내용 이회(理會)에 보다 힘써야 될 것입니다.

8-8. 도덕교육: 교육제도론의 6교육과제 중 IV는 '도덕교육'[92]입니다. 동서양 공히 도덕은 그 나라, 그 사회 그리고 그 시대의 인간생활을 규율해 왔습니다. 이를테면 유교의 '삼강오륜(三綱五倫)'이 조선시대 오백 년의 도덕규범으로서 지켜져 온 의미는 매우 큽니다. 오늘날에도 범세계적 규모의 가치체계나 도덕규범의 출현이 요망되고 있는 것도 사실입니다. 기초주의의 교육적 가치체계인 '1핵 3이념 6개념'은 감히 그와 같은 요구에 대한 새로운 대안 제시라 하겠습니다.

8-9. 개혁 · 전통 동시형: 교육사관론의 6유형 중 IV는 '개혁 · 전통 동시형'[93]입니다. 이것은 '전통 · 개혁 동시형'과 쌍둥이 유형이라 할 것으로, '전통 · 개혁'이라는 표현 대신에 '개혁 · 전통'이라 하였습니다. 다만, 동시는 동시로되, 그 경우에도 '전통'을 앞에 놓느냐, '개혁'을 앞에 놓느냐의 표현만큼 미묘한 차이가 있다는 점에서 이러한 용어를 만들어 본 것입니다. 우리나라의 경우 8 · 15 광복과 더불어 '전통 · 개혁 동시형'을 내세우는 세력과 '개혁 · 전통 동시형'을 내세우는 또다른 세력이 출현하였던 점을 봐도 이렇게 두 가지 유형을 들 수 있는 것이 아닌가 합니다. 그러나 실제로는 '전통파'와 '개혁파'로 갈라져 있었던 것 또한 사실입니다.

8-10. 제4영역(교육방법학 II): 교육학의 구조 중 6영역의 IV는 '제4영역: 교육방법학 II'[94]입니다. 여기에는 교육행정학, 교육재정학, 가정교육학, 유아교육학, 초등교육학, 중등교육학, 특수교육학, 교육생리학, 교육위생학, 교육윤리학, 교사학 등이 포함됩니다.

---

91) 『교양으로서의 교육학』(한기언교육학전집17), 한국학술정보[주], 2002, p. 102.
92) 『현대교육사조』(한기언교육학전집24), 한국학술정보[주], 2004, pp. 387-407.
93) 『교양으로서의 교육학』(한기언교육학전집17), 한국학술정보[주], 2002, p. 109.
94) 『교양으로서의 교육학』(한기언교육학전집17), 한국학술정보[주], 2002, p. 111.

9. 협동(協同)

1핵	3이념	6개념
기초	시간	문화
		생활
	자유	지성
		인격
	질서	**협동**
		봉사

〈표 2-9〉 기초주의 6개념의 V

	협동
1. 교육적 존재론	1핵 사상: 기초
2. 교육적 가치론	6개념의 V: 협동
3. 교육적 인간론	6수상의 V: 노작적 인간
4. 교육자론	6수상의 V: 개척자
5. 교육적 지식론	6영역의 V: 협동영역
6. 교육적 방법론(학습지도법 · 향도방법)	6단계의 V: 발표 · 실천
7. 교육연구방법론	6단계의 V: 연구연마
8. 교육제도론	6교육과제의 V: 시민교육
9. 교육사관론	6유형의 V: 개혁일치형
10. 교육학의 구조	6영역의 V: 제5영역(교과교육학 I)

9-1. 기초: 기초주의의 6개념의 V는 '협동'[95]이고, 그 교육적 존재요, 인간 형성의 1핵 사상은 '기초'입니다.

9-2. 협동: 교육적 가치론의 6개념 중 V는 '협동'[96]입니다. 이것은 물질 가치에 해당되는 것으로 '부(富)'라 하고 '근(勤)'이라고 하는 가치체입니다.

95) 『한국교육의 이념』(한기언교육학전집13), 한국학술정보[주], 2004, pp. 179-187.
96) 『21세기 한국의 교육학』(한기언교육학전집16), 한국학술정보[주], 2001, pp. 326-327.

9-3. 노작적 인간: 교육적 인간론의 6수상 중 V는 '노작적 인간'[97]입니다. 이를 가리켜 나는 "직업에 긍지를 지니며 근로애호의 태도를 지닌 인간"이라 표현했습니다.

9-4. 개척자(開拓者): 교육자론의 6수상 중 V는 '개척자'[98]입니다. 훌륭한 교육자는 '문화의 재창조자요, 새로운 교육학의 이론 및 실천의 개척자'입니다.

9-5. 협동영역: 교육적 지식론의 6영역 중 V는 '협동영역'[99]입니다. 여기에 속하는 학문으로는 농학, 수산학, 공학 등을 총칭하는 산업과학을 비롯하여 경제학, 법률학이 있습니다. 또한 이를 다루는 교과목으로는 '사회'와 '실과'가 있습니다.

9-6. 발표 · 실천: 교육적 방법론의 6단계 중 V와 관련하여 학습지도법에서는 '발표(發表)'[100]를, 향도방법에서는 '실천(실천궁행)'[101]을 말하고 있습니다. 이는 기초주의법의 다섯 번째 단계인데, 이 발표 양식에는 구두 발표를 비롯하여 문서화해서 '보고서'로 제출하는 일 그리고 '실연(實演)'해 보이는 일 등 여러 가지가 있습니다. 또 향도방법에서도 이제 다섯 번째 단계에 이르면 자기 전공인 교육학 전공, '교육의 길'로 일로매진(一路邁進), 실천궁행(實踐躬行)하는 것입니다.

9-7. 연구연마(研究研磨): 교육연구방법론의 6단계 중 V는 '연구연마'[102]입니다. 4단계인 '명확파악'에 이어, 제5단계에서는 다시 한번 연구성과에 대한 세밀한 검토가 필요하며 이를 가리켜 연구연마라 해 본 것입니다.

9-8. 시민교육: 교육제도론의 6교육과제 중 V는 '시민교육'[103]입니다. 시민이란 '인권에 각성된 민중'을 말합니다. 시민교육의 특성은 다음과 같습니다.

첫째, 시민교육은 이기적 개인주의에서 벗어나 시민으로서의 권리와 함께 책임과 의무에 충실한 민주적 인간이 되게 하는데 그 의의가 있습니다. 둘째, 공교육은 선량한 시민의 양성에 그 목적이 있고, 시민교육의 초점은 민주적 생활방식을 계속시키는 데 있습니다. 셋째, 시민교육은 초 · 중등학교의 모든 교과목을 통해 통합적으로 행해져야 되며, 계속성을 기져야 합니다. 대학의 교양과목으로 제공되는 『사회과학개론』도 이와 관련된 성격의 것입니다. 넷째, 시민교육의 기회는 다양합니다

97) 『교양으로서의 교육학』(한기언교육학전집17), 한국학술정보[주], 2002, p. 86.
98) 『교사의 철학』, 양서원, 1994, pp. 409-410.
99) 『상황과 기초: 구상교육철학으로서의 기초주의』, 서울대학교출판부, 1990, pp. 609-613.
100) 『한국현대교육철학-기초주의의 탄생과 성장』, 도서출판 하우, 1996, pp. 478-480.
101) 『교양으로서의 교육학』(한기언교육학전집17), 한국학술정보[주], 2002, p. 98.
102) 『교양으로서의 교육학』(한기언교육학전집17), 한국학술정보[주], 2002, p. 102.
103) 『현대교육사조』(한기언교육학전집24), 한국학술정보[주], 2004, pp. 425-435.

만, 그중에서도 학교는 매우 중요한 기관입니다. 다섯째, 시민교육은 민주적 생활 방식의 습관화와 체현에 그 궁극적 목적이 있다고 하겠습니다. 이리하여 오늘날 세계화가 말하여지고 우주권 시대가 말하여지는 시대성에 비추어 보아 세계시민으로서의 민주적 시야와 각성이 요청된다고 하겠습니다.

9-9. 개혁일치형: 교육사관론의 6유형 중 V는 '개혁일치형'[104]입니다. 이것은 사회나 교육사상이 다 같이 전 시대의 묵은 껍질에서 벗어나 새로운 가치체계를 구축하고 구현해 보려고 하는 경우입니다.

9-10. 제5영역(교과교육학 I): 교육학의 구조 중 6영역의 V는 '제5영역: 교과교육학 I'[105]입니다. 여기에는 교육과교육학, 도덕과교육학, 국어과교육학, 사회과교육학, 수학과교육학, 과학과교육학, 음악과교육학, 미술과교육학, 체육과교육학, 가정과교육학, 실업과교육학, 외국어과교육학 등이 포함됩니다.

10. 봉사(奉仕)

1핵	3이념	6개념
기초	시간	문화
		생활
	자유	지성
		인격
	질서	협동
		봉사

104) 『상황과 기초: 구상교육철학으로서의 기초주의』, 서울대학교출판부, 1990, p. 811.

105) 『교양으로서의 교육학』(한기언교육학전집17), 한국학술정보[주], 2002, p. 131.

〈표 2-10〉 기초주의 6개념의 VI

	봉사
1. 교육적 존재론	1핵 사상: 기초
2. 교육적 가치론	6개념의 VI: 봉사
3. 교육적 인간론	6수상의 VI: 봉사적 인간
4. 교육자론	6수상의 VI: 봉사자
5. 교육적 지식론	6영역의 VI: 봉사영역
6. 교육적 방법론(학습지도법 · 향도방법)	6단계의 VI: 평가 · 성찰
7. 교육연구방법론	6단계의 VI: 결론도출
8. 교육제도론	6교육과제의 VI: 국제교육
9. 교육사관론	6유형의 VI: 개혁불일치형
10. 교육학의 구조	6영역의 VI: 제6영역(교과교육학 II)

10-1. 기초: 기초주의의 6개념의 VI은 '봉사'[106]이고, 그 교육적 존재요, 인간 형성의 1핵 사상은 '기초'입니다.

10-2. 봉사: 교육적 가치론의 6개념 중 VI은 '봉사'[107]입니다. 이것은 심미 가치에 해당되는 것으로 '미(美)'라 하고 '신(信)'이라고 하는 가치체입니다.

10-3. 봉사적 인간: 교육적 인간론의 6수상 중 VI은 '봉사적 인간'[108]입니다. 이를 가리켜 나는 "(세계 민주) 시민으로서 신뢰를 지닌 인간"이라고 표현하였습니다.

10-4. 봉사자(奉仕者): 교육자론의 6수상 중 VI은 '봉사자'[109]입니다. 훌륭한 교육자는 '인류번영과 걸출한 인재배양에 보람을 느끼는 사회봉사자'인 것입니다.

10-5. 봉사영역: 교육적 지식론의 6영역 중 VI은 '봉사영역'[110]입니다. 여기에 속하는 학문으로는 문학, 예술학, 미학 등이 있습니다. 또한 이를 다루는 교과목은 '예능'입니다.

10-6. 평가 · 성찰: 교육적 방법론의 6단계 중 VI과 관련하여 학습지도법에서는 '평

106) 『한국교육의 이념』(한기언교육학전집13), 한국학술정보[주], 2004, pp. 187-189.
107) 『21세기 한국의 교육학』(한기언교육학전집16), 한국학술정보[주], 2001, pp. 327-330.
108) 『교양으로서의 교육학』(한기언교육학전집17), 한국학술정보[주], 2002, pp. 86-87.
109) 『교사의 철학』, 양서원, 1994, p. 410.
110) 『상황과 기초: 구상교육철학으로서의 기초주의』, 서울대학교출판부, 1990, pp. 614-618.

가(評價)'[111]를, 향도방법에서는 '성찰(평생평가)'[112]을 말하고 있습니다. 이는 기초주의법의 여섯 번째 단계인데, 평가 양식에는 학생 자신에 의한 평가와 교사에 의한 평가가 있습니다. 평가는 한 주제 또는 한 단원이 끝날 때마다 행하는 것이 좋습니다. 그 까닭은 평가 자체가 지니는 교육적 의미와 교육적 효과 때문입니다. 사실 우리는 평가를 통하여 그간에 학습한 내용에 대한 교육적 반성을 거듭하게 됩니다. 또 기회 있을 때마다 교사는 '평생평가'의 의미도 일러 주는 것이 좋습니다. 또 향도방법에서 우리는 자기가 이룩해 낸 결과에 대하여 종종 자기반성을 할 필요가 있습니다. 이리하여 자신의 부족한 점을 보완해 가면서 자기 인생 목표를 점검하고 자기과업을 수행, 달성하는데 힘쓰도록 해야 할 것입니다. 인생에 있어서 가장 엄숙한 평가는 '평생평가(平生評價)'입니다. 사람의 진가는 관 뚜껑을 덮은 뒤에 내려지는 것이니, 인생이 엄숙한 까닭이 바로 여기에 있습니다.

10-7. 결론도출(結論導出): 교육연구방법론의 6단계 중 VI은 '결론도출'[113]입니다. 제6단계에 이르러 연구자는 마침내 자신이 택한 주제 논문의 결론을 쓰게 됩니다. 이러한 여섯 가지 단계를 밟을 때 우리는 특정한 문제의식에서 출발하여 하나의 설득력 있고 독창성이 두드러진 한 편의 '논문'을 완성할 수 있습니다.

10-8. 국제교육: 교육제도론의 6교육과제 중 VI은 '국제교육'[114]입니다. 세계 항구평화의 수립은 오늘날 전 인류의 가장 절실한 교육적 과제라 할 수 있습니다. 유네스코(UNESCO)의 탄생은 여기에 근거하고 있습니다. 그러므로 지난 반세기여에 걸쳐 유네스코는 구체적인 교육운동을 전개해 왔습니다. 그것이 '국제이해교육'이고, '국제협동학교 운동'입니다. 국제이해교육의 이념으로 다음의 네 가지가 있습니다.

① 세계평화: 전쟁의 부정과 평화 희구의 정신
② 인권존중: 자유와 정의에 의거한 인권존중의 태도
③ 상호이해: 타국 · 타민족에 대한 이해
④ 국제협동: 국제협력의 실천적 태도의 양성

111) 『한국현대교육철학-기초주의의 탄생과 성장』, 도서출판 하우, 1996, pp. 480-481.
112) 『교양으로서의 교육학』(한기언교육학전집17), 한국학술정보[주], 2002, p. 98.
113) 『교양으로서의 교육학』(한기언교육학전집17), 한국학술정보[주], 2002, p. 102.
114) 『현대교육사조』(한기언교육학전집24), 한국학술정보[주], 2004, pp. 437-462.

이렇듯 나는 국제이해교육의 본질 이해를 알기 쉽게 하려는 생각에서 각각 네 글자씩 모두 열여섯 글자로 표현해 보았습니다. 그것이 앞에 든 '세계평화' '인권존중' '상호이해' '국제협동'이라는 말입니다.

10-9. 개혁불일치형: 교육사관론의 6유형 중 VI은 '개혁불일치형'[115]입니다. 이것은 사회가 시대적 타성으로 보수성을 보이는 데 반해, 교육사상은 이것을 개혁하고자 미래지향성을 보이는 경우입니다.

10-10. 제6영역(교과교육학 II): 교육학의 구조 중 6영역의 VI은 '제6영역: 교과교육학 II'[116]입니다. 여기에는 사회교육학, 평생교육학이 포함됩니다. 실제 내용으로 보면, 제5영역에 제시된 각 교과교육학이 여러 가지 사회교육의 양식으로 다루어진다고 하겠습니다.

이상 1핵 3이념 6개념의 열 가지 항목을 다음 제3장에서는 일목요연하게 알아보기 쉽도록 제3장에서는 ① 기초주의, ② 교육의 이념, ③ 교육적 인간상, ④ 교육자론, ⑤ 교육적 지식론, ⑥ 학습지도법, ⑦ 향도방법, ⑧ 교육연구방법, ⑨ 교육제도론, ⑩ 교육사관론 그리고 ⑪ 교육학의 구조로 나누어 각각을 1-3-6의 형식으로 설명해 보고자 합니다.

115) 『상황과 기초: 구상교육철학으로서의 기초주의』, 서울대학교출판부, 1990, pp. 810-811.

116) 『교양으로서의 교육학』(한기언교육학전집17), 한국학술정보[주], 2002, p. 111.

제3장
기초주의 교육적 나침반

기초주의의 세계

한기언

1. 기초주의

기초주의	전통과 개혁의 조화를 통한 인간 형성의 논리
	모든 사람의 인생을 예술적 경지에까지 승화시키는 인간 형성의 기본원리

이번에 나는 나의 교육이론이요, 교육철학인 '기초주의(基礎主義, Kichojuii, Foundationism)'에 대한 보다 간편한 이해의 길을 위해서 '기초주의 교육적 나침반-기초주의의 교육구조적 이해(II)'라는 표를 만들어 보았습니다. 이것은 전에 발표한 '기초주의의 교육구조적 이해-모든 사람의 인생을 예술적 경지에까지 승화시키는 인간 형성의 기본원리'에 연이은 표이기에 편의상(II)라고 해 보았습니다.

'기초주의'는 아시는 바와 같이 1957년 명명, 제창한 것으로 나는 그간 여러 편의 논문과 저서를 통해 '기초주의'의 내용 해명에 힘써 왔습니다. 이 작업은 앞으로도 계속될 것입니다. 한편 기초주의가 무엇인지, 비교적 짧은 시간 내에 간편하게 이해할 수 있는 글도 필요하다고 생각하고 있습니다. 기초주의의 교육적 가치체계인 '1핵 · 3이념 · 6개념'은 바로 이것을 단적으로 나타내는 말이기도 합니다. 그러면서도 다시 교육적 인간상을 비롯하여 교육자론, 교육적 지식론, 학습지도법, 향도방법, 교육연구방법, 교육제도론, 교육사관론, 교육학의 구조에서는 어떠냐는 물음이 예상되었습니다. 새로 만든 '표: 기초주의 교육적 나침반'은 이 요청에 답하려 한 것입니다. 바라건대 전에 만든 '표: 기초주의의 교육구조적 이해'와 아울러 이용해 주셨으면 합니다.

1) 전통과 개혁의 조화

기초주의가 무엇인가를 단적으로 나타내는 말로 기초주의란 "전통과 개혁의 조화를 통한 인간 형성의 논리"라는 표현이 있습니다. 여기에는 역사적 자아인 '주체'가 중심을 잡고 있음은 물론입니다. 역사적 자아의 의식구조는 '시간성의 원리'와 '공간성의 원리'가 통합된 '구(球)'임을 전제로 하여, 일단 '전통과 개혁의 조화'라는 말을 사용하고 있습니다. 이것은 교육 현상이 진공 중에서 행하여지는 것이 아님을 뜻합니다. 즉, 교육은 역사성을 전제로 하여 그간 '전통'과 '개혁' 사이에 끊임없는 갈등이 노정되어 왔던 것입니다. 따라서 여기서 말하는 '조화'란 '중용(中庸)'을 뜻하는 것입니다. 이것을 판가름하게 하는 기준이란 곧 '진리'요 '기초'인 것입니다. 기초란 『대학』의 삼강령 중 하나인 '지어지선(止於至善)'이요, 진리를 뜻하는 말입니다. 나는 기초주의를 가리켜 '구상(球象)교육철학으로서의 기초주의'라고 하여 교육의 '구(球)'적 인식도 강조하고 있습니다.

2) 인간 형성의 기본원리

기초주의가 무엇인가를 단적으로 보여 주는 또 다른 표현으로 나는 기초주의란 "모든 사람의 인생을 예술적 경지에까지 승화시키는 인간 형성의 기본원리"라고도 하였습니다. 이 경우 '예술적 경지'란 우리말인 '멋'과 같은 경지를 의미합니다. '멋'이란 기초주의의 '기초'에 해당되는 말로, '창조'요 '진리'요 '지어지선'을 뜻합니다.

기초주의가 의도하는 것은 '기초주의'에 대한 바른 이해를 통해 우리나라 사람은 물론이요 세계 모든 사람의 인생을 최고 행복의 상태, 즉 예술적 경지에까지 승화시키려는 데 있습니다. 사람들은 의외로 자기형성에 관한 지식에 무심한 것 같습니다. 이것은 망망대해와 같은 인생 항해에 있어 나침반 없이 출항하는 것처럼 위험하기 이를 데 없는 어리석은 일이라 하겠습니다. 감히 '교육적 나침반'이라 하여 하나의 표를 제작, 제시해 보는 까닭도 여기에 있습니다.

말할 나위도 없이 모든 도구나 사상 역시 시간의 흐름 속에서 보다 편리하고 정교한 것이 나오게 마련입니다. 여기에 제시한 '기초주의 교육적 나침반'이라는 표 역시 예외가 아닙니다. 그러므로 기초주의에서는 '기초로부터 새로운 기초에까지'라는 표어를 즐겨 쓰고 있습니다.

2. 교육의 이념

교육의 이념	[1]	기초					
	[3]	시간		자유		질서	
	[6]	문화	생활	지성	인격	협동	봉사

1) 기초

'기초'란 기초주의에서 인간 형성의 핵 사상을 가리켜 말하는 교육적 존재요, 관건적 용어입니다. 3이념 6개념과 아울러 '1핵'에 해당되는 말입니다. 여기에는 다음과 같은 세 가지 차원이 있다고 봅니다.

첫째, 체험의 차원에서는 사람에 따라 구체적인 체험이 다르겠지만 하나의 공통점이 있다면 그것은 '만사에 기초가 있을 뿐만 아니라 기초가 가장 중요하다는 사실'입니다. 나 역시 구체적으로 몇 가지 사례가 있지만 그중에서도 수영선수 생활 만 10년의 체험에서 깨달은 '기초의 중요성'은 으뜸가는 체험사례라 하겠습니다.

둘째, 통념의 차원에서는 건축에 기초가 중요하다는 것은 흔히 하는 말입니다. 성수대교의 붕괴라든가 삼풍백화점 및 와우 아파트의 붕괴 사건 등은 모두 기초가 허술한 데서 일어난 참사였던 것 같습니다. 이와 반대로 손기정 선수라든가 황영조 선수에 의한 올림픽 마라톤 우승은 마라토너의 '기초'의 승리였다고 하겠습니다. 그러기에 교육에서는 무엇보다도 '기초'를 강조하게 되는 것입니다.

셋째, 이론의 차원에서는 다음의 여섯 가지로 '기초'의 교육적 의미를 설명하고자 합니다. 즉, 기초의 여섯 가지 특성이란, ① 인간 형성의 핵 사상으로서의 기초,

② 진리로서의 기초, ③ 창조의 논리로서의 기초, ④ 교육적 평가기준으로서의 기초, ⑤ 교육이념으로서의 기초, ⑥ 지남성(指南性)으로서의 기초입니다.

2) 시간 · 자유 · 질서

기초주의에서는 '3이념'이라 하여 '시간의 이념' '자유의 이념' '질서의 이념'을 강조하고 있습니다. 구조적으로는 인간 형성의 세 가지 차원인 전통 · 주체 · 개혁을 전제로 삼은 것입니다. 우리가 자기형성을 해 나가는 데 있어서 먼저 선인들의 업적에 경건하게 머리를 숙여 크게 배우고, 자기 위치와 사명을 직시하고, 그리고 감연히 머리를 들어 새로운 문화창조에 매진하도록 해야 할 것입니다.

이러한 세 가지 차원과 관련하여 교육상 매우 중요하다고 여겨지는 용어로 '시간' '자유' '질서'가 있습니다. 각각 인간 형성에 있어서 매우 중요한 용어임은 물론이지만 인간 형성의 '3이념'으로 유기적인 파악이 중요하다고 보았습니다. 이 세 가지 이념을 달리 표현하면 '밝은 눈 · 찬 머리 · 뜨거운 가슴'이며, 인간 형성에 있어서 역사적 통찰력과 냉철한 사고 판단, 열정적인 추진인 실천궁행(實踐躬行)을 나타내 보려고 하였습니다.

3) 여섯 가지 가치체

기초주의에서는 '6개념'이라 하여 여섯 가지 가치체를 강조하고 있습니다. 나는 전통과 주체와 개혁이라는 세 가지 차원과 함께 거시적-미시적, 현실적-이상적, 외재적-내재적이라는 '여섯 가지 방향성'을 머리에 그려 보면서 기초주의의 가치체계를 생각해 보았습니다. 그리고 이를 기초주의의 '6개념'인 문화 · 생활 · 지성 · 인격 · 협동 · 봉사라고 정리했습니다.

(1) 문화: 이것은 정신적 · 종교적 가치에 해당되는 가치체로, '성(聖)'이라 하고 '효(孝)'라고 하는 가치체입니다.
(2) 생활: 이것은 사회적 · 건강적 가치에 해당되는 가치체로, '건(健)'이라 하고 '성(誠)'이라고 하는 가치체입니다.

(3) 지성: 이것은 진리 가치에 해당되는 가치체로, '진(眞)'이라 하고 '공(公)'이라고 하는 가치체입니다.
(4) 인격: 이것은 도덕 가치에 해당되는 가치체로, '선(善)'이라 하고 '관(寬)'이라고 하는 가치체입니다.
(5) 협동: 이것은 물질 가치에 해당되는 가치체로, '부(富)'라 하고 '근(勤)'이라고 하는 가치체입니다.
(6) 봉사: 이것은 심미 가치에 해당되는 가치체로, '미(美)'라 하고 '신(信)'이라고 하는 가치체입니다.

따라서 기초주의의 여섯 가지 가치인 '문화 · 생활 · 지성 · 인격 · 협동 · 봉사'를 각각 '성 · 건 · 진 · 선 · 부 · 미'라든가 '효 · 성 · 공 · 관 · 근 · 신'과 대비해 본다면 보다 이해가 쉬울 것입니다. 이렇듯 기초주의의 '교육의 이념' 체계인 '1핵 3이념 6개념'은 어느 특정 사회나 특정 종교, 특정 학설에 고착화된 용어보다는 교육용어로서 일반성을 취해 보려 하였습니다.

3. 교육적 인간상

교육적 인간상	[1]	역사적 의식인					
	[3]	예지성		관용성		웅건성	
	[6]	애국적 인간	범애적 인간	합리적 인간	교양적 인간	노작적 인간	봉사적 인간

1) 역사적 의식인

기초주의에서는 '전인(全人)'을 염두에 두면서 이를 가리켜 '역사적 의식인'이라 하였습니다. 인간의 특성을 나타내는 수많은 표현 가운데서 단 하나를 뽑는다면 '역사적 의식인'이 가장 적합하다고 생각했기 때문입니다. 인간은 '역사의식'을 지니고 있다는 점에서 다른 동물과 극명하게 구별되기 때문입니다. 이리하여 기초주의에서는 '역사적 자아'의 탐구 · 각성 · 실현을 강조하고 있습니다.

2) 예지성 · 관용성 · 웅건성

기초주의에서는 '역사적 의식인'의 세 가지 특성으로서 예지성과 관용성 그리고 웅건성을 들고 있습니다. 여기에 관한 알기 쉬운 예로는, 가까이는 신라인의 '슬기로움'(예지성)과 백제인의 특성인 '너그러움'(관용성) 그리고 고구려인의 특성인 '씩씩함'(웅건성)을 상기하셔도 좋을 것입니다.

3) 여섯 가지 특수상

앞에 든 기초주의의 교육적 인간상인 역사적 의식인의 '3특성'에 대하여 '6특수상'은 다음과 같이 애국적 인간, 범애적 인간, 합리적 인간, 교양적 인간, 노작적 인간 그리고 봉사적 인간입니다.

(1) 애국적 인간

이를 가리켜 나는 "예리한 역사의식에 입각한 인류 문화에 대한 경외심과 공정한 민족애 · 조국애를 지닌 인간"이라 표현해 보았습니다.

첫째, '예리한 역사의식에 입각한'이란 인간의 특성 중 가장 중요한 특성을 가리키는 말이기도 합니다. 사실 인간이 다른 동물과 크게 유별되는 점이 있다면 그것은 곧 '역사의식'일 것입니다. 인간은 순간 속에서도 영원을 의식하고 살고 있으며, 일거수일투족에도 역사적 평가가 내려지게 됨을 알고 행동합니다. 인간은 지난날을 상기할 수 있고 또 지난날의 경험에 의한 가르침, 크게는 인류의 역사적 교훈에 따라 행동하게 됩니다. 역사의 가르침을 거울로 삼는 것입니다. 흔히 "역사는 되풀이된다."는 말을 합니다. 그렇게 느끼게 될 만큼 인간의 속성이 어떤 상황이 벌어지면 자기도 모르게 비슷한 반응을 보이는 경우가 많기 때문일 것입니다. 설사 똑같은 행동으로 나타나지 않더라도 올바른 역사의식을 갖고 있다면 어리석은 행동을 반복하지는 않을 것입니다.

둘째, '인류 문화에 대한 경외심'이란 인간이 인간다워지기 위해서는 우선 선현들이 이루어 놓은 문화적 업적에 고개 숙일 줄 알아야 한다는 것입니다. 만약 인류 문화라는 보호 장치가 없는 상태에서 인간이 태어나 홀로 생활하여야 한다면 자신이 얼마나 무력한 존재인가를 곧 알게 될 것입니다. 물론 이것은 실제적인 얘기라기보다는 하나의 가정에 불과합니다. 또 앞으로도 결코 그러한 끔찍한 사태가 벌어져서는 안 될 것입니다.

그러나 일단 인류 문화유산 없이 혼자 살아가는 인간을 생각해 봅니다. 이때 그가 할 수 있는 일은 무엇이겠습니까? 의식주 문제부터 시작해서 모든 일에 자기 머리를 총동원하여 대책을 강구해야 할 것입니다. 이리하여 마침내 어떤 도구를 고안 · 제작하는데 성공하였다고 합시다. 그렇더라도 그 수준은 지극히 보잘것없는 것임을 오늘날 고도로 발달된 인류의 문화 수준에서 보면 금방 느끼게 될 것입니다. 앞의 가상적 상황에 살던 사람이 갑자기 현대 인류 문화를 접하게 되었다고 칩시다. 이때 그가 받는 문화적 충격도 크겠지만 인류 문화에 대하여 이모저모로 친절하게 알려 주는 이웃 사람의 설명을 들을 때, 그는 감탄사와 함께 진정 마음으로부터 인류 문화에 대하여 경외심이 들 것입니다.

인류 문화가 결코 하루아침에 이루어진 것이 아니고, 인류 문화의 하나하나가 모두 이루 헤아릴 수 없는 선현들의 수천 수만 년에 걸쳐 피땀 어린 노력의 성과이기에, 그 사실을 알게 되면 알게 될수록 더욱 고개가 깊게 수그러질 것입니다. 그렇기에 인류 문화와 선현들에 대해 경외심을 가지라는 것입니다.

셋째, '공정한 민족애 · 조국애를 지닌 인간'이라는 표현은 사람이라면 누구나 자기 자신의 뿌리에 대해 잘 알아야 한다는 것입니다. 오랜 역사의 흐름과 더불어 오늘날 세계는 여러 민족과 국가로 분류되고 있습니다. 이때 우리는 일차로 자기 자신의 뿌리가 어떤 것인지 바르게 알 필요가 있습니다. 자기 민족, 자기 조국에 대한 바른 인식이 이루어졌을 때 자기 민족과 조국에 대한 고마움을 새삼 느끼게 될 것입니다. 이러한 생각은 점차 승화되어 마침내 민족애 · 조국애로 형성될 것입니다. 그러기에 일단 외부로부터 자기 민족과 조국이 침략 당하게 되면 생명을 내놓고 이를 수호하려고 전쟁에 참가하기도 합니다.

나는 그래서 역사적 의식인의 첫 번째 특성으로서 "예리한 역사의식에 입각한 인류 문화에 대한 경외심과 공정한 민족애와 조국애를 지닌 인간"이라고 표현해 보았던 것입니다. 이 경우에 특히 '공정한'이라는 말을 쓴 까닭은 역사상 때로 편파적인 민족애나 조국애는 쇼비니즘이나 국수주의(國粹主義)로 불리듯이 '공정성'을 잃게 됨으로써 이루 헤아릴 수 없는 폐해를 남긴 전례가 있었기 때문입니다. 자기 민족, 자기 나라를 사랑하는 일은 옳은 일입니다. 그러나 극단적인 배타주의(排他主義)는 크게 경계해야 합니다. 따라서 '애국적 인간'을 말함에 있어 특히 공정한 민족애와 조국애를 지닌 인간이라고 '공정한'이라는 세 글자를 힘주어 말하고 있는 것입니다.

(2) 범애적 인간

이를 가리켜 나는 "세계적 시야를 지니고 행복한 생활을 영위하는 인간"이라 표현해 보았습니다.

첫째, '세계적 시야를 지니고'란 눈을 크게 떠서 결코 자기 민족, 자기 나라만 생각할 것이 아니라 인류 전체, 세계 전체를 생각해야 한다는 것입니다. 요즘 환경오염의 심각성을 우려하여 '지구는 하나'라는 말을 자주 씁니다. 신문보도에 의하면 남극 상공의 오존층이 파괴되어 그 구멍의 넓이가 점점 커져 가고 있다고 합니다. 오존층의 파괴는 마침내 태양 자외선에 의해 생태계가 파괴되고 이산화탄소 증가에 의한 온난화로 남극의 얼음이 녹게 되어 육지의 상당 부분이 해수면 아래에 들어가게 될지도 모른다는 것입니다.

지구는 우리 인류 모두의 생활무대입니다. 인간의 무절제한 생활 방식이 지구 환경을 나날이 크게 오염시켜 더 이상 방치할 수 없는 지경에까지 이르게 된 것입니다. 그러기에 그동안에도 천연자원의 고갈과 공해에 의한 환경오염에 대한 경고의 말이 1968년 결성된 로마클럽의 보고서로도 발표되곤 하였던 것입니다.

극심한 환경오염으로 파괴된 지구에 인류가 더 이상 살 수 없게 되는 날, 무수한 유인우주선을 타고 인류의 지구 탈출이 시작되는 기막힌 장면을 머리에 그려 본다면, 그것으로도 얼마나 비극적인 일인지 모르겠습니다. 탈출하는 일 자체도 그렇거니와 설사 탈출한다고 하여도 얼마만큼의 인원이 탈출할 수 있겠습니까? 아직 그래도 가망성이 있는 지금, 우리는 지구 환경을 보다 낫게 개선해 나가야 할 것입니다. 이 한 가지 일만 가지고도 우리는 '세계적 시야를 지닌' 사람이 되어야 할 것입니다. '범애적 인간'에서 '범애(汎愛)'란 글자 그대로 남을 사랑한다는 뜻입니다. 그것은 분명 인류애를 말하는 것이요, 박애정신에 입각한 생각입니다.

둘째, '행복한 생활을 영위하는 인간'이란 우리의 인생 목표를 말하는 것이기도 합니다. 무엇을 가리켜 '행복'이라고 하느냐는 물음에 대한 답은 그리 쉽지 않습니다. 인간은 시대에 따라, 지역에 따라, 상황에 따라 '행복의 실체' 자체는 결코 같지 않았으나, 왜 사느냐는 물음에 대하여 '행복하기 위해서'라는 답 하나는 대체로 변치 않고 일관된 것이었다고 하겠습니다. 그만큼 인간은 '행복이 무엇인가'를 분명히 밝혀내기 이전부터 '행복하기를 바란 것'만은 분명합니다.

'행복한 생활'이라고 하면 한 가지 생각나는 일이 있습니다. 그것은 1965년에 간행된 나의 저서 『교육사』의 부제가 '행복한 생활을 위한 인간형성사'였다는 점입니다. 즉, 인간형성사인 교육사란 결국 각 시대마다 젊은 세대를 가르침에 있어 자신의 세대보다는 다음 세대가 훨씬 더 잘 살기를 바라는 마음에서 교육한 역사적 사실을 정리한 것입니다. 그러기에 자세히 보면 교육의 중심과제는 '행복한 생활'을 보장하게 하는 필수 조건 자체이기도 합니다.

⑶ 합리적 인간

이를 가리켜 나는 "사물을 합리적으로 처리할 수 있는 능력을 지닌 인간"이라 표현해 보았습니다.

첫째, '사물을 합리적으로 처리할 수 있는'이란 지성적인 인간 특성을 가리켜 하는 말입니다. 흔히 인간을 호모 사피엔스(Homo Sapiens)라고 일컫는 것은 곧 인간이 사유하는 힘을 가지고 있기 때문입니다. 사물을 합리적으로 처리하기 위해서는 무엇보다도 올바르게 생각할 줄 알아야 됩니다. 감정에 치우쳐 사리 판단이 흐려진다거나 심한 편견에 빠진다면 우리는 사물을 합리적으로 처리하지 못하게 됩니다. 그렇기 때문에 주자(朱子, 1130~1200)도 "먼저 바르게 알고 난 후 실천에 옮기라[선지후행(先知後行)]."고 가르쳤던 것입니다.

둘째, '능력을 지닌 인간'에서 '능력'은 말할 나위도 없이 지적 능력을 가리켜 한 말입니다. 다만 여기에 하나 더 일러둘 것은 인간의 능력은 다면성을 가지고 있다는 점입니다. 즉, 인간의 능력은 지적 능력과 아울러 심미적 감상 능력이나 표현 능력도 생각할 수 있고, 신체적 능력으로서 체육이나 무용 등에서 남다른 능력을 과시하게 되는 사람을 보기도 합니다. 도구를 제작한다거나 기계를 다루는 능력 등도 역시 그러한 능력의 여러 모습 중 하나라 할 수 있을 것입니다. 이러한 능력의 다면

성을 전제로 하면서도 특히 인간의 지성(知性)을 특성으로 강조한 것이 곧 '합리적 인간'이라고 하겠습니다.

(4) 교양적 인간

이를 가리켜 나는 "사회 정의의 양심과 풍부한 인간성을 기반으로 지닌 인간"이라 표현해 보았습니다. 이는 달리 말하면 '도덕적 인간'이라고 해도 좋을 것입니다.

첫째, '사회 정의의 양심'이란 인간 특성 중 '선'을 강조한 것으로, 바로 앞에서 살펴본 '합리적 인간'이 도덕성에 입각하지 않으면 매우 위험한 것임을 강조하는 것이기도 합니다. 즉, 사람이 머리를 잘 써야 한다고 하지만 그것이 나쁜 면으로 방향을 잘못 잡아 머리를 쓴다면, 때로 악인도 되고 사기꾼도 되어 이 사회에 도리어 큰 해악을 끼치게 될 수도 있습니다. 그러기에 '사회 정의의 양심'을 지닌 사람이 되어야 한다고 도덕적 가치를 강조하는 것입니다.

둘째, '풍부한 인간성을 기반으로 지닌 인간'이란 고운 마음씨, 훈훈한 마음씨, 비단결 같은 마음씨, 인정미 넘치는 마음씨 등 고상한 감정을 가리켜 하는 말입니다. 이러한 고상한 감정, 고등 감정이 곧 정조(情操)입니다. 이것은 하등 감정인 정서와 확연히 구분됩니다. 정서란 기뻐한다거나 노여워하는 것, 슬퍼하는 것, 즐거워하는 것, 무서워하는 것, 두려워하는 것 등의 감정을 의미합니다.

이렇듯 우리는 마음을 옳게 쓸 줄 아는 인간, 즉 도덕적이고 교양적 인간을 키워야 합니다. 그리고 '교양'이란 사물을 편견 없이 볼 줄 아는 넓은 이해와 식견에서 오는 것으로 그러한 특성을 지닌 사람은 관용적 태도를 취하게 되니 자연 '도덕적 인간'이기도 합니다.

(5) 노작적 인간

이를 가리켜 나는 "직업에 긍지를 지니며 근로애호의 태도를 지닌 인간"이라 표현해 보았습니다.

첫째, '직업에 긍지를 지니며'란 누구나 살아가는 데 있어서는 직업을 갖게 마련입니다. 그런데 사람에 따라서는 자기 직업에 '긍지'를 갖지 못할 때가 있습니다. 심지어는 죽지 못하여 이 직업에 종사하고 있다고 거침없이 말하는 사람도 있습니다. 그러나 잘 생각해 보면 이것은 당사자도 불행할 뿐만 아니라 그러한 직업 종사자가 많은 사회일수록 바람직하지 못한 사회라고 하겠습니다. 바라건대 사회 구성원 한 사람 한 사람이 자기 적성에 맞는 직업을 가짐으로써 본인 스스로가 흡족해하고, 따라서 자기 직업에 긍지를 지니고 종사한다면 그것이 당사자를 행복하게 만듦은 물론이요, 사회 또한 번영하게 되리라고 봅니다.

둘째, '근로애호의 태도를 지닌 인간'이란 일하는 것 자체에 심취하여 전심전력을 다하여 고심하고 헌신하는 존재로 그는 일하는 것 자체를 즐기고 사랑하는 태도를 지닌 '노작적 인간'입니다.

⑹ 봉사적 인간

이를 가리켜 나는 "세계 민주 시민으로서 사회 연대감과 인간에 대한 무한한 신뢰감을 지닌 인간"이라 표현해 보았습니다. 이는 또한 그 본질적인 특성에 비추어 보아 '심미적 인간'이라고 해도 좋을 것입니다. 그 까닭은 사소한 물질적 이익 등에 사로잡힘 없이 눈을 크게 뜨고 인류 번영을 염두에 두는 인간이라면 그는 반드시 봉사적 인간일 것이요, 그 마음씨란 아름답기 이를 데 없을 것이기 때문입니다.

첫째, '세계 민주 시민으로서 사회 연대감'이란 우리 모두가 '시민'임을 알아야 한다는 것입니다. 이 경우에 '시민'이란 주권의식에 각성된 민중을 일컫는 것이니, 이미 '시민'이라고 하면 그는 다름 아닌 '민주 시민'이요, 그러한 민주 시민일진대 그는 결코 지역적으로 폐쇄된 옹졸한 사람이 아니라 보다 개방된 '세계 민주 시민'일 것이기 때문입니다. 그래서 짧게 표현하면 '시민'이요, 길게 표현하면 '세계 민주 시민'입니다. 그러한 시민은 나 혼자만 잘 살면 그만이라는 편협한 생각을 갖지 않습니다. 또 우리가 키워야 할 인간은 이 세계의 사람들 모두가 운명 공동체이며 한 배를 타고 있다는 사회적 연대감을 지닌 자이어야 할 것입니다.

둘째, '인간에 대한 무한한 신뢰감을 지닌 인간'이란 서로 믿고 살 수 있는 사회, 그러한 사회의 사람이 되어야 한다는 것입니다. 불신사회라는 말을 종종 쓰기도 하지만 그러한 사회가 언제까지나 계속되어서는 안 될 것입니다. 반대로 우리는 서로가 서로를 믿고 살 수 있는 사회를 만들어야 합니다. 따라서 우리가 기약할 바람직한 인간 특성이란 '믿을 수 있는 인간'이 되는 일이라고 하겠습니다.

이상 열거한 여섯 가지 모습을 아울러 지닌 인간이 '전인(全人)'이며, 나는 그러한 인간을 '역사적 의식인'이라고 했던 것입니다. 생각건대 우리가 지향할 새로운 교육적 인간상은 동서양의 이상적 인간상을 융합한 것으로 '겸손한 능력인'이요, '역사적 의식인'이어야 할 것입니다. 그러한 역사적 의식인의 특성은 무엇이겠습니까?

우선 역사적 의식인을 전인이나 완전인과 구별하여 새로운 교육적 인간상으로 제기하는 까닭은, 예리한 역사의식을 강조하는 역사적 의식인은 단순한 전인이나 완전인이라는 평판적(平板的)이며 정태적(靜態的)인 인간 특성에 머무르지 않기 때문입니다. 즉, 역사적 의식인은 인간 특성의 포괄자인 동시에 '스스로가 역사적 존재자요, 역사적 형성자'라는 강렬한 자기의식을 갖고 있다는 점에서 새롭다고 할 수 있습니다.

4. 교육자론

교육자론	[1]	대애지순인(大愛至醇人)					
	[3]	통찰성		수월성		독창성	
	[6]	조예자	시범자	지성자	구도자	개척자	봉사자

1) 대애지순인

기초주의에서는 이상적인 교육자론을 가리켜 '대애지순인'이라고 표현하고 있습니다. '대애'란 큰 사랑을 말합니다. 큰 사랑이란 무엇이겠습니까? 편애하지 않고 아동 · 생도 · 학생을 인격으로 대하는 사랑을 말하는 것입니다. 그러면 '지순'이란 무엇이겠습니까? 이루 말할 수 없이 맑고 맑은 마음씨를 가리켜 하는 말입니다. 즉, 교육자란 편애하지 않고 큰 사랑을 지니며 천지신명 앞에서 한 점 부끄럼 없는, 이를 데 없이 맑고 맑은 마음씨를 지닌 사람이어야 한다는 것입니다. 인류의 교육자로 지역에 따라 각각 세 명씩 모두 아홉 명을 선정해 보면 다음과 같습니다.

- 한국의 교육자: 원효(617~686), 이황(1501~1570), 이이(1536~1584)
- 동양의 교육자: 노자(기원전 579~499), 공자(기원전 552~479), 불타(기원전 463~383)
- 서양의 교육자: 소크라테스(기원전 469~399), 예수, 페스탈로치(1746~1827)

2) 통찰성 · 수월성 · 독창성

이상적인 교육자론의 세 가지 특성으로 다음의 세 가지를 들 수 있습니다.

(1) 통찰성: 이는 교육자의 역사의식을 가리켜 한 말입니다. 교육자는 모름지기 '밝은 눈으로서의 통찰성'을 지니고 있어야 합니다.

(2) 수월성: 교육자는 탁월한 실력의 소유자여야 합니다. 여기서 말하는 탁월한 실력이란 인간 능력의 다면성에서 오는 탁월함과 아울러 걸출한 인격을 가리켜 하는 말입니다. 실력이란 힘이요, 인간 형성에 있어 인격은 큰 감화력을 발휘한다는 것을 특히 강조하려는 것입니다.

(3) 독창성: 교육자는 모름지기 '뜨거운 가슴으로서의 독창성'을 지니고 있어야 된다고 봅니다. 후진국가에서 선진국가가 된 사례는 역사 속에서 쉽게 찾아볼 수 있습니다. 이러한 역전을 가능하게 하는 데 결정적인 역할을 한 것은 바로 교육자의 '뜨거운 가슴으로서의 독창성'이라 할 수 있을 것입니다.

3) 여섯 가지 특수상

이상적인 교육자론의 여섯 가지 특수상으로 여섯 가지를 꼽을 수 있습니다.

(1) 조예자: 인류 문화와 교육 선현에 대한 경외심과 깊은 조예자

(2) 시범자: 인생의 참뜻에 대한 이해자요, 후회 없는 인생의 설계 및 실천의 시범자

(3) 지성자: 공리권세를 초극하여 진리의 공도를 공구하는 양심을 지닌 지성인

(4) 구도자: 교회불권하며 교학상장 신념의 고취자요, 자기를 포함한 모든 인생

의 구도자

(5) 개척자: 문화의 재창조자요, 새로운 교육학의 이론 및 실천의 개척자

(6) 봉사자: 인류번영과 걸출한 인재배양에 보람을 느끼는 사회봉사자

이러한 '3특성'과 '6수상'을 지닌 교육자론을 나는 '대애지순인'이라 하였습니다.

5. 교육적 지식론

교육적 지식론	[1]	기초의 발견					
	[3]	전통		주체		개혁	
	[6]	문화영역	생활영역	지성영역	인격영역	협동영역	봉사영역

1) 기초의 발견

기초주의의 '교육적 지식론'에서 가장 강조하고 있는 것은 '기초의 발견'입니다. 우리가 무엇을 안다고 할 때, 그것은 그 분야와 관련된 '진리'를 터득했다는 얘기일 것입니다. 다시 말하면 '기초'를 발견했다는 것입니다. 모든 학문의 발달은 새로운 진리의 발견, 새로운 기초의 발견의 역사입니다. 그러한 의미에서 기초주의의 교육적 지식론에서는 '기초의 발견'을 무엇보다도 강조하고 있습니다. 비근한 예로 세상 사람들이 큰 관심을 가지고 있는 노벨상의 경우도 경제학이니 물리학, 화학, 생리학, 의학 등 각 분야에 있어서 응용보다는 주로 '기초를 발견한 사람들'에게 수여하고 있습니다. 이 사실 하나만 보아도 기초주의에서 '기초의 발견'을 강조하는 까닭을 알 수 있을 것입니다.

2) 전통 · 주체 · 개혁

기초주의의 '교육적 지식론'에서는 '기초의 발견'이라는 '1핵'과 함께 '전통 · 주체 · 개혁'이라는 세 가지 차원을 강조하고 있습니다. 그 까닭은 새로운 진리의 발

견, 새로운 기초의 발견에는 반드시 이 세 가지 차원이 필요하기 때문입니다. 우리가 어떤 분야의 지식을 제대로 이해하고, 나아가 하나의 새로운 진리를 창출하는 데 요청되는 세 가지 차원을 알기 쉽게 표현해 본다면, 첫째, 무엇을 이어 받을 것이며(전통), 둘째, 무엇을 받아들일 것이며(주체), 셋째, 무엇을 이룩할 것인가(개혁)라는 세 가지 질문이 되리라고 봅니다.

3) 여섯 가지 영역

기초주의에서는 교육적 지식론을 여섯 가지 영역으로 나누어 생각하고 있습니다. 이는 기초주의의 여섯 가지 교육적 가치와 대응하는 것이기도 합니다.

(1) 문화영역: 여기에 속하는 학문으로는 언어학을 비롯하여 종교학, 역사학, 문화인류학 등이 있습니다. 이를 다루는 교과목으로는 '역사(국사)' '국어' '외국어'가 있습니다.
(2) 생활영역: 여기에 속하는 학문으로는 지학을 비롯하여 생물학, 보건학, 의학, 체육학, 가정학, 군사학, 지리학, 정치학, 사회학, 심리학 등이 있습니다. 이를 다루는 교과목으로는 '지리' '체육' '가정' '지학'이 있습니다.
(3) 지성영역: 여기에 속하는 학문으로는 물리학, 화학, 수학, 철학, 논리학 등이 있습니다. 그리고 이를 다루는 교과목으로는 '과학' '수학'이 있습니다.
(4) 인격영역: 여기에 속하는 학문으로는 윤리학과 교육학 등이 있습니다. 또 이를 다루는 교과목은 '도덕' '윤리' '교육학'입니다.
(5) 협동영역: 여기에 속하는 학문으로는 농학, 수산학, 공학 등을 총칭하는 산업과학을 비롯하여 경제학, 법률학 등이 있습니다. 또한 이를 다루는 교과목으로는 '사회' '실과'가 있습니다.
(6) 봉사영역: 여기에 속하는 학문으로는 문학, 예술학, 미학 등이 있습니다. 또한 이를 다루는 교과목은 '예능'입니다.

이상 여섯 가지 영역은 정신교육, 건강교육, 과학교육, 도덕교육, 직업교육, 예술교육을 표시한다고 하겠습니다.

6. 학습지도법

학습지도법	[1]	기초에의 주력					
	[3]	탐구		각성		실현	
	[6]	목적	계획	수집	이회	발표	평가

1) 기초에의 주력

기초주의에서는 학습지도법의 1핵 사상으로 '기초에의 주력'을 강조하고 있습니다. 모든 것에 기초가 있다는 기초주의 교육적 존재론의 입장에서 볼 때, 우리가 무엇을 가르치고 배운다고 할 때 그것은 '진리', 즉 '기초'와의 관계에서 생각할 수밖에 없을 것입니다. 이것을 가리켜 '기초에의 주력'이라고 했던 것입니다.

그리고 나는 "힘을 뺀다는 것은 힘을 들이는 것이다."라는 언뜻 듣기에 역설적인 말을 자주 합니다. 이것은 나 자신이 수영선수 생활 만 10년간을 통하여 터득한 사실이기도 하지만 이는 수영만이 아니라 모든 운동에 해당하는 말입니다. 또한 운동 종목뿐만 아니라 인간 학습의 모든 분야에 통용되는 금언이기도 합니다. 그러기에 다양한 분야에서 최고 혹은 대가라고 일컬어지는 사람들을 보면, 겉으로는 전혀 힘을 쓰지 않는 것 같은데, 실은 꼭 필요한 곳에 '제대로' 힘을 들이고 있음을 알 수 있습니다. 권투 선수 무하마드 알리의 전성기 때 시합을 보면, 그는 자신이 말했듯이 '나비처럼 날아 벌처럼 쏘는' 펀치를 날려 상대방을 녹다운시키곤 했습니다.

또 '힘의 사용은 극에서 극까지'라는 말을 합니다. 힘은 사용할수록 느는 법입니다. 지옥 훈련의 결과, 바르셀로나 올림픽 마라톤에서 우승한 황영조 선수의 승리 역시 이 말의 산증인이라 하겠습니다.

2) 탐구 · 각성 · 실현

기초주의 학습지도법의 3차원을 배운다고 할 때 가장 먼저 고려할 점은 선인들의 업적에 고개 숙여 그로부터 크게 배워야 합니다. 이를 가리켜 '탐구'라 하였습니다. 고전 연구의 의미가 여기에 있습니다. 둘째는 '각성'으로 단순히 선인들의 업적을 섭렵한다는 것만으로는 부족합니다. 선인들의 가르침을 몇 번이고 되씹어서 그 깊은 뜻을 스스로 크게 깨닫도록 해야 합니다. 그리고 셋째는 '실현'입니다. 탐구·각성에 그치지 않고 그 '진리'를 몸소 실천궁행하는 것이 중요합니다. 이때 비로소 우리가 무엇을 하나 배웠다는 것이 구체화됩니다.

3) 여섯 가지 단계

'기초주의법'의 여섯 가지 단계는 목적·계획·수집·이회·발표·평가입니다.

(1) 목적: 우리가 무엇을 '배운다'고 할 때 우선 무엇보다도 크게 요청되는 일은 무엇 때문에 그것을 배우려고 하는가, 즉 '까닭'을 아는 일입니다. 따라서 기초주의법의 여섯 가지 단계 중 첫 번째 단계를 '목적'이라 하였습니다.

(2) 계획: 두 번째 단계는 '계획'입니다. 계획은 교사와 학생 양측 모두에서 이루어지며 결과적으로 한 학급 단위로 계획이 만들어지게 될 것입니다.

(3) 수집: 세 번째 단계는 '수집'입니다. 우리가 어떤 주제나 단원에 대하여 바르게 알기 위해서는 먼저 관련 자료를 광범위하게 '수집'하여야 합니다. 그리고 수집의 방법에는 여러 가지가 있습니다.

(4) 이회(理會): 네 번째 단계는 '이회'입니다. '이회'란 '이치회득(理致會得)'을 줄인 말입니다. 뜻을 알게 될 뿐만 아니라 그것이 몸에 익숙하게 되어 정말 자기 것이 되도록 한다는 뜻입니다. 그러므로 핵심적인 본질을 잘 이해한 상태라는 뜻으로 '이회'라고 하였습니다. 그만큼 바로 알게 되어 뼈가 되고 살이 되어야 한다는 것입니다. 이 단계에서 사용되는 학습지도법은 그동안 개발된 모든 다양한 방법이 사용됩니다.

(5) 발표: 다섯 번째 단계는 '발표'입니다. 발표 양식에는 구두 발표를 비롯하여 문서화해서 '보고서'로 제출하는 일, '실연(實演)'해 보이는 일 등 여러 가지가 있습니다.

(6) 평가: 여섯 번째 단계는 '평가'입니다. 평가 양식에는 학생 자신에 의한 평가와 교사에 의한 평가가 있습니다. 평가는 한 주제 또는 한 단원이 끝날 때마

다 행하는 것이 좋습니다. 그 까닭은 평가 자체가 지니는 교육적 의미와 교육적 효과 때문입니다. 사실 우리는 평가를 통하여 그간에 학습한 내용에 대한 교육적 반성을 거듭하게 됩니다. 또 기회 있을 때마다 교사는 전 생애에 걸친 '평생평가'의 의미도 일러 주는 것이 좋을 것입니다.

7. 향도방법

향도방법	[1]	자기 향도					
	[3]	입지		선택		성취	
	[6]	문제	목표	고민	결단	실천	성찰

1) 자기 향도

기초주의 향도방법은 '1핵 · 3원리 · 6단계'로 되어 있습니다. '1핵'이란 자기 향도요, 역사적 자아실현을 말합니다. 사실 향도(向導)란 지도(指導)에 대립 또는 상보적 관계의 교육 개념이요, 교육방법적 기술의 하나입니다. 지도란 교사가 지시하고 지적하는 것으로, 위에서 아래에로의 교육 행위입니다. 이에 반하여 향도는 교사가 학생이 처한 곤란함이나 문제점이 무엇인지 들어주는 입장입니다. 이리하여 마침내 학생 스스로가 자기 판단과 자기 결정을 하여 현명히 해결하도록 하는 데 그 특징이 있습니다.

다시 말해서 향도의 궁극적 목적이란 이 세상에서 향도가 필요 없게 되는 일이라 하겠습니다. 그러기 위해서도 요청되는 것이 바로 '자기 향도'입니다.

2) 입지 · 선택 · 성취

이는 기초주의 향도방법의 '3원리'를 말하는 것입니다.

(1) 입지: 사람이 평생을 살아가는 데 있어서 대단히 중요한 것은 '뜻을 세우는

일', 즉 '입지'입니다. 입지는 그 사람의 인생 목표를 의미하는 것이기에 등대와 같고 북극성과 같은 것입니다. 자기가 세운 목표가 있기에 방황하지 않고 나아갈 수가 있습니다. 때로는 뜻대로 되지 않아 좌절의 쓴맛을 보기도 하지만 '뜻을 세웠기에' 용기를 얻어 목표를 향하여 매진할 수가 있습니다. 그러기에 선현들도 '입지'의 중요성을 강조해 왔던 것입니다.

(2) 선택: 사람이 인생을 살아가다 보면 여러 가지 어려운 상황에 부딪히게 마련입니다. 그때 이렇게 할 것인가 저렇게 할 것인가, 이 길을 택할 것인가 저 길을 택할 것인가, '선택'이 문제가 됩니다. 이러한 갈림길에서 어느 쪽을 택할 것인가는 곧 그의 인생 역정과 직결되는 것입니다. 여기에 판단 기준이 되는 것은 올바른 가치관이요, '역사의식'입니다. '춘추대의 정신'이라는 말도 여기에 해당됩니다. 당장 눈앞의 이득에만 눈이 팔려 평생에 오점을 남기는 실수를 할 수도 있습니다. 따라서 더욱 '현명한 선택'이 요청되는 것입니다.

(3) 성취: 아무리 뜻이 커도 인생 사업이 제대로 이루어지지 않는다면 그의 삶은 매우 초라한 것이 되고 맙니다. 다만 여기서 우리가 크게 유념해야 할 것이 있습니다. 그것은 어느 누구도 자신이 뜻한 바를 완전히 다 이루고 간 사람은 없다는 사실입니다. 공자(孔子)나 불타(佛陀), 소크라테스(Socrates), 예수, 페스탈로치(J. H. Pestalozzi) 등 위대한 인류의 교육자 역시 그들이 생을 마치는 시점에서 모든 것이 '뜻한 바대로 이루어 놓은 것'은 아닙니다. 그러나 그들이 개척해 놓은 길을 따르는 후학이 있음으로 해서 그들의 '뜻'은 수백 년, 수천 년을 두고 꾸준히 이루어지고 있는 것입니다. 이런 점에서 '성취'는 긴 안목으로 볼 필요가 있습니다.

이제 다시 이 '3원리'를 알기 쉽게 말씀드린다면 우선 뜻을 세워야 하고[입지(立志)], 자기 갈 길 또는 당면 문제에 대하여 현명한 '선택'을 해야 하며, 마침내 처음에 세운 목표를 달성하는 '성취'가 있어야 합니다. 이리하여 긴 일생은 말할 나위도 없고, 학생이 그때마다 계획한 바가 이루어진다면 그는 성취감을 맛볼 것이니 행복한 사람이 될 수 있을 것입니다.

3) 여섯 가지 단계

기초주의 향도방법의 '6단계'는 문제, 목표, 고민, 결단, 실천, 성찰입니다.

(1) 문제(문제의식): 향도에 있어서 우선 무엇보다도 중요한 것이 문제입니다. 자기에게 있어 지금 무엇이 문제인가를 제대로 알고 의식해야 됩니다.

(2) 목표(인생설계): 둘째는 인생설계로서 목표입니다. 어디로 갈 것인가, 어떻게 살 것인가 목표설정이 제대로 되어 있어야 합니다. 입지의 원리를 강조하는 까닭도 바로 여기에 있는 것입니다.

(3) 고민(모범발견): 셋째는 고민으로 특히 청소년 단계에서는 대단히 중요한 의미를 가지는 것입니다. 이 시기에는 몇 날 몇 밤을 두고서라도 심각하고 철저하게 고민해야 된다고 강조하고 있습니다. 청소년 시기에 자기 인생 문제에 대하여 철저하고 진지하게 고민해 보지 않은 사람은 반드시 40대에 이르러 그 이상의 고민에 빠지게 될 것입니다. 그러므로 청소년 시절에는 진지하고 철저하게 고민해야 될 것입니다. 교육학을 전공하는 경우라면 위대한 교육자나 교육학자[페스탈로치, 듀이(J. Dewey) 또는 현존하는 모범자]와의 만남을 통해 모범을 발견할 수 있기에 고민 해결의 길이 열릴 것으로 기대합니다.

(4) 결단(비교검토): 결단을 하기 위해서는 신중을 기해야 됩니다. 교육학 말고도 더 좋은 분야는 없는지 비교 검토해 보아야 합니다. 이리하여 최선의 길을 택한 것이 학문분야로서의 '교육학'이라 한다면 이것이 바로 '결단'입니다. 이 비교 검토 과정을 제대로 거치지 않은 채 결단하게 된다면 훗날 후회하는 일이 생길 수도 있습니다. 그러므로 결단할 때에는 눈을 크게 뜨고 신중에 신중을 기하고 비교 검토를 철저히 해야만 되는 것입니다.

(5) 실천(실천궁행): 이제 다섯째 단계에 이르면 필생 자기 전공으로 선택한 교육학, 즉 '교육의 길'로 일로매진하여 실천궁행하는 것입니다.

(6) 성찰(평생평가): 여섯째 단계는 '성찰'입니다. 항상 자기가 이룩해 낸 결과에 대하여 자기반성을 할 필요가 있습니다. 이리하여 자신의 부족한 점을 보완해 가면서 자기 인생의 목표, 자기 과업을 열심히 수행하고 달성하는 데 힘쓰도록 해야 합니다. 인생에 있어서 가장 엄숙한 평가는 '평생평가'입니다. 사람

의 진가는 관 뚜껑을 덮은 뒤에야 내려지는 것이니, 인생이 엄숙한 까닭이 바로 여기에 있는 것입니다.

8. 교육연구방법

교육연구 방법	[1]	창조의 이론					
	[3]	체험의 세계		중간공리		일반공리	
	[6]	문제의식	정밀관찰	사고변별	명확파악	연구연마	결론도출

1) 창조의 이론

'창조'는 어떻게 해서 가능하겠습니까? 기초주의에서는 '창조'를 다음의 등식으로 설명하고 있습니다.

전통 × 주체 × 개혁 = 창조 = 기초주의의 '기초'

감 × 마음씨 × 솜씨 = 창조 = 멋

소재(素材) × 정조(情操) × 표현(表現) = 창조 = 멋

정수(精髓) × 정조(精操) × 우아(優雅) = 멋(진리) = 창조

Essence × Sentiment × Elegance = Excellence(Creation)

이와 같이 기초주의에서 말하는 '기초'는 무엇인가 새로운 것을 '창조'하는 토대이면서 우리 고유의 최고 가치 현현체로서 '멋'입니다. 또 이것을 영어로 표시한다면, 빼어남을 뜻하는 'Excellence'입니다.

흔히 '창조'를 법고창신(法古創新)처럼 전통을 창조로 곧바로 연결시켜서 말하기도 합니다. 그러나 '창조'는 전통 · 주체 · 개혁이라는 삼자와의 복합(곱하기)을 통해 비로소 가능해집니다. 즉, 전통과 개혁이라는 두 요소만으로는 부족하고, '주체'의 역할이 대단히 중요한 것입니다. 따라서 '창조'는 언제나 '전통 × 주체 × 개혁'이라는 관계에서 비로소 가능해질 수 있습니다. 기초주의의 교육연구방법론은 이것을

전제로 하여 전개되는 것입니다. 그리고 이를 도식화한 그림이 바로 기초주의의 방법론적 성찰도입니다.

2) 체험의 세계, 중간공리, 일반공리

기초주의 교육연구방법의 세 가지 차원은 다음과 같습니다.

(1) 체험의 세계(일상성): 이것은 진리에의 출발점이자 귀결점도 될 수 있는 대단히 중요한 차원입니다. 기초주의의 교육이론 역시 나의 체험의 세계, 그중에서도 특히 10년간의 수영선수 생활이라는 체험에서 나온 것입니다. 뉴턴(I. Newton, 1642~1727)의 '만유인력의 법칙'은 사과가 나무에서 떨어지는 것을 본 그의 체험에서 나왔다고 합니다. 또 '일반 상대성 원리'의 창시자인 아인슈타인(A. Einstein, 1879~1955) 역시, 그가 특허국에서 근무하던 체험을 통해 진리는 '단순함'에 있음을 깨달았다고 합니다. 이러한 사례에서도 알 수 있듯이 진리에의 첫걸음은 '체험의 세계'에 있는 것이고, '일상성' '상황성' '현실인식' '행동의 실제적 차원'에 있다고 할 수 있습니다.

(2) 중간공리(특수성): 이는 개별 교육 현상의 원리를 가리켜 하는 말이기도 합니다. 경험과학적 방법의 차원인 교육과학은 모두 중간공리 차원의 성과이며 그 성격으로 말하면 '특수성'의 차원입니다. 교육과학에 속하는 것으로는 교육심리학을 비롯하여 교육사학, 교육인간학, 교육사회학, 비교교육학, 학습지도학, 향도학, 교육과정학, 교육측정・평가학, 교육공학, 교육행정학, 교육재정학, 교과교육학 등이 있어 '개별 교육 현상의 원리' 해명에 주력하고 있습니다. 그리고 이들 성과는 인간 형성의 논리 도출에 귀한 정보를 제공해 주고 있습니다.

(3) 일반공리(보편성): 인간 형성의 논리의 차원으로서 '교육철학'은 중간공리와 달리 '보편성'을 추구하고 있습니다. 교육철학이란 '인간 형성에 대한 본질적이고 전체적이며 통합적인 사고체계'를 말합니다. 내가 주창하는 기초주의 교육철학 역시 이와 같은 일반공리 차원에서 추구하며 감히 내세운 교육이론이요, 교육철학입니다.

기초주의 교육철학은 이미 앞에서 밝힌 바와 같이 체험의 세계에서 출발하여 중간공리인 '교육과학'과의 관계에서 많은 것을 받아들이면서 마침내 보편성의 차원인 '일반공리'로서 인간 형성의 논리인 '기초주의', 즉 '전통과 개혁의 조화를 통한 인간 형성의 논리'를 내세우게 된 것입니다. 이것은 구상으로부터 추상에로 이르는 '논리의 세계'이며 교육철학의 창조과정을 나타내는 말이기도 합니다. 그리고 다시금 추상에서 구상에로 이르는 것이 '실천의 세계'요 기성 교육철학의 수수과정이기도 합니다.

3) 여섯 가지 단계

기초주의 교육연구방법의 여섯 가지 단계는 다음과 같습니다.

(1) 문제의식: 교육 현상에 대한 해명을 위한 교육연구방법의 첫 번째 단계는 '문제의식'입니다. "세상에 문제가 많은 것은 문제가 되지 않는 것을 문제로 삼기에 문제가 많은 것이다."라는 내가 학생 시절에 직접 들은 허현(許鉉, 1903~1964) 교수의 유명한 말씀처럼, 교육연구의 첫 단계는 올바른 문제의식을 갖는 것으로, 이로써 그 문제는 이미 절반은 해명된 것이나 마찬가지라 하겠습니다. 그만큼 교육연구에 있어서 중요한 것은 '문제의식'입니다.

(2) 정밀관찰: 문제의식에 의하여 어떤 하나의 주제를 택하였다면 다음은 이에 대하여 좀 더 자세하게 여러모로 정밀관찰해야 할 것입니다. 이는 자신이 택한 주제에 대한 해명을 위한 구상을 세우는 것으로 이를 가리켜 편의상 '정밀관찰'이라 해 보았던 것입니다.

(3) 사고변별: 주제가 정해지고 구상이 섰으면 다음은 자료 수집을 하여야 합니다. 이리하여 자신이 정한 주제에 관련된 풍부한 자료를 냉철하게 분석하고 비판도 해야 합니다. 이러한 사고변별 과정이 있음으로 해서 그가 채택한 자료는 논지를 전개해 나가는 데 매우 설득력이 강한 자료로 활용될 수 있을 것입니다.

(4) 명확파악: 이 단계에 이르면 그가 해명하려고 한 주제의 내용이 대체로 갖추어진 셈입니다. 따라서 여기서는 그 내용에 대한 보다 명확한 파악이 이루어

지도록 내용 이회에 힘써야 될 것입니다.

(5) 연구연마: 그러나 여기서 다시 한번 연구 성과에 대한 세밀한 재검토와 다듬는 과정이 필요합니다. 이를 가리켜 연구연마라 해 본 것입니다.

(6) 결론도출: 마침내 연구자는 자신이 택한 주제 논문의 결론을 쓰게 됩니다. 이러한 여섯 가지 단계를 밟을 때 우리는 하나의 문제의식에서 출발하여 결국 설득력 있고 독창성이 있는 한 편의 '논문'을 완성할 수 있을 것입니다.

9. 교육제도론

교육제도론	[1]	발전과 통정의 율동적 자기 전개					
	[3]	가정교육		학교교육		사회교육	
	[6]	교양교육	건강교육	과학교육	도덕교육	시민교육	국제교육

1) 발전과 통정(統整)의 율동적 자기 전개

기초주의에서는 교육제도론의 '1핵' 사상을 '평생공부'라는 생각에서 "발전과 통정의 율동적 자기 전개"라는 표현을 쓰고 있습니다. 사람은 평생 공부한다는 자세로, 때로는 자기 충전에 힘쓰고(통정), 그다음에는 사회활동에 힘쓰고(발전), 또 자기 충전하는 식으로 해서 발전과 통정을 율동적으로 자기 전개해 가는 데 '평생공부'의 묘미가 있다는 것입니다. 교육제도는 바로 이와 같은 기본적 입장이 전제가 되어야 할 것입니다. 나는 평생공부의 특징을 다음의 여섯 가지로 보고 있습니다.

- 교육을 생애 형성 과정으로 본다.
- 평생 사업과 자기교육을 동일시한다.
- 순간을 역사적 맥락에서 파악하고 처리한다.
- 학생은 인간 형성의 기본원리요. 자기형성의 학문인 교육학에 정통하도록 한다. 나아가 교육학을 모든 사람의 평생 공부의 학문으로 개방한다.
- 평생 계획을 가급적 이른 시기에 수립하도록 권장한다.

• 평생평가야말로 진정한 교육평가이다.

이러한 평생공부, 평생교육의 특징을 머릿속에 그리면서 다른 한편으로 교육제도에 있어서 가장 중요한 사항은 '교사교육'이라 하겠습니다. 제일급의 인재가 교사가 되어 교육 사업에 헌신하는 일이야말로 한 나라, 인류 세계의 번영 발전에 결정적인 요인이 된다는 신념에서 '교사교육'을 강조하는 것입니다.

2) 가정교육, 학교교육, 사회교육

이는 교육제도론의 세 마당, 즉 '삼장(三場)'은 다음과 같습니다.

(1) 가정교육: 핵가족화가 진행되고 있는 현대사회에 있어 새삼 강조되어야 하는 것이 '가정교육'입니다. 내가 생각하는 '새로운 가정교육의 길'이란 단적으로 동서 가정교육의 깊은 지혜를 바탕으로 엄부자모(嚴父慈母)의 교육 또는 비호(庇護)와 개성의 교육 또는 권위와 사랑의 교육이 되게 하는 데 있습니다.
(2) 학교교육: 근래에 와서는 '탈학교교육'이니 '학교교육의 붕괴'니 하여 학교교육에 대한 회의나 비판의 소리가 높습니다. 그러나 잊지 말아야 할 것은 교육제도로서 '학교교육'이 지니는 긍정적 특징입니다. 이것을 짧게 표현한다면, 학교의 필요성은 "문화적 보존 및 전달, 분업화, 능률, 사회화 그리고 가정으로부터 지역사회에로의 옮아감"이라는 데서 찾아볼 수 있을 것입니다.
(3) 사회교육: 학교교육의 특징이 일정 연한에 걸쳐 일관된 강제적, 규칙 · 규정적인데 있다고 한다면, 사회교육은 자발적이고 자의적 선택과 비강제성에 있습니다. 이를테면 강연회에 참석한다거나 전람회, 전시회에 가서 관람하는 일, 심지어 강습회에 나가는 일조차도 강제성은 학교교육에 비하여 적습니다. 어디까지나 수강하는 사람의 자기선택에 일임되어 있습니다. 그런데 사회교육의 형태는 다양합니다. 따라서 라디오, TV, 인터넷, 문화강좌 등 다양한 매개체를 통한 자기교육의 기회는 앞으로 더욱더 많아질 것입니다.

3) 여섯 가지 교육과제

평생공부와의 관계에서 기초주의에서는 특히 다음 여섯 가지 교육과제를 크게 주목하고 있습니다. 그리고 이 모두를 통괄하는 관건적 과제는 이미 앞에서 강조한 바 있는 '교사교육'입니다.

(1) 교양교육: 교양교육의 주요 안목은 편견의 해소에 있습니다. 편견은 특정 분야에 대한 무지에서 생겨납니다. 우리가 어떤 분야, 어떤 과제에 대하여 잘 모를 때 편견을 가지기 쉽습니다. 따라서 교양교육이 요청되는 것입니다.

(2) 건강교육: 인생에 있어서 건강이 얼마나 중요한가는 새삼 말할 나위도 없습니다. 그럼에도 불구하고 청소년 시절에 건강교육에 대하여 소홀히 하면 결국 장년기에 이르러 체력의 한계를 느끼고 운동에 많은 시간을 보내게 되는데, 이것은 청소년 시절에 비하면 그 효과가 그다지 크지 않다는 것을 알아야 할 것입니다. 청소년 시절에 신체 단련을 하고 평생 건강교육에 유념한다는 것이 건강교육의 올바른 길입니다.

(3) 과학교육: 이는 달리 말하면 인문 · 사회 · 자연과학 등 모든 분야의 학문교육을 가리킵니다. 즉, 체계화된 정보가 지식임을 생각할 때 '학문세계'는 인류가 유사 이래 피와 땀으로 이룩한 예지의 금자탑입니다. 과학교육의 성과가 인류 사회 발전에 크게 공헌한 점은 이루 다 말할 수 없을 것입니다.

(4) 도덕교육: 동서양을 막론하고 도덕은 그 나라, 그 사회 그리고 그 시대의 인간생활을 규율해 왔습니다. 이를테면 유교의 '삼강오륜(三綱五倫)'이 조선시대 오백 년의 도덕규범으로 지켜져 온 것처럼 오늘날에는 범세계적 규모의 가치체계, 도덕규범이 요망되고 있는 것도 사실입니다. 기초주의의 교육적 가치체계인 '1핵 3이념 6개념'은 감히 그와 같은 요구에 대한 새로운 대안 제시라 하겠습니다.

(5) 시민교육: 시민이란 '인권에 각성된 민중'을 말합니다. 이제 시민교육의 특성을 나열해 보면 다음과 같습니다. 첫째, 시민교육은 이기적 개인주의에서 벗어나 시민으로서의 권리와 함께 책임과 의무에 충실한 민주적 인간이 되게 하는 것입니다. 둘째, 공교육의 목적은 선량한 시민의 양성에 있고, 시민교육

의 초점은 민주적 생활방식을 계속 유지하는 데 있습니다. 셋째, 시민교육은 초 · 중등학교의 모든 교과목을 통해 통합적으로 이루어져야 되며 계속성을 띠어야 합니다. 넷째, 시민교육의 기회는 다양하지만 그중에서도 학교는 매우 중요한 기관입니다. 다섯째, 시민교육은 민주적 생활방식의 습관화와 체현에 그 궁극적 목적이 있습니다. 이리하여 오늘날 세계화나 우주권 시대를 논하는 시대성에 비추어 보아 이제 시민교육은 세계 민주 시민으로서의 시야와 각성이 요청된다고 하겠습니다.

(6) 국제교육: 세계 항구평화 수립은 오늘날 전 인류의 가장 절실한 교육적 과제입니다. 유네스코(UNESCO)는 창설 이래 이에 근거하여 구체적인 교육운동을 전개해 왔습니다. 그것이 '국제이해교육'이고 '국제협동학교 운동'입니다. 나는 국제이해교육의 이념으로서 다음의 네 가지를 들고 있습니다. 항목만 들어보겠습니다.

- 세계평화: 전쟁의 부정과 평화 희구의 정신
- 인권존중: 자유와 정의에 의거한 인권존중의 태도
- 상호이해: 타국 · 타민족에 대한 이해
- 국제협동: 국제협력의 실천적 태도의 양성

이렇듯 나는 국제이해교육의 본질 이해를 알기 쉽게 하려고 '세계평화' '인권존중' '상호이해' '국제협동' 등 각각 네 글자씩 모두 열여섯 글자로 표현해 보았습니다.

10. 교육사관론

교육사관론	[1]	역사적 편차					
	[3]	전통성		보편성		상황성	
	[6]	전통 일치형	전통 불일치형	전통 · 개혁 동시형	개혁 · 전통 동시형	개혁 일치형	개혁 불일치형

1) 역사적 편차

기초주의 교육사관론으로는 '역사적 편차'라는 말을 '1핵' 사상으로 내세우고 있습니다. 교육 현상에는 나름대로 그 역사적 연유가 있는 것으로, 교육은 진공 속에서 행하는 것이 아님을 강조하기 위해서 한 말입니다. 그러므로 나의 주저 제목을 『상황과 기초: 구상교육철학으로서의 기초주의』(1990)라고 했던 것인데, 이는 '기초'와 아울러 '역사적 상황성'에 주목해 주기를 바라는 마음을 담고 있는 것입니다.

2) 전통성 · 보편성 · 상황성

기초주의 교육사관론의 '3특성'은 전통성, 보편성, 상황성입니다. 전통성의 다른 표현은 특수성입니다. 이와 아울러 구명이 요구되는 것이 보편성입니다. 그러나 전통성 및 보편성과 아울러 고려되어야 할 또 하나의 특성이 바로 상황성입니다. 따라서 역사 일반과 아울러 교육 현상 해명에 있어 요구되는 세 가지 요건이 여기에 제시한 전통성, 보편성, 상황성인 것입니다.

3) 여섯 가지 유형

기초주의는 논리구조 지남적 기능성을 특색으로 삼고 있습니다. 기초주의 교육사관론은 '역사적 편차'에 주목하여 다음의 여섯 가지 유형을 제시하고 있습니다. 이는 교육사상과 사회체제와의 관계를 '전통과 개혁'의 측면에서 본 교육사관론이기도 합니다.

(1) 전통일치형: 그 시대를 주도하는 교육사상과 사회체제가 다 같이 기존에 인정되던 가치관계를 계속 유지 · 강조한다는 경우
(2) 전통불일치형: 사회가 혼란할 때에 이것을 바로잡기 위하여 교육사상이 전통을 지향하는 경우
(3) 개혁불일치형: 사회가 시대적 타성으로 보수성을 보이는 데 반해, 교육사상

은 이것을 개혁하고자 미래지향성을 보이는 경우

(4) 개혁일치형: 사회나 교육사상이 다 같이 전 시대의 구각에서 벗어나 새로운 가치체계를 구축하고 구현해 보려고 하는 경우

(5) 전통 · 개혁 동시형: 파괴되고 상실된 전통을 되살리는 동시에 후진성 극복을 위하여 개혁이 요청되는 역사적 상황에서 성립되는 또 하나의 유형

(6) 개혁 · 전통 동시형: 이것은 (5) 전통 · 개혁 동시형의 쌍둥이 유형으로 '전통 · 개혁'이라는 표현 대신에 '개혁 · 전통'이라 한 것인데, 비록 동시는 동시이지만 '전통'을 앞에 놓느냐, '개혁'을 앞에 놓느냐의 표현만큼 미묘한 차이가 있기에 이 유형을 제시해 본 것입니다. 우리나라의 경우 8 · 15 광복과 더불어 '전통 · 개혁 동시형'을 내세우는 세력과 '개혁 · 전통 동시형'을 내세우는 미묘한 차이를 가진 세력의 대립과정을 볼 수 있었기에 이렇게 두 가지 유형을 생각해 보았던 것입니다.

11. 교육학의 구조

<table>
<tr><td rowspan="3">교육학의 구조</td><td>[1]</td><td colspan="6">교육의 '구(球)'적 인식</td></tr>
<tr><td>[3]</td><td colspan="2">교육기초학</td><td colspan="2">교육방법학</td><td colspan="2">교과교육학</td></tr>
<tr><td>[6]</td><td>교육사학
교육철학</td><td>교육심리학
교육인간학
교육사회학
비교교육학</td><td>학습지도학
향도학
교육과정학
교육측정평가학
교육공학</td><td>교육행정학
교육재정학</td><td>학교교육학</td><td>사회교육학</td></tr>
</table>

1) 교육의 '구(球)'적 인식

나는 인간의 의식구조를 '구(球)'로 상정하고 있습니다. 그리고 교육 및 교육학의 구조 역시 '구'와의 관계에서 풀어 나가고 있습니다. '구'는 자연의 원형이기도 합니다. 또한 인간의 의식구조를 상징하는 것으로 전방위적이며 모든 '사물'이라든가 주의 · 주장에 대해서 그 위치, 즉 '장(場)'을 얻게 만들며 대극(對極)의 조화를 가능하

게 하는 형상이기도 합니다. 전통 · 주체 · 개혁의 3차원이 상승해서 '창조'를 가능하게 하는 인간 형성의 논리가 담겨 있는 상형(象形)입니다. '구상(球象)'은 다원화된 사회를 통합해 주는 다원주의(多元主義)의 상징이라고도 할 수 있을 것입니다. 지금까지 강단 학자들이 제시한 '교육'의 기하학적 형태로는 4각형, 3각형, 5각형, 삼각추 등이 있습니다. 그러나 나는 교육학의 구조로서 '구'를 제시하고자 합니다.

2) 교육기초학 · 교육방법학 · 교과교육학

교육학의 '3분야'로 기초주의는 교육기초학, 교육방법학, 교과교육학을 말하고 있습니다. 이것은 '구'의 구조를 통해 심층부에 '교육기초학'을 두고, 다음 층이 '교육방법학' 그리고 표피층에 '교과교육학'을 두어 이 세 분야의 상호관련성이 '구'적 구조로 제시될 수 있습니다.

3) 여섯 가지 영역

(1) 제1영역(교육기초학 I): 여기에는 '교육사학'과 '교육철학'이 들어갑니다. 교육학의 알파와 오메가와 같은 성격의 것입니다.

(2) 제2영역(교육기초학 II): 여기에는 교육인간학, 교육심리학, 교육사회학, 비교교육학이 들어갑니다. 편의상 여기서는 교육기초학을 두 영역(제1영역과 제2영역)으로 나누어 보았습니다.

(3) 제3영역(교육방법학 I): 여기에는 학습지도학, 향도학(=생활지도), 교육과정학, 교육측정평가학, 교육연구방법학, 교육공학 등이 들어갑니다.

(4) 제4영역(교육방법학 II): 여기에는 교육행정학, 교육재정학, 가정교육학, 유아교육학, 초등교육학, 중등교육학, 고등교육학, 특수교육학, 교육생리학, 교육위생학, 교육윤리학, 교사학 등이 들어갑니다. 제3영역과 제4영역은 모두 '교육방법학'에 속하는 것입니다.

(5) 제5영역(교과교육학 I): 여기에는 교육과교육학, 도덕과교육학, 국어과교육학, 사회과교육학, 수학과교육학, 과학과교육학, 음악과교육학, 미술과교육학, 체육과교육학, 가정과교육학, 실업과교육학, 외국어과교육학 등 학교에서 다

루는 교과교육학이 들어갑니다.

(6) 제6영역(교과교육학 II): 여기에는 사회교육학, 평생교육학이 들어갑니다. 실제 내용으로 보면 제5영역에 제시된 각 교과교육학이 여러 가지 사회교육의 양식으로 다루어진다고 하겠습니다. 제5영역과 제6영역은 모두 '교과교육학'에 속하는 것입니다.

지금까지 간단한 설명으로 마친 이 글의 내용을 하나의 표로 정리한 것이 '기초주의 교육적 나침반-기초주의의 교육구조적 이해(II)-'이며, 이 〈표 3-1〉을 만들기까지 먼저 작성했던 것이 〈표 3-2〉 '기초주의의 교육구조적 이해'입니다.

〈표 3-1〉 기초주의 교육적 나침반 -기초주의의 교육구조적 이해(II)-

<table>
<tr><th rowspan="2">기초주의</th><th colspan="3">교육 이념</th><th colspan="3">교육적 인간상</th><th colspan="3">교육자론</th><th colspan="3">교육적 지식론</th><th colspan="3">학습 지도법</th><th colspan="3">향도방법</th><th colspan="3">교육 연구방법</th><th colspan="3">교육제도론</th><th colspan="3">교육사관론</th><th colspan="3">교육학의 구조</th></tr>
<tr><th>[1]</th><th>[3]</th><th>[6]</th><th>[1]</th><th>[3]</th><th>[6]</th><th>[1]</th><th>[3]</th><th>[6]</th><th>[1]</th><th>[3]</th><th>[6]</th><th>[1]</th><th>[3]</th><th>[6]</th><th>[1]</th><th>[3]</th><th>[6]</th><th>[1]</th><th>[3]</th><th>[6]</th><th>[1]</th><th>[3]</th><th>[6]</th><th>[1]</th><th>[3]</th><th>[6]</th><th>[1]</th><th>[3]</th><th>[6]</th></tr>
<tr><td rowspan="6">전통과 개혁의 조화를 통한 인간 형성의 논리

즉 모든 사람의 인생을 예술적 경지에까지 승화시키는 인간 형성의 기본원리</td><td rowspan="6">기초</td><td rowspan="2">시간</td><td>문화</td><td rowspan="6">역사적 의식인</td><td rowspan="2">예지성</td><td>애극적 인간</td><td rowspan="6">대애지순인</td><td rowspan="2">통찰성</td><td>조예자</td><td rowspan="6">기초의 발견</td><td rowspan="2">전통</td><td>문화영역</td><td rowspan="6">기초에의 주력</td><td rowspan="2">탐구</td><td>목적</td><td rowspan="6">자기 향도</td><td rowspan="2">입지</td><td>문제</td><td rowspan="6">창조의 이론</td><td rowspan="2">체험의 세계</td><td>문제 의식</td><td rowspan="6">발전과 통정의 율동적 자기 전개</td><td rowspan="2">가정교육</td><td>교양 교육</td><td rowspan="6">역사적 편차</td><td rowspan="2">전통성</td><td>전통 일치형</td><td rowspan="6">교육의 구(球)적 인식</td><td rowspan="2">교육 기초학</td><td>교육사학
교육철학</td></tr>
<tr><td>생활</td><td>범애적 인간</td><td>시범자</td><td>생활 영역</td><td>계획</td><td>목표</td><td>정밀 관찰</td><td>건강 교육</td><td>전통 불일치형</td><td>교육심리학
교육인간학
교육사회학
비교교육학</td></tr>
<tr><td rowspan="2">자유</td><td>지성</td><td rowspan="2">관용성</td><td>합리적 인간</td><td rowspan="2">수월성</td><td>지성인</td><td rowspan="2">주체</td><td>지성 영역</td><td rowspan="2">각성</td><td>수집</td><td rowspan="2">선택</td><td>고민</td><td rowspan="2">중간공리</td><td>사고 변별</td><td rowspan="2">학교교육</td><td>과학 교육</td><td rowspan="2">보편성</td><td>전통·개혁 동시형</td><td rowspan="2">교육 방법학</td><td>학습지도학
향도학
교육과정학
교육측정
평가학
교육공학</td></tr>
<tr><td>인격</td><td>교양적 인간</td><td>구도자</td><td>인격 영역</td><td>이회</td><td>결단</td><td>명확 파악</td><td>도덕 교육</td><td>개혁·전통 동시형</td><td>교육행정학
교육재정학</td></tr>
<tr><td rowspan="2">질서</td><td>협동</td><td rowspan="2">웅건성</td><td>노작적 인간</td><td rowspan="2">독창성</td><td>개척자</td><td rowspan="2">개혁</td><td>협동 영역</td><td rowspan="2">실현</td><td>발표</td><td rowspan="2">성취</td><td>실천</td><td rowspan="2">일반공리</td><td>연구 연마</td><td rowspan="2">사회교육</td><td>시민 교육</td><td rowspan="2">상황성</td><td>개혁 일치형</td><td rowspan="2">교과 교육학</td><td>학교교육학</td></tr>
<tr><td>봉사</td><td>봉사적 인간</td><td>봉사자</td><td>봉사 영역</td><td>평가</td><td>성찰</td><td>결론 도출</td><td>국제 교육</td><td>개혁 불일치형</td><td>사회교육학</td></tr>
</table>

〈표 3-2〉 기초주의의 교육구조적 이해 ('기초주의 교육적 나침반' 도표의 원형)

- 모든 사람의 인생을 예술적 경지에까지 승화시키는 인간 형성의 기본원리 -

	교육이념 [1]	교육이념 [3]	교육이념 [6]	이상적 교사의 특성(교육자론) [1]	이상적 교사의 특성(교육자론) [3]	이상적 교사의 특성(교육자론) [6]	교육적 인간상 [1]	교육적 인간상 [3]	교육적 인간상 [6]	관련 교육사상	인간 발달단계		기본적 인간성
전통과 개혁의 조화를 통한 인간 형성의 논리 정수(精髓)와 우아(優雅)	기초주의 경(敬) 멋	시간(전통) 밝은 눈	문화(孝) 聖	대애지순(大愛至醇) 교육애(教育愛) 스승	[인상이 좋아야 하고] 투철한 역사의식의 소유자 〈율곡과 같은 '밝은 눈'〉	인류 문화와 교육현에 대한 경외심과 깊은 조예자	역사적 의식인 겸손한 능력인	빼어난 자 예지인	* 애국적 인간 (예리한 역사의식에 입각한) 인류 문화에 대한 경외심과 공정한 민족애, 조국애를 지닌 인간	종교주의 문화주의 본질주의 항존주의 민족주의(애국)	아동기 0~10세	형성	기호의 사용 (언어~문자)
			생활(誠) 健			인생의 참뜻에 대한 이해자요 후회없는 인생의 설계 및 실천의 시범자			* 범애적 인간 세계적 시야를 지니고 행복한 생활을 영위하는 인간	자연주의 진보주의 개인주의 실존주의	청소년기 11~20세		초보적 신체기술
		자유(주체) 찬 머리	지성(公) 眞		[해박한 지식을 지녀야 하며] 탁월한 실력과 품성을 지닌 자 〈퇴계와 같은 '찬 머리'〉	공리권세를 초극하여 진리의 공도를 공구하는 양심을 지닌 지성인		너그러운 자 관용인	* 합리적 인간 사물을 합리적으로 처리할 수 있는 능력을 지닌 인간	합리주의 주지주의 분석주의 구조주의	성인기 21~30세	성숙	구성적 생활
			인격(寬) 善			교회불권하며 교학상장 신념의 고취자요 인생의 구도자			* 교양적 인간 사회 정의의 양심과 풍부한 인간성을 기반으로 지닌 인간	인격주의 인문주의 (인본주의)	장년기 31~45세		도덕적 책임
		질서(개혁) 뜨거운 가슴	협동(勤) 富		[위대한 꿈의 소유자여야 함] 풍부한 교육학적 식견과 학문적 독창성 및 걸출한 인재배양 〈원효와 같은 '뜨거운 가슴'〉	문화의 재창조자요 새로운 교육학의 이론 및 실천의 개척자		씩씩한 자 웅건인	* 노작적 인간 직업에 대한 긍지를 지니며 근로애호의 태도를 지닌 인간	노작주의 실학주의 공리주의 사회주의	중년기 46~60세	원숙	기본적 사회기술
			봉사(信) 美			인류번영과 걸출한 인재배양의 보람을 느끼는 사회봉사자			* 봉사적 인간 (세계 민주) 시민으로서의 사회 연대감과 인간에 대한 무한한 신뢰감을 지닌 인간	심미주의 (복지주의) 개조주의	노년기 60세 이후		유희

◆ 단일가치관으로부터 통합적 다원가치관으로(다양 속의 통일성)

◆ 만들어진 것으로부터 만들어 가는 것으로

(다음으로)

〈표 3-2〉 기초주의의 교육구조적 이해 (앞에서)

교육적 필요	교육과정(教育課程)				교육방법			향도방법			교육제도론		현대교육의 과제로서의 관계교육학 분야		교육학의 구조	
		(구성요소)	(학문영역)	(교과목)												
문화적 전통의 요청	기초의 발견	전통	어학 (국어, 외국어)	종교학, 역사학, 문화인류학	역사 (국사), 국어, 외국어	기초에의 주력	탐구 (해석학적)	목적	자기 향도 역사적 자아실현	입지	문제 (문제 의식)	학교교육과 교외교육의 통합을 통한 평생공부	가정 교육	교양교육	교사교육	교육 기초학	교육사학 교육철학
기본적 인간성			지학, 생물학, 보건학, 의학, 체육학, 가정학, 군사학	지리학, 정치학, 사회학, 사회심리학	(지리) 체육, 가정, 지학			계획			목표 (인생 설계)			건강교육			교육심리학 교육인간학 교육사회학 비교교육학
실제 개인의 요청		주체	자연과학 (물리학, 화학, 수학)	철학, 논리학	과학, 수학		각성 (경험 과학적)	수집		선택	고민 (모범 발견)		학교 교육	과학교육		교육 방법학	학습지도법 교육과정
이상적 개인적 필요				윤리학	(국민 윤리) 도덕			이회 (理會)			결단 (비교 검토)			도덕교육			교육행정학 교육재정학
실제 사회의 요청(직업)		개혁	농학, 수산학, 상학, 공학, (실과)	경제학, 법률학	사회, 실과		실현 (사회 비판적)	발표		성취	실천 (실천 궁행)		사회 교육	시민교육		교과 교육학	학교교육학
이상적 사회적 필요			문학, 예술, 미학	(종교학)	예능			평가			성찰 (평생 평가)			국제교육			사회교육학

◆ 기초로부터 새로운 기초까지: 자기심화(自己深化)

◆ 힘을 뺀다는 것은 힘을 들인다는 것이다. [힘의 사용: 극(極)에서 극(極)까지]

◆ 발전과 통정(統整)의 율동적 자기전개(自己展開)

제4장
기초주의 교육철학의 구조도

기 초 주 의 의 세 계

한기언

1. 세 가지 구조도

'기초주의 교육철학의 구조도'는 『한국교육이념의 연구』(태극문화사, 1992, pp. 158-159)에 '한국교육이념의 구조도'라는 부제로 게재되어 있습니다. 실은 최초로 '한국교육이념의 구조도'라고 한 것은 1968년 서울대학교출판부에서 간행된 『한국교육의 이념』 간지(pp. 18-19) 그림입니다. 이것을 편의상 '제1형' [그림 4-1]이라고 한다면, 1992년에 간행된 『한국교육이념의 연구』에 나온 그림은 '제2형'이라고 할 수 있습니다. 그리고 이제와서는 '표준형' [그림 4-3]을 널리 소개하고자 합니다. 그 까닭은 '제1형'에는 '참고'라고 글상자 처리한 내용을 대신하여 '제2형'에서는 '기초주의의 교육적 가치체계도'가 제시되어 있는데 '제1형' '제2형' 모두가 요긴한 것이기에, 『21세기 한국의 교육학』(한국학술정보[주], 2001, pp. 101-102)에는 이 두 그림을 함께 게재하였습니다.

또한 『상황과 기초: 구상교육철학으로서의 기초주의』(서울대학교출판부, 1990, pp. 335-336)에는 '기초주의의 이념구조도'라 해서 '제2형'의 왼쪽에 '제1형'의 '참고' 부분을 추가하였습니다. 이 합성도는 이보다 앞서 간행된 『한국교육철학의 구조』(을유문화사, 1977), 간지(pp. 352-353)에도 게재되어 있는데 앞으로는 이 [그림 4-3]을 '표준형'으로 이용해 주시기 바랍니다.

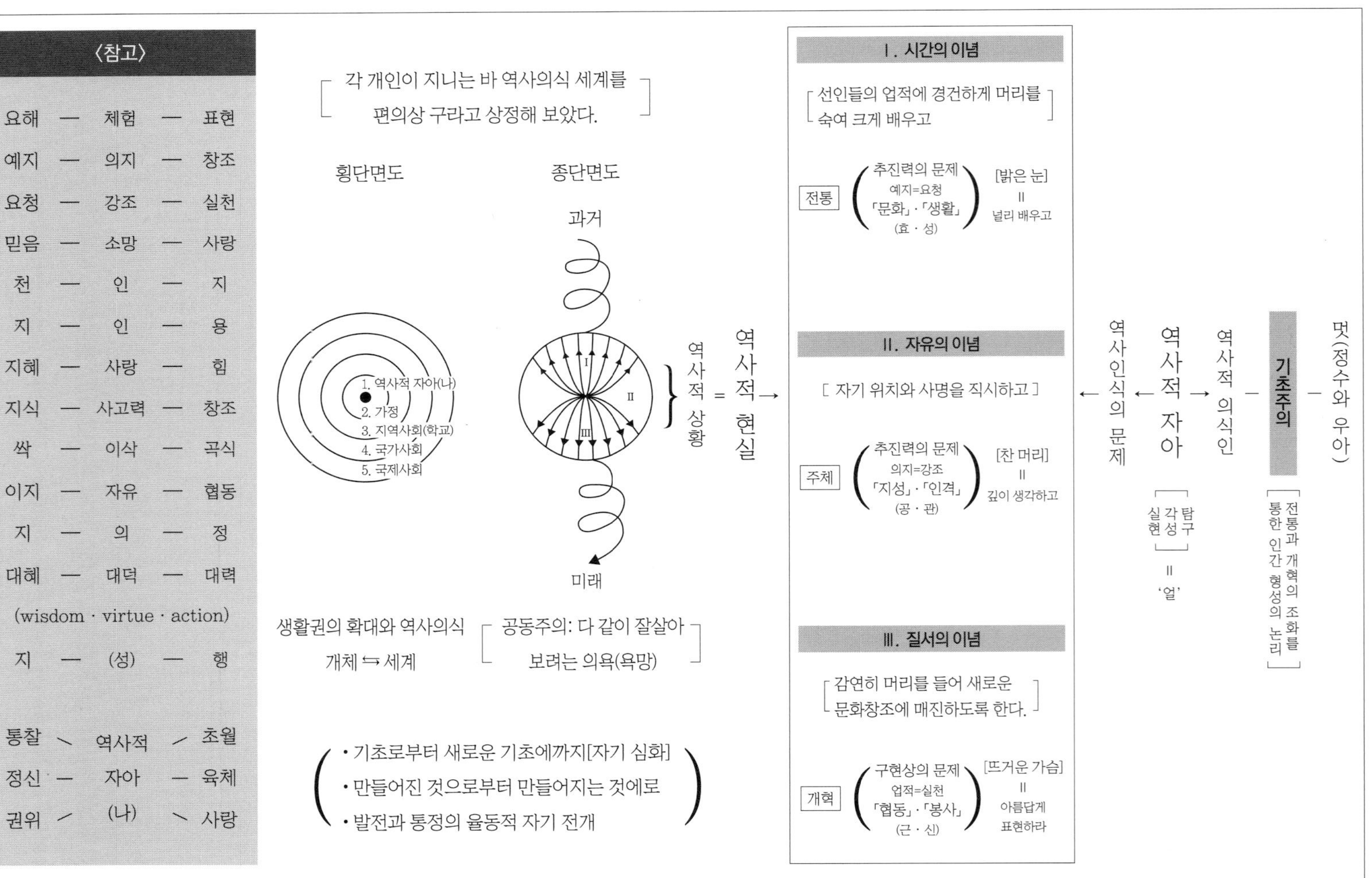

[그림 4-1] 제1형: 한국교육이념의 구조도

출처: 한기언(1968), 『한국교육의 이념』, 서울대학교출판부, pp. 18-19 간지; 한기언(2001), 『21세기 한국의 교육학』, 한국학술정보[주], p. 101.

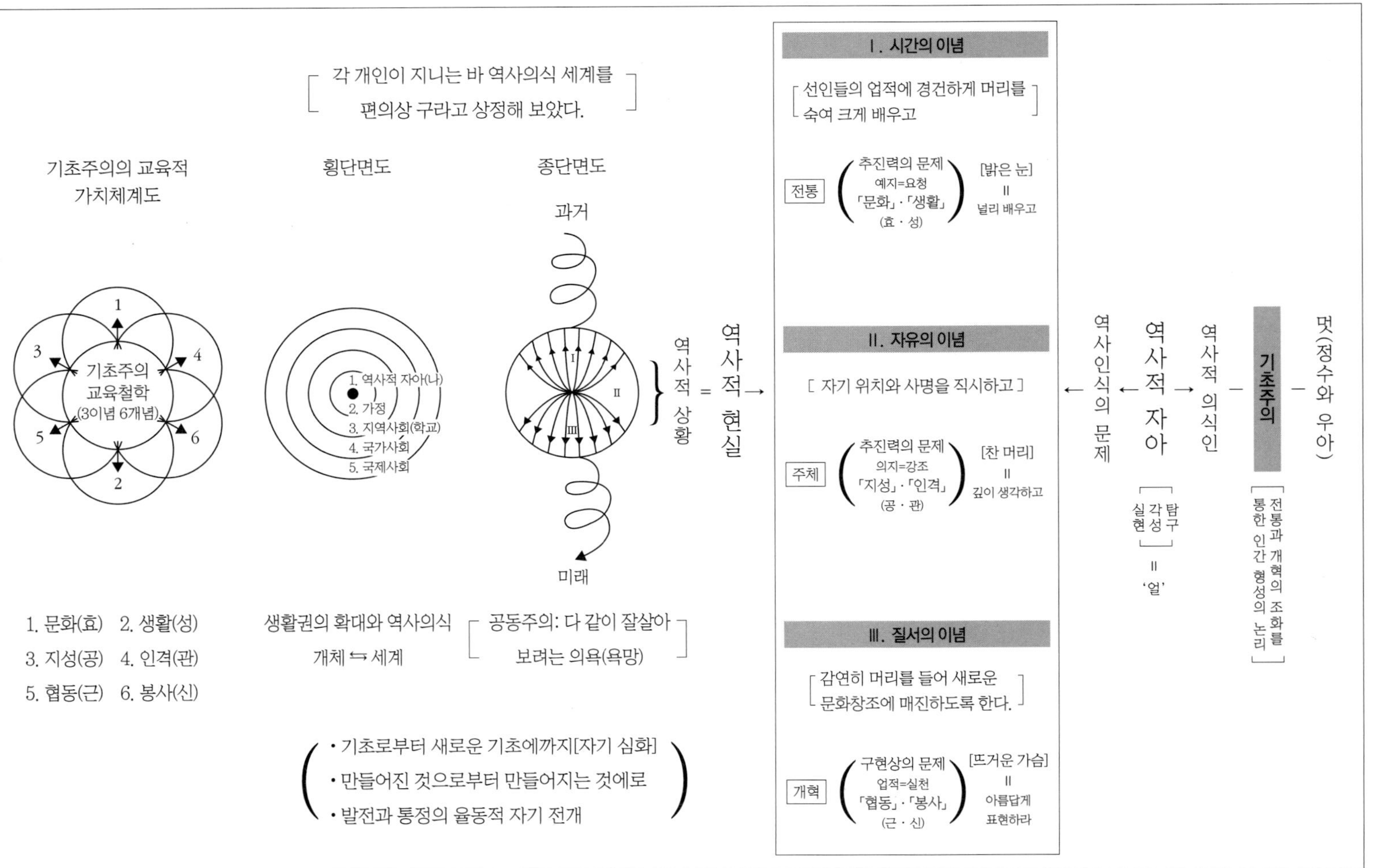

[그림 4-2] 제2형: 기초주의 교육철학의 구조도

출처: 한기언(1992), 『한국교육이념의 연구』, 태극문화사, pp. 158-159 간지; 한기언(2001), 『21세기 한국의 교육학』, 한국학술정보[주], p. 102.

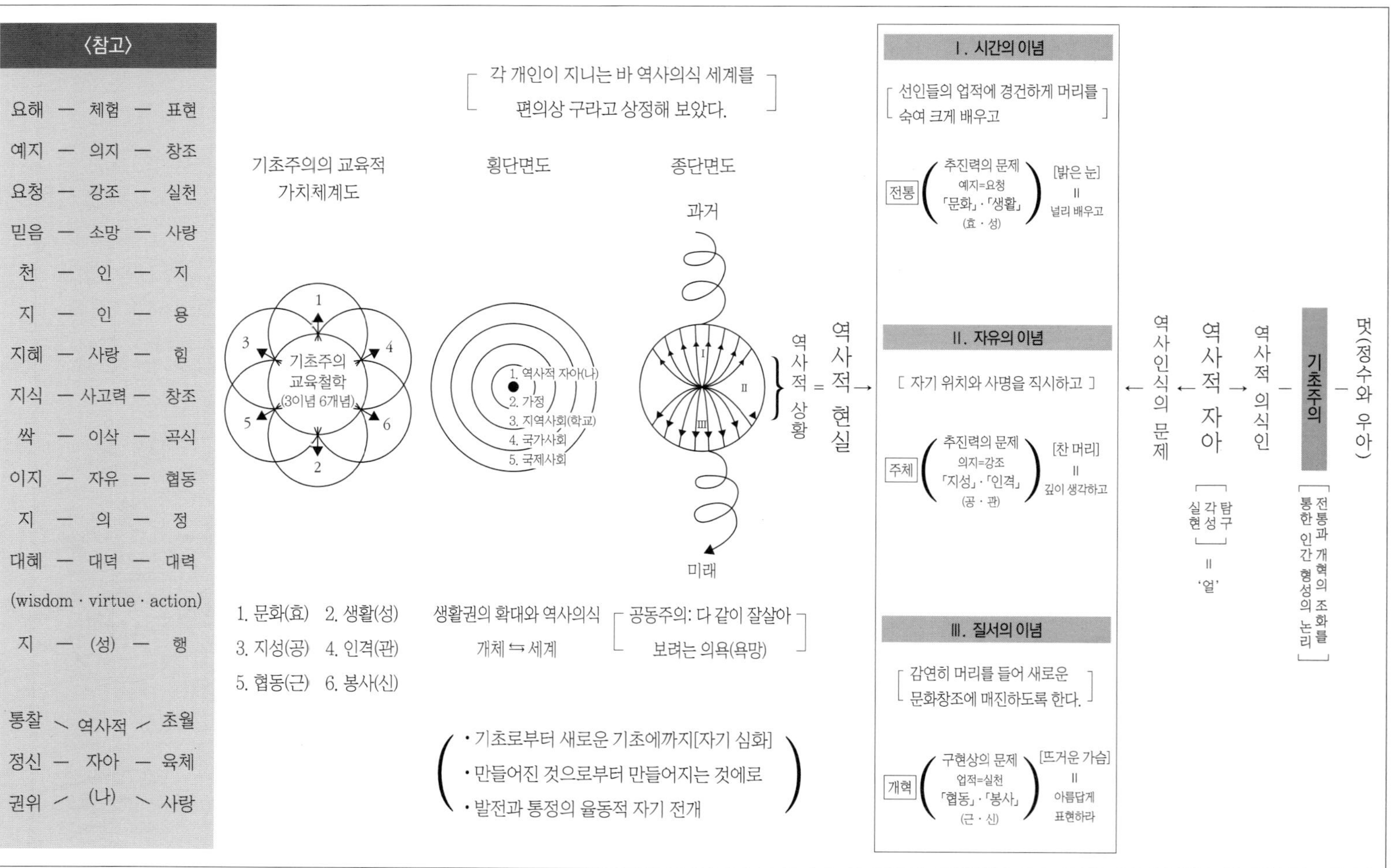

[그림 4-3] 표준형: 기초주의 교육철학의 구조도

출처: 한기언(1977), 『한국교육철학의 구조』, 을유문화사, pp. 352-353 간지.

2. 기초주의 교육철학의 구조도: 한국교육이념의 구조도

1) 각 개인이 지니는 역사의식의 세계를 편의상 '구(球)'라고 상정

논문 「교육의 '구'적 인식」[1]에서 이 점을 논한 바 있기에 참조해 주셨으면 합니다. 인간의 의식구조인 '구'의 '횡단면도'는 '공간성의 원리'를, 또 '종단면도'는 '시간성의 원리'를 나타낸 것이라 하였고, 기초주의의 '구'는 이 두 가지 인간 형성의 원리를 통합하는 형상임을 보여 주려 하였던 것입니다.

(1) 횡단면도(공간성의 원리): 이것은 ① 역사적 자아(나)로부터 동심원의 확대에 따라서 ② 가정, ③ 지역사회(학교), ④ 국가사회, ⑤ 국제사회로 이르는 것입니다. 앞으로는 ⑥ 우주사회(공간)도 가시화될 것입니다. 이 '공간성의 원리'는 공자나 페스탈로치의 교육관에도 잘 나타나 있습니다. '가까운 곳으로부터 먼 곳에로'라는 생활권의 확대와 역사의식이 문제가 된다고 보았습니다. 그리고 개체와 세계는 상호작용하는 불이(不二)의 관계라고 보았습니다.

(2) 종단면도(시간성의 원리): 이것은 중심인 '역사적 자아(나)'= 주체[II]를 기준으로 인간의식의 선이 위로 향할 때에는 '과거'='전통'[I]의 차원을 나타내도록 하였고, 인간의식의 선이 아래로 향할 때에는 '미래'='개혁'[III]의 차원을 나타내도록 하였습니다. 그리고 과거와 주체와 개혁의 관계에 있어서 원 밖 상·하로 용수철같이 나선형이 그려져 있고, 미래의 끝에는 돼지 꼬리 같은 표시가 보이게 하였습니다. 이 화살표 같은 것은 인간의 의식이 계속 미래지향적임을 나타내려 한 것입니다. 그러나 인간의 불완전성은 계속 전진·진보만 있는 것이 아니라, 조금이라도 마음의 긴장이 풀리고 전진·진보를 위한 노력이 부족할 때는 용수철이 끌어당기듯이 과거로 '퇴보할 수도 있다'는 경고 표시가 되게 해 보았던 것입니다. 나아감[진(進)]과 함께 물러섬[퇴(退)]도 인간 삶의 한 과정이 될 수 있음을 보여 주는 것이기도 합니다.

1) 『21세기 한국의 교육학』(한기언교육학전집16, 제5장), 한국학술정보[주], 2001, pp. 84-113.

이리하여 각 개인의 전진과 향상을 위하여 하나의 표어가 되었으면 해서 내놓은 것이 "① 기초로부터 새로운 기초에까지[자기 심화], ② 만들어진 것으로부터 만들어지는 것에로, ③ 발전과 통정의 율동적 자기 전개"입니다. 여기서 '기초'란 '진리'를 말합니다. 따라서 이상태(理想態)인 '기초'는 최고경지요, 『대학』 삼강령 중 '지어지선(止於至善)'의 '지선(至善)'과 같은 것입니다. 그러나 현실태(現實態)인 '기초'의 경우는 불완전한 인간인지라 '기초로부터 새로운 기초에까지' 끝없는 자기 수양, 정진(精進)이 요망됩니다. 그러기에 살아 있는 우리 개개인은 언제나 자기 성장에 있어서 힘이 되는 어떤 것이 '만들어지는 것'입니다. 이것이 토대가 되고 의욕과 용기를 불러내어 새롭게 '만들어지는 것으로' 일보 전진할 수 있게 됩니다. 그리고 '발전'과 '통정(統整)'의 관계는 인간 형성에 있어서 '율동적 자기 전개'가 이상적이라고 보았습니다. 이 말이 가장 실감나는 것은 '평생교육'의 경우입니다. 교육기관에서 교육을 받는 '통정'과 사회에 나가 활발하게 일하는 '발전', 다시 자기 충전을 하게 되는 재교육으로서 '통정', 또 다음 단계는 사회에서 크게 활동하는 '발전', 이런 순환적 되풀이가 지속적으로 때로는 동시적으로 일어나게 됨을 강조해 보았습니다.

2) 역사적 상황 = 역사적 현실

교육은 언제나 (진공 중이 아닌) 역사적 상황과 역사적 현실 가운데에서 진행되고 있는 '인간기업'입니다. 나는 이 사실을 강조하고 싶어서, 특히 '역사적 상황'이라는 것을 옆에다 적어 두었습니다. 또한 표 말미에 기초주의를 '전통과 개혁의 조화를 통한 인간 형성의 논리'라고 표현해 보았습니다. 이 '전통'과 '개혁'과의 관계는 역사적 상황성으로 모두 여섯 가지 유형을 상정해 볼 수 있습니다.

① 전통일치형　② 전통불일치형　③ 개혁일치형
④ 개혁불일치형　⑤ 개혁 · 전통 동시형　⑥ 전통 · 개혁 동시형

교육사에서 보게 되는 여러 사상(事象) 및 사상(思想)은 이 여섯 가지 유형으로 상황 설명이 가능할 것입니다. 그러기에 앞으로 새로이 역사 서술을 할 때, 특히 이 여섯 가지 유형과의 관계에서 논하는 것도 유익하리라고 봅니다. 그러한 사례로

'신교육사조'[2]에는 갑오개혁 이후 현대까지를 다음과 같이 정리해 보았습니다.

- 근대교육의 성립과 신교육사상(1895~1910): ④ 개혁불일치형 시기
- 교육입국의 이상과 민족주의 교육사상(1910~1945): ② 전통불일치형 시기
- 민주주의 교육의 건설(1945~1995): ⑤ 개혁 · 전통 동시형 시기

이와 같은 시각에서 볼 때 바람직한 것은 '전통과 개혁의 조화'에 있음은 당연합니다. 그러나 실제 교육 현상에서 교육사상으로는 '개혁'을 지향했으나, 사회체제가 이를 따르지 못하여 '개혁불일치형'이 되고만 '1895~1910' 시기가 있었습니다. 그런가 하면, 일제 강점기는 당시 교육정책(사회체제)이 전통 파괴로 나섰고, 이에 대하여 우리의 선각자는 무너지는 '전통'을 보전하고 바로 세우려 하였기에 '1910~1945' 시기는 '전통불일치형'이 되고 말았던 것입니다. 한편 '1945~1995' 시기는 파괴된 '전통'의 회복과 뒤떨어진 교육사조의 '개혁' 양면이 요청되었기에 '개혁 · 전통 동시형'이라 할 수 있습니다. 이 경우 '개혁'이 강조되어 듀이 교육철학을 비롯한 외래 교육사상 수용이 주가 되었지만 점차 자생적 한국교육학 요청의 목소리가 높아짐에 따라 '한국의 교육적 전통'의 발굴 및 계승이 시작되었기에 '전통'도 포함하게 된 것입니다. 따라서 교육은 언제나 '역사적 상황 및 역사적 현실'을 고려하여 '전통과 개혁의 조화'를 지향해야 할 것입니다.

'역사적 현실'이라는 것은 단순한 현재가 아닙니다. '현재'는 언제나 '과거' 및 '미래'와의 관계 속에 있는 '현재'이니 '역사적 현실'이 됩니다. '역사적 현실'에서는 '과거'가 결코 지나간 시간이 아닙니다. 현재가 과거를 지배함으로써 "역사는 다시 쓰여진다."는 말처럼 과거 학교에서 낙제했던 윈스턴 처칠(W. Churchill)도 제2차 세계대전을 승리로 이끈 현실에서는, 그 낙제조차도 의미 있는 것이 되어 결코 부끄러운 과거사가 아닙니다. 오히려 '위인은 어려서부터 무언가 남달랐다'는 찬사로 바뀌지기도 하는 것이니, 현재가 과거를 지배하며 역사를 다시 쓰게 되는 일도 가능해집니다. '미래' 역시 아직 도래하지 않은 시간이지만 장차 자기가 무엇이 되겠다는 인생목표가 있을 때, 현재의 나로 하여금 그 인생목표를 향해 필요한 준비를 하

2) 한국정신문화연구원 교육 · 윤리연구실 편, 『한국 근현대 교육사』(제6장 교육사조), 한국정신문화연구원, 1995, pp. 387-439.

게 됩니다. 이렇게 보면 아직 오지 않은 미래가 현재를 규정할 수도 있는 것입니다. 이 점을 강조하기 위해서 [그림 4-3]에서는 '역사적 현실'이라고 약간 활자를 크게 해 놓았던 것입니다.

3) 세 가지 교육의 이념

(1) 시간의 이념: 이것은 '전통(傳統)'의 차원인데, 기초주의 3이념의 하나로 '시간의 이념'이라 표현해 보았습니다. 그 요지는 '선인들의 업적에 경건하게 머리를 숙여 크게 배우'는 데 있습니다. 선인들의 업적에서 널리 배울 때 우리는 '밝은 눈'을 얻을 수 있습니다. 밝은 눈이란 '역사적 형안(炯眼)'으로 역사적 예견력을 의미합니다. 그러기 위해서도 '널리 배우고'라는 것이 필요합니다.

그래서 이 '전통'의 차원을 다른 말로는 '추진력의 문제'라고 해 보았습니다. 그리고 교육적 가치체로서 '효(孝)'와 '성(誠)' 두 가지를 들었는데, 이것을 일반화한 교육개념이요 교육적 가치체가 '문화'와 '생활'입니다.

(2) 자유의 이념: 이것은 '주체(主體)'의 차원인데, 기초주의 3이념의 하나로 '자유의 이념'이라 표현해 보았습니다. 그 요지는 '자기 위치와 사명을 직시'하는 데 있습니다. 여기에는 냉철한 사고가 있어야 되기에 '찬 머리'라 하였고 '깊이 생각하고' 결단을 내릴 수 있어야 할 것입니다. 그런데 이 '주체'의 차원을 달리 말하면 '추진체의 문제'라 할 수 있습니다. 그리고 교육적 가치체로서 '공(公)'과 '관(寬)' 두 가지를 들었는데, 이것을 일반화한 교육개념이요 교육적 가치체가 '지성'과 '인격'입니다.

(3) 질서의 이념: 이것은 '개혁(改革)'의 차원인데, 기초주의 3이념의 하나로 '질서의 이념'이라 표현해 보았습니다. 그 요지는 '감연히 머리를 들어 새로운 문화창조에 매진'하는 데 있습니다. 여기에는 일을 성취하려는 정열, 열정이 있어야 되기에 '뜨거운 가슴'이라 하였고 '아름답게 표현하라'고 했던 것입니다. 그런데 이 '개혁'의 차원을 달리 말하면 '구현상(具顯像)의 문제'라 할 수 있습니다. 그리고 교육적 가치체로서 '근(勤)'과 '신(信)' 두 가지를 들었는데, 이것을 일반화한 교육개념이요 교육적 가치체가 '협동'과 '봉사'입니다.

이 3이념은 ① 예지, ② 의지, ③ 업적 또는 ① 요청, ② 강조, ③ 실천이라는 한 세트로 된 말과도 대비해서 어떤 교육적 시사를 얻을 수 있을 것입니다. 그러한 생각에서 [그림 4-3]에서는 그 용어들을 각각 작은 글자로 표시해 두었습니다. 그러나 큰 줄거리는 전통, 주체, 개혁의 차원이요, I. 시간의 이념, II. 자유의 이념, III. 질서의 이념입니다.

한편 기초주의의 여섯 가지 교육개념이요, 교육적 가치체로서 제시한 것이 곧 ① 문화, ② 생활, ③ 지성, ④ 인격, ⑤ 협동, ⑥ 봉사입니다. 그리고 이 '3이념 6개념'에 대하여는 『한국교육의 이념』(1968, pp. 19-188)에 최초로 자세히 논술해 놓았습니다.

4) 역사의식의 문제

기초주의의 특색의 하나는 '역사의식의 강조'에 있다고 감히 말씀드릴 수 있습니다. 여태까지의 교육이론, 교육철학에서는 바로 역사의식이 부족했었다고 해도 과언이 아닐 것입니다. 그러나 만약 역사의식이 매우 부족하거나 전혀 없다면, 교육의 인간 형성 기능은 매우 치명적인 결함을 갖게 될 것입니다. 역사상 개인적으로는 뛰어난 재능이 있었던 인물도, 이 역사의식을 갖고 있지 못했기에 비극적 최후를 맞고 역사상 씻을 수 없는 오명을 남기는 경우를 종종 보게 됩니다. 그런 점에서 다른 무엇보다도 기초주의에서는 '역사의식의 문제'를 크게 다루고 강조하고 있습니다. 『한국교육의 이념』(1968)이라는 책을 쓰게 된 계기가 논문(1968년 1월 15일, 한국교육학회 교육사교육철학연구회 월례발표회) 「한국교육의 이념과 역사의식의 문제」였던 것만 보아도 아실 수 있을 것입니다. 사실 『한국교육의 이념』 초판본의 속표지는 『한국교육의 이념과 역사의식의 문제』로 인쇄되어 있었습니다.

5) 역사적 자아

'나[자아(自我)]'라는 존재를 보다 정확히 표현하려고 한 결과, 기초주의에서는 그냥 '나'라든가 '자아'라는 말보다도 '역사적 자아'라고 해 보았습니다. 이것은 그동안 교육적 용어로 쓰여 온 '자아'(다분히 심리학적 자아)나 '사회적 자아'를 모두 포섭하면서 보다 포괄성을 띠고 있는 '나'가 곧 '역사적 자아'라고 생각하였기 때문입니다. 이러한 교육적 인간상인 '역사적 자아'는 '구(球)'적 존재라고 봅니다. 이 역사적 자아는 과거 · 현재 · 미래 또는 전통 · 주체 · 개혁이라는 차원에서 각각 역사적 자아의 '탐구', 역사적 자아의 '각성' 그리고 역사적 자아의 '실현'이라는 세 가지 차원을 갖게 됩니다. 그래서 [그림 4-3]에서는 '역사적 자아' 아래 괄호 안에 '탐구' '각성' '실현'이라 했던 것입니다.

6) 기초주의

기초주의가 무엇인가를 단적으로 표현해 본다면, 바로 '전통과 개혁의 조화를 통한 인간 형성의 논리'라 할 수 있습니다. 이것을 처음으로 발표한 논문이 「기초주의의 제창-전통과 개혁의 조화를 통한 인간 형성의 논리 서장」(1966)입니다. 그리고 다시 이것을 부연한 최초의 저서가 『한국교육의 이념』(1968)입니다. 이어서 나온 것이 『기초주의-한국교육철학의 정립』(1973)이며, 그 후에도 『현대인과 기초주의』(1979), 『상황과 기초: 구상교육철학으로서의 기초주의』(1990), 『기초주의 교육학』(2002) 등으로 이어지게 됩니다. 이 가운데서 비교적 내용을 단순화하여 논술한 책이 『기초주의 교육학』(2002)이고 그 논지는 다음과 같습니다.

(1) 기초주의의 논리: 무엇을 이어받을 것인가(전통), 무엇을 받아들일 것인가(주체), 무엇을 이룩할 것인가(개혁)

(2) 기초주의의 구조:

① 왜(교육의 이념): 교육적 존재론(기초의 교육적 발견), 교육적 가치론(시간, 자유, 질서)

② 무엇을(교육적 인간상): 교육적 인간론(역사적 의식인의 형성), 교육자론(대애지순인), 교육적 지식론(전통, 주체, 개혁)

③ 어떻게(교육의 과정): 교육적 방법론(탐구, 각성, 실현), 교육연구방법론(창조의 이론), 교육제도론(발전과 통정), 교육사관론(기초와 역사적 상황성)

또 기초주의 이론의 교육사상사적 타당성을 논한 논문이 「동서교육사상의 갈등과 초극-초극의 전망을 중심으로』(1978)[3]입니다. 이 논문은 『교육원리–교육철학개설』(1982, pp. 647-681)에 수록하여 독자의 편의를 도모한 바 있습니다.

또 별도로 논문 「기초주의의 구조」(1984)[4]를 써서 기초주의의 이론적 구조 이해에 주력했으며, 이것을 상세하게 논한 것이 나의 주저인 『상황과 기초: 구상교육철학으로서의 기초주의』(1990)인 것입니다.

기초주의는 '전통'과 '개혁'의 조화를 통한 인간 형성의 논리라고 했듯이, '주체'를 중심으로 해서 교육 현상에 보이는 '전통'과 '개혁', 나이든 세대와 젊은 세대 사이의 끊임없는 갈등, 이에 대한 해결의 지혜를 '논리구조 지남적(指南的) 교육철학'인 '기초주의'로서 제시하려 했던 것입니다.

7) 멋

[그림 4-3] 맨 오른쪽에는 '멋-정수(精粹)와 우아(優雅)'라고 표시되어 있습니다. 이것은 '기초주의'를 우리의 고유한 말로 표현하면 무엇일까?라는 물음을 예상해서 '멋'이라는 용어를 택해 보았습니다. 그리고 '멋'은 좀 더 자세히 표시하면 '정수 × 정조(情操) × 우아 = 멋(창조)'인 것입니다.

이 '멋'과 관련된 대표적인 논문으로는 다음 두 편을 꼽을 수 있습니다.

「멋의 교육철학적 해석」(1971)[5]과 이를 일본어로 발표한 것이 「韓國人形成の核思想」『韓』I-12, (韓國硏究院 , 1972)입니다. 또 하나는 「멋의 논리와 기초주의의 의미」(1985)[6]입니다. 이 논문은 나의 저서 『교육학개론』(1986, 부록X, pp. 481-523)에 수록해 두었습니다.

3) 『교육사교육철학』 제2호, 한국교육학회 교육사교육철학연구회.
4) 『사대논총』 제28집, 서울대학교 사범대학.
5) 『교육학연구』 IX-2, 한국교육학회.
6) 『학술원논문집』 제24집, 대한민국학술원.

8) 참고 부분

1968년에 간행된 『한국교육의 이념』에 게재된(pp. 18-19) '제1형' 좌측에 글상자로 처리된 참고에 관해서 간단히 설명하겠습니다. 기초주의가 1핵(기초)과 아울러 '3이념' '6개념'을 강조하고 있지만, 그중 '3이념'과 유사한 관련사항이 우리의 일상적 삶 속에서 자주 눈에 띄곤 하였습니다. 그래서 많은 사람이 인간 형성의 '3이념'으로, 비록 사용하는 용어는 다르지만, 여전히 사유의 자연스러운 흐름 혹은 틀로 '3이념'을 말하고 있음을 알리려 했습니다. 이를 옮겨 보면 다음과 같습니다.

요해(了解)	-	체험(體驗)	-	표현(表現)
예지(叡智)	-	의지(意志)	-	창조(創造)
요청(要請)	-	강조(强調)	-	실천(實踐)
믿음	-	소망	-	사랑
천(天)	-	인(人)	-	지(地)
지(知)	-	인(仁)	-	용(勇)
지혜	-	사랑	-	힘
지식(知識)	-	사고력(思考力)	-	창조(創造)
싹	-	이삭	-	곡식
이지(理智)	-	자유(自由)	-	협동(協同)
지(知)	-	의(意)	-	정(情)
대혜(大慧)	-	대덕(大德)	-	대력(大力)
wisdom	-	virtue	-	action
지(知)	-	성(性)	-	행(行)

통찰(洞察)	↘		↙	초월(超越)
정신(精神)	→	역사적 자아 (나)	←	육체(肉體)
권위(權威)	↗		↖	사랑

이렇게 3요소 혹은 3이념을 나열하는 경우는 다양하고 많습니다. 또한 유교의 삼달덕(三達德)인 지인용(智仁勇)이라든가, 불교의 삼보(三寶)인 불법승(佛法僧), 기독교의 신망애(信望愛), 즉 믿음 · 소망 · 사랑 하듯이 종교분야도 '3의 철학'을 우리에게 가르쳐 주고 있다고 하겠습니다. 나는 기초주의의 '3이념'을 착상함에 있어서 다

음 두 가지 원체험(元體驗)이 있었습니다. 하나는 수영선수 생활 만 10년을 통하여 터득한 수영의 원리이자 인간 형성의 기본원리이며, 또 하나는 「로댕의 유언」에서 강조된 세 가지 차원입니다. 그것을 전통 · 주체 · 개혁이라는 3차원으로 받아들일 수 있었던 것입니다. 이러한 것에 관해서 정리해 놓은 것이 「기초주의의 원형」입니다. 이 글은 나의 저서 『교양으로서의 교육학』(2002, 제9장, pp. 235-259)에 수록되어 있습니다.

9) 기초주의의 교육적 가치체계도

이것은 『한국교육이념의 연구』(1992, pp. 158-159)에 게재된 '기초주의 교육철학의 구조도' '제2형' 좌측에 게재되어 있는 것입니다. 기초주의에서는 이미 밝혀진 바와 같이 인간의 의식 구조는 '구(球)'로 보고 있습니다. 구상(球象) 교육철학으로서의 기초주의에서는 '교육적 가치체계' 역시 '구(球)'적 표현으로 설명하고 있는 것입니다. 단면도에는 중앙의 원을 둘러싸고 여섯 가지 방향으로 '원' (실제로는 '구')이 배치되도록 하였습니다. 즉, 기초주의의 여섯 가지 가치체입니다.

밖으로 각각 여섯 개의 화살표가 있는 것은 강조되는 교육적 가치의 방향 표시를 의미하는 것입니다. 사실 『교육사상사』에서 이미 밝힌 바와 같이, 시대에 따라 이상하리만큼 여러 교육적 가치 중에서도 어느 특정 가치가 유독 강조되는 시대가 있었음을 발견할 수 있었습니다. 그러나 그 시대가 필요로 하는 있어야 할 교육적 가치를 찾아내어 그것을 열거 배치해 보면, 기초주의의 교육적 가치체계에 표시된 바와 같이 제자리가 잡혀지게 된다는 것입니다. 이것으로써 우리는 하나의 귀한 힌트를 얻게 됩니다. 그것은 이를테면 교사가 학생들에게 여러 교육적 가치 중에서 어느 하나를 들어 그것의 중요성을 설파한다고 할 때, 학생들은 그것을 단순히 받아들이고 암기할 것이 아니라, 기초주의 교육적 가치체계도에 제시된 여섯 가지 교육적 가치와의 관계에서 그중 어느 하나를 교사가 강조하고 있다는 사실을 이해하게 된다면, 강조되는 그 가치체의 위상(位相) 파악도 쉬울 것이요, 올바른 이해의 지름길이 되리라고 보는 것입니다.

기초주의의 교육적 가치체는 다음의 여섯 가지입니다. 이것을 기초주의에서는 '6개념'이라 부르고 있습니다. 그리고 이 여섯 가지 기초주의 교육적 가치체와 연관성이 깊은 가치체를 표시해 보면 다음과 같습니다.

1. 문화(文化): 효(孝)-성(聖)
2. 생활(生活): 성(誠)-건(健)
3. 지성(知性): 공(公)-진(眞)
4. 인격(人格): 관(寬)-선(善)
5. 협동(協同): 근(勤)-부(富)
6. 봉사(奉仕): 신(信)-미(美)

이와 관련된 논문으로는 「기초주의의 가치체계」(김석목 선생 고희기념논문집, 동위원회, 1979)와 일본의 동방학회에서 발표한 논문 「Educational Value System of Kichojuii(Foundationism)」(1981)이 있습니다. 이 여섯 가지 교육적 가치체는 의식의 여섯 가지 방향성과도 관련되어 있습니다. [그림 4-4]를 보면 여섯 가지 가치는 기초 I에서 기초 II로 중심축이 이동하며 또 다시 여섯 가지 방향성을 보이며 균형을 유지하려 한다는 점입니다. 이에 대한 설명은 『21세기 한국의 교육학』 제5장 중 '프뢰벨(F. Fröbel)의 구관(球觀)'(pp. 100-106)을 참조할 수 있습니다.

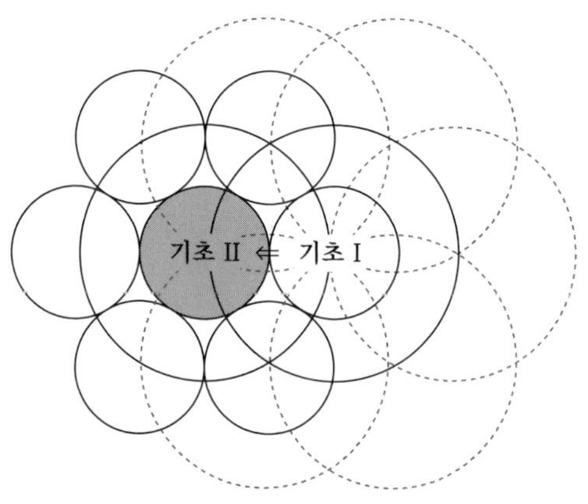

[그림 4-4] 기초주의의 교육적 가치체계도

출처: 『21세기 한국의 교육학』, 한국학술정보[주], 2001, p. 103.

제2부

3이념 6개념의 현대적 해석

제5장

기초주의와 시간의 이념

정재걸

1. 본질적인 것과 비본질적인 것

마호메트(Muhammad)에게 알리라는 제자가 있었다. 한번은 알리가 물었다.

"사람은 자기가 원하는 것을 하고 원치 않는 것을 하지 않을 수 있습니까? 사람이 자신이 바라는 대로 할 수 있다면 '정직하라, 거짓말하지 말라, 도둑질하지 말라'고 설교하는 것은 쓸데없고 어리석은 짓입니다. 모든 것이 예정되어 있다면 모든 교육, 모든 예언자와 스승은 쓸모가 없습니다."

마호메트가 말했다. "먼저, 한쪽 발을 들어라." 알리는 왼발을 들고 한 발로 섰다.

마호메트가 그에게 말했다. "이제 오른발도 들어라."

알리는 의아해하며 어떻게 그런 일이 가능한지를 물었고 마호메트가 말했다.

"그대가 원했다면 오른발을 먼저 들어 올릴 수 있었을 것이다. 그러나 이제 그대는 그럴 수 없다. 사람은 항상 첫 발을 들어 올리는 것이 자유롭다. 원하는 대로 할 수 있다. 그러나 첫 번째 발을 들어 올리면 나머지 발은 반드시 땅에 붙어 있어야 한다."[1]

삶에는 두 가지 영역이 있다. 본질적인 부분과 비본질적인 부분이 그것이다. 비본질적인 것에 관한 한 우리는 항상 자유롭게 첫 번째 다리를 들어 올릴 수 있다.

1) 오쇼 라즈니쉬 저, 김화영 역(2004), pp. 303-304.

그러나 본질적인 것에 대해서 우리는 어떤 자유도 행사할 수 없다. 그것은 가장 깊숙이 있으면서 절대적으로 예정되어 있다. 예컨대, 어떤 사람이 남의 물건을 훔치려고 한다. 훔치는 것은 이미 결정되어 있는 것은 아니다. 그러나 일단 그가 범행을 저지르고 나면 그것은 한쪽 발을 들어 올리고 나머지 발은 땅 위에 놓여 있는 것과 같다. 훔친 뒤에 그 결과는 그 사람의 인격 전체에 그리고 그와 관련된 존재계 전체에 영향을 미치게 된다. 우리는 잘못된 선택을 하게 되면 주변으로 던져진다. 그러나 올바른 선택을 하면 중심으로 움직인다.[2)]

기초주의 교육학은 인간의 삶에서 본질적인 것을 회복하기 위한 노력이다. 그런 측면에서 기초주의는 본질주의(本質主義)나 항존주의(恒存主義)와 유사한 측면이 있다. 그러나 본질주의와 항존주의는 그 시간의 이념에 있어서 기초주의와 구별된다.[3)]

> 허친스(R. M. Hutchins)나 마리탱(J. Maritain)으로 대표되는 항존주의는 시간성 중 이 세상에 새로운 것은 하나도 없다고 하듯이 진리의 불변성을 강조한다는 점에서 '과거'에 무게를 두는 교육학설인 데 반하여 듀이 계통의 진보주의는 생활, 경험을 강조하는 바 '현재'에 무게를 두고 있는 것입니다. 여기에 대해 화이트헤드(A. N. Whitehead)나 울리히(R. Ulrich) 등의 본질주의는 과거와 현재를 아울러 고려하는 입장을 보이고 있는 것입니다. 이러한 제 주장에 대하여 '미래' 중심 교육을 내세운 학설이 브라멜드(T. Brameld)로 대표되는 개조주의(改造主義)인 것입니다. 또 유럽에 있어서는 일찍이 딜타이(W. Dilthey)로 대표되는 정신과학적 교육학이 교육에 있어서의 '시간성의 원리'에 역점을 두었고, 문화주의 교육학을 내세운 슈프랑거(E. Spranger) 역시 딜타이의 시간성의 원리에 입각하고 있는 것입니다. 그런데 여기서 우리가 생각해야 할 일은 시간성의 원리는 결코 과거, 현재, 미래라는 세 가지 차원 가운데에서 그 하나, 이를테면 '과거'만 강조한다거나 '현재'만 강조한다거나 또는 '미래'만 강조하면 된다는 것이 아니라는 사실인 것입니다. 엄밀히 말해서 '현재'는 과거와 미래와의 관계에서의 '역사적 현재'인 것으로서 지나간 '과거'가 고정 불변의 것이 아니라 "역사는 다

---

2) 중심은 기초주의의 '기초'와 같다. 우리가 바퀴의 중심에 있을 때 기쁨이나 슬픔, 노여움 등의 감정에 영향을 받지 않는다. 그러나 주변에 있을 때 그 감정과 하나가 되어 함께 굴러가게 된다.

3) 한기언(2002), p. 207.

시 쓰여진다."는 말도 있듯이 현재가 과거를 지배하기도 하는 것입니다. 역사적 현실이란 이것을 말하려는 것입니다. '미래' 역시 그렇습니다. 아직 도래하지 않은 시간이 '미래'이건만 이 도래하지 않은 미래라는 시간이 '현재'를 지배하고 있는 것도 사실인 것입니다.

기초주의에서의 '기초'란 모든 것이 시간적 · 공간적으로 인타라망(因陀羅網)과 같이 연결되어 있음을 의미한다. 가령, 내가 지금 이 자리에서 기초주의와 시간의 이념에 대해 글을 쓰는 것은 시간적 · 공간적으로 수많은 계기가 결합하여 생긴 일이다. 우선 나라고 하는 개체가 존재하기 위해 얼마나 많은 고리가 필요한 것인가? 내가 지금, 여기 존재한다는 것은 우주적인 사건임에 분명한 것이다. 여기서 중요한 것은 미래의 고리와 나의 존재와의 관계이다. 과거와 나의 존재와의 고리는 분명하게 인식된다. 미래의 고리도 과거와 같다. 부처가 말하듯이 미래에 일어날 일이 이미 거기에 있지 않았다면 나 역시 태어나지 않았을 것이다. 나는 과거와 미래 사이의 고리이기 때문이다. 어제가 나를 만들었듯이 내일 또한 나를 만들었다. 미래의 순간 또한 현재의 순간을 결정한다. 우리의 손은 미래의 어깨 위에 놓여 있다. 우리의 발은 과거의 어깨 위에 서 있다. 내가 서 있는 발판뿐만 아니라 내가 잡고 있는 미래의 어깨가 사라져도 나는 떨어질 것이다.[4] 이것이 기초주의에서 본 시간의 원리이다. 좀 더 구체적으로 화엄일승십현문(華嚴一乘十玄門)의 동시구족상응문(同時具足相應門)으로 들어가 기초주의의 시간의 원리에 대해 살펴보자.

화엄이란 무엇인가? 화엄이란 부처가 깨달음을 증득한 후 깨달은 눈으로 세상을 본 것을 묘사한 것이다. 사사무애법계(事事無碍法界)란 바로 이러한 화엄의 세계를 말한다. 그렇기 때문에 사사무애법계는 참으로 존재하는, 궁극적이고 유일한 법계이다. 다른 세 가지 법계—사법계(事法界), 이법계(理法界), 이사무애법계(理事無碍法界)—는 단지 사사무애법계에 접근하기 위한 설명적 방편일 뿐이다. 사사무애법계를 설명한 대표적인 사례가 화엄일승십현문으로, 화엄일승십현문은 열 가지 교리적 설명으로 사사무애법계의 중중무진(重重無盡)을 설명한다. 두순(杜順, 557~640)은 우리의 마음에 사사무애법계의 광경이 분명히 드러나게 하기 위해 십현문을 세웠다. 그렇다면 화엄일승십현문에서 본 시간의 모습은 어떠할까?

4) 오쇼 라즈니쉬 저, 김화영 역(2004), pp. 300-301.

십현문(十玄門) 중 시간에 관련되는 문은 총문(總門)에 해당되는 동시구족상응문이다. 동시구족상응문은 시간적, 공간적, 상즉(相卽), 상입(相入)을 모두 포괄하여 전체 세계의 중중무진과 원융무애(圓融無碍)를 설명하고 있다. 동시구족(同時具足)이란 과거 · 현재 · 미래 삼세가 서로 의지하고 도우며 동시에 서로 이어져 나타나기 때문에 일세 속에 나머지 2세가 동시에 구족되어 있음을 말한다. 또한 공간적으로는 일체의 모든 현상은 같은 때 같은 곳에서 모자람 없이 서로 응하여 일즉일체(一卽一切), 일체즉일(一切卽一)이라는 관계를 맺고 있다. 이것은 무슨 말인가?

사법계 속에서 우리는 "시간이 흐른다."고 한다. 그러나 흐르는 것은 시간이 아니라 우리의 마음일 뿐이다. 이것은 마치 움직이는 기차 속에서 "전봇대가 달린다."고 생각하는 것과 다르지 않다. 태양과 지구의 관계에서 보면 우리는 "지구가 뜬다." 혹은 "지구가 진다."라고 말해야 한다. 시간은 움직이지 않는다. 시간은 영원한 것이다. 동시구족상응문 속에서 시간은 항상 '영원한 현재'일 뿐이다.

미래란 시간의 한 부분이 아니다. 미래는 단지 욕망일 따름이다. 과거는 기억이요, 미래는 욕망이다. 그렇기 때문에 완벽이란 미래의 어떤 목표가 아니다. 완벽이란 본래부터 존재하고 있는 것이다. 니르바나도 미래에 성취해야 할 어떤 목표가 아니다. 그렇기에 희망 역시 삶을 미루는 한 방식일 뿐이다. 우리가 어디 있더라도 그 자리가 바로 목표이다. 그러나 사실 현재라는 것도 존재하지 않는다. 『금강경(金剛經)』에서 "과거심도 얻을 수 없고 미래심도 얻을 수 없고 현재심도 얻을 수가 없다."고 했듯이, 과거와 미래란 현재라는 강물의 양 둑과 같은 것이다. 양 둑이 없다면 현재도 존재할 수 없는 것이다.

모든 것은 변한다. 그렇지만 변하지 않는 중심이 있다. 중심은 변하기도 하고 변하지 않기도 한다. 그 중심이 바로 마음이다. 그리고 중심인 마음은 욕망으로 구성되어 있다. 그러나 이 욕망은 지금 당신이 가지고 있는 욕망과 다르다. 이 욕망은 자연의 흐름과 함께 흐른다. 『십우도(十牛圖)』의 아홉 번째 그림과 같이 버들은 푸르고 꽃은 붉고 욕망은 강물처럼 흘러간다.

일단 과거를 놓아 버리면 미래도 스스로 떨어져 나간다. 미래는 다만 과거의 투사일 뿐이기 때문이다. 시간에 대한 관념이 사라지면 모든 욕구와 결핍감이 사라질 뿐만 아니라 죽음도 사라진다. 시간은 우리의 상념이 만들어 낸 허구이기 때문이

다. 사실 존재하는 것은 시간이 아니라 '시간감각'일뿐이다.[5)]

> 참존재 속에서 모든 시간관념은 사라지며, 그것이 사라지는 것이야말로 평화의 핵심적인 측면이다. 일단 시간의 압력이 사라지고 나면 시간이야말로 인간 조건에 따라붙는 괴로움의 첫째가는 근원 중의 하나였으리라는 것을 깨닫게 된다. 시간관념은 스트레스와 압박감과 근심과 두려움을 빚어내고 다양한 형태의 무수한 불만과 불쾌감을 자아낸다. …… '그렇게 계산하고 쫓기는 일에 너무 많은 시간이 허비되었다. 이제는 그렇게 허비할 시간이 별로 없다. 우리가 하고 싶은 일은 많은데 시간은 얼마 없다. 시간은 곧 바닥날 것이다.' 시간감각이 사라지기 전까지는 참된 자유와 평화가 어떤 기분인지 체감할 가능성은 전혀 없다.

참된 자유와 평화는 시간감각이 사라짐과 함께 체험할 수 있다. 아니 체험되는 것이 아니라 우리 자신이 참된 자유와 평화가 될 수 있다. 기초도 마찬가지이다. 기초는 체험될 수 있는 것이 아니다. 기초는 내가 기초가 됨으로써 알 수 있는 것이다. 우리 마음이 무엇을 알고 있다고 생각한다면, 그것은 무엇에 '대해' 아는 것에 지나지 않는다. 참으로 안다는 것은 그 아는 대상이 됨을 뜻한다. 내가 중국에 대해 모든 것을 다 안다고 해도 중국이 되는 것은 아니다.

2. 유학, 도가, 불교에서의 기초

1) 중심과 기초

그렇다면 본질적인 것을 선택하는 사람은 자유가 없는가? 그렇지 않다. 순환하는 우주의 움직임 속에서 편히 쉬는 것이 진정한 자유이다. 유학에서는 이를 "내 마음이 욕망하는 대로 따라도 법도에서 벗어나지 않는다[종심소욕불유구(從心所慾不踰矩)]."라고 말한다. 자유는 외부 환경과의 관계 속에서 획득할 수 있는 것이 아니라 '자기 안에서 얻는 것'이다. 진정한 자기 자신을 위해 어떤 진리를 배우고 체험하

5) 데이비드 호킨스 저, 문진희 역(2001), pp. 209-210.

여 그 속에서 마음의 기쁨을 얻는 것이다. 말없는 가운데 자연스럽게 체득하는 배움, 이것이야말로 진정으로 '자기 안에서 얻는 것'이다. 의식적이고 강제적인 배움은 '자기 안에서 얻는 것'이 아니다.[6)]

유학에서 추구하는 자유는 주어진 공동체 안에서 객관적으로 존재하는 도덕규범을 자기 내부의 도덕과 일치시켜, 객관적 도덕규범과 자기 내부의 도덕이 하등의 괴리감 없이 혼연일치된 상태를 지칭한다. 이것은 개인들이 타인의 부당한 간섭에서 벗어나 가급적 더 많은 자율적 선택을 넓히려는 서양의 소극적 자유에 비교하여 '적극적 자유'라고도 말할 수 있다.[7)] 이와 같이 타인의 간섭으로부터 자신을 보호하려는 권리 주장보다는, 유학에서는 자신의 내면을 잘 다스려 자신이 속한 공동체의 규범에 잘 부응하려는 적극적인 자유를 중시하기 때문에 자유의 장애가 되는 속박의 해제에 있어서도 외적인 속박보다는 내적인 속박의 해제에 더 많은 관심을 기울이게 된다. 여기서 말하는 내적인 속박은 물론 인간의 욕망이다. 유학은 이러한 욕망을 잘 다스려 내적인 평화와 자유를 얻는 것이 삶의 목표였던 것이다.

그렇다면 유학에서의 자유는 어떻게 가능하며 이는 기초와 어떤 관련이 있는가? 『논어(論語)』에서 증자(曾子)는 이를 충(忠)의 개념으로 설명하고 있다.[8)]

> 공자께서 말씀하셨다. "증삼아, 나의 도는 한 가지로써 모든 것을 꿰뚫고 있느니라." 그러자 증자가 말했다. "알겠습니다." 공자가 밖으로 나가자 제자들이 여쭈었다. "무슨 말씀이십니까?" 증자가 대답하였다. "선생님의 도는 충과 서일 뿐이다."

앞의 글은 아마 공자 만년의 일화일 것이다. 상황을 재구성해 보면 다음과 같다. 공자와 제자들이 방에 앉아서 토론하고 있다. 이때 공자가 증자를 불러 자신이 평생 공부하여 발견한 진리는 하나라고 말한다. 이 진리는 물론 '인(仁)'일 것이다. 이 말을 하고 공자는 밖으로 나간다. 이때 나머지 제자들이 궁금해서 물어본다. 증자는 제자들에게 선생님의 도는 충(忠)과 서(恕)라고 대답한다.

---

6) 데이비드 호킨스 저, 문진희 역(2001), p. 96.

7) 이승환(1994), p. 33.

8) 子曰 參乎아 吾道는 一以貫之니라 曾子曰 唯라 子出이어시늘 門人問曰 何謂也잇고 曾子曰 夫子之道는 忠恕而已矣시니라(「里仁」 15).

인은 무엇일까? 그리고 인과 충서는 어떤 관계에 있는 것일까? 단순하게 말하면 인은 사랑이라고 할 수 있다. 어리석은 제자 번지(樊遲)가 인을 묻자 공자는 "사람을 사랑하는 것이다."라고 하였다.[9] 그러나 인은 단순한 사랑은 아니다. 증자가 인을 충서로 요약할 때 서에 대한 이해는 비교적 쉽다. 형병(邢昺)은 충서를 '속마음을 다하는 것'과 '자기를 헤아려 다른 사람의 마음을 헤아리는 것'이라 하고, 주자(朱子)는 '자신을 다하는 것[진기(盡己)]'과 '내 마음을 미루어 다른 사람의 마음에 미치는 것[추기(推己)]'으로 주석하였다. 정자(程子)도 충과 서를 파자(破字)하여 충은 중+심(中+心)이고 서는 여+심(如+心)이라고 하였다. 여기서 서는 내 마음을 살펴 다른 사람의 마음을 헤아리는 것이라고 할 수 있다. 『중용(中庸)』에서는 이를 혈구지도(絜矩之道)라고 하였다. 그렇다면 내 마음을 살펴 다른 사람의 마음을 헤아리는 것은 인과 무슨 상관인가? 그리고 속마음을 다하는 것과 자신을 다하는 것 혹은 중심이란 무엇일까?

증자(曾子)가 인을 충과 서로 나눈 것에 대해 그것이 공자의 일이관지(一以貫之)를 이이관지(二以貫之)로 만든 것이라는 논란이 있다. 다른 곳에서 공자는 자공(子貢)이 "한 말씀으로 종신토록 행할 만한 것이 있습니까?"라고 묻자 "아마 서(恕)일 것이다. 자기가 하지 않는 것을 남에게 베풀지 말라는 것이다."라고 하였다.[10] 이런 점을 고려하여 다산(茶山) 정약용은 일이관지의 일(一)에 해당되는 것이 궁극적으로 서라고 주장하였다. 즉, 다산은 서는 '다른 사람의 마음을 헤아리기를 내 마음같이 하는 것'이며 충은 '진심으로 남을 섬기는 것'으로서, 충은 결국 구체적인 인간관계에서 서를 행하는 방법에 불과하기 때문에 더 근본적인 것은 서라고 하였다.[11] 그러나 이는 공자의 인을 제대로 이해하지 못하고 자구에만 얽매여 해석한 결과이다. 다음의 글을 읽어 보자.[12]

원래 사람들은 모두 똑같은 자연적인 욕망을 갖도록 되어 있는데, 이로 말미암아 사

9) 樊遲問仁한대 子曰 愛人이니라(「顔淵」 22).

10) 子貢問曰 有一言而可以終身行之者乎잇가 子曰 其恕乎인저 己所不欲을 勿施於人이니라(「衛靈公」 23).

11) 盡己之謂忠 推己之謂恕 然忠恕非對待之物 恕爲之本而所以行之者 忠也, 以人事人而後 有忠之名 獨我無忠 雖欲先自盡己 無以着手 今人皆認吾道爲先忠而後恕 失之遠矣 方其忠時 恕已久矣(「論語古今註」 권2, 『與猶堂全書』).

12) 존 로크, 존 스튜어트 밀 저, 이극찬 역(1994), pp. 31-32.

> 람들은 남을 사랑하는 일은 곧 그들 자신을 사랑하는 일과 마찬가지로 자신의 의무라는 것을 알게 되었다. 왜냐하면 서로 평등한 것들은 모두 똑같은 척도를 갖게 될 것이기 때문이다. 사람이라면 누구나 마음속에서 바라게 될 것과 같은 선한 것을 나도 반드시 다른 사람들로부터 받아들이기를 바라게 될 것이다. 우리들은 모두 똑같은 성질을 가지고 있는 존재이므로 분명히 다른 사람의 마음속에도 품어지게 마련인 똑같은 욕구를 만족시켜 주도록 자기 자신도 유의하지 않는다면, 어떻게 자기 자신의 욕구가 조금이라도 만족되어지기를 기대할 수가 있을까? 만일 이와 같은 욕구에 어긋나는 것을 그들에게 제공하게 된다면 반드시 모든 점에서 그와 같은 경우가 나의 마음을 아프게 할 것과 마찬가지로, 그들의 마음도 아프게 할 것임에 틀림이 없다. 그러므로 만일 내가 남에게 어떤 해를 끼친다면, 나도 남으로부터 어떤 해를 받게 될 것을 예기하지 않으면 안 된다. 왜냐하면 다른 사람들이 내가 그들에게 표시한 것 이상의 사랑을 나에게 표시해야 할 이유는 없기 때문이다. 따라서 원래 자기와 평등한 사람들로부터 되도록 많은 사랑을 받고 싶으면, 당연히 그들에 대해서도 전적으로 똑같은 사랑을 베풀어야 할 의무가 생겨나게 되는 것이다.

조금 장황하지만 앞의 글은 유학자의 글이 아니다. 이는 근대를 설계한 대표적인 인물인 로크(J. Locke)가 그의 『통치론』에서 '현명한 두뇌의 소유자'라고 칭찬한 후커(Hooker)의 글을 인용한 것이다. 만약 우리가 다산과 같이 인을 서로 이해하면—다산에서 근대성을 찾고자 하는 사람들은 기뻐할지도 모르지만—그의 주장은 로크의 자연법 주장과 거의 같아질 것이다. 그러나 인은 결코 서와 같은 것이 아니다.

중심이란 정자의 말과 같이 마음이 가운데 있는 것이다. 이는 '인(仁)한 상태'를 나타내는 말이다. 마음이 가운데 있다는 것은 시간적, 공간적으로 내 마음이 가운데에 있다는 말이다.[13)] 즉, 내 마음이 지금, 여기에 존재하는 것이다.[14)] 다른 곳에서

---

13) 중심의 의미는 『장자(莊子)』「천도(天道)」 편에 있다. 즉, 공자(孔子)가 주나라 왕실의 도서관에 자신의 저서를 소장하게 하기 위해 노자(老子)를 찾아가서 문답한 내용 중에 나온다. '인의가 무엇이냐'는 노자의 물음에 공자는 '마음이 지금 여기에 있어 만물이 기뻐서 널리 사랑하여 사심이 없는 것'이 인의의 정(情)이라고 대답한다. 이에 노자는 사심을 없애려는 노력이 바로 사심이라고 반박한다(老聃曰. 請問, 何謂仁義 孔子曰 中心物(易)愷 兼愛无私 此仁義之情也 老聃曰 意 幾乎後言 夫兼愛 不亦迂乎 无私焉 乃私也). 안동림 역주(1993), p. 357.

14) 왕양명(王陽明)은 이를 "양지에는 과거도 없고 미래도 없다. 다만 현재의 기미를 알 뿐이다(良知無前後只在得見在的幾)."라고 했다. 왕양명 저, 정인재, 한정길 역주(2004), p. 754.

공자는 다른 제자들은 하루나 한 달에 한 번 인에 이를 뿐이지만, 안회(顔回)는 그 마음이 3개월간 인에서 벗어나지 않았다고 칭찬하고 있다.[15] 이는 마음이 지금, 여기에 존재하기가 그만큼 어렵다는 것을 말하고 있는 것이다.

유학에서의 인을 실현한 사람은 기초주의의 교육적 인간상인 '대애지순인(大愛至醇人)'과 같다. 그냥 사랑이 아니라 큰 사랑이라고 하는 것은 '내가 없는 사랑[무아지애(無我之愛)]'을 말한다.[16] 그리고 지순인이란 맹자의 말과 같이 적자(赤子)의 마음을 회복한 성인을 말한다.[17] 결론적으로 유학에서의 자유는 내 마음이 중심에 있을 때, 즉 지금, 여기에 있을 때 가능하다. 중심이란 물론 기초주의의 '기초'와 같은 것이다. 따라서 유학에서의 기초와 자유는 체용(體用)의 관계에 있다고 말할 수 있다.

2) 도추(道樞)와 기초

유학에서의 기초인 중심을 도가(道家)에서는 '도추(道樞)'라고 한다. 도추는 화광동진(和光同塵)을 통해 저것과 이것이 그 대립을 없앨 때 가능하다. 도추는 지도리이기 때문에 중심에 있으면서 무한한 변전에 대처할 수 있다.[18] 한기언은 이러한 도추로서의 기초를 수영에 비유해서 설명한다.[19]

> 처음 수영부에 들어갔을 때 상급생들이 코치해 주기를 손과 발의 힘을 빼라는 것이었다. 손끝이나 발끝만이 아니라 도대체 손과 발의 힘을 빼라는 것이, 당시에는 필사적으로 수영을 해도 될까 말까 하는 때였기에 손발의 힘까지 뺀다면 결국 가라앉을 수밖에 없을 것이라는 두려움이 앞섰는데 매일 지칠 때까지 수영을 하는 가운데 자연히 체득하게 된 것이 척추의 한 점에 힘을 들이는 것이고 그렇게 하면 여기서 온몸으로 힘이 빠져 더 이상 움직일 수 없게 되면서도 살기 위하여는 움직이지 않을 수 없는 극한 체험을 거듭하는 가운데 수영의 '기초'를 체득하게 된 것이고, 학년이 올라갈수록

15) 子曰 回也는 其心三月不違仁이요 其餘則日月至焉而已矣니라(「雍也」5).
16) 자세한 내용은 정재걸(2006) 참조.
17) 자세한 내용은 정재걸(2005) 참조.
18) 彼是莫得其偶 謂之道樞 樞始得其環中 以應無窮, 안동림 역주(1993), p. 59.
19) 기초주의 40주년 기념행사준비위원회(1997), p. 272.

> '힘을 빼는 것이 힘을 들인다는 것'이라는 지극히 간단하면서도 체험적인, 그러면서도 얼핏 논리적으로 모순되어 보이는 명제를 얻게 되었다는 것이다.

즉, 수영의 핵심은 힘을 빼기 위해 힘을 주는 것이고, 그 힘을 주는 '척추의 한 점'이 바로 도추인 것이다. 이 도추를 발견하게 되면 시비를 평균하여 사물에 구애받지 않는 천균(天鈞)과, 사물과 자아 사이에 아무런 장애가 일어나지 않는 양행(兩行)이 가능하게 된다. 따라서 현실세계의 여러 가지 구별, 즉 권력과 신분, 도덕과 권위, 삶과 죽음, 가난과 부유함 등을 초월하게 된다. 장자는 이처럼 구속이 없는 절대의 자유로운 경지에서 노니는 것을 소요유(逍遙遊)라고 했다. 물론 이 자유의 세계는 인간이 대자연의 커다란 품에 안길 때 향유할 수 있는 것이다. 대자연 속에서는 인간의 심지(心知)가 만드는 시비, 미추, 대소, 꿈과 현실, 인간과 금수가 구별되지 않는다. 또 원인과 결과, 과거와 현재 그리고 미래도 구별될 수 없다. 이 속에는 모든 대립과 모순을 감싸는 커다란 무질서, 즉 혼돈(混沌)이 있을 뿐이다.

절대 자유의 정신을 찾고 자연과 하나가 되는 경지에 도달한 사람을 도가에서는 지인(至人) 혹은 진인(眞人)이라 한다. 진인은 인간의 심지로 인한 구별을 실재(實在)의 하나로 혼돈화한다. 그는 자기를 실재의 하나로 혼돈화한 무심망아(無心忘我)의 경지에서 모든 미혹과 망집, 모든 슬픔과 두려움을 초극한다. 그는 다만 생멸 변화하는 만상의 자연 속에서 자기를 비우고 주어진 현재를 자기의 전부로서 긍정한다. 주어진 현재가 생이면 그 생을 꿋꿋하게 살아가고, 죽음이면 그 죽음을 달게 받고, 주어진 현재가 꿈이면 그 꿈을 오로지 즐기고, 주어진 현재가 나비이면 그 날개를 하늘 높이 퍼덕인다. 일체를 도, 즉 기초에 두고 기꺼이 긍정하는 데에 커다란 자유가 있다.[20]

도가에서의 기초와 자유는 포정해우(庖丁解牛)의 사례를 통해서도 잘 나타난다. 한기언은 포정해우와 기초를 다음과 같이 연관지어 설명하였다.[21]

> 교육적 존재로서 나는 '기초'를 거론하고 있거니와 이것이 무엇을 의미하는가는 『장자』의 포정해우 얘기가 적합한 것 같다. 포정은 누구보다도 소를 잡아 해체하는 진리

20) 안동림 역주(1993), pp. 16-17.
21) 한기언(2002), pp. 477-478.

를 터득한 자였다. '기초'는 진리를 뜻한다는 의미에서 말할 때 그는 해우의 '기초'를 터득한 자였다.

해우의 진리는 시간의 제약으로는 결코 가능하지 않다. 세상의 모든 것이 사라지고 오직 칼과 뼈와 근육만이 남을 때 그 중심이 나타나는 것이다. 중심에 있는 자는 시간의 흐름 밖에 있다. 왜냐하면 중심인 기초는 진리를 뜻하고 시간은 진리 속에 존재하는 것이기 때문이다. 이처럼 삶을 잊고[망생(忘生)], 몸을 잊는 것[망신(忘身)]의 경지는 결국 내 마음 깊숙이 파고들어야 가능한 것이다. 그러나 이러한 도가의 자유도 불교의 자유의 개념에 비하면 아직 미완성의 것이다. 동양의 자유는 불교에 이르러 비로소 완벽한 형태로 제시된다.

3) 회광반조(廻光反照)와 기초

불교에서의 자유는 '시간으로부터의 자유'를 말한다. 그리고 시간으로부터의 자유는 마음, 욕망으로부터의 자유를 의미한다. 우리의 마음은 끊임없이 사방으로 뛰어다닌다. 마음은 결코 한자리에 머물러 있지 않는다. 마음의 입장에서 보면 머무는 것은 곧 죽음처럼 보이기 때문이다. 마음은 어떤 일과 활동을 추구한다. 마음은 몰두할 것을 원하고 달리기를 원한다. 마음의 생명은 달리기에 있다.[22]

우리가 어느 하루 날을 잡아 방문을 걸어 잠그고 마음에 떠오르는 생각을 종이에 적어 보면 우리는 두 가지 점에서 놀라게 된다. 그 한 가지는 마음이 잠시도 머무르지 않는다는 것이고, 또 한 가지는 마음이 달리는 것들이 모두 빌려 온 것이라는 점이다. 그렇다면 마음 혹은 욕망으로부터의 자유는 어떻게 얻을 수 있는 것인가?

욕망을 버리는 것은 그 욕망을 죄악시하거나 부정함으로써 이루어지는 것은 아니다. 욕망을 인위적으로 억압하는 것은 오히려 더 위험하다. 왜냐하면 의식 안에 있는 욕망은 쉽게 제거할 수 있지만 무의식에 가라앉은 욕망을 제거하기는 훨씬 어렵기 때문이다.

욕망을 버리는 방법은 그 욕망을 그냥 바라보는 것이다. 이를 불교에서는 '회광반조' 혹은 주시(注視)라고 한다. 회광반조는 말 그대로 밖으로 향하는 빛을 돌려 안

22) 오쇼 라즈니쉬 저, 손민규 역(1995), p. 193.

을 비추게 하는 것이다. 지금 내가 화가 나면 그것을 그냥 그대로 바라보는 것이다. "아 지금 내가 화가 나고 있구나."라고 바라보는 것이 회광반조이다. 우리의 욕망은 그것을 억누르는 것에 의해 소멸하는 것이 아니라 그것을 관조함으로써 소멸된다.

관조하는 마음은 항상 '지금, 여기'에 존재한다. 우리가 탐진치(貪瞋癡)의 광풍에 싸여 있을 때도 그것을 바라보는 시선은 항상 존재한다. "보면 사라진다."는 원리[23]에 의거 바라보는 시선만이 남게 될 때 나는 궁극적인 자유를 얻게 된다. 자유를 얻게 되면 비로소 나는 나의 주인이 될 수 있다. 마음과 욕망에 이끌려 다닐 때 나는 나의 주인이 아니다. 나는 수많은 욕망과 생각, 상상의 노예인 것이다. 나는 이리저리 끌려 다니며 내가 누구인지, 어디로 가고 있는지 모른다. 그러나 마음으로부터 자유로워질 때 나는 비로소 잠에서 깨어나게 된다. 물론 이러한 깨어남은 즉각적이고 돌발적으로 일어난다. 깨달음은 단계적으로 도달하는 것이 아니다. 깨달음은 부분으로 나눌 수 없다. 나는 깨달았거나 깨닫지 못했거나 둘 중의 하나이다.[24]

다음 『법구경』의 구절은 자유의 궁극적인 모습을 잘 보여 주고 있다.[25]

> 주인된 자, 여정의 끝에서 자유를 찾아내리.
> 욕망과 슬픔, 모든 구속에서 자유로우리.
> 깨어난 자는 한곳에 머물지 않는다.
> 호수를 버리고 날아오르는 백조처럼.
> 그들은 공중으로 날아올라 보이지 않는 길을 떠난다.
> 아무것도 갖지 않고 아무것도 모으지 않은 채.
> 그들은 지식을 먹으며 허공중에 산다.
> 그들은 자유롭게 되는 법을 알았다.
> 누가 그들을 따를 수 있겠는가?
> 오직 주인된 자, 그렇게 순수한 자만이.
> 새처럼 그는 끝없는 공중으로 치솟아 보이지 않는 길을 날아간다.
> 그는 아무것도 원하지 않는다.

23) 김열권(2007).

24) 오쇼 라즈니쉬 저, 손민규 역(1995), p. 164.

25) 오쇼 라즈니쉬 저, 손민규 역(1995), p. 87.

그는 지식을 먹으며 허공중에 산다.

그는 자유를 얻었다.

불교에서는 궁극적인 자유를 '니르바나', 즉 '열반(涅槃)'이라고 한다. 이 단계에서는 매 순간 우주가 나에게 자양분을 공급한다. 나는 우주를 들이마시고 내쉰다. 나의 혈관에는 우주가 흐르고 우주가 나의 근육과 뼈가 된다.

자유, 그것은 외부 세계와는 아무런 관계가 없다. 진정한 자유는 정치적이거나 경제적인 것이 아니다. 정신적이고 영적인 문제이다. 정치적인 자유는 어느 순간이라도 빼앗길 수 있다. 경제적인 자유 또한 아침의 이슬이 증발하듯이 언제라도 사라질 수 있다. 그러나 진정한 자유는 다른 사람의 손에 달린 것이 아니다. 다른 사람의 손에 달린 것이라면 절대로 진정한 자유라고 할 수 없다. 진정한 자유는 과거로부터의 자유, 미래로부터의 자유이다. 과거와 미래의 짐을 벗고 현재에 사는, 지금 이 순간에 사는[中心] 사람은 자유의 맛을 안다.

3. 기초주의와 근대적 시간관 비판

1) 근대적 시간과 욕망

기초주의에서의 시간의 이념은 근대적 시간관과 양립하기 어렵다. 프랭클린(B. Franklin)이 "시간은 금이다."라고 선언하는 순간 시간은 자연에서 컨베이어 벨트로 옮겨 갔기 때문이다. 근대의 삶 속에서 우리는 자신의 노동으로 자기정체성을 삼는다. 그리고 노동은 교육의 목적을 바꾸어 놓았다. 인류가 학교를 만들어 운영한 5,700년 동안 학교는 경전(經典)을 공부하고 실천하는 기관이었다. 그러나 최근 300년간 학교는 학생들의 노동력의 가치, 즉 몸값을 높이기 위해 지식을 습득하는 기관으로 전락하였다. 그래서 사람들은 오직 몸값으로 다른 사람을 평가한다.

몸값은 시간으로 환산된다. 프랭클린의 말로 표현되는 수학적 시간, 강박적으로 분할하고 원자화하고 측정하고 계산하는 시간 개념은 뉴턴(I. Newton)의 '절대적이고 수학적인 진리의 시간개념'을 무기로 시간의 다양성과 고유성을 말살하였다. 그리고 이러한 수학적 시간은 모든 학문 영역에서 '배중(排中)'을 초래하였다.

학교에서 배우는 근대적 지식은 모든 것을 이원적으로 분리하는 것에서 비롯된다. 농부는 쌍떡잎식물과 외떡잎식물을 구분하지 않는다. 식물학자는 솔가지 숫자를 헤아려야 소나무와 잣나무를 구분할 수 있다. 그러나 농부는 멀리서 쳐다보기만 해도 그것이 소나무인지 잣나무인지 안다. 우리는 낮과 밤, 위와 아래, 선과 악, 삶과 죽음을 분리한다. 컴퓨터 게임은 맞다/틀리다, 멈추다/가다 등의 이분법적 형식을 구사한다. 그러나 사실 분리된 것은 없다. 모든 분리는 "나는 생각한다."는 '나'라는 생각에서 비롯되었다.

시간은 공간과 분리되지 않는다. 골목길에 A라고 하는 사람이 서 있다고 생각해 보자. 그 사람에게 B라고 하는 사람이 모퉁이를 지나는 순간 '현재'가 나타난다. 그리고 B가 다시 모퉁이로 사라지면 B는 '미래' 속으로 사라지는 것이다. 만약 A가 골목길에 서 있지 않고 지붕 위에 올라가 있다면 B가 동네 어귀에 들어서는 순간부터 동네 밖으로 사라지는 순간까지 현재는 확대될 것이다. 만약 A가 무한대로 높이 올라갈 수 있다면 A에게는 모든 것이 영원한 현재가 될 것이다.

컨베이어 벨트 위의 시간의 경우 내가 조립해야 할 부품이 내 앞에 놓이는 순간만이 현재로서 존재한다. 내가 제품의 전 제작 공정을 알 수 없기 때문이다. 그러나 근대 이전의 시간은 자연의 일부분이었다. 자연은 가장 거대한 공공의 시계였다. 자연의 리듬 속에서 우리는 자연의 풍경이나 계절에 맞추어 공동으로 기도하고, 공동으로 씨앗을 뿌리고, 공동으로 수확하는 시간공동체였다.[26] 스티븐슨(Stephenson)은 더 이상 시간을 지킬 필요가 없이 보내는 삶을 영원이라고 규정했다. 영원이란 시간에 구속되지 않음을 의미하기 때문이다. 그의 말과 같이 천천히 걸어서 길을 가다 보면 시간의 길이에 대한 일체의 감각이 사라져 버린다. 걸어서 가는 사람은 몸과 욕망의 척도에 맞추어 느릿느릿해진 시간 속에 잠겨 있다.[27]

컨베이어 벨트 위의 시간은 서구 근대 이념에 있어서 욕망 추구의 자유를 위한 것이다. 왜냐하면 시간은 노동을 위한 것이고, 노동은 돈을 위한 것이며, 돈은 욕망을 충족시키기 위한 것이기 때문이다. 로크(J. Locke)는 그의 『통치론』에서 인간은 자유롭고 평등하며 각자는 자신의 주인이며 재판관이라고 하였다. 이때 자유는 자

26) 제이 그리피스 저, 박은주 역(2002), p. 51.

27) 다비드 르 브르통 저, 김화영 역(2002), p. 36.

신의 행복 추구의 자유이다. 밀(J. S. Mill) 또한 그의 『자유론』에서 "적어도 '자유'라고 불릴 만한 유일한 자유는, 우리들이 다른 사람들의 자유를 빼앗지 않는 한, 또는 자유를 얻으려고 하는 다른 사람들의 노력을 방해하지 않는 한, 우리들 자신이 좋아하는 방식으로 우리들 자신의 행복을 추구하는 자유이다."라고 주장하였다.[28] 물론 이러한 자유에 대한 규정은 인간의 욕망을 원죄로 규정한 기독교의 금욕주의에 대한 반동에서 비롯된 것이다. 그러나 이러한 욕망 추구의 자유로 인해 인간은 과연 얼마나 행복해졌을까?

근대 사회에 있어서 행복이란 욕망의 충족을 말한다. 행복지수의 공식은 분모를 욕망으로 하고 분자를 욕망 충족으로 한다. 그러나 끊임없이 새로운 욕망을 창출하여 소비를 불러일으켜야 생존할 수 있는 자본주의의 운명은 인간의 욕망을 무한대로 팽창시키고 있다. 그렇다면 욕망은 왜 생겨나는 것일까? 욕망은 결핍감에서 비롯되는 것이다. 무엇인가 충족되지 못한 결핍감이 욕망을 부른다. 이러한 결핍감을 충족시킬 수 있는 유일한 대안이 바로 사랑이다. 자기 자신이 그 근원을 알 수 없는 무한한 용량을 가진 사랑의 샘이라는 것을 깨닫는 것이 욕망의 갈증을 채울 수 있는 유일한 대안이다.

근대의 기획에서 자유는 개인이 갖는 권리이다. 개인은 데모크리토스(Democritos)의 원자에 대한 정의와 같이, 더 이상 나눌 수 없는 단단한 고체 입자와 같이 분리된 존재이다. Individual이란 'in'이라는 부정어와 '나누다'라는 divide가 결합한 말이다. 이러한 개인은 융(K. Jung)의 말과 같이 망망대해에 점점이 떠 있는 외로운 섬과 같은 존재이다.

자유가 권리라고 할 때 권리는 타인에게 행사하는 배타적인 힘이다. 권리는 개인과 개인의 욕망 추구의 자유가 서로 충돌할 때 힘을 발한다. 우리가 인간관계에서 권리를 말할 때가 언제일까? 부부 사이에 사랑에 충만해 있을 때 그 누구도 권리를 언급하지 않는다. 권리는 서로 간에 갈등이 발생할 때, 사랑이 깨졌을 때 그 힘을 발휘한다. 우리가 사랑 속에 있을 때 우리는 물 위에 외로이 떠 있는 섬을 버리고 물속으로 서로 연결되어 있다. 공자가 안회에게 "자기를 이겨 예로 돌아가는 것이 인이 되는 것이다[극기복례위인(克己復禮爲仁)]."라고 했듯이, 섬과 섬이 물속에서 서로 연결되어 있음을 깨닫는 것은 물 위에 있는 '나'라는 섬을 버려야 가능하다.

28) 존 로크, 존 스튜어트 밀 저, 이극찬 역(1994), p. 228.

교육의 목적이 몸값을 높이는 것이 된 것은 서구 근대가 자유를 욕망의 자유로 이해했기 때문이다. 그리고 행복을 욕망의 충족으로 정의했기 때문이다. 그러나 인(仁), 즉 내가 없는 사랑[무아지애(無我之愛)], 큰 사랑[대애(大愛)]은 욕망과는 다르다. 욕망은 맹목적이지만 사랑은 맹목적이지 않다. 사랑은 가장 분명한 통찰력, 신선한 눈을 준다. 삶이란 사랑 속에서 존재하고, 삶은 창조적인 일 속에 있으며, 또한 학생들이 자신의 내면의 존재를 이해하는 가운데에 있다. 그런 의미에서 기초주의의 희망은 어른들이 아니라 아이들에게 있다. 아이는 부모를 통해 세상에 나왔지만, 부모는 단지 통로일 뿐이다. 칼릴 지브란(K. Gibran)이 말하듯이 아이들의 영혼은 내일의 집에 살고 있다. 부모는 결코 찾아갈 수 없는, 꿈속에도 찾아갈 수 없는 내일의 집에. 그래서 부모는 활이요, 그 활에서 아이들은 살아 있는 화살처럼 미래로 날아간다.[29]

2) 걷기와 근대적 시간관의 극복

상소(P. Sansot)의 '게으름의 철학'은 근대적 시간관에 대한 적극적 비판이다.[30] 그리고 르 브르통(Le Breton)은 천천히 걷는 걸음이야말로 근대적 시간을 극복하는 유일한 방법이라고 했다.[31] 그러나 근대는 우리에게서 걸음을 빼앗아 갔다. 우리는 천천히 걷기보다는 달린다. 유산소 운동을 권하는 의사의 말에 따라 우리의 걸음은 조급하다. 조급한 걸음은 아름다운 풍경을 건강으로 대체한다. 철따라 피는 수성못의 개나리와 백일홍은 잠시 멈춘 어른들의 눈 쓰다듬음을 받을 수 없다. 아이들이 "엄마, 이리 와 보세요. 꽃이 피었어요."라고 말해도 그저 슬쩍 무관심한 눈초리를 줄 뿐이다.

걸음 대신에 우리는 무엇을 얻었는가? 더 커진 욕망과 조바심을 얻었다. 우리가 내일을 위해 희생하는 오늘의 시체는 그 고대하는 내일도 역시 죽어 있음을 예고한다. 우리는 평생을 욕망과 조바심에 휘둘리며 살다가, 정작 죽음을 앞두고 정원에 더 많은 꽃을 심었으면 하고 후회한다. 얼마나 슬픈 영혼들인가?

29) 오쇼 라즈니쉬 저, 류시화 역(2000), p. 190.
30) 피에르 상소 저, 김주경 역(2000).
31) 다비드 르 브르통 저, 김화영 역(2002).

비록 간단한 산책이라고 하더라도 걷기는 오늘날 우리 사회의 성급하고 초조한 생활을, 온갖 근심 걱정을 잠시 멈추게 해 준다. 두 발로 걷다 보면 자신에 대한 감각, 사물의 떨림이 되살아나고 쳇바퀴 도는 듯한 사회생활에 의해 가리고 지워졌던 가치의 척도가 회복된다.[32)]

일본의 선승 바쇼(芭蕉)는 시간 그 자체가 쉴 줄 모르는 여행자라고 하였다. 사실 걷는 사람은 공간이 아니라 시간 속에다 거처를 정한다. 걷는 사람은 시간을 제 것으로 함으로써 시간에 사로잡히지 않는다. 숱한 이동 수단을 버리고 걷기라는 수단을 선택함으로써 우리는 달력과 시계의 시간에 맞서 자신의 독립성과 자유를 획득한다. 걷는 사람은 자기 시간의 주인이 된다. 그는 "자신의 원소 속에 몸을 담그고 있듯이 자신의 시간 속에 몸담고 유영(遊泳)한다."

걷기를 통해 우리는 비로소 인공의 시계를 벗어나 자연의 시계를 느낄 수 있다. 걸음을 회복한다는 것은 현재를 회복하는 것이다. 그리고 천천히 걷는다는 것은 근대를 거부하는 강력한 몸짓이다. 걷는다는 것은 항상 현재형이다. 그래서 우리는 걷기를 통해 어린아이가 될 수 있다. 왜냐하면 어린아이의 현재는 영원한 현재이고, 몰입된 현재이고, 자연발생적 현재이고, 유연한 현재이기 때문이다. 또한 걷는다는 것은 전체적이다. 우리가 걸을 때 우리는 몸의 모든 부분으로 세계의 두근거리는 박동에 참여한다. 우리는 길가의 늙은 소나무 둥치를 어루만지고, 시냇물에 손을 담근다. 젖은 땅 냄새, 송진 냄새가 몸속에 파고든다. 우리는 어둠에 둘러싸인 숲의 미묘한 두께를, 땅이나 나무들이 발산하는 미묘한 신비를 느끼며, 밤하늘의 별을 보면서 밤의 질감을 안다. 어느 초등학생이 "머리를 가렵게 하는 빗소리"라는 글을 썼다. 나는 이 아이가 우산도 없이 비를 맞아 머리가 가려웠을 것이라고 생각했다. 그러나 내가 어느 가을날 우산을 들고 산책을 할 때 나는 그것이 우산 위에 떨어지는 빗소리라는 것을 깨달았다. 이 아이에게 빗소리는 소리[이식(耳識)]인 동시에 피부에 느끼는 감각[신식(身識)]이었던 것이다.[33)]

---

32) 다비드 르 브르통 저, 김화영 역(2002), p. 35.

33) 이를 '공감각' 혹은 '감각복합(synesthesia)'이라고 한다. 이것은 소리를 들으면 색깔이 보이거나, 거꾸로 무언가를 보았을 때 소리가 들려오는 경우처럼 어떤 감각이 자극을 받았을 때 동시에 다른 감각도 자극을 받는 현상이다. 이러한 감각복합은 유아에게 강하게 나타나고 성장함에 따라 약해진다. 그러나 흥미로운 것은 임사체험(臨死體驗)을 한 사람들이 자주 이러한 현상을 경험한다는 것이다. 다치바나 다카시 저, 윤대석 역(2003), pp. 298-302.

걸으면서 눈앞의 바위를 본다. 저 바위를 쪼개고 쪼개면 빛의 속도로 회전하는 전자를 만날 수 있을까? 그렇다면 저 바위는 움직이고 있는가? 진여(眞如)란 사물을 있는 그대로 보는 것[여실지견(如實之見)], 아무 의견도 갖지 않고 보는 것, 판단이나 비난 없이 있는 그대로 보는 것을 뜻한다. 즉, 무심(無心)의 상태를 진여라고 한다. 무심은 한곳에 머물러서는 얻을 수 없다. 무심을 위해서는 길을 떠나야 한다. 그러나 길을 떠나서는 길을 갈 수 없다. 또 길에 달라붙으면 또한 길을 갈 수 없다. 길을 간다는 것은 길에서 길을 떠남이다.

물결이 물이듯이 나는 사람이다. 내가 물결로서 나를 인식하면(역사적 차원) 나는 나다. 그러나 내가 자연 속에 흡수되면, 다시 말해 내가 나로서 행세하지 않고 자연으로서 행세한다면 나의 참 실상(實相)이 드러난다. 그러나 그렇게 드러난 참 실상도 실은 고정된 실체가 아니다.

천천히 걸으면서 사물을 볼 때 우리의 마음은 아무데도 머물지 않는다. 육조(六祖) 스님이 한번 듣고 깨달음을 냈다는 아무데도 머물지 않고 마음을 낸다[응무소주이생기심(應無所住 而生其心)]는 말은 아무것에도 사로잡히지 않고 마음을 낸다는 말이다. 눈으로 보면서 그 모양에 잡히지 않고, 귀로 들으면서 그 소리에 잡히지 않고, 몸으로 느끼면서 그 느낌에 사로잡히지 말라는 것이다. 우리 눈은 사물의 상을 망막에 비치는 순간 지워 버린다. 그래서 우리는 눈으로 사물을 볼 수 있는 것이다. 한번 비친 상을 망막에 붙잡아 둔다면 우리는 아무것도 볼 수 없을 것이다. 귀의 고막도 마찬가지이다. 그렇지만 우리의 마음은 그렇지 못하다. 무심이란 그렇게 어려운 것이다.

걷기는 일상의 숨을 고르기 위한 촘촘하게 짜인 근대적 시간을 길들이기 위한 유일한 방법이다. 우리는 걷기를 통해 비로소 자기 자신을 정면으로 대응할 수 있고, 이를 통해 자기 자신의 고유한 본성을 회복할 수 있다. 근대교육 이전까지만 해도 도보 여행은 교육의 중요한 부분이었다. 보이 스카우트나 독일의 반더포겔(Wandervogel) 등이 그것이다. 중세의 세속교육인 도제교육에서는 견습공(apprentice)이 끝나면 반드시 전국을 여행하도록 하였다. 이들을 직인(journeyman)이라고 하는데 이들은 한 지역에 도착하면 동업조합에서 정해 준 여인숙에서 기거하면서 그 지역 특유의 기술을 익혔다. 한 지역에 평균 6개월 정도 머무는 이러한 전국 여행은 대개 5년에서 10년간의 시간이 소요되었다.

근대교육은 도시에서의 걷기와 같다. 근대도시는 보행자의 걷기를 기능적인 장소 이동으로 전락시켰다. 근대교육은 종교교육을 몸값 상승으로 전락시켰다. 그러나 아직 어린이들은 이러한 표준적인 걸음걸이에 속박되어 있지 않다. 그것이 우리의 희망이다. 어린이들은 좁은 골목길을, 차들이 급히 달리는 복잡한 길을, 마치 쉬는 시간에 운동장에서 놀듯이 활용한다. 그들에게 도시의 길은 아직 직선이 아니라 곡선이다.

걷기는 우리의 마음을 가난하고 단순하게 만든다. 걷기는 우리 마음의 불필요한 군더더기를 털어내고 세계를 존재계의 충일(充溢)함 속에서 생각하도록 만들어 준다. 사실 걷기의 최대의 목적은 바깥의 길이 아니라 우리 내면의 길을 더듬어 나가는 것이다. 이처럼 외면의 지리학과 내면의 지리학이 하나가 될 때 우리는 사회적 제약, 조건화로부터 해방되어 궁극적인 자유를 맛보게 된다. 우리가 걷기를 통해 걸음 그 자체가 될 수 있다면, 우리는 근대의 합리성에서 벗어나 세계와 하나가 될 수 있을 것이다. 이것이 기초주의가 목표로 하는 '기초로 돌아가라'는 것이다.

4. 맺음말

아파트 베란다
난초가 죽고 난 화분에
잡초가 제풀에 돋아서
흰 고물 같은 꽃을 피웠다.

저 미미한 풀 한 포기가
영원 속의 이 시간을 차지하여
무한 속의 이 공간을 차지하여
한 떨기 꽃을 피웠다는 사실이
생각하면 생각할수록
신기하기 그지없다.
하기사 나란 존재가 역시

영원 속의 이 시간을 차지하며
무한 속의 이 공간을 차지하며
저 풀꽃과 마주한다는 사실도
생각하면 생각할수록
오묘하기 그지없다.

곰곰 그 일들을 생각하다 나는
그만 나란 존재에서 벗어나
그 풀꽃과 더불어
영원과 무한의 한 표현으로
영원과 무한의 한 부분으로
영원과 무한의 한 사랑으로

이제 여기 존재한다.[34)]

기초주의 교육학이란 교육의 본질을 회복하기 위한 시도이다. 그리고 교육의 본질은 근대적 시간관을 극복하는 데에서 시작되어야 한다. 패스트푸드에 반대하여 슬로푸드 운동을 벌이는 사람들이 있다. 이들이 의도하는 것은 단순히 음식을 만들어 먹는 것을 복원하는 것이 아니다. 이들은 음식 만들기와 먹기를 수단에서 목적으로 회복시키려고 한다. 패스트푸드는 근대의 필연적인 산물이다. 음식을 빨리 먹는 이유는 남는 시간을 노동에 투입하고자 함이다. 그래서 패스트푸드는 노동시간을 절약하기 위한 수단이 된다. 먹는 것이 수단이 된다면 그 수단-목적의 연쇄 고리에서 최종 목적지는 어디일까? 그곳은 바로 죽음이다. 우리는 모두 미친 듯이 달려가고 있다. 학교 교실에서, 직장에서 그리고 한강 둔치를 달려가고 있다. 어디로 달려가고 있는가? 그 목적지는 무덤 외에 다른 곳이 아니다.

슬로푸드는 음식을 만들어 먹는 것 자체를 목적으로 삼는다. 사실 우리가 서둘러 음식을 먹고 노동에 많은 시간을 투입하는 것은 많은 몸값을 받기 위한 수단이고, 많은 몸값을 받으려는 것은 안락하게 살기 위한 수단이다. 그렇다면 안락하게 사는

34) 구상(2002).

것은 즐겁게 음식 재료를 준비해서 정성껏 음식을 만들고 그것을 맛있게 먹는 것이 아니겠는가?

시간은 의식의 자기 제약의 산물이다. 상념의 관점에서 시간은 분절된 과거와 현재와 미래로 연결된다. 그러나 지켜보는 나에게는 시간이 없다. 오직 현재만이 있다. 물론 과거와 미래라는 둑이 사라지면 현재도 사라진다.

부처는 우리 마음을 별과 비뚤어진 눈과 등불과 환영과 물거품과 꿈과 번갯불과 구름과 같이 보라고 한다[一切有爲法 如星側目 如燈幻影 如夢幻泡影 如露亦如電 應作如是觀]. 부처는 우리 마음을 별처럼 여기라고 한다. 별은 캄캄할 때만 존재한다. 의식의 태양이 떠오르면 마음은 자취를 감춘다. 마음은 삐뚤어진 눈이다. 삐뚤어진 눈으로는 사물을 있는 그대로 볼 수 없다. 마음은 등불이다. 등불은 욕망이라는 연료가 있어야만 타오른다. 마음은 환영이다. 마술이라는 말은 마야에서 왔다. 마음은 이슬방울이다. 우리는 마음을 진주나 다이아몬드와 같이 아름답게 여기지만 아침 해가 떠오르면 없어지는 순간적인 현상이다. 마음은 물거품과 같다. 마음이 가진 모든 경험은 물거품처럼 터져서 사라지고 아무것도 남지 않는다. 마음은 꿈이다. 마음은 우리 자신이 감독이고 배우이며 관객인 주관적인 상상이다. 마음은 번갯불과 같다. 한순간 번쩍했다 사라진다. 마음은 구름과 같다. 마음은 하늘인 의식 주위에 일어나는 구름과 같다.

마음이 없는 상태를 자유라고 한다. '자유'라는 말은 자아로부터 자유로워진다는 뜻이다. 모든 자아는 형상이다. 즉, '나'라고 하는 상[아상(我相)]을 가지고 있다. 그러나 부처는 아상이 없다. 그는 완전한 자유이다. 자유는 모든 사람의 본성이다. 자유는 이미 주어져 있다. 새삼 자유를 가져와야 할 이유가 없다. 자유가 거기 있다는 것을 깨닫기만 하면 된다.

✪ 참고문헌

감산(憨山). 오진탁 역(1990). 감산의 노자 풀이. 서울: 서광사.
구상(2002). "풀꽃과 더불어". 구상 시선집. 서울: 문학사상사.
구마라습(鳩摩羅什)(1999). 금강반야바라밀경. 부천: 금강경독송회.
기초주의 40주년 기념행사준비위원회(1997). 교육의 세기와 기초주의. 서울: 교육과학사.
김보경(2002). 禪과 파블로프의 개. 서울: 교육과학사.
김석진(1997). 周易傳義大全譯解(상, 하). 서울: 대유학당.
김열권(2007). 보면 사라진다. 서울: 정신세계사.
김종석 역주(1999). 心經講解. 대구: 이문출판사.
까르마 C, C 츠앙. 이찬수 역(1990). 華嚴哲學. 서울: 경서원.
꼬살라, 떼자니아. 묘원 역(2005). 쉐우민의 스승들. 서울: 행복한 숲.
다치바나 다카시. 윤대석 역(2003). 임사체험. 서울: 청어람출판사.
대한불교조계종교육원 역경위원회(2001). 화엄종관행문. 서울: 조계종출판사.
대한불교조계종교육원 역경위원회(2001). 화엄오교장. 서울: 조계종출판사.
법장(法藏). 김무득 역주(1998). 華嚴學體系(華嚴五敎章). 서울: 우리출판사.
성백효 역주(1993). 論語集註. 서울: 전통문화연구회.
성백효 역주(1993). 孟子集註. 서울: 전통문화연구회.
안동림 역주(1993). 莊子. 서울: 현암사.
오쇼 라즈니쉬. 김화영 역(2004). 신비가 너에게 말 걸어 오리라. 서울: 나무심는사람.
오쇼 라즈니쉬. 류시화 역(2000). 또 하나의 여인이 나를 낳으리라(1-3). 서울: 정신세계사.
오쇼 라즈니쉬. 손민규 역(1995). 법구경(상권). 서울: 태일출판사.
왕수인 찬(1992). 王陽明全集. 上海: 上海古籍出版社.
왕양명. 정인재, 한정길 역주(2004). 傳習錄 1, 2. 서울: 청계.
이승환(1994). "왜 유학에서는 권리존중의 윤리관이 형성되지 못했는가". 중국철학연구회 편저. 중국의 사회사상. 서울: 형설출판사.
이아무개(2003). 이아무개 목사의 금강경 읽기. 서울: 호미.
이황. 이광호 역(2001). 聖學十圖. 서울: 홍익출판사.
장재(張載)(1978). 張載集. 北京: 中華書局.
정약용(1989). '論語古今註' 권2, 與猶堂全書. 서울: 여강출판사.
정재걸(2001). 만두모형의 교육관. 서울: 한국교육신문사.
정재걸(2002). "전통교육, 근대교육, 탈근대교육". 동양사회사상, 제6집.
정재걸(2005). "복기초의 의미에 대한 일고찰". 동양사회사상, 제11집.
정재걸(2006). "논어와 탈근대교육의 설계". 동양사회사상, 제14집.
정호, 정이(1984). 二程集(제1책, 제4책). 北京: 중화서국.

주희, 여조겸 외. 정영호 편역(1993). 近思錄. 서울: 자유문고.
중국철학연구회 편(1991). 동양의 인간의 이해. 서울: 형설출판사.
진덕수, 조대봉, 김종석 공역(1991). (완역)心經附註. 대구: 이문출판사.
진래, 전병욱 역(2003). 陽明哲學. 서울: 예문서원.
파드마 삼바바. 류시화 역(1995). 티벳 사자의 서. 서울: 정신세계사.
한기언(2001). 21세기 한국의 교육학. 경기: 한국학술정보[주].
한기언(2002). 교육국가의 건설-교육의 세기와 기초주의. 서울: 양서원.
한기언(2002). 교양으로서의 교육학-교육의 세기와 기초주의. 경기: 한국학술정보[주].
한기언(2004). 교육의 세기. 경기: 한국학술정보[주].
함석헌. 김진 엮음(2003). 너 자신을 혁명하라(함석헌 명상집). 서울: 오늘의 책.
홍승표(2002). 깨달음의 사회학. 서울: 예문서원.
홍승표(2003). 존재의 아름다움. 서울: 예문서원.
홍승표(2005). 동양사상과 탈현대. 서울: 예문서원.
홍승표(2007). 노인혁명. 서울: 예문서원.

David Hawkins. 문진희 역(2001). 나의 눈. 서울: 한문화.
David Le Breton. 김화영 역(2002). 걷기예찬. 서울: 현대문학.
Jay Griffiths. 박은주 역(2002). 시계 밖의 시간. 서울: 당대.
Jiao Hong. 이현주 역(2000). 老子翼. 서울: 두레.
Jone Locke. Jone Stuart Mill. 이극찬 역(1994). 통치론/자유론. 서울: 삼성출판사.
Max Picard. 최승자 역(2003). 침묵의 세계. 서울: 까치.
Pierre Sansot. 김주경 역(2000). 느리게 산다는 것의 의미. 서울: 동문선.

제6장

기초주의 교육학에서의 자유의 이념

이윤미

1. 기초주의 교육학과 자유의 이념

이 글은 교육학에서의 기초구축을 목표로 지난 50년간 심화되어 온 기초주의 교육학의 3이념(시간, 자유, 질서) 6개념(문화, 생활, 지성, 인격, 협동, 봉사)에서 핵심이 되는 자유의 이념을 현대 교육의 맥락과 연결하여 논의한다.[1)] 최근 교육 논의에서 다루어지는 자유의 문제는 기초주의 교육학이 다루어 온 자유의 이념을 재검토하도록 요청하는 측면이 있다. 이 글에서는 현대 교육에서 새롭게 부각되는 선택으로서의 자유의 문제와 그 한계에 대해 다루고 있으며, 이를 통하여 기초주의 교육학의 자유 이념을 현대적 맥락에서 재조명할 때의 시사점을 찾고자 한다.

기초주의 교육학(한기언, 1994, 1999, 2003, 2004a, 2004b)은 교육에서의 기초 수립

1) 기초주의 교육학은 한기언 교수에 의해 정립된 자생적 교육학으로서의 의의가 있으며, 그 체계는 1핵 3이념 6개념으로 구성되어 있다.

1핵	3이념	6개념
기초	시간	문화
		생활
	자유	지성
		인격
	질서	협동
		봉사

을 위한 분석의 체계를 세우려는 시도이다. 기초주의 교육학에서 자유의 이념은 시간 및 질서와 함께 3개의 기본 이념을 이루고 있다. 시간의 이념이 과거와 현재를 잇는 본질성에 대한 이념이고, 질서의 이념이 교육의 외연으로서 변화와 개혁에 대한 것이라면, 자유의 이념은 '교육의 주체'에 대한 것이라 할 수 있다. 자유의 이념은 교육의 주체가 지닌 그리고 지녀야 할 속성들에 대해 다루고 있으며, 그 하위 개념은 지성과 인격이다.

기초주의에서 자유가 다루어지는 방식은 크게 두 가지 차원에서 논의될 수 있다고 본다. 하나는 개인적 차원으로 자유는 인간의 근본적 존재 가치 및 존엄성과 관련되어 있고, 다른 하나는 사회적 차원으로 한국사회가 해방 후 표방해 온 자유민주주의라는 기본적 사회 가치와 연관되어 있다. 개인적 차원에서 자유는 주체의 성격과 관련되며, 이는 다음과 같이 표현된다.

> 주체의 차원에서는 교육의 가치영역으로서 '지성'과 '인격'을 상정하고 있다. 이를 주도하는 것은 '자유의 이념'이요, 개인적으로는 역사적 자아 각성의 차원이라 하겠다(한기언, 1999, p. 141).

즉, 교육적 주체가 갖추어야 하는 지성과 인격은 자유의 이념에 기초해서 형성되며 이는 역사적 자아 각성에 기반하고 있다는 것이다. 자유의 이념은 사회적 차원에서는 자유민주주의 사회의 실현이라는 목표와 구체적으로 연결되어 논의된다.

> 교육의 민주화에 있어 가장 중요한 핵심 개념은 한마디로 말해서 무엇이겠는가? '자유'라고 하겠다. 그러면 교육에 있어서 '자유'가 그다지도 중요하다는 말인가? 그것은 인간 존중 사상이요, 개성 존중 사상을 뜻하기 때문이다(한기언, 1999, pp. 143-144).

자유의 이념은 "예속되지 않음, 사상과 신조의 자유로움, 역사적 자아각성(민족자유 수호), 교사의 교육적 자유, 자유 행사에 따른 책임" 등과 관련되어 있으며, 구체적으로 교육 주체의 바탕이 되는 지성과 인격 형성의 기본이 된다(한기언, 1999, pp. 144-145). 즉, 기초주의 교육에서 자유의 이념은 '개인적 존엄성에 기초한 개인적 자유'이면서 동시에 책임 있는 자유인들이 이루는 사회운영원리로서의 '자유민주주의'와 관련이 된다고 하겠다.

기초주의에서 정의된 자유의 이념은 지성에 기반하여 선을 구현하는 지성과 인격이 통합된 자유인을 강조해 온 자유교육적 전통, 그리고 자아와 사회역사에 대해 각성한 계몽주의적 전통을 포함한 포괄적 개념이다. 지성과 인격을 겸한 자유로운 주체의 형성은 특히 서양의 교육적 전통에서 볼 때 기본적이면서 근본적인 교육의 목적이었다고 할 수 있다. 그러나 오늘날 교육에서의 자유는 역사적으로 공유된 신념을 계승한 것처럼 보이면서도 매우 다양한 의견 차이들을 함의하고 있어 이러한 자유 이념의 기초는 재검토될 필요가 있다고 하겠다. 기초주의 교육학의 기본 뼈대를 이루는 3이념 중 교육주체의 조건을 의미하는 자유의 이념은 현대 교육에서 논쟁의 대상이 되는 자유의 개념과 그 사회적 적용 맥락과의 관계 속에서 그 의미가 정교화될 필요가 있다고 본다. 특히 선택으로서의 자유를 강조하는 최근의 경향은 기존의 자유교육적 전통과 계몽주의적 전통에서 다루어 온 자유와 교육의 관계에 대한 새로운 관점을 제시하기 때문에 이에 대한 검토는 의미 있다고 하겠다.

이 글은 교육의 주체들이 지니고 형성해야 할 교육적 이념으로서 자유 이념이 지닌 위상을 현대 교육의 맥락에서 재고찰하고자 한다. 근대교육의 형성 이래 교육에서 자유가 다루어져 온 방식에 대해 살펴보면서 기초주의 교육학의 자유 이념이 중시하는 개인적 차원과 사회적 차원이 어떻게 통합되어야 하는가에 대해 고찰하고, 기초주의 교육학의 기본 이념으로서의 자유 이해에서 확장되어야 할 지평이 무엇인가에 대해 논의하고자 한다.

2. 교육에서 추구되어 온 자유의 차원과 선택으로서의 자유

자유의 이념은 근대 이래 가장 중요한 가치의 하나로 교육에서도 중시되어 왔다. 특히, 교육에서 자유와 자유주의 이념은 1980년대 이후 영미권에서 이루어진 신자유주의적 개혁이 전 세계적으로 영향력을 발휘하게 되면서 주목되어 왔다.[2)]

기초주의 교육학에서 다루어지는 자유는 교육의 주체와 관련된다. 개인적 차원

---

2) 신자유주의 개혁은 자유주의 경향이 강한 영미권에서뿐만 아니라 전통적 사회민주주의(社會民主主義) 국가인 스웨덴 등에도 강하게 영향을 미쳐 왔다. Anders Björklund et al. (2005) 참조.

에서는 지성과 인격의 통합이라는 자유교육적 전통을 강조하면서 사회적 차원에서는 사회역사에 대해 각성한 계몽주의(啓蒙主義) 전통을 포괄한 의미를 지니고 있다(한기언, 1999, 2004b).

근대 이래 자유는 보편적 권리로서 모든 인간에게 고유한 권리와 능력으로 주장되었음과 동시에 특정 사회체제 안에서 누가 자유를 '소유'하는가에 따라 이데올로기적 용어로 기능하기도 한다. 최근에 논의되는 '선택'으로서의 자유(Feinberg, 1998 참조)는 개인들의 선택의 자유를 극대화하는 자유지상주의적 관점에 기반한 것으로 근대 이래 논의되어 온 자유의 개념과 상당히 다른 논의를 전개하여 주목되며, 교육에서의 자유 이념을 논의하는 데 있어 새롭게 조명해야 할 문제들을 제시하고 있다고 본다. 이 절에서는 교육에서 자유의 이념이 개인적, 사회적 차원에서 이해되어 온 방식을 살펴보기 위하여 계몽, 해방, 선택으로서의 자유라는 차원들을 주목하고자 한다.

자유는 自由라는 한자어에 나타나듯이 타자가 아닌 자기원인적인 것을 의미한다. 자기원인적인 것의 대립어는 타자원인적인 것이라고 할 수 있을 것이다. 따라서 자유는 절대적 수준에서 볼 때는 자기내적일 수 있지만, 사회적 맥락 속에서는 타자와의 관계 속에서 성립하는 상대적 개념으로 사용된다.

자유는 영어인 freedom과 liberty의 번역어이다. 영어에서 freedom과 liberty는 혼용되기도 하지만, 이 둘의 관계는 can과 may의 관계처럼 전자는 특정 행위를 자유롭게 할 수 있는 능력(ability)을 의미하고 후자는 특정 행위가 가능하도록 권위에 의해 허용되는 것(permission)을 의미한다. 즉, 전자는 실제적(de facto), 후자는 법적(de jure) 차원과 관련된다(Feinberg, 1998, pp. 753-757).

자유는 소극적으로 정의되기도 하고 적극적으로 정의되기도 한다. 소극적으로 정의된 자유는 인간들의 행위에 대한 외부적 방해물이 없는 상태를 의미하는 것이고, 적극적 자유는 개인의 자율성(autonomy)이나 자치권을 의미한다. 적극적으로 정의된 자유는 '의미 있는 행동양식' 및 가치 있는 행위를 할 수 있는 보편적 능력 혹은 적극적 권력이다. 이러한 적극적 자유를 누리기 위해서는 가치 있는 것을 할 수 있는 요건을 갖추어야 하는데, 최소한의 재산, 건강, 형식적 교육에 의해 주어진 지식과 능력 등을 갖추어야 하며, 이를 갖추었을 때 더 자유로울 수 있는 것이라고 본다. 이러한 정의는 자유주의가 거쳐 온 세 단계의 발전과정을 반영한다. 첫째는 제한정부이념과 자유권이념에 기초한 고전적 자유주의 단계이고, 둘째는 국가의 관여에 의해 개인의 자유를 적극적으로 보장하려는 단계이며, 셋째는 개인이 정치체제의 수립 주체가 되는 것을 자유 행사의 본질로 보는 단계이다(장동진, 2001, pp. 69-70).

근대교육사에서 자유는 모든 개인의 자연권적 존엄성을 강조한 계몽주의사상과 직접 연결되어 왔다. 개인의 자기결정 권리와 무지로부터의 해방은 인간의 존엄성과 능력에 대한 자각에 있어 핵심적 사항이며 교육을 통하여 계발해야 할 인간적 자질로 간주되어 왔다.

프랑스 계몽사상가인 콩도르세(M. de Condorcet)는 고대 이래 자유가 부각되어 왔지만 노예제와 같은 명백한 불평등 속에서 논의되어 온 자유는 '고귀한 열정'이라기보다 '야심과 자만의 열기'라고 비판하였다(Condorcet, 2002, p. 39).

> 우리는 고대인들에게서 공동체 교육의 몇몇 사례를 발견한다. …… 그들은 거기서 공화주의자의 자유와 덕성을 보존할 수단을 발견하리라 믿었다. …… 그들이 시민들 사이에 확립하고자 했던 평등은 언제나 노예와 주인의 엄청난 불평등을 기초로 한 것이었고, 자유와 정의에 대한 그들의 모든 원리는 불공정과 예속을 토대로 한 것이었다. …… 자유에 대한 그들의 제어할 수 없는 사랑은 독립과 평등에 대한 고귀한 열정이 아니라 야심과 자만의 열기였다(Condorcet, 2002, pp. 38-39).

콩도르세의 공교육론에서 주목할 수 있는 것은 그가 자유를 평등과 불가분적인 것으로 보고 있다는 점과 교육을 자유의 전제로 본다는 것이다. 교육은 인간을 무지에 의한 '굴종적 종속 상태'(Condorcet, 2002, p. 15)로부터 자유롭게 하는 것으로, 타인의 이성에 복종하는 것이 아니라 자신의 고유한 이성에 의해 스스로 결정하는 인간이 되도록 하는 것이다(Condorcet, 2002, pp. 52-56). 따라서 자유는 평등을 전제로 하는 것이고, 교육은 스스로의 고유한 이성을 갖도록 하는 계몽적 자유의 전제인 것이다. 콩도르세에게 있어 공교육은 권리의 평등을 가져오는 수단으로서 '시민에 대한 사회의 의무'인 것이다(Condorcet, 2002, p. 13).

> 각자가 법을 통하여 향유할 수 있도록 보장된 권리들을 다른 사람의 이성에 맹목적으로 따르지 않고 스스로 행사할 수 있을 정도로 교육받을 수 있게 된다. …… 그러므

로 예컨대 글을 쓸 줄 모르고 산술을 못하는 사람은 그가 부단히 도움을 구해야 할 대상인 교육을 더 받은 사람에게 현실적으로 의존한다(Condorcet, 2002, p. 14).

콩도르세는 공교육을 통하여 사회 안에서 '유용한 계몽의 총량'을 증대시켜야 한다고 보고 있으며 교육을 더 많이 받은 개인과 그렇지 않은 개인 간에 불평등이 생기더라도 그러한 불평등이 다른 인간을 굴복시키는 것이 아니라면 해롭지 않다고 보고 있다. 계몽된 인간 층을 확대시키고 그들의 계몽을 더욱 진척시키기를 두려워하는 사람은 '해로운 평등'을 사랑하는 사람일 것이라고 보고 있다(Condorcet, 2002, p. 17).

이렇게 교육은 자유로운 개인의 형성을 위한 '계몽'의 전제로서 그 보편적 적용(평등)이 강조되고 있음을 알 수 있다. 근대적 자유가 교육에서 논의되어 온 또 다른 차원은 '해방'으로서의 자유 개념이다. 이러한 해방으로서의 자유는 마르크스주의에서 강렬하게 발견된다. 마르크스주의에 의하면 자본주의사회에서의 자유는 계급적인 것이다. 사적 소유를 없애고자 하는 주장에 대해 부르주아계급이 놀라워하지만 실제로 자유를 소유한 층은 매우 소수라는 점을 강조한다. 즉, 시민혁명과 계몽사상에 의해 인간의 자유와 평등에 대한 이념이 발전되어 왔지만, 그것은 보편이익을 표면에 앞세운 계급이데올로기에 불과하였음을 시사하는 것이다.

사실상 문제는 부르주아적 개성, 부르주아적 독자성, 부르주아적 자유의 폐지인 것이다. 오늘날의 부르주아적 생산관계 내에서 자유란 상업의 자유, 사고파는 자유를 의미한다. …… 당신들은 우리가 사적 소유를 폐지하려 한다고 해서 놀라고 있다. 그러나 오늘날 당신들의 사회에서는 사회 성원의 10분의 9에게서 이미 사적 소유가 폐지되어 있다. …… 따라서 당신들은 우리가 사회 성원 대다수의 무소유를 필수조건으로 하는 소유를 폐지하려 한다고 우리를 비난하는 셈이다. 한마디로 당신들은 우리가 당신들의 소유를 폐지하려 한다고 우리를 비난하는 것이다. 그렇다. 우리는 실제로 그렇게 하려고 한다(Marx, 1988a, pp. 63-64).

마르크스주의에서의 자유는 비단 자본계급의 이데올로기로서의 소극적 의미만을 갖는 것은 아니고, 계몽과 이성의 연장선상에서 매우 적극적인 의미를 지닌다. 엥겔스(F. Engels)에 의하면 공산주의사회에서는 생산수단의 사회적 소유와 생산의

의식적, 계획적 조직에 의해 인간들의 생존조건은 비로소 '인간적 생존조건'으로 된다(Engels, 1988b, p. 243).

> 인간을 둘러싸고 지금껏 그들을 지배해 온 생활조건이 이제는 인간의 지배와 통제하에 들어가게 되어, 인간은 처음으로 자연에 대한 현실적이며 의식적인 지배자가 된다. 그것은 인간이 스스로 사회적 결합의 주인이 되기 때문이다. …… 지금까지 역사를 지배하여 오던 객관적이며 외적인 힘이 인간 자신의 통제하에 들어온다. 바로 이 순간부터 비로소 인간은 완전히 의식적으로 자기 자신의 역사를 창조하기 시작할 것이며, 이 순간부터 비로소 인간에 의하여 움직이게 되는 사회적 제 원인은 인간이 희망하는 결과를 더욱더 훌륭하게 가져오게 될 것이다. 이것은 필연의 왕국으로부터 자유의 왕국으로의 인류의 비약이다(Engels, 1988b, pp. 243-244).

즉, 자유는 자연 및 사회의 법칙에 지배 당하는 인간이 아니라 그것을 인식하고 주도적으로 통제하고 변화시키는 인간의 능력을 의미하는 것이며, 마르크스주의에서 이러한 자유의 실현은 이데올로기적인 계급적 자유의 폐지를 통해 이루어질 수 있는 것이다. 다시 말해, 이러한 자유는 계급의 해방을 통하여 가능한 것이다.

프레이리(P. Freire)에 의하면 자유는 획득하는 것이지 선물로 주어지는 것이 아니다. 오히려 자유가 없는 상태의 피억압자들은 '자유에 대한 공포'를 가질 수도 있다고 보고 있다.

> 압박자의 이미지를 체득하고 그의 지침을 따르는 피억압자들은 자유를 두려워한다. 자유가 그들에게 그 이미지를 축출하고 자율과 책임으로 대체시키도록 강요할 것이기 때문이다. 자유란 정복으로 획득하는 것이지 선물로 주어지는 것이 아니다. 자유는 부단히 그리고 책임성 있게 추구되지 않으면 안 된다. 자유란 인간의 외부에 자리잡은 이상이 아니고 신화가 되어 가는 이념도 아니다. 그것은 인간 완성에 요구되는 불가결한 조건이다(Freire, 1979, p. 29).

'해방'으로서의 자유는 한편으로는 계몽사상의 연장선상에서 모든 인간에게 고유한 권리와 능력으로서 이념형적으로 주장되고 있음과 동시에 자유를 누가 소유할 수 있는가에 따라 특정한 사회체제 안에서 이데올로기적 용어로 사용될 수 있음을 시사해 준다.

실제로 자유는 보편적 이념으로서 강조되어 왔음과 동시에 자유주의와 연동되어 특정한 이데올로기적 편향 속에서 논의되는 경향이 있다. 자유주의는 본래 (전통적) 보수주의와 대비되는 이념이면서도 역사적으로 사회주의나 민족주의에 대립하여 전개되어 왔다는 점에서 이념적 스펙트럼상 보수적인 것으로 다루어지는 경향이 있으며[3], 특히 20세기 후반 영미의 신자유주의적 입장은 실제로 영미권의 신보수주의(neoconservatism)와 결합하여 정치적 보수주의와 연결되어 있다.

신자유주의(新自由主義) 논의는 1980년대 이후 교육정책 등에 직접적 영향을 주고 있는데, 이때의 자유 논의에서 개인들의 '선택권'의 문제는 매우 핵심적 쟁점이 되고 있다.

일반적으로 자유는 선택(optionality)의 문제를 포함한다. 이때의 선택은 현재의 필요(실제적 필요)와 관련된 것인가 혹은 현재의 필요 이상(가설적 필요)에 대한 것인가(actual-want satisfaction vs. hypothetical-want)에 따라 자유에 대한 해석이 달라진다. 또한 선택 대상의 수(option-counting) 및 선택 대상의 성격(option-evaluating)도 논란이 될 수 있다(Feinberg, 1998, pp. 755-756).

이 문제를 교육에 적용하여 보면 다음과 같은 경우를 생각해 볼 수 있다.[4]

첫째, 가설적 필요에 따른 선택지가 충분히 확보되지 않아도 실제적 필요가 충족될 수 있다. 이 경우 선택주체가 얼마나 자유로운가 하는 문제는 상대적인 것이다. 즉, 현재 (가)라는 사람이 A라는 학교밖에는 선택할 수 없다 하더라도 그 학교가 가장 가고 싶은 학교였을 경우 '실제적 필요'의 관점에서 (가)는 부자유하지 않다. 그러나 '가설적 필요'의 관점에서 볼 때는 (가)에게 주어진 선택지가 한 가지뿐이므로 이는 부자유한 상태로 간주될 수 있다.

둘째, 선택 대상의 수가 아무리 많다 하더라도 선택주체가 선택하고자 하는 대상의 성격과 일치하지 않는다면 선택의 자유가 보장되었다고 보기 어려운 경우도 있다. 예컨대, 만일 (나)라는 사람에게 자신이 원하는 단 한 유형의 학교(현실에 없거

3) 장동진(2001, p. 74)에 의하면, 20세기 자유주의는 이념적, 실질적인 사회주의와 대립하며 발전하였다.
4) 아래의 예시는 Feinberg(1998)의 글에 나타난 개념적 정의를 필자가 교육적 예시로 변환시켜 본 것이다.

나 어떠한 이유로 접근이 제한되었다고 가정)를 제외한 다른 1,000개 학교 중에서 선택을 할 수 있도록 할 때, (나)에게 주어진 선택 대상의 수는 많지만 이 수와 무관하게 (나)는 선택 대상의 성격상 선택에 있어 충분히 자유롭지 않다고 할 수 있는 것이다. 왜냐하면 1,000개의 선택지 중에서 (나)가 선택하고 싶은 학교는 없기 때문이다.

소위 학교선택제로 표현되는 교육에서의 '자유'는 이러한 개인들의 '선택'의 자유와 관련된 것으로 교육목적, 내용, 기회관리 등의 면에서 근대 이후 공교육이 추구해 온 이상으로서의 자유와는 상당히 다른 관점에 기반하고 있다. 특히 앞서 언급한 논의들이 교육을 자유 실현의 전제로 다루는 데 비해 선택으로서의 자유는 교육을 선택의 결과로 보는 측면에서 상당히 다르다고 하겠다. 시민적 교육이라는 목적에 의해 모든 사람의 시민적 자유 실현을 위한 평등한 기회의 추구를 중심에 두고 전개된 것이 공교육의 원리였다면, 선택론적 관점에서는 개인의 자연적 권리를 침해하는 제도적 제한들을 거부하고 선택권에 기반한 개인적 자유의 극대화를 추구한다. 이 관점에서는 개인들에게 보다 다양한 선택지를 보장(새로운 유형의 학교 창출, 바우처 등)하고, 개인들이 원하는 교육을 스스로 실행할 수 있도록 하는(홈스쿨링 등) 정책 등이 중시된다.

이러한 철학은 개인들의 이익과 권리 개념에 의존하는 자유지상주의의 철학과 연결된다. 대표적 자유지상주의자인 하이에크(F. A. Hayek)와 노직(R. Nozick)은 제한적 정부 혹은 작은 국가를 지지한다. 하이에크는 국가가 추상적 규칙들을 평등하게 적용하고 기본적인 사회적 자원이나 서비스를 제공하며 빈민을 위한 기본 복지망을 갖출 수 있지만, 유형화된 재분배정책 등으로 자연발생적 사회질서에 개입하는 것에 대해 반대한다. 하이에크는 사회를 안이하게 의인화(사회를 주체로 설정)하는 것에 대해 비판하면서, 자유의 보호는 인위적으로 형성된 모든 '법 앞에 있는 법'이며 원칙이라고 주장한다(박우희, 1982, pp. 40-41). 한편 노직도 최소국가론을 제시하면서 최소국가를 넘어선 국가는 개인의 권리를 침해할 수 있으므로 도덕적으로 용납할 수 없다고 보았고, 개인의 소유권리론을 명제화하면서 유형화된 재분배정책을 반대하였다(Nozick, 1997).

신자유주의적 논리는 19세기 이래 대중적 공교육의 발달 과정에서 공적 개념으로 이해되어 온 교육을 소비자로서의 학부모의 교육권으로 대체하고, 학교선택권 등을 통한 자유의 실현을 강조하며 국가의 강제적 개입을 제한할 것을 강조한다.

다른 한편으로는 국제경쟁력 강화와 사회의 '문화적 표준'을 세우기 위한 '국가교육과정'을 도입하고, 단위학교에 대해서는 자율성에 대응하는 책무성을 강화하여 학력경쟁에서 실패하는 학교들의 자연도태를 정당화하고 있다.

이러한 '신자유주의적' 개혁은 20세기말 이후 전 세계적 경향으로 나타나고 있다. 신자유주의자들은 복지제도에 의해 정당화되어 온 통념들에 대해 매우 근본적인 문제제기를 한다. 국가에 의한 복지의 제공, 사적 권한이 아닌 공적 개념으로서의 교육 이해, 공익을 위한 개인의 자유권 제한이나 강제적 재분배 등을 문제시하고 거부한다.

선택권을 중시하는 이러한 자유 논의는 기존 공교육에 대해 중요한 도전을 하는 것으로 보인다. 첫째는 신념의 자유에 대한 것으로, 비단 종교, 이념뿐 아니라 자신들이 중요하다고 여기는 교육내용에 대한 학습권의 보장을 요구한다. 소위 '수요자 중심 논리'가 이러한 기초에서 정당화되고 있다고 하겠다. 둘째는 재화 소유상의 자유라고 할 수 있다. 즉, 학교선택제를 통하여 다양한 학교유형을 창출하고 사적 교육의 범위를 확장함으로써 개인들의 소유권의 범위를 확대하고자 하는 논리라고 할 수 있다. 셋째는 제도형식에서의 자유이다. 공교육의 형식과 절차로부터의 자유는 학교를 다니지 않아도 되는 자유로서 기존의 주어진 교육형식들을 선택지로 삼고 싶지 않은 사람들이 자발적으로 기존 학교형식이 아닌 자신의 선택지를 자유롭게 보장받을 수 있도록 하려는 것이라고 볼 수 있겠다. 선택으로서의 자유는 개인들의 자유를 극대화하고자 하는 원칙에 근거하고 있다.

그러나 문제는 자유의 극대화로 민주사회 운용상의 한계가 드러나게 된다는 점이다. 이는 개인적 차원에서의 자유와 사회적 차원에서의 자유가 현대 교육에서 어떻게 접맥될 수 있는지에 대한 문제를 제기한다.

3. 교육에서 자유의 한계(?) – 교육의 공공성과 관련하여

이 절에서는 개인적 차원에서의 자유와 사회적 차원에서의 자유가 통합되기 위해 현대 교육에서 고려되어야 할 원리로 '공공성'을 주목한다. 앞서 살펴본 선택의 자유라는 관점은 근대 이래 논의되어 온 '보편적' 자유의 실현이라는 전제보다는 개인의 절대적 자유를 중시하는 입장을 취한다.

근대 교육에서 자유의 이념은 모든 개인의 존엄성의 평등에 기초하여 교육을 사회적 의무로 간주하는 관점에서 이루어져 왔다고 할 수 있다. 그러나 기본적으로 자유주의는 사회운영의 원리에 앞서 개인을 위치 지우기 때문에 개인의 자유와 사회 간의 관계는 갈등적으로 되기 쉽다. 개인의 자유를 절대적인 것으로 간주하는 자유지상주의적(libertarian) 관점뿐만 아니라 '평등적 자유주의'로 불리며 사회 정의의 관점에서 자유를 이해하는 롤스(J. Rawls)도 소위 공동체주의자들이 비판하듯이 '무연고적 개인'[5]을 전제함으로써 사회보다는 개인을 출발점으로 하고 있다.

현대 자유주의가 전제하는 인간관과 사회관은 사회적 가치를 개인보다 중시하는 입장들에 의해 비판되어 왔으며, 1980년대 이후 서구의 자유주의와 공동체주의(共同體主義) 간의 논쟁은 이러한 대립을 잘 드러내 준다. 자유주의 대 공동체주의의 논쟁은 자유주의의 가정에 대해 개인이 사회와 독립하여 원자론적으로 존재하느냐의 문제, 사회적으로 합의 가능한 공공선의 도출은 가능한가, 인간은 자신이 속한 전통으로부터 자유로운 정체성을 가질 수 있는가 등의 문제와 그에 대한 시사점을 제시해 준다.[6]

최근 교육에서 논쟁의 핵심은 자유주의(自由主義)가 기초한 개인주의(個人主義)의 존재론적 기초보다는 교육에 있어서 개인의 자유를 보장·확보하는 문제와 그러한 자유를 제한하는 문제를 어떻게 봐야 하는가의 문제로 초점이 맞춰져 있다고 할 수 있다. 이러한 논쟁은 자율성 대 공공성의 문제로 논란이 되어 왔다.[7]

5) 롤스는 모든 개인이 사회계약의 원초적 입장(original position)에서 무지의 장막(veil of ignorance)에 둘러싸여 상호 무관심하고 자율적으로 존재한다고 가정한다. 목적에 선행하여 존재하는 추상적 자아관(the self as being given prior to its ends)은 칸트(I. Kant)의 존재론에 기초한 것으로 샌델(M. Sandel) 등의 공동체주의자들은 이를 자아에 대한 잘못된 이해라고 본다. 공동체주의자들은 자아에 대한 자유주의적 견해는 공허하고, 자기인식을 침해하며, 우리가 공동의 관습에 각인되어 있다는 사실을 망각하고 있다(Kymlicka 저, 장동진 외 역, 2005, p. 311).

6) 교육에 있어서 자유주의에 대한 맥킨타이어(A. MacIntyre)적 실천전통 혹은 공동체주의적 논의의 시사점에 대해서는 홍은숙(2007) 참조.

7) 1990년대 이후 전개된 '자율화' 혹은 '자율성' 담론에는 그 뿌리가 다소 다른 어의가 혼재해 있다. 즉, autonomy(자율성), liberalism(자유주의), libertarianism(자유지상주의), neoliberalism(신자유주의) 등의 의미가 혼용되고 있는 경향이 있다. 교육에서의 자율성은 교육외적 세력으로부터의 자율성 혹은 교육주체에 의한 전문적 의사결정이라는 관점에서의 자율성으로 이해되기도 하고(autonomy), 보다 '자유주의적'으로 개인들의 교육적 자유와 권리(선택)에 대한 기본적 존중 혹은 소위 소비자 주권에 근거한 학교선택권 보장 등의 방식으로 이해되기도 한다. 자유주의 담론의 개념적 스펙트럼이 넓은 것과 유사하게 공공성 담론 또한 일반적/전통적 공개념(공익적 국가관리), (평등적) 자유주의적 관점, 사회민주주의(복지국가), 마

1980년대 이후 신자유주의적 교육개혁은 개인의 교육 선택권을 강조하는 교육론에 따라 교육권과 학습권의 의미를 재개념화하는 경향이 있다. 신자유주의적 개혁의 특징 중 하나는 교육의 사사화(privatization)이다. 이 사사화는 개인의 '천부적' 자유와 권리를 존중하고, 그에 대한 공공정책적 제한이 부당하다고 보는 것이다. 1990년대 중반 이후 교육계에서 자주 언급되고 그 의미에 대한 논란이 제기되어 왔던 것 중 하나가 '수요자 중심 교육'이다. 이것은 조금 더 경제적 용어로 말하면 '소비자 중심 교육'이라고 할 수 있다. 즉, 이제까지 공적 교육 체제에서 제공되어 오던 교육을 '공급자 위주의 교육'이라고 규정하고 교육의 실질적 수혜자이자 때로는 피해자인 수요자들의 요구가 반영되어야 한다고 보는 논리이다.

공교육체제에서 교육에 관한 모든 권리는 교육받을 권리에서 시작되며 학생의 교육받을 권리는 모든 교육주체의 교육권의 중심에 있다고 할 수 있다. 공교육의 궁극적 책임은 국가에게 있고, 학부모는 자녀를 취학시키고 교육할 권리와 책임을 지니며, 교사는 국가의 공적 업무를 위임받아 학생의 권리를 보장하게 된다. 이때 발생하는 교육의 효과는 사적 효과(개인적 차원)와 공적 효과로 나타난다. 공공성과 자율성에 터한 교육관은 기존 공교육의 구도를 이해하는 데 있어 그 강조점의 차이에 따라 수정된 견해를 제공하기도 한다. 다음의 그림들은 이러한 인식의 차이에 따라 교육에 대한 이해의 모형이 달라지는 방식을 도식화해 본 것이다(각 모형의 특징은 고딕 강조함).[8)]

[그림 6-1]이 일반적인 공교육 모형이라면, [그림 6-2]는 학부모(소비자) 교육권과 사적 교육효과(사사화)를 강조하는 강한 자율성 모형이고, [그림 6-3]은 국가의 국민교육 책무를 강조하며 교육의 공적 효과를 중시하는 강한 공공성 모형이다. 모든 모형에서 교육의 일차적 권리와 의무는 학부모에게 있으며 이를 위임받은 국가와 학교/교사의 공적 역할에 차이가 있고, 교육의 최종 산출물은 학생의 학습권 보장으로 이는 사적 효과와 공적 효과를 모두 지닌다.

신자유주의 교육개혁은 [그림 6-2]에 나타난 특징을 기반으로 하고 있다고 보인다. 이 모형에서는 자녀교육에 대한 권리 및 의무를 지닌 학부모가 국가와 그로부

르크스주의적 국유주의 등 그 개념적 저변은 넓게 나타난다.

8) 이 도식화는 2006년 5월 한국교육학회 춘계학술대회 발표원고인 이윤미, 「교육정책의 공공성과 자율성-공공성 강화를 중심으로」에서 시도된 것이다.

터 교육권한을 위임받는 학교나 교사 등에 대해 교육권을 위임하지 않고 직접 행사하는 방식을 취하거나 학교 및 교사의 교육활동에서 참여에 의한 적극적인 선택권 및 결정권을 행사한다. 그리고 학생의 학습권을 보장한 결과는 교육의 사적 효과를 사유화(혹은 사사화)하는 방식으로 나타난다.

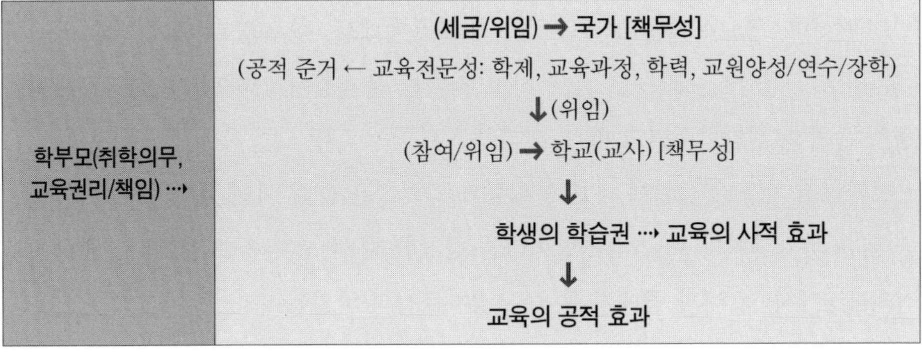

[그림 6-1] 공교육 모형

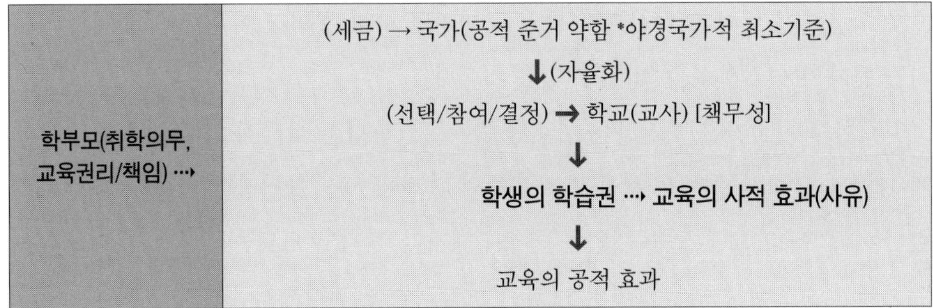

[그림 6-2] (강한) 자율성 모형

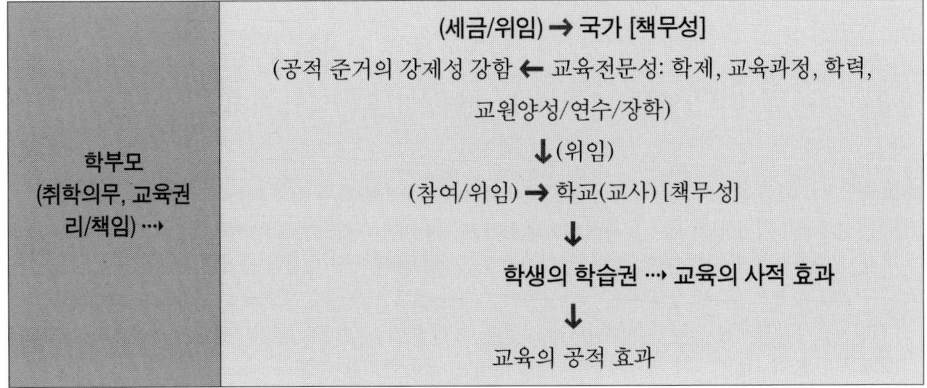

[그림 6-3] (강한) 공공성 모형

이러한 수요자 중심의 논리가 지니는 취약점은 '누구의 자유인가' '누구에 의한 선택인가'의 문제로 쟁점화해 왔다. 즉, 선택의 자유를 주장하는 사람들은 주어진 선택지 이외의 욕망을 가진 사람들이고 그러한 욕망을 실현시킬 수 있는 사회적 '능력'을 가진 사람들이라는 것이다.

이러한 '불평등' 문제와 더불어 또 하나의 중요한 취약점을 지적한다면 그것은 '임의성'이다. 공교육에 저항하는 대안적 교육형태들—홈스쿨링, 대안학교 등—이 나름대로의 철학적 강점에도 불구하고 지니는 문제점이 있다면 그것은 보편적인 '공적 준거'의 취약함이라고 할 수 있다.[9)]

선택권적 자유의 실현에 따른 불평등과 임의성은 근대 이래 보편적 자유의 실현을 위한 국가사회의 교육적 역할이라는 문제를 다시 생각해 보게 한다. 공교육의 전개과정에서 '공익'의 중재자 혹은 조정자로서의 국가관리가 중시되어 온 이유는 모든 개인의 자유를 보장하기 위해 필수적이라는 관점 때문이다. 개인의 자유와 자유의 보편적 실현이 충돌하는 것은 불가피한가. 이것은 결국 개인의 자유를 내면적으로 규율하는 것과 일차적으로 관련이 되지만 사회 정의적 차원에서의 조정 관리하는 문제와 연결하여 논의될 수 있을 것이다.

강력한 복지국가를 주장하는 사회민주주의적 관점이 적극적 차원에서 높은 세원과 재분배를 주장한다면, 평등적 자유주의 관점에서는 '안전장치'의 중요성을 제기한다. 롤스에 의하면 모든 개인은 최소수혜자가 될지도 모르는 불확실성을 지니기 때문에 최소수혜자에게 최대의 이익이 보장되는 안전장치를 두는 계약을 할 필요가 있다고 하였다. 이를 교육에 적용해 보면 불확실성에 직면한 모든 개인의 입장에서 볼 때 어느 학교에 들어가도 일정하게 높은 질의 교육을 받을 수 있는 시스템을 갖추고 있는 것이 안전한 것이며, 일정한 수준 이상의 교육이 모든 학교에서 보장되는 것이 이상적일 수 있는 것이다. 이러한 상호이익의 최저선을 확보하기 위해

9) 이때 공적 준거란 제도적 교육이 일정한 체제와 내용을 갖추도록 하기 위해 학문적, 임상적, 실천적으로 검증된 준거들을 의미하며, 보다 구체적으로 표현하면 '전문적으로 판단되고 검증된 규준'들을 의미한다. 즉, 학제, 교육과정편제, 학력기준, 교원전문성기준 등은 개인들의 주장의 산물이 아니라 전문적 판단의 결과에 근거하여 공적으로 조정되어 온 사안들이며 그러한 점에서 그 판단이 교육수요자의 임의적 요구에 맡겨지는 것에 대해서는 논란이 가능하다는 것이다. 공적 준거가 일반적 전문적 판단 기준을 넘어 '과잉 규제'를 위한 통제 기준이 되는 것은 바람직하지 않지만, 공적 준거란 검열(censorship) 기제라기보다는 일정한 '좋은 질서(good order)' 확보를 위한 전문적 여과(filtering) 장치라고 하는 것이 적절할 것이며 궁극적으로는 공적 시스템에 대한 신뢰의 최저선이 확보되는 것을 의미하는 것이기도 하다(이윤미, 2006 참조).

자유의 제한으로 보일 수 있는 '차등 분배의 원리'가 적용되어야 한다고 보는 것이다(Rawls, 1971, pp. 47-170).

공공성 개념과 관련하여 핵심적으로 주목되어 온 국가의 교육적 역할과 범위에 대해서는 논란이 많다.[10] 국가를 어떻게 해석하느냐에 따라 공공성에 대한 접근은 상당히 달라질 수 있다. 국가가 독립적인 행위의 주체인가, 갈등하는 세력의 경쟁장인가, 혹은 실무적 관료기구인가 등에 따라서 국가의 역할을 규정하는 방식은 달라질 수 있으며 이에 따라 개인들의 자유와 근본적으로 충돌할 수도 있고 공익에 기여하기도 할 것이다.

어떤 경우에도 현대 대의제(代議制) 사회에서 국가는 형식적으로 세력 간의 균형을 추구하는 중립적 입장을 취하도록 기대되고, 공공선의 실현을 위한 정책 제시를 통해 그 기본적 존립의 정통성을 확보한다. 따라서 갈등하는 세력 간의 균형 여부에 따라 국가정책은 일관성 있게 나타나기도 하고 그렇지 않기도 하지만 기본적으로 국가의 자율성은 시민사회의 규정을 받는다고 할 수 있을 것이다. 따라서 국가적 교육(state education)은 그 안에 공적 교육(public education)으로서의 의미가 포함되어 있는 것이라고 보아야 할 것이다.

마르크스(K. Marx)는 영국「노동법」개정운동 과정에서 국가에 의한 의무교육을 지지하면서 부르주아국가하에서도 대중적 교육의 권리는 보장되어야 하지만 그것이 국가가 교육자(educator)라는 것을 의미하는 것은 아니라는 주장을 한 바 있는데, 이것은 의미 있는 구분이라고 본다(Marx, 1988b, p. 185).

국가에 의해 관리되는 교육이 국가가 국가이데올로기를 가지고 교육을 하는 주체라는 것을 의미하는 것은 아니며 국가는 그 구성원의 권익을 조정하고 중재하는 '대의적' 관리자로서 각 개인에 대해 다양한 기회가 정의롭게 보장되도록 하는 장치

10) 나병현에 의하면 공공성(the publicness)에는 서로 구분되는 세 가지 의미가 있다: 1) 국가와 관계된 공적인 것(official), 2) 특정 개인이 아닌 모든 사람에 관계된 공통의 것(common), 3) 누구에 대해서도 개방되어 있다(open)는 것 등이 그것이다. 또한 공공성은 국가행정의 특징을 지칭하는 용어이기도 하고(서술적 차원), 국가행정이 지켜야 할 규범(가치적 차원)을 모두 포괄하는 의미를 지닌다. 즉, "교육의 공공성은 국가에 의해 제공되는 교육의 특성을 서술하는 말이기도 하고, 그러한 교육이 마땅히 갖추어야 할 규범이기도 한 것"이다. 나병현에 의하면, 교육의 공공성은 "국가나 공공단체가 설립, 운영, 관리, 지원하는가에 있는 것이 아니라, 얼마나 교육을 교육답게 하고 있는가"에 의해 판단되어야 한다고 본다. 즉, 잘 이루어진 교육은 그 자체가 공익이고 공동의 선이라고 보고 있다(나병현, 2004, pp. 7-28). 최근 주목되는 공공성 논의에는 국가주도적 공공성보다 시민사회적 공공성을 강조하거나 교육적 가치 실현을 강조하는 논의 등이 있다(이종태, 2006; 정유성, 2006).

를 제공하는 역할을 한다고 보아야 할 것이다.

자유주의자인 존 스튜어트 밀(J. S. Mill)도 국가에 의한 의무교육과 국가에 의한 교육에 대한 마르크스의 구분과 유사한 입장을 피력하고 있다.

> 교육 문제를 두고 생각해 보자. 국가가 시민으로 태어난 모든 사람에게 일정 수준 이상의 교육을 받도록 요구하고 또 강제하는 것은 이제 하나의 자명한 원칙 같은 것이 아닐까? …… 부모가 이런 의무를 다하지 못한다면 국가가 나서서 그들이 최대한 그 의무를 준수하도록 요구해야 한다. 일단 모든 아이에게 교육을 시켜야 하는 의무에 대해 수긍하고 나면, 마지막으로 국가가 무엇을 어떻게 가르쳐야 하는지에 관한 어려운 문제가 남는다. …… 정부가 모든 아이가 좋은 교육을 받도록 하는 쪽으로 결정을 내리더라도 그 교육을 직접 하려고 헛되게 애쓸 필요는 없다. …… 국가는 그저 가난한 집안의 아이들을 위해 교육비를 지원해 주고, 비용을 대줄 사람이 없는 경우에는 아예 전액 부담하는 것으로 만족해야 한다. 국가 교육을 반대하는 논리는 국가가 직접 교육을 담당하는 경우에는 적용될 수 있다. 그러나 국가가 시행하는 의무 교육에 대해서는 반대할 수 없다. 이 둘은 전혀 다른 이야기이기 때문이다(Mill, 2005, pp. 193-194).

개인의 자유를 보장하고 사회 정의를 실현하는 데 있어 국가가 어디까지 소극적이어야 하고 어디에 대해 적극적이어야 하는 문제는 논쟁이 되어 왔다. 특히 공동체주의의 관점에서는 시민교육이 공적 원리 중심으로 이루어져 비공식 가치교육이 다루어지지 않을 때 교육이 빈약한 차원에 머물 수밖에 없음을 비판하기도 한다(홍은숙, 2007, pp. 352-358). 사회 내 다양한 구성원을 통합하는 적극적인 배려의 정치는 매우 필요하다.[11] 각 개인이 자유롭게 결정하면서도 동시에 타자에 대해 열린 도덕적 시민이 되도록 하는 교육과 정치의 모색은 매우 중요하며 이는 교육의 공공성의 핵심적 내용이자 목표가 된다고 하겠다.

11) 물론 이에 대해서는 개인적 선호에 기반한 다원적 정체성 정치(페미니즘, 동성애자권리, 다문화주의 등)를 주장하는 입장과 공동문화(common culture)를 주장하는 보수적 공동체론자들 간의 갈등의 여지가 있다.

4. 맺음말

자유를 교육주체가 견지해야 할 지성과 인격의 기반으로 정의하고 자유민주주의 사회 교육의 기본 이념으로 규정하는 기초주의 교육학의 기본 방향은 그 자체로서 타당하다. 자유는 교육에서 주체의 조건으로서 근대 이후 교육에서 가장 중시되어 온 개념이면서 동시에 논란이 되어 온 개념이기도 하다. 자유의 개념은 서구 계몽주의 이래 지속적으로 중시되어 왔지만 그 개념의 범위는 사회적 변화에 따라 변천해 왔다고 할 수 있다.

자유(liberty)는 인민을 보호하기 위해 권력에 대해 제한을 가하는 것을 의미하는 것(Mill, 2005, p. 18), 즉 예속으로부터의 탈피라는 소극적 개념에서 발전하였지만 이는 인간의 존엄성을 보다 높은 수준으로 보장하기 위한 국가의 개입을 포함하는 보다 적극적인 개념으로 변화되어 왔다.

역사적으로 자유의 정신은 평등의 이념과 함께 성장해 왔음을 지적할 필요가 있으며, 평등하게 추구된 자유는 결코 제한의 대상이 될 수 없을 것이다. 적어도 보통 교육은 개개인에게 자유가 실현되고 향유되는 전제로서 모든 사람의 지성과 인격을 키워 주는 보편적인 것이어야 하며, 개인들의 자유로운 선택의 대상이나 결과로만 간주되어서는 곤란할 것이다.

자유주의의 옹호자였던 존 스튜어트 밀은 그가 살던 시대와 사회계급적 한계 속에서 자유는 '정신적으로 성숙한 사람'에게만 적용될 수 있으며 미개사회에 사는 사람은 미성년자와 같으므로 자유가 제한되어도 좋다고 보았다. 더욱이 이러한 사회에서는 "독재(despotism)가 정당한 통치기술이 될 수도 있다."고 하였다(Mill, 2005, p. 18). 자유의 소유와 적용에 대한 이러한 '위험한 단서'들은 한편으로는 자유주의가 지닌 근본적인 사회적 한계('보수성')를 드러내는 것이기도 하고, 다른 한편으로는 자유라는 이념과 정신의 기원과 방향에 대해 가하는 모순적 자해행위이기도 하다.

한국 사회와 교육은 서구에서 자유주의가 풍미하던 19세기와 20세기에 제국주의(帝國主義)/식민주의(植民主義)와 군사적 권위주의를 겪어야 했던 이유로 근대적 '자유'의 가치와 정신을 충분히 누릴 여유가 없었다고도 할 수 있다. 자유민주주의 사회에서 개인적 차원의 자유를 극대화하는 문제와 사회적 차원에서 이를 보편적으로 적용하는 문제 간의 논란도 우리 사회에서 오래되지는 않았다.

기초주의 교육학이 자유를 교육주체의 조건으로 정립하고자 하는 시도는 타당하지만 이를 변화하는 현대사회에서의 자유관과 어떻게 연결할 것인가 하는 데 있어서는 보다 심화된 논의가 필요하다고 본다. 교육적 원칙의 정립에 있어 최근에 논의되는 자유의 개념들이 포괄적으로 재검토되어 기초주의 교육학의 논의체계 속에 반영될 필요가 있을 것이다.

최근에 논의되는 '선택권적 자유'는 개인의 권리와 이익의 실현을 극대화하고자 하는 논리로 현실 교육계에서 영향력을 발휘하고 있고, 교육에서 자유와 관련한 오랜 전통에 새로운 화두를 제시하고 있다고 보인다. 선택으로서의 자유관에 입각해서 볼 때 교육은 자유의 전제로서 보편적으로 적용되어야 할 권리이기보다 개인들의 선택의 대상이고 선택의 결과로서의 의미가 강하다. '보편적' 계몽이라는 전제가 빠진 자유의 이념은 사회적 차원에서 추구해야 할 교육에서의 자유의 의미에 대한 조정을 요구한다. 자유로워지기 위한 전제로 교육(계몽)을 바라보는 관점과 교육받을 권리를 자유 실현의 대상으로 보는 것에는 상당한 차이가 있으며 현대 교육에서 추구해야 할 자유의 이념이 무엇인가에 대한 선택과 조정을 요구한다.

이러한 선택과 조정의 문제를 어떻게 기초주의 교육학의 자유 이념 체계 안에 수렴하는가는 기초주의 교육학이 정합성 있는 기초를 구축하기 위한 과제라고 하겠다. 기초주의 교육학이 현대 교육의 맥락에 충실하기 위해서는 전통적 자유교육관과 계몽주의 교육관에 기초한 '지성'과 '인격'을 넘어서는 보다 적극적인 하위개념의 도출이 이루어지거나 이러한 하위개념들이 현대적으로 재정의되어 그 체계의 포괄성을 높여야 할 것이라고 본다. 이는 개인들의 자유 실현의 전제가 되는 계몽을 보편적으로 보장하면서 동시에 자유로운 개인들의 선택이 사회정의 맥락에서 실현되도록 하는 사회적 차원의 논의들을 포괄하는 하위개념체계를 정교화하는 것을 통해 가능할 것으로 기대한다.

✪ 참고문헌

나병현(2004). 공교육의 의미. 황원철 외. 공교육. 서울: 원미사.

박우희(1982). F. A. 하이에크: 케인즈 비판과 신자유주의 사상의 전개. 서울: 유풍출판사.

이윤미(2006). 교육정책의 공공성과 자율성-공공성 강화를 중심으로. 한국교육학회 춘계학술대회, 2006. 5.

이종태(2006). 교육의 공공성 개념의 재검토-공공성 논쟁의 분석과 개념의 명료화를 위한 논의. 한국교육, 33(3).

장동진(2001). 현대자유주의 정치철학의 이해. 경기: 동명사.

정유성(2006). 국가주의 의무교육 비판연구. 사회과학연구, 14(2).

한기언 편저(1994). 교육국가의 건설: 교육의 세기와 기초주의. 서울: 양서원.

한기언(1999). 기초주의 교육학. 서울: 학지사.

한기언(2003). 21세기 한국의 교육학. 경기: 한국학술정보[주].

한기언(2004a). 교육의 세기. 경기: 한국학술정보[주].

한기언(2004b). 기초주의의 세계. 서울: 기초주의연구원.

홍은숙(2007). 교육의 개념: 실천전통에의 입문으로서의 교육. 경기: 교육과학사.

Anders Björklund et al. (2005). *The market comes to education in Sweden: an evaluation of Sweden's surprising school reforms.* New York: Russell Sage Foundation.

Condorcet, Marqui de. 장세룡 역(2002). 인간정신의 진보에 관한 역사적 개요. 서울: 책세상.

Feinberg, Joel. (1998). Freedom and liberty. *Encyclopedia of philosophy,* vol.3. ed. Edward Craig. New York: Routledge. pp. 753-757.

Freire, Paulo. 성찬성 역(1979). 페다고지. [발행지불명]: 한국천주교평신도사도직협의회.

Kymlicka, Will. 장동진 외 역(2005). 현대정치철학의 이해. 경기: 동명사.

Marx, Karl. Engels, F. 김재기 편역(1988a). 공산당 선언. 마르크스 엥겔스 저작선. 서울: 거름.

Marx, Karl. Engels, F. 김재기 편역(1988b). 고타강령비판. 마르크스 엥겔스 저작선. 서울: 거름.

Mill, John S. 서병훈 역(2005). 자유론. 서울: 책세상.

Nozick, Robert. 강성학 역(1997). 자유주의의 정의론: 아나키, 국가 그리고 유토피아. 서울: 대광문화사.

Rawls, John. (1971). *A theory of justice.* Cambridge: Harvard University Press.

제7장

기초주의의 질서 이념과 교육의 개혁적 성격

- 온고이지신(溫故而知新)의 관점 -

신창호

1. 기초주의와 질서의 이념

기초주의(基礎主義, Kichojuii, Foundationism)는 대한민국 교육학계의 거목이었던 한기언(韓基彦, 1925~2010) 교수(이하 '한기언'으로 호칭)가 창안한 교육학 이론이다.[1] 그것은 다양한 서구의 교육이론이 유입되는 가운데서도 교육학 전체를 포괄하는 학문적 이론 체계로 한국인에 의해 명명된 '자생적 교육학(自生的 敎育學)'이라는 점에서 의미심장하다.

내가 보기에 기초주의는 동양사상의 오행(五行: 金木水火土)이나 오상(五常: 仁義禮智信)에서 토(土)나 신(信)과 같은 자리를 차지하고 있다. 오행에서 토(土: 땅)는 만물을 구성하는 기초 에너지인 금목수화(金木水火) 모두를 포괄하고, 오상에서 신(信: 믿음)은 인간의 본성적 덕목인 인의예지(仁義禮智)를 융화한다. 이런 비유에 빗대어 볼 때, 한국교육학에서 기초주의는 한기언이 스스로 적시한 것처럼 그 논리와

1) 기초주의는 한기언이 1957년 9월 10일 미국 컬럼비아대학교 기숙사 휘티어 홀 307호에서 처음으로 명명한 교육이론이요 교육철학이다. 이후 1958년 현행교육의 학적 기대 비판과 1966년 기초주의의 제창-'전통'과 '개혁'의 조화를 통한 인간 형성의 논리 서장을 통해 기초주의를 제창하였고,『한국교육의 이념』(1968),『기초주의-한국교육철학의 정립』(1973),『현대인과 기초주의』(1979) 등 초기 저작물의 출간을 통해 기초주의의 원형을 제시하였다. 기초주의의 구조와 논리를 보면 교육학의 전반적인 내용을 조망하고 있다. 이런 점에서 기초주의는 한국교육학의 본질이나 원형을 지시하는 교육기초학이다(기초주의 40주년 기념행사준비위원회, 1997; 한기언, 2002).

구조, 규모와 내용에서 교육기초학과 교육방법학, 교과교육학 등 교육의 전 영역에 걸쳐 '구(球)적 인식'의 지평을 형성하고 있다. '구적 인식'은 '구상(球象)교육철학으로서의 기초주의'로 풀어 쓰는데, 한기언은 다음과 같이 해명하고 있다.

> 구상의 개념을 풀이해 보면, '구(球)'는 자연의 원형이기도 하고, 인간의 의식 구조를 상징하는 것으로서 전방위이며, 모든 '사물'이라든가 주의 · 주장에 대해서 그 위치('장')를 얻게 만들며, 대극(對極)의 조화가 가능한 형상이기도 하다. 전통 · 주체 · 개혁의 3차원이 상승해서 '창조'를 가능하게 하는 인간 형성의 논리가 담겨 있는 상형(象形)인 것이다. '구상'은 다원화 사회에 있어서의 통합적 다원주의의 상징이라고도 할 수 있으리라(한기언, 2001, p. 39).

기초주의에서 말하는 기초는 '원형'이자 '전방위' '모든 사물의 제자리 확인' '조화' '창조'를 거친 '통합'을 지향한다. 다시 말하면 기초란 최고 수준의 표시요 완전성과 통하는 용어로, 단순한 밑바닥이나 초보, 입문, 기본이라는 통념의 차원을 넘어 최고경지, 진리, 비결, 오의(奧義)의 뜻을 지닌다(한기언, 1975, pp. 922-928). 그것은 마치 『대학(大學)』의 삼강령(三綱領)에서 '명명덕(明明德)'과 '신민(新民)'을 '지어지선(止於至善)'의 경지에서 지속하는 사태와 유사하다. 그러기에 이미 형성된 초석이나 토대로서 존재(Being)의 차원은 물론이고 변화 · 창조하는 생성과 역동성을 담지하고 있다. 보다 엄밀하게 따진다면, 존재보다는 '생성' 또는 '역동성'이 강하다. 왜냐하면 일제 강점기로부터 해방 · 독립한 우리 대한민국의 경우는 그 '역사적 상황'이 전통과 아울러 개혁이 강조되어야 하기 때문이다(한기언, 2002, p. 251).

이러한 특성을 지닌 기초주의는 "시간 · 자유 · 질서"라는 3이념을 통해 "전통 · 주체 · 개혁"의 차원을 설정하고, "문화 · 생활, 지성 · 인격, 협동 · 봉사"라는 6개념의 가치실현을 지향한다. 그 핵심(core)인 기초는 이들 유기적 요소들의 시너지 효과를 극대화하면서, 상황에 따라 전통적인 덕목을 새로운 창조 행위를 통해 보편적 삶의 가치체계로 이어 주는 근원적 자원 역할을 한다. 즉, 온전한 교육의 씨앗으로서 싹을 틔우고 줄기와 잎 그리고 가지로 뻗어 꽃을 피우게 하는 원천이다. 그런 만큼 온전하게 열매를 맺고 다음 생(生)을 준비하는 참신성(斬新性)을 지닌다.

〈표 7-1〉 기초주의의 기본 체계

1핵	기초					
3이념 6개념	시간		자유		질서	
	전통		주체		개혁	
	문화	생활	지성	인격	협동	봉사
상황성	정신적 종교적 가치	사회적 건강적 가치	진리 가치	도덕 가치	물질 가치	심미 가치
전통성	효(孝)	성(誠)	공(公)	관(寬)	근(勤)	신(信)
보편성	성(聖)	건(健)	진(眞)	선(善)	부(富)	미(美)

여기에서 논의할 '질서'의 이념은 '개혁'의 차원에서 '협동'과 '봉사'를 가치영역으로 상정한다. 그것은 '물질'과 '심미' 가치의 조화, 부지런함[근(勤)]과 믿음[신(信)]의 유기적 활동, 잘 삶[부(富)]과 아름다움[미(美)]의 멋으로 승화하기를 소망한다. 그런데 염두에 두어야 할 문제는 기초주의의 3이념과 6개념은 너무나 유기적인 체계이기 때문에 제각기 논의하기에는 한계가 있다는 점이다.

나는 이러한 기초주의의 체계에 근거하여, 3이념 가운데 '질서'에 관한 논의를 '온고이지신(溫故而知新)'의 사고와 실천을 빌어 서술하려고 한다.[2] 이에 먼저 질서의 이념과 한국교육의 상황을 간략하게 짚어 본다. 특히 '질서'의 이념을 어떻게 구현하고 있는지 성찰하면서 문제를 제기해 본다. 다음으로 교육에서 '질서'의 이념은 전통과 창조의 동시성 또는 연속선상에서 창조로 나아가 개혁적 성격을 지니고 있음을 온고이지신의 해석과 더불어 논의한다. 마지막으로 온고이지신의 질서 이념

2) 기초주의에 대한 집중적인 연구 성과는 그리 많지 않다. 한기언 자신의 연구는 풍부한 편이지만, 후학들에 의해 구체적으로 구명된 사례는 매우 드물다. 1997년 기초주의 40주년 기념행사준비위원회에서 간행한 『교육의 세기와 기초주의』에서 후학들이 기초주의의 이념을 교육과 교육학의 몇 가지 주제에 적용하여 해석한 연구논문이 있다. 이근엽의 「기초주의의 교육학적 존재론」, 오인탁의 「기초주의의 잠재적 지평: 홍익인간의 복권」, 홍현길의 「기초주의와 도덕교육의 원리」, 이병진의 「기초주의와 초등교육의 원리」, 유봉호의 「기초주의에서 본 중등교육의 원리」, 목영해의 「철학의 상대주의화 경향과 기초주의」 등이 그것이다. 이들 연구는 기초주의 자체에 대한 구명이라기보다 기초주의를 참고한 개인 연구로, 한기언의 기초주의 자체에 대한 연구로 보기는 어렵다. 또한 2007년 고려대학교 교육문제연구소와 기초주의학회, 한국기초주의교육학회가 공동 주최한 국제학술대회의 자료집 『자생적 한국교육학-기초주의의 세계』에서 한국과 중국, 일본의 학자들이 기초주의의 이념을 다룬 논문을 발표하였다. 여기에서도 1997년의 연구양식과 크게 다르지 않다. 이 글은 2007년 국제학술대회에서 발표한 것을 수정 · 보완하였다.

은 전통과 창조, 즉 온고와 지신의 통일성을 담보로 하되, 개혁으로 완성될 수 있음을 구명해 본다.

2. 질서의 이념과 한국교육의 상황

한기언에 의하면(2002, p. 153) 질서의 이념은 신발을 바르게 벗는 예법에서 교통질서 준수에 이르기까지 사회인으로서 응당 지켜야 할 일들과 연관된다. 교육에서 질서의 이념은 단순히 기존의 법규준수만을 의미하지는 않는다. 법질서를 지키는 일은 시민으로서 당연한 행동수칙이다. 이는 소극적 의미의 질서이다. 질서는 소극적 의미를 넘어 적극적 의미의 차원이 있다. 그것은 새로운 진리, 새로운 질서의 발견을 통해 인류 문화의 비약적 발전을 가능하게 하는 작업이다. 따라서 교육은 소극적 질서와 더불어 적극적 질서를 강조해야 한다. 그럴 때 교육에서 질서는 인간형성의 참된 결, 진리로서 자리매김된다. 그것은 전통과 개혁의 조화를 통한 인간형성의 논리이다. 이 중에서도 개혁은 질서의 이념을 대변하는 알맹이다. 기성관념이나 학설을 비교, 검토, 비판하여 초극(超克)하는 피나는 노력과 고심으로 완수되는 교육적 희구이다(한기언, 2001, pp. 304-305).

앞에서 언급한 것처럼 개혁의 차원에서 질서의 이념은 협동과 봉사를 교육의 가치영역으로 상정한다. 그것은 역사적 자아실현과 맞물린다. 이때 개혁은 지금까지 없었던 새로운 차원을 보여 주는 '참신성'과 '독창성', 이상의 현실적 구현을 염원하는 '이상성', 최고 가치의 현현(顯現)이라는 점에서 '수월성', 인류의 번영을 고려하는 '홍익성', 인류 평화에 기여한 '평화성' 등 여섯 가지의 특성을 지닌다. 이는 근검을 통한 부의 확보라는 물질 가치와 신뢰를 바탕으로 미를 일구어 내는 심미 가치를 염원하며, 협동과 봉사를 통해 구현된다. 이런 점에서 질서의 이념은 3이념 가운데 '시간'과 '자유'의 이념보다 훨씬 실천적이다.

이런 질서의 이념은 현재 한국교육의 이념과 목적에 어떻게 이입되어 있는가? 익히 알고 있겠지만,「교육기본법」제2조를 다시 성찰하면서 고민할 필요가 있다.

교육은 홍익인간의 이념 아래 모든 국민으로 하여금 인격을 도야하고 자주적 생활

능력과 민주 시민으로서 필요한 자질을 갖추게 하여 인간다운 삶을 영위하게 하고 민주국가의 발전과 인류공영의 이상을 실현하는 데 이바지하게 함을 목적으로 한다.

이는 심신의 건강, 애국 · 애족 · 인류평화, 민족문화 유산의 계승 및 세계 평화에의 기여, 진리탐구와 창의적 활동, 자유 · 협동 · 신의의 정신 배양, 정서함양 및 여가 선용, 근검노작과 현명한 소비 등과 같은 구체적인 교육목표를 통해 달성될 수 있다. 그것은 개혁의 차원에서 '참신성' '독창성' '이상성' '수월성' '홍익성' '평화성' 등 여섯 가지의 특성 및 협동과 봉사의 가치영역과 밀접한 연관이 있다. 세부적으로 살펴본다면 '협동'의 개념에서는 "책임존중, 세계문화의 창조, 창의적 활동, 근검노작, 무실역행, 현명한 소비자, 유능한 생산자"를, '봉사'의 개념에서는 "숭고한 예술의 감상, 인류평화건설에 기여, 신의, 심미적 정서의 함양"을 교육목표로 한다(한기언, 2003, p. 102). 홍익인간의 이념은 협동과 봉사를 실천하는 실제적 지침이 되고 홍익성과 일치한다. 인격도야에서 자주적 생활능력의 구비, 민주 시민의 자질 확보와 민족국가, 인류공영의 이상 실현에 이르기까지 교육의 목적은 참신성에서 평화성을 가로지르는 개혁의 특성과 연관된다.

문제는 그것이 한국사회에 제대로 구현되었느냐이다. 실천의 측면을 고려할 때, 나는 회의(懷疑)한다. 한국교육의 이념과 목적에 비추어 볼 때, 교육적 성공을 논의할 수 있는가? 나는 성공이라는 표현 자체를 긍정할 수 없다. 그렇다고 실패했다고 함부로 말하기도 어렵다. 분명한 사실은 교육의 목적에 비해 교육의 효과는 너무나 미흡하다는 점이다. 「교육기본법」의 교육이념과 목적을 여러 차원에서 논의할 수 있겠지만, 그중에서 핵심이 되는 민주 시민의 자질 함양과 그것의 기초교육이 되는 가정교육과 학교교육의 상황을 성찰해 본다(신창호, 2001, pp. 91-97).

한국사회는 '민주주의(民主主義)' 질서에 기초하고 있다. 따라서 앞의 교육이념과 목적에서 살펴본 것처럼 교육은 민주주의 사회의 생활양식을 체득하고 선도하는 작업과 직결되기 때문에 교육은 민주적 가치를 재확인하고 실현하기 위한 삶으로 승화되어야 한다. 데이비드 헬드(D. Held, 1993, p. 304)는 민주주의 사회에서 삶의 조건을 "개인은 자기 삶의 조건을 결정하는 데 있어 자유롭고 평등해야 한다. 자신이 누릴 수 있는 기회를 산출하고 제약하는 틀을 규정하거나 타인의 권리를 부정하는 데 이 틀을 사용하지 않는 한, 평등한 권리(그리고 따라서 평등한 복종 의무)를 누려야 한다."고 주장하였다. 주지하다시피 민주주의는 '자유(自由)'와 '평등(平等)'을 양대 원리로 하고 있다. 그러나 그것은 '자율성의 원칙' 아래, 타자와의 관계 속에서 타자의 권리를 침해하지 않는 한에서이다. 여기에서 때로는 '복종'과 '의무'를 수반하는 강한 책임의식이 동반된다.

그러나 한국사회는 개인의 자유와 권리를 강하게 주장하고, 타자에 대한 배려나 의무는 소홀히 하는 이기적 '자기중심주의'에 빠져 있다. 교육받은 사람에 속하는 국민도 자신의 권리를 강하게 주장하면서 의무와 책임은 돌아보지 않는 경우가 허다하다. 개인은 사회에 자신의 권리를 요구할 뿐, 개인으로서 사회의 기여하거나 당연히 해야 할 의무는 소홀히 한다. 이는 사회 공동체에 대한 자기 역할과 기능의 포기이다. 즉, 민주 시민으로서 민주사회라는 공동체의 약속 체계를 해체한다. 이는 명백한 교육목적의 불이행이자 파괴이다. 한국교육은 이러한 개인을 중심으로 하는 이익의 추구에 적극 기여해 왔다. 그것은 이 글의 주제인 질서의 이념과 정면 배치된다.

미국을 비롯한 현대 민주주의 교육에 지대한 영향을 미쳐 온 듀이(J. Dewey, 1994)의 경우에도 『나의 교육신조』에서 "모든 교육은 개인이 종족의 의식에 참여함으로써 이루어진다. …… 교육을 받는 개인은 사회적 개인이며, 사회는 개인의 유기적 통합체이다. 아동에게서 사회적 요인을 빼어 버리면 남는 것은 무기력하고 생명 없는 덩어리뿐이다."라고 선언하였다. 여기에서 교육은 종족, 즉 공동체라는 사회의식에의 '참여(participate)'이다. 이때 사회의식은 민주주의 가치를 기준으로 한다. 그것은 개인이 타인과 더불어 사는 삶의 방식이다. 즉, 민주주의 교육은 개인의 수준에서 그치는 것이 아니라 개인이 사회 구성원으로서 집단의 복지를 추구한다. 공동체, 사회, 집단을 가장 합리적으로 유지하는 제도가 바로 민주주의이고 그것을 운영하는 인간이 민주 시민이다. 이러한 민주교육의 목표를 설정하고 관심을 표명해야 함에도 불구하고, 한국교육은 민주주의 가치를 발현할 수 있는 구체적인 비전을 제시하지 못하고 있다. 전통적인 한국사회는 공동체를 교조적으로 유지하는 온상처럼 인식되고 있지만, 현실은 혈연, 지연, 학연 등 연고주의(緣故主義)와 학벌주의, 이기주의(利己主義)가 팽배해 있다. 민주주의 사회로 성숙도를 높여야 할 한국사회는 이에 대한 올바른 관점을 길러 주지 못하고, 다양한 형태의 비민주적 상황을 연출하는 실정이다.

이러한 민주 시민의 자질은 교육의 핵심을 차지하는 가정교육과 학교교육을 통해 담보된다. 그런데 한국교육에서 가정교육과 학교교육이 표류하고 있다. 주지하다시피 가정은 교육의 근원을 형성하는 곳이다. 왜냐하면 가정은 생활의 거점이기 때문이다. 이만규(1994, pp. 210-222)는 가정을 "사랑의 씨를 뿌린 묘포(苗圃), 봉사의 꽃이 피는 화원, 감정의 훈련장, 운명의 창조소, 위안의 전당, 조화의 동산, 축소된 세계, 보존하는 곳간"이라고 표현하였다. 교육학적 측면에서 가정은 "인간 형성이 이루어지는 최초의 교육 마당이다"(김정환, 강선보, 1999, p. 75). 그러나 과학기술문명이 첨단우주시대를 열고 정보화 · 지식기반사회로 접어들면서 가정은 상당히 다른 모습으로 바뀌었다. 가족 구조의 변화는 물론 가족 구성원 간에 가치관 차이도 현격하다. 호주제 폐지, 1인 가구의 등장 등 전통적인 가족 기능이 약화되고, 가족 구성원의 역할도 불분명해진다. 뿐만 아니라 교육의 기본 단위로서의 전통적인 가족의 교육적 중요성이 점점 상실되고 있다(김명희, 1996, pp. 18-24). 이에 따라 현대사회에서 가정교육도 전통적 가정교육에 비해 의미를 달리할 수밖에 없다. 다시 강조하면 가정교육은 목표의 표류, 부모의 교육적 자신감 상실, 부모-자녀 간의 관계 변화, 가족 이기주의의 폐해, 점수주의 및 출세지상주의의 병폐, 핵가족화와 집단주택화(아파트화), 결손 가정의 증가 등 새로운 문제에 대한 해결을 요청받고 있다(김재은, 1991). 21세기 지능정보화 사회에서는 과학기술문명의 발달로 인한 삶의 양식 변화와 더불어 더욱 다양한 양태의 가정과 가정교육이 나타나고 있다.

현재 한국사회는 "물리적 공간으로서 집은 있으나 따스한 사랑이 넘치는 가정은 없다."라는 말을 그 어느 때보다 실감할 수 있다. 현대사회의 가정은 대가족에서 핵가족으로, 핵가족에서 나 홀로 세대로 점차 파편화되고 해체된 형태로 유지되면서 전통적 의미의 가정교육에서 볼 때 교육내용이나 대상 자체가 사라지고 있다. 이는 전통적 가정교육의 해체이자 새로운 형태의 가정교육을 요구받는다는 의미이다.

이런 상황에서 한국교육은 가정교육에 대해 어떻게 대처해야 하는지 그 방향을 설정하지 못하고 있다. 대부분이 전통적 가정상의 회복이나 가족 간의 대화, 부모 자식 간의 관계 설정 등 가정 윤리의 회복을 내세운다. 하지만 급변하는 사회에서 이런 주장들만으로는 설득력을 얻지 못한다. 이는 가정교육의 부재이자 상실이며 기초주의에서 말하는 질서의 이념을 무색하게 만든다.

학교교육은 더욱 심각하다. 학교교육은 교육 전체에서 차지하는 비율이 가장 높을 뿐만 아니라, 공교육이 추구한 교육기회의 평등이라는 측면에서 민주주의 이념과 목적에 충실한 대중교육의 역할을 수행할 수 있는 최상의 공간이다. 그런데 최근 이러한 공간으로서 '학교교육의 붕괴' 현상이 두드러지고 있다. 이런 위기 상황은 교실에서의 수업붕괴, 학교규율의 붕괴, 교사와 학생 간의 관계 변화 등 다양한 형식으로 나타난다(이종태 외, 2000).

학교교육 위기론은 포스트모더니즘, 지식기반 정보사회의 출현, 신자유주의의 등장과 직접적으로 관련된다. 즉, 문명사적 변화에 따라 학교교육 자체가 지닌 한계로 내적 변화의 요인이 발생했다. 또 새로운 세대가 등장했음에도 학교는 그것을 수용할 준비가 되어 있지 못하다. 여기에서 근대적 교육 공간으로서의 학교는 현대 교육의 경향과 갈등을 빚으며 심각한 문화지체 현상을 겪고 있다. 첨단과학기술문명의 발달과 이른바 '제4차 산업혁명' '지능정보화'로 인한 교육형태의 변화는 근대적 양식에 머물고 있는 기존의 학교교육에 충격을 가한다. 이런 변화는 단순한 학교교육의 위기만은 아니다. 시대 상황과 추세에 발맞추려는 새로운 고민이다.

이와 더불어 보다 큰 문제가 자리한다. 한국의 학교교육은 교육의 본질과 개념에서 혼란을 겪고 있다. 시대정신을 간파하지 못한 탓인지, 교육의 방향을 구체적으로 제시하지 못하고 있다. 단적인 예로 현대 교육은 다양하게 열린 사고로 다양한 내용과 방법을 지속적으로 실천해 나가길 원한다. 그런데 한국교육은 정보화의 기술적 측면이나 국제화라는 불분명한 경향에 치우친 나머지 컴퓨터의 기능학습이나 영어를 비롯한 외국어교육만을 교육의 핵심처럼 부각시켜 놓았다.[3] 뿐만 아니라 '지식'기반 사회에서 지식 장악의 문제를 잘못 적용하고 있다. 그 상징적인 개념이 21세기 초반에 유행한 '신지식인(new knowledger)'이라는 용어이다. 한국사회에서

3) 21세기 조반의 시점에서 고등교육을 담당하고 있는 한국 대학의 상황만 보아도 그렇다. 대부분의 대학이 대학 평가에서 특성화라는 명목으로 '정보화'와 '국제화'를 내세운다. 대학은 대학 나름대로의 설립취지와 교육방침, 전통과 특징을 지니고 있다. 그런데 대부분의 대학에서 공통적으로 내세우는 사업이 '특성화'라는 이름으로 펼쳐진다. 그리고 그것을 통해 대학교육의 우수성을 홍보하고 때로는 서열을 매기기도 한다. 특성화는 제 각각의 대학이 지니고 있는 장점을 최대로 발휘하여 그 대학 고유의 브랜드를 창출하는 작업과 연관된다. 그런데 모든 대학을 획일화해 놓고 특성화라니 참으로 어색하다. 이는 대학이라는 고등교육의 위치에서 '기초'를 잘못 설정하고 있음에 분명하다. 정보화와 국제화의 내용 또한 문제의 소지가 있다. 지식정보사회나 국제화의 개념, 한국사회의 문화 특성 등 근원적 문제에 대한 이해에서도 기술적인 측면이나 조기영어 교육, 영어 강의 등과 같은 형식에 매달려 그 본질을 놓치는 경우가 허다하다. 중요한 것은 지식정보사회의 다양한 분야에서 국제적 수준의 학문, 의식, 생활 태도를 갖추어 그것을 선도할 수 있는 실제적 능력을 확보하는 일이다. 그것이 이 글에서 추구하는 기초주의의 의미에 적합하다.

신지식인은 실제로 정보를 재빨리 수집 · 가공 · 유통하는 정보기사에 가깝다. 특정 분야의 전문가 양산이 교육의 전부인 것처럼 인식될 때, 민주사회에서 진정한 교양과 실력을 갖춘 인재양성은 쉽지 않다. 이 외에도 학교교육과 관련된 문제는 산적해 있다. 새로운 세대—X세대, N세대, P세대 등—의 등장, 영재교육, 조기영어교육, 교사양성, 교육방법론 등 논쟁거리가 다양하다. 또한 현대사회에서 급부상한 환경, 생태, 평화, 인권, 성교육 등 인간의 생의(生意) 실현과 관련된 생명교육의 문제도 심각히 고려해야 한다. 이는 질서의 이념 차원에서 볼 때, 새로운 교육적 대안을 제시하지 못한 결과이다. 이 또한 질서의 이념을 구현하지 못한 근거로 판단된다.

3. 온고이지신(溫故而知新)과 개혁의 차원

한국교육의 상황은 여기에서 제기하는 '기초'의 부재와 무관하지 않다. 과거를 성찰하고 현재를 인식하며 미래를 진지하게 고민하지 않은 결과일 수 있다. 예로부터 교육을 '백년지대계(百年之大計)'라고 한 이유가 무엇이겠는가? 그만큼 현재의 안목에서 먼 미래를 창조하려는 지혜를 생산하는 작업이기 때문에 그러했으리라. 물론 현대사회의 변화 추세로 볼 때, 교육의 백년대계를 확정하여 설정하기에는 너무나 큰 한계가 있다.

한기언이 기초주의에서 확립한 질서의 이념은 '개혁의 차원'이 핵심적 지위를 차지한다. 그것은 다른 두 이념인 '시간'과 '자유'에서 전통과 주체의 차원이 연장되고 승화하는 과정으로 인식할 수 있다. 동양적 사고, 특히 동양교육에서 전통과 개혁의 연속적 차원을 잘 드러낸 말이 '온고이지신'이다. 이는 스승의 조건을 제시하면서 적시한 언표인데(『論語』「爲政」)[4] 일반적으로 "옛것을 연구하고 새것을 안다."라는 의미로 회자되고 있다.

주자에 의하면(『論語』「爲政」"朱子註")[5] 온(溫)은 "사리를 궁구한다."는 것이고, 고(故)는 "예전에 들은 것", 신(新)은 "지금 얻은 것"이다. 공부에서 예전에 들은 것을 때때로 익히고 거기에다 매양 새로 얻은 것이 있으면 배운 것이 나의 내면으로 들

4) 子曰, 溫故而知新, 可以爲師矣.

5) 溫, 尋繹也. 故者, 舊所聞. 新者, 今所得. 言學能時習舊聞, 而每有新得, 則所學在我, 而其應不窮.

어와 끝없이 응용할 수 있다. 이런 점에서 온고(溫故)는 인간이 축적한 문화를 찾아 연구하는 작업이고, 지신(知新)은 지금 새로운 것을 알아 획득하는 행위이다. 온고이지신에서 온고와 지신을 연결하는 '이(而)'는 매우 유기적이고 역동적이며 진취적 성향을 지니고 있다. '전통과 현대' 또는 '과거-현재-미래'를 창조적으로 진화시키는 고리이다. 마치 회전문의 축이나 옛날 문짝의 지도리처럼 고(故)와 신(新)을 이어 주는 온지(溫知)의 징검다리 역할을 한다. 그런 측면에서 온고와 지신의 관계망은 다음과 같이 해석된다.

> 온고(溫故)의 목적은 지신(知新)에 있을 뿐이다. …… 고(故)가 고(故)일 수 있는 것은 그것이 신(新)으로 참여할 때만이 가능한 것이다. 신(新)을 떠난 고(故)는 존재하지 않는다. '온고이지신(溫故而知新)'이라는 명제는 근본적으로 옛것에 대한 존숭의 맥락이 아니라 새것의 창조라는 맥락으로 재해석되어야 한다. 강조가 온고(溫故)라는 전통성(traditionality)에 있는 것이 아니라, 지신(知新)이라는 창조성(creativity)에 있는 것이다. 끊임없는 창조를 위하여만 온고는 의미를 지니는 것이다. …… 우리는 근원적으로 고(故)와 신(新)의 의미를 물어야 한다. 인간세의 창조라는 것 자체가 아무리 새로운 창조라 할지라도 결국 고(故)를 떠날 수 없다는 사실을 다시 한번 인식해야 한다(김용옥, 2001, pp. 140-141).

요컨대, 온고는 전통의 성찰이고, 지신은 전통의 창조이자 개혁이다. 온고는 과거의 반성적 지성이요, 지신은 현실의 지성적 실천이다. 그것은 역사학자인 카(E. H. Carr, 1892~1982)의 표현을 빌리면 "과거와 현재 사이의 끊임없는 대화이다". 그 대화의 무게중심은 현재의 프리즘으로 창조하는 작업에 있다. 그 창조의 바탕은 온습(溫習)이다. 한기언은 온습을 강조하며, 학생들을 향해 애정 어린 충고를 한다.

> 인생의 설계도를 세우시오. 그리고 학교 공부로만 충분하다고 생각하시오. 여기에는 '온습'이 필요하다는 것을 아실 것. 온습이란 쉽게 말해서 복습을 뜻하는 말이다. 그런데 왜 온습이라 하는가? 본시 온습은 복습이라는 말의 원뜻이었다. 학교에서 배운 것을 자기 머리와 가슴에 품고 되풀이하여 익혀 가야만 피가 되고 뼈가 되고 살이 될 수 있는 법이다. 데운다는 '온'이라는 말의 깊은 뜻을 두고두고 새겨 주기를 바란다. 지

> 금 학생 여러분은 마치 음식물을 씹지 않고 학교와 과외와 학원에서 과다섭취하고 있는 것과 같다. '온습'이 필요한 까닭이 여기에 있는 것이다. 덤비지 말고 완전 소화가 되게 하는 지혜가 필요한 것이다(한기언, 2002, p. 15).

온습은 온고와 지신을 가로지르는 배움의 과정이다. 그것은 인간이 문화를 지속하는 방식이다. 예로부터 전해오는 것에 대해 보고 들은 것을 때때로 익히고 새로운 것을 터득한다. 그것은 현재 '교육'이나 '학습'으로 명명되어 있다. 다시 말하면 과거에 기초하여 끊임없이 창신(創新)할 때 살아 있는 지식이 된다(幺峻洲, 2003, p. 30). 그것은 본질적으로 교육의 본령을 형성하며 개혁적 성향을 띈다.

온고이지신의 교육은 옛것을 오늘에 되살리되 현재의 요구를 제대로 파악하고 또는 새것을 추구하되 전통을 헤아리는 조화와 균형의 정신을 유지하는 일이다. 옛것을 익히되 얽매이지 않고 새것을 배우되 그것과 거리를 둘 수 있기 위해서는 끊임없이 성찰하는 열린 마음과 또 이미 알고 있는 것에 머물지 않는 호학(好學)의 자세가 유지되어야만 한다(배병삼, 2002, pp. 90-91).

호학적 태도는 학문적 호기심의 발동이다. 그것은 이전의 지적 체계와는 다른 차원, 즉 참신성과 독창성의 문을 여는 토대가 될 수 있다. 그리고 현실을 넘어 새롭게 구현하려는 이상성으로 나아갈 수 있고, 스스로 선도하여 최고의 가치를 드러낼 수 있다는 점에서 수월성을 담보한다. 그리하여 궁극적으로는 인류의 번영과 평화에 기여하는 홍익성과 평화성을 확보하는 기초 역할을 할 수 있다. 이런 점에서 온고의 전통을 통한 지신의 개혁은 교육의 기초이자 근본으로 자리매김된다.

동양의 전통교육 가운데, 유학교육의 전형이라고 볼 수 있는 『중용(中庸)』의 첫머리는 이런 교육적 질서 양상을 잘 설명하고 있다. "천명(天命: 性)-솔성(率性: 道)-수도(修道: 敎)"[6]로 유기적 과정을 이루고 있는 중용의 체계는 자연과 인간, 전통과 창조의 질서를 통해 개혁의 필연성을 강조한다. 즉, 천명으로 부여되고 인성으로 부여받은 자연의 이치인 본성을 따라 인간은 자기의 길을 간다. 그 길은 닦고 또 닦아 새롭게 마름질하고 만들어야 한다. 인간 사회의 모든 행위와 물건에 차등과 절차를 부여하여 제도화하고, 그것은 시대 상황에 따라 끊임없이 생명력을 창출하며 운용된다.

6) 天命之謂性, 率性之謂道, 修道之謂敎.

화이트헤드(A. N. Whitehead, 2004, p. 48)의 인식처럼 "교육이란 매분, 매시, 세밀한 것들을 습득하게 하는 참을성이 필요한 과정이다. 배움의 길에 훌륭한 일반화라는 우아한 경로를 거치는 지름길은 따로 없다. 교육의 요체는 학생들에게 나무를 통해 숲 전체를 이해하도록 하는 데 있다." 온고이지신은 배움의 길이다. 세밀한 것들, 제 각각의 나무는 온고(溫故)에 비유할 수 있다. 그것을 하나하나 파악하는 데는 각고의 노력과 인내가 요청된다. 참을성의 끝에는 숲 전체를 활연관통(豁然貫通)할 수 있는 지신(知新)의 세계가 기다린다. 나무를 꿰뚫으면서 숲을 본다는 것은 새로운 세계의 창조이다. 우리는 끊임없는 개혁을 통해 숲을 그려 내야 한다. 질서의 이념은 바로 그런 교육과 문화세계의 구현이다.

앞에서 언급한 것처럼 질서의 이념은 '협동'과 '봉사'라는 두 가지 가치영역을 개념으로 제시한다. 협동은 실제 사회의 직업적 요청이라는 교육적 필요성에 따라 제기되었기에 기본적인 사회기술을 지닌 인간을 요구한다. 그리고 직업에 긍지를 지니고 노동을 아끼고 좋아하는 태도를 지닌 사람을 교육적 인간상으로 삼는다. 또한 봉사는 이상적, 사회적 필요에 따라 제기된 것으로 유희를 즐길 줄 아는 인간을 요구한다. 그리하여 세계 민주 시민으로서의 사회 연대감과 인간에 대한 무한한 신뢰감을 지닌 인간상을 설정한다(한기언, 2003, p. 96).

이런 교육적 요구와 인간상의 설정은 한국 전통에서는 다른 측면에서 보면, 현대 교육 체계에서 개인주의 교육과 공동체주의 교육의 관계에서도 찾을 수 있다. 즉, 개인적 선의 선택 측면에서 볼 때, 인간은 삶의 계획에 필요한 지적 능력을 갖추도록 교육해야 하고, 자신의 삶의 계획을 선택할 때 기본적인 도덕적 책임과 의무에 어긋나지 않는 삶의 계획만을 추구하도록 도덕교육을 해야 한다. 아울러 공동선의 실천에서 볼 때, 공유된 선에 헌신하는 인간 육성을 꾀한다(김선구, 1998, pp. 160-165). 이는 개인의 자유주의적인 교육을 바탕으로 사회 공동체주의 교육을 실현하려는 교육학적 고민이다. 질서 이념의 가치영역인 협동과 봉사는 바로 개인과 사회에 기여하는 인간 행위의 두 측면이다.

질서의 이념과 가치영역에 대한 온고이지신의 인식을 바탕으로 다시 개혁의 차원을 총괄적으로 정리해 본다.

한기언은 질서의 이념을 주창하면서 질서의 패턴으로 두 가지를 선보였다. 그것은 '소극적 질서'와 '적극적 질서'이다. 소극적 질서는 이미 보편화를 거쳤거나 상식적으로 알고 있는 인간이 준수해야 할 삶의 기본 양식이다. 이는 전통교육 가운데 『소학(小學)』에서 말하는 '쇄소응대진퇴(灑掃應對進退)'의 절목(節目)이나 '예악사어서수(禮樂射御書數)'의 문식(文飾)과도 통한다. 현대 민주주의 사회의 교육으로 본다면 민주 시민으로서의 법 준수, 각종 권리의 주장이나 의무의 이행에 해당한다. 이는 온고의 정신과 그 실천의 영역이다. 이에 비해 적극적 질서는 새로운 질서의 발견이다. 그것은 달리 표현하면 창발적(創發的)이고 창조적(創造的)인 질서이다. 새로운 진리나 질서의 발견이다. 그러기에 개혁적 질서가 되고, 질서의 이념에서 무겁게 다루어진다. 그런 질서는 교육에서 추구하는 인간화의 참된 결이다. 이는 지신의 정신과 행위에 속한다.

동서양의 교육사상사를 장식하는 지적 거장들의 경우, 대부분 적극적 질서를 고민하며 나름대로 대안을 제시한다. 한기언이 각종 기초주의 소개서에서 제시하고 있는 동서양 고전과 그 작가들은 대개 개혁적 질서의 선구자들이었다. 그들의 관점을 통해 형형색색으로 드러나는 교육적 혜안은 적극적 질서의 단초를 제공한다. 문제는 첨단우주과학시대를 만끽하는 현대는 그들이 살았던 시대와는 다른 새로운 질서를 요청한다. 그러기에 과거의 적극적 질서들은 다시 소극적 질서로 환원되고, 우리는 새로운 창발적이고 적극적인 질서를 찾아 나서야만 한다. 이런 점에서 교육(학)은 근원적으로 '개혁적 성격'을 담아야만 한다. 교육에서 회자되는 '수월성'이나 '창의성(創意性)'과 같은 개념은 바로 개혁을 가능하게 하는 원동력이다.

적극적 질서를 모색하는 지적 모험과 탐구의 과정은 "질서의 이념은 개혁의 차원이다."라는 의견을 내기에 충분하다. 나는 이 표현에 적극적으로 동의한다. 왜냐하면 교육은 인간 사회의 문화를 전달하는 차원에서 논의할 수 있는데, 그것은 유지와 개혁의 변증법적 과정에서 진행되고, 그중에서도 무게중심은 개혁에 있다고 보기 때문이다.

그런데 우리는 개혁에 대해 조심스럽게 이해해야 한다. 개혁(改革)은 문자 그대로 '고치고 바꾼다'는 뜻이다. 문제는 무엇을 바꾸느냐이다. 모든 것을 다 바꾸는 것은 아니다. 그럴 수도 없다! 그 대상은 반드시 살아 있는 전통으로 존재하면서 나의 주체 속으로 들어올 수 있는 것이어야 하고, 이제는 소극적 질서의 의미조차도 상실한 것이어야 하며, 우리 사회(나아가 국제사회)에서 받아들여지고 질적 승화에 보탬이 될 수 있는 보편성을 지녀야 한다. 그래야만 개혁의 특성인 참신성과 독창성,

이상성과 수월성, 홍익성과 평화성을 보장할 수 있다.

이런 개혁의 질서는 협동과 봉사라는 개념, 그 가치영역에서 실천성을 확보한다. 협동은 물질 가치이다. 그것은 부(富)와 연관된다. 문제는 '올바른 부, 올바른 물질 가치관'을 갖고 실천하는 작업이다. 그 전통적 사례는 근검(勤儉)의 정신이다. 이에 비해 봉사는 심미 가치이다. 인간에 대한 무한한 신뢰와 헌신적인 봉사는 인간의 행위 중 지극히 아름다운 것이다. 그것은 전통적으로 신의(信義)와 지조(志操), 성경(誠敬)의 모습으로 이어져 왔다. 새로운 질서, 개혁의 차원으로 나아가는 데 협동과 봉사는 매우 중요하다. 협동은 인간 각자의 생업에서 보수를 전제로 하면서 분업을 통한 삶의 양식이다. 여기에는 개인의 능력과 물질적 가치의 향유, 타자에 대한 이해와 배려가 담겨 있다. 봉사는 형식상 협동의 형식을 취하고 있기는 하지만, 기본적으로 보수를 전제로 하지 않는다는 점에서 순진무구하고 숭고한 아름다움이 깃들어 있다(한기언, 2001, pp. 326-330). 그것은 자신과 타인에 대한 온전한 관심, 부버(M. Buber, 1878~1965)가 강조한 것처럼 '나와 너의 만남'이 실현되는 순간이다. 이처럼 질서의 이념에서 가치영역을 실현하는 협동과 봉사는 개인교육의 차원을 극복한 공동체교육의 구체적 모습에 해당한다.

포괄적으로 말하면, 기초주의에서 질서의 이념은 공부(교육)의 자세나 태도, 행위와 직결된다. 공부는 새로움을 추동하는 자기변혁의 주요한 양식이다. 그것은 모든 인간사의 '치료'와 '예방'을 위한 인간의 자기구제 장치로 볼 수 있다. 질서의 이념과 개혁의 차원에 비추어 본다면, 공부는 치료보다는 예방이 강조되어야 한다. 왜냐하면 치료는 이미 저질러진 오류를 바로잡아 새롭게 한다는 소극적인 측면이고, 예방은 끊임없이 역동적으로 변화는 시대를 제대로 읽어 내고 새로움을 추구하는 차원이기 때문이다(신창호, 2004, p. 122).

질서의 이념과 개혁의 차원, 협동과 봉사라는 가치영역을 온고이지신에 대비하여 표로 나타내면 다음과 같다.

〈표 7-2〉 질서의 이념과 개혁의 차원

질서의 이념		
소극적 질서		적극적 질서
온고(溫故)	이(而)	지신(知新)
협동		봉사
전통		창조
개혁의 차원		

4. 기초주의의 교육 논리와 질서 이념의 개혁성

지금까지 살펴본 것처럼 질서의 이념에서 개혁은 온고에서 지신으로 승화한다. 온고는 어떤 측면에서 기초주의의 첫 번째 이념인 '시간'에서 전통과도 맞물린다. 그러나 그것이 자유의 이념과 질서의 이념, 즉 주체와 개혁의 차원으로 지속되는 한, 질서의 이념 속에 녹아 있다.

다시 기초주의 교육철학의 구조도와 그 교육적 논리를 살피면서 질서의 이념을 확인하자. 기초주의는 1핵 · 3이념 · 6개념(가치체)으로 유기체를 형성하고 있다. 그것은 '한국교육이념의 구조도'이자 '미래사회를 위한 바람직한 가치관의 체계도'이다. 여기서 잊어서는 안 될 사항이 '역사적 상황성'이다. 즉, 1핵 · 3이념 · 6개념(가치체)의 바람직한 가치관은 언제나 역사적 편차, 즉 '상황성'과의 관계에서 현실적으로 전개된다(한기언, 2001, p. 339).

나는 이 지점에서 동양철학 가운데 삶과 교육의 상황 원리를 세밀하게 담고 있다고 판단되는 『주역(周易)』의 논리를 비유로 들고 싶다.

> 역은 과거의 일을 밝혀 미래의 일을 살피고, 은미한 것을 드러내고 그윽한 것을 드러낸다. 마땅한 이름을 지어 사물을 변별하고 말을 바르게 하며, 언사를 결단하여 우리가 알 수 있도록 모든 것을 갖추고 있다. 지칭하는 이름은 작으나 그 종류를 취함은 매우 크다. 뜻은 심원하나 그 말은 문채가 난다. 그 말은 곡진하나 알맞게 설명되어 있다. 또한 그 일은 나열되어 있지만 그 속엔 은밀한 이치가 감추어져 있다. 의심하는 마

음을 가지고 조심함으로써 백성들의 잘못된 행동을 구제하고, 얻음과 잃음, 갚음과 받음의 이치를 밝힌다(『주역』「계사하」 6장).[7]

『주역』은 지나간 일을 밝혀 다가올 일을 살피는 지침서이다. 과거의 사적(事迹)을 밝히고 그것에 의거하여 미래의 변화를 고찰한다는 점에서 온고이지신과 동일한 맥락이다.

기초주의의 논리도 이와 유사하다. 기초주의에서 핵심은 기초이다. 기초는 앞에서 언급한 것처럼 단순한 토대나 초보적 수준의 시원적 기반을 넘어서 있다. 그것은 전통과 개혁의 조화를 통한 인간 형성의 논리이고 발전과 통정(統整)의 율동적 자기 전개이다. 현대교육철학에서 볼 때 공간성과 시간성의 원리이자 항존성과 변화성의 원리이다. 또한 만들어진 것으로부터 만들어진 것으로 나아가는, 즉 닥쳐오는 고난이 한없이 나를 단련한다는 것을 인식하고, 기초로부터 새로운 기초에 이르기까지 어떤 경우이건 무리(無理)는 통하지 않고 모든 것에 때가 있음을 알며, 오직 끝없는 노력만이 소중함을 일러 준다(한기언, 2003).

앞에서 한국교육의 상황에 대해 간략하게 논의했지만, 기초주의의 논리, 그 가운데서도 '질서'의 이념을 개혁의 차원에서 다루었더라면, 보다 나은 교육적 효과를 얻을 수 있지는 않았을까? 특히 한국적 교육철학, 서구의 교육이론에만 의존하지 않는, 그것을 통섭할 수 있는 '자생적 교육철학'을 한층 굳건하게 할 수 있지 않았을까? 이 지점에서 온고이지신의 맥락으로 한국교육의 현주소를 심각하게 성찰하는 것도 의미 있는 작업이리라.

질서의 이념과 개혁의 차원에서 다시 한번 강조해 본다. 기초주의는 새로운 세계에 대한 교육적 창조성을 지향한다. 간과하지 말아야 할 것은 기존의 전통에 대한 성찰과 그것의 변혁, 새롭게 다가선 상황에 대한 '온고이지신'이다.

총괄적으로 기초주의의 교육 논리와 질서의 이념을 표로 제시하면 〈표 7-3〉과 같다.

---

7) 夫易, 彰往而察來, 而微顯闡幽, 開而當名辨物, 正言斷辭, 則備矣. 其稱名也小, 其聚類也大, 其旨遠, 其辭文, 其言曲而中, 其事肆而隱, 因貳以濟民行, 以明失得之報.

〈표 7-3〉 온고이지신으로 본 기초주의의 교육 논리

<table>
<tr><th>구분</th><th colspan="3">온고</th><th colspan="3">이</th><th colspan="3">지신</th></tr>
<tr><td>1핵</td><td colspan="9">기초(基礎: Kicho: Foundation)
⇕</td></tr>
<tr><td>3이념</td><td colspan="3">⇔ 시간(전통) ⇔</td><td colspan="3">⇔ 자유(주체) ⇔</td><td colspan="3">⇔ 질서(개혁) ⇔</td></tr>
<tr><td>6개념</td><td colspan="3">문화 ∞ 생활</td><td colspan="3">지성 ∞ 인격</td><td colspan="3">협동 ∞ 봉사</td></tr>
<tr><td rowspan="3">온고
이
지신</td><td>온고</td><td>이</td><td>지신</td><td>온고</td><td>이</td><td>지신</td><td>온고</td><td>이</td><td>지신</td></tr>
<tr><td>소극적</td><td>∝</td><td>적극적</td><td>소극적</td><td>∝</td><td>적극적</td><td>소극적</td><td>∝</td><td>적극적</td></tr>
<tr><td>전통</td><td>∝</td><td>창조</td><td>전통</td><td>∝</td><td>창조</td><td>전통</td><td>∝</td><td>창조</td></tr>
<tr><td rowspan="3">교육원리</td><td colspan="3">항존성</td><td colspan="3">∝</td><td colspan="3">변화성</td></tr>
<tr><td colspan="3">전통</td><td colspan="3">∝</td><td colspan="3">개혁</td></tr>
<tr><td colspan="9">⇕
발전과 통정의 율동적 자기 전개</td></tr>
</table>

* 기호설명: ⇕ ⇔ ; 유기적 상호작용, ∞; 보완적인 짝, ∝; 조화와 소통, 열림과 지향

✪ 참고문헌---

論語集註

中庸章句

大學章句

周易

기초주의 40주년 기념행사준비위원회(1997). 교육의 세기와 기초주의. 서울: 교육과학사.

김명희(1996). 현대사회와 부모교육. 서울: 학문출판.

김선구(1998). 공동체주의와 교육. 서울: 학지사.

김용옥(2001). 도올논어 2. 서울: 통나무.

김재은(1991). 한국가족의 심리. 서울: 이화여자대학교출판부.

김정환, 강선보(1999). 교육학개론. 서울: 박영사.

배병삼(2002). 한글세대가 본 논어. 서울: 문학동네.

신창호(2001). 中庸 教育思想의 現代的 照明. 고려대학교 대학원 박사학위 논문.

신창호(2004). 공부, 그 삶의 여정. 경기: 서현사.

신창호(2008). 기초주의의 '질서' 이념과 교육의 '개혁적' 성격. 안암교육학회. 한국교육학연구, 14-1.

신창호(2017). 한국교육 무엇을 고민해야 하는가 1, 2. 서울: 박영스토리.

신창호(2018). 논어의 지평: 교육학적관점에서. 서울: 우물이 있는 집.

연세대학교 교육철학연구회 편(2002). 위대한 교육사상가들 I~VI. 서울: 교육과학사.

이만규(1994). 가정독본. 서울: 창작과 비평사.

이종태 외(2000). 학교교육 위기의 실태와 원인 분석. 서울: 한국교육개발원.

한기언(1975). 교육의 역사철학적 기초. 서울: 실학사.

한기언(2001). 21세기 한국의 교육학. 경기: 한국학술정보[주].

한기언(2002). 기초주의 교육학. 경기: 한국학술정보[주].

한기언(2003). 기초주의. 경기: 한국학술정보[주].

한기언(2004). 기초주의의 세계. 서울: 기초주의연구원.

幺峻洲(2003). 論語說解. 濟南: 齊魯書社.

Dewey, J. 이홍우 역(1994). My Pedagogic Creed(나의 教育信條). 民主主義와 教育. 서울: 교육과학사.

Held, D. 이정식 역(1993). 민주주의의 모델(*Models of Democracy*). 서울: 인간사랑.

Whitehead, A. N. 오영환 역(2004). 교육의 목적(*The Aims of Education and Other Essays*). 경기: 궁리.

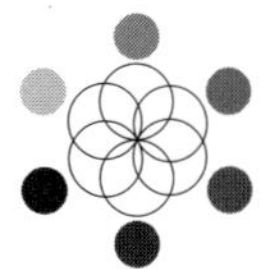

제8장

한국 군대문화의 정립 방향 모색

- 기초주의적 관점을 중심으로 -

강성현

1. 들어가며

일본 제국주의에 의해, 대한제국 군대가 강제로 해산(1907년)당한 수모를 겪은 지 어느덧 백십여 년의 세월이 흘렀다. 돌이켜 보면 우리 군대는 멀게는 웅진도독부의 지배를 받았고, 가깝게는 일본군의 영향력 아래 놓이며 오욕의 길을 걸어왔다. 광복 후에는 미 군정의 절대적인 간섭과 감독을 받게 되면서 자생적 역량을 축적할 기회를 박탈당했다. 우리 군대의 기초와 구조가 취약함은 당연한 귀결이다.

군대는 유사시 국민의 생명과 재산을 보호하는 숭고한 가치를 실현하는 집단이다. 또한 병사들은 군대를 통해 인내심 · 협동심 · 사회성 · 리더십 등 많은 덕목을 체득하게 된다. 이러한 순기능에도 불구하고 구타 · 가혹행위와 같은 구 일본 군대의 잔재가 군대는 물론 우리의 일상사에 남아 있다. 매년 학기 초 체육학과를 비롯한 일부 학과에서 신입생들에게 몽둥이 세례를 가하는 이른 바 '얼차려 신고식'이 두드러진 예라 할 수 있다.

입대를 앞둔 젊은이나 부모들에게 여전히 군대는 두려움의 대상이다. 십여 년도 더 지난 무렵, 인기가수 P. · 사법연수원생 · 유명 마술인 C. · 명문 국립대 교수 자녀 · 고위 공직자 자녀 등이 대거 병역특례비리에 연루되어 곤욕을 치렀다. 이들의 뇌리에 군에 대한 부정적인 이미지가 각인되어 있어 수단과 방법을 가리지 않고 가능하면 군 입대를 기피하려고 한 것이다.

흔히들 군대문화의 부정적 측면을 가리켜 '군사문화'라 일컫는다. 계급과 위계중심의 수직문화, 구타 · 가혹행위로 상징되는 억압문화, 개인차를 인정하지 않는 획일문화, 자유로운 의사소통이 제한되고 절대 충성, 절대 복종을 넘어 맹종을 강요하는 '순치문화(馴致文化)'[1] 등이 그것이다.

부정적 군사문화를 최소화하기 위해 창군 이래 군에서 많은 노력이 이어져 왔다. 병사가 곧 주인이라고 하는 '병주주의(兵主主義)' 운동, 인간존중 · 감수성 개발 중심의 인성교육 실시, 병영문화혁신 운동(동아리 활동, 사이버 공간상 학점 이수 등), Vision-NQ 운동(Network Quotient, 공존 지수를 높여 공동체 의식 함양), 복무 부적응자를 대상으로 한 비전 캠프 운용 그리고 인분 가혹행위 · GP 총격사건 발생 이후 관심을 기울이기 시작한 상담 활동 등이 그것이다.

2021년은 척박한 한국 교육학의 토양 위에 '기초주의'라는 자생적 교육학의 씨를 뿌린, 고 청뢰(淸籟) 한기언 선생의 서거 11주년이 되는 의미 있는 해이다. 이 글에서는 청뢰 선생이 제창한 기초주의 가치영역의 주요 구성 요소인 '문화'에 근거하여, 군대문화의 실상과 바람직한 군대문화의 건설 노력 등을 살펴보고 방향을 제시해 보기로 한다.

2. 기초주의 가치체계로서의 문화와 군대문화의 이해

먼저, 기초주의가 추구하는 본질이나 정신에 대해서 이해해 보기로 하자. 한기언은 『기초주의 교육학』 서문에서 기초주의를 다음과 같이 정의하고 있다.

> 기초주의란 모든 사람의 인생을 예술적 경지에까지 승화시키는 인간 형성의 기본

1) '순치문화'라는 용어는 필자가 군 경험을 통해 목도하고 체득한 왜곡된 군대문화의 편린을 개탄하고 경종을 울리고자 하는 생각에서 합성해 본 조어이다. 나치하의 독일 장병들은 야만 · 폭력 · 광기 그 자체였다. 중일전쟁 시 '남경대도살(南京大屠殺; 일명 난징대학살)'을 자행한 일본 군인도 잘 '길들여진 짐승'에 불과했다. 1974년까지 필리핀 정글에서 고독한 전쟁을 벌였던 '마지막 황군' 오노다 히로(小野田寬郞) 소위나, 1988년에 중앙일보 오홍근 기자 테러사건을 저지른 정보사 박철수 소령도 이성과 윤리감각이 마비된 '길들여진 인간'의 전형적인 예라고 할 수 있을 것이다.

원리이며, 전통과 개혁의 조화를 통한 인간 형성의 논리이다.

이 논리를 군대에 적용하여 보면 다음과 같이 풀이해 볼 수 있다.

> 모든 군인의 삶을 예술적 경지에까지 승화시키는 군인 형성의 기본 원리이며, 전통과 개혁의 조화를 통한 바람직한 군인 형성의 논리이다.

곧 기초주의가 추구하는 이상은 군대문화의 정립을 위한 방향 모색에도 귀중한 아이디어를 제공한다고 할 수 있다. 그러나 한기언은 '문화'를 언급하면서 정신적 · 종교적 가치를 뜻하는 것으로 한정하였으며, 주요 실천과제로서 '효(孝)'와 '성(聖)'을 내세웠다. 기초주의의 보편성에 비해 효와 성만을 강조한 것은 비판의 소지가 있다. 광범위한 문화의 영역을 지나치게 단순화시킨 것으로밖에 볼 수 없다.

따라서 이 글에서는 효와 성에 천착하기보다는 기초주의의 보편성과 포괄성에 입각하여 군대문화의 방향을 모색하는 것이 보다 타당할 것으로 생각된다. 일반적으로 문화의 정의는 간단히 정리할 수 없는 것으로서 학자마다 견해를 달리한다. 문화의 사전적 정의를 살펴보면 이렇다.

> 인류가 모든 시대를 통하여 학습에 의해서 이루어 놓은 정신적 · 물질적인 일체의 성과이다. 의식주를 비롯하여 기술 · 학문 · 예술 · 도덕 · 종교 등 물질적인 문명에 대하여 특히 인간의 내적 정신활동의 소산을 말한다.

군대문화[2]를 사전적 정의에 근거하여 "군인들이 군대라는 특수한 환경을 통해 오랜 세월 동안 진행된 학습 경험을 거쳐 축적된 내적 정신활동의 소산"으로 정의해도 크게 빗나가지는 않을 듯 싶다.

군대문화에 대한 심층 깊은 연구나 저작은 매우 드문 편이며, 그것도 최근의 연구실적은 전무하다고 할 수 있다. 연구 논문으로는 이동희의 「군대문화에 관한

2) 군대문화란 매우 광범위한 개념이며, 각 계층별로 고유한 문화가 존재한다고 볼 수 있다. 병사 중심의 내무반 문화, 장교와 병사를 잇는 부사관 중심의 교량적 문화, 젊은 위관장교들의 문화, 연금 대상에 이른 고참인 중 · 대령급 문화, 장군단의 문화 등이 그것이다. 여기에서는 전 계층을 망라한 군인이라고 하는 특수 신분의 집단을 중심으로 일반적인 시각에서 접근하기로 한다.

연구」(1972), 심상용의 「군대문화의 정립에 관한 연구」(국군정신전력학교 연구실, 1987), 「군대문화의 발전 방향 연구」(1991) 등 논문과 단행본으로는 양희완이 엮은 『군대문화의 뿌리』(1988) 등을 들 수 있다. 양희완의 『군대문화의 뿌리』 서문에 보면 군대문화에 대한 개념이나 정의에 대한 설명 없이 단순히 '군대문화'란 용어가 등장한다. 관련 부분을 인용해 보자.

> 군인은 커다란 전체 사회 문화 속에 있는 축소된 독특한 군대문화권에서 생활한다. 다시 말해서 군대라는 작은 단위 또는 하위의 문화권에 의식적으로 속해서 일반 사회인과는 다른 생활관습을 가지고 산다. …… 군인은 의식적으로 군인집단에 속하여 있으므로 분명히 군대사회의 구성원으로서 행동하고 사고할 것으로 기대하고 있으며, 군대집단도 성원의 행동과 사고를 통제하고 성원 사이의 관계를 규정하는 표준을 정함으로써 질서를 유지해 왔고, 그렇게 함으로써 군대집단의 목적을 수행하고 집단의 발전도 거듭해 왔다.[3)]

앞에 예시한 글을 통해 군대사회의 속성을 파악함으로써 어느 정도는 군대문화에 대해 이해할 수 있으리라 생각된다. 한편 심상용은 군대문화의 개념을 다음과 같이 정리하고 있다.

> …… 장병들이 공유하는 가치관, 사고방식, 태도 및 신념체계 등의 총체로서 장병 개개인 또는 집단의 사유작용과 행동절차를 망라하여 군대에서 이루어지고 있는, 제반 생활양식 전체를 포괄하는 개념이다.[4)]

또한 그는 군대문화의 특성과 영향력을 다음과 같이 기술함으로써 이해를 보다 명료히 하였다.

> 결국 군대문화는 전체 사회문화의 한 하위문화이지만 조직의 독특한 특성, 충원 방식의 특수성, 사회화 과정의 정도, 군 생활 기간 동안만이라는 기간의 제한성 등의 측

3) 양희완(1988), 서문.
4) 심상용(1991), p. 189.

면을 고려해 볼 때, 여타 조직과 문화형성에 직간접적으로 지대한 영향을 주고받으며, 상호교류를 통하여 문화를 발전시켜 나가고 있다.[5)]

3. 허약한 기초, 한국 군대의 변천사

한국 군대의 기원은 우리 민족의 역사와 더불어 시작되었다고 해도 과언이 아니다. 민족의 흥망성쇠에 따라 한국 군대도 부침(浮沈)을 되풀이해 왔다. 고구려 왕조는 상무정신(尙武精神)을 기초로 자주적 국방력을 구축하여 정복왕조로서 공전의 대판도를 누렸다. 그러나 조선 왕조 중기 무렵부터 파벌과 문약에 치우쳐 국방을 게을리한 결과 왜란 · 호란 등 참화를 불러들였다. 특히 왜란과 양차에 걸친 호란으로부터 구한말 대한제국이 붕괴되기까지 한국 군대는 취약한 기초와 구조 위에서 표류하였다. 결국 국가가 외세에 의존하며 무능과 부패로 일관하다가, 급기야 1907년에 대한제국 군대가 강제로 해산당하는 굴욕을 당했다.

19세기 후반 한반도는 미국 · 일본 · 영국 · 중국 · 프랑스 · 독일 · 러시아 등과 불평등조약을 체결하며, 이들 열강에 유린당한 '비운의 땅'이었다. 특히 일본 · 청나라 · 러시아 등 이민족의 군대가 한반도 지배권을 놓고 쟁투를 벌였다. 26세의 위안스카이(袁世凱)가 청나라 군대를 이끌고 와서 조선의 국정을 농단하였고, 일본 · 러시아 교관이 한국군의 편성 · 교육훈련 등 전반을 주도하였다.

이재범 등 12인이 지은 『한반도의 외국군 주둔사』(2001)는 '웅진도독부에서 주한미군까지'라는 부제를 달았다. 목차를 살펴보면 당나라군, 몽고군, 임진왜란(壬辰倭亂) 당시 일본군과 명나라군, 모문룡(毛文龍)군, 정묘 · 병자호란(丙子胡亂) 시의 청나라군, 개항기의 청나라군, 개화기의 일본군, 거문도의 영국군, 아관파천(俄館播遷) 시기의 러시아 교관단, 천황 직할의 조선군, 해방 이후 북한에 진주한 소련군, 주한미군 등 13개 부분으로 나누어 피어린 외국군 주둔사를 서술하고 있다.

이 책의 기저에는 웅진도독부 시절부터 현재의 주한미군에 이르기까지 외국 군대가 이 땅에 주둔하게 되면서 겪었던 '치욕과 분노와 통한'의 감정이 서려 있다. 그 서문의 일부를 적어 보자.

5) 심상용(1991), p. 189.

> 근세 들어 이 땅에 외국 군대가 주둔하기 시작한 것은 1882년 6월 임오군란(壬午軍亂)으로 쫓겨난 민비가 권력을 되찾기 위해 청국 군대를 끌어들이면서부터였다. 그로부터 이 땅에는 일본 · 청국 · 러시아 · 미국 등 주변 열강의 군대가 돌아가면서 주둔해 오고 있었다. 특히 남한 땅에는 그때 이후 오늘 현재까지 외국군이 주둔하지 않은 날이 단 하루도 없었다.[6)]

2007년 6월 29일자 여러 일간지에 "2009년까지 한국군 독자작전계획 수립"이라는 활자가 한눈에 들어왔다. 이러한 숙원은 2021년인 지금에도 이루어지지 않고 있다. 세계 10위권의 경제대국을 자처하면서 아직도 '독자작전계획'을 외치고 있으니 개탄하지 않을 수 없다. 나당연합군 시대로부터 여몽연합군, 조명연합군, 한미동맹군 시대에 이르기까지 오직 외국 군대의 작전계획에 의지해 온 현실이 부끄러울 따름이다.

일본은 전국시대 이후, 피 비린내 나는 전쟁을 통해 무가정권 700년의 역사를 거치면서 '칼의 문화' '사무라이(samurai, 侍) 정신'을 꽃피웠다. 태평양전쟁 시 인류역사상 전무한 대참화를 겪고도 오늘날 막강한 자위대를 보위할 수 있었던 일본의 저력은 어디에서 나오는 것일까. 아마도 저변에 '칼의 문화'가 자리 잡고 있기 때문은 아닐까?

역사가 일천한 미국도 독립전쟁 · 남북전쟁을 겪으면서 군대의 기초를 다졌다. 특히 남북전쟁은 부자지간, 장인과 사위 간, 사촌 형제간에 남군과 북군으로 갈라져 피를 흘린 동족 간 · 혈족 간 살육전의 성격을 띠었다. 미국은 이러한 극한의 고통을 극복하며 외세의 개입 없이 자체 역량으로 전쟁을 종결시켰다. 60여만 명이 피를 흘린 남북전쟁의 대가로 애국심 · 국민통합 등 강한 결속력을 바탕으로 '자생적 군대문화'의 기초를 닦았다.

그러나 애석하게도 우리는 한국전쟁이라고 하는 미증유의 참화를 겪었으면서도, 우리의 힘으로 전쟁을 종식시키지 못하고 외세의 개입에 의해 정전상태로 분단되고 말았다. 곧 한국군 고유의 '자생적 군대문화'의 토대를 닦을 기회를 제대로 갖지 못하게 되었다. 창군 이후 많은 군 지도자가 '바람직한 군대문화'의 싹을 틔우기 위해 부단히 고민하고 실천해 왔음은 다행스러운 일이 아닐 수 없다.

6) 이재범 외(2001), pp. 5-6.

일제강점하에서 머물다 자력으로 광복을 이루어 내지 못하고 외세에 의해 해방을 맞이한 후유증은 곳곳에서 부실한 기초를 드러내고 있다. 군대도 예외는 아니다. 미 군정에 의지하여 군대를 급조하였고, 구 일본군 출신들이 창군의 주역으로 자리 잡다 보니 군대 내의 '왜색문화'와 '미국 군사문화'가 깊숙이 스며들게 되었다. 취약한 기초하에서 건전하고 진취적인 군대문화가 자리 잡기를 기대하는 것은 연목구어(緣木求魚)일 뿐이다.

한기언 선생이 지적한 바 한국병의 원인이 취약한 기초 위에 있었다면, 한국 군대의 고질병도 이에 다름 아니다. 군대의 기초가 부실하니 건전한 군대문화가 자리 잡지 못하고 자연스레 왜곡된 군사문화가 판을 치게 된 것이다.

4. 군사문화의 극복과 새로운 군대문화의 건설

1) 왜곡된 군사문화의 형성

흔히 군인을 비하하는 표현 중에 '군발이'라는 용어가 있다. 이 용어에는 군사문화에 대한 일반인의 강한 반발심이 내재되어 있으며, 이들의 시각에 '군인'이나 '군대'는 오래도록 부정적인 이미지로 남아 있다. 부정적 군사문화의 예를 몇 가지 들어 보자.

첫째, '하나회' 등으로 대표되는 사조직 문화이다. 사조직 척결은 김영삼 정부에서 최대 치적으로 내세우고 있다. 하나회 · 알자회 등 사조직이 군에 폐해를 끼치고 있음은 자명한 사실이다. 공식조직의 기능을 철저히 무력화시키기 때문이다.

순수한 의미의 출신 모임이나 향우회 · 고등학교 동창회 등을 비난할 수는 없다. 군대 내에도 자연발생적으로 고등학교 동창회, 지역 향우회, 계층별 · 출신별 모임이 존재하고 있다. 그러나 하나회처럼 특정 사조직이 군 인사권 등 모든 것을 장악하고 지휘계통을 마비시켰으며, 이들은 결국 쿠데타를 통해 정권을 장악하였다. 고려 무인시대의 최씨 정권처럼 '하나회 가문'을 정점으로 하는 불행한 군사문화의 씨앗은 여기서부터 싹트게 되었다.

둘째, 구타 · 가혹행위 문제이다. 2005년 한 해에만 세인의 입에 오르내렸던 희대의 악성 사건들이 세 건이나 터졌다. 잠자는 동료를 대상으로 한 'GP 총격사건', '육군훈련소 인분 가혹행위사건', 선물용 멸치를 잘못 보관했다는 이유로 장군이 공관 당번병을 구타한 이른바 '죽방멸치사건' 등을 꼽을 수 있다.

과거 한때 군대는 인권유린의 현장이었다. 병사는 물론 간부들에게도 심한 모욕과 욕설을 퍼부었으며, 지휘봉으로 배를 찌르거나 목덜미를 때리는 일이며, 철모 파이버로 광대뼈를 내리치기도 하고, 허벅지와 정강이를 걷어차는 일이 빈발하였다. 지금은 존중과 배려의 리더십을 발휘하여 군대를 가정처럼 이끌어 가려는 지휘관이 점점 많아지고 있다. 인간존중의 리더십만이 부하들의 마음을 지배하며, 그렇지 않으면 대다수가 부대지휘에 실패한다.

한편 2007년 6월 28일자『동아일보』사설은 '배려와 존중'의 병영문화혁신 노력에 찬물을 끼얹듯 구태의연한 논리를 펴고 있다.

> 군대의 존재 이유는 말할 것도 없이 국가방위에 있다. 전쟁의 승리는 군기가 엄격한 강군에게 돌아가는 것이 동서고금의 오랜 경험이다. 병사들의 인권보호만을 지나치게 내세우는 병영문화로는 강한 군대를 만들 수 없다.

시각의 차이가 이처럼 크다.『동아일보』의 논조는 마치 병사들을 수단시하며 인권유린이 존재했던 어두운 시절의 군대를 그리워하는 것 같다. 2007년 7월 10일에는 때마침 군대 내에서 구타와 욕설을 법으로 금지하는「군인복무기본법안」이 국무회의에서 의결되었다는 보도[7]를 접하고 반갑기도 하면서 '만시지탄(晩時之歎)'의 느낌을 지울 수 없었다.

한편 애석하게도 사라져야 할 군대문화의 폭력적 잔재가 버젓이 대학 내에 온존하고 있다. 러시아 출신 귀화인 박노자 교수는 폭언과 폭력이 난무하는 대학체육의 충격적 실상을 고발하고 있다. 그는 대학 체육과 선후배 간 위계질서와 체육대학 교수와 학생 간의 수직적 질서를 마치 군대와 흡사하다고 지적하였다.[8]

셋째, 음주문화이다. 폭탄주를 돌린다든지 냉면그릇에 소주를 가득 부어 하급자

7)『중앙일보』,『한국일보』등 주요 일간지 2007년 7월 11일자에 보도되었다.
8) 박노자(2007), pp. 179-180.

들에게 마시게 한다. 여러 사람이 한데 모여 술을 마실 때에 잔을 높이 들고 "위하여!"라고 목청껏 외친다. 그러고 나서 모두 박수를 친다. 장소를 불문하고 군인들이 모이는 자리에서는 예외가 없다.

군사통치 기간을 거치면서, 이러한 음주문화는 전역한 장병들을 통해 전이되어 일상사로 자리 잡게 되었다. 학원가도 과도한 음주문화의 폐해로 골머리를 앓고 있다. 얼마 전 한 시골 중학생이 선배가 따라 주는 주는 술을 마시고 몸을 가누지 못하다, 결국 숨지게 된 사건이 보도되었다. 또한 해마다 대학가에서는 선배 대학생이 새내기들에게 폭탄주를 강요하는 그릇된 음주문화가 극성을 부리고 있다. 만취한 상태에서 예사로 잔디에 눕거나, 여학생의 경우 가끔 사망하는 비보를 접하게 된다. 이러한 비정상적인 행태가 수그러들지 않고, 해마다 학기 초에 대학가에서 반복되니 애석한 일이 아닐 수 없다. 지금은 오히려 이같은 가혹한 음주문화가 병영 내에서 자취를 감추고 있어 다행스럽게 생각된다.

넷째, 절대복종·절대충성의 문화이다. 그 자체로서 군의 존재 목적과 가치를 실현하는 최고의 덕목임을 모르는 바가 아니다. 그러나 소신도 주관도 없이 맹종으로 기우는 것이 우려될 뿐이다. 필자가 체험한 한 지휘관은 "윗사람이 설사 똥을 돈이라고 해도 우겨도 곧바로 믿어야 한다."고 힘주어 말한다. 또 한 사람의 상급자는 "군대에서 소신이란 불필요한 것이다. 자기개념을 가지고 소신을 말하면 단명하기 쉽다."는 논리였다. 이러한 환경에서는 면종복배하는 '예스맨'만이 양산될 뿐이다. 이들 예스맨은 출세지상주의에 젖어 영혼을 저당 잡힌 인간에 다름 아니다.

서두에서도 잠시 언급한 바처럼 절대 충성의 문화가 지나치면, 곧 이성과 윤리감각이 마비되고, 오직 길들여진 인간으로 기능할 뿐이다. '순치문화'가 지배하면 그 결과는 곧 국가의 붕괴로 이어진다. 패망한 나치 독일과 군국주의 일본의 최후에서 교훈을 찾아야 할 것이다.

다섯째, 군인가족 문화이다. 다음 장에서 상술하겠지만, 전 육군참모총장이었던 남재준(육사 25기, 배재고 졸) 장군 시절, 군인 가족들에게 소위 '금족령'을 내린 적이 있었다. 특히 직속 상하급자 가족끼리 모임을 중지시킨 일은 획기적인 일이다. 그 폐해가 오죽했으면 참모총장 재직기간 내내 소위 '일그러진 가족 모임'을 근절시켰겠는가. '옷로비' 사건의 폐해가 군대에서 재발되지 말란 법도 없다.

상급자의 부인은 남편보다 한 계급 높다는 유행어가 한때 풍미하였던 적이 있다. 즉, "남편이 대령이면 그 사람 부인은 장군이야!"라는 웃지 못할 얘기는 많은 것을 시사해 준다. 약간 과장되고 와전된 부분이 있겠지만, "암탉이 울면 집안이 망한다."라는 속담은 지금도 어느 정도 통용되는 진리라 여겨진다. 공식 조직 밖의 '암탉이 울어' 군대의 기초가 흔들리는 우(愚)를 범해서는 안 될 것이다.

이 밖에 부정적인 군사문화로서 골프문화를 들 수 있다. 삼일절에 골프를 쳐서 구설수에 올랐던 L 국무총리가 결국 해임된 사실이 새삼스럽게 떠오른다. 군에서도 유사한 일이 종종 일어난다. 아프카니스탄에 파병되었던 병사가 불의의 사고로 순직한 당일에도, 군 장성을 비롯한 일부 영관급 간부들이 골프를 쳐서 여론의 도마에 오른 적이 있었다. 골프는 많은 순기능에도 불구하고 절제할 줄 모른다는 데서 문제가 발생한다.

또한 1~2년 단위로 부대를 옮기는 데서 오는 '나그네 생활'도 부정적인 군대문화를 배태한다. 경력 관리를 위해 1~2년 단위로 부대를 옮기다 보니 기회주의 · 한탕주의 속성이 둥지를 틀게 된다. 궁극적인 충성의 대상은 국가와 국민인데, 고과를 잘 받기 위해 평정권자인 지휘관 한 사람에게 사활을 걸고 충성을 한다. 그 지휘관의 품성 · 가치관 · 행동양식에는 관심이 없다. 오직 환심을 사고 인정받기에도 갈 길이 멀다. 이처럼 나그네 생활이 가져다주는 '떠돌이 문화' 속에서는 전문성이 결여되고 '겉으로만 전우애'를 부르짖으며 인간미도 없는 척박한 토양 위에서 잠시 머물고 떠나게 된다. 군대의 속성상 불가피한 면도 없지 않지만, 안정된 토대 위에서 전문성을 기를 수 있는 근무 환경 조성이 시급하다고 할 것이다.

여기에 꼽은 문화는 주로 지도층 간부문화를 중심으로 나열한 것이다. 지도층의 문화가 왜곡되면 병사중심의 하급문화도 당연히 물들게 된다. 왜곡된 간부중심의 군사문화를 병사들이 은연중에 본받아 알게 모르게 내무반 구석구석에 욕설 · 구타 · 편법 등 어두운 문화가 똬리를 틀게 된다. 이들이 전역 후 시민이 되어서 자신도 모르게 부정적인 문화에 젖게 된다. 국가의 미래를 위해서도 심각한 일이 아닐 수 없다. 앞에서 열거한 왜곡된 군사문화를 근절시키지 않으면, 건전한 군대문화가 자리 잡을 공간이 그만큼 줄어들게 된다. 논에서 피가 무성하게 되면 벼가 제대로 자라지 못하게 되는 법이다.

2) 군대문화의 순기능과 병영문화혁신 노력

우리 국민의 절대다수는 병역을 필하였다. 왜곡된 군사문화의 영향으로 어느 정도 선입견을 가지고 있지만, 군대의 순기능적인 면 또한 부인할 수 없다. 철부지 자식을 군에 보내려는 부모의 마음이 이를 대변한다.

군 복무 기간 동안 유형의 전기전술 습득은 물론 무형의 자산인 지도력 · 사회성 · 용기 · 인내심 · 국가관 · 사생관 · 충효예 등을 체득한다. 군대를 '국민교육의 도장'이라고 일컫는 이유가 여기에 있다. 폭설로 산간 마을이 고립됐거나 홍수로 계곡 등에서 조난을 당했을 때 어느 단체도 하기 힘든 일을 군대가 앞장서 긴급구조활동에 나섬으로써 국민을 위한 위민군대로서의 역할과 책임을 다한다.

군은 창군 이후 줄곧 문맹퇴치운동에도 앞장서 왔다. 오늘날은 군 복무 기간 동안 본인의 의지와 노력 여하에 따라 사이버 공간에서 학점을 이수할 수도 있도록 배려한다. '인간' 자체를 최고의 가치로 여겨 병사를 존중하는 '인간중심적 리더십'이 공감을 얻는다. 많은 지휘관이 억압적 리더십만으로는 더 이상 부하의 마음을 사로잡을 수 없음을 절감하기 때문이다.

군에서 비교적 최근에 추진해 온 바람직한 군대문화 건설 노력의 실상을 몇 가지 소개해 보기로 한다.

(1) 육군 5대 가치관 실천 운동

이 운동은 육군참모총장인 김판규(육사 24기, 경남고 졸) 대장이 재임 당시 추진했던 일종의 병영문화혁신운동이라 할 수 있다. 육군본부에서 발간한 『육군 가치관』에 육군 가치관의 정의와 필요성이 잘 나타나 있다. 먼저, 육군 가치관에 대해 인용해 본다.

> 육군 가치관은 무엇을 위해 군 복무를 하고, 어떤 군인이 되어야 하며, 어떤 행동을 해야 하는가를 결정해 주는, 즉 육군의 전 장병이 육군의 목표를 달성하고 더 나아가 참된 군인이자, 민주 시민으로서의 사고와 행동 방향을 올바르게 결정할 수 있도록 하는 가장 기본적인 기준이자 규범이다.[9)]

9) 육군본부(2003), p. 3.

이어서 육군 가치관 운동의 필요성을 다음과 같이 서술하고 있다.

> …… 정예 강군 육성을 위한 힘의 원천은 바로 '사람'이며 군의 주인인 장병들이다. 따라서 우리에게는 군심을 하나로 결집할 수 있는 구심력과 목표를 향해 함께 나아갈 수 있는 정신적 원동력이 있어야 하고, 이를 위해 우리의 사고와 행동의 지표를 제공해 줄 수 있는 올바른 가치관을 정립할 필요성이 대두되었다.[10)]

이러한 배경하에서 육군 5대 가치관 실천 운동이 전개되었으며, 충성 · 용기 · 책임 · 존중 · 창의 등 5대 요소를 설정하였다. 이 5대 요소는 새로운 것이 아니며 군인으로서 갖춰야 할 기본 덕목이다. 과거부터 강조되었던 군인정신 발현 운동을 반복한 것에 불과하다고 할 수 있다.

(2) 장교단 정신혁명운동

남재군 장군이 육군참모총장 재임 시절, 부정부패와 군내에 잔존하고 있던 무사안일주의, 그릇된 관행을 척결하기 위해 장교단의 일대 각성을 촉구한 정신혁명운동이다. 그가 재임 시에 2004년 육군본부에서 발간한 「장교단 정신 실천 지침서」를 참고로 주요 내용을 간추려 보기로 한다. 먼저, 장교단 정신혁명운동을 제정하게 된 배경을 다음과 같이 설명하고 있다.

> 육군은 장교단이 어떤 상황과 역경 속에서도 올바르게 판단하고 행동하며 조치할 수 있는 정신적 기준과 행동의 지표를 정립해야 할 필요성에 따라 장교단 정신을 제정하였다.

장교단의 정신을 조국에 대한 헌신과 봉사(위국헌신)로 정하였으며, 다음과 같은 세 가지 실천 지표를 설정하였고, 각 실천 지표마다 10가지씩 세부 과제를 예시하였다. 여기에서는 대표적인 몇 가지 세부 실천 과제를 소개해 보기로 한다.

---

10) 육군본부(2003), p. 3.

① 전투적 사고를 견지한 장교

- 비전을 가지고 미래에 대한 목표를 설정하고 추구해야 한다.
- 전문성을 구비하기 위해 노력을 기울여야 한다.
- 상호존중하고 배려하는 인간중시의 리더십 개발에 힘써야 한다.
- 주인의식과 열정을 가지고 창의적으로 업무를 수행해야 한다.
- 군사서적을 탐독하고 토론을 활성화해야 한다.

군이 강조하지 않아도 될 기본적인 항목들을 강조한 데서 장교단의 무사안일주의가 심각함을 엿볼 수 있다.

② 도덕성이 확립된 장교

- 관용차량은 공적 업무에만 사용하고, 특히 부인이 개인용무로 사용해서는 안 된다.
- 군인가족은 내조를 잘해야 한다. 상관행세를 해서는 안 되고, 인사에 관여해서도 안 되며, 부하의 부인을 사적으로 운용하지 말아야 한다.
- 전출입 시 상관의 숙소를 방문하는 행위를 삼가야 한다.
- 진급 · 보직 · 평정 등 제반 청탁행위를 금한다.
- 직무 관련 향응 금지 및 금품수수 행위를 금지한다.

여기에서는 특히 군인 가족의 몸가짐을 각별히 단속한 것이 주목할 만하다.

③ 언행일치(言行一致)하에 솔선수범(率先垂範)을 행동으로 실천하는 장교

- 부하의 사병화를 엄금한다.
- 폭언, 구타 · 가혹행위를 금지하고 공손한 언어를 사용해야 한다.
- 폭탄주와 회식 후 2 · 3차 음주행위를 삼간다.
- 자기의 할 일은 안 하고 상관을 평가하는 행위는 금한다.
- 부하를 인정하고 칭찬하고 격려한다.

사병화 금지, 상관 평가 행위 금지 등 상식적인 실천 과제를 내세운 것으로 보아, 아직도 우리 군에 기초적인 것부터 개선해야 할 과제들이 쌓여 있음을 알 수 있다.

이 운동을 평가하면 재임 기간 강도 높게 추진되고 제도화하여 상당 부분 개선되었으나, 주창자가 예편한 지 얼마되지 않아 정치권에 합류하면서 그에 대한 신뢰성이 상당 부분 상실되었고, 이 운동 또한 흐지부지되고 말았다. 여기에서 적시한 고질적인 병폐들은 '계급만능주의' 구조하에서 발본색원하기는 쉽지 않을 것으로 생각된다. 그러나 지속적으로 척결하지 않으면 이러한 그릇된 관행이나 부정부패는 독버섯처럼 금세 자라나게 될 것이다.

(3) 소프트 파워 운동

이 운동은 2006년 말에 육군참모총장으로 부임한 박홍렬(육사 28기, 부산고 졸, 경호실장 역임) 대장이 적극 추진했던 육군문화운동이다. 『참모총장 지휘의도』(2006)라는 팸플릿에서 소프트 파워를 다음과 같이 정의하고 있다.

> 유형적 역량(hard power)과 함께 전투력의 한 축으로서, 육군 조직 내에서 표출되는 가치 · 태도 · 의식 · 신념 · 기질 · 행동양식 등의 정신적 요소와 구성원의 능력 · 리더십 · 운용술 · 각종 제도 등 운영 역량의 총칭으로서, 육군의 문화적 힘을 말한다.

소프트 파워에 대한 이해를 기반으로 육군문화혁신에 대해서 다음과 같이 정의를 내리고 있다.

> 육군의 문화적 힘(soft power)인 구성원들의 정신적 요소와 조직의 운영 역량이 육군개혁의 시너지 효과를 만들어 내는 추진동력으로 작용할 수 있도록 이를 변화 · 발전시키는 것이다.

한편 육군문화혁신을 이루기 위한 중점 추진과제로서 다음과 같은 다섯 가지 요소를 선정하였다.

첫째, 각 구성원의 정신요소를 혁신해야 한다. 이의 실천을 위해 야전적 기질을 배양하고 육군 5대 가치관을 구현하며 장교단 정신혁명을 생활화해야 한다. 아울러 군대 윤리 및 역사의식 고취에 힘써야 한다.

둘째, 구성원을 통합하여 조직을 이끌어 가는 지휘통솔을 혁신해야 한다. 그러기 위해서는 인간존중의 리더십을 발휘하여 상하 간에 의사소통이 활발해야 한다.

셋째, 구성원의 복무의식과 자세를 혁신해야 한다. 이를 위해 군 복무의 직업성 및 전문성 강화에 주력해야 하고, 진급문화에 대한 의식을 개선하며, 일하는 방식을 개선하여 업무의 효율성을 도모해야 한다.

넷째, 구성원의 활동과 리더십이 발휘되는 공간인 병영을 혁신해야 한다. 선진병영 육성을 위해 장병 기본권을 보장하고 대대급 이하 부대 근무여건 개선에 역점을 기울여야 한다. 아울러 동아리 활동, 사이버 공간을 통한 학점 이수 등 장병 자기계발 여건을 조성해야 한다.

다섯째, 미래 군 구조에 부합하는 제도를 혁신해야 한다. 인력획득, 인재육성, 관리제도 발전, 군수지원체제 발전, 전투지휘능력 배양 및 교육훈련제도의 혁신이 여기에 해당된다.

이 운동은 전임자들이 강조하고 추진했던 육군 5대 가치관 실천 운동이라든지, 장교단 정신혁명운동을 동시에 강조하고 있다. 지나치게 방만하고 포괄적인 내용을 담고 있어서 난맥상을 초래할 가능성과 그 취지에도 불구하고 말의 성찬에 그칠 공산이 크다.

(4) Vision-NQ 운동(Vision-Network Quotient; 공존 지수)

대다수의 젊은이는 '입시지옥'이라는 치열한 경쟁 속에서 생활하다 적령기가 되어 입대하게 된다. 가정과 학교에서 상호 존중하고 배려하는 공동체 의식을 기를 틈도 없이 어느 날 군에 들어오게 된다. Vision-NQ 운동은 이러한 젊은이들의 성향을 잘 이해하고 존중하며 배려하는 데 기초를 둔 일종의 공동체 의식 함양 운동이라 할 수 있다. Vision-NQ 운동은 다음과 같이 정의된다.

> 공동체 의식을 기초로 하여 동료상하 간 개인차를 인정하고 서로를 존중하고 배려함으로써 병영생활 부담을 감소시켜 전투력 극대화에 기여하는 병영문화혁신운동이

자, 궁극적으로는 국민통합 · 민족통합에 기여하는 정신혁명운동이다.[11]

이 운동은 수도방위사령관과 육군교육사령관을 역임했던 이영계(육사 30기, 마산고 졸) 중장이 열정을 가지고 주도하여 전군에 붐을 일으킨 바 있다. 교육사령부는 휘하에 훈련소, 보병학교, 부사관학교, 육군대학 등 모든 학교기관의 교육과 훈련 및 교리 개발을 책임지는 총 지휘본부라 할 수 있다. 60만 대군의 대부분은 교육사령부 및 휘하부대에서 훈육하여 야전부대로 배치된다.

이 운동은 육군 훈련소를 비롯한 전 교육기관에서도 커다란 호응과 공감을 불러일으키고 있다. 누구보다도 훈련병 자신과 부모들이 최대의 수혜자로서 지지와 격려를 보내고 있다. Vision-NQ 운동을 추진함으로써 수평적 사고에 익숙한 신세대 장병에게 공동체 의식을 길러 주며 의사소통을 원활히 하고 개인차를 인정하는 열린 마음으로 서로에게 다가감으로써 병영에 웃음꽃이 활짝 피게 된다.

아침에 일어나면 웃음체조와 상호 껴안기, 박수치기, 어깨 주물러 주기, 칭찬 릴레이 등을 통해 긴장을 해소하고 부드러운 분위기 속에서 하루 일과를 시작한다. 더 나아가 유격훈련, 제식훈련, 사격훈련 시에도 숙달된 선임병사가 미숙한 후임병사에게 폭언을 하거나 무조건 윽박지르지 않고 자상하게 지도하는 풍토가 정착되어 군인으로서의 기(氣)를 살리는 생동감 있는 훈련으로 변모하고 있다. 노자의 『도덕경』(제36장)에 보이는, "부드러운 것이 강한 것을 이긴다[유약승강강(柔弱勝剛强)]."는 경구처럼 군사훈련의 전 분야에서 낙오자가 현저히 줄어들었으며, 전투단위별 훈련 성과를 증진시키는 탁월한 효과를 보이고 있는 것으로 분석되었다.[12]

아울러 군 상담활동도 간과할 수 없는 중요한 병영문화혁신의 한 사례라 할 수 있다. 육군훈련소의 인분 가혹행위사건, GP총격사건, 장군이 공관병을 구타한 '죽방멸치사건' 등의 후유증을 수습하기 위해 상담활동에도 관심을 쏟고 있다. 병사의 인권신장에 귀를 기울이게 된 것이다. 최전방 오지에 전문상담사가 시험적으로 배치 · 운용되고 있으며, 머지않아 전군으로 확산될 예정이다. 지난 2007년 6월 28일에는 국방회관에서 군 상담학회 발족을 위한 창립 총회가 열렸고, 국방차관

11) 수도방위사령부(2006b), pp. 9-22 요약.

12) 육군교육사령부(2007) 참고.

을 지냈던 예비역 육군 중장 황규식 씨가 초대 회장으로 선출되었다.[13] 이 밖에도 오래전부터 군종부 주관으로, 전입 신병 가운데 복무 부적응자 · 복무 염증자 등을 선별하여 지도하는 '비전 캠프'를 운용함으로써 소기의 성과를 거두고 있다.

5. 맺음말

구한말 이후 한국 군대의 짧은 역사를 되돌아보면 오욕과 굴곡의 역사 그 자체라고 해도 과언이 아니다. 일제강점하의 부정적인 군대 유산을 물려받았고, 미군의 교리 · 교범, 교육제도, 계급 구조 등 상당 부분을 답습해 왔다. 따라서 수십년 동안 이어져 내려온 불합리하며 부조리한 관행들이 오늘날에도 잔존하고 있다. 당연히 첨단 지식 · 정보화 사회에 부응하여 효율적 · 합리적으로 개선되어야 할 과제들이 산적해 있다.

창군 이래 군의 수뇌부들은 줄기차게 '군대 개혁'을 외쳐 왔다. 선진강군 육성의 한 축은 무기체계의 개선이나 제도 · 교육훈련 체계의 개선 등이며, 다른 한 축은 이념과 사상 등 정신적 가치를 다루는 군대문화의 혁신이라 할 수 있다. 이들은 중국 · 일본 · 미국 등 외국 군대의 잔재를 탈피하고 독자적 군대문화를 구축하기 위해 노심초사해 온 것도 사실이다.

이러한 노력들이 병주주의 운동, 육군 5대 가치관 실천 운동, 장교단 정신혁명운동, 소프트 파워 운동, 인간중심의 리더십 개발, Vision-NQ 운동 등으로 나타났다. 오늘날의 병영은 자기 표현 욕구가 강하고 자기중심적이며 수평적 사고에 익숙한 병사들이 이끌어 가고 있다. 이들은 컴퓨터나 인터넷 매체에 익숙한 세대로서 창의적이고 진취적이며 개혁적인 성향을 보이고 있다. 따라서 이제는 이전의 군대처럼 획일적이고 권위적인 리더십만으로는 병사들을 제대로 통솔할 수 없게 되었다.

따라서 앞으로도 이들 역동적인 병사들을 대상으로 한 군대문화의 방향 정립에 고뇌하지 않을 수 없다. 일찌기 청뢰 한기언 선생은 기초주의의 보편성 · 전통성 · 상황성의 관점에서 사회의 제반 문제를 진단하고 해결책을 모색해 보려 하였다. 그는 기초주의 관련 여러 저작에서 인간 형성의 세 차원으로서 전통과 주체와 개혁을

13) 『국방일보』 2007년 6월 29일자에 보도되었다.

내세운 바 있다. 필자는 이같은 기초주의 근본 정신에 기반하여 미래지향적인 군대문화 건설을 위한 '기초'로서 다섯 가지를 제시하고자 한다.

첫째, 인간 존중의 사상이다. 동학 농민군은 '인내천(人乃天)'을 표방하며 외세와 폭정에 항거하였다. 마땅히 우리 군대에서도 동학의 인간 존중 사상은 계승되어야 할 귀중한 문화유산이라 할 수 있다. 폭력과 욕설이 난무했던 '구타의 온상'으로서의 부정적인 군대문화로는 병사들의 마음을 한 데 모을 수 없다. 병사는 천부적인 인격체로 대우해야 하고, 모든 병영혁신 노력이 여기에서부터 시작되어야 한다.

둘째, 공동체 의식 함양이다. 우리 조상들은 예로부터 계, 두레, 향약 등을 통해 상부상조 정신을 실천하였다. 유사시 전투는 팀 단위로 이루어진다. 첨단 전자무기를 운용하는 미래 전장하에서도 여전히 병사 개개인이 중요하며 병사 간의 팀워크 발휘가 요구된다. 따라서 공동체 의식 배양은 시대를 초월하여 가치를 지닌다고 할 수 있다.

셋째, 충효예[14] 정신이다. 청뢰 한기언 선생은 '문화'를 언급하면서 효(孝)와 성(聖)을 강조한 바 있다. 장병들은 군대생활을 하는 동안 자연스레 충효예의 정신과 가치를 배우고 깨닫도록 해야 한다. 외아들로 자라난 병사들에게 이러한 가치관을 배울 수 있는 최적의 기회를 군대가 제공해야 한다.

넷째, 선비정신이다. 호사카 유지(保坂祐二)는 『조선선비와 사무라이』에서 임진왜란 시 일본에 끌려갔던 강항(姜沆) 등에 의해 조선의 성리학은 에도(江戶) 시대(1603~1867)의 중심사상이 되었다고 소개한다. 또한 "성리학의 중심이 된 조선 선비의 가치관이 사무라이를 교화시키는 데 지대한 공헌을 하였으며, 퇴계 이황을 정신적 지주로 숭배하고 있다."[15]고 하였다. 안중근 의사를 떠올리면 '위국헌신 군인본분(爲國獻身 軍人本分)'이라든지, '일일부독서 구중생형극(一日不讀書 口中生荊棘)'이란 글귀가 생각난다. 즉, "나라를 위하여 헌신하는 것은 군인의 본분"이며, "하루

14) 10여 년 전부터 민병돈 전 육군사관학교 교장, 전 육군본부 충효예 담당관 김종두 대령 등이 '충효예 운동실천본부' 등과 교류 · 협력하면서 군 충효예 운동에 발벗고 나서고 있다. 장교, 부사관, 병사에 이르기까지 정규 교과 과목에 일정 시간을 반영하고 있고, 야전부대에서는 명절 등 주요 절기를 맞아 전통예절 교육 등도 병행하고 있다. 단, '충효예 만능주의'는 경계해야 할 것이다. 군 생활을 통해 충효예의 가치관을 저절로 터득하기 때문이다.

15) 호사카 유지(保坂祐二, 2007), pp. 31-34, pp. 119-120.

라도 책을 읽지 않으면 입에 가시가 돋친다."는 것이다. 이 두 글귀가 군대문화를 주도하는 장교단에게 시사하는 바는 매우 크다. 평소에 국가관을 투철히 하고 교양인으로서, 장병의 교사로서 독서하고 사색하며 바르게 진언할 수 있는 용기와 장교단의 기풍이 살아 있을 때, 군대문화의 기초는 견실하다고 할 수 있다.

다섯째, 개혁정신이다. 청뢰 한기언 선생은 전통과 개혁의 조화를 꾀하였다. 정보화 및 과학화 시대를 주도할 젊은 병사들에게 개혁적 · 창의적 마인드를 심어 주어야 한다. 억압하지 말고 자유롭게 표현할 기회도 주고, 억지로 주입하려 하지 말고 스스로 느끼고 깨우치게 해 주어야 한다. 자율이 말살된 경직된 군대문화에서는 창의적인 아이디어가 나올 수 없기 때문이다.

앞에서 열거한 다섯 가지 사상은 기초주의의 보편적 시각일 뿐 아니라 지금까지 군에서 추진해 온 여러 형태의 병영문화혁신운동의 골간이 되는 사상들이 담겨 있다. 이러한 다섯 가지 사상적 차원을 군 병영문화혁신을 위한 토대로 삼아 세부 과제를 설정하여 추진해 나간다면, 기초가 견실한 미래지향적인 군대문화가 자리 잡게 될 것이라 생각된다.

✪ 참고문헌

강성현(2005). 21세기 한반도와 주변 4강대국. 서울: 가람기획.
박노자(2007). 우리가 몰랐던 동아시아. 서울: 한겨레출판.
박찬국(2001). 하이데거와 나치즘. 서울: 문예출판사.
수도방위사령부(2006a). 서로 밀고 당겨주는 Vision NQ 병영일기.
수도방위사령부(2006b). 서로 밀어주고 당겨주는 Vision NQ 운동.
심상용(1991). 군대문화의 발전 방향 연구. 정신전력연구(제12호).
양희완(1988). 군대문화의 뿌리. 서울: 을지서적.
육군교육사령부(2007. 6. 19.). 2007년 육군상담발전 세미나 자료집.
육군본부(2003). 육군 가치관.
육군본부(2004). 장교단 정신 실천 지침서.
육군본부(2006). 참모총장 지휘의도.

육군본부(2007). 육군문화혁신지침서.
이동희(1972). 군대문화에 관한 연구. 성곡논총 제3집.
이재범 외(2001). 한반도의 외국군 주둔사. 서울: 중심.
이창위(2005). 일본제국흥망사. 경기: 궁리.
한기언(1994). 교육국가의 건설. 서울: 양서원.
한기언(1997). 교육의 세기와 기초주의. 서울: 교육과학사.
한기언(2001). 교육의 세기. 경기: 한국학술정보[주].
한기언(2002). 기초주의 교육학. 경기: 한국학술정보[주].
한기언(2002). 21세기 한국의 교육학. 경기: 한국학술정보[주].
한기언(2004). 교양으로서의 교육학-교육의 세기와 기초주의. 경기: 한국학술정보[주].
호사카 유지(保坂祐二)(2007). 조선선비와 일본 사무라이. 서울: 김영사.

제9장

교육과 삶과 생활

기 초 주 의 의 세 계

나병현

1. 들어가며

이 글은 기초주의 제창 50주년을 맞이하여 기초주의에서 제시된 기본 개념들을 재검토하고 이를 이론적으로 발전시키기 위한 기획의 일환으로 집필되었다. '기초주의'에 관해 깊은 이해가 없는 필자가 기초주의 50주년 기념논집에 글을 싣게 된 것은 순전히 기초주의 제창자이신 청뢰 한기언 선생님과의 인연 때문이다. 그 인연은 필자가 서울대학교 교육학과에 진입한 1977년으로 거슬러 올라가는데, 당시 필자는 한기언 선생님의 지도학생이었다. 학부 시절 지도교수는 학생이 선택하는 것이 아니라 배정되는 것이기 때문에 이제 막 교육학 공부를 시작한 필자로서는 한기언 선생님을 개인적으로 잘 알지는 못했다. 그 당시는 유신시대 막바지로 지도교수의 임무는 주로 지도학생들이 시위에 가담하지 않도록 살피는 데에 있었다고 해도 과언이 아니다. 가끔 선생님과 지도학생의 만남이 있기는 했지만, 한기언 선생님은 그런 의미의 지도는 거의 하시지 않았다. 기억에 남는 일은 선생님께서 지도학생들을 댁으로 초대하셨던 일이다. 당시 군자동에 사셨는데, 동 이름이 선생님과 딱 어울린다고 우리들끼리 이야기했던 기억이 난다.

필자에게 주어진 주제는 기초주의 교육학에서 6개 가치영역의 하나로 제시되고 있는 '생활' 개념이다. 기초주의의 교육적 가치체계는 '기초'를 1핵으로 하여 '시간,

자유, 질서'의 3이념과 '문화, 생활, 지성, 인격, 협동, 봉사'의 6개념으로 이루어져 있다.

'생활'이 교육적 가치라는 말은 어떻게 이해될 수 있을까? '문화, 지성, 인격, 협동, 봉사' 등을 가치로 보는 것에는 쉽게 수긍할 수 있겠으나, 이들 개념에 비해 '생활'은 중립적인 의미를 지닌다고 할 수 있다. 즉, 생활 자체가 가치로운 것이 아니라 어떤 생활이냐가 중요하다. 아무렇게나 사는 것이 아니라 어떻게 살 것인가가 중요하다는 것이다. 그런 관점에서 보면 생활 그 자체를 교육적 가치로 보기는 어려울 것 같다.

한편 우리는 종종 "삶으로부터 배운다."라고 말하기도 하고 "삶이 곧 교육"이라고 하기도 한다. 이렇게 볼 때, 교육적 가치로서의 '생활'에 대한 여러 이해가 가능할 것 같다. 우리말로 '생활'에 해당하는 영어는 'life'이며 'life'는 '삶'이라 번역되기도 한다. '생활'이라는 말이 '삶'보다는 좀 더 일상적인 의미로 다가오기도 하지만, 이 글에서는 '생활'과 '삶'을 맥락에 따라 같은 의미로 사용하고자 한다.

이 글에서는 우선 '생활' 가치라는 주제에 관해 기초주의에서 논의된 내용을 살펴본 후, 교육과 생활의 관계에 관한 필자의 생각을 개진하는 방식으로 글을 전개하고자 한다. 앞에서 밝혔다시피 기초주의에 대한 이해가 일천한 필자이기에 이 글은 교육과 삶과 생활에 관한 이런저런 생각을 자유롭게 풀어놓은 것에 불과하다.

2. 기초주의 교육학에 나타난 생활 가치

'생활'은 기초주의 교육학에서 6개 가치영역의 하나로 제시된다. 기초주의의 교육적 가치체계는 '기초'를 1핵으로 하여 '시간, 자유, 질서'의 3이념과 '문화, 생활, 지성, 인격, 협동, 봉사'의 6개념으로 이루어져 있다. 여기에서 문화 가치와 생활 가치는 시간의 이념이 시간성과 공간성을 통해 구현되는 가치로 상정되어 있다. 시간의 이념은 전통, 주체, 개혁으로 제시되는 3차원 중 전통의 차원에 상응하는 '교육이념'이다(한기언, 2002, p. 128).[1)]

---

1) 기초주의는 '구'의 구조로 제시되며, 전통, 주체, 개혁의 3차원이 시간, 자유, 질서의 3이념과 일대일로 대응하는 것이 아니라 3차원과 3이념이 각각 조합을 이룬다. 그러나 3이념을 각각 한 차원만 강조하는 위치에 배치한 것은 비교상의 강조를 위한 것이라고 저자는 다른 책에서 밝히고 있다(한기언, 2001, p. 111).

그러나 기초주의 교육학에서 시간의 이념이 어떤 의미를 지니고 그것이 왜 '교육이념'으로서 추구되어야 하는가 하는 것은 잘 제시되어 있지 않다. 다만 "'전통'이란 의식의 주체자가 간직할 만하고 계승 · 전달할 만하다고 각성한 가치체인만큼 그 교육적 특성이 무엇인가를 새삼 생각하게 한다."고 하여 그 교육적 중요성만을 강조하고, 교육에서 시간이 중요하다는 것을 설명하기 위해 시간 엄수라든가 먼 앞날을 내다보는 교사의 안목이라든가 순간의 각성 등을 예시하고 있을 따름이다(한기언, 2001, p. 306). 그리고 "시간과 교육은 이렇듯 우리의 신념을 보다 밝게 해주고 바르게 사는 자에게 복이 있다는 것을 굳게 믿게 만든다."고 결론짓는다(한기언, 2001, pp. 300-302). 짐작해 보건대 전통은 시간을 두고 계승되는 것이기 때문에 교육에서 시간이 중요하고, 시간의 흐름을 따라 전승된 문화와 현재의 공간 속에서 이루어지고 있는 생활이 다시 전통을 형성한다는 점에서 문화와 생활이 시간의 이념을 구현하는 가치로 제시되었다고 할 수 있다. 다시 말하면 '생활'이라는 개념은 '문화'의 현재성을 표시하는 광범한 내용을 지니고 있다는 것이다(한기언, 2001, p. 311).

그러나 문화가 교육적 가치라는 것은 쉽게 수긍이 가지만, 생활이 교육적 가치라는 것이 무엇을 의미하는가는 그다지 분명하지 않다. 생활이란 나날의 삶을 의미하며 그 삶은 다양한 모습으로 나타난다. 따라서 삶을 영위하는 것, 죽지 않고 사는 것 그 자체가 가치롭다는 의미가 아닌 한, 생활 그 자체를 가치라고 보기는 어렵다. 어떤 삶이 가치로운 삶인지, 어떤 생활을 추구해야 하는지가 밝혀져야 한다. 단순히 삶(life)이 아니라 '좋은 삶(good life)'이, 단순히 사는 것(being)이 아니라 '잘 삶(well-being)'이 교육의 목적으로 추구된다고 보아야 한다. 따라서 '생활' 그 자체를 교육적 가치라고 할 것이 아니라 '참된 생활' 혹은 '성실한 생활'을 교육적 가치라고 해야 할 것이다.

이렇게 볼 때 기초주의의 교육적 가치체계에서 '생활 가치'를 사회적, 건강적 가치로서 건(健)과 성(誠)으로 제시하고 있는 것은 타당해 보인다. 여기에서 '건'은 정신적, 신체적 건강을 의미하며, '성'은 진실, 성실, 충만, 인내를 의미한다. 기초주의 이론에서 이는 다시 1핵과 3요점, 6통칙으로 다음과 같이 설명되고 있다(한기언, 2001, pp. 311-315).

1핵: 마음씨-항상 마음을 옳게 써야 하느니라.

3요점: 안심, 수면, 변통

6통칙: 바른 자세, 바른 보행, 바른 호흡, 규칙적인 식사, 알맞은 운동, 즐거운 독서

그러나 왜 이러한 내용이 되어야 하는지, 왜 수면과 변통은 3요점에 해당하고 호흡이나 식사는 6통칙에 해당하는지, 이에 대한 어떠한 근거도 제시되어 있지 않고 또 생활에 필요한 모든 요소가 망라되어 있는 것도 아니어서 3개와 6개에 맞춰 억지로 끌어다 놓은 듯한 인상이다. 단지 '알맞은 운동'에 대해서만 "식사도 아무리 바쁜 생활이라 하여도 단번에 한 달 치를 먹는 일은 없는 것과 마찬가지로 운동 역시 세끼 밥 먹듯이 해야만 되는 것이다."라고 부연 설명하고 있을 뿐이다.

기초주의 교육론에서 3과 6은 중요한 수이다. 기초주의 교육이념은 1핵과 3이념 6개념으로 구성되며, 기초주의를 구성하는 모든 내용은 1, 3, 6의 요소로 이루어져 있다. 기초주의 교육론은 1. 교육적 존재론, 2. 교육적 가치론, 3. 교육적 인간론, 4. 교육자론, 5. 교육적 지식론, 6. 교육적 방법론, 7. 교육연구방법론, 8. 교육제도론, 9. 교육사관론, 10. 교육학의 구조로 이루어져 있으며, 1핵인 '기초'를 제외하고 각각은 모두 6개의 요소로 제시되어 있다.

〈표 9-1〉 기초주의 1핵 사상

	기초
1. 교육적 존재론	1핵: 기초
2. 교육적 가치론	3이념: 시간 · 자유 · 질서 6개념: 문화 · 생활 · 지성 · 인격 · 협동 · 봉사
3. 교육적 인간론	역사적 의식인
4. 교육자론	대애지순인(大愛至醇人)
5. 교육적 지식론	기초의 발견
6. 교육적 방법론	기초에의 주력 · 자기 향도
7. 교육연구방법론	창조의 이론
8. 교육제도론	발전과 통정의 율동적 자기 전개
9. 교육사관론	역사적 편차
10. 교육학의 구조	교육의 '구(球)'적 인식

출처: 한기언(2004).

이는 다시 구(球)의 구조로 제시되기 때문에 가장 중심에 있는 1핵 기초를 제외하고 모든 요소가 서로 관련을 맺게 된다. 따라서 교육적 가치인 '생활'의 경우에도 교육적 인간론, 교육자론, 교육적 지식론 …… 등의 한 요소와 관련이 있는 것으로 제시된다. '생활'이 교육적 가치의 6개념 중에서 두 번째 개념이기 때문에 다른 부분에서도 두 번째 제시되는 용어가 생활과 관련 있는 것으로 제시된다. 이를 살펴보면 다음과 같다.

〈표 9-2〉 생활 가치

	생활
1. 교육적 존재론	기초
2. 교육적 가치론	II. 생활: 건(健), 성(誠)
3. 교육적 인간론	II. 범애적 인간
4. 교육자론	II. 시범자
5. 교육적 지식론	II. 생활영역(지리, 체육, 가정, 지학)
6. 교육적 방법론	II. 계획, 목표(인생설계)
7. 교육연구방법론	II. 정밀관찰
8. 교육제도론	II. 건강교육
9. 교육사관론	II. 전통불일치형
10. 교육학의 구조	II. 교육기초학 II (교육인간학, 교육심리학, 교육사회학, 비교교육학)

출처: 한기언(2004).

이를 각각 살펴보면, 교육적 가치론에서 생활 가치는 다시 건과 성으로 제시되고 있으며, 앞서 언급한 바 있듯이 '건'은 정신적, 신체적 건강을, '성'은 진실, 성실, 충만, 인내를 뜻한다.

교육적 인간론에서 이상적 인간상은 '역사적 의식인'으로 제시되며 그 특성은 다시 애국적 인간, 범애적 인간, 합리적 인간, 교양적 인간, 노작적 인간, 봉사적 인간의 여섯 가지로 제시된다. '생활' 가치와 관련된 것으로 제시되고 있는 두 번째 개념인 '범애적 인간'은 "세계적 시야를 지니고 행복한 생활을 영위하는 인간"이라고 규정된다.

또한 교육자론의 6수상(殊像) 중 두 번째는 '시범자'로서 "훌륭한 교육자는 인생의 참뜻에 대한 이해자요, 후회 없는 인생의 설계 및 실천의 시범자"여야 한다.

교육적 지식론의 경우에도 '생활'과 관련하여 여기에 속하는 학문으로 "지학을 비롯하여 생물학, 보건학, 의학, 체육학, 가정학, 군사학, 지리학, 사회학, 심리학"이 거론되고 이를 다루는 교과목으로는 "지리, 체육, 가정, 지학"이 열거되고 있다.

그리고 교육제도론에서 제시된 6가지 과제 중 두 번째가 건강교육으로서 생활 가치와 관련된다고 할 수 있다. 그러나 교육적 방법론의 계획과 교육연구방법론의 정밀관찰, 교육사관론의 전통불일치형 등이 생활 가치와 밀접한 관련이 있다고 보기는 힘들다. 다만 여섯 가지씩 열거한 중에 두 번째에 해당하기 때문에 6개념의 두 번째에 해당하는 생활 가치와 함께 논의되고 있다고 여겨진다.

이제까지 기초주의 교육론에서 '생활'과 관련하여 언급된 내용을 살펴본 바, 그 내용이 다소간 생활과 연관된 내용들이 모아져 제시되어 있기는 하지만, 어떤 부분은 왜 그 내용이 다른 가치와 연관된 것이 아니라 '생활'과 관련이 있는 것으로 다루어지고 있는지 그 이유가 제시되어 있지 않고 그러한 관련이 임의적이어서, 교육적 가치로서 '생활'에 대한 논의가 충분히 이루어졌다고 보기 어렵다. 필자는 기초주의를 이해하려고 이 책 저 책을 뒤져 보며 용을 써봤지만 많은 부분에서 중복된 내용이 반복되고 있었고, 구(球)의 구조로 제시된 부분은 심오한 뜻을 담고 있는 듯하나 제한된 설명에 의지하여 한정된 시간 내에 충분히 알기 힘들었다는 점을 고백하지 않을 수 없다. 그렇기 때문에 이하에서 논의하는 것이 기초주의와 관련이 있다거나 기초주의를 발전시키는 데에 기여하리라고 기대할 수 없을 수도 있음을 미리 밝혀 둔다.

3. 교육과 삶과 생활

교육과 생활 혹은 삶의 관계는 네 가지 양상으로 나타난다. 첫째, 교육이 없이는 인간의 삶이 그저 본능에 의해 생명을 이어 가는 짐승의 수준에서 영위될 따름이라는 점에서 교육은 삶의 필수불가결한 조건이 된다. 둘째, 교육은 정치나 경제, 종교 등과 함께 인간의 삶을 구성하는 한 제도적 부문이 된다. 셋째, 생활은 교육의 내용이 된다. '바른생활' '도덕'과 같은 교과가 그 대표적인 예이며, 생활지도 역시 교육의 중요한 임무 중의 하나이다. 한때 미국에서 크게 유행했던 '생활적응교육'은 아동이 장차 접하게 될 사회생활과 기능을 그 교육내용으로 하고 있다. 넷째, 좋은 삶(good life)은 교육의 목적이 된다. 어떻게 사는 것이 좋은 삶인가를 규정하는 것은 아마도 그 사회의 가치 철학을 드러내는 일이 될 것이다. 어느 사회든 좋은 삶에 대한 이상을 가지고 있고, 그것은 교육을 통해 차세대에게 어떤 삶을 살도록 가르치고 있는가를 통해 드러난다. 그러나 첫째와 둘째는 삶에 교육이 어떤 가치가 있는가를 보여 주는 것으로서 삶 혹은 생활을 교육적 가치로 보는 기초주의의 입장과는 다르다. 교육적 가치로서의 생활은 셋째, 넷째 측면에서 논의될 때 잘 드러날 것이다. 그전에 "삶이 곧 교육"이라든가 "삶으로부터 배운다."는 말이 무슨 의미인지 다소간 분명히 할 필요가 있다.

1) 삶 = 교육?

우리는 경험으로부터 뭔가 교훈을 얻을 때 "삶으로부터 배운다."라고 말한다. 예컨대, 루소(J. J. Rousseau)는 불에 가까이 가는 아이를 제지하지 않고 내버려 두어 불에 데게 함으로써 불이 얼마나 뜨겁고 위험한 것인가를 체득하도록 해야 한다고 말하였다. 돌을 던져 유리창을 깼을 때, 그것을 그냥 내버려 둠으로써 깨진 창으로부터 찬바람이 들어와 오들오들 떨게 되고 그 결과 유리창을 깬 일이 얼마나 잘못된 일인가를 배울 수도 있다.

또 다른 예로는 시행착오 학습을 들 수 있을 것이다. 손다이크(E. L. Thorndike)의 고양이는 상자 안에 갇히자 빠져나오려고 이런저런 시도를 한 끝에 결국 문을 열고 나오게 되는 과정을 통해 상자를 빠져나오는 방법을 알게 된다. 이와 마찬가지로 우리 인류는 오랜 세월을 두고 무수한 시행착오의 과정을 거쳐 오늘날과 같은 문명을 이룩하는 기초를 세웠는지도 모른다. 불에 데는 것이 즉각적인 가르침을 준다면, 문제상자를 빠져나오는 고양이는 수많은 시행착오 끝에 드디어 문제를 해결하는 방법을 터득하게 된다. 어느 경우이든 이러한 '가르침'이 가지는 생생함을 지적하면서 때때로 사람들은 이러한 것이야말로 진정한 교육이라고 말하기도 한다.

루소는 자신의 학생 에밀이 가난한 집 출신이 아니라 부잣집 아이인 쪽이 더 낫다고 하면서 그 이유로 가난한 아이는 그 가난 속에서 여러 가지 경험을 할 기회가 있어서 교육이 크게 필요하지 않은 데에 비해, 부잣집 아이는 모든 것이 갖추어져 있어서 경험을 통해 배울 기회가 상대적으로 더 적다는 점을 들고 있다. 그러나 『에밀』에서 루소는 에밀을 그냥 자연 상태에 방치하는 것이 아니라 그가 경험할 수 있는 사태를 잘 구조화하여 제공한다. 이미 무엇을 경험하여 어떤 교훈을 얻을 것인가 하는 것이 미리 계획되어 있는 것이다. 그것이 교육적 사태이며, 그 경험으로부터 그 교훈을 얻어야 하는 것이다.

오래 전 필자의 교육학 강의시간에 교육의 가장 전형적인 사태에 관해 논의하는 중에 한 학생이 다음과 같은 예를 든 적이 있다.

> "우리 반에 지각을 자주하여 교사로부터 종종 매를 맞던 학생이 있었는데, 어느 날 그 학생과 내가 같이 지각을 했다. '선생님께 매를 맞겠구나.' 하고 생각하고 있었는데, 나는 몇 마디 꾸중을 듣기만 했다. 그런데 평소에 자주 지각을 하고 수업태도도 불량하여 성적도 낮았던 그 친구는 그날 엄청 맞았는데, 그 길로 교실을 박차고 나가 하루 종일 돌아오지 않았다. 해질 무렵에야 나타난 그 학생은 태도가 180도 바뀌어 지각도 하지 않고 학교생활도 성실히 하고 공부도 열심히 하였다. 그러자 성적도 쑥쑥 올라 졸업 후 좋은 대학에 진학하게 되었다. 나중에 알고 보니, 그때 학교를 뛰쳐나가 인근 공원에 가서 벤치에 앉아 처음에는 서러움에 목 놓아 울다가 결심했다고 한다. '그래, 내가 이렇게 차별대우를 받는 것은 학교생활이 성실하지 못하고 성적이 낮기 때문이다. 내 기필코 공부를 열심히 하여 성적을 올리리라.' 이처럼 교육은 어떤 교과목의 지식보다도 자신의 생생한 경험으로부터 배우는 것이 중요하다고 생각한다."(서울대학교 학생 ○○○)

이것은 교육의 전형적인 사태일까? 다행히 그 학생이 그렇게 결심을 하고 학교로 돌아왔으니 망정이지, 만일 그 학생이 그 길로 학교를 뛰쳐나가 영영 돌아오지 않았다거나 교사와 사회를 원망하며 나쁜 길로 빠져들었다면 어떻게 되었겠는가? 그 경우에도 저 사태가 교육의 전형적인 사태의 예가 되겠는가? 어쩌면 학교를 뛰쳐나가 인생을 망친 예로서 다른 학생들에게 다른 의미의 '교육적' 사례가 되었을지도 모른다. 어떠한 경우이든 그 일이 교육적 의미를 가지려면 교사로부터 매를 맞은 일 자체가 아니라 그것에 대해 어떻게 생각하고 받아들였는가에 달려 있다.

이처럼 삶으로부터 배우는 일은 그저 살기만 해서는 일어나지 않는다. 자신의 경험을 구조화하여 이해할 수 있는 개념의 틀이 있어야 한다. 그래서 듀이는 "사회생활은 의사소통과 동일하며 모든 의사소통은 (따라서 모든 사회생활은) 교육적인 의미를 가지고 있다."고 하였다(Dewey, 1916, p. 16). 그리고 더 나아가 그 경험이 교육이 되려면 일정한 방식으로, 즉 교육적인 방식으로 해석되어야 한다. 삶 자체가 교훈적인 것이 아니라 그 삶의 의미를 어떻게 받아들이는가가 중요하다. 그래서 좋은 행동을 하는 사람을 보고는 좋은 점을 본받아야 하지만, 나쁜 행동을 하는 사람을 보고는 저렇게 해서는 안 된다는 것을 배워야 하는 것이다. 이 말은 곧 삶 그 자체가 아니라 좋은 행동과 나쁜 행동, 좋은 삶과 막된 삶 등에 대한 가치 판단이 교육에서 중요함을 의미한다.

2) 교육과 '잘 삶'

'교육'과 '잘 사는 것(잘 삶)'의 관계는 두 가지로 파악될 수 있다. 하나는 개념적 관계이고, 다른 하나는 사실적 관계이다(이홍우, 1993, p. 104). '교육'과 '잘 사는 것'이 개념적 관련이 있다는 것은 마치 '총각'이 개념상 '결혼하지 않은 남자'를 의미하는 것과 마찬가지로, '교육을 받고 사는 것'을 개념상 '잘 사는 것'이라고 받아들인다는 의미이다. 이 경우 '잘 사는 것'의 의미는 '교육을 받는 것'에 비추어 규정된다. 이에 비해 이 둘의 관계를 사실적 관계로 파악할 경우에는 교육받은 사람이 잘 사는가를 조사해 본 후 그 조사 결과에 따라 '그렇다' '아니다'라고 답변할 수 있다. 이 경우에는 조사를 하기 이전에 이미 '잘 사는 것'의 의미가 결정되어 있어야 한다.

이홍우(1993, pp. 99-120)는 ① '교육을 받으면 잘 사는가' 그리고 ② '교육을 하는 사람은 더 잘 사는가'라는 한 쌍의 질문을 통해 이 문제를 다루고 있다. 그에 따르면 보통 사람들은 ①의 질문에 대해서는 '예'라고 대답을 하는 반면 ②에 대해서는 '아니요'라고 대답을 하기 마련인데, 그 까닭은 ①에 대해서는 교육과 잘 사는 것의 관계를 개념적으로 파악하고 답변하는 데에 비해 ②에 대해서는 그 관계를 사실적인 것으로 파악하고 답변하기 때문이라는 것이다. 통상적으로 잘 산다는 것은 경제적으로 윤택하게 사는 것을 의미하며, 대체로 교사들은 별로 잘살지 못하기 때문이다.[2)]

2) 그러나 최근 교직이 가장 안정적인 직장 중의 하나로 손꼽히면서 이에 대해 종종 다른 답변을 듣게 된다.

재산이 어느 정도 있어야 경제적으로 윤택하다고 할 수 있는가는 사람에 따라 다소간 기준이 다를 수 있겠지만, "아무개는 잘사는 집 아이이다."라고 말할 때 잘사는 집이란 대체로 부잣집을 의미하기 마련이다. 이처럼 잘 산다는 것을 한마디로 돈과 권력을 가지고 사는 것을 말한다고 한다면, 교육을 받은 사람 모두 아니면 대부분이 돈과 권력을 가지고 산다고 말할 수는 없을 것이다.

이 한 쌍의 질문을 통해 저자가 말하고자 했던 것은 두 질문에서 '교육'은 같은 의미를 가져야 하며, ②의 질문에서 성립한 잘 사는 것의 의미가 ①에 적용되지 않으므로 ①의 질문에서 성립한 교육과 잘 사는 것 사이의 개념적 관계가 ②에도 적용되어야 한다는 것, 따라서 잘 사는 것의 의미는 교과를 가르치고 배우는 일의 의미에 비추어 규정되어야 한다는 것이다. 이는 교육을 이러저러한 삶의 맥락 속에서 우발적으로 일어나는 일로 보지 않고, 인간 백사(百事) 중의 하나, 다시 말해서 사회 속 하나의 삶의 양식으로 보는 것이다. 교육을 하고 받는 것이 잘 사는 삶이라면 그 일에 종사하지 않는 사람들은 최대한 교육에 붙박혀 있는 잘 사는 삶의 의미를 구현하려고 애쓰면서 살아야 할 것이다.

요즈음 '웰빙'이라 하여 잘 먹고 잘 사는 것에 대한 관심이 높은데, '웰빙'은 단지 운동을 하고 유기농 식품을 먹는 것이 아니라, 총체적으로 어떻게 사는 삶이 잘 사는 삶인가의 문제이다. 이 점에서 아리스토텔레스(Aristoteles)가 말한 '에우다이모니아(Eudaimonia)'의 의미를 살펴보는 것은 이 문제를 생각하는 데에 큰 빛을 비추어 주리라 생각된다.

일찍이 아리스토텔레스는 『니코마코스 윤리학』에서 사람이 추구하는 가장 궁극적인 선을 '에우다이모니아'라고 하였다. 에우다이모니아는 보통 영어로 'happiness'라고 번역되고 다시 우리말로는 '행복'이라고 번역되고 있지만, 그 의미에 좀 더 가깝게 옮긴다면 '잘 삶'[3]이라 번역할 수 있다. 그래서 영어로도 'happiness' 외에 'good life' 혹은 'well-being'으로 번역하며, 문맥에 따라 'fulfilled life'나 'actualized life' 등으로 쓰이기도 한다.

아리스토텔레스는 에우다이모니아에 대해 두 가지 견해를 피력하고 있는데, 하나는 좀 더 '포괄적인 견해'이고 다른 하나는 '주지주의(主知主義)적 견해'이다. 포괄적인 견해는 건강이나 부, 명성, 우정 등을 행복의 요소로 포함시킨다. 그러나 그중

3) '잘 삶'은 문법에 어긋난 표현이나, 근래에 'well-being'의 번역어로 사용되면서 하나의 용어로 굳어졌다.

에서 이성이 가장 주요한 요소이다. 건강해도 부유해도 행복하지 않은 경우가 있으며 따라서 이들 요소는 가장 중요한 요소가 아니다. 이들 요소들은 이성에 의해 제어되어야 한다. 더 나아가 아리스토텔레스의 두 번째 견해에서는 이론적이고 관조적인 사고를 하는 것이 잘 사는 것이라고 주장한다.

이 '주지주의적 견해'에 의하면, 잘 산다는 것은 인간이 가진 고유한 특성을 최대한 발휘하며 사는 삶이며, 인간이 가진 고유한 특성은 이성이므로 잘 산다는 것은 이성을 최대한 발휘하는 삶이라고 볼 수 있다. 그리고 이성을 최고로 발휘한 상태는 '관조(contemplation)'이다. 관조에 대해 아리스토텔레스는 『니코마코스 윤리학』에서 다음과 같이 설명하고 있다.

> 잘 삶(행복)이 하나의 활동이라면 그것은 관조적인 것임에 틀림없다. …… 왜냐하면 첫째, 관조는 최선의 활동이기 때문이다. 이성은 우리 속에서 최선의 것이며, 이성의 대상은 인식할 수 있는 대상 가운데 최선의 것이다. 둘째, 관조는 가장 연속적인 활동이기 때문이다. 다른 활동과는 달리, 진리를 관조하는 일은 지속적으로 할 수 있기 때문이다. 셋째, 관조의 활동은 자족적인 활동이기 때문이다. 넷째, 잘 삶은 여가에 의존하고 있기 때문이다(Aristotle, 1177a, 1177b).

'관조'란 불변하는 것에 대한 인식이다.[4] 이 점이 아리스토텔레스 윤리 사상의 한 특징이다. 그는 인간이 어떻게 살아야 하는가에 대해 인간의 가장 탁월한 상태, 즉 아레테(areté: 덕)에 대해 도덕적인 덕과 지적인 덕으로 나누어 논의하면서, 인간의 가장 최상의 상태를 '관조'의 상태로 표현했던 것이다. 아리스토텔레스에 따르면 인간은 관조의 상태를 누리기 위해 부단히 애써야 한다. 그리고 관조는 여가를 통해 도달할 수 있다. 이 점에서 영어 '학교(school)'의 어원이 그리스어 '여가(schole)'에서 비롯된 것을 상기할 필요가 있다. 우리는 여가를 내어 학교에 가서 교육을 받으며, 그 교육의 의미는 인간을 가장 탁월한 상태에 있도록 하는 것, 즉 이성적 삶을 누리도록 하는 데에 있다.

---

4) 아리스토텔레스는 살아가는 동안에 어떤 목적을 달성하기 위해 수단을 강구할 때 혹은 어떤 선택을 해야 할 때 사려 깊게 생각해야 한다고 보지만, 그에 대해서는 용어를 달리하여 '숙고(deliberation)'라는 용어를 사용하고 있다.

'잘 사는 것'의 의미를 이성의 발달에 두는 이러한 입장은 현대에 들어와 피터스(R. S. Peters)와 허스트(P. H. Hirst)를 비롯한 자유교육론자들에 의해 계승되었다. 피터스나 허스트에 의하면 교육은 합리적 마음을 계발하는 것이며 합리적인 마음으로 살아가는 것 그것이 바로 잘 사는 것이다. 합리적인 마음의 계발은 오랜 세월 동안 인류가 이 세계를 이해하기 위해 축적해 온 지식과 경험의 형식에 입문시킴으로써 이루어진다(Peters, 1965).

그러나 나중에 허스트는 자신의 합리주의(合理主義)적 입장을 수정, 확장하게 된다. 후기 허스트에 의하면 잘 산다는 것은 '풍성한 삶' '인간의 전반적인 욕구를 장기적인 관점에서 최대한 실현하는 삶'을 의미하며, 이를 위해서는 무엇보다 이론적 · 추상적 성격을 띤 지식의 형식이 아닌, 자신이 종사하고 있는 사회의 '지식, 태도, 감정, 덕, 기술, 성향과 그것을 포함하는 구체적이고 실질적인 실제의 복합체'인 '사회적 실제(social practice)'에 입문함으로써 가능하다. 여기서 말하는 '사회적 실제'는 '사회적으로 발달된 일관성 있는 행동 양식'으로 지식, 신념, 판단, 성공의 준거, 원리, 기술, 성향, 감정 등의 요소들이 복합체를 구성하고 있다(Hirst, 1999, p. 127; 유재봉, 정철민, 2007, p. 12에서 재인용).

허스트에 따르면 좋은 삶을 영위하기 위해서는 그 사회의 지배적이거나 합리적인 사회적 실제인 '기본적 실제'에 입문되어야 한다. 그는 기본적 실제를 여섯 가지 영역으로 제시하고 있다. 구체적으로 열거하자면, ① '물리적 세계'에 대처하는 것과 관련된 실제, ② '의사소통'과 관련된 실제, ③ '개인과 가정생활'의 관계성과 관련된 실제, ④ '광범위한 사회적 실제', ⑤ '예술과 디자인'에 관련된 실제, ⑥ '종교적인 신념과 근본적인 가치'에 관련된 실제이다(Hirst, 1993, p. 35).

이와는 다른 의미에서 교육과 잘 삶의 관계를 다룬 학자는 나딩스(N. Noddings, 2003)이다. 나딩스에 의하면 교육은 잘 사는 것(happiness)과 긴밀하게 관련되어 있다. 교육의 목적은 잘 사는 것에 두어야 하며, 좋은 교육은 개인적이건 사회적이건 잘 삶에 실질적으로 기여해야 한다(Noddings, 2003, p. 1). 나딩스는 아리스토텔레스의 주지주의적 행복 개념을 비판하면서 좋은 삶의 원천을 개인적 영역과 공공적 영역으로 나누어 살펴보고 있다. 그는 잘 살기 위한 교육내용으로 개인의 삶과 관련된 다섯 가지 영역과 공적인 삶과 관련된 세 가지 영역을 제시한다. 개인의 삶을 위해서는 가정 만들기, 장소에 대한 사랑, 양육, 개성과 영성, 사람들 간의 성장에 대해 가르쳐야 하며, 공적인 측면에서는 직업을 위한 준비, 공동체 · 민주주의와 봉사 그리고 학교와 교실에서의 행복에 대한 교육이 이루어져야 한다는 것이다(Noddings, 2003: Part II, III).

후기 허스트나 나딩스처럼 주지주의적인 '행복' 개념을 비판하는 입장들은 당시 사회에서 추구되는 여러 가치를 교육적 가치로 혼입함으로써 교육을 여러 잡동사니의 혼합물로 만들어 버릴 위험이 있다. 교육이 순전히 지식으로만 이루어지는 것은 아니지만 교육 활동의 중심에는 지적인 이해가 있다는 것을 잊어서는 안 된다.[5] 보통 사람들은 많이 배우는 것이 삶의 태도에 별다른 영향을 미치지 못하는 것으로 말하곤 한다. 아니 어쩌면 거꾸로 많이 배울수록 배운 지식을 교묘히 활용해 부와 권력을 누리면서 못 배운 사람을 무시하고 오만방자해지기 마련이라고 생각한다. 그래서 "든 사람, 난 사람, 된 사람" 이야기를 통해 흔히 전해지듯이, 머릿속에 든 것이 많은 사람이나 사회에 나가 출세한 사람이 아니라 먼저 "사람이 되어야 한다."고 말한다. 그러나 어떻게 사람이 될 것인가? 교육은 바로 가르쳐서 사람을 만들려고 하는 일이다. 그 가르치는 일에는 하나하나의 행동거지도 있지만, 책을 읽고 공부를 열심히 한 그 머리로 스스로 생각하도록 하는 것이 교육의 중심일 것이다. "든 사람, 난 사람, 된 사람" 이야기를 교육과 관련하여 다시 말해 보자면, 교육은 사람의 머릿속에 많이 들도록 하여 사람이 되도록 하는 일이며, 그런 사람이 소위 '출세'하여 세상을 위해 일하게 될 때 세상은 밝은 덕으로 가득 차게 될 것이다.[6]

3) 생활교육

교육에서 가장 기초가 되는 것이 생활교육일 것이다. 생활교육은 어린 시절에 다른 어떤 교육보다 먼저 시작된다는 점에서 기초일 뿐만 아니라, 바른 습관과 생활 위에 이성의 교육이 자리 잡을 수 있다는 점에서 교육의 기초가 된다.

생활교육은 먼저 가정에서부터 시작된다. 그러나 최근 가정에서 부모가 자녀의 생활습관을 바르게 형성하는 데에 힘을 쏟기보다는 조기영어교육이나 수행평가에

5) 이와 관련해서 학교교육과 가정교육의 차이를 '생활교육'에서 좀 더 논의하게 될 것이다.

6) 이는 『대학』에 나타난 사상을 염두에 둔 것이다. 『대학』의 첫머리는 "대학지도 재명명덕 재신(친)민 재지어지선(大學之道 在明明德 在新(親)民 在止於至善)"으로 시작한다.

서 높은 평가를 받기 위한 예능교육 등 학교 성적을 올리기 위한 활동에만 열을 올리는 모습을 종종 볼 수 있다. 또한 각 신문마다 공부 잘하는 자녀의 부모가 등장하여 가정에서 실행한 자녀교육의 노하우(knowhow)를 공개하는 것이 유행처럼 번지고 있으며, 그것이 가정교육의 모범적인 사례처럼 여겨지기도 한다.

흔히 교육의 장을 가정, 학교, 사회로 나누어 각각의 장에서 이루어지고 있는 교육을 가정교육, 학교교육, 사회교육이라 한다. 만일 가정교육, 학교교육, 사회교육이라는 말이 단지 교육이 이루어지는 장을 구분하는 말에 불과하다면, 가정에서 이루어지는 교육과 학교에서 이루어지는 교육, 사회에서 이루어지는 교육이 다 같아야 할 것이다. 그러나 이 각각을 다 '교육'이라고 말하지만, 가정, 학교, 사회라는 각 교육의 장에서 이루어지는 교육의 성격은 같다고 보기 어렵다. 다시 말하면 '가정교육' '학교교육' '사회교육'이라는 말은 단지 교육이 이루어지는 장을 가정, 학교, 사회로 구분하여 지칭하는 것이 아니라 각각 성격이 다른 교육을 지칭하는 표현으로 쓰이고 있다.

우선 이러한 표현을 살펴보자.

피타고라스의 정리도 모르는 것을 보니 가정교육이 형편없군.

누가 이런 말을 한다면 우리는 모두 실소를 금할 수 없을 것이다. '가정교육'이라는 말은 이 맥락에 전혀 어울리지 않기 때문이다. 한국 사람이라면 누구나 '가정교육'이라는 말을 이런 방식으로 사용하지 않는다. 요즘 조기영어교육을 위해 각 가정에서 이제 막 말을 배우기 시작한 아이에게 영어로 말을 건다거나 영어 비디오를 보여 준다거나 온갖 노력을 기울여 영어를 익히게 하려고 애쓰고 있다는 기사가 보도된 적이 있다. 그러나 우리는 그러한 것을 '가정교육'이라고 하지 않는다. 이는 "아이가 영어 한마디 제대로 못하다니 요즘 가정교육이 잘못되고 있다."고 하는 말이 얼마나 우스꽝스러운가 하는 점에서 잘 드러난다. '가정교육'이란 말은 다른 맥락에서 의미를 가진다.

어른에게 공손히 인사하는 것을 보니 가정교육을 잘 받았구나.

우리는 '가정교육'이라는 말을 이렇게 사용하고 있다. 어릴 때 방에 길게 누워 있다가도 아버지께서 들어오시면 일어나 인사하고 다리 접고 앉아 있었던 기억이 난다. 어른 앞에서 다리 뻗고 앉거나 누워 있으면 안 된다고 어머니께서 늘상 말씀하셨던 것이다. 이런 세세한 몸가짐에 관한 것뿐만 아니라 존댓말을 쓰는 것, 일찍 자고 일찍 일어나는 것과 같이 생활습관을 바르게 형성하는 것, 남의 물건을 훔치지 않고 거짓말을 하지 않는 등 기초적인 사회생활의 규범을 익히고 실행하도록 하는 것 등이 가정교육을 통해 가르치고자 하는 내용이다.

가정교육이 가지는 이러한 특성을 가장 잘 드러내는 말이 영어의 'discipline'이다. 이는 '훈육'이라고 번역되고 있지만, 우리말의 '가정교육'에 해당하는 영어를 찾아볼 때 가장 근접한 말이라 하겠다. 이는 우리말에서 '가정교육'이라고 할 때 그 '교육'의 의미는 '학교교육'에서 '교육'이 주로 교과교육을 의미하는 것과 달리 생활교육의 의미를 담고 있음을 보여 준다.

'학교교육'이라는 말도 마찬가지이다. 물론 학교라는 장에서 이루어지는 교육이 학교교육이며, 학교에서는 비단 교과교육만이 아니라 생활교육도 이루어지지만, 학교교육의 핵심은 교과교육이라고 할 수 있다. 교과에 담겨 있는 내용, 사고방식, 아이디어를 통해 사람을 만들어 가는 과정, 그것이 바로 학교교육을 통해 하고자 하는 일이다. 이 점에서 가정교육과 학교교육은 성격상 구분된다. 즉, 가정교육과 학교교육은 비단 교육이 이루어지는 장이 다르다는 점뿐만 아니라 그 교육의 성격이 다르다는 점에서 구분된다. "피타고라스의 정리도 모르다니, 요즘 학교에서 공부를 제대로 시키고 있는 거야?" 이러한 표현이 자연스러운 것처럼 학교교육은 지식교육을 그 중심에 두고 있다. 요즘 부모들이 각 가정에서 자녀교육에 온 힘을 쏟고 있지만 갈수록 가정교육이 약화되고 있는 것은 가정교육의 본령을 도외시한 채 학교나 기타 다른 기관에서 담당해야 할 부분에 매진하고 있기 때문이다. 물론 학생은 학교에서 긴 시간을 보내고 있기 때문에 교과지도와 더불어 생활지도가 함께 이루어져야 하는 것은 말할 것도 없다.

우리는 통상 한국인의 교육열이 높다고 말하고 때로는 높은 교육열에 의해 초래되는 폐해에 대해 개탄하기도 한다. 한국인의 교육열은 단지 표면적인 현상이 아니라 우리 의식구조 속에 깊이 뿌리박고 있다. 이는 우리의 의식을 지배하고 형성하는 우리말 속에서 찾아볼 수 있다. 우리 사회가 얼마나 교육을 중요시하고 교육에 대한 열의가 높은가 하는 점은 우리말에서 '교육'이라는 말이 어떤 말과도 잘 결합되고 그 의미가 대단히 포괄적으로 쓰이는 것을 통해서 드러난다. 예컨대, 영어로는 home education,[7] society education, consciousness education, manner education과 같은 표현을 하지 않는 데 비해, 우리말에서는 가정교육, 사회교육, 의식교육, 예절교육이라는 말이 자연스럽게 통용된다. 심지어 우리는 '태교'라 하여 아직 뱃속에 있는 태아에 대해서도 '교육'한다고 말한다.

태교는 중국에서 우리 전통사회에 전래되어 교육지침으로 인정된 것이다(유안진, 1988, p. 37). 그러나 태아를 교육한다는 것이 무슨 뜻인가? 지금송은 "태교는 문자 그대로 사람이 어머니 뱃속에서 받는 교육, 즉 임신 중 어머니의 온갖 행위다."라고 정의하였다(유안진, 1988, p. 23에서 재인용). 그러나 이는 문자 그대로의 의미가 그렇다는 것인지 태아가 뱃속에서 어떻게 교육받는다는 것인지 그 의미가 불분명하다. 이에 유안진은 태교를 "임부가 태중의 아기를 인간으로 형성, 발달시키기 위한 교육적 노력"이라고 정의하였다. 이는 "임신 중 부인이 정신을 수양하고 행동을 조심함으로써 태아에게 좋은 영향을 주려는 노력"(세계대사전; 유안진, 1988, p. 24에서 재인용)이다. 전통적으로 태교의 내용은 아이를 가진 엄마가 보고 듣고 말하고 먹고 행하는 모든 것에 조심하고 금해야 할 것으로 이루어져 있듯이, 이는 태아가 신체적, 정서적으로 건강하게 자라나는 데에 도움을 주기 위한 것이다.

최근에는 서양에서도 이처럼 임산부가 태아에게 좋은 영향을 미치려고 노력하는 것을 볼 수 있다. 미국에서는 임산부를 위한 강좌가 인기를 끌고 있는데, 이를 'parenting class'라고 한다. 그 내용은 주로 임산부가 태아의 발달과정을 이해하고 약물이나 음식 등을 조심하여 태아에 나쁜 영향을 미치지 않도록 심신을 건강하게 하는 데에 도움이 되는 것들이다. 요컨대, 임산부는 뱃속의 태아를 '교육'할 수 없고 '훈육'할 수도 없다. 다만 그는 태아에게 긍정적인 영향을 줄 것으로 기대하면서 몸과 마음을 바르게 하려고 노력할 뿐이다. 그러나 우리는 이를 '태교'라고 하여 교육의 영역으로 생각하고 있으며, 그럴 정도로 '교육'이라는 말을 폭넓게 사용하고 있음을 알 수 있다.

사람됨의 기초는 생명이 잉태되어 사람의 형체가 형성될 때부터 이루어지며, 생

7) 최근 home education이란 말이 사용되고 있는데, 이는 home schooling과 같은 의미로서 우리말의 가정교육과는 의미가 다르다.

후에는 모든 행동거지 하나하나를 바르게 함으로써 어릴 적 훈육이 그 이후 본격적인 유학 공부에 대해 기초가 된다고 본 것이 전통적인 교육의 모습이다. 격물치지(格物致知)로 시작하여 성의(誠意), 정심(正心), 수신(修身), 제가(齊家), 치국(治國), 평천하(平天下)로 이어지는 통치자와 지도자 형성의 길을 설파한 것이 『대학』이라면, 이러한 『대학』 공부의 기초로 제시된 것이 '쇄소응대(灑掃應對)'의 가르침을 전한 『소학』이다. 주자는 『소학』의 서문에 해당하는 소학서제(小學書題)에서 다음과 같이 말하고 있다.

> 『소학』에서는 물 뿌리고 쓸며, 응대하고 대답하며, 나아가고 물러가는 예절과 어버이를 사랑하고 어른을 공경하며, 스승을 존경하고 벗과 친하게 지내는 도리를 가르쳤다. 이것은 모두 '몸을 닦고 집안을 가지런히 하며 나라를 다스리고 천하를 평안히 한다'는 『대학』의 가르침의 근본이 된다. 반드시 어릴 적에 배우고 익히도록 한 것은 배움은 지혜와 함께 자라고, 교화는 마음과 함께 이뤄지게 해서 그 배운 것과 실천이 서로 어그러져 감당하지 못하게 되는 근심을 없게 하고자 해서이다(주희, 유청지 편, 1999, p. 23).

이처럼 생활교육은 생활 속의 소소한 행동에서 취해야 할 태도와 예절을 가르친 것으로 그것이 궁극적으로 세상에 나아가 지도자, 통치자로 서도록 하는 '큰 공부'의 밑거름이 된다. 오늘날 대부분의 아이에게 해당되지 않는 '물 뿌리고 마당 쓰는 일'은 일상사의 다양한 사태에서 바르게 행동하는 것으로 이해되어야 한다. 이러한 근본을 무시하고 오로지 자녀의 출세만을 겨냥하여 어릴 때부터 가정에서 점수 올리기 경쟁에만 몰두한다면, 결국 자녀를 '큰 사람'으로 성장시키는 일에도 성공하지 못할 것이다. 이러한 사태의 최악의 결과는 교육이 '사람'을 만드는 일이라는 교육의 근본 역시 망각하도록 한다는 것이다. 자녀의 봉사 점수를 위해 부모가 대신 봉사에 나선다거나, 봉사활동 없이 지인을 통해 점수를 받도록 알선한다든가 하는 사례를 볼 수 있는데, 그런 부모에게 과연 교육을 무엇이라고 생각하는지, 그런 부모의 행동이 자녀에게 어떤 교육적 영향을 줄지 생각해 봤는지 묻고 싶다.

4. 맺음말

마지막으로 글머리에서 언급한 청뢰 한기언 선생님과의 인연을 소개하면서 교육과 삶과 생활에 대한 필자의 단편적인 생각을 늘어놓은 이 글을 맺고자 한다. 필자는 학부 시절에 한기언 선생님의 강의를 수강하지 못했다. '교육사' 과목이 전공필수였으나 다른 분이 강의하셨기 때문이다. 그 후 대학원에서 선생님의 강의를 수강할 기회가 있었는데, 가장 기억에 남는 수업은 박사과정 첫 학기이다. '동양교육고전연구'라는 강좌였는데, 신청자가 필자를 포함하여 딱 두 명이었다. 다른 한 학생은 현직 교사로서 오전에 수업을 들으러 나오기가 부담스러워 선생님께 강의 시간을 오후로 옮겨 주실 것을 청하였다. 학생이 두 명뿐이니 쉽게 옮길 수 있으리라는 그 학생의 기대와는 달리, 한기언 선생님은 "그냥 그대로 하지요."라고 말씀하셨고, 그 학생은 수강을 포기하였다. 결국 수강생은 달랑 필자 한 명만 남았다. 과목이 과목인지라 수업계획서는 논어로부터 맹자, 대학, 중용, 효경, 손자, 노자, 장자, 순자, …… 주자(朱子)의 근사록, 왕양명(王陽明)의 전습록까지 16주 수업에 15권의 책을 읽고 그 교육사상을 논하는 것으로 되어 있었다. 대학원 수업이란 보통 여러 명의 학생이 각기 돌아가며 준비해 발표하는 식으로 이루어지는 것이 상례인데, 수강생이 필자 한 명이니 매주 필자 혼자 발표해야 하는 상황이 되었다. 선생님 연구실에 마주 앉아 필자가 공부한 내용을 발표하면 선생님께서 간간이 의견을 말씀하시는 형태로 수업이 진행되었는데, 수업 준비를 안 하거나 소홀히 하면 그 수업 자체가 이루어지기 힘든 상황이니, 필자는 매주 전쟁이라도 치르듯이 치열하게 한 학기를 보내게 되었다. 돌이 안 된 아이를 재워 놓고 밤새워 책을 읽던 기억이 아직도 생생하다. 돌이켜 보면 정말 어려운 시절이었지만, 어려웠던 만큼 얻은 것도 많았던 수업이었다. 그 수업을 통해 『효경』을 처음 읽게 되었는데, 그때 읽은 내용이 두고두고 기억에 남는다. 비단 『효경』뿐만 아니라 그때 읽었던 책과 수업 시간에 선생님과 나누었던 이야기들, 그리고 평소 선생님께서 보여 주셨던 학자와 생활인으로서의 건강하고 성실한 자세는 배운 바대로 살고자 하는 나의 삶에 큰 밑거름이 되었다.

✪ 참고문헌

유안진(1988). 한국 전통사회의 유아교육. 경기: 정민사.

유재봉, 정철민(2007). “후기 허스트의 ‘잘 삶’ 개념과 교육”. 교육과정평가, 제10권 제1호, 한국교육과정평가원.

이홍우(1993). 교육의 목적과 난점(제5판). 서울: 교육과학사.

주희, 유청지 편. 윤호창 역(1999). 소학. 서울: 홍익출판사.

한기언(1979). 현대인과 기초주의. 서울: 세광공사.

한기언(1996). 한국현대교육철학: 기초주의의 탄생과 성장. 서울: 도서출판 하우.

한기언(2001). 21세기 한국의 교육학. 경기: 한국학술정보[주].

한기언(2002). 기초주의 교육학. 경기: 한국학술정보[주].

한기언(2004). 기초주의의 세계. 서울: 기초주의연구원.

Aristotle. *Nicomachean Ethics.*

Dewey, J. (1916). 민주주의와 교육(*Democracy and Education*). 이홍우 역(1991). 서울: 교육과학사.

Hirst, P. H. (1993). The foundations of national curriculum: why subjects?. In: P. O'Hear and J. White (Eds.). *Assessing the National Curriculum*. London: Paul Chapman Publishing Ltd.

Hirst, P. H. (1999). The nature of educational aims. In R. Marples (Ed.). *The Aims of Education*. London: Routledge.

Noddings, N. (2003). *Happiness and Education*. Cambridge university press.

Peters, R. S. (1965). 윤리학과 교육(*Ethics and Education*). 이홍우 역(1988). 서울: 교육과학사.

White, J. (1990). *Education and the Good Life*. Kogan Page Ltd.

제10장

『민주주의와 교육』에 나타난 지성의 한계와 가능성

기 초 주 의 의 세 계

최광만

1. 들어가며

자생적 교육학으로서의 '기초주의'와 관련하여 듀이(J. Dewey)의 『민주주의와 교육』을 거론하는 것은 어색할 수 있다. 그러나 '자생적'이라는 말을 반드시 발생론적인 의미로 해석할 필요는 없을 것 같다. 자생적 교육학이 문제가 되는 것은 그 교육이론이 한국인에게 유의미한가 여부에 달려 있지 그것이 반드시 한국산일 필요는 없기 때문이다. 이미 한기언도 한국의 교육적 예지에 비추어 보아 새로운 교육철학의 구축에 힘써야 할 것을 요구하면서 듀이의 교육철학에 대한 활발한 비판이 전개되어야 할 것이라고 말한 바도 있다.[1)]

듀이의 교육철학이 한국인에게 유의미한가의 여부는 여러 측면에서 논의할 수 있지만, 이 글의 관심은 그가 당시의 미국교육 현실을 비판하는 문제의식이 현대 한국교육에도 여전히 적용될 수 있다는 데에 있다. 듀이가 당시의 교육현실을 '책에 의존하는 가짜 지식교육'[2)]이라고 비판한 것에는 학교에서의 교육이 진정한 지식교육이 되어야 한다는 그의 열망이 담겨 있기 때문이다.

듀이의 이러한 '가짜 지식교육'이라는 표현은 그의 다른 주장들과 마찬가지로 중

1) 한기언(1990), p. 87.

2) 듀이 저, 이홍우 역(1987), p. 66. 듀이는 이외에도 '고립된 지식교육'이라는 표현을 사용하기도 한다.

층적인 의미를 가지는데, 하나는 학교에서의 교육이 실제적인 생활과 유리되었다는 점에서의 가짜라고 할 수 있고, 다른 하나는 학교에서의 교육이 교과의 지적 특성을 외면한 채 기계적으로 이루어진다는 점에서의 가짜라고 할 수 있다. 듀이에게 이 두 측면은 구분할 필요가 없는 동일한 현상일지 모르겠지만, 과연 그런지는 좀 더 심층적인 분석을 필요로 한다. 그동안 듀이의 지성 또는 지적 경험에 대한 찬반 양론은 이 두 측면 가운데 어느 하나를 강조한 결과로 이해되며,[3] 듀이에게 이 두 측면이 모두 존재하는 한 현재의 평행선은 해소될 것 같지 않다. 한편에서 듀이가 이론과 지식의 성격을 부당하게 왜곡시킴으로써 사회생활에 유용한 문제해결 능력만을 부각시켰다고 비판하면, 다른 한편에서는 듀이가 반성적 경험과 과학적 사고를 강조하는 진정한 주지주의자라고 옹호한다. 그러나 이 과정에서 양자의 대화는 점점 약화되고, 듀이의 문제의식은 점차 시야에서 사라지고 있는 듯이 보인다.

이 글에서는 이러한 배경에서 듀이의 문제의식을 공유하면서, 그가 제시한 지성 또는 지적 경험의 개념을 재분석하고 그 한계와 가능성을 탐색하는 데에 있다. 듀이의 문제의식을 공유한다는 말은 듀이가 표명한 논리만이 아니라 그가 애초에 가졌던 관심에도 주의를 기울인다는 말이다. 듀이의 도식을 그의 교육철학에 적용한다면 그의 이론은 그의 문제의식에서 파생된 것이며 그만큼 그의 이론에 대한 이해는 그의 문제의식에 비추어 이루어져야 한다고 여겨지기 때문이다.

2. 이론을 부정하는 지성

이 표현은 듀이를 비판하는 편에서 주로 제기하는 것이다. 비판론자의 입장에서 보면, 듀이의 주장은 결국, 이론은 실제에서 파생되며 실제에 적용되는 한에서 가치를 가지는 것으로 규정된다.[4] 이것은 이론의 발생과 가치에 대한 듀이의 입장을 요약한 것이라 할 수 있다. 이 견해에 따르면 듀이는 이론의 발생과 가치를 부당하게 실제적인 것으로 환원시킴으로써 이론의 본질적 특성을 외면한 것이 된다. 이때 실제적인 것이란 의식주로 대표되는 일상적인 것을 의미한다.

3) 듀이 교육철학에 대한 찬반 양론의 경향에 대해서는 다음의 글 참고. 박철홍(1994), pp. 315-317.
4) 듀이 저, 이홍우 역(1987), p. 5.

이러한 비판에 대해 듀이가 어떠한 식으로 답변할지는 알기 어렵지만, 이론의 발생과 이론의 가치 두 측면으로 구분하여 그의 주장을 살펴보면 다음과 같은 논의가 가능할 것이다. 우선 의식주와 같은 일상적 활동의 과정에서 실제적인 관심의 결과로 이론이 발생했다는 표현은 사실 『민주주의와 교육』에서 쉽게 발견할 수 있다. 섬유를 만들어 내다가 화학이, 수리사업을 하다가 기하학이 나타났다는 예시들은 듀이의 지식 발생론을 보여 준다. 이 점에서 보면 이론의 발생 문제에 관한 한, 듀이는 비판론자의 해석을 받아들일 수밖에 없어 보인다. 그리고 이 문제에 관한 한, 비판론에서도 충분히 논의했듯이 듀이의 이론은 문제를 안고 있다. 섬유를 만드는 관심과 수리사업을 잘하겠다는 관심이 아무리 강렬하더라도, 그것이 화학이나 기하학과 같은 이론적 관심으로 전환되지 않고는 해당 이론이 발생할 가능성은 없기 때문이다.

이에 반하여 이론의 가치에 대한 해석, 즉 이론은 일상적인 사태에 적용되는 한에서 가치를 가진다는 해석은 이것이 듀이의 주장인지, 그것도 핵심적인 주장인지는 검토를 요한다. 이를 위해서는 우선 듀이의 실용주의적 지식획득의 방법론을 살펴볼 필요가 있을 것 같다. 그는 다음과 같이 자신의 주장을 요약하고 있는데, 이때 그가 말하는 지식은 앞에서의 이론과 다른 의미가 아니다.

> 이 이론의 핵심적인 주장은 지식을 추구하는 행위는 환경을 의도적으로 변형시키는 활동과 연속성을 유지하고 있다는 것이다. 이 주장에 의하면, 엄밀한 의미에서 지식을 소유하고 있다고 말하기 위해서는 그것이 우리의 지적 자원이 되어야 한다는 것-다시 말하면 지식은 우리의 행동을 지적인 것이 되게 하는 모든 습관을 가리킨다는 것이다. 우리가 환경을 우리의 필요에 맞게 적응시키고 우리의 목적과 욕망을 우리가 살고 있는 상황에 맞게 적응시킬 수 있도록, 우리의 성향의 한 부분으로 조직되어 있는 것만이 참으로 지식이라고 말할 수 있다. 지식이라는 것은 지금 우리의 의식 속에 들어 있는 그 무엇이 아니라, 지금 일어나고 있는 일을 이해하는 데에 우리가 의식적으로 사용할 수 있는 성향을 말한다. 행위로서의 지식은 우리가 살고 있는 세계와 우리 자신과의 관련을 파악하여, 그렇게 함으로써 우리가 처하고 있는 혼란된 상황을 바로잡으려는 목적을 위하여 우리가 가지고 있는 성향의 일부를 의식에 떠올리는 행위이다.[5)]

5) 듀이 저, 이홍우 역(1987), pp. 515-516.

여기에는 듀이가 지식을 이해하는 최소한 세 가지 관점이 복합적으로 제시되어 있다. 성향으로서의 지식, 행위로서의 지식 그리고 환경과 자아의 상호적응(相互適應)으로서의 지식이다. 그에 의하면, 지식은 단편적으로 머리에 떠오르는 정보 같은 것이 아니라 주체의 내면에 습관화된 일종의 성향 같은 것이고(이 점에서 지식은 지성과 구분되지 않는다.), 관념적이고 추상적인 상징물에 그치는 것이 아니라 실제적인 행동을 지적인 것이 되게 하는 의지적 행위 같은 것이며, 그것은 자아와 세계의 관련을 파악하고 상호적응시키기 위한 목적을 가지는 것이다. 이러한 지식관은 세계 속에서 주체적으로 살아가는 개인을 전제로 하고 있다. 그 개인은 세계에 참여하면서 자아와 세계의 관련을 이해하고 또한 혼란된 상황을 해소하는 과정에서 지적 경험을 하게 된다. 그리고 지식은 이러한 의미에서만 가치를 가진다.

이러한 논리 전개는 듀이의 실제적 가치를 의식주와 같은 일상적인 가치로 환원시키는 것이 어렵다는 것을 보여 준다. 그가 실용주의적 지식론에서 제시하는 것은 지식이 단편적인 정보, 추상적인 관념에 그치지 않고 개인과 세계의 관계에 대한 의미 있는 해석과 변화를 성취할 수 있어야 한다는 포괄적인 주장이지, 일상적인 사태의 문제해결에 도움이 되는 지식만이 가치가 있다는 편협한 주장은 아니기 때문이다.

이 점과 관련하여 작업활동의 교육적 가치와 직업교육의 성격에 대한 그의 논의는 시사적이다. 듀이는 학교에서의 작업활동의 가치를 논의하면서, 인간의 근본적인 공통 관심사를 의식주와 같은 일상적 삶으로 제시하고 그러한 내용을 학습하는 것이 내재적 가치를 가질 뿐만 아니라 자유교육적 효과를 가진다고 한 것만 가지고 보면[6] 그는 분명히 의식주와 같은 일상적인 사태의 교육적 중요성을 인정한다고 보아야 한다. 그러나 직업교육에 대해서 '학교를 제조업이나 상업의 부대시설로 만드는 것이 아니라, 산업을 구성하고 있는 요인들을 활용하여 학교 생활을 더 활발하게 하고 직접적인 의미로 충만되게 하며 학교의 경험과 관련되도록 하는 것'[7]으로 규정하는 것을 보면, 직업교육은 모종의 교육적 경험을 중심으로 진행되어야 한다고 주장하는 셈이 된다. 듀이는 생계를 준비하기 위한 것으로 해석될 수 있는 직업교육조차 그것이 가지는 교육적 가치를 염두에 두고 있는 것이다. 실지로 듀이는

6) 듀이 저, 이홍우 역(1987), pp. 315-316.
7) 듀이 저, 이홍우 역(1987), p. 478.

직업교육과 취직교육을 구분하고 있다.

이렇게 보면 듀이의 지식론에 대한 비판은 그 발생론적 설명의 문제점을 지적한 점에 대해서는 일정한 의의가 있다고 할 수 있지만, 그 가치론에 대해서는 정곡을 찔렀다고 보기 어렵다. 실상 듀이의 문제점은 이론의 가치를 의식주로 환원되는 실제적 목적에 한정시킨 데에 있는 것이 아니라, 실제적이라는 의미가 지나치게 넓다는 데에 있다. 듀이에게는 의식주를 준비하려는 관심도 실제적이지만, 수학공부를 하려는 관심도 실제적이다. 즉, 이 둘은 모두 학습자의 마음을 끄는 한 실제적이다. 이렇게 보면, 듀이가 학습에서 지식(=이론)을 문제 삼는 것은 그것이 순수 이론이냐 실제적 이론이냐 하는 것이 아니라, 그것이 학습자의 마음을 몰입시키느냐 아니냐 하는 데에 있다. 듀이가 당시 학교교육을 비판하는 다음과 같은 주장은 이 점을 이해하는 데에 도움을 줄 수 있을 것이다.

> 학교사태를 두고 생각해 볼 때, 교사의 가르침을 받는 동안 학생들은 이론적 관조자(觀照者)로서 지식을 획득하는 사람이요, 지력(知力)의 에너지를 통하여 직접 지식을 받아들이는 마음을 가진 것으로 취급되는 경우가 너무나 허다하다.[8]
>
> 일반적으로 말하여, 수업방법에 있어서의 근본적인 오류는 학생들에게 이미 경험이 갖추어져 있다고 생각하는 데에 있다.[9]

듀이의 이러한 주장들은 당시의 학교교육에 대한 진단과 그 대안을 함축하고 있다. 실지로 듀이는 당시 미국의 학교교육이 '도야'[10]라는 명목하에 학생들에게 추상적인 정보를 주입하는 문제점을 심각하게 받아들였고, 그 대안으로 학습과정에서 실험이나 작업과 같은 실제적 활동의 도입을 제안하였다.

그러나 이때 듀이의 의도가 기존 교과의 패러다임을 원천적으로 부정하는 데에 있는 것은 아니다. 『민주주의와 교육』에서 듀이는 지리학, 역사학, 과학, 수학, 도

8) 듀이 저, 이홍우 역(1987), p. 221.

9) 듀이 저, 이홍우 역(1987), p. 243.

10) 듀이가 당시 학교교육이 형식적 도야이론에 의해 지배당하면서, 학생들에게 유해한 영향을 주고 있다고 비판하는 것은 이 책 곳곳에 보인다. 특히 "학습 내용은 일반적 도야를 위한 것이며, 여기에 성공하지 못하면 그것은 학생이 도야되려고 하지 않았기 때문이라는 것이다."라거나 "아이가 좋아하지 않는 내용이면 무엇을 가르치든지 상관없다."는 어느 풍자가의 말을 인용한 것 등은 그의 현실인식을 잘 보여 준다. 듀이 저, 이홍우 역(1987), pp. 211-212 참고.

덕 등의 교과를 검토하면서 각 교과의 중요성을 언급하고 있고, 이 과정에서 과학적 사고를 최상의 지적 경험의 모델로 제시하고 있다. 이 점에서 그의 견해는 기존 교과의 이론적 패러다임을 일상적 경험으로 해체해야 한다는 것이라기보다는 일상적 경험을 과학적 사고로 고양시켜야 한다는 주장에 더 가깝다. 즉, 오히려 듀이는 지식교육을 받지 못하면 일상적 삶에서 벗어나지 못할 학습자의 경험을 교과교육을 통해 지적으로 고양시킬 것을 요구하는 셈이다.

그렇다면 듀이의 문제는 그의 지적 경험 또는 지성의 개념이 일상적인 것과 이론적인 것이 혼합된 애매모호한 개념이라는 점만이 문제인가? 그렇지는 않다. 듀이가 설정하는 지적 경험 가운데 최상의 모델로 제시한 방법적 사고를 예로 들면, 이론적 측면을 강조하는 경우에도 문제가 나타난다.

듀이는 기계적 경험론을 비판하면서, 우리의 경험은 수동적인 것이 아니라 능동적인 측면이 공존하는 무엇이라고 말한다. 이 점에서 인간은 환경의 영향을 일방적으로 수용하는 것이 아니라, 어떠한 관심과 의지를 가지고 능동적으로 반응하는 존재로 부각된다. 예를 들어, 못에 찔려 고통을 느낄 때조차, 일방적으로 당하고 있는 것이 아니라 그러한 문제 사태를 해소하려는 반응을 보인다는 식이다. 그리고 듀이는 이러한 전제 위에서 방법적 사고의 출발점으로 문제 사태의 설정을 제시한다.[11]

그러나 정작 듀이는 사태를 문제로 규정하는 순간의 경험 그 자체의 성격에 대해서는 언급하지 않는다. 즉, 사태가 문제로 파악되는 경우, 그것을 가능하게 하는 요인에 대해서는 분석하지 않는다는 것이다. 이 점과 관련하여 인간의 경험을 상징의 세계에 입문하지 않은 단계와 상징을 구사하는 단계로 구분하는 것이 유용해 보인다. 상징을 구사하지 못하는 경우는 (비록 상상하기는 어렵지만) 아기가 배가 고파우는 사태를 예로 들 수 있다. 그 경우도 분명 문제 사태이지만 그것이 아이의 문제 사태인지 분명하지 않다. (어머니의 문제 사태가 아닐까?) 이에 반하여 상징을 구사할 수 있는 단계에서 배가 고프다는 것은 배가 고픈 그 사람의 문제로 인식되며 이제 그는 그것을 해결하려는 관심을 가지게 된다. 그러나 듀이에게는 이 두 경우가 질적으로 구분되지 않는다.

인간이 사태를 문제 사태로 파악하는 것은, 환경과의 상호작용에서 발생하는 것

11) 방법적 사고에 대해서는 듀이 저, 이홍우 역(1987) '11장 경험과 사고', '12장 교육에 있어서의 사고'에서 집중적으로 다루고 있다.

이기는 하지만 그것만으로는 충분하게 설명되지 않는다. 여기에는 사태를 문제로 설정하는 인식 또는 상징체계가 선행되어야 하기 때문이다. 현재의 정치상황이 정의롭지 않다는 점이 문제 사태로 파악되었다고 하자. 이러한 문제의식을 가지기 위해서는 그 사람이 정의라는 것이 존재한다고 생각해야 하고, 그것이 가치 있다고 받아들여야 한다. 그 사람은 어떠한 환경에서 정의라는 상징적 개념을 획득하게 되었을까? 이것을 환경과의 상호작용으로만 해석하게 되면 원천적으로 이 획득과정을 설명하기 어렵다. 실지로 그는 정의로운 상태를 경험했을 수가 없다. 역사상 한 번도(최소한 19~20세기 초의 미국에서는) 그런 적이 없었기 때문이다. 그럼에도 그가 정의가 존재하고 그것이 가치 있다고 생각하고 있다면(그렇기 때문에 지금이 문제 사태로 경험된다.) 그것은 교사나 주위의 어른들로부터 그런 것이 있다는 것, 그런 것이 가치 있다는 것을 배웠기 때문이다. 이 점에서 보면 그 사람의 문제 사태는 그냥 환경과 상호작용한다고 나타나는 것이 아니라, 사태를 상징적으로 경험함으로써만 성립하는 셈이다.

듀이를 옹호하는 편에서는 이러한 이론적 난점에 대하여 듀이의 경험을 재해석하면서 돌파구를 찾는다. 듀이의 경험 개념은 하나의 측면이 아니라 중층적인 것으로서 이미 경험의 개념 속에 반성적 측면이 들어 있다는 것이다.[12] 경험에 반성적 측면이 있다는 주장을 통해 듀이의 경험관이 지적 측면을 본질적으로 가지고 있다는 점을 드러내고, 이러한 확장된 경험 개념으로 문제 사태의 인식 가능성을 설명려는 것이다.[13] 그러나 이와 같이 듀이의 경험 개념을 확장하고 구분한다고 해서 듀이의 난점이 해소될 수 있는지는 의문이다. 이러한 시도는 듀이가 제시한 문제 사태의 설정이 의미를 가지려면 경험이라는 개념 속에 반성적(또는 상징적) 측면이 포함되어야 한다는 점을 인정하는 것일 뿐, 그 반성적 측면의 발생과 경험 전체와의 관련성을 본격적으로 설명하지는 못하기 때문이다.[14] 이 점에서 이러한 논의

12) 박철홍은 듀이의 경험을 총체적 경험으로 규정하고 질성적 경험(1차 경험), 반성적 경험(2차 경험), 완성적 경험(3차 경험)으로 구분한다. 박철홍의 주장이 듀이의 철학을 진정한 주지주의로 해석하는 데에 있는 것은 아니다. 그러나 듀이의 경험 속에 반성적 측면 또는 지적인 측면이 들어 있다는 것은 부정하지 않는다. 이 글에서 문제 삼는 것은 이와 같이 경험을 a의 측면, b의 측면, c의 측면으로 구분하는 그 자체에 있다. 박철홍(1994) 참고.

13) 또한 그 지식은 미적 체험이라고 하는 완성적 경험보다 하위의 단계로 제시함으로써 지식이 그 자체로 가치가 있는 것이 아니라, 인간적이고 미적인 경험을 위해서 의미를 가지는 것으로 이해된다.

14) 듀이의 경험을 이와 같이 몇 개의 측면으로 구분하여 설명하는 방식과 듀이의 일원론적 설명 방식의 관련은 보다 심층적인 논의가 필요하다.

는 듀이의 난점에 대한 해답이 아니라, 그의 경험 개념이 어떠한 점에서 더 설명되어야 하는지를 지적해 줄 뿐이라고 할 수 있다.

듀이의 이러한 난점은 그의 방법적 사고라는 개념 전체에 걸쳐 있다. 앞에서는 문제 사태의 인식만을 거론하였지만, 그의 이론적 난점은 가설 설정, 자료 수집, 가설 수정, 적용에 이르는 일련의 사고 과정 전체로 확대된다는 것이다. 기본적으로 듀이의 방법적 사고라는 개념은 인간의 사고를 밖으로 향하도록 설계되어 있다. 그럴 수밖에 없는 것이 이 사고의 틀은 듀이가 이해한 자연과학의 방법론을 차용한 것이기 때문이다. 여기에는 자기 자신에 대한 성찰이나, 영원성에 대한 관심은 결여되어 있다. 『민주주의와 교육』에서 듀이가 철학이나 종교에 보여 주는 무관심한 태도는 이 점을 잘 보여 준다. 우선 종교에 대해서는 언급하지 않으며, 철학에 대해서는 다음과 같이 말하고 있다.

> 과학이 단순히 세계에 관하여 알아낸 특수적 사실의 보고가 아니라 세계에 대한 일반적 태도—구체적인 행동지침과는 다른—를 나타낼 때 그것은 과학의 경지로 넘어간다.[15]

이러한 진술에는 자신의 무지를 자각하는 철학이나, 자아의 변혁을 지향하는 철학 대신 과학적 지식에 바탕을 둔 세계관으로서의 철학, 즉 외향적 철학만이 언급되어 있다. 이러한 외향적 철학 이외의 내향적 철학에 대해서는 그것을 관조의 태도로 규정하면서 "심미적인 영역에 속할 뿐, 지적인 것은 아니다."[16]라고 규정한다.

그러나 앞에서도 언급하였듯이, 듀이가 과학적 사고의 출발점으로 삼는 문제 사태의 인식은 그가 지적인 것에서 배제시킨 이러한 심미적 관조의 철학(또는 종교)에 깊은 뿌리를 두고 있다. 배고픔이나 갈증과 같은 유기체적 문제 사태가 아닌 정의나 행복과 같은 인간적이고 사회적인 문제 사태는 그것을 문제 사태로 성립시키는 상징적 기반이 과학에는 없는 것이다.

15) 듀이 저, 이홍우 역(1987), p. 489.

16) 듀이 저, 이홍우 역(1987), p. 512. 이 표현이 문제로 삼는 지적 활동의 내용은 "지식이 나타내고 있는 균형이나 질서를 훑어 보는 것"으로 되어 있어서 그 뜻이 애매하다. 사실 듀이에게 전통적인 철학은 이미 계급적이고, 이원론적인 것으로서 언급 자체가 불필요하다. 그러나 필자는 이 부분을 듀이가 전통적인 철학을 최대한 인정하는 논의로 해석한다. 이 경우에도 듀이는 "그것은 마치 잘된 그림이나 멋진 풍경을 볼 때 느끼는 기쁨과 같은 것"으로서 여전히 과학적이지 못한 상상에 불과할 가능성이 높은 것으로 간주된다.

이렇게 보면, 듀이의 주장은 애매모호한 경험론에 기반을 두면서, 과학적 사고를 모델로 삼은 기반 부재의 지식론이라고 할 수 있다. 그러나 듀이의 이러한 이론적 한계 때문에 그의 교육 현실에 대한 문제의식이 평가 절하되는 것은 아니다. 그의 이론 구성은 19~20세기 초의 실용주의(實用主義), 심리주의(心理主義)의 산물이며 그의 한계는 이러한 이론들의 한계에 영향을 받기 때문이다. 그러나 그의 교육적 관심은 이러한 이론적 한계에도 불구하고 여전히 현대 한국의 교육관계자들이 염두에 두어야 할 점이 있다.

3. 사회적 지성, 주체적 지성

『민주주의와 교육』의 끝부분에서 듀이는 자신의 주장을 다음과 같은 7개의 명제로 요약하고 있다.[17)]

① 인간의 충동과 본능은 자연 에너지와 생물학적인 연속성을 나타내고 있다.
② 마음의 성장은 공동의 목적을 가진 공동생활에 참여하는 것에 의존한다.
③ 물리적 환경은 사회적 매체 속에서 인간에 의해 사용됨으로써 영향을 행사한다.
④ 진보적으로 발전하는 사회는 개인이 다양한 욕망과 사고를 활용할 필요가 있다.
⑤ 교육의 방법과 내용 사이에는 본질적인 동일성이 있다.
⑥ 목적과 수단은 내재적 연속성을 가지고 있다.
⑦ 마음이라는 것은 곧 행동의 의미를 지각하고 검증하는 사고과정을 가리킨다.

여기에서 ①은 당시의 유행하던 제임스(W. James)식 심리학주의의 반영으로서, 마음을 물리적인 것으로 환원하여 설명하려는 당시의 학문적 동향을 나타낸다는 점에서 흥미를 준다. 현대의 심리학이나 심리철학에서 이러한 관점을 수용하는 흐름도 있지만 여전히 논란이 되는 상황이다. 따라서 이것을 전제로 이하의 명제들을 판단할 경우에는 듀이의 주장은 이론적 타당성을 확보하기 어렵고, 그만큼 듀이의 교육적 관심을 부각시키기 어렵다. 이 점에서 ①은 논의에서 제외한다. ②, ③,

17) 듀이 저, 이홍우 역(1987), p. 487.

④는 인간의 마음에 물리적 환경이 영향을 준다고 하더라도 그것은 사회나 공동체를 매개로 한다는 것을 강조하는 것으로서, 교육에서 사회적 영향력이나 참여의 중요성을 언급한다는 점에서 고려할 만한 사항이다. 특히 ④는 듀이의 이상적 사회상을 표현하고 있다. ⑤, ⑥, ⑦은 교육의 장면에서 학습자가 방법적 사고를 구사해서 주체적으로 학습해야 한다는 주장과 연결되어 있다. 학습에서 주체적 지성을 강조하는 이 부분은 가장 주목할 만한 부분이다.

우선 듀이의 사회적 영향력과 참여의 중요성에 대한 언급은 그의 교육론에서 빠질 수 없는 부분이다. 특히 교육이 이상적인 사회를 지향하면서 이루어져야 한다는 교육론은 플라톤(Platon) 이래로 영향력 있는 교육사상가의 주요 사고 패턴이다. 듀이의 그것을 살펴보기 위해서 그가 이상적으로 묘사한 진보적인 사회의 모습을 살펴보자.

> 우리가 바라는 변형이 어떤 것인가를 형식적으로 규정하기는 어렵지 않다. 그 변형된 사회는, 다른 사람의 삶을 가치 있는 삶으로 만들기 위하여 누구나 무슨 일인가를 하고 있는 사회이며, 따라서 사람들을 서로 묶고 있는 끈이 더 튼튼한 사회, 즉 사람들 사이를 갈라놓는 벽이 허물어진 사회이다. 각 개인이 그의 일에 대해서 가지고 있는 관심은 강제되지 않은, 지력이 요구되는 관심이며, 관심의 선택은 자신의 적성과의 일치 여부에 입각해서 이루어지는 상태-이것이 그런 사회의 모습이다.[18]

사회의 구성원이 계급적 정체성을 가지는 것이 아니라 공동체적 정체성을 가질 수 있는 사회, 그 속에서 서로 봉사하고 협력하면서도 자신의 적성을 바탕으로 지력을 구사하는 개인으로 이루어진 사회, 이것이 듀이가 형식적으로 규정한 진보된 사회의 모습이다. 듀이도 지적하고 있듯이 이러한 사회의 실현은 요원할지도 모르지만, 이것은 듀이가 당시의 미국교육을 문제 사태로 파악한 기반이 되는 상징이다. 듀이가 말하는 이러한 사회상이 옳은 것인지, 또 충분한 것인지는 별도의 논의가 필요하겠지만, 중요한 것은 교육관계자들이 자신의 교육행위의 동인으로서 '진보된 사회상'을 염두에 두고 있는가 하는 것이다. 교육이 기술적 테크닉의 문제를 넘어서 인간적인 성장 문제를 과업으로 하기 위해서는 이러한 관조적 사유가 요청

18) 듀이 저, 이홍우 역(1987), p. 478.

되기 때문이다.

다음으로 더욱 중요한 것은 학습자의 주체성 문제이다. 듀이는 이 문제와 관련하여 무엇보다 학습흥미의 유발을 중요시하였다. 듀이에게 흥미는 수업에서 고려해야 할 하나의 요소가 아니라, 수업이 성립할 수 있는 필요조건 같은 것이다. 흥미를 가지지 못하는 학생은 원천적으로 교육적 경험을 할 수 없기 때문이다. 이 점에서 흥미는 수업의 시작과 끝을 관통하는 핵심적인 개념이며, 학습자의 주체적 지성을 요구하는 또 다른 표현이라고 할 수 있다. 그러나 듀이는 흥미가 가지고 있는 원천적 중요성과 흥미를 유발시킬 수 있는 처방을 함께 언급함으로써 종종 그의 문제의식을 혼란스럽게 하고 있다. 듀이의 흥미에 대한 문제의식을 살펴보기 위해서는 우선 다음과 같은 듀이의 주장에 대해서 언급할 필요가 있을 것 같다.

> 구체적으로 교육적 사태와 관련지어 말하면, 흥미를 중요시한다는 것은 아이들에게 관심이 없는 학습자료에 유혹적인 면을 가미하는 것 또는 다른 말로 쾌락의 뇌물로 주의를 끌고 노력을 짜내려는 것을 뜻하게 된다. 이러한 수법은 소위 '어르는' 교육 또는 '허기 채우는' 교육이론이라는 낙인을 받아 마땅하다. …… 이것에 대한 대책은 흥미를 존중해야 한다는 원리 자체를 부정하는 것도 아니요, 학생에게 무관한 학습자료에 매달 그럴듯한 미끼를 찾는 것도 아니다. 그 대책은 학생의 현재의 능력과 관련된 사물이나 활동 양식을 찾는 것이어야 한다. 그 학습자료가 학생의 활동을 일으키고 그것을 일관성 있게 또 지속적으로 수행하도록 하는 기능이 있다면 그 기능이 바로 흥미인 것이다.[19]

이러한 주장은 수업에 대한 처방이라기보다는 현실 문제에 대한 비판의 기준과 같은 것이다. 여기에서 듀이는 수업에서 흥미의 중요성을 무시할 수 없다는 것, 그러면서도 그 흥미가 학습자료 그 자체에서 유발되어야 한다는 것을 주장한다. 이 점을 고려하면, 이 주장은 교과교육과 관련하여 교사가 어떠한 방향에서 고민을 해야 하는가를 지적하는 뜻으로 받아들여야 하고, 흥미유발과 관련된 여타의 실제적 조치나 처방에 대해서는 그렇게 큰 비중을 둘 필요가 없어 보인다. 실제적 조치나 처방에 대한 판단은 이러한 기준에 비추어 그 효과성을 검증해야 할 대상이지, 이

19) 듀이 저, 이홍우 역(1987), p. 199.

러한 기준에 필연적으로 따라 나오는 논리적 방안이 아니기 때문이다. 이때 검증의 대상에는 듀이의 방안도 포함된다. 이에 반하여 비판의 기준과 현실적 처방의 관계를 혼동하게 되면, 듀이나 비판론자 모두 난점에 봉착하게 된다. 듀이의 경우에는 결과적으로 교과로 구성된 지식의 체계와 학습자의 사고의 체계를 그 자체로 동일시할 위험성을 안게 되며, 비판론자의 경우에는 이러한 듀이의 난점만을 부각시키고 정작 학습자의 주체적 참여라는 문제의식에 대해서는 소홀하게 되기 때문이다.

만일 듀이의 주장을 현실 비판의 준거라는 관점에서 조명하게 되면, 『민주주의와 교육』은 여전히 음미해야 할 내용이 들어 있다. 그의 주장에 들어 있는 애매한 표현들은 그의 문제의식에 비하면 사소한 사항이다. 학습자가 자신이 공부하는 목적을 의식하지 못하는 사태, 학습자가 자기 이외에 자기를 넘어서는 공동체가 있다는 사실을 의식하지 못하는 사태는 듀이가 살았던 시대의 미국교육에서만이 아니라, 현대 한국교육에서도 여전한 과제이고, 그만큼 그의 비판은 유효하기 때문이다. 만일 듀이가 1920년대에 일본과 중국에서 강연을 했듯이 오늘날 다시 한국에서 강연을 한다면 이와 비슷한 문제들을 거론하지 않을까?

4. 맺음말

듀이도 말했듯이 교과는 자료일 뿐이다. 이 점에서 『민주주의와 교육』도 마찬가지이다. 즉, 듀이가 계속 강조하는 지식교육에서의 관심, 문제의식, 행동, 경험 등에 대한 논의는 결론이라기보다는 문제제기의 성격을 갖는다. 그러나 그것이 어떠한 문제제기냐 하는 것을 이해하는 것은 그렇게 쉬운 일은 아닌 듯하다. 그는 사회적 진공상태에서가 아니라, 19~20세기의 미국교육의 현실 속에서 그것과 상호작용하면서 자신의 방법적 사고를 전개하였다. 이 점을 감안한다면, 듀이의 교육철학에 대한 분석은 보다 맥락적 이해를 필요로 한다. 그러나 현재의 상황은 듀이가 표명한 주장을 넘어서서 그러한 주장의 맥락과 애초의 문제의식을 재해석하는 단계에는 미치지 못한 듯이 보인다. 이러한 문제점에 대해서 일찍이 한기언은 다음과 같이 지적하였다.

> 듀이의 교육철학에 대한 오해는 듀이와는 관계없이 '역사성' 내지 역사의식의 경시라고 하겠다. 이것은 세 가지로 나타났다. …… 다음은 듀이사상에 대한 교육사적 고찰을 거의 등한시하였다. '미국교육사'에 관한 단행본이나 번역본이 간행되지 않은 것도 한 가지 증좌라고 하겠거니와, 그보다도 더한 것은 듀이 교육사상의 이해가 적어도 루소 → 페스탈로치 → 헤르바르트 → 프뢰벨의 선에서 대비 · 연구되었어야 하는데도 불구하고, 오직 듀이에게만 국한시켰고, 마치 루소나 페스탈로치 또는 헤르바르트(J. F. Herbart)와 프뢰벨은 듀이와는 무관한 양으로 생각했고, 따라서 앞에 든 여러 교육사상가에 대한 연구는 너무도 소홀했던 것이다.[20]

이러한 지적 가운데 교육사상사적 맥락에 대한 이해는 그동안 어느 정도 진행되어 왔다고 생각되지만, 전자의 문제, 즉 미국교육사의 이해의 부족은 여전히 문제로 남아 있다. 당시에 미국을 풍미하던 교육학, 심리학, 생물학의 이론적 풍토와 함께 듀이가 목격한 미국교육현실의 상황에 대한 이해는 그 자체로는 미국교육사이지만 그것을 이해하는 일은 한국의 자생적 교육학을 구성하는 데에서 벗어나지 않는다. 이론에서 자생적인 것이 있다면, 내 말을 내 식으로 하는 것만이 아니라, 남의 말을 나의 방식으로 충분히 소화해서 이해하는 것도 포함되어야 하기 때문이다.

❂ 참고문헌

박철홍(1994). 경험 개념의 재이해. 현대사회와 교육의 이해-교육철학의 최근 동향. 서울: 교육과학사.

한기언(1990). 상황과 기초: 구상교육철학으로서의 기초주의. 서울: 서울대학교출판부.

Dewey, J. 이홍우 번역 · 주석(1987). (존 듀이) 민주주의와 교육. 서울: 교육과학사.

Worton, S. N. 김병길 역(1990). 존 듀이의 철학과 그의 주저. 서울: 양서원.

20) 한기언(1990), p. 85.

제11장

기초주의와 인격교육

박의수

1. 들어가며

기초주의는 한기언 교수에 의하여 제창된 순수한 한국의 교육철학이다. 50여 년 전 기초주의가 처음 세상에 소개되었을 때, 그 반응은 다양했던 것으로 기억된다.[1] 한국의 자생적 교육철학의 필요성에는 많은 학자가 공감하면서 반기기도 하고 격려도 했으나, 한편으로 냉담한 반응도 적지 않았던 것으로 기억된다. 참신하고 독창적이나 채 완성되지 않은 탓에 우려와 기대가 뒤섞인 반응이었다. 따라서 한국의 교육철학이라기보다 '한기언의 교육이론'을 넘어서지 못했다고 해도 과언이 아닐 것이다. 그는 당시의 심경을 다음과 같이 술회한 바 있다.

> 교육학, 그중에서도 교육사 교육철학을 연구하는 가운데 뼈저리게 느끼게 된 것이 있다. 그것은 언제까지나 남의 학설의 소개만으로 그칠 것이 아니라 이제는 진정 자기 목소리를 들려주는 것이 있어야 된다는 것이다(한기언, 1999b, p. 20).

1) 필자는 고려대학교 교육학과 2학년 재학 당시인 1966년 한기언 선생으로부터 한국교육사 강의를 직접 들을 수 있는 기회를 가졌고, 그때 기초주의를 접할 수 있는 영광을 가진 바 있다. 충분히 이해하기에는 여러 가지로 부족했지만, 휴강이 잦던 시절에 누구보다도 열심히 강의해 주셨고, 기초주의는 물론 한국교육사 분야를 연구하는 것 자체가 매우 외로운 작업임을 토로하셨던 것으로 기억한다. 그래서 다른 어떤 과목보다 많은 기억이 남아 있다.

> '한국교육의 이념이 무엇이냐?'라는 과제는 나에게 있어서 오랫동안 가장 매력 있는 학적 과제의 하나로 되어 있거니와 본래 이것 자체가 표시하는 바 심오한 교육철학적 영역에 속하는 것이요, 그 영향하는 바 한국교육의 근본 원리에 관련되는 것이니만큼 결코 경솔히 다룰 수 없는 것이요, 오직 신중을 기해온 터이다. 그러나 '한국교육의 이념이 무엇이냐?'라는 우리나라 교육 일선의 빗발치는 듯한 물음과 여기에 대한 어떤 교육학적 제시에 대한 요망의 소리는 나날이 높아만 가는 실정에 비추어 보아 일개 교육학도의 학적 사명이라 생각하고 이에 관한 한 개의 시론을 개진하기로 한 것이다(한기언, 1999b, p. 23).

그러나 평생을 하루같이 '기초'라는 과제에 매달려 연구의 폭과 깊이를 더해온 결과 이제 한국의 교육학도로서 기초주의를 모르는 사람은 없을 것이며, 외국의 학자들에게까지 기초주의는 한국의 자생적 교육철학이며 '한기언=기초주의의 창설자'로 알려지게 되었다. 또한 적지 않은 후학들의 연구물도 나오게 되었다. 그럼에도 아직은 기초주의의 내포와 외연을 넓힐 수 있는 보다 깊이 있는 연구가 부족한 것도 사실이다. 이는 기초주의의 이론체계와 구조가 워낙 방대한 탓에 쉽게 이해하기 어려운 탓도 있고, 또 한편으로 구조의 복잡성과 난해성으로 인하여 논리체계를 쉽게 공감하기 어려운 점도 원인이 아닌가 생각된다. 이제 기초주의가 명실공히 한국인의 교육철학으로 뿌리를 내리고 교육 현장은 물론 한국인의 삶의 철학으로 퍼져 나가기 위해서는 각론 차원에서 심층적인 연구가 이루어져야 하고, 또한 좀 더 완벽한 논리체계를 갖추기 위해서는 진솔한 비판의 소리도 나와야 할 것으로 생각된다. 이런 일들은 모두 후학의 몫이 되어야 할 것이다. 필자 또한 오랫동안 관심은 가지고 있었으나 깊이 있는 공부를 하지 못하여 빚을 진 기분으로 지내 오다가 이제야 생각을 정리해 볼 기회를 갖게 되었다.

이 글에서는 먼저 기초주의의 개념과 구조를 명료화하고, 6개념 중의 '인격' 개념에 대한 각론적 연구 차원에서 기초주의 전체 구조 속에서의 '인격 개념'이 차지하는 위상을 확인하고, 현재 우리 교육이 안고 있는 본질적인 문제를 기초주의의 관점에서 조명한 후에 선현들의 인격론을 참고로 한국교육의 현실적 문제를 해결할 대안으로 인격교육의 방향을 탐색해 보고자 한다.

2. 기초주의의 개념과 구조

1) 기초의 개념

사전적 의미를 먼저 살펴보면, 기초(基礎)란 '터'와 '주춧돌'이라고 풀이된다. '터'란 "집이나 건물을 지었거나 지을 자리" 혹은 "활동의 토대나 일이 이루어지는 밑바탕"을 뜻하고, '주춧돌'은 "기둥 밑에 받쳐 놓는 돌"을 의미한다(표준국어대사전). 다시 말하면 "사물의 기본이 되는 토대" 혹은 "건물, 다리 따위와 같은 구조물의 무게를 받치기 위하여 만든 밑받침"(표준국어대사전)을 뜻한다. 따라서 '기초'는 구조물을 세울 때는 공간 혹은 사물을 가리키며, 어떤 일이나 활동과 관련될 경우에는 그 바탕이 되는 지식이나 정보 혹은 마음가짐을 지칭하기도 한다. 따라서 '무엇'이 '다른 무엇'의 기초가 된다고 할 때, 기초는 공간적으로는 대개 아래 위치하며, 시간적으로는 '다른 무엇'보다 선행되는 것이 일반적이다.

기초는 원리 혹은 근본을 의미하기도 한다. 이를테면 "구구단은 모든 셈의 기초가 된다."라고 할 때, 구구단은 가감승제의 원리가 되며 모든 계산을 매우 효율적으로 할 수 있는 도구가 되기도 한다. "효(孝)는 백행의 근본"이라고 할 때 '효'는 모든 행실의 근본이요 기초가 된다는 뜻으로 이해할 수 있다. 이 경우 원리 혹은 근본은 상하 혹은 선후를 초월하여 전체에 일관되게 작용하는 이론 혹은 에너지 혹은 정신이라고 볼 수 있다.

또한 기초는 단지 처음일 뿐만 아니라, 경우에 따라서는 완성된 최종 단계를 의미하기도 한다. 『중용』에 "성(誠)은 사물의 처음인 동시에 끝(誠者物之終始)."이라고 했다. 이 경우 '성', 즉 '참되고 거짓 없음'은 기초를 의미하며, 기초는 곧 처음인 동시에 끝이며 시작인 동시에 완성을 의미한다. 이렇게 볼 때, 기초는 일상 언어의 일반적인 의미를 넘어서 보다 복잡한 철학적 개념을 형성하게 된다.

한기언은 이와 같은 '기초'의 개념에 새로운 교육적 의미를 부여함으로써 기초주의 교육철학으로 발전시켰다. 이는 마치 키르케고르(S. Kierkegaard)가 실존(實存)의 개념에 새로운 의미를 부여하여 실존주의(實存主義) 철학의 초석을 놓은 것에 비유할 수 있을 것이다. 한기언은 기초의 의미를 다음과 같이 설명하고 있다.

> 기초는 그 분야 있어서의 처음이자 끝이요, 시초이자 궁극(窮極)이요, 알파요 오메가다. 그러므로 기초는 그 분야의 것의 핵(核)이요, 진리요, 그 모든 것이다. 이것이 있음으로 해서 그것이 있는 것이요, 이것이 없으면 그 모든 것이 무의미해지는 그러한 대단히 중요한 '그 무엇'인 것이다. 이것을 나는 '기초'라고 부르는 것이다(한기언, 1975, p. 201).

한기언의 이 표현은 『중용』의 "성자물지종시 불성무물(誠者物之終始 不誠無物)"에서 '성'이 없으면 사물이 없다는 것처럼 기초가 없으면 아무것도 존재할 수 없고 모든 것이 무의미해지므로 기초는 곧 '핵이요, 진리요, 그 모든 것'이라고 했던 것이다.

2) 기초주의에서의 기초의 의미

나아가서 한기언은 기초는 교육의 요체로서 모든 교육은 "기초(즉, 진리)에 시종(始終)하고 있다."고 하면서 '기초'의 개념에 새로운 교육적 의미를 부여하였다(한기언, 1999b, pp. 118-127). 이를 필자의 이해를 바탕으로 요약하면 다음과 같다.

(1) 교육적 진리로서의 기초

① 인간 형성의 핵 사상으로서의 기초: 유교에서의 '인', 불교에서의 '법', 기독교에서의 '사랑'과 같이 각각의 가르침의 핵심을 이루는 원리가 있듯이 기초는 곧 인간 형성의 핵심이며 교육의 '핵'이 되는 것이다.

② 진리로서의 기초: 『대학』에서 군자가 지향할 최고의 경지를 '지선(至善)'이라고 한 바와 같이 지선이란 곧 진리를 의미하며 진리는 곧 교육의 기초가 된다는 의미이다.

③ 창조의 논리로서의 기초: 기초는 "전통×주체×개혁의 결과로서 '멋'에 통하는 것이요, 창조의 논리를 지니고" 있다고 했다. 다소 논리의 비약이 있는 듯하지만 기초가 잘되어 있어야 창의력도 나온다고 볼 때 기초는 창조의 원천이라고 이해할 수 있을 것이다.

④ 교육적 평가기준으로서의 기초: 학생들의 성취도, 즉 교육적 성과를 표현할

때 기초가 얼마나 잘되어 있느냐 하는 것이 중요한 기준이 된다. 이는 기초는 미래의 발전 가능성을 예측할 수 있는 중요한 척도이기 때문이다.

⑤ 교육이념으로서의 기초: 기초는 교육의 기본원리를 나타내는 말이므로 기초는 인간 형성의 핵이며, 동시에 그 자체가 하나의 교육이념이 될 수 있다는 것이다.

(2) '기초'의 한국적 표현으로서의 '멋'

① 교육 원리로서의 멋: 도교의 가르침의 핵심 원리를 한마디로 표현하면 '도(道)'라고 한 것처럼 인간 형성의 과정인 교육의 핵심은 '기초'를 견실(堅實)하게 닦는 데 있고 그것을 순수한 한국어로 표현한 것이 '멋'이다.

② 창조의 논리로서의 멋: 멋은 모방이나 모조가 아닌 진짜요, 창조적인 것에 대해서 쓰는 말이다. 또한 멋은 재료(감)와 마음씨와 솜씨가 어우러져서 나타난 창조적 결과이다.

③ 한민족의 정신적 결정체(얼)로서의 멋: 나라마다 국민적 얼(정신)을 나타내는 고유한 표현이 있다. 중국의 '인(仁)', 인도의 '아트만(Ātman)', 영국의 '신사도(紳士道)', 미국의 '개척자 정신' 등이 그 예이다. 한국인의 고유한 민족혼을 표현하는 것이 곧 '멋'이다. 멋은 수많은 역사적 시련을 통하여 단련된 결과로서 한민족의 정신적 결정체이다.

④ 홍익인간의 이념으로서의 멋: 홍익인간은 단군신화에 기원을 둔 고조선의 건국이념이며, 대한민국 초기의 「교육법」 제1조에 교육이념으로 명시된 이래 새로 제정된 「교육기본법」 제2조에 이르기까지 면면히 이어 온 대한민국의 교육적 인간상이며 이상적 사회상이다. 현대적 표현으로 '인류 평화와 공영의 이상 실현'이 곧 멋이다.

⑤ 한국인의 마음으로서의 멋: 멋은 한국인의 핵 사상이며 최고의 정조(情操)를 나타내는 고유한 표현이다.

⑥ 인간 평가의 기준으로서의 멋: 멋은 사람됨을 평가하는 중요한 기준이며 최상급의 평가에 '멋있다'라는 표현을 쓴다.

⑦ 최고 가치로서의 멋: 멋은 유일하고 독창적이면서 최고의 경지에 도달했을 때에 사용된다. 따라서 멋은 창조의 논리로 통한다.

⑶ 전통과 개혁의 조화: 조화의 의미

한기언은 기초주의를 "전통과 개혁의 조화를 통한 인간 형성의 논리"로 정의한다. 여기서 그는 기초의 의미를 '조화'의 개념을 통하여 설명하고자 했다. 조화의 개념을 설명하기 위하여 '기둥 쓰러뜨리기' 경기를 예로 들고 있다. 기둥을 쓰러뜨리기 위해서는 균형을 깨뜨려서 중심을 무너뜨려야 한다. 쓰러지지 않으려면 균형을 유지해야 하며 중심을 잘 잡아야 한다. 균형을 유지하고 중심을 잡기 위해서는 조화가 필요하다는 것을 설명하기 위하여 그 경기의 예를 든 것으로 이해된다.

그런 의미에서 조화는 곧 중용의 덕으로 통한다. 『중용』에서 "희로애락이 나타나지 않는 것을 중(中)이라 하고, 나타나서 절도에 맞는 것을 화(和)라고 한다. 중이라는 것은 천하의 큰 근본이고, 화라는 것은 천하에 통용되는 도(道)이다."(한기언, 1999b, p. 127)라고 했다.

이상의 내용을 종합 · 분석해 보면, 교육이란 기초를 철저히 닦아서 최고의 경지에 이르게 하는 것이고, 최고의 경지에 이르면 곧 멋을 발산하게 되며, 멋은 창조성이 가미되지 않으면 나올 수 없는 것이다. 앞에서 한기언은 창조의 논리를 "전통×주체×개혁"으로 표현하고 이것이 궁극적으로 멋으로 통한다고 했다. 이는 자율성과 주체성을 가지고 조상으로부터 물려받은 문화유산(전통)을 재해석함으로써 새로운 문화를 창조하고 나아가서 사회를 개혁할 수 있다는 의미로 해석할 수 있다.

또한 최고의 경지에 오른 사람들은 모두 그 분야의 기초가 잘 다져진 사람들이란 점에서 기초는 최고가 되기 위한 전제조건인 동시에 최종 목표이기도 하다. 그러나 기초는 원칙과 원리에 충실한 것이며 원리와 원칙만 고수하고 그 수준을 넘어서지 못한다면 진정한 최고가 될 수 없다. 따라서 충실한 기초를 바탕으로 원칙과 원리를 초월하여 이를 창조적으로 변용함으로써 진정으로 아무도 흉내 낼 수 없는 참된 고수가 될 수 있는 것이다.

조지훈은 「멋의 연구」에서 멋의 본질에 대하여 다음과 같이 말했다.

> '멋'은 정상 · 정규를 일단 벗어나 규구(規矩)에 맞아떨어지지 않는 데서 비롯되지만, 그 비정제성(非整除性)이 마침내 무(無)중심 · 무(無)통일에 떨어질 때 '멋은 파괴된다. …… 가변 · 가동(可動)의 다양성을 지니면서도 항상 제대로의 중심과 통일을 가지는

> 것이 '멋'의 본질이기 때문이다(조지훈, 1973, p. 49).
>
> 멋이란 것은 '정상적인 것을 데포르메(deformer) 해서 정상 이상의 맛을 내는 것'이라고 풀이할 수도 있다(조지훈, 1973, p. 55).

이처럼 멋은 철저하고 공고한 기초와 원리를 바탕으로 그것을 넘어서 독창성이 더해짐으로써 원리와 원칙을 초월하여 통일과 조화를 유지하는 데서 나오는 것이다. 그러기 위해서는 더욱 기초에 충실하지 않으면 안 된다. 흔히 노벨상이 나오려면 자연과학이든 인문학이든 기초과학이 발달해야 한다고 한다. 이 말은 기초가 탄탄해야 새로운 창조가 가능하며 또한 기초에만 머물러 있어서는 창조가 나올 수 없다는 것을 의미한다.

결국 기초주의에서 기초는 곧 교육의 원리이며 동시에 한국적 표현으로 '멋'에 해당된다. 멋은 자율적, 주체적 자세로 전통을 계승하여 새롭게 창조하는 데서 우러나오는 것이다. 그런 의미에서 멋은 전통과 주체와 개혁의 조화이며 창조의 원동력이 되는 것이다.

3) 기초주의의 구조

이제 기초주의 철학의 체계를 좀 더 명료하게 이해하기 위하여 기초주의의 전체 구조를 고찰해 보기로 한다. 한기언은 기초주의 교육철학을 심화하면서 다양한 형태의 그림과 표로 구조화하려는 노력을 지속해 왔다. 그는 인간 개개인이 지닌 역사의식의 세계를 구형(球形)으로 상정하고 횡단면은 공간성의 원리를, 종단면은 시간성의 원리를 나타내고, 이 두 가지 인간 형성의 원리가 통합되어야 한다는 것을 보여 주었다. 먼저, 횡단면의 경우 공간적 차원에서 나를 중심으로 가정, 지역사회(학교), 국가사회, 국제사회로 생활권이 확대되어 가는 과정으로 표시하였다. 종단면의 경우 시간적으로 과거(전통), 현재(주체), 미래(개혁)의 3차원으로 구성하였다(한기언, 1999a, pp. 98-104). 이것을 시간의 이념, 자유의 이념, 질서의 이념으로 구조화하였고, 다시 문화, 생활, 지성, 인격, 협동, 봉사의 6개념으로 세분화하였다. 이를 종합적인 하나의 표로 나타내 보면 〈표 11-1〉[2]과 같다.

---

2) 〈표 11-1〉은 참고문헌에 있는 한기언의 여러 저작을 참고하여 필자가 이해한 것을 토대로 하나의 표로 종

〈표 11-1〉 기초주의 교육철학의 구조

핵	1핵	기초주의: 전통과 개혁의 조화를 통한 인간 형성의 논리								
	3이념	시간			자유			질서		
	6개념	(시간)	문화	생활	(자유)	지성	인격	(질서)	협동	봉사
기초	교육적 존재론	기초	기초	기초	기초	기초	기초	기초	기초	기초
3이념 6개념	교육적 가치론	시간	문화	생활	자유	지성	인격	질서	협동	봉사
역사적 의식인	교육적 인간론	예지성	애국적 인간	범애적 인간	관용성	합리적 인간	교양적 인간	웅건성	노작적 인간	봉사적 인간
대애 지순인	교육자론	통찰성	조예자	시범자	수월성	지성자	구도자	독창성	개척자	봉사자
기초의 발견	교육적 지식론	전통	문화 영역	생활 영역	주체	지성 영역	인격 영역	개혁	협동 영역	봉사 영역
기초에의 주력	교육적 방법론	탐구 (입지)	목적 (문제)	계획 (목표)	각성 (선택)	수집 (고민)	이회 (결단)	실현 (성취)	발표 (실천)	평가 (성찰)
창조의 이론	교육연구 방법론	체험의 세계	문제 의식	정밀 관찰	중간 공리	사고 변별	명확 파악	일반 공리	연구 연마	결론 도출
발전과 통정의 율동적 자기 전개	교육 제도론	가정 교육	교양 교육	건강 교육	학교 교육	과학 교육	도덕 교육	사회 교육	시민 교육	국제 교육
역사적 편차	교육 사관론	전통성	전통 일치형	전통 불일치형	보편성	전통·개혁 동시형	개혁·전통 동시형	상황성	개혁 일치형	개혁 불일치형
구(球)적 인식	교육학의 구조	교육 기초학	교육기 초학 I	교육기 초학II	교육 방법학	교육방 법학 I	교육방 법학II	교과 교육학	교과교 육학 I	교과교 육학 II

〈표 11-1〉에서 보는 바와 같이 기초주의 교육철학은 1핵, 3이념, 6개념에 대하여 ① 교육적 존재론, ② 교육적 가치론, ③ 교육적 인간론, ④ 교육자론, ⑤ 교육적 지식론, ⑥ 교육방법론, ⑦ 교육연구방법론, ⑧ 교육제도론, ⑨ 교육사관론, ⑩ 교육학의 구조 등 10개의 영역으로 나누어 고찰하고 있다. 가로 10개의 차원과 세로 10개의 영역을 조합하면 모두 100개의 개념이 생성된다. 이 100개의 셀(cell) 속에 있는 개념들이 기초주의 교육철학을 설명하는 기본 개념들이다.

합한 것이다.

〈표 11-1〉에서 좌측 첫 번째 세로줄은 1핵에 대한 설명으로 기초주의의 기본 구조이며 총론에 해당되는 것이다. 그 핵의 교육적 존재론이 '기초'로 집약되며, 교육적 가치론은 3이념과 6개념으로 설명되고, 교육적 인간상은 역사적 의식인, 교육자는 대애지순인(大愛至醇人), 교육적 지식론은 전통 ·주체·개혁(주체의 발견), 교육방법론은 탐구·각성·실현(기초에 주력), 교육연구방법론은 창조의 이론, 교육제도론은 발전과 통정의 율동적 자기 전개, 즉 자기 충전을 위한 학습과 사회 참여를 위한 지속적이고 반복적 과정을 의미한다. 교육사관은 역사적 상황성으로, 그리고 교육학의 구조는 구(球)적 인식으로 표현하고 있다.

이어서 각론으로 3이념과 6개념에 대하여 각각 10개의 측면에서 설명하고 있다. 그중에서 자유의 이념을 예로 살펴보기로 한다. 자유의 교육적 존재론은 인간 형성의 핵 사상, 즉 '기초'이며, 교육적 가치론은 '자유'이며 자율과 책임이 강조된다. 자유의 교육적 인간론은 '관용성'으로 너그럽고 훈훈한 마음씨를 지녀야 한다는 의미이며, 교육자론은 '수월성(秀越性)'으로 교육자는 탁월한 능력을 지녀야 한다는 의미이며, 교육적 지식론은 '주체'로 올바른 선택을 위한 현명한 판단의 기초가 된다는 뜻이다. '자유의 이념'의 교육적 방법론은 '각성'으로 스스로의 깨달음을 통한 선택을 의미한다. 참다운 학습은 단순 암기나 타인에 의한 주입이 아니라 스스로의 이해와 깨달음을 통한 주체적 선택이기 때문이다. 자유의 교육연구방법론은 '중간공리'로 표현하였다.

한기언(2004, p. 10)은 "체험의 차원이 '일상성'에 있다고 하면, 중간공리는 경험과학의 차원에 속한다."고 설명하였다. 경험을 통하여 개별 교육 현상의 원리를 구명하는 일을 그렇게 표현한 것이다. 자유의 교육제도론은 학교교육으로 문화의 보존과 전달, 사회화와 분업과 능률, 그리고 가정으로부터 지역사회로의 천이(遷移)를 위한 중간 과정으로 반드시 필요한 기관으로 설명하고 있다. 다시 말하면 '발전과 통정의 율동적 자기 전개'를 위하여 중요한 제도로 인식하는 것이다. 자유의 교육사관론은 '보편성'으로 변화무쌍한 역사적 상황 속에서 진리를 추구하기 위해서는 '중용' 혹은 '보편성'의 원칙을 유지하지 않으면 안 된다는 뜻이다. 끝으로 자유의 교육학의 구조는 '교육방법학'으로 표현하였다. 구형(球形) 전체의 구조 속에서 '교육기초학'을 중심부에 두고 '교과교육학'을 가장 외부에 둔다면 교육방법학은 그 가운데에 자리 잡게 된다(한기언, 2004, pp. 8-10).

또 하나의 예로 '교육적 인간론'에 대하여 횡적으로 1핵, 3이념, 6개념에 걸쳐 차례로 고찰해 보기로 한다. 먼저, 1핵 사상, 즉 총론으로서의 교육적 인간상을 '역사적 의식인'으로 보았다. "우리가 지향할 바 새로운 교육적 인간상이란 동서양의 이상적 인간상을 융섭(融涉)한 것으로서 '겸손한 능력인'이요, '역사적 의식인'이어야"(한기언, 1999b, p. 98) 한다고 했다. 그리고 역사적 의식인은 3이념, 즉 시간, 자유, 질서의 차원에서 예지성(叡智性; 슬기로움), 관용성(寬容性; 너그러움)과 웅건성(雄健性; 씩씩함)을 갖추고, 6개념에 상응하는 애국적(문화), 범애적(생활), 합리적(지성), 교양적(인격), 노작적(협동), 봉사적(봉사) 특성을 지닌 인간이어야 한다(한기언, 1999b, pp. 98-101)고 했다.

이상에서 기초주의의 구조를 하나의 표로 구성하고 '자유의 이념'과 '교육적 인간론'을 예로 들어 설명해 보았다. 여기서는 다만 기초주의의 전체 구조 속에서 인격의 개념과 위상을 파악하기 위하여 기초주의의 기본 구조를 개관했을 뿐이다.

3. 기초주의와 인격

1) 인격의 개념

인격(人格)이란 "사람으로서의 품격"(표준국어대사전)이다.[3] 인격의 '격(格)'은 자격, 표준, 법식, 틀, 바로잡다, 이르다, 탐구하다, 오르다, 재다, 헤아리다 등의 의미로 사용된다. 따라서 인격은 사람됨의 표준 혹은 자격이며, 사람이 지켜야 할 법식 혹은 행동의 틀이며, 인간의 마음을 바로 잡는 것이며, 사물의 이치를 탐구하여 참된 이치에 이른다는 뜻이며, 윗사람의 표준에 오른다는 뜻이며, 사람됨을 측정한다(재다)는 의미를 가지고 있음을 알 수 있다(진교훈, 2007, pp. 3-5).

공자는 높은 인격의 소유자를 '성인' '군자' '현인' '대인' 혹은 '인자' 등으로 지칭하

3) 『표준국어대사전』에는 그 밖에도 "권리 능력이 있고, 법률상 독자적 가치가 인정되는 자격(법률)" "공동생활의 주체로서의 독립적 개인(사회)" "개인의 지적(知的), 정적(情的), 의지적 특징을 포괄하는 정신적 특성(심리)" 등으로 세분하여 설명하고 있다. 여기서 논하는 인격은 사람만을 대상으로 사람됨의 가치 개념을 포함하는 의미로 이해되어야 할 것이다. 국립국어연구원(2001).

였다. 그러나 공자가 "성인은 만날 수 없고 군자라도 만날 수 있으면 족하다."(『논어』「술이」)라고 한 것으로 보아 성인은 완전한 인격의 표준이 되기는 하지만 현실적으로 존재하기 어렵다고 보고 현실적으로 가장 높은 수준의 인격의 표준이 되는 자를 '군자'라고 보았던 것 같다. "성인은 백성에게 널리 은혜를 베풀고 대중을 구제할 수 있어야 한다."(『논어』「옹야」)고 했고, "군자는 의(義)에 밝고 소인은 이(利)에 밝다."(『논어』「이인」)고 하였고, "군자는 두루 친애하면서도 편당을 짓지 아니하고, 소인은 편당을 지으면서 두루 친애하지 못한다."(『논어』「자로」)고 했다. "군자는 아무리 어려운 상황에 처해도 인(仁)에서 벗어나지 않는다."(『논어』「이인」)고 했고, "군자는 혼자 있을 때에도 조심하고 삼간다."(『중용』 제1장)고 했다. 『대학』에서는 격물치지(格物致知)와 성의정심(誠意正心)을 수양공부의 핵심 내용으로 생각하였다. 즉, 지성과 덕성을 인격의 두 축으로 보았다.

진교훈(2007, p. 16)은 유가사상에 나타난 군자의 특성을 종합하여 "지조를 지키고 사람을 사랑하며 덕을 쌓고 학문을 탐구하며 예와 의를 실천하고 말을 삼가며 몸가짐을 중후하게 하고 늘 조심함으로써 타인을 감화시키며 후세에 모범이 되는 사람"이라고 했다.

김성동은 서양철학의 전통에서 인격(personality)은 그 어원이 가면(persona)에서 유래했다고 하면서 목적적 존재로서의 인간의 가치를 의미하는 목적으로서의 인격, 자유 의지를 바탕으로 하는 자율로서의 인격, 지성적 존재로서 합리적 판단을 하는 합리성으로서의 인격을 포함한다고 했다. 칸트(I. Kant)는 특히 인간의 존엄성을 절대적 가치로 본 목적으로서의 인격과 자율로서의 인격을 강조했다. 로크(J. Locke)는 인격을 "사유하는 지적 존재"(진교훈, 2007, p. 115)로 보았다.

헌터(J. C. Hunter)는 "인격이란 도덕적인 성숙을 의미하며, 설령 희생이 따르더라도 기꺼이 옳은 일을 추구하겠다는 의지를 말한다"(Hunter, 2006, p. 169). 또한 인격은 "옳은 것을 사랑하는 것, 즉 의식적 습관과 의지적 습관, 양심적 습관의 총체"(Hunter, 2006, p. 172)라고 했다. 그는 인격의 수준을 판단하는 기준을 다음과 같이 말했다.

> 자신에게 아무런 도움이 되지 않는 사람을 대우하는 방식을 보면 그 사람의 인격을 판단할 수 있다. 리더십(인격)은 마음에 썩 내키지 않더라도 옳은 일을 추구하겠다

> 는 의지이며 행동을 말한다. 그러므로 리더십 계발과 인격 계발은 결국 같은 의미이다 (Hunter, 2006, p. 170).

아리스토텔레스는 "도덕적 미덕은 습관의 산물이다. 우리를 만드는 것은 우리의 반복적 행동이다."(Hunter, 2006, pp. 172-173)라고 했다. 다시 말하면 인격은 학습을 통한 반복적 훈련과 노력에 의하여 보다 높은 경지로 끌어올릴 수 있다는 것을 의미한다. 스마일스(S. Smiles)는 지도자에게 인격이 필요함을 간접적으로 표현하였다.

> 천재성은 항상 감탄의 대상이 된다. 하지만 천재성만으로 존경을 받을 수는 없다. 존경심을 불러일으키는 것은 인격이기 때문이다. 천재성이 '지성의 힘'에서 비롯된 것이라면, 인격은 '양심의 힘'에서 비롯된 것이다. 궁극적으로 인생을 지배하는 것은 지성이 아니라 양심이다. 천재성을 지닌 사람들은 지성에 힘입어 사회에 진출하는 반면, 인격적인 사람들은 양심에 힘입어 사회에 입성한다. 사람들은 전자는 찬미할 뿐이지만, 후자는 신봉한다(Smiles, 2005, pp. 26-27).

이처럼 인격의 수준을 판단하는 핵심 요소를 이해관계를 초월하여 옳은 일을 추구하고자 하는 의지(義)와 옳지 않은 일을 피하려는 양심이라 보고 있다. 이상에서 동서고금의 인격 개념에 대한 다양한 논의를 간단히 살펴보았다. 종합해 보면 개인적 · 사회적 차원에서 높은 수준의 도덕적 품성과 의지를 의미하며, 여기에는 지성적 측면과 정의적 측면이 모두 포함된다는 점에서는 차이가 없다. 인격은 사람됨을 평가하는 기준이며 아울러 한 사회를 평가하는 기준이 되기도 한다. 스마일스(Smiles, 2005, p. 52)는 "개인의 특성을 결정짓는 동일한 속성이 국가의 특성도 결정짓는다. 용감하지 못하고 고결하지 못하며 진실하지 못하고 정직하지 못하며 덕이 부족한 국가는 다른 국가들로부터 멸시를 받을 것이고 중요한 위치를 차지하지 못할 것이다."라고 했다. 또한 인격은 학습과 반복적 훈련, 즉 개인의 노력과 교육에 의하여 보다 높은 수준으로 끌어올릴 수 있다는 점 역시 부인하기 어려울 것이다.

2) 기초주의 구조 속에서의 인격

〈표 11-1〉에서 볼 때 인격은 6개념 중의 하나로 '전통과 개혁의 조화를 통한 인간 형성'의 기초가 되는 요소이며, 좁게는 기초주의 교육철학을 구성하는 100개의 셀 중에서 '인격'과 '교육적 가치론'이 만나는 지점에서 이루어지는 개념이다. 또한 '인격'은 '지성'과 더불어 자유의 이념을 구성하는 두 개의 축 가운데 하나이다. 지성과 인격을 자유의 이념에 포함시킨 것은 자유의 이념이 자율적이고 주체적인 인간 형성의 기본 조건이라고 보기 때문이다. 일반적으로 지적 측면의 교육, 즉 지식교육과 정의적 측면의 교육, 즉 인성교육을 교육의 핵심 내용이라고 볼 때, 지성과 인격은 인간 교육의 핵심을 이루는 것이며 참된 교육의 기초가 되는 두 개의 축이라고 볼 수 있을 것이다.

인격 가치를 다시 10개의 영역에 비추어 보면, 교육적 존재론은 인간 형성의 핵사상인 '기초'이며, 교육적 가치론에서는 도덕적 가치에 해당되는 착함[선(善)]과 너그러움[관(寬)]이며, 교육적 인간론에서는 '교양적 인간', 즉 사회정의에 대한 의식과 풍부한 인간성을 지닌 인간으로 설명된다. 이어서 교육자론에서는 구도자, 즉 참된 진리를 추구하기 위한 평생학습자이며 동시에 가르치기를 게을리하지 않아 가르치고 배우는 것이 혼연일체가 되는 경지를 의미하며, 교육적 지식론의 측면에서는 인격교육의 직접적인 내용을 이루는 윤리학과 교육학을 예로 들고 있다. 또한 교육적 방법론으로는 이회(理會), 즉 이치를 획득하여 내면화하도록 하는 것이고, 교육연구 방법론의 측면에서는 탐구 주제에 대한 보다 명확한 파악이 필요하며, 교육제도의 측면에서는 도덕교육과 관련되고, 교육사관의 측면에서는 전통과 개혁이 조화롭게 동시에 추구되어야 하며, 교육학의 구조로는 교육방법학II로 교육행정학, 교육재정학, 가정교육학, 유아교육학, 초등교육학, 중등교육학, 특수교육학, 교육생리학, 교육윤리학, 교사학 등이 관련되는 것으로 설명하고 있다(한기언, 2004, pp. 24-25).

〈표 11-1〉을 종합해 보면, 인격은 기초주의 전체를 구성하는 100개의 셀 중의 하나이면서 동시에 100개의 셀을 포괄하는 하나의 핵, 바로 기초인 것이다. 즉, 가장 좁은 의미의 인격은 기초주의를 구성하는 전체 요소 중의 하나를 의미하지만, 좀 더 넓게는 6개념 중의 하나이며, 통합적 전체로 보면 인격은 '전통과 개혁의 조화를 통한 인간 형성의 논리'인 기초주의의 '핵'이 되는 것이다. 따라서 인격을 중심

으로 보면 인격은 사람됨의 기초인 동시에 교육의 핵심이며 궁극적으로 교육의 전부라고 이해할 수 있을 것이다.

기초주의의 틀 속에서의 인격에 관한 한기언(1999b, pp. 150-152)의 설명을 요약하면 대체로 다음과 같다.

① 인격이란 그 사람의 행동 경향의 조직화된 전체이다. 특히 그의 행동을 통제하고 예언할 수 있는 경향을 말한다. 그러므로 오랜 시일을 두고 누적해 온 바 성격적 유형에 따라 사람은 생각하고 느끼고 선택하여 행동하는 특성을 각자 가지고 있다.

② 인격이란 하나의 조직된 상호작용적 전체이다. 인격이란 '어떤 현저한 특징의 총체'요, '한 개인을 구별하게 하는 도덕적 · 정신적 특질의 전체'요, 달리는 '인격이란 습관의 침투'라고도 표현된다.

③ 인격은 나면서부터 가지고 나오는 것이 아니고 각자가 이룩하는 것이다. 인격은 형성되는 것이다. 인격이란 유효한 심리학적 구조를 이룩하는 데 '비판적으로' 채택된 행동이다.

④ 인격은 우리나라의 전통적 '숭례 사상'에서 강조되는 관용의 덕목과 통한다. 자기가 싫어하는 것을 결코 남에게 강요함이 없고, 자신에게는 지극히 엄격하나 타인에게는 너그러운 태도가 곧 관용이다.

⑤ 서양의 전통이 7자유과 특히 수학과 과학을 강조한데 비하여 우리나라의 전통에서는 경(經)과 사(史), 즉 윤리와 규범, 즉 도덕교육을 강조했다. 그런 전통에 따라 조선시대에도 『소학』과 더불어 『격몽요결(擊蒙要訣)』, 『동몽선습(童蒙先習)』, 『사소절(士小節)』 등을 통한 도덕교육이 성행했다.

앞의 설명을 종합해 보면 인격이란 사람됨을 평가하는 기준이다. 즉, 한 사람의 행동경향을 예측할 수 있으며, 타인과 구별되는 도덕적 · 정신적 특성을 나타내는 것으로 스스로의 판단과 선택에 의하여 후천적으로 형성되어 습관화된 것이라고 할 수 있다. 또한 우리나라는 옛날부터 예(禮)를 숭상하여 인격적 성숙을 위한 도덕교육을 교육의 핵심으로 여겨 왔다. 이를 통하여 인격이 사람됨의 기초이며 동시에 인격교육은 교육의 핵심이라는 점을 다시 한번 확인할 수 있다.

4. 한국교육의 과제와 기초로서의 인격교육

지금까지 기초의 개념과 기초주의의 구조를 고찰함으로써 기초주의란 무엇인가를 살펴보았고, 이어서 인격의 개념과 기초주의 구조 속에서의 인격의 위상에 대하여 고찰해 보았다. 이제 기초주의의 관점에서 한국교육의 본질적 문제가 무엇이며 이를 극복하기 위한 인격교육의 방향에 대하여 생각해 보고자 한다.

이를 위하여 기초주의의 교육연구방법론의 세 차원, 즉 현실인식, 역사성 파악, 통합적 사고라는 세 단계의 틀을 이용하여 고찰해 보고자 한다.[4] 먼저, 현실인식으로 현재 한국교육의 본질적 문제가 무엇인가를 진단하고, 다음으로 문제의 해결을 위하여 과거 선인들의 경험에서 무엇을 배울 것인가를 생각해 보고, 마지막으로 어떻게 해야 할 것인가? 즉, 기초주의의 관점에서 처방과 대안을 모색해 보고자 한다.

1) 현실인식: 한국교육의 문제

대한민국은 해방 후 짧은 기간에 고속 성장을 이루어 세계가 놀랄 만한 경제성장과 민주화를 이룩하고 교육에 있어서도 괄목할 만한 양적 · 질적 발전을 이룩한 것이 사실이다. 그러나 한편으로 '한국병'이라 불릴 정도로 다방면에 걸친 문제점들이 노출되고 있는 것이 또한 현실이다. 일찍이 한기언(1999b, p. 8)은 이와 같은 '한국병'의 실체를 '날림과 기초의 허약함'이라고 했다. 사회 여러 분야에서 일어나는 대형사고와 불법과 비리도 모두가 기초가 허약해서 빚어지는 결과로 보았던 것이다.

이런 비판은 교육 분야로 눈을 돌리면 더욱 심각할 정도로 비관적이며, 그와 같은 부실한 교육은 사회 각 분야의 문제의 원인으로 작용할 수밖에 없다. 한국교육에 대한 비판의 목소리를 들어 보자.

'병들 대로 병든 교육' '황폐할 대로 황폐한 교육' '벼랑에 선 교육' '교육의 난파' '교

4) 한기언(1999b, pp. 213-218)은 기초주의 교육학 연구방법의 3차원을 현실인식(현상성), 역사성 파악(역사성), 통합적 사고(논리성)로 구분하고, 현실인식은 일상성 혹은 상황성, 역사성은 특수성 혹은 전통성, 통합적 사고는 보편성으로 표현하기도 했다.

> 실 붕괴' '공교육 붕괴' '성적비관 자살' '학교폭력' '학원중독증' '불량인간 대량생산' 이것은 모두 한국교육 혹은 교육기관에 대한 우려와 비판의 목소리이다. 한국교육은 해묵은 입시준비교육으로 박식함만을 뽐내는 기억력을 기를 뿐, "지적 창의력과 상상력, 인간적 감수성 그리고 그것을 바탕으로 하는 도의적 심성, 예술적 감각, 사회적 의식은 기르지 못하고 있다"(교육철학회 편, 2007, p. 11).

이와 같은 문제들은 표현이야 어떻든 궁극적으로 교육이 추구해야 할 핵심 과제인 지식교육과 인성교육의 부실로 귀결된다. 지식교육과 관련해서는 21세기에 들어와 세계화와 지식사회로의 이행이 빨라지면서 국제경쟁이 더욱 치열해지고 창의력이 곧 경쟁력의 핵심이라는 인식에 따라 지식교육에 대한 위기의식이 고조되었다. 문제의 실상을 보여 주는 몇 가지 예를 제시해 보기로 한다.

> 서울대는 2006년도 이공계 신입생 1,284명을 대상으로 '수학성취도 측정시험'을 치른 결과 일부 서술형 문제에서 응시자의 90% 이상이 0점을 받았다고 밝혔다. 수시합격자 532명을 대상으로 지난해 12월 치른 평가시험에서는 서술형 9번 문항에 0점을 맞은 학생이 94%였고, 7번 문항에 0점을 맞은 학생이 76%였다(동아일보, 2006. 7. 16.).

> 전국 4년제 경제학과, 수학과, 전문대 컴퓨터관련학과 등에서 15개 대학 757명의 신입생을 대상으로 초등학교 4학년부터 고등학교 1학년 수준의 30문항을 평가한 결과, 초등학교 수준의 문제 정답율은 68.1%, 중학교 수준의 문제 정답율은 58.2%, 고교 1학년 수준의 문제 정답율은 45.1%에 그친 것으로 나타났다(이주호, 2006).

> 대부분의 대학생이 제고(提高)와 재고(再考), 정상(頂上)과 정상(正常), 수월(秀越)하다와 수월하다(쉽다), 입지(立志)와 입지(立地) 등과 같은 어휘의 개념을 명확하게 구분하지 못하며, 이는 결국 국어 독해 능력을 심각할 정도로 저하시키고 있다(필자의 조사).

> 최근 인문사회과학과 기초자연과학의 위기는 예사로 보아 넘길 일이 아니다. 백화점식의 4년제 대학이 무려 200개 가까이 있지만 이 숫자가 기초인력의 양성과는 아무

관련이 없다는 것은 주지의 일이다(노재봉, 동아일보, 2001. 12. 12.).

한국에서 영어교사를 하는 친구가 몇 있는데 이들은 항상 같은 불만을 토로한다. "한국 아이들은 자기 생각이 없는 것 같다. 글쓰기 숙제를 내주면 쓸 내용 자체가 없는 것 같다. 항상 같은 이야기만 반복한다." "나는 어제 학원에 갔다 와서 공부를 했다."(리제트 팟기터, 주간조선, 2007. 11. 19.)

OECD 보고서에 따르면, 우리나라는 평가에 참가한 OECD 소속 21개국 중 자기주도적 학습능력(Self-Regulated Learning Ability)이 취약한 학생비율이 22%로 최하위를 기록했다. …… 우리나라 학생들은 읽기 성적은 6위이나, 읽기에 대한 흥미도는 평가대상 21개국 가운데 최하위였고, 수학 과목도 학과 성취도는 3위였지만, 흥미도 면에서는 역시 최하위를 기록했다(조선일보, 2003. 11. 18.).

한국투명성기구가 중 · 고교생 1,100명을 대상으로 실시한 조사에서 17.7%가 '감옥에서 10년을 살아도 10억 원을 벌 수 있다면 부패를 저지를 수 있다'는 항목에 '그렇다'고 답변했다(동아일보, 2008. 12. 8.).

나라 전체가 거짓말 학습장이다. 일거수일투족이 언론에 보도되는 대통령 등 핵심 지도층은 영향력이 큰 거짓말 교사이다. …… 초등학교에서도 거짓말 훈련을 시킨다. 초등학교 3학년인 K는 일기장이 두 개이다. 하나는 선생님에게 매일 보여 주고 검사를 받기 위한 목적으로 쓰는 일기장이다. 다른 하나는 자신과 대화하는 진실이 담긴 프라이버시로서 보관하는 일기장이다(배금자, 동아일보, 2003. 12. 28.).

대학생 2명 중 1명 정도는 시험 때 부정행위를 한 경험이 있는 것으로 조사되었다. 19일 온라인 취업사이트 사람인(www.saramin.co.kr)이 대학생 657명을 대상으로 조사한 결과 응답자 55.6%가 '시험을 보면서 부정행위를 해 본 경험이 있다'고 답했다(조선일보, 2006. 4. 19.).

이상은 우리 교육에서 기초 학력이 얼마나 부실하며, 인격의 기초가 되는 윤리의

식이 얼마나 심각한 수준인가를 보여 주는 몇 가지 사례에 불과하다. 특히 교육 비리에 관한 문제는 더욱 심각하다. 초등학교에서 대학에 이르기까지 만연하는 학생들의 시험부정과 과제 베끼기, 교사의 성적 조작, 교수의 표절, 입시 부정, 인사 비리, 가짜 학위 등 이루 헤아릴 수 없는 비리와 부정이 교육 현장에 만연하고 있다. 이는 그대로 인격 형성에 영향을 주고 나아가서 국가 사회 전체의 비리와 부정으로 이어진다. 이런 현상이 그대로 반영되어 국제투명성기구의 부패지수가 여전히 40위 밖을 맴돌고 있다. 이는 국력에 걸맞지 않는 부끄러운 현실이고, 국가 발전을 가로막는 장애 요소이며, 경제적으로 따지더라도 엄청난 손실을 유발하고 있는 것으로 드러나고 있다.

앞에서 언급한 바와 같이 인격은 사람됨의 기초인 동시에 교육의 기초이며 교육의 궁극적 목표이기도 하다. 또한 정직은 인격의 수준을 결정하는 핵심 요소이며 진리에 이르는 참된 길이라고 볼 때, 우리 교육의 기초학력 부실과 거짓과 부정과 비리에 대한 무감각은 가장 본질적이고도 기본적인 문제로 생각된다.

2) 역사성 파악: 인격교육에 관한 인류의 예지

동서고금을 통하여 인격적 가치를 교육의 핵심으로 생각하고 인격교육을 강조한 선현들은 헤아릴 수 없이 많다. 공자가 일찍이 시 3백 편을 한마디로 표현하여 사무사(思無邪)라고 한 것은 마음에서부터 거짓되고 사악함이 없어야 함을 강조한 것이며 순수하고 거짓 없는 정신세계를 강조한 것이다.

『대학』의 8조목에서 보는 바와 같이 수신(修身), 즉 수기(修己)는 인격의 핵심이며, 제가(齊家) · 치국(治國) · 평천하(平天下), 즉 타인과 사회에 봉사하기 위해 선행되어야 할 조건이며 기초인 것이다. 수기의 내용인 격물(格物) · 치지(致知) · 성의(誠意) · 정심(正心)은 인격을 구성하는 요소라고 볼 수 있다. 다시 말하면 '나(身; 己)'가 인간으로서의 품격을 갖추기 위해서는 바른 마음과 정성스러운 뜻으로 사물의 이치를 탐구하여 참된 앎에 도달해야 한다는 것이다. 사물의 이치를 제대로 탐구하여 올바른 앎에 도달하려면 먼저 마음이 바르고 거짓이 없어야 한다. 따라서 앎(지식)은 참된 마음을 닦기 위한 조건이며 동시에 참된 마음은 참된 앎에 도달하기 위한 조건이다. 이는 격물치지와 성의정심은 서로 분리할 수 없는 것이며, 인격의 요소로서 지적(知的) 측면과 정의적(情意的) 측면은 분리할 수 없는 것임을 말하고 있다.[5] 올바른 인격교육은 지식교육과 도덕교육이 조화를 이루어야 하며, 교육은 곧 인격교육을 의미한다고 보아야 할 것이다. 그런 의미에서 인격은 곧 기초이며 교육의 시작인 동시에 끝이라고 할 수 있다.

『중용』에서도 "참된 것은 사물의 처음이며 끝이니 참되지 않으면 사물이 없다(誠者物之終始 不誠無物)."라고 했다. 진실하고 거짓 없는 것이 자연과 사물의 이치이며 근본 속성이므로 참된 것은 모든 것의 처음인 동시에 끝이다. 따라서 참되지 않으면 아무것도 존재할 수 없다고 보았다. 참(誠)은 곧 모든 것의 기초인 것이다.

칸트(I. Kant)는 이성적 존재로서의 인간의 존엄성을 절대적 가치로 강조했다. 그는 모든 피조물 가운데 오직 인간만이 목적 그 자체라고 했다.

> 인간은 분명히 신성하지 않으나, 그의 인격 속의 인간성(Menschheit)은 그에게 신성한 것이 아닐 수 없다. 모든 피조물 중에서 우리가 의욕하고 또 우리가 지배하는 모든 것은 단지 수단으로 사용될 수 있다. 오직 인간 그리고 그와 더불어 모든 이성적 피조물만이 목적 그 자체이다. 즉, 그는 도덕법칙의 주체이며, 도덕법칙은 그의 자유가 지닌 자율로 인해서 신성한 것이다. …… 그러므로 자율(Autonomie)은 인간을 포함한 모든 이성적 존재자의 존엄성의 근거이다(진교훈, 2007, p. 103에서 재인용).

인간의 존엄성, 즉 인격의 가치는 이성적 존재인 인간이 자유의지를 바탕으로 도덕적 판단을 할 수 있다는 점에 근거를 두고 있다. 또한 여기서 '존엄'이란 "단지 교환적 가치를 지닌 존재에 대하여 쓰이는 표현이 아니라 대체가 불가능한 절대적 가치에 대하여 쓰이는 용어"(진교훈, 2007, p. 104)라고 이해된다. 기독교적 전통이 강한 서구 사회이기에 비록 '신성'에 근거하고 있지만 칸트가 강조하는 것은 결국 도덕법칙은 인간 자신의 자유로운 의지가 세운 법칙이며, 자율성이 인격의 본질이라고 보았다.

이로부터 추론해 본다면 인간의 존엄성과 인격 가치는 인간의 자유와 자율성에 근거하고 있으며, 기초주의에서 인격 개념을 지성과 함께 자유의 이념 속에 포함시키고 있는 것도 이런 맥락으로 이해할 수 있을 것이다. 자율성은 인격의 본질이며

5) 이에 대한 좀 더 상세한 논의는 박의수(2007)의 "유가적 전통에서의 인성교육"을 참조.

인간 존엄성의 기초이며 또한 참된 인간 교육의 원리가 되는 것이다.

부버(M. Buber)는 인격을 관계의 차원에서 생각했다. 그는 관계의 유형을 '나-너'와 '나-그것'으로 나누고 '나-그것'의 세계는 "경험과 인식과 이용의 대상"이지만, '나-너'의 관계는 경험의 대상이 될 수 없는 "전 존재를 기울여 참인격으로 관계하는" 것으로 보았다(강선보, 1992, pp. 105-109). 볼노(O. Bollnow) 역시 "만남이 교육에 선행한다."고 하여 참된 교육은 인격적 만남을 통하여 가능하다고 보았던 것이다.

스마일스(Smiles, 2005, pp. 26-34)는 『인격론』에서 "인격은 '양심의 힘'에서 비롯된 것이다. 궁극적으로 인생을 지배하는 것은 지성이 아니라 양심이다."라고 했다. 또한 인생에서 중요한 것은 지성이 아니라 인격이며, 머리가 아니라 마음이며, 천재성이 아니라 판단에 따르는 규제력, 자제력, 인내심이라고 했다. 그렇다고 인격이 지성과 무관하다는 것은 아니다. 그는 헨리 테일러(H. Taylor)의 말을 인용하여 지와 선은 여러 측면에서 일치한다고 했다. 양심이란 선악을 판단하는 도덕의식을 의미한다고 볼 때 인격의 기준은 도덕적 판단력이다. 이는 칸트가 도덕적 판단력을 인간 존엄의 근거로 보고 도덕적 명령을 절대적인 것으로 본 것과 상통한다.[6)]

이상을 종합해 보면 동서양을 막론하고 인격은 지적인 측면과 정의적 측면, 즉 인지적 측면과 도덕적 측면을 포함한 개념이며, 인격은 사람됨을 판단하는 핵심이며, 곧 교육의 기초인 동시에 교육의 궁극적 목적이라는 것을 알 수 있다.

3) 통합적 사고: 처방과 대안

그렇다면 우리의 현실 문제를 어떻게 해결할 것인가? 지식교육과 인격교육의 분리, 인식과 실천의 괴리, 지식교육의 기초 부실, 거짓과 비리에 대한 불감증, 이로 인한 총체적인 교육력의 약화를 어떻게 해결할 것인가? 문제의 해결을 위해서는 문제의 본질에 대한 올바른 인식이 선행되어야 한다. 그리고 처방과 대안으로서의 인격교육의 방향이 논의되어야 할 것이다. 도산 안창호는 일찍이 이렇게 말했다.

---

6) 물론 동서양의 다양한 인격론은 주장하는 학자들에 따라 다양한 차이를 보이고 있다. 그러나 여기서는 그와 같은 인격론의 입장 차이를 논하는 것이 주된 목적은 아니다. 다만 오늘날 한국교육이 안고 있는 인격 차원의 문제를 해결하기 위하여 선현들의 지혜를 참고하여 해결책을 모색해 보자는 것이다.

> 거짓말하고 속이는 것이 가죽과 뼈에 젖어서 양심에 아무 거리낌 없이 사람을 대하고 일에 임하매 속일 궁리부터 먼저 하게 되었습니다. 대한 민족을 참으로 건질 뜻이 있으면 그 건지는 법을 멀리서 구하지 말고 먼저 우리의 가장 큰 원수되는 속임을 버리고 각 개인의 가슴 가운데 진실과 정직을 모시어야 하겠습니다(주요한, 1963, p. 478).

이로 미루어 보아 거짓과 속임은 오래된 우리 민족의 병폐인 듯하다. 오죽하면 거짓말하고 속이는 것을 가장 큰 민족의 원수라고 했겠는가? 우리의 근대사를 통하여 정직과 인격적 기초의 중요성을 도산 안창호만큼 절실하게 깨닫고 평생을 그것을 위하여 노력한 인물은 드물다.

> 우리가 무엇을 하든지 근간이 되는 바는 인격혁명이라고 생각합니다. …… 우리가 지금 무슨 일을 하려고 할 때에 서로 믿고 일하는 게 아니라, 시기와 질투와 당파 가림을 먼저 하게 됩니다. …… 망국의 인격으로 무슨 사회혁명을 합니까. 근간은 인격혁명에 돌아가고 맙니다. …… 인격혁명을 못한 이는 제 아무리 나쁜 사회제도를 타파한다 해도 다시 나쁜 제도밖에 나오지 않습니다(주요한, 1963, p. 868).

도산 안창호는 나라가 망한 것은 힘이 없기 때문이라고 보았다. 한 나라의 힘은 세 가지 자본으로 구성된다고 보았다. 금전의 자본(경제력), 지식의 자본(지적재산) 그리고 신용의 자본(정직성) 등이 그것이다. 그중에서 정직성, 즉 도덕과 신용의 자본, 즉 인격의 힘이 가장 근본이 된다고 보았다. 그래서 이 세 가지 자본을 동맹으로 저축하자고 역설했던 것이다.

> 각 개인의 건전한 인격을 이루기 위하여 4대 정신과 3육을 수련하고자 합시다. 속이거나 거짓말하지 아니하고 진실하여 '신용의 자본'을 동맹저축 합시다. 한 가지 이상의 학술이나 기능을 학수하여 전문 직업을 감당할 만한 '지식의 자본'을 동맹저축 합시다. 각기 수입의 10분의 2 이상을 저금하여 적어도 10원 이상의 금전의 자본을 동맹저축 합시다(주요한, 1999, p. 1018).

여기서 4대 정신은 무실(務實), 역행(力行), 충의(忠義), 용감(勇敢)을 의미하고,

3육은 덕육(德育), 체육(體育), 지육(智育)을 의미한다. 도산 안창호는 무실역행을 '참되자! 일하자!' 혹은 '거짓말하지 말자! 놀지 말자!'로 표현하기도 했다. 3육과 4대 정신은 곧 인격의 핵심 요소이다. 그래서 도산 안창호는 "죽더라도 거짓말을 하지 말라! 꿈에라도 거짓말을 했으면 통회하라!"고 가르쳤다. 그리고 스스로 솔선수범했다.

프랭클린(B. Franklin)은 22세 무렵에 자신의 인격수양을 위하여 절제, 자율, 침묵, 정돈, 결심, 절약, 근면, 정직, 정의, 청결, 평정, 도덕성, 겸손 등 13가지 덕목을 실천할 것을 결심하고 일주일 단위로 체크리스트를 만들어 완전히 몸에 익을 때까지 실천했다(Franklin, 1965, pp. 62-63). 학교교육을 거의 받지 못한 프랭클린이 정치가, 과학자, 외교관, 저술가 그리고 경영인으로서 다방면에 걸쳐 많은 업적을 남기고 많은 사람의 존경과 사랑을 받게 된 것은 바로 젊어서부터 철저하고도 체계적으로 인격적 기초를 닦았기 때문임을 알 수 있다.

율곡 이이(李珥) 또한 어머니 신사임당의 3년상을 마치고 한때 방황하며 불교에 관심을 갖기도 했으나 다시 유학(儒學)에 뜻을 두고 공부를 시작하면서 스스로를 경계하는 11개조의 자경문(自警文)을 지어 스스로 인격 수양의 지침으로 삼아 평생을 실천했음은 널리 알려진 일이다. 율곡 이이는 무엇보다 입지(立志)를 중요시하여 공부의 최종 목표를 성인이 되는데 두고 비록 혼자 있을 때라도 몸과 마음을 다스리는 일을 게을리하지 않았다(『율곡전서』 권14, 잡저1).[7]

또한 미국의 초등학교 교사인 클라크(R. Clark, 2004)는 교육에 있어서 가장 본질적인 것들 55가지(the essential 55)를 철저히 가르쳐야 한다는 원칙을 세우고 그 원칙에 따라 교육을 실시했다. 그가 제시한 '원칙'이란 것들을 살펴보면 어른들의 말에 공손하게 대답하기, 다른 사람 의견 존중하기, 무엇을 받으면 "고맙습니다." 하고 인사하기, 정리정돈 잘하기, 손님에게 인사하고 즐겁게 맞이하기, 식사 예절 지키기, 어떤 경우에도 정직하기 등 지극히 평범하고 당연한 것들이다. 이는 현대의 미국판 『격몽요결』이라고 해도 좋을 정도로 유사한 내용들이다.

흔히 이런 인격 수양 방법은 복잡다단한 현대 생활과는 맞지 않는다고 생각하는 경향이 있다. 그러나 오늘날에도 가장 모범적으로 인격의 기초를 확고하게 다져서

7) 율곡 이이의 『격몽요결』과 같은 옛 선현들의 문헌에서 볼 수 있는 바와 같이 공부는 가장 기초적인 규범과 인격적 기초를 충실히 하는 것으로부터 시작하였다는 점을 주목할 필요가 있다.

최고의 자리에 오른 사례는 수없이 많다. 어느 시대에나 인격적 친화력과 신용은 세속적 삶에도 이익을 가져다주며 사회적 성공의 기초가 된다. 따라서 동서와 고금을 막론하고 인격 가치를 핵심에 두고 인격교육을 참된 교육의 기초로 해야 한다는 것은 재론의 여지가 없을 것이다.

5. 맺음말

지금까지 기초의 개념과 기초주의의 구조를 살펴보고, 기초주의를 구성하는 6개념 중의 하나인 '인격'이 기초주의 전체 구조 속에서 차지하는 위상에 대하여 고찰하였다. 이를 통하여 인격은 사람됨의 기초이고, 동시에 교육의 기초이며, 최종 목표가 된다는 점을 확인하였다.

그리고 기초주의와 인격교육의 관점에서 현대 한국교육의 본질적 문제를 살펴보고 그와 같은 문제해결을 위하여, 선현들의 경험에서 오늘의 문제를 해결할 수 있는 대안을 모색해 보았다. 즉, 과거의 인격교육의 예지를 현대 교육에서 구현한 몇 가지 사례를 통하여 21세기 인격교육의 방향과 대안을 탐색해 보았다.

현대 한국교육이 안고 있는 문제의 본질은 크게 두 가지 측면으로 요약할 수 있다. 하나는 지식교육의 측면에서 기초 학력의 부실이며, 다른 하나는 인성교육의 측면에서 정직과 성실성의 결여, 즉 인격적 기초의 부실이다. 이와 같은 문제를 해결하기 위한 인격교육의 방향과 대안을 다음과 같이 제안한다.

첫째, 문제의 본질에 대한 인식이다. 인격교육이 모든 교육의 기초이며 또한 최종적인 목표라는 점, 그리고 인격을 구성하는 요소는 정의적 측면뿐만 아니라 인지적 측면도 포함되며, 따라서 지식교육과 윤리교육은 결코 분리될 수 없는 하나로 인식해야 한다.

둘째, 인격교육의 본질과 원리는 동서고금을 통하여 다를 것이 없다는 점을 인식하고, 역사적 전통 속에서 예지를 얻어 현대적 감각에 맞도록 프로그램을 짜야 한다는 것이다. 특히 정직의 가치를 재인식하고 정직하고 투명한 사회를 이룩하기 위하여 기초적인 인격교육이 모든 교육에 선행되어야 한다.

셋째, 일찍이 율곡 이이나 도산 안창호와 같은 선현들이 실천한 방법은 물론 현대의 모범적인 실천가들의 행적과 실천 사례에서 구체적인 인격교육의 방법을 찾아내어 프로그램화해야 할 것이다. 예를 들면, 도산 안창호의 동맹수련 방법, 율곡 이이의 자경문, 프랭클린의 체크리스트, 클라크의 교육프로그램 등에서 다양한 방법과 프로그램을 만들어 낼 수 있는 지혜를 얻을 수 있을 것이다.

넷째, 기초주의의 철학을 깊이 이해하고 기초주의의 관점에서 교육의 모든 과정을 구성하고 실천하도록 해야 한다. 그러기 위해서는 기초주의 교육철학이 모든 교육을 지배하는 지도원리가 되어야 할 것이다.

✪ 참고문헌

강선보(1992). 마르틴 부버의 만남의 교육. 서울: 양서원.
강선보 외(2008). 인성교육. 경기: 양서원.
고려대학교 교육문제연구소(2007). 자생적 한국교육학: 기초주의의 세계. 2007국제학술대회 자료집.
교육철학회 편(2007). 좋은 교육. 서울: 문음사.
국립국어연구원(2001). 표준국어대사전. 서울: 두산동아.
기초주의 40주년 기념행사준비위원회(1997). 교육의 세기와 기초주의. 서울: 교육과학사.
박의수(2007). 유가적 전통에서의 인성교육. 고려대학교 교육문제연구소. 교육문제연구 제28집, 1-22.
안철수(2001). CEO 안철수, 영혼이 있는 승부. 서울: 김영사.
이주호(2006). 대학생 기초학력 조사 분석. 보도자료(2006. 9. 24.).
이이. 한국정신문화연구원 자료조사실(1987). (국역)율곡전서. 경기: 한국정신문화연구원.
조지훈(1973). 멋의 연구. 조지훈전집7. 서울: 일지사.
주요한 편저(1963). 안도산전서. 서울: 삼중당.
주요한 편저(1999). 증보판 안도산전서. 서울: 홍사단출판부.
진교훈(2007). 인격. 서울: 서울대학교출판부.
청뢰 한기언 박사 고희기념 편집간행위원회(1994). 교육국가의 건설: 교육의 세기와 기초주의. 서울: 양서원.
한기언(1975). 기초주의-한국 교육철학의 정립. 서울: 배영사.
한기언(1994). 교사의 철학. 서울: 양서원.

한기언(1996). 한국현대교육철학. 서울: 도서출판 하우.

한기언(1999a). 21세기 한국의 교육학. 경기: 한국학술정보[주].

한기언(1999b). 기초주의 교육학. 서울: 학지사.

한기언(2001). 기초주의 교육적 나침반. 서울: 기초주의연구원.

한기언(2003). 기초주의 교육학. 경기: 한국학술정보[주].

한기언(2004). 기초주의의 세계. 서울: 기초주의연구원.

한기언(2006). 두 손을 비워 두어라. 경기: 한국학술정보[주].

Clark, Ron. 박철홍 역(2004). 아이를 위대한 사람으로 만드는 55가지 원칙(The Essential 55). 서울: 김영사.

Franklin, Benjamin. (1965). *The Autobiography of Benjamin Franklin*. New York: Manor Books Inc.

Hunter, James C. 김광수 역(2006). 서번트 리더십 2(*The World's Most Powerful Leadership Principle*). 서울: 시대의 창.

Smiles, Samuel. 공병호 역(2005). 인격론(*Character*). 경기: (주)북이십일.

제12장

기초주의와 협동

기초주의의 세계

우용제

군자는 화합할 줄 알지만 똑같이 행동하지 않고, 소인은 똑같이 행동하면서도 화합할 줄 모른다(君子 和而不同 小人 同而不和, 『논어』「子路」).

두 사람이 한마음을 지니면 날카로움이 쇠를 자를 수 있고, 한마음에서 나온 말은 향이 난초와 같다(二人同心 其利斷金 同心之言 其臭如蘭, 『주역』「繫辭」).

1. 들어가며

기초주의는 1950년대 말 한기언 교수에 의해 창안되었다. 그리고 이후 오늘날에 이르기까지 계속 진화하고 있다. 그렇지만 기초주의는 하나의 교육 이념 체계로 개인에 의해 제창되어 반세기를 지나며 발전해 오면서도 시대적인 교육사조로서 부각되어 본 적이 없다. 그 이유는 여러 가지가 있을 것이다. 거기에는 이론 체계에 내재하는 특질에 기인하는 면이 있을 것이고, 다른 한편으로는 체계 외부의 문제도 있을 것이다. 인간 형성의 기본 원리이자 논리임을 자임하는 기초주의가 이론적으로 진화하면서도 교육학계와 교육계 내외에서 반세기 동안 주변에 머물고 있는 현실은 깊이 숙고해 보아야 할 점이다.

기초주의는 기로에 서 있다. 그것은 세류를 포섭하고 시대의 교육사조로 거듭나야 하는지, 아니면 이론의 완성도를 높이는 데에 더 매진해야 하는지 두 가지 길이다. 현장과 실천을 향해 나아갈 것인지, 공부와 연구의 대상으로 내공을 쌓는 길에 자족할 것인지, 어느 것이 좁은 문인지 분명하지 않다. 어느 하나 그만둘 수 없는 일이지만 이제 선택과 집중 그리고 헌신이 불가피한 시점이다.

이 글은 기초주의의 현실적 주변성이 어디에서 기인하는지를 생각해 보기 위한 것이다. 여기에서는 이론 체계 외부보다는 기초주의에 내재하고 있는 특징에 주목할 것이다. 그리고 협동이라는 가치와 그것이 기초주의에서 차지하는 위상에 초점을 맞추어 생각해 볼 것이다. 그런 만큼 주변성의 원인에 대한 종합적인 이해가 될 수 없다. 그렇지만 이것이 기초주의 이론 내부에서 자성적인 접근을 통해 기초주의의 미래를 구상해 보는 기회가 될 수 있기를 희망한다.

2. 기초주의의 구조와 지향

기초주의는 인간 형성의 기본원리이자 논리체계이다. 그것은 1핵, 3이념 그리고 6개념으로 구성되어 있다. 기초는 핵에 해당하고 시간, 자유와 질서는 기본 이념이며, 문화, 생활, 지성, 인격, 협동과 봉사는 핵심 가치이다. 이들은 모두 인류가 오랜 역사 속에서 구현해 왔거나 구현하려고 노력했던 대표적인 이념과 가치들이다. 그런 만큼 역사적으로 보편성(普遍性)을 지닌 가치로 보아도 큰 무리가 없다.

기초주의를 구성하는 핵심 개념들은 일정한 정합성을 지니고 있다. 구상(球狀)의 구조 안에서 논리적으로 위계화되어 있는 하나의 가치체계이다. 이 체계의 논리성은 이념과 가치들의 내적인 의미 연관 속에서 확보된다. 논리적인 정합성이 체계의 안에 내재하고 있다는 점에서 자기완성적이다. 그 체계성은 구(球)라고 하는 형태가 보여 주듯이 밖을 향해 열린 만큼이나 안쪽으로는 닫혀 있다.

기초주의가 지니는 함의나 의의를 외부의 일반적 관점에서 해석하는 일은 쉬운 일이 아니다. 그것은 기초주의에 내재해 있는 논리적인 정합성과 체계성에 의해서 규율되고 있기 때문이다. 교육적 존재론에서 교육학의 구조로 이어지는 10개 항목(교육적 존재론, 교육적 가치론, 교육적 인간론, 교육자론, 교육적 지식론, 교육적 방법론, 교육연구방법론, 교육제도론, 교육사관론, 교육학의 구조)으로 구성되는 '교육구조적

이해'의 틀이나 '교육적 나침반'은 기초주의를 해석하는 기준이 되고 있다.[1)]

기초주의의 핵심 개념인 1핵, 3이념과 6개념은 일상적인 언어와 개념 이해 수준에서도 교육적 가치로 해석될 수 있다. 또한 그것의 가치를 부연하여 의의를 규정할 수 있다. 이러한 시도와 노력이 기초주의의 이해를 전적으로 오도하는 것은 아니겠지만, 기초주의에 고유한 의미를 드러내는 데에는 한계가 있다. 이 점에서 기초주의의 이론적 정합성은 닫힌 모습을 드러낸다고 할 수 있다.

기초주의는 실천을 위한 원리이다. 그것을 강력하게 지향하고 있다. 이러한 지향을 펼쳐 나가는 데에 있어서 기초주의의 이론적 정합성이 반드시 긍정적인 영향을 미치리라 기대하기는 어렵다. 왜냐하면 적용과 실천에 있어서 체계적 접근을 뒷받침할 수 있는 원리가 전제되어 있지만, 실제적으로 의존해야 할 지침이 준비되어 있지 않기 때문이다.

기초주의의 실천과 적용을 위해서는 실제적인 관점에서 번역이 필요하다. 이것은 실제적인 지침과 실행의 우선순위로 이어져야 한다. 또 실제적 번역에서 먼저 생각해 보아야 할 것은 어디에 적용할 것인가이다. 기초주의의 이론적 심화가 반드시 현장에서의 실효성을 보장하는 것은 아니다. 오히려 그것이 실천과 적용에 부적인 작용을 할 수 있다고 보아야 한다. 그렇기 때문에 기초주의의 내적인 의미 연관, 즉 내재율의 완성도는 양면적으로 평가되어야 한다.

기초주의는 지난 반세기 동안 지적인 실험실 안에 있었다. 여기에서 벗어나 이제는 현실 속에서 실험되고 적용되며 실천되어야 할 때이다. 기초주의가 실제적인 교육원리의 체계가 되기 위해서는 현실 속에서 거듭나야 한다. 교육원리는 실천을 전제로 한다. 그런 만큼 교육원리는 실천 속에서 자기 조정과 재구성의 과정을 겪을 수밖에 없다. 기초주의가 현실로 향하기 위해서는 기초주의 이념과 가치 그리고 구조가 실제의 관점에서 재해석되어야 한다. 적용가능성과 실용성을 기준으로 실제적 원리나 지침으로 제시되어야 하는 것이다.

기초주의가 실제적인 원리나 지침이 되기 위해서는 다음의 두 가지가 필요하다. 하나는 이념과 가치의 체계를 단순화할 필요가 있다. 다른 하나는 이념과 가치들이 일반적인 덕목이나 명제 형태가 아닌 실천적인 원리들로 다시 구조화되어야 한다.

---

1) 기초주의의 지향과 기본적 구조는 다음의 두 저술에 잘 제시되어 있다. 한기언(2001), 『기초주의 교육적 나침반』(기초주의연구원, 미간행 인쇄물); 한기언(2004), 『기초주의의 세계』(기초주의연구원, 미간행 인쇄물).

실천을 위한 기초주의의 단순화와 재구조화가 반드시 그동안 기초주의가 발전시켜 온 내재율과 배치되어야 할 이유는 없다. 그것은 기초주의 이념적 지향과 가치들을 손상하지 않고 그 정합성을 깨뜨리지 않는 범위에서도 모색될 수 있다. 기초주의의 이론적 정합성과 실천적 원리 체계로의 구조적 단순화는 병행될 수 있다. 이것이 기초주의가 지니고 있는 정합성이 이론적 자족에 머물지 않고 실천적 지향을 실현하며 진화해 가야 할 길이다.

3. 기초주의와 협동

기초주의에서 협동은 질서의 이념 아래 배정되어 있는 가치영역이다. 협동은 물질 가치로서 부(富)의 정당한 추구와 관련되어 있다. 인간은 생업을 가지고 있게 마련이며, 생계를 위해 물질적 가치를 추구하는 것은 당연하다. 기초주의에서는 생업을 갖는 일, 즉 분업화된 직업의 세계에 참여하는 원리가 협동이다. 그리고 물질적 가치, 즉 부는 이것에 대한 반대급부이다. 이런 관련 속에서 협동은 물질 가치로 규정되며, 이것의 추구에는 정당한 방법에 의거해야 한다는 내적 규율이 부가된다.

협동 가치의 상위 이념은 질서이다. 질서는 협동과 봉사라는 두 가치가 마치 두 기둥이 되어 받치고 있는 형세이다. 봉사는 심미(審美) 가치로서 순수한 헌신을 의미한다. 질서라는 이념은 사회와 역사라는 바다에서 한 척의 배가 협동과 봉사라는 두 노에 의지해 균형을 유지하고 있는 상태에 비유될 수 있다.

협동 가치는 다시 교육적 나침반으로서의 10개 준거에 의해서 다음과 같이 해석되고 예시된다. ① 교육적 존재론: 기초, ② 교육적 가치론: 협동, ③ 교육적 인간론: 노작적 인간, ④ 교육자론: 개척자, ⑤ 교육적 지식론: 협동영역, ⑥ 교육적 방법론: 발표(실천), ⑦ 교육연구방법론: 연구연마, ⑧ 교육제도론: 시민교육, ⑨ 교육사관론: 개혁일치형, ⑩ 교육학의 구조: 제5영역(교과교육학 I: 교육과교육학, 도덕과교육학, 국어과교육학, 사회과교육학, 수학과교육학, 과학과교육학, 음악과교육학, 미술과교육학, 체육과교육학, 가정과교육학, 실업과교육학, 외국어과교육학) 등이 그것이다. 이와 같이 기초주의에서는 협동이란 가치와 실제적 의미가 체계적으로 해설되어 있다. 그렇기 때문에 기초주의에서 협동이란 가치가 무엇이고, 어떤 실제적 함의가 들어 있는지를 이해하기 위해서는, 이러한 의미의 순환 고리를 고려해야 한다.

기초주의의 질서 이념과 그 하위 가치인 협동과 봉사의 삼각관계를 우리의 일상 언어로 다음과 같이 해석해 볼 수 있다. 한 사회가 나름의 질서를 확보하고 유지하기 위해서는 사회 구성원들의 협동(참여)과 봉사(헌신)가 필요하다는 것이다. 이러한 해석이 기초주의 이해에 위배되는 것은 아니겠지만, 다시 기초주의 교육구조 혹은 교육적 나침반의 준거의 내용들과 어떻게 의미 있게 연결시킬 수 있는지는 다시 생각해 보아야 할 과제이다.

이 점에서 볼 때, 기초주의가 지니고 있는 이론적 체계성과 정합성은 협동이라는 가치의 해석과 이해에도 난점을 부과하는 것으로 보인다. 협동이란 가치가 무엇이고, 그것이 현실에서 어떻게 추구될 수 있는가 하는 문제에 대해 명료하고 일관된 해석과 처방을 제시하는 데에 어려움을 낳는다. 기초주의의 이론적 체계성과 정합성이 협동이라는 가치를 이론적으로나 실제적으로 해석할 때에 복합성이란 난관이 되고 있는 것이다.

기초주의는 실제와 실천을 위한 원리이다. 그런 만큼 기초-질서-협동으로 이어지는 이념적 가치의 의미 연관은 간결하고도 단순한 모습을 보여 주어야 한다. 그럴 수 있을 때에 실제적 지침으로 해석될 수 있고, 현실에 적용될 수 있는 실천성과 유용성을 지닐 수 있다. 협동은 인류의 삶과 문명에 녹아 있는 원리이다. 다른 한편, 그것을 위해 인위적으로 지향해야 할 당위적 가치이기도 하다. 다시 말하여 이해해야 할 원리이자 실현해야 할 가치이다. 그런 만큼 협동이라는 원리는 기초주의라는 문맥을 벗어나서도 보편적이고 일반적인 의미를 지니고 있다.

교육이라고 하는 맥락에서는 협동이 지니는 이러한 양면성이 더욱 의미가 있다. 교육내용으로서의 협동은 이해의 대상이자 동시에 가르쳐야 할 미덕이기 때문이다. 사회적 존재로서의 인간, 그 구성체로서의 사회 그리고 인간과 사회의 역사적 형성물로서의 문명을 가능하게 한, 한 가지 원리로서 협동을 이해하는 것은 중요한 교육적 가치를 지닌다. 또한 사회생활에서 협동이란 구성원 모두가 함께 실천하고 체득해야 할 미덕이자 가치이다. 협동이라는 가치를 교육원리(학습원리)로 가장 강력하게 제시하고 적용했던 역사적 경험은 국가사회주의가 제공해 준다. 사회주의(社會主義) 교육이론과 이에 의거한 집단주의 교육에서 협동이란 원리와 미덕이 결합되어 극단적으로 추구되었던 경우가 그것이다. 학습과 평가에서 개인적 경쟁보다는 집단적 협동을 우선적으로 강조한 것이다.

공동체(community)의 이념과 협동(cooperation)의 원리(가치)는 이상적인 교육을 추구하는 모든 지적인 실험과 실천적인 노력에서 언제나 강조되어 왔다. 그것은 이상적인 사회의 건설을 지향하는 것에서도 마찬가지이다. 기초주의에서 질서라는 이념 아래 협동이란 가치가 자리 잡고 있는 것도 이와 궤를 같이 하는 것으로 보인다. 그렇다면 협동이란 가치(원리)가 인간의 생활과 교육에서 어떤 의미를 지니고 있고, 왜 중요한지, 그것이 어떻게 실현될 수 있는지 등이 실제적 원리나 지침 수준으로 재해석될 필요가 있다. 기초주의의 이론적 체계 안에서 교육구조나 교육적 나침반의 준거에 의한 해석은, 협동 가치에 대한 일반적이고 원론적인 이해를 심화시키기보다는 오히려 거기에 혼선을 낳을 수 있다. 다시 말하여 현실에의 적용가능성과 실용성에서 거리가 있다는 인상을 주고 있다.

자본주의사회의 자유주의 이념과 시장경제체제는 경쟁을 하나의 미덕으로 간주한다. 거기에는 공정성이 전제되어 있지만, 현실은 오히려 무한경쟁을 부추기는 경향을 보이고 있다. 교육과 학문의 세계도 여기에서 예외가 되지 않는다. 교육도 시장경제로부터 자유롭지 못하다. 오히려 시장경제의 논리가 관철되어야 하는 산업으로 보아야 할 것처럼 보인다. 현재 우리 사회에서 사교육의 경제적 규모는 우리 산업의 중추를 이루고 있는 것이 현실이다. 국가 교육 예산을 넘어설 정도의 사교육비가 그것을 말해 준다. 이러한 형편에 학습에서의 경쟁은 현실이자 당위가 되고 있다. 그렇다면 교육에서 경쟁과 협동의 균형추는 어디에서 어떻게 찾아야 하는지 그다지 자명하지 않다.

이제 기초주의의 질서 이념과 협동 가치도 교육의 실제 속에서 그리고 실험과 실천을 통해서 거듭나야 한다. 기초주의의 이론적 체계성과 정합성 안에서 그 내포와 외연의 정밀성을 추구하기보다는 교육 현장 안에서 적용가능성과 실용성을 지향해야 한다.

4. 맺음말

이 글은 지난 반세기 동안 기초주의의 주변성이 어디에서 기인하는지를 생각해 보기 위한 것이다. 이 글에서는 기초주의의 이론적 체계가 지니고 있는 내적 특성에 주목하였다. 안으로부터의 반성적 검토가 기초주의의 앞날을 구상하는 데에 선행되어야 한다는 필요성 때문이다.

기초주의는 인간 형성의 기본원리이자 논리체계로 제시되었다. 1핵(기초), 3이념(시간, 자유, 질서), 6개념(문화, 생활, 지성, 인격, 협동, 봉사)으로 구성되어 있다. 이것은 다시 교육적 나침반이라는 10개의 준거에 의한 해석 틀을 지니고 있다. 이와 같은 이론적 심화의 과정이 그동안의 성과였다면 이제 교육의 현실을 향해 나서야 할 시점이다. 기초주의가 추구한 것은 실제를 위한 교육원리이기 때문이다.

기초주의의 이론적 체계성과 정합성은 본래의 의도와는 달리 실제적인 원리로 해석하는 데에 장애가 되고 있다. 기초주의의 내재율이 이론의 논리적 완성도를 제고하는 데에만 작용하기 때문이다. 기초주의는 현실에의 적용과 실천을 통해서 재구성되어야 한다. 지적 실험을 넘어 실재(reality)를 대상으로 한 실천을 통해서 실제적 원리의 체계로 재해석되어야 한다.

기초주의가 지니고 있는 내재율은 질서 이념과 협동 가치를 이해하는 데에도 부적으로 작용한다. 질서와 협동에 대한 우리의 일상적인 이해를 심화시켜 주기보다는 오히려 제한하는 요인이 되고 있기 때문이다. 질서와 협동은 인간의 삶과 문명에 내재해 있는 사회 원리이다. 그것은 사회생활 안에서 인간이 갖추어야 할 사회적 가치이자 미덕이다. 기초주의 체계는 질서 이념과 협동 가치에 대한 풍부한 이해를 어렵게 하고 있다. 이것은 기초주의를 구성하는 하위 가치를 실제적 원리나 지침으로 해석하는 데에도 마찬가지이다.

기초주의는 3이념이 잘 보여 주듯이 역사성과 공간성을 강조하고 있다. 다시 말하여 역사와 사회에 대한 고려가 중요하게 자리 잡고 있다. 그렇지만 우리 역사, 우리 사회, 우리 교육이라는 시간적, 공간적 특정성에 대한 냉철한 분석과 해석, 그리고 비판이 부재하다. 이것은 일반성과 보편성이라는 이론적 지향이 초래하는 결과로 보이지만 결코 우회할 수 없는 과제이다.

이론적 정합성이 실효성을 보장하는 것은 아니다. 실천을 위한 이론이라면 당연히 적용가능성과 실용성을 고려해야 한다. 그렇기 때문에 현실에의 적용과 실천은 기초주의에게 있어서 앞으로의 좁은 문이다.

◎ 참고문헌

기초주의 40주년 기념행사준비위원회(1997). 교육의 세기와 기초주의. 서울: 교육과학사.

한기언(1989). 교육의 세기. 서울: 양서원.

한기언(1990). 상황과 기초: 구상교육철학으로서의 기초주의. 서울: 서울대학교출판부.

한기언 편(1994). 교육국가의 건설. 서울: 양서원.

한기언(2001). 21세기 한국의 교육학(한기언교육학전집 16). 경기: 한국학술정보[주].

한기언(2001). 기초주의 교육적 나침반. 서울: 기초주의연구원. (미간행 인쇄물)

한기언(2002). 기초주의 교육학(한기언교육학전집 2). 경기: 한국학술정보[주].

한기언(2002). 교양으로서의 교육학: 교육의 세기와 기초주의(한기언교육학전집 17). 경기: 한국학술정보(주).

한기언(2004). 기초주의의 세계. 서울: 기초주의연구원. (미간행 인쇄물)

한기언(2004). 교육의 세기(한기언교육학전집 8). 경기: 한국학술정보[주].

한기언(2005). 대학의 이념: 대학의 전통과 개혁의 지표(한기언교육학전집 32). 경기: 한국학술정보[주].

제13장

봉사의 개념과 멋

-심미 가치의 '미'와 '멋'의 관계를 중심으로-

한용진

1. 들어가며

이 글은 한기언의 기초주의 6개념 중 '봉사'의 개념과 '멋'의 관계에 대하여 살펴보고자 한다. [그림 13-1]의 기초주의 교육학의 구조도를 보면, 봉사 개념의 핵심어는 미(美)이며, 이를 6개념의 핵심 가치로 표현하면 심미 가치에 해당한다. 즉, 기초주의의 6개념인 문화, 생활, 지성, 인격, 협동, 봉사는 각기 성(聖), 건(健), 진(眞), 선(善), 부(富), 미(美)의 핵심어와 대응 구조를 이루고 있다. 이때 '미'라는 한자어는 우리말로 '아름다움'을 의미하며, 이는 한국어 '멋'과도 통한다고 할 수 있다.

김수현(2007, p. 6)은 "우리 민족의 미감을 나타내는 고유 개념으로는 '아름다움'과 '고움' 외에 '멋'이라는 말이 있다."고 하였고, 조지훈(1996, pp. 376-378)은 「멋의 연구」에서 "우리말에 현재 사용되고 있는 미가치(美價値)를 표현하는 어휘는 크게 네 가지 계열이 있다."고 하며, ① '아름다움' 계열, ② '미(美)' 계열, ③ '고움' 계열, ④ '멋' 계열이라는 것이다. 하지만 기초주의에서 '멋'이란 단순히 '아름다움' 혹은 '미' 그 이상으로 간주되며, 한국인의 생활철학으로서 교육이념에 해당하는 용어라 하였다(한기언, 1975a, pp. 122-127; 1986, p. 108). 조지훈(1996, p. 411)도 이제까지 멋을 논의한 사람들의 공통된 오류의 하나는 "아름다움과 고움과 멋을 혼동하고 있다."고 하며, 즉 "멋은 확실히 아름다움의 일양상(一樣相)이지만, 모든 아름다움이

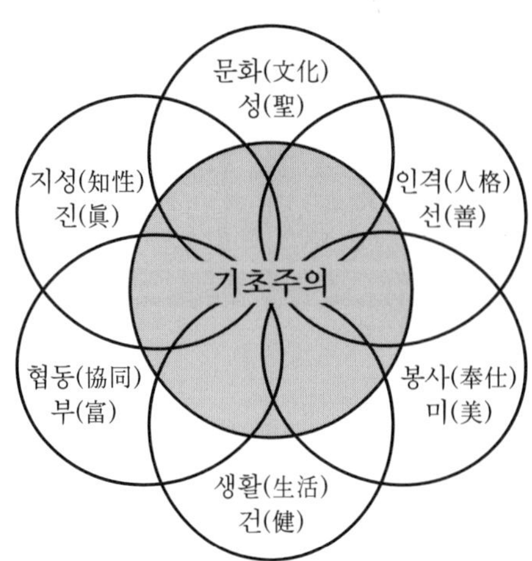

[그림 13-1] 기초주의 교육학의 구조도

멋은 아니고 단순한 고움도 멋은 아니다."라고 하였다. 결국 한기언(1986, p. 103)은 조지훈 역시 "멋은 아름다움의 관념만으로는 포괄하기 어려운 그 무엇인 것 같다."라고 하였음을 전제로, 멋의 논리를 교육철학적으로 전개하고자 하였다.

이 글에서 살펴보고자 하는 것은 한기언의 기초주의에서 '봉사'의 개념의 핵심어를 '미'로 규정하고 있다는 점에서 봉사의 개념이 지향하는 심미 가치로서 미(美), 즉 아름다움과 멋의 관계를 어떻게 규정하여야 하는가이다. 이를 위하여 기존의 멋과 관련된 각종 저서와 논문 자료 이외에 한기언의 육필 원고로 연구노트에 해당하는 『학회기(學誨記)』도 참고하였다. 먼저, 2절에서는 기초주의에 대한 기본적인 이해를 통해 봉사의 개념이 기초주의 구조 속에서 차지하는 위상을 확인해 보고, 3절에서는 멋의 개념에 대한 이해를 통해 미, 즉 아름다움과 교육철학으로서 '멋'의 관계에 대하여 논해 보고자 한다.

2. 기초주의의 구조와 봉사의 개념

사전에서 봉사(奉仕)라는 단어를 찾아보면, "① 국가나 사회 또는 남을 위하여 자신을 돌보지 아니하고 애씀, ② 상인이 손님에게 헐값으로 물건을 팖"(Daum 한국어사전)으로 되어 있다. '무료봉사'나 '봉사가격'과 같은 표현에서 그 각각의 의미를 확인할 수 있다. 또한 영어로도 "① service, ② serve, ③ attendance"(Daum 영어사전)으로 되어 있는데[1], 기본적으로 봉사(service)는 이미 사회적으로 이타적이고 바람직한 것이며 아름다운 행위라는 평가가 내려져 있다.[2] 이 글에서는 봉사의 개념이 전제하는 아름다움의 개념적 분석을 통해 멋과의 관계를 확인하고자 한다. 기초주의에서 멋은 "전통과 개혁의 조화를 통한 인간 형성의 논리"이며 "정수(精粹)와 우아(優雅)"로 정의되고 있다(한기언, 1975b, p. 945). 그리고 [그림 13-2]의 '마음 구조도'를 보면, 봉사의 개념은 한국인의 조화정신, 즉 멋과 관련되며, 이를 대표하는 인간상은 '선비'라는 것이다. 이 그림은 1988년에 작성된 『학회기(學誨記)』 내용에서 발췌한 것으로, 기초주의의 핵심어인 기초의 자리에 '마음'이 위치하고 있으며, 6개념에 해당하는 각각의 항목에는 기본정신과 핵심어 그리고 국가별 인간상과 문화요소를 제시하고 있다.

어쩌면 기초주의 교육학이 갖는 이 같은 유형화(類型化)는 지나치게 작위적이라

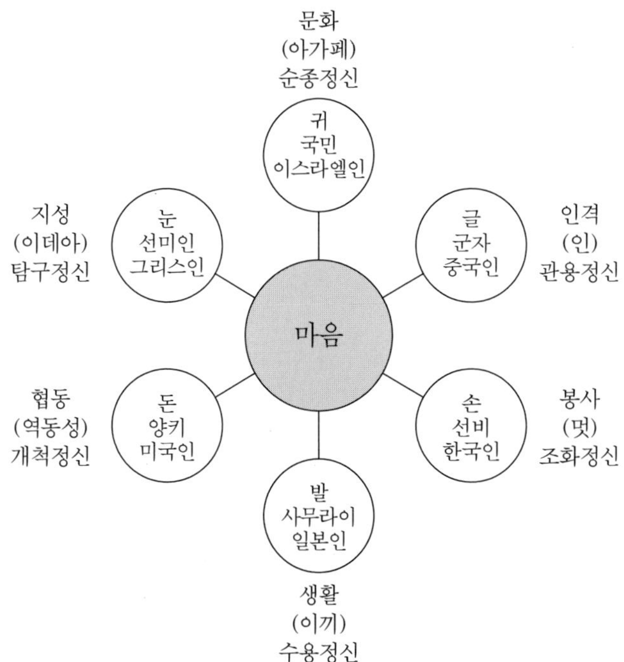

[그림 13-2] 기초주의 관점에서의 마음 구조도(학회기 1988-III)

1) 특히 'attendance'는 '참석' '출석' '관객'이라는 뜻 이외에 '돌봄'의 의미도 갖고 있다.(『Daum영어사전』)

2) 다만 탁구나 테니스를 칠 때, 서비스는 일종의 권리로 상대방이 받기 어렵게 넣는 것을 보면 원래 의미와 많이 달라져 있다고 하겠다.

비판받을 수도 있다. 특히 포스트모던 시대의 탈중심적 사고체계에서 보면, 하나의 기초를 핵(核)으로 확산적 모양으로 전개되는 6개념은 또 다른 스테레오(stereo) 타입으로 보이기 때문이다. 게다가 통섭(統攝)과 다양한 요소의 초연결사회(hyper-connected society)에서 이러한 구조적 이해 시도조차 불합리하게 보일 수도 있다. 그럼에도 불구하고 어떤 특징들을 유형화함으로써 비교문화사적 관점에서 개개의 문화권을 이해하는 큰 틀을 제시하려는 것은 아주 의미가 없는 것은 아닐 것이다.

철학자인 박종홍(1998, p. 408)은 「본다는 것과 듣는다는 것」이라는 글에서 "서양 본래의 사상은 보는 것을 주로 하고, 동양 고유의 사상은 듣는 것을 주로 한 것이라고 말할 수는 없을까?"[3]라고 하여 서양의 '눈'에 대하여, 이스라엘을 비롯한 동양의 '귀'를 제시한 적이 있다. 물론 그는 한자문화권에서는 이미 "머리가 좋은 사람, 훌륭한 정신을 지닌 사람을 총명(聰明)한 사람이라고 한다."(박종홍, 1998, p. 403)고 전제하며, 귀 밝음을 의미하는 총(聰)과 눈 밝음을 의미하는 명(明)의 합성어로 귀와 눈이 종합적으로 뛰어난 상태를 한 단어로 표현하고 있다고 하였다.

영문학자인 이어령(1967, p. 45; 2008, p. 61)도 『흙 속에 저 바람 속에』라는 수필집의 '귀의 문화와 눈의 문화'라는 글에서 우리나라 언어는 "시각적 언어보다 청각적 언어가 풍부하다."고 하며, 박종홍의 앞의 글을 인용하며 "'보는 것'은 로고스적인 것이며 '듣는 것'은 파토스적인 것"이라 하였다. 즉, 눈의 문화는 지성적이고 이성적이며 논리적이고 능동적인 것인데 반해, 귀의 문화는 정적(情的)이고 감상적이며 직감적인 것이고 수동적이라 할 수 있다는 것이다(이어령, 1967, p. 46; 2008, p. 63). 이에 반해, 한기언은 [그림 13-2]에서 눈, 귀 이외에도 손, 발, 글, 돈을 더하여 여섯 가지 문화 특성을 제시하고 있다. 〈표 13-1〉은 이를 정리한 것이다.

기초주의에서 시간·자유·질서의 3이념에는 각각 문화·생활, 지성·인격, 협동·봉사의 6개념이 대응되는데, 이 표에서는 '문화와 지성' '협동과 생활' '인격과 봉사'라는 개념을 각기 짝으로 설명하고 있다. 기본정신이나 국가별 인간상의 적절성 여부는 차치하더라도, 한·중·일 삼국의 교육적 인간상이 각기 선비, 군자, 사무라이(samurai, 侍)로 묘사되고, 핵심어로 멋과 인(仁), 이끼로 정리된 것은 이미 1975년 한국교육학회 연차대회에서 발표된 「'멋'의 교육철학적 구조」[4]에서 세 나라

3) '본다는 것과 듣는다는 것'의 처음 출전은 『새벽』 제6권 제4호, 1959.10. (박종홍, 1998, p. 676).

4) 이 논문에서는 교육이념으로 한·중·일 각기 멋, 인, 이끼, 교육적 인간상으로 선비, 군자, 사무라이, 그리

만을 정리한 것에서 한 걸음 더 나아가 여섯 나라로 확장한 것이라 생각된다.

〈표 13-1〉 기초주의 관점에서의 '마음 구조도'(한기언, 1988)

1핵	6 개념	기본정신 [핵심어]	국가	인간상	문화적 특징
심 (心)	① 문화	순종정신 [아가페]	이스라엘	선민(選民)	귀
	③ 지성	탐구정신 [이데아]	그리스	선미인(善美人)	눈
	⑤ 협동	개척정신 [역동성]	미국	양키	돈
	② 생활	수용정신 [이끼(粋)]	일본	사무라이	발
	④ 인격	관용정신 [인(仁)]	중국	군자	글
	⑥ 봉사	조화정신 [멋]	한국	선비	손

그런데 한기언은 『학회기』(1988)에 이러한 '마음 구조도'는 같은 방식으로 '기초주의 교육적 지식론'이라 하여, 문화 · 생활 · 지성 · 인격 · 협동 · 봉사의 6개념의 지식론을 각기 중심에 두는 여섯 가지 영역을 재구조화하고 있다. 즉, [그림 13-3]과 [그림 13-4]는 생활의 개념에 해당하는 건강교육과 봉사의 개념에 해당하는 예술교육의 사례로 보여 주는 것이다.

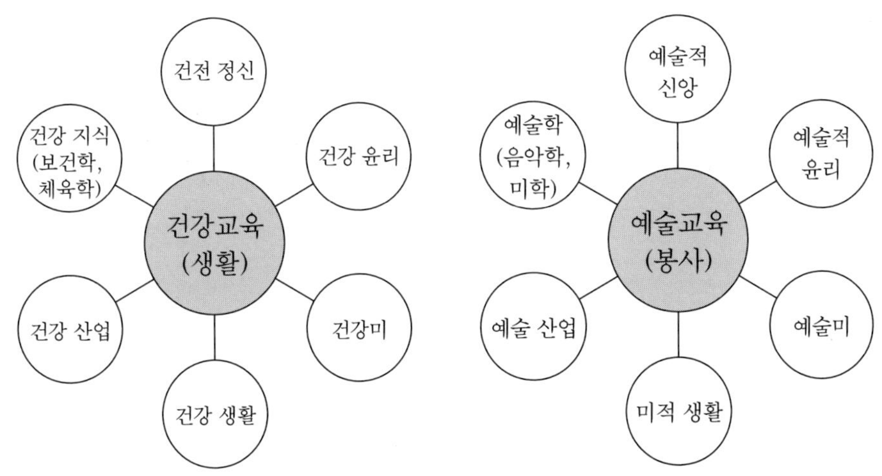

[그림 13-3] 교육적 지식론: 건강교육(생활) [그림13-4] 교육적 지식론: 예술교육(봉사)

고 교육과정으로 참, 격물치지(格物致知), 시쓰케(躾)를 제시하였다(한기언, 1975a, pp. 122-127).

기본적으로 봉사의 개념은 예술 분야와 상응하는 것으로, 그 각각은 다시 6개념의 문화, 생활, 지성, 인격, 협동, 봉사와 관련하여 교육적 지식론을 구성하고 있다. 〈표 13-2〉는 한기언의 '기초주의 교육적 지식론'의 6개념 관련 교육내용을 다시 표로 정리한 것으로, ( ) 속의 내용은 원래 학회기에는 없던 것이나 본 연구자가 각 항목에 적합한 내용이라 생각되는 단어를 추가해 본 것이다.

〈표 13-2〉 기초주의 6개념의 '교육적 지식론 구조도'

6개념 교육적 지식론	문화/효(孝) 정신/종교교육	생활/성(誠) 건강교육	지성/공(公) 과학교육	인격/관(寬) 도덕교육	협동/근(勤) 산업교육	봉사/신(信) 예술교육
성(聖)	종교적 신앙	건전 정신	학문적 신앙	도덕적 신앙	산업적 신앙	예술적 신앙
건(健)	종교생활 (신앙인의 삶)	건강생활 (체조, 요가)	학문생활 (연구자의 삶)	도덕적 생활 (선비, 군자)	산업적 생활 (귀농·귀촌)	미적 생활 (well-being)
진(眞)	종교학(신학), 종교철학	보건학, 체육학(의학)	학문, 과학 (science)	윤리학, 도덕 지식	산업적 지식	예술학 (미학, 음악학)
선(善)	종교윤리	건강윤리	학문과학윤리 (연구윤리)	도덕적 정조	기업윤리 (「상생협력법」[5])	예술적 윤리
부(富)	종교산업(문화산업, K-pop)	건강산업 (스포츠센터)	학문산업 (사교육, 학원 등)	도덕적 산업 (사회적 기업)	생산 (협동농장, 기부츠)	예술산업 (미술품 경매)
미(美)	종교예술 (성당건축, 탱화)	건강미 (심신일여)	학문적 미학	도덕적 미학	산업적 미학 (산업디자인)	예술미 (예술작품, 예능)

이러한 기초주의의 교육적 지식론의 구조도는 그 이전까지의 책자에서는 도표로만 제시되던 것을 보다 구체화한 것으로 보인다. 〈표 13-3〉은 기초주의의 교육구조적 이해에서 교육과정(敎育課程) 부분만을 발췌한 것으로, 이미 1979년에 발표된 『현대인과 기초주의』에서도 이미 그 원형을 찾아볼 수 있다. 기본적으로 봉사의 개념은 미적 생활의 필요성에서 문학, 예술, 미학 등의 분야와 관련되며, 이는 기본적으로 아름다움의 영역에 속하는 것이라 할 수 있다.

5) 기업윤리와 관련하여 요즘 우리 사회에서 대두되는 것은 대기업의 갑질로부터 중소기업을 보호하기 위한, 그리고 서로 상생할 수 있는 방안을 찾으려는 노력으로 최근에 이에 관한 법률도 제정된 상황이다. 예: 「대·중소기업 상생협력 촉진에 관한 법률」(법률 제16290호, 2019.01.15. 공포) 「상생협력법」이라 약칭함. 법제처국가법령정보센터. (www.law.go.kr/).

〈표 13-3〉 기초주의에 비추어 본 교육적 지식론의 분석

기초주의의 교육과정					
구성 요소			교육적 필요[6]	교과목	학문영역
기초	전통	문화	언어와 문학, 사상과 인문과학, 역사의식과 역사학	역사(국사), 국어, 외국어	어학(국어, 외국어), 종교학, 역사학, 문화인류학
		생활	생명의 보존과 체육, 의식주와 자연과학, 인간관계와 사회과학	체육, (지리), 가정, 지학(地學), 교련	지학, 생물학, 보건학, 의학, 체육학, 가정학, 군사학, 지리학, 정치학, 사회학, 사회심리학
	주체	지성	셈하기(수학)	과학, 수학	자연과학(물리학, 화학), 수학, 철학, 논리학
		인격	행동규범(윤리학)	도덕(국민윤리), 교육학	윤리학, 교육학
	개혁	협동	인간관계와 사회과학	사회, 실과	농업·수산·상업·공업 등(실업교과), 경제학, 법률학
		봉사	미적 생활과 예술(+문학)*	예능	문학, 예술, 미학, (종교학)

출처: 한기언(1990), pp. 568-572에서 발췌.

기초주의 교육과정에서 봉사의 개념은 3이념 중 '개혁'에 해당하며, 교과목으로는 '예능'이고, 학문영역으로는 '문학, 예술, 미학' 그리고 부분적으로 종교학과도 관련된다. 결국 미적 생활과 예술 그리고 문학 분야와 밀접히 관련된 봉사의 개념은 아름다움, 즉 멋있는 삶을 영위하는 데 필수적인 요소라 할 수 있을 것이다. 그런데 2007년 고려대학교 교육문제연구소 국제학술대회 자료집 『자생적 한국교육학: 기초주의의 세계』의 '기초주의의 세계'라는 글을 보면, 기초주의 교육철학은 "모든 사람의 인생을 예술적 경지에까지 승화시키는 인간 형성의 기본원리"이며, "전통과 개혁의 조화를 통한 인간 형성의 논리"이다(한기언, 2007, pp. 189-262). 또한 1핵으로 제시된 '기초'는 바로 한국인의 교육이념으로서 '멋'이다. 봉사의 개념이 지향하는 아름다움으로서 '미'와 한국인의 교육이념으로서 '멋'은 어떤 관계를 갖는 것일까.

6) 한기언(1979), 『현대인과 기초주의』, p. 274 〈표 IV〉에서는 '교육적 필요'를 '이상적 · 사회적 필요'로 제시하고 있다.

3. 미(美)와 멋의 관계

멋에 대한 기존의 학문적 논의들을 살펴보면, 교육학보다는 미학이나 문학 분야에서 먼저 논의되었음을 알 수 있다. 김수현(2007, pp. 7-9)은 "'멋'에 대한 미학적 논의가 시작된 것은 1940년대 초로 거슬러 올라간다."고 하였다. 그가 확인한 논문으로는 고유섭의 「조선미술문화의 몇낱 성격」(1940)과 신석초의 「멋설」(1941)이며, 물론 그 이전에 연구들이 있었을 가능성도 있다고 보았다. 해방 이후에는 멋을 한국문화의 고유한 특질로 볼 것인가를 놓고 '멋의 논쟁'이 벌어졌는데[7], 대표적인 글들은 다음과 같다(김수현, 2007, p. 8; 조용만, 1963, pp. 24-25).

- 이희승(1956), "멋" 『현대문학』 제2권 제3호, 1956년 3월[8]
- 조윤제(1958), "멋이라는 말", 『자유문학』 제3권, 1958년 11~12월호. 26-269.
- 이희승(1959), "다시 멋에 대하여(상)", 『자유문학』 제4권, 1959년 1~2월호. 208-215.
- 이희승(1959), "다시 멋에 대하여(하)", 『자유문학』 제4권, 1959년 3~4월호. 256-262.
- 조윤제(1962), "한국인의 멋"[9]

논쟁의 핵심은 '멋'을 우리 민족만이 가진 특이한 정서로 보려는 이희승의 주장에 대하여, 멋의 개념을 풍정(風情), 홍취, 맵시, 재미, 참, 취미라는 뜻으로 이해하고, 이는 한국인에게만 고유한 것이 아니라는 조윤제의 반론이었다. 국문학계의 두 태두(泰斗)라고 할 두 사람의 멋에 대한 논쟁은 여러 학자들의 관심을 불러일으켰고, 문제를 제기했던 조윤제(1962)가 이희승의 이론을 부분 수용하는 것으로 일단락되

---

7) 이러한 논쟁에 불을 지핀 사람은 조윤제 씨로서 『자유문학』에 '멋이라는 말'이라는 글을 발표하면서 이희승 류의 '멋' 개념에 대한 비판을 가하자, 이희승 씨가 이에 반론을 제기하면서부터 '멋'에 대한 논쟁이 시작되었다고 한다(이민수, 2002, p. 18).

8) 이희승(1958), 『벙어리 냉가슴』, 일조각, pp. 90-92 재수록. (김수현, 2007, p. 16).

9) 김계숙 외 편(1987), 『한국의 발견』, 삼양출판사, pp. 317-322. (김수현, 2007, p. 16).

었다고 한다.[10]

조용만(1963, pp. 24-37)은 『한국인의 멋』(1963, 1962년 초판)이라는 책에 "멋이라는 것"이라는 글을 발표하였는데, 그 부제는 "한국문화의 일특질(一特質)"이었다. 이 글에도 이희승과 조윤제의 멋의 논쟁을 먼저 소개하며, 다양한 논의를 하지만 결론은 "멋은 우리나라 사람만이 느끼고 이해할 수 있는 것"으로 "우리나라 문화의 한 개 특질이라고 나는 생각한다."고 하였다. 그는 '멋'이라는 용어를 사전에서 찾아보았지만, 당시의 『조선어사전』이나 문세영의 『국어사전』에는 별로 자세한 설명이 없고, 『한글큰사전』에는 "풍치 있는 맛"이라고 하였지만 역시 설명이 충분하지 못하다고 하였다. 그의 '멋'에 대한 개념 규정은 크게 다음 네 가지이다. 첫째, 현실적이고 속세적인 이해 관계를 떠난 풍치와 여유, 둘째, 다양하면서도 조화와 통일을 잃지 않은 홍청거림, 셋째, 아름다움과 참됨을 동경하고 갈망하고 그것을 실현해 보려고 하는 욕정, 넷째, 모든 사물과 현상의 참된 맛, 진골수(眞骨髓) 또는 핵심 등이다(조용만, 1963, p. 28). 여기서 주목할 것은 '멋'이라는 용어가 당시 사전에는 제대로 설명되어 있지 못하였다는 점이다.

멋에 대한 본격적인 학문적 연구는 역시 조지훈(1964)의 「멋의 연구」에서 찾아볼 수 있다.[11] 그 부제가 "한국인의 미의식의 구조를 위하여"인데, 이를 통해 기존의 여러 의견을 종합하며, 한국 문화예술의 특징을 넘어서는 미학적 논의로 나아갈 방향을 제시해 주었다고 평가되고 있다. 조지훈의 「멋의 연구」에서 주목할 사항은 다음 세 가지 점이라 생각된다.

첫째, 멋과 맛의 관계이다. 이는 기존의 멋 논쟁을 통해 제안된 여러 의견, 특히 조윤제와 이희승의 의견을 종합하면서, "멋이란 말이 맛에서 파생해서 전성(轉成)했으면서도 맛이라는 말이 지닌 어감과는 다른, 맛이란 말로써는 표현되지 않는 어감의 표현"이라 하였다(조지훈, 1996, p. 398). 그는 특히 이희승이 지적한 것처럼 "'맛'은 주로 감각적인 뜻을 가지고 있고, '멋은 주로 감성적인 의미를 가지고 있다는 명확한 단언은 그대로 승인될 수는 없는 것"(조지훈, 1996, p. 399)이라 하였다.

10) 멋의 논쟁의 구체적인 내용에 대하여는 김수현(2007)의 "한국미의 범주로서의 '멋'" pp. 16-22 및 조용만(1963)의 "멋이라는 것-한국문화의 일특질(一特質)", pp. 24-37에 자세히 나와 있다.

11) 이 글은 『한국인의 문학사상』(일조각, 1968)에 수록되었고, 후에 조지훈(1996), 『한국학연구』에도 다시 실린다.

즉, 멋과 맛을 단순히 이분법적으로 구분하기 어렵다는 것이다. "이야기가 맛이 있다."라든가, "그 그림은 볼수록 맛이 난다." 같은 표현에는 이미 감각적인 것을 넘어서는 감성적인 의미도 들어 있다는 것이다. 게다가 멋이라는 용어를 게일의 『한영자전』(A Korean-English Dictionary)[12]에서 찾고 있는데, 그가 확인한 내용을 보면 멋과 맛의 영어 주석이 다음과 같이 동일하다(조지훈, 1996, pp. 395-396).

멋-taste; flavor: interest, See 맛.

맛[味]-taste; flavor: interest

그는 또한 1958년에 간행된 민중서관의 『포켓 한영사전』에는 '멋'의 해석이 맛의 개념과는 아주 다른 독자의 개념이 되었다고 하면서, 다음과 같이 적고 있다(조지훈, 1996, p. 396).

멋 ① 방탕한 기상 dandyism; foppery; smartness; stylishness.

② 풍치 taste; charm, elegance.

③ 이유 · 원인 reason; cause; ground.

조지훈의 연구에서 주목할 것은 대략 60여 년의 시차를 갖고 간행된 두 사전의 내용에 나타난 멋과 맛은 완전히 다른 의미가 되었다는 것이다. 이는 코젤렉(R. Koselleck) 등의 개념사(概念史, conceptual history)의 관점에서 보면 어쩌면 당연한 것일 수 있지만, 매우 주목할 만한 연구 성과이다. 게다가 조지훈(1996, pp. 396-

---

12) 한영자전(韓英字典): 1897년 게일(J.S. Gale)이 한국어를 영어로 풀이한 사전. 한영사전. 『한국민족문화대백과사전』. https://100.daum.net/encyclopedia/view/14XXE0061840 한편 코베이 옥션에 적혀 있는 한영자전에 대한 설명은 다음과 같다. "캐나다 출신 선교사 게일은 천로역정의 번역, 성서번역과 한국학 연구 등 조선에서 40년간 선교사회활동을 한 위대한 선교사이다. 프랑스 선교사의 『한불자전』이 조선 최초의 근대 사전이라면 본 출품물 게일의 『한영자전』은 언더우드(H. G. Underwood)의 『한영자전』에 이어 두 번째의 한영자전이지만, 분량과 체제에 있어 앞의 두 자전을 능가한다. 증판이 아닌 개정판 개념으로 3번이 발행되었는데, 1897년 초판에는 약 3만 5천 개의 어휘를, 본 출품물인 1911년 재판에는 약 5만 개의 어휘를 추가하고 초판의 체재를 대폭 개편하였다. 1931년 조선야소교서회의 명의로 발행된 3판은 8만 2천 개의 어휘를 담아 말 그대로 『한영대사전』 표제를 갖는다." 코베이 옥션, http://www.kobay.co.kr/kobay/item/itemLifeView.do?itemseq=1909GQA7H4U 그런데 조지훈은 게일의 『한영자전』을 1891년판이라 하였는데, 이는 1897년의 오류일 수도 있다.

397)은 "우리는 아직 이 멋이란 말의 가장 오랜 용례가 어느 때쯤의 것인가를 모르고 있다. 가장 가까운 연대의 조선소설에도 이 '멋'이란 말은 잘 보이지 않을 정도로 문자상에 기재된 용례가 결핍하다."라고 하였다. 비록 그가 일반 민중어로 실제 생활에 폭넓게 멋이라는 단어가 사용된 것을 보면, "그 근원이 만근(輓近) 수십 년 정도의 역사만을 가진 생경한 단어는 아니라는 것을 느끼게 된다."(조지훈, 1996, p. 397)라고 하였지만, 어쩌면 멋이라는 단어가 오늘날 우리가 생각하는 것과 같은 의미를 갖게 된 것은 단지 100여 년에 불과할 수도 있겠다는 생각이 든다. 즉, 지금까지 알려진 멋에 관한 최초의 논의가 1940년대라는 점, 그리고 조용만의 연구와 조지훈의 연구 등을 통해 보면 멋이라는 용어가 사전에 등재된 시점이나 그 의미의 분화가 얼마되지 않았기에 그 시원에 대하여 좀 더 고민해 보아야 할 듯하다.

둘째, 조지훈의 「멋의 연구」에서 또 하나 주목할 것은 이미 서론에서도 언급하였지만 '멋'과 '아름다움' '고움'의 관계이다. 그는 "우리말에는 미를 표상하는 어휘로 '아름다움'과 '고움'과 '멋'의 세 가지가 있다."라고 하고, "'아름다움'은 '고움'과 '멋'의 바탕으로서 한국적 미의식을 대표하는 말"이라 하였다(조지훈, 1996, p. 380). 즉, '아름다움'은 한국적 미개념의 표상인 동시에 미개념의 보편적 원리에 통용되는 말인 반면, '고움'과 '멋'은 '아름다움'의 한 부분 또는 그 일면이 고조된 것으로서 그 개념 내용 그대로는 번역되지 않는 말이라는 것이다. '고움'과 '멋'의 번역 불가능성은 특수적 한국미를 나타낸다고 하였다. 즉, '아름다움'이 "정통미(正統美)인 우아미(優雅美)뿐만 아니라 추악한 것까지도 미의 내용으로 받아들인 근대미의 영향을 받은 것이 확실하다."(조지훈, 1996, p. 381)고 하고, '고움'은 "아름다움의 협의로서 아름다움의 개념보다 소규모의 구체적 개념"(조지훈, 1996, p. 381)이라 하며, '미려(美麗)'의 뜻을 가진 말로 아름다움보다 먼저 생긴 것으로 추정하고 있다. 그리고 '멋'은 "고움의 정상미(正常美) 또는 규격성으로서의 아려미(雅麗美)를 뛰어넘은 변형미(變形美) 또는 초규격성의 풍류미(風流美)"로 규정하고 있다(조지훈, 1996, p. 384). 이를 정리해 보면 〈표 13-4〉와 같다.

〈표 13-4〉 아름다움, 고움, 멋의 개념적 특성

용어	미적 특성	비고
아름다움	정통미(正統美)인 우아미(優雅美) + 추악한 것도 포함	근대미(近代美) 특성
고움	정상미(正常美) 또는 규격성으로서의 아려미(雅麗美)	보편미(普遍美)
멋	변형미(變形美) 또는 초규격성의 풍류미(風流美)	정신미(精神美)

한국의 미의식의 기본구조 또는 가치관념으로서의 아름다움과 멋의 관계에 대하여, 조지훈은 "보편미 또는 정상미로서의 '고움'과 특수미 또는 변형미로서의 '멋'을 포괄하는 것이 '아름다움'의 개념"(조지훈, 1996, p. 385)이라고 하였다. 이를 정리해 보면, '아름다움'이 가장 포괄적 의미를 갖고 있는 '미' 개념이고, 보편적 아름다움은 '고움'(곱다)으로, 규격에서 벗어나 탈격(奪格)의 변형에서 정신적 아름다움을 추구할 때에 '멋'이라는 표현을 사용한다는 것이다.

'미(美)'라고 하는 글자를 우리말로 훈독할 때에 '고울 미'나 '멋 미'라고 하지 않고, '아름다울 미'라고 하는 점을 고려해 본다면, 역시 '미'라는 단어는 아름다움 계열에 포섭되는 가장 포괄적 표현이라 할 수 있을 것이다.[13] 조지훈(1996, p. 377)은 「멋의 연구」에서 "우리말에 현재 사용하고 있는 미가치(美價値)를 표현하는 어휘는 대개 네 가지 계열이 있다."라고 하였다. ① '아름다움' 계열, ② '미(美)' 계열, ③ '고움' 계열, ④ '멋' 계열로, 이를 56,069개의 어휘를 빈도조사하여 아름다움계, 고움계, 미계, 멋계의 순서로 많이 사용되고 있으며, 진선미(眞善美)의 관계에서 보면, 총계 1995의 빈도에서 '진'계의 빈도가 842, '선'계의 빈도가 137인데 반해 '미'계의 빈도는 1,016으로 전체의 50% 이상을 차지하고 있어, "한국의 가치관에 미의식이 바탕이 되어 있다고 전제한 필자의 견해를 확정하는 것"이라 하였다(조지훈, 1996, p. 378). 이러한 객관적 연구를 통해 우리나라 사람들에게는 참함[진리]이나 선함[착함]보다 감성적 정조(情操)와 관련된 아름다움과 관련된 미의식이 중요한 의미를 차지하고 있음을 알 수 있다. 특히 '멋'은 파격의 풍류미라는 점에서 한국적

13) 이러한 미와 멋의 관계에 관하여 멋의 개념을 미의 부분집합으로 이해하는 사례로, 이민수(2002, pp. 43-44)는 "멋있는 것은 모두 미적 가치를 지니고 있다. 그러나 미를 지닌 것이 모두 다 멋있다고 할 수는 없다."고 하여, 도덕성이 결여된 비도덕적인 행동이라면 아무리 미적 가치가 있다고 해서 멋의 이름을 부여할 수는 없다는 논리를 펴고 있다. 즉, 미적(美的) 가치는 도덕성 여부에 관계없이 모든 '아름다움'을 지칭하는 것이지만, 멋은 비도덕적인 것은 포함시킬 수 없는 것이기에, 멋은 미의 일부분이라는 것이다.

미의식의 특수성을 반영하는 용어라 할 수 있을 것이다.

셋째, 「멋의 연구」에서 주목할 것은 네 가지 미의식의 성찰을 제시하고 있다는 점이다. 즉, 형태미(形態美), 구성미(構成美), 표현미(表現美), 정신미(精神美)로 이 각각은 '맵시' '태깔(태ㅅ깔)' '결' 그리고 '멋'으로 나타나고 있다는 것이다(조지훈, 1996, p. 385). 먼저, 형태미의 '맵시'를 평가하는 말로는 '날씬하다'와 '수수하다'의 두 가지가 있고, 조선시대 백자의 형태미가 바로 '수수하다'의 대표적인 사례라는 것이다(조지훈, 1996, pp. 385-386).

구성미의 '태깔'은 '태(態)'에서, '갈'은 '갈래[파(派)]' 또는 '결[질(質)]'의 어근에서 온 말로, 이를 평가하는 말로 '맵짜다'와 '구수하다'가 있다고 하였다(조지훈, 1996, pp. 386-387). '맵짜다'는 맵고 짜다는 말로, 그 반대어는 '싱겁다' '맛이 없다'로 이어지고, '구수하다'는 '고소하다'에서 온 말로, 완미(玩味)할수록 은은한 맛이 살아 나오는 소박하고 심후한 맛을 가리킨다고 하였다.

표현미의 '결'은 살결, 나뭇결, 바람결, 물결 등과 같이 기(氣) · 질(質) · 세(勢) · 흐름을 뜻하는 말로, '산뜻하다'와 '은근하다'가 있다고 하였다(조지훈, 1996, p. 387). 산뜻한 것의 반대는 '칙칙한' '어두운'이고, 은근한 것의 반대는 '호들갑스럽다'로 그다지 아름답지 못한 행위를 나타낸다.

'멋'은 "형태미와 구성미, 표현미의 평가에도 두루 통용되는 것으로 정신미의 한 양상"이라고 하였다(조지훈, 1996, p. 387). 앞에서 살펴본 형태미의 날씬함이나 수수함, 구성미의 맵짜다와 구수하다, 표현미의 산뜻하다와 은근하다가 모두 멋지다는 평가를 얻을 수는 있으나, 어느 것이나 다 그대로 멋진 것은 아니라 하였다. 오히려 '멋지다'는 것은 이러한 것 모두를 뛰어넘는 고차적인 정신미이고, 그 멋은 일반적이면서 특수한 성격의 미란 것을 알 수 있다는 것이다.

이러한 '멋'을 평가하는 말에는 '살았다'와 '멋지다'라는 두 가지 말이 있고, 기운(氣韻: 문장이나 서화의 아담한 맛) 생동(生動)으로서 모든 예술에 공용되는 찬사라 하였다. '멋지다'는 모든 미의 초월적 변형미로서, 수련(修練)과 습숙(習熟)을 바탕으로 한, 통속(通俗)하면서 탈속(脫俗)하는 비규격성의 자연스러운 데포르마시옹이 깃들여 있음을 알 수 있다는 것이다. 조지훈(1996, p. 389)은 이러한 멋의 특성을 '변격이합격(變格而合格)'이라는 표현을 통해 '격에 들어가서 다시 격에서 나오는 격'이라 하였다.

한기언의 기초주의에서 그리는 교육적 인간상은 '멋있는 사람'이다(한기언, 1979, p. 27). 그리고 그러한 이상적인 인간상을 "현대적 선비요, 역사적 의식인이요, 겸손한 능력인이라고 하겠다."고 하였는데, 이는 조지훈의 정신미를 지닌 인간의 모습과도 통한다고 하겠다.

4. 맺음말

이 글에서는 기초주의의 6개념 중 봉사의 개념이 갖는 심미 가치로서 '미'를 기초주의의 핵심어이자 한국인의 생활철학으로 제기된 '멋'과 관련하여 그 연관성을 찾아보고자 하였다. [그림 13-1]의 기초주의 교육학의 구조도를 보면, 문화 · 생활 · 지성 · 인격 · 협동 · 봉사 등 6개념은 동시에 성(聖) · 건(健) · 진(眞) · 선(善) · 부(富) · 미(美)의 여섯 가지 핵심어와 각기 대응하고 있다. 즉, 봉사의 개념은 교육적 인간상으로 '봉사적 인간'에 해당하고, 관련 교육사상으로는 '심미주의(審美主義)'와 '개조주의(改造主義)'로 표현되며, 3이념에서는 '협동' 개념과 함께 '질서의 이념'에 속하고, 여섯 가지 가치체로는 '심미 가치'에 해당한다(한기언, 2007, p. 230). 이 글을 통해 확인된 사항은 다음과 같다.

첫째, '미'와 관련된 우리말로는 '아름다움' '고움' '멋' 등의 표현이 있으며, 아름다움이 가장 보편적으로 널리 사용되는 용어인데 반해, 멋은 아름다움이나 고움 그 이상의 것으로 교육적 인간상의 핵심어로 이해될 수 있다. 조지훈은 아름다움과 고움, 멋의 개념적 특성으로, 아름다움을 정통적인 우아미로, 때로는 추악한 것도 포함할 수 있는 근대미로, 고움은 보편적인 정상미로, 규격성으로서의 아려미로, 그리고 멋은 변형과 탈격의 풍류미이자 정신미라 하였다.

둘째, 이러한 멋의 정신미로서의 성격은 '맵시'로 대표되는 형태미와 '태깔'로 대표되는 구성미, '결'로 대표되는 표현미의 평가를 포함하면서도 이 모두를 뛰어넘는 고차적인 것이다. 즉, 형태미의 '날씬한 · 수수한'과 그 대구로서의 부정적 측면인 '몽통한 · 꾸민', 구성미의 '맵짠 · 구수한'과 그 대구로서의 '싱거운 · 바라진', 표현미의 '산뜻한 · 은근한'과 그 대구로서의 '칙칙한 · 호들갑스러운' 등을 모두 넘어서는 고차적인 정신미로서 '멋'은 일반적이면서도 특수한 성격의 '미'라고 정리할 수 있다.

셋째, '멋'이라는 단어가 한국인의 생활철학으로 맛에서 파생, 전성된 용어이지만, 그 시기는 생각보다 오래지 않을 가능성이 있다. 즉, 1897년의 게일의 사전에 멋의 영어 표현은 맛과 동일하였으며, 멋에 관한 학술적 논의로 지금까지 밝혀진 가장 오랜 것이 1940년대라는 점, 그리고 1960년을 전후하여 멋에 관한 연구가 본격화되었다는 것은 개념사적으로 멋에 대한 연구가 이제부터 필요함을 알 수 있다.

넷째, 봉사의 개념이 지향하는 심미 가치로서 핵심어 미(美)는 기본적으로 정통적인 아름다움 계(열)의 단어로 간주되는 것으로, 기초주의에서 한국인의 교육이념으로 제시된 '멋'이 갖는 초규격성의 변형미이자 정신미인 멋과는 구분된다. 즉, 원효와 같이 '뜨거운 가슴'을 지니고, 인류번영과 걸출한 인재배양의 보람을 느끼는 사회봉사자라는 교육자적 특성은 원숙함 속에서 아름다움[미(美)]을 지향하는 것인데 반해 교육철학적 맥락에서 멋은 단지 겉으로 드러나는 심미성뿐만 아니라 정신적이고 초규격성의 변형된 한국적 아름다움까지도 지향하는 것이라 할 수 있다.

✪ 참고문헌

김수현(2007). 한국미의 범주로서의 '멋'. 민족미학 6.
박종홍(1998, 1982 초판). 박종홍전집 VI: 철학적 수상. 서울: 민음사.
이민수(2002). 멋: 멋있는 사람, 아름다운 세상. 서울: (주)영림카디널.
이어령(1967, 1966 초판). 흙 속에 저 바람 속에. 서울: 현암사.
이어령(2008). 흙 속에 저 바람 속에. 서울: 문학사상(주).
조용만(1963). 한국인의 멋. 서울: 삼중당.
조지훈(1996). 한국학연구. 서울: 나남출판.
최정호 편(1997). 멋과 한국인의 삶. 서울: 나남출판.
한기언(1975a). '멋'의 교육철학적 구조. 교육학연구, 13(3). (한국교육학회 연차학술대회).
한기언(1975b). 교육의 역사철학적 기초. 서울: 실학사. p. 945 '기초주의 교육철학의 구조도'
한기언(1979). 현대인과 기초주의. 서울: 세광공사.
한기언(1986). 멋의 논리: 교육철학적 의미. 교육논총 제6집. (건국대학교 교육대학원).

한기언(1988). 학회기(學誨記) (자필원고).

한기언(1990). 상황과 기초: 구상교육철학으로서의 기초주의. 서울: 서울대학교출판부.

한기언(1996). 한국현대 교육철학: 기초주의의 탄생과 성장. 서울: 도서출판 하우.

한기언(2000). 우리 교육, 홍익인간교육의 비전-홍익인간정신과 기초주의. 홀리스틱융합교육연구, Vol.4, No.3.

한기언(2005). 한국교육이념의 연구. 경기: 한국학술정보[주].

한기언(2007). "기초주의의 세계" 및 "기초주의 교육적 나침반". 자생적 한국교육학: 기초주의의 세계. 고려대학교 교육문제연구소 2007년 국제학술대회 자료집.

국가법령정보센터 http://www.law.go.kr/lsInfoP.do?lsiSeq=206746&efYd=20190716#0000

제3부

기초주의의 교육실제적 적용

제14장

기초주의와 교육목적관

최관경

1. 들어가며

올해는 청뢰(淸籟) 한기언(韓基彦) 교수님께서 1957년에 '기초주의'의 첫 씨앗을 뿌린 이후 벌써 반세기가 흘러 기초주의 제창 50주년이 되는 뜻깊은 해이다. 오늘 기초주의 50주년 기념행사로 개최되는 「자생적 한국교육학: 기초주의의 세계」 학술대회에서 기조연설과 함께 한 편의 논문을 발표하게 된 것을 매우 영광스럽게 생각하면서 동시에 부끄러운 마음을 금할 수 없다.

사실상 말은 열 마디나 백 마디를 하지만 실천은 한 가지도 제대로 못하는 사람이 있는가 하면, 실천은 열 가지나 백 가지를 하면서도 말은 한두 마디에 그치는 사람이 있기 마련이다. 전자보다 후자가 절실히 요청되는 이 시대를 맞이하여 화이부동(和而不同)의 스승다운 스승이요, 신학불이(身學不二)의 학자다운 학자의 참모습을 말이나 글로써 뿐만 아니라 일생 동안 행동으로 보여 주신 청뢰 한기언 교수님께서 제창하신 기초주의의 패러다임 아래, 한국교육의 상황성(교육문제의 성찰), 전통성(인류의 교육적 예지) 및 보편성(대안제시)을 종합적으로 고찰하고 논의하는 오늘의 기념행사는 매우 의의 있는 일로 사료된다.

그런데 본 기조연설을 시작하려고 하니 학창 시절에 '창피함과 뿌듯함'을 동시에 느꼈던 세 가지 기억이 별안간 되살아난다. 그 하나는 미국의 링컨(A. Lincoln)만 알고 우리 고려시대의 만적(萬積)을 몰랐던 일이고, 또 하나는 스위스의 페스탈로치(H. Pestalozzi)만 알고 우리의 남강 이승훈을 몰랐던 일이며, 마지막 하나는 듀이(J. Dewey)의 진보주의는 알아도 청뢰의 기초주의를 몰랐던 일이다. 어릴 적부터 링컨을 좋아했고 따라서 노예해방하면 언제나 링컨만 연상해 오던 차에 "왕후장상의 씨가 어찌 따로 있을까 보냐(王侯將相寧種乎)"고 외치면서 만천하에 노예해방을 힘차게 선언했던 12세기 고려의 만적을 처음 알았을 때 너무나 창피하면서도 얼마나 가슴 뿌듯하였던가. 또한 '모든 것은 남을 위하여, 자기 자신을 위해 한 것은 아무것도 없는 삶(Alles für andere, für sich nichts)'을 산 인류의 영원한 스승 페스탈로치를 알고 '앞으로 꼭 페스탈로치 같은 사람이 되겠다.'고 한창 꿈 자랑을 하던 시절에 "자신의 유골마저도 학생들의 생리학 표본으로 써 달라."는 마지막 유언을 남기고 영면한 우리의 영원한 스승 남강 이승훈을 「동방아카데미」에서 처음으로 알았을 때 정말 얼마나 감동하였던가. 한편으론 우리의 역사와 스승에 대한 무관심과 무지로부터 양심의 가책을 거듭 느끼면서도 동시에 얼마나 벅찬 감격과 기쁨을 느꼈던가. 그 감격과 감동이 있었기에 교육사 시간에 '남강 이승훈'을 강의할 때마다 한결같이 힘이 솟고 학생들의 눈빛이 한층 더 빛남을 엿볼 수 있었다.

더욱이 듀이의 진보주의 교육철학을 앵무새처럼 공부할 때 설상가상으로 '한국에는 교육이념이 없다'는 충격적인 강의를 듣고, "교육이념 없는 교육이 어떻게 존재할 수 있을까?" 하는 반문과 함께 허탈감에 빠졌을 때 '청뢰의 기초주의'를 알고 얼마나 용기백배하였던가. 돌이켜 보건대 청뢰에 대한 관계 자료를 수집해 온 지 30여 년이 지났고 기초주의에 대한 강의를 한 지도 벌써 십수 년째가 된다. 특히 1997년에 썼던 『기초주의 목적론』(최관경, 1997, p. 24)에서 무심코 언급했던 소중한 기회가 이번에 왔기에, 그간 모아 왔던 자료를 바탕으로 쓴 「기초주의와 교육목적관」이란 논문으로 이번 학술대회의 기조연설 발표에 갈음하려고 한다.

이젠 우리 민족사에서 역사의 단절과 민족의 분열 그리고 국토의 분단으로 얼룩졌던 20세기는 영원히 사라지고 바야흐로 우리가 그토록 갈망해 온 한 역사 · 한 민족 · 한 국가의 평화통일시대가 전개될 대망의 21세기가 도래하였다. 그런데 미래는 그냥 저절로 오는 것이 아니라 항상 준비하는 자의 몫인 것이다. 역사적 존재인 인간은 과거를 미루어 미래를 예측하고 준비하기 마련이다. 과거는 현재를 낳게 한 모태이고, 현재는 미래를 창조하기 위한 발판이다(최관경, 2003, p. 3). 따라서 소위 백년대계의 교육에 종사하는 우리 교육자들은 우리의 지상 과제인 평화통일과 인류공영의 이상실현에 대한 지속적인 관심뿐만 아니라 '홍익인간의 기초와 토대 위에 세계평화'라는 팩스 코리아나(Pax Koreana)의 꿈과 역사의식을 갖고 항상 옛것을 거울삼아 새것을 만들어 내는 법고창신(法古創新)의 정신으로 살아가야 할 것이다. 꿈이 없는 잠은 죽음이요 꿈이 없는 개인이나 민족은 파멸의 운명을 벗어날 수 없다. 또한 법고(法古)가 없으면 현재를 알 수 없고 창신(創新)이 없으면 미래를 알 수 없다. 그동안 우리의 교육은 법고를 소홀히 한 채 창신에만 열을 올렸다. 그러나 법고 없는 창신은 비현실적이고 공허하다. 이런 문제의식 아래, 날로 가속화되고 있는 공교육 붕괴 현상과 백약이 무효라는 절망적인 교육위기 상황을 기초주의의 핵사상인 교육이념의 차원에서 진단한 다음, 그 해결방안으로 기초가 튼튼한 반석 위에 새 집을 지을 수 있게 하는 '행복지향적 교육목적관'을 제시해 보려고 한다.

2. 기초주의와 기초

1) 교육이념이 교육의 기초이다

주지하는 바와 같이 청뢰가 1957년에 명명하였고, 1966년에 제창하였으며, 1973년에 정립한 기초주의는 인류의 교육적 예지와 현대 교육이론의 각 주장과 특징을 수용하면서도 독창적인 기초 구조로써 그 위상과 특징을 논증하고 있는 교육철학이다(한기언, 1988, pp. 400-403; 1997, p. 289). 기초주의는 종단적으로는 고대로부터 현대에 이르는 인류의 교육적 예지를 한국을 위시해 동서양에 걸쳐 ① 인간, ② 신앙, ③ 이성, ④ 실학, ⑤ 자연, ⑥ 문화, ⑦ 경험의 일곱 가지 관점에서 분석 · 검토한 다음, 횡단적으로는 대표적인 현대 교육철학인 ① 주지주의(主知主義), ② 비판주의(批判主義), ③ 실증주의(實證主義), ④ 변증주의(辨證主義), ⑤ 문화주의(文化主義), ⑥ 실용주의(實用主義), ⑦ 실존주의(實存主義), ⑧ 인간주의(人間主義), ⑨ 분석주의(分析主義), ⑩ 구조주의(構造主義) 등과의 관계에서 비교 · 논증한 새로운 교육이론이요 새로운 교육철학인 것이다.

그동안 청뢰는 '기초주의'에 대한 지속적이고 일관된 학문적 열정으로 『기초주의』(1973), 『현대인과 기초주의』(1979), 『한국인의 교육철학』(1988), 『상황과 기초』(1990), 『한국교육이념의 연구』(1992), 『교사의 철학』(1994), 『교육국가의 건설-교육의 세기와 기초주의』(1994), 『한국현대교육철학-기초주의의 탄생과 성장』(1996), 『기초주의 교육학』(1999), 『교양으로서의 교육학: 교육의 세기와 기초주의-대항해시대의 교육적 나침반』(2002) 등의 저서와 글을 통하여 마치 '기초주의하면 청뢰' '청뢰하면 기초주의'를 연상하는 한국에서는 물론이고, '기초주의 하면 한국의 교육철학' '한국의 교육철학 하면 기초주의'를 연상할 만큼 부실한 기초가 아닌 튼튼한 반석 위에 기초주의의 꽃을 피웠다. 예컨대, '기초주의가 독창적인 한국의 교육이론이고 교육철학'이라는 평가와 인정 속에 청뢰가 1995년 제6회 일본 후쿠오카(福岡) 아시아문화상 학술연구(국제부문) 상을 받은 것과 올해의 기초주의 50주년 기념 국제 학술대회가 곧 이들을 입증해 주고 있다.

"전통과 개혁의 조화를 통한 인간 형성의 논리"(한기언, 1968, p. 1)에서부터 출발하여 "모든 사람의 인생을 예술적 경지에까지 승화시키는 인간 형성의 기본원리"로까지 기초주의의 내포를 확대시킨 청뢰는 '기초'를 기초주의에서 인간 형성의 핵사상으로 규정하고 있다(한기언, 1999, p. 476; 2001, pp. 1-3). 더욱이 교육의 알파요 오메가가 되는 관건적 용어인 '기초'의 의미를 세 가지 차원, 즉 체험의 차원, 통념의 차원, 이론의 차원에서 규정함으로써 기초의 외연을 확대하고 있다.

첫째, 체험의 차원에서는 사람마다 구체적인 체험이 다르지만 하나의 공통점이 있다면 그것은 만사에 기초가 있을 뿐 아니라 기초가 가장 중요하다는 사실이다. 예컨대, 수영선수와 같은 운동선수가 기초의 중요성을 깨닫는 체험 사례에서 알 수 있듯이 각 분야의 '최고경지'에 해당하는 것이 곧 체험적 차원의 기초이다.

둘째, 통념의 차원에서는 기초가 주춧돌이나 토대, 사물의 밑바탕, 근저, 건물의 토대를 뜻하는 바(한기언, 1988, p. 76)와 같이 일상어로서의 기초를 말한다. 일상어로서의 기초는 ① 토대, ② 근본, ③ 기본, ④ 바탕, ⑤ 시초, ⑥ 모태, ⑦ 뿌리, ⑧ 원리, ⑨ 원칙, ⑩ 정석(定石) 등의 동의어로 통용되고 있다.

셋째, 이론의 차원에서는 '교육적인 의미로서의 기초'를 의미하는데, 여기에는 ① 인간 형성의 핵 사상으로서의 기초, ② 진리로서의 기초, ③ 창조의 논리로서의 기초, ④ 교육의 평가기준으로서의 기초, ⑤ 교육이념으로서의 기초, ⑥ 지남성으로서의 기초 등 여섯 가지의 뜻을 내포하고 있다(한기언, 2002a, pp. 165-167).

무엇보다도 청뢰가 스스로 기초주의의 원형(한기언, 1997, p. 292)으로 꼽았던 세 권의 저서 중 첫 번째 책인 『한국교육이념의 연구』(1992)의 전 내용이 기초주의의 제창과 기초주의의 3대 이념(시간 · 자유 · 질서의 이념)으로 구성되어 있을 뿐 아니라 기초주의의 바이블이라 할 수 있는 '기초주의의 탄생과 성장'이란 부제가 붙은 『한국인의 교육철학』(1988)과 '구상교육철학으로서의 기초주의'라는 부제가 붙은 『상황과 기초』(1990)라는 책을 포함한 청뢰가 쓴 기초주의 관련 저서에는 한결같이 '교육이념'이 다루어지고 있는 점을 보더라도 기초주의의 기초가 곧 교육이념이고, 교육이념이 기초주의의 주된 관심사임을 알 수 있다.

2) 기초와 한국교육

"모든 곳에는 구조가 있다."(Kneller, 1984, p. 100)는 전제 아래 무엇보다도 '구조'를 강조하는 구조주의처럼 "모든 것에는 기초가 있다."(한기언, 1988, p. 61)는 전제 아래 특히 '기초'를 인간 형성의 핵 사상으로 간주하는 기초주의는 전통과 개혁의 조화를 통한 인간 형성을 지향하는 교육철학이다. 이러한 기초주의의 관점에서 공교육 붕괴의 극한 상황에 직면한 오늘의 한국교육을 되살리기 위해 우리가 실행할 수 있는 구체적 과제는 무엇일까?

첫째, 일상생활과 교육활동에서 기초의 중요성을 새삼 깊이 인식하고 기초 강화의 외연 확대에 노력해야 할 것이다. 우리의 삶에서 기초가 얼마나 소중한 가치인가는 각 활동의 기초사례(이동진 편역, 2007, pp. 312-313)를 제시하는 〈표 14-1〉에서 쉽게 확인할 수 있다. 또한 기초교육, 기초과목, 기초학력, 기초과학, 기초학문을 비롯하여 기초체력, 기초생활, 기초공사, 기초작업, 기초산업 등 구성내용과 그 중요성을 자각함과 동시에 이들을 한결같이 한층 더 튼튼하게 구축해야 한다.

이들 중에서 예컨대 '모든 것의 기초는 사랑'이라는 논리에 머리 숙여 경건하게 배우고 그 실천에 앞장서야 함을 다음의 글에서 쉽게 절감할 수 있다.

> "모든 길은 로마로 통한다."는 말이 있듯이 '모든 것은 사랑에 기초해야 한다'. 정치

도 경제도 문화도 교육도 그것이 사랑에 기초하지 않으면 오히려 반인간적인 것이 되고 말 것이다. 특히 윤리라든가 도덕이 사랑에 기초하지 않으면 위선이 되어 오히려 사람의 마음을 더 타락시키게 될 것이다. 현대사회를 주도하고 있는 과학과 기술도 그것이 사랑에 기초하지 않으면 아마 인명을 살상하는 무기나 만드는 데 이용되고 말 것이다. 그뿐인가? 남을 도우는 일도 사랑에 기초하지 않으면 상대방을 업신여기는 것이 되고 말며, 민주화와 인간해방을 실현하고자 하는 노력도 그것이 사랑에 기초하지 않으면 이기심과 영웅심의 발로가 되기 쉬울 것이다. 그러나 그러한 일들이 사랑에 기초하게 될 때는 노력 이상의 성과를 얻을 수 있을 것이다(장기표, 2007, pp. 45-46).

〈표 14-1〉 각 활동의 기초

내용	주창자
민주주의의 기초는 자유이다.	아리스토텔레스
어느 나라든 그 기초는 젊은이들의 교육이다.	디오게네스
효과적인 정부의 기초는 국민의 신뢰이다.	J. F. 케네디
도덕의 기초는 거짓말을 영원히 버리는 것이다.	T. H. 헉슬리
비폭력주의의 기초는 사랑이다.	M. L. 킹
근면은 번영의 기초이다.	C. 디킨스
겸손은 모든 미덕의 기초이다.	P. J. 베일리
진심은 도덕적 권위의 기초이다.	H. F. 아미엘
가장 큰 행복이 도덕과 법의 기초이다.	J. 벤담
올바른 신앙은 정의의 기초이다.	키케로
성실함은 인격과 재능의 유일한 기초이다.	R. W. 에머슨
경이로움은 숭배의 기초이다.	R. 칼라일
운동은 건강의 기초이고 건강은 행복의 기초이다.	J. 톰슨
불변성의 지속성은 미덕의 기초이다.	F. 베이컨
자녀로서 의무를 다하는 것이 모든 덕행의 기초이다.	키케로
정직은 일생의 행복을 창출하는 삶의 기초이다.	탈무드
모든 것의 기초는 사랑이다.	장기표

둘째, 교실 붕괴, 수업 붕괴, 학교 붕괴, 공교육 붕괴 현상을 초래하고 있는 부실한 교육적 기초를 찾아내어 제거해야 한다. 왜냐하면 기초가 부실한 사상누각, 즉

모래 위에 지은 집은 저절로 무너지기 마련이기 때문이다. 동시에 부실한 기초건물의 잔재를 깨끗이 제거하자마자 튼튼한 교육적 기초의 반석 위에 백년대계의 새집을 짓기 위해 지속적이고 총체적인 힘을 쏟아야 할 것이다.

교육의 원천이요 교육의 기초는 교육이념이다. 한국교육의 이념은 홍익인간이다. 하지만 해가 갈수록 왜 다음과 같은 비판의 목소리가 거세어질까?

사실상 한국교육의 가장 심각한 문제는 '철학이 없다'는 것이다. 있다면 그것은 살벌한 입신출세(立身出世)의 '철학'뿐이다. 교육에 의해서 학생들이 어떤 인간이 되어 가며 어떤 나라가 되어 가는지에는 실질적으로 관심이 없고, 가끔 구두선적인 표어만 날릴 뿐이다. 있는 것은 입신출세의 관문인 '명문'대학 입학을 위한 거의 저돌적인 이른바 '입시준비교육'뿐이다. 모든 교육이념은 학교교육을 사로잡고 있는 입시 준비와 출세주의라는 격심한 회오리에 부딪치면 힘없이 무너져 무산되고 만다(정범모, 1989c, p. 16). 그 앞에서는 민족교육, 민주교육도 생산교육, 도의교육, 창의력교육도 그저 허공의 메아리가 되고 만다. 거기엔 '전통적인' 교육도 '새교육'도 실은 없다. 교육을 그저 무철학의 행진으로 몰아간다. 있는 것은 무슨 공부, 무슨 내용의 공부든 그저 그 공부의 아귀다툼 같은 '시험선수 되기' 연습과 그 '시합'일 뿐이다. 입시준비교육의 선풍이 잠재워지지 않는 한, 모든 교육철학, 교육이념의 논의는 실질적으로 '무의미'하다(정범모, 1997, pp. 341-342).

우리의 학교교육을 냉철히 직시해 보면 아직도 오로지 입시 준비와 출세의 성공지상주의를 지향하는 교육목적관의 기본 틀에서 크게 벗어나지 못하고 있는 실정이다. 그 결과 장차 당당한 주인공이 될 학생들이 실존적 가치와 존엄성, 교육과 인생의 궁극적 목적이나 의미는 실종된 채 허무주의(虛無主義)에 빠진 대부분의 학생으로 하여금 단편적이고 실용적 지식만을 암기하는 수용기로 전락시켜 오고 있다는 비판을 면하기 어렵다(최관경, 2003, p. 3).

또한 다음 글에서 공감할 수 있는 것처럼 설상가상으로 한국교육은 백약이 무효인 절망 상태에 빠져 있다는 비관론이 팽배하고 있는 실정이다.

> 오늘날 우리 교육의 현실은 교육의 논리로는 도저히 설명될 수 없는 중증의 병적 증상들로 가득 차 있다. 이 병은 우리의 모든 교육적 사고를 마비시키는 일종의 정신병이다. 그런데 한 가지 이상한 것은 우리 모두가 잘못된 교육의 병에 걸려 있다는 것을

> 잘 알면서도 혼자서 그 병을 낫고자 하여 집단병동을 탈출하면 먼저 죽는다고 생각하기 때문에 모두가 병을 키워 가기만 한다는 것이다. 혹자는 이러한 병이 학교가 잘못하고 제 구실을 다하지 못해서 생기는 것으로 말하기도 하고, 또는 우리가 안고 있는 모든 교육의 문제를 대학입시 탓으로 돌리기도 한다. 그러나 이러한 병은 학교교육의 잘못이나 입시제도의 탓만이 아니라 우리 사회가 갖는 일종의 집단 병리현상이다. 사회적 경쟁구조가 교육에 투영되어 나타나는 현상으로 보아야 한다. 대학입시제도를 백번 바꾼다고 해서 사회적 경쟁체제가 바뀌어지겠는가? (허숙, 2007, p. 1)

그렇다면 우리 교육은 도대체 무엇이 문제이고 그 처방은 무엇일까? 물론 자신의 교육관이나 처한 입장에 따라 그 대답과 처방이 다를 것이다. 하지만 널리 남을 유익하게 하는 이타주의와 인류공영을 지향하는 홍익인간의 교육이념이 엄연히 존재함에도 불구하고 계속적인 이런 비판과 비관론이 팽배함을 미루어 볼 때, 무엇보다도 홍익인간의 교육이념을 실현하고 구현하는 데 방해가 되는 결정적 요인들이 문제이고 이들의 제 요인들을 해결하고 제거하는 것이 그 처방이면서 결국 한국교육을 되살리는 대안이라고 감히 조심스럽게 단언할 수 있을 것이다. 먼저, 무엇이 그 요인들인지를 아는 것이 선결과제인데, 논자가 그동안의 연구를 통해 추출해 낸 '홍익인간의 교육이념 구현화를 저해해 온 결정적인 요인'은 다음과 같았다.

- 기초로서 인간 형성의 핵 사상인 교육이념의 중요성에 대한 인식 부족
- '홍익인간'의 교육이념 그 자체에 대한 이해 부족과 오해
- 교육 현장에는 단원목표, 수업목표, 교과목표만 있는 반면, 교육목적과 교육이념을 교육하고 평가하는 준거나 상황이 없다는 점
- 전통적 출세지상주의와 성공지향적 교육목적관의 절대적 힘
- 왜 홍익인간의 교육이념이 유명무실한 교육이념으로 전락하는지에 대한 총체적인 문제의식과 지속적인 논의가 거의 없었다는 점
- 홍익인간의 교육이념에 대한 연구와 논의 그 자체가 한도 끝도 없는 속성을 갖기 때문에 결국 그 논의 과정 속에서 탈진 상태에 빠짐으로써 홍익인간의 이념 구현화를 시도할 여력이 없게 된 점
- 백년대계의 교육에 대한 정부당국의 지속적, 총체적인 정책 부재

이들 일곱 가지 요인 중 맨 아래 다섯째부터 일곱째 요인들에 대한 논의는 그 특성상 여기서 생략하고, 상위 네 가지 요인에 대한 문제점과 해결책을 기술해 보려고 한다. 그런데 맨 위쪽의 첫째부터 셋째까지의 요인들에 대한 분석과 고찰은 바로 이어서 계속하지만, 넷째 요인인 '성공지향적 교육목적관'에 대한 논의는 후술하는 '행복지향적 교육목적관'에서 그 순기능과 역기능을 중심으로 진행하려고 한다.

3) 교육이념의 중요성과 기능

국가 제도적 차원의 교육목적을 나타내는 교육이념이란 말이 개인적으로 쓰일 때는 '교육관'과 동일한 뜻으로 사용된다. 교육이념의 중요성과 기능을 알려면 먼저 '이념의 특성'을 알아야 할 것이다. '이념'이란 말이 정치나 문학 분야에서 쓰일 때는 '사상'이나 '이데올로기'라는 말과 같은 뜻으로 사용된다. 종교에서는 '궁극적 가치' '이상적 인간상' 및 '유토피아'의 세 가지 의미를 포괄하는 뜻으로 쓰인다. 이러한 의미를 갖는 이념은 다음에서 확인할 수 있는 것처럼 항상 우리의 양식과 행동양식을 좌우하게 되는 전체성 · 가치성 · 실천성을 지향한다(최정호, 1989, pp. 13-14).

첫째, 이념은 전체성을 지향한다. 이념은 부분적인 현실에 관한 지식이나 단편적인 사고를 조합한 것이 아니라, 전체로서의 세계와 그 속에 살고 있는 인간의 총체적인 생활세계에 대하여 통일적인 인식이나 이론을 지향한다. 그것은 잡다한 경험이나 관념들을 하나의 일관된 원리에 의하여 통합한 체계적인 세계관이나 교육관을 주고자 한다.

둘째, 이념은 가치성을 갖는다. 이념은 단순한 논리적 인식의 차원을 넘어서 윤리적인 평가를 지향한다. 거기에는 무엇이 인간의 바람직한 세계이며 무엇이 바람직하지 못한 세계인가를 가리는 가치평가가 들어 있다. 따라서 그것은 단순한 인식이나 지식이 아니라 신념 확신의 계기를 갖는다.

셋째, 이념은 실천성을 지향한다. 이념은 단순한 이론적 지식의 차원에 머무르지 않고 보다 좋은 세계, 보다 바람직한 세계를 실제로 창출하려는 실천적 계기를 갖는다. 따라서 이념은 단순한 지식이나 관념과는 달리 현실에 대한 적극적인 참여의 정신이 깃들어 있다.

상술한 의미와 특성을 갖는 '이념'이란 말이 우리 교육에 사용될 때, 즉 '교육이념'이란 말로 쓰일 때 그것은 매우 다의적인 의미를 갖는다. 을유광복 이후 지금까지 이루어진 우리나라 교육이념에 대한 선행 연구를 중심으로 교육이념의 의미를 살펴봄으로써 교육이념의 중요성과 그 기능을 기술하려고 한다. '교육이념'의 의미를 허현(1958)은 '교육의 이상'으로 규정하였고, 오천석(1973)은 ① 기본적 교육철학, ② 모든 교육활동의 지도원리, ③ 교육적 행위 전체를 지위하는 근본원리, ④ 모든 교육목표를 지휘하는 총체적 심층적 원리, ⑤ 최고의 교육개념, ⑥ 보편적 이데아, ⑦ 교육의 지표, ⑧ 교육발전의 이상과 원동력 등 무려 8가지 뜻으로 규정하고 있다. 손인수(1972)와 정세화(1990)는 '이상적 인간상'을 교육이념으로 본 반면, 김종철(1990)은 교육이념을 '교육발전에 있어서의 이상과 목표를 제시해 주는 동시에 현실을 이끌어 가는 원동력'이라고 해석하고 있다.

오인탁(1991)은 교육이념이란 그 역사적 조류에 있어서 언제나 일정한 시대와 문화를 살았던 사람들이 공유하고 수렴하였던 '최고가치요 궁극적 가치'이며 동시에 '인간이 도달해야 할 최고의 경지에 대한 소망'으로 규정하고 있다. 특히 박부권(1985)에 의하면 살아 있는 교육목적의 원천으로서 교육이념은 모든 교육활동에 통일된 방향과 지침을 제시해 주는 일정의 '이정표'이면서 교육목적에 이르는 전 과정을 관통하고 있는 '혈관'과도 같다는 것이다. 한편 미국의 브라운(L.M.Brown, 1970)은 교육이념을 '가장 완벽하면서도 일정한 기간 내에 실현이 불가능한 교육목적'으로 정의하고 있다(최관경, 1999, pp. 64-65에서 재인용).

특히 '기초'가 기초주의의 중핵이고, '교육이념'을 교육의 기초로 규정한 청뢰(한기언, 1988, pp. 96-97)는 교육이념을 교육의 ① 기본원리, ② 지도원리, ③ 지도정신, ④ 궁극적 가치(궁극적인 교육적 존재의 지표) 및 ⑤ 인간 형성의 핵 사상으로 기술하면서 어떤 교육이념을 평가할 때 준거가 될 수 있는 교육이념의 특성으로 ① 원리성, ② 정향성, ③ 가치성, ④ 보편성, ⑤ 이상성, ⑥ 평가성을 제시하고 있다.

교육이념에 대한 이상의 제 내용을 기초로 하여 그 기능을 정리해 보면 교육이념은 ① 모든 교육활동의 최상의 가치요 최고의 가치이고, ② 교육적 행위 전체를 총괄하는 근본원리이고 지도정신이며, ③ 교육발전의 이정표이고 원동력이요, ④ 이상적 인간상인 동시에, ⑤ 궁극적 목표요 궁극적 목적이고, ⑥ 교육의 유토피아이며, ⑦ 인간 형성의 핵 사상이면서, ⑧ 교육의 전 과정을 관통하는 혈관의 기능을 한다는 것이다. 더욱이 궁극적 목적으로서의 교육이념은 교육목적의 원천이기 때문에 교육목적의 제 기능을 내포하고 있는 것이다. 잘 아시다시피 교육의 목적은 교육의 출발점이고, 교육이 나아갈 방향이며, 교육을 통해 실현할 의미 있는 가치이다. 따라서 인간 형성의 작용인 교육의 모든 활동은 결국 교육의 제 목적을 실현시키는 과정이면서 동시에 수단이므로 교육의 목적은 교육의 알파이면서 오메가인 것이다.

여기서 우리가 특별히 유념해야 할 사항은 교육이나 학문에 있어서 뿐만 아니라 우리 인생의 모든 활동에 있어서도 목적과 목적의식이 중요하다는 점이다. 왜냐하면 우리 인생의 제 목적은, 첫째, 모든 활동의 전 과정에 기본적 지향방향을 제시하고 도달 목표를 설정하게 함으로써 나침반과 등대의 역할을 하며, 둘째, 우리에게 언제나 불타는 열정과 성취동기를 유발하여 지속적인 흥미와 불굴의 노력을 낳게 한다. 셋째, 우리의 모든 활동에 대한 확고한 신념, 자신감, 기대감 및 인내심을 갖게 하고, 넷째, 우리로 하여금 중요한 것과 그렇지 않은 것을 판별 · 선택하게 하는 준거역할을 하며, 다섯째, 우리의 실존적 삶에 의미와 가치를 제공할 뿐 아니라, 여섯째, 우리의 모든 활동에 대한 제 평가 기준을 제공해 주기 때문이다. 따라서 이렇게도 중요한 가치와 역할을 하는 교육이념에 대한 깊은 이해와 성찰 아래, 일선 교육 현장의 모든 선생님은 우리의 교육이념인 홍익인간을 구현화하는 데 적극적으로 동참해야 할 것이다.

4) 교육이념으로서의 홍익인간

직접적인 개인의 보상을 성공의 중요한 기준으로 삼고 있는 교육이념과 교육목적관은 결국 그 국가를 망치고 말 것이기 때문에 진정한 자아로서 끊임없이 확대되는 영교(靈交)의식을 학생들에게 가르치는 교육만이 위대한 국가를 낳을 수 있다(Ulich, 1955, p. 232). '홍익인간'이 우리나라의 교육이념으로 설정된 것은 1946년 3월 7일 조선교육심의회 전체회의에서 만장일치로 '홍익인간'이 우리의 교육이념으로 의결된 결과이다(최관경, 1983, p. 153). 이는 우리나라 정부가 수립된 이후 1949년 12월 31일부로 제정 공포된 「교육법」 제1조에 명기됨으로써 우리나라의 공식적인 교육이념으로 천명되었다. 1997년에 「교육법」이 폐기되고 새로 제정 공포된 「교육기본법」 제2조에 '홍익인간'의 교육이념이 그대로 존속됨으로써 '홍익인간'은 지난 60년간 변함없는 우리나라의 교육이념으로 자리 잡고 있다. 그동안 역대의 정부는 홍익인간의 교육이념을 교육 현장에서 적극적으로 구현화하기 위해 지속적인 교육정책을 강구해 오고 있다.

그간 홍익인간의 교육이념에 대한 많은 부정적인 비판에도 불구하고 '홍익인간'이 을유 광복직후부터 지금까지 우리의 교육이념으로 존속될 수 있는 것은 홍익인간이 우리나라의 건국이념이기는 하나 결코 편협하고 고루한 민족주의 이념의 표현이 아니라 인류공영이란 의미로 민주주의 기본정신과 완전히 부합되는 이념이며 또한 민족정신의 정수이며, 한편 기독교의 박애정신, 유교의 인 그리고 불교의 자비심과도 상통되는 전 인류의 이상이기 때문이다(문교부, 1958, pp. 4-5). 즉, 홍익인간의 교육이념은 우리 민족의 건국정신, 민족적 이상과 세계이상 그리고 휴머니즘 등의 입장에서 새교육의 교육적 인간상이 된다고 보았기 때문이다(손인수, 1987, p. 687).

사실상 홍익인간은 민족적 일체감을 부여하고, 평화로운 삶을 추구하며, 후세를 교육하는 한국인의 원초적 정신이다. 또한 홍익인간은 신체적 아름다움과 정신적 선함을 최적적으로 실현한 인간이다. 홍익인간의 이념은 충분히 함축적이어서 시대가 요청하는 가치를 모두 담고 있다(오인탁, 1997, p. 91). 일찍이 백범 김구는 『백범일지(白凡逸志)』에서 '홍익인간'의 이념으로 우리나라가 세계평화와 인류행복 창출의 선도적 역할을 하는 가장 아름다운 나라가 되기를 소망하고 확신한다고 다음과 같이 기술하고 있다(백범정신선양회, 1992, pp. 260-261).

> 나는 우리나라가 가장 부강한 나라가 되기를 원하는 것이 아니다. 오직 한없이 가지고 싶은 것은 높은 문화의 힘이다. 문화의 힘은 우리 자신을 행복하게 하고 나아가 남에게 행복을 주기 때문이다. 지금 인류에게 부족한 것은 무력도 아니요 경제력도 아니다. 인류가 현재에 불행한 이유는 인의가 부족하고 자비가 부족하고 사랑이 부족하기 때문이다. 인류의 이 정신을 배양하는 것은 오직 문화이다. 나는 우리나라가 남의 것을 모방하는 나라가 되지 말고 이러한 높고 새로운 문화의 근원이 목표가 되고 모범이 되기를 원한다. 그래서 진정한 세계의 평화가 우리나라에서, 우리나라로 말미암아서 세계에 실현되기를 원한다. 홍익인간이라는 우리 국조 단군(檀君)의 이상이 이것이라고 믿는다.

더욱이 교육이념과 '한국의 교육이념인 홍익인간'에 대한 가장 폭넓고 심도 있는 연구를 해 온 청뢰는 <표 14-2>에서 볼 수 있는 것처럼 홍익인간은 교육이념의 6대 특성이요 준거인 원리성 · 정향성 · 가치성 · 보편성 · 이상성 · 평가성을 모두 충분히 충족시키는 교육이념이라고 평가하고 있다. 동시에 홍익인간은 기초주의의 핵 사상인 교육적 의미로서의 6가지 기초, 즉 인간 형성의 핵 사상으로서의 기초 · 지남성으로서의 기초 · 진리로서의 기초 · 창조의 논리로서의 기초 · 교육이념으로서의 기초 · 교육적 평가기준으로서의 기초요 토대가 된다고 규정하고 있다(한기언, 2002a, pp. 152-167).

<표 14-2> 기초주의와 교육이념의 여섯 가지 특성에 비추어 본 홍익인간의 이념

교육이념의 특성	홍익인간	기초(기초주의)
원리성	인간 형성의 원리성을 충족시키고 있다.	인간 형성의 핵 사상으로서의 기초
정향성	한국인은 물론이요 인류 모두의 나아갈 길을 제시하고 있다.	지남성으로서의 기초
가치성	다원적 통합 가치체임과 동시에 최고가치제라는 점에서 가치성을 충족시키고 있다.	진리로서의 기초
보편성	한국인만을 위한 것이 아니라 인류공영의 이상을 내걸고 있다는 점에서 보편성을 충족시키고 있다.	창조의 논리로서의 기초
이상성	자국민뿐만 아니라 인류공영이라는 높은 인류애를 내걸고 있다는 점에서 이상성을 충족시키고 있다.	교육이념으로서의 기초
평가성	인간 행위 평가의 척도가 되고 있다는 점에서 평가성을 충족시키고 있다.	교육적 평가기준으로서의 기초

어떠한 교육이념도 완벽한 교육이념이 될 수 없다. 하지만 ① 인본성, ② 민족정체성, ③ 평화주의, ④ 애타주의, ⑤ 상생주의(相生主義), ⑥ 민주주의, ⑦ 인류공영의 의미를 내포하고 있기 때문에 상술한 바와 같이 교육이념으로서 '홍익인간'의 이념은 20세기뿐만 아니라 21세기 이후에도 계속적으로 우리 교육의 기본정신과 지도원리로서 아무런 손색이 없다고 해도 무방할 것이다. 특히 유네스코(UNESCO)

21세기 세계 교육위원회(1997, pp. 24-25)가 21세기의 교육원리로서 네 개의 기둥, 즉 알기 위한 교육(Learning to know), 행동하기 위한 교육(Learning to do), 존재하기 위한 교육(Learning to be) 및 함께 살기 위한 교육(Learning to live together)을 제시하면서 앞의 세 가지 교육은 결국 '함께 살기 위한 교육'의 선행조건이기 때문에 이들 네 개의 기둥 중에서도 특히 '함께 살기 위한 교육'의 중요성을 역설하는 것을 보더라도 교육이념으로서의 홍익인간의 소중함을 확신할 수 있다. 결국 홍익인간은 모든 사람을 사람답게 만들어서 널리 이웃과 더불어 사는 정신이다. 홍익인간의 이념을 통하여 세계를 갈등과 분쟁으로 몰고 가는 오늘의 현실을 극복하자는 것이 우리 민족의 이상이다(신극범, 2004, p. 26). 모두가 화해함으로써 먼저 민족이 민족으로 어우러지며, 절대적인 민족을 뛰어넘고 갈등을 치유함으로써 함께 공존 · 공감하는 '지구촌의 세계 가족'을 지향하는 것이 곧 우리의 홍익인간 교육이념인 것이다.

5) 교육목적 위계 간의 딜레마

전술한 바와 같이 교육이념은 교육의 최상위 가치요 교육목적과 교육목표의 원천이다. 동시에 교육이념은 모든 교육적 행위를 총괄하는 근본원리요 지도정신이고 한 시대나 한 세대뿐만 아니라 시대를 초월하여 자자손손 추구할 궁극적 목적이요 교육적 유토피아이다. [그림 14-1]에 나타난 바와 같이 이처럼 소중한 교육이념에서 교육목적이 나오고 교육목적에서 교육목표가 나온다. 따라서 교육목표는 그 자체가 목적이 아니라 어디까지나 교육목적을 실현하고 교육이념을 구현하는 수단인 것이다.

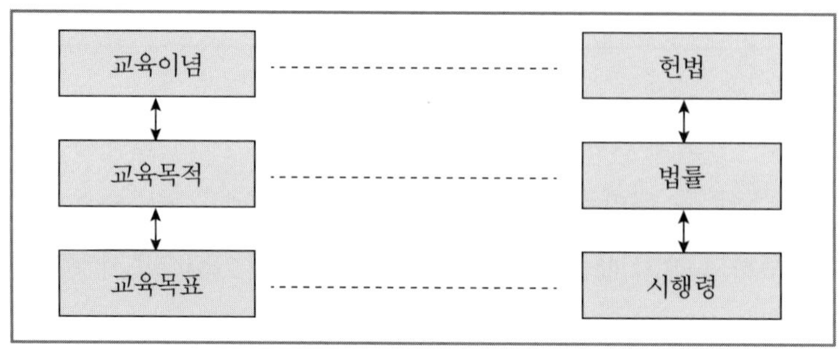

[그림 14-1] 교육 이념 · 목적 · 목표 관계

그럼에도 불구하고 각급 학교의 선생님들은 오로지 각 교과를 중심으로 한 시간 한 시간 단위의 수업목표를 세워 수업을 진행하고, 또한 수업목표나 교과목표를 준거로 삼아 평가하는 제 과정을 한 학년이나 일 년 단위로 되풀이할 뿐이고, 홍익인간의 교육이념을 교육하거나 문제 삼을 기회가 거의 없기 때문에 우리의 학교교육 현장에는 교과목표 · 수업목표 · 단원목표와 같은 교육목표만 있고 교육이념이 실종된 지 오래다. 마치 헌법의 이념과 가치를 구현하기 위해 법률이 만들어지고 연쇄적으로 헌법이념의 구현과 각종 법률의 집행을 위해 시행령이 만들어지지만, 법이 집행되는 일상생활에는 각종 시행령만 판을 칠뿐이고 헌법 이념과 정신은 찾아볼 수 없는 실정과 같다.

실제로 우리의 교육 현장에는 단원목표, 수업목표, 교과목표, 진학목표만 있을 뿐 교육이념은 결코 존재하지 않는다. 그래서 아무리 좋고 이상적인 교육이념이 만들어져도 우리의 학교교육 현장에 미치는 영향은 거의 전무하다고 해도 과언이 아니다. 교육이념 · 교육목적 · 교육목표 간의 연계성에 대한 무지와 무관심 그리고 그 구조적 한계성이 홍익인간의 교육이념을 우리의 교육 현장에서 무용지물로 만들고 있는 것이다. 홍익인간이 한국의 성문화된 공식적인 교육이념으로 설정된 1949년 이전과 이후의 교육 현장을 비교해 보았을 때 교육 현장에는 실제적인 변화가 거의 없었던 점이 이를 입증해 준다.

그러므로 앞으로 '홍익인간의 교육이념'이 명목상의 이념이 아니라 실제적으로 구현되기 위해서는 교육목적 위계 간의 연계성 강화 차원에서 종전의 방관적 자세에서 탈피하여 일선교사들의 적극적인 참여를 유도할 수 있는 총체적이고 장기적인 대책이 마련되어야 할 것이다.

3. 행복지향적 교육목적관(한국교육을 살리는 길)

1) 교육철학의 기능

철학은 '반시대적 고찰'이라고 니체(F. W. Nietzsche)가 말했듯이 교육철학은 '반시대적인 교육적 고찰'이라 할 수 있다. '반시대적'인 태도를 취하는 참된 교육철학자는 사유와 생활에서 단순하고 정직한 사람으로서 '시대에 내재하는 교육적 불만'을 간파하고 그것을 극복하려는 사람이다. 교육철학이 지향하는 새로움은 한때의 일회적인 것으로 치부될 수 없는 것이다. 왜냐하면 시대에 내재하는 교육적 불만을 예민하게 포착하여, 이 불만을 근본적으로 해결할 수 있는 보편성을 지향하는 것이 바로 교육철학이기 때문이다. 따라서 반시대적인 교육철학은 교육 현장과 무관한 공상과 같은 그 무엇이 결코 아니다. 오히려 다른 무엇보다도 교육 현장에 더 밀착하게 뿌리를 내린 것이 바로 교육철학이라 할 수 있다.

항상 반시대적일 수밖에 없는 교육철학은 '지금-여기(now-here)'와 '아직은 없음(no-where)'이라는 두 가지 측을 항상 동시에 지니고 있다. 전자는 교육철학의 비판적 힘을, 후자는 교육철학의 상상력의 힘을 나타낸다. 비판은 교육적 현실이 어떻게 정당화되는지 그리고 그 정당화의 방식이 옳은지의 여부를 숙고하는 작용이다. 반면, 상상력은 그것을 통해 다른 현상 '지금-여기'를 꿈꾸는 것이다. 이렇게 상상력과 비판의 두 측면은 반시대적인 교육철학의 두 얼굴이다. 사실상 '아직은 없음'이라는 것은 반시대적 교육철학이 아직 공동체에서 받아들여지지 않았기에 '어디에도 존재하지 않는 것'처럼 보인다는 것을 의미한다. 반면, '지금-여기'라는 것은 반시대적 교육철학이 '지금 바로 이곳'을 문제 삼고 넘어서야 한다는 것을 부각시키고 있다. 참된 교육철학은 '지금-여기'와 '아직은 없음'의 사이에 있으려고 하는 의지를 통해서만 존재할 수 있다. '아직은 없는' 것이 의미 있는 이유는 그것이 '지금-여기'를 반성하고 극복할 수 있는 충분한 거리감 혹은 낯섦을 우리에게 제공해 주기 때문이다.

교육에 대한 우리의 '생각'은 바로 이런 '낯섦'을 '친숙'한 것으로 바꾸려는 삶의 무의식적인 의지로부터 기원한다. 따라서 교육철학은 '지금-여기'를 비판적으로 다루지만, 동시에 '아직은 없는' 세계를 꿈꾸는 학문이다. 따라서 '지금-여기'를 문제 삼기보다 여러모로 정당화하기에만 급급한 제도권의 교육철학 혹은 '지금-여기'를 전혀 숙고하지 않고, '아직은 없는' 세계만을 추구하는 유토피아적 교육철학, 이 모두가 거짓된 교육철학이라 할 수 있다.

한편, 우리가 잘 알고 있듯이 어원적으로 볼 때 '철학(philosophy)'이란 그리스어로 '지혜를 사랑함'을 뜻한다. '소피아(sophia)', 즉 '지혜'의 원래 의미는 '행복을 찾는 방법'이고, '방법'을 뜻하는 '메토도스(methodos)'는 '길'을 의미한다. 엄밀히 말해서 '지혜'는 '행복의 기술'이다(Bosch, 1999, p. 15). 그러므로 철학자는 곧 '행복의 기술을 사랑하는 사람'이라 할 수 있다. 철학의 의미를 이렇게 수용했던 고대 그리스인들에 따르면 "참다운 지식은 행복을 찾는데 쓰여야 하며 그렇지 않을 경우 본래의 의미를 상실할 수 있다."고 하였다. 같은 논리를 교육철학에다 적용해 보면, 교육과 철학의 합성어인 '교육철학'은 '교육의 지혜를 사랑함'을 함축하므로 교육철학자는 곧 '교육의 지혜를 사랑하는 사람'이라 할 수 있다. 바꾸어 말하면 '교육의 지혜를 사랑하는 사람은 누구나 교육철학자'인 것이다. 그런데 교직에 종사하고 있는 사람으로서 교육의 지혜를 사랑하지 않는 사람은 한 사람도 없기 때문에 우리 교육자는 모두 교육철학자라 해도 과언이 아니다. 결국 교육철학자는 '교육을 통한 행복의 기술을 사랑하는 사람'이고, 교육자는 곧 교육철학자를 의미하므로 모든 교육자는 '교육을 통한 행복의 기술을 사랑하는 사람'이라 자부해도 좋을 것이다. 이것을 좀 더 적극적으로 확대해석하면 우리 교육자는 모두 교육을 통해 행복을 창출하는 기술을 사랑하는 사람으로서 항상 명실상부한 '행복의 메이커(maker)'가 되어야 한다는 것이다.

2) 교육목적관의 비교

'홍익인간의 교육이념'을 구현화하는 데 최대의 걸림돌이 되어 왔던 성공지향적 교육목적관의 치명적인 문제점을 인식함과 동시에 홍익인간의 교육이념을 구현화하는 데 최대의 디딤돌이 될 수 있는 행복지향적 교육목적관의 강점을 부각하기 위해 세 가지의 교육목적관이 갖는 특성을 기술하고 비교해 보려고 한다.

교육에 있어서 과정으로서의 목적만을 취하는 입장을 '본질적 교육목적관'이라 하며, 결과로서의 목적만을 중시하는 입장을 '수단적 교육목적관'이라 하고, 과정과 결과를 함께 중시하는 입장을 '통합적 교육목적관'이라 부른다(최관경, 1999, p. 6). 본질적 목적관의 삶은 본질적 가치를 중시할 뿐만 아니라 삶의 한 과정 한 과정 그 자체를 소중히 한다는 점이 강점이다. 왜냐하면 우리의 일생은 결국 한 과정 한 과정의 연속이요 결합이기 때문이다. 반면에 오직 현재의 생활과 활동을 중시할 뿐 미래를 무시하거나 소홀히 하며 결국 무비유환의 현상을 초래한다는 비판을 면하기 어렵다는 것이 결정적인 단점이다. 이 목적관의 삶은 내일이란 것은 존재하지 않으며 오직 하루만 사는 하루살이의 삶의 형태나 소위 내일은 삼수갑산을 가더라도 외상이면 소도 잡아먹는다는 식의 극단적인 삶을 낳을 수 있기 때문이다.

한편 현재의 삶이나 과정의 중요성을 무시하거나 외면한 채 오직 미래의 성공적인 결과에만 관심을 갖는 수단적 목적관의 삶은 자아초월적인 존재인 인간만이 가질 수 있는 특권인 유목적적 삶이요 유비무환의 삶이지만 그와 동시에 우리 인간을 어떤 목적의 노예나 성공의 노예로 만든다는 혹평을 벗어나기 어렵다. 더욱이 우리를 현실불만의 이상주의자로 전락시켜 부지불식간에 하루라도 빨리 세월이 가기를 바라는 자살적 삶을 지향하게 만든다. 그럼에도 불구하고 그동안 우리의 학교교육은 '결과'로서의 성공만을 추구하는 수단적 교육목적관이 일방적으로 그 주도권을 장악해 왔기 때문에 '과정'으로서의 행복을 지향하는 본질적 교육관은 거의 무시됨으로써 대부분의 학생이 지긋지긋한 학교생활을 해 오고 있다고 해도 과언이 아니다.

이러한 본질적 교육목적관의 단점과 수단적 교육목적관의 단점을 극복함으로써 교육을 받는 동안과 교육을 받은 후 한평생 내내 행복한 생활을 누릴 수 있는 삶의 형태인 통합적 교육목적관은 한마디로 무위이무불위(無爲而無不爲)의 삶을 낳게 한다. 무엇보다도 통합적 목적관은 미래는 없고 오직 현실지향적인 본질적 목적관이나, 현실을 무시한 채 오직 미래의 수단적 목적의 노예를 만드는 수단적 목적관의 단점을 동시에 보완하는 목적관이기 때문에 허무주의를 극복하게 하고 의미 있는 삶을 창조하게 한다. 수단적 목적관의 삶처럼 당초의 목적이 우리의 의식을 완전히 지배하여 우리로 하여금 그 목적의 노예를 만드는 것이 아니라, 목적의 내면화가 철두철미하게 이루어져 소위 '잊어버리되 잃어버리지 않는 목적'(이거룡, 1998, pp. 38-44)을 지향하는 삶이 된다. 즉, 의식세계에서 겉으로 보면 진혀 목적의식이 없는 무위도식의 삶 같지만, 실제적으로는 무의식 속에 보다 투철한 목적의식이 내면화되어 모든 활동과 움직임 하나하나가 모두 총체적으로 그 목적달성을 위해 매진하는 삶인 것이다.

이와 같이 우리가 통합적 목적관의 삶을 살아갈 때 '본질적 목적과 수단적 목적 그리고 자기 자신'이 온통 하나가 되는 물아일체(物我一體)와 동시에 자신의 의지와 활동이 융합되면 자기 자신과 그 활동의 노력을 동일시하게 되어 계속해서 자발적인 노력을 쏟게 될 뿐 아니라, 무엇보다도 의미 있는 활동을 자발적으로 행할 때 더

없는 행복을 느끼게 되기 때문이다(Ulich, 1961, p. 211). 그런 활동의 결과로 결국 목적한 바가 잘 이루어지게 됨으로써 현재에도 즐겁고 미래에도 즐거우며 또한 한 과정 한 과정과 그 결과도 살맛과 보람이 충만한 인생을 낳게 되는 것이다.

3) 성공지향적 교육목적관의 순기능과 역기능

그동안 절대적 빈곤 시대에 우리 교육을 지배해 온 성공지향적 교육목적관은 우리 교육의 양적 발전뿐만 아니라 우리의 정치적 · 경제적 · 사회적 발전에도 크게 기여해 온 것이 사실이다. 시험에서 백 점보다 빵점을 더 좋아하는 학생이 없듯이 어느 누구도 성공보다 실패를 바라지 않는 것은 인지상정이다. 그런데 자본주의 국가에서 성공은 결국 '부의 획득과 축적' '사회적 출세' 및 '더 많은 권력획득' 같은 외재적 가치 추구와 직결되기 때문에 대부분의 사람이 성공을 위해 수단 방법을 가리지 않는 소위 약육강식의 정글법칙이 판을 치는 불행한 사회를 낳기 마련이다.

사실상 사람은 무엇을 남보다 성공하고 잘해서가 아니라, 의미있는 일을 할 때에 행복한 것이다. 사람이 존재 그 자체로 의미가 있는 것은 능력이 서로 다른 사람이 모여 함께 사는 하나의 사회를 이루기 때문이다. 그런데 사회의 분위기나 내 아이는 남보다 앞서야 된다는 부모의 무모한 경쟁심 때문에 청소년은 꿈을 상실하게 되었다. 그들에겐 좋은 대학에 입학하려는 꿈이 고작이다. '오직 좋은 대학에 들어가야 한다.'는 절대목표 아래 청소년은 경쟁으로 내몰리고, 학부모의 열성 때문에 자기 모습대로 살 수 없는 것이 청소년의 불행이고 나아가서 나라의 불행이다.

일반적으로 우리는 성공하면 자동적으로 행복할 줄 아는데 사실은 그렇지 않다. 왜냐하면 성공은 행복의 필요조건이지 충분조건이 될 수 없기 때문이고 더욱이 성공에는 필연적으로 불행의 씨앗을 잉태한 성공도 있기 때문이다. 또한 행복은 재산순이 아닌 것이다. 부자가 항상 행복한 것도 아니고 가난한 사람이 항상 가난한 것도 아니다.

그럼에도 불구하고 사람은 누구나 성공적이고 가치 있는 삶을 원한다. 그러나 성공적인 삶과 가치 있는 삶이 반드시 같은 것은 아니다. 성공이란 자기가 원하는 목표를 달성했을 때 이루어지는 것이지만 그 목표가 반드시 가치 있는 것은 아니기 때문이다. 그렇다고 성공적인 삶과 가치 있는 삶이 반드시 배치되는 것만도 아니다

(박옥춘, 2006, p. 127). 성공보다는 가치 있는 삶의 추구가 교육의 긴 목표가 되어야 한다.

(1) 성공지향적 교육목적관의 순기능

성공지향적 교육목적관의 순기능은 무엇보다도 성공의 순기능과 목적의 순기능 그리고 수단적 목적관의 순기능을 총체적으로 내포하고 있는 것이다. 그 구체적 순기능을 정리해 보면 다음과 같다.

첫째, 실제로 '목표달성'이 곧 성공이기 때문에 '성공'도 '목적'도 '수단적 목적관'도 모두 목적(소망)을 지향하게 한다. 인생의 유일한 실패자는 목표가 없는 사람이다. 아무리 재능이 뛰어나고 아무리 노력을 다해도 뚜렷한 창조적 목적이 없는 사람은 결코 성공할 수 없음을 다음의 두 가지 사례 연구에서 쉽게 확인할 수 있다. 먼저, 힐(Hill, 2007, p. 119)의 연구결과를 보면 그가 지난 14년간 16,000명의 분석을 통해 도출된 사실 가운데 가장 놀라운 것은 실패자로 분류된 95%의 사람들은 '인생의 명확한 중점목표'가 없었기 때문에 이런 부류에 속하게 되었다는 것이다. 이와 반대로 성공한 사람들로 분류된 5%는 목표가 명확했을 뿐 아니라 그들의 목적을 달성하기 위한 확실한 계획도 있었다는 점이다.

또한 하버드대학교 화이트 교수가 미국 고등학생 3,000명을 대상으로 목표로 삼고 있는 대학에 관한 설문조사를 실시했던 바, 그중 6%만이 일류 명문대학에 가고 싶다는 확실한 목표가 있었다. 그리고 이들은 어떻게 계획적으로 공부를 해야 그 목표를 실현할 수 있는지도 알고 있었다. 하지만 나머지 94%는 아무런 꿈이 없거나, 있어도 명확하지 않았을 뿐더러 어떻게 그 꿈을 실현시켜야 하는지조차 모르고 있었다. 10년 후, 그 학생들에게 다시 한 번 설문조사를 실시했는데, 그 학생들 중 5%는 찾지 못했고, 95%는 찾을 수 있었다. 원래 94%에 속해 있었던 사람들은 나이가 열 살 많아진 것 외에는 학업과 개인적인 성취도 면에서 거의 나아진 바 없이 여전히 평범했다. 하지만 원래 남달랐던 그 6%는 모두 자신의 꿈을 이루었다. 실제로 명문대학을 나와 각자의 분야에서 나름대로 성공적인 위치를 차지하고 있었다.

둘째, 성공지향적 교육목적관은 어릴 때부터 의식적으로 성공에 필요한 자질인 신념 · 꿈 · 용기 · 자신감 · 열정 · 끈기 · 집중력 · 창의력 · 낙관 · 노력 · 성실 · 정직 · 철저함 등의 긍정적 자질을 기르게 하고, 반대로 성공을 가로막는 요인인 게으름 · 악의 · 증오 · 원한 · 슬픔 · 우울 · 낙담 · 두려움 · 이기심 · 무계획 등을 멀리하게 한다.

셋째, 성공지향적 교육목적관은 지금의 활동을 미래의 수많은 목적과 연결되는 삶을 살게 함으로써 순간순간 하루하루를 더욱더 의미 있게 살아가게 한다.

넷째, 성공지향적 교육목적관은 우리에게 언제나 불타는 열정과 성취동기를 유발하여 지속적인 흥미와 불굴의 노력을 낳게 한다.

다섯째, 성공지향적 교육목적관은 우리의 모든 활동에 대한 확고한 신념, 자신감, 기대감 및 인내심을 갖게 한다.

여섯째, 성공지향적 교육목적관은 우리로 하여금 중요한 것과 그렇지 않은 것을 판별 · 선택하게 하는 준거를 제시해 주는 삶을 낳는다.

일곱째, 성공지향적 교육목적관은 적어도 무지의 삶, 무위도식과 무비유환의 삶을 벗어나게 하고 적극적으로 분별지의 삶과 유비무환의 인간다운 삶을 살아가게 한다.

성공지향적 교육목적관은 적어도 상술한 순기능을 갖고 있기 때문에 그동안 우리 교육을 지배해 왔고 그 결과 한국전쟁의 폐허 속에 빠졌던 우리나라를 세계 10위의 경제 대국으로 성장하게 하는 데 크게 기여하였다.

(2) 성공지향적 교육목적관의 역기능

그동안 우리의 교육 현장과 우리 사회를 지배해 온 성공지향적 교육목적관의 역기능을 중심으로 그 문제를 기술하면 다음과 같다.

첫째, '성공지상주의'를 낳는다는 점이다. 예컨대, 동서고금을 통하여 아름다움은 만인이 선망하는 가치이지만 오로지 그것만 추구하다 보면 결국 '얼짱'과 '몸짱'이 판치는 오늘날의 '외모지상주의'를 낳듯이, "자유가 아니면 죽음을 달라."고 외칠 만큼 그토록 소중한 '자유'도 극단으로 치우치면 자유지상주의(libertarianism)를 낳게 된다. 또한 우리가 그토록 갈망하는 민족통일일지라도 통일을 여타의 어떤 가치보다 우선시하면서 우리 민족사 전개과정에서 최고의 목표와 과제로 설정하는 역사인식인 '통일지상주의'는 통일이라는 목적을 달성하기 위하여 선택된 수단의 타당성을 고려하지 않을 뿐만 아니라 전쟁에 의한 무력통일마저도 정당화시킬 수 있는 위험성을 안고 있듯이(김영호, 2006, pp. 149-150), '성공'도 자유나 아름다움 못지않게 만인이 선망하는 가치이지만, 반세기 이상 이 나라의 교육을 지배하는 성공지향적 교육목적관은 결국 '성공지상주의'를 낳기 마련이다.

둘째, 인생은 과정과 결과의 연속인데도 불구하고 오로지 목표달성의 성공이란 결과만 추구하게 함으로써 세월이 빨리빨리 가기를 바라는 자살적인 삶을 낳게 한다는 점이다. 성공지향적 교육목적관이 판치는 우리의 교육 현장을 직시해 보면 초등학교 시절은 빨리빨리 졸업해서 중학생이 되기를 바라고, 중학생이 되면 어서 빨리 고등학생이 되기를 바라고, 고등학생이 되면 하루라도 빨리 한 달이라도 빨리 고등학교를 졸업하여 대학생이 되기를 갈망하는 실정임을 아무도 부인하지 못할 것이다(후술하는 '성공적인 교원의 일생' 참조).

셋째, 공부 잘하고 우수한 사람을 합법적으로 선발하는 순기능을 갖춘 성공지향적 교육목적관은 공부를 잘 못하거나 각종 시험에서 좋은 점수를 받지 못하는 사람을 합법적으로 도태(selection)시키는 역기능을 갖고 있을 뿐만 아니라 동시에 공부를 잘 못하는 대부분의 학생과 각종 시험의 실패자에게 부정적 자아상(negative self-image)을 낳게 한다는 점이다. 그 결과 대부분의 선생님은 학생들이 성공하면 내가 잘 가르친 공덕의 결과이고, 실패하면 아무런 책임감이나 죄의식 없이 그들의 탓으로 돌리게 되고 또한 부정적 자아상을 갖고 사회에 나가는 대부분의 실패자는 절망과 패배감 속에서 한평생 내내 불행한 삶을 살게 된다.

넷째, 성공지향적 교육목적관은 성공의 역기능과 '목적의 역기능' 그리고 수단적 목적관의 역기능이 총체적으로 나타나게 된다는 점이다. 한 사람 한 사람이 절대적 존엄성과 가치를 갖는 인간을 성공의 노예로 목적의 노예로 전락시킴으로써 목적과 수단이 전도된 기막힌 우리 사회를 만들고 있다.

다섯째, 성공지향적 교육목적관은 성공과 실패에 대한 극단적인 흑백논리의 삶을 낳는다는 점이다. 성공과 실패에 대한 절대적 판단 기준이 존재할 수 없을 뿐 아니라 이기고 지는 것은 병가상사인 것처럼, 성공만 있는 인생도 존재할 수 없고 실패만 있는 인생도 결코 존재할 수 없다. 또한 불행의 씨앗을 잉태하지 않은 성공은 존재하지 않으며 행복의 씨앗을 잉태하지 않은 어떤 실패도 존재하지 않는다. 그럼에도 불구하고 성공지향적 교육목적관은 마치 성공이 만병통치약인 것으로 착각하게 만들고 결국 구제불능의 성공중독증 환자를 양산하게 한다.

여섯째, 성공지향적 교육목적관은 「교육기본법」 제2조에 명시된 교육이념인 남을 널리 유익하게 하는 애타주의(愛他主義)·인본주의(人本主義)·평화주의의 홍익인간(弘益人間) 대신에 남을 널리 해롭게 하는 약육강식의 홍해인간(弘害人間)을 낳게 한다는 점이다. 자유와 경쟁의 민주주의와 자본주의 사회에서 누구나 다 성공을 바라면서 자신의 역량을 최대한 길러 최선의 노력을 쏟아 가고 있다. 그러나 모두가 성공한 승리자가 될 수 없는 것이다. 그럼에도 불구하고 많은 사람이 자신만은 꼭 승리자가 되기 위해, ① 이겨야 성공하고, ② 가져야 성공하며, ③ 성공해야 행복하고 심지어, ④ 속여야 성공하고, ⑤ 죽여야 성공한다는 강박관념에 빠짐으로써 우리 사회가 너무나 살벌하고 무서운 사회로 전락되고 있다.

일곱째, 대부분의 학생이 초등학교를 입학할 때부터 대학을 졸업할 때까지 장장 '16년'의 학교교육을 받는 동안에 성공지향적 교육목적관을 무의식중에 내면화하여 그것이 고착됨으로써 학교교육을 다 마치고, 사회생활을 하는 일생 동안 내내 '성공지상주의자'로 살아가게 된다는 점이다.

실제로 인도의 서커스 단원들은 새끼 코끼리가 태어나면 발에 끈을 매어 놓고 도망가지 못하도록 잡아 둔다. 물론 코끼리를 훈련시키기 위해서다. 그런데 코끼리가 자라면 끈을 쉽게 끊을 수 있는 힘이 생기지만 처음에 맨 끈을 더 튼튼한 것으로 바꿀 필요가 없다고 한다. 새끼였을 때 경험으로 배운 그 끈의 힘에 대한 인식이 성장 후에도 그대로 코끼리의 인식을 지배하고 있기 때문이다(박옥춘, 2006, p. 162). 코끼리를 사람과 비교할 수는 없는 일이지만 이 이야기는 성장기의 교육과 경험이 성인이 된 후에도 얼마나 큰 영향을 미치는지를 암시해 주는데, 이것을 보더라도 성공지향적 교육목적관의 역기능이 갖는 폐해를 충분히 직감할 수 있다.

(3) 성공적인 교원의 일생

한국에서 태어나서 유치원, 초등학교, 중학교, 고등학교 및 대학을 각각 무사히 졸업하는 동안 거의 대부분의 학생은 성공지향적 교육목적관으로 길러진다. 결국 성공적으로 학창 시절을 보낸 대학 졸업생이 오늘날 가장 선망의 대상인 교직에 종사하게 되어 살아가는 모습을 다음과 같이 스토리 형식으로 기술함으로써(최관경, 2006, pp. 264-266) 성공지향적 목적관의 치명적인 단점을 부각해 보려고 한다.

실존주의 철학자 하이데거(M. Heidegger)의 표현대로 피투성이의 존재인 청춘 남녀가 너무나 감동적인 만남을 통하여 진한 사랑을 한 결과 두 사람의 뜻대로 결혼을 하게 되고 머지않아 생명의 분신인 아기 옥동녀를 얻게 됩니다. 거침없이 흐르는 세월 속에서 이 아기가 마침내 꼬마 어린이가 됨으로써 유치원에 입학을 합니다. 유치원 생활을 하는 것은 유치원 생활 그 자체의 즐거움이나 중요성보다 앞으로 성공적인 초등학교 생활을 하기 위해서입니다. 한두 해 후 취학통지서를 받고 당당하게 초등학교의 즐거운 생활이 시작됩니다. 그런데 가장 순진하고 순수한 아동기의 6년간 초등학교 공부도 그 자체로서 본질적 가치나 목적을 위해서가 아니라 오직 중학교에 가기 위한 공부요, 중학교에 가서 성공적인 학교생활을 하기 위한 준비에 불과할 뿐입니다.

그러다가 중학생이 됩니다. 외국어도 배우고 교과목별로 각각 새로운 선생님의 가르침을 받으니 정말 신기하고 살맛도 납니다. 또한 때도 바야흐로 사춘기라 이성의 친구도 사귀고 싶어집니다. 그러나 집에 오나 학교에 가나 '공부' '공부'만 열심히 하라고 합니다. 공부 이외에 다른 것에 대한 수많은 관심의 싹은 모조리 뽑힌 채 오로지 공부 잘하고 말 잘 듣는 한국의 전형적인 중학생이 됩니다. 부모님이 시키는 대로 선생님의 명령대로 살아가는 타율적인 피동체의 쫄쫄이로서 정말 공부만 열심히 한 결과 성공적으로 인문고등학교에 합격을 합니다.

당장 문학소녀가 되고 싶고 남자친구도 사귀고 싶고 날마다 영화관도 가고 싶은 꿈 많은 여고 시절이 시작되자마자 모든 꿈은 꿈으로 사라지고 오로지 공부에서 시작하여 하루 종일 공부만 하다가 공부에서 잠이 드는 고달픈 현실적인 삶이 이어질 뿐입니다. 세수하는 것도 공부를 위해서요, 밥 먹는 것도 공부를 위해서, 화장실 가는 것조차 공부를 위해서입니다. 고등학교에 입학한 날로부터 3학년 11월 대학수학능력시험 치는 날까지 소위 구백 구십일 수험 작전이 학교 당국과 가정의 긴밀한 계획과 지도 아래 철저히 진행됩니다. 그러다 보니 '꿈 많은 여고 시절'은 사실상 영화제목에서만 존재할 뿐이고 대신에 '한(恨) 많은 여고 시절'이 실제의 고등학교 생활에 이어질 뿐입니다.

자나 깨나 공부 공부만 하다 보니 운 좋게 우수한 내신 성적과 수능 점수 그리고 논술 점수로 대학에 합격하여 입학을 합니다. 모두모두 축하의 인사를 할 뿐만 아니라 자유스러운 대학생활, 수없이 이어지는 신입생 환영회와 미팅, 날이 갈수록 더욱더 살맛이 나기 시작합니다. 그런데 이런 생활도 순간적일 뿐입니다. 왜냐하면 대학 졸업 후 직장 얻기가 하늘의 별따기만큼 어려워 대부분의 대학에서 취업 공포증이 날이 갈수록 캠퍼스를 압도하기 때문입니다. 따라서 명실상부한 창조적인 지성인으로서 인격 연마와 진리탐구에 전념하면서 동시에 호연지기(浩然之氣)와 인류애를 길러야 할 절체절명의 4막 8장의 대학생활 1461일 하루하루가 모두 두 번 다시 올 수 없는 인생의 황금기인데, 불행하게도 오로지 '공부' '공부'만 하다 보니 결국 빨리빨리 세월이 가기를 바라는 자살적인 대학생활이 실제로 이어지게 됩니다.

가령, 이 학생이 사범대학이나 교육대학을 수석으로 입학하여 4년 내내 열심히 공부한 결과 임용고사에 수석으로 합격함으로써 졸업과 동시에 발령이 났다고 합시다. 더욱이 다른 사람은 취직을 못해서 쩔쩔맬 때 제일 먼저 발령장을 받은 그 기분! 첫 월급을 받을 때의 그 기분! 자신의 이름 대신에 "선생님! 선생님! 우리 선생님!"으로 불러주는 그 기분! 그때마다 열심히 공부해 온 보람을 정말 뜨겁게 느끼게 됩니다. 그러나 그 기분도 잠시 뿐이고 곧 끝장이 납니다. 왜냐하면 발령을 받은 지 채 두 달도 못 가서 실망의 싹이 트기 때문입니다. 소위 식자우환(識者憂患)이란 말이 있듯이, 알고 보니 위로 부장, 교무, 교감 및 교장이 하늘같이 높기만 합니다. 그래서 높은 사람, 성공적인 사람이 되기 위해 인생도 청춘도 불사르고 오로지 수단적 목적관의 신봉자가 되어 열심히 산 결과 한자리씩 한자리씩 승진하게 됩니다. 즉, 30대에 연구부장이 되고 40대에 교무부장이 되고 50대 초반에 교감이 되고 마침내 50대 후반이 되자마자 학교에서 대통령과 같은 존재인 교장 선생님이 됩니다.

잠시 이제까지의 삶을 되돌아볼 때 〈표 14-3〉에서 볼 수 있는 바와 같이 어서 빨리 교감이 되고 교장이 되려는 간절한 소망은 바꾸어 말하면 어서 20대가 가고 가능하면 30대와 40대도 빨리빨리 지나가서 어서 50대와 60대가 되기를 바라는, 소위 수단적 목적관의 전형인 자살적인 삶을 살게 된다는 사실입니다.

한편 만인의 축하를 받으며 취임한 교장직, 즉 한평생 동안 그토록 갈망하던 교장자리가 사실상 그렇게도 골치 아픈 자리인줄 차츰 깨닫게 되자, 갑자기 머리가 희끗희끗 세기 시작합니다. 예순만 되면 정말 세월이 번개보다도 더 빠르게 흘러 금방 예순 하나! 어물어물하다 보면 순식간에 예순 둘의 퇴임을 맞게 됩니다. 교장 선생이기 때문에 평교사와는 달리 거교적인 행사로 마련된 퇴임식장에서 수많은 제자와 학부모 그리고 여러 축하객의 성대한 환송 속에 명예로운 정년퇴직을 합니다. 따라서 퇴임식장에서 "정말 교육자로서 한없이 보람을 느낀다."는 전형적인 고별사를 하는 최후의 순간까지 너무나 자랑스럽고 모범적인 교장 선생님이 됩니다. 다음날부터는 출근 안 하는 재미로 살다가 한두 달은 이곳저곳 여행하는 재미가 솔솔 이어집니다. 그러나 석 달만 지나면 이젠 더 이상 가고 싶은 곳도 없게 됨으로써 실의에 빠져듭니다. 자연히 자신의 한평생을 회고해 보게 되면 별안간 정말 허무해지기 시작합니다. 그토록 싱싱하던 젊음, 그토록 아름답던 모습, 그 황금 같은 청춘은 간데 온데 없고 오직 늙음과 백발과 한숨과 허무로 분장된 자신의 실존적인 모습을 스스로 발견하게 됩니다.

너무나 너무나 허무하여 눈물이 자꾸만 떨어집니다. 하루가 다르게 건강이 급속도로 악화되기 시작합니다. 날이 가고 달이 갈수록 허무주의(nihilism) 속으로 깊이 깊이 빠져듭니다. 그칠 줄 모르는 원망의 한숨소리는 마침내 "원통하고 분해라! 원통하고 분해라! 이 꼴 보려고 그토록 소중한 내 청춘을 불사르며 바보처럼 살았던가! 내 청춘 어디 갔어? 내 인생 어디 갔어? 속았네! 속았어! 내가 속았어!"라는 넋두리로 이어져 죽음을 재촉하는 조종소리가 되고 맙니다.

이상의 스토리에서 알 수 있는 바와 같이, 이 세상에서 가장 신성한 직업의 하나인 교직을 선망하는 젊은이들에게 한결같이 전형적인 삶의 모델이 될 교장 선생님의 삶이 다다르는 종착점의 실제적 모습이 이 정도인데, 하물며 평교사의 삶이나 학교생활이나 사회생활에서 실패한 수많은 사람의 삶이 얼마나 허무하고 절망적일까를 쉽게 절감할 수 있다. 결국 우리는 여기서 수단적 교육목적관의 문제점, 즉 성공지향적 교육목적관의 잠재적 역기능을 생생히 확인할 수 있는 것이다.

〈표 14-3〉 교원의 꿈과 나이 관계

구분	꿈의 성장과 실현 과정					
꿈	예비교사	평교사	부장	교무	교감	교장
나이	10대 말~20대 초	20대	30대	40대	50대 초	50대 말~62세

4) 새로운 교육목적관의 정립

전통적 교육목적관인 성공지향적 교육목적관의 순기능을 극대화하고 그 역기능을 극소화함으로써 우리 교육을 되살리기 위해 새로운 교육목적관의 정립이 절실히 요청된다.

사실상 부존자원이 거의 없는 우리나라의 교육을 한결같이 지배해 온 '성공지향적 교육목적관'이 세계 제일의 교육열을 낳고 세계 랭킹 3위 안의 높은 진학률을 낳았을 뿐만 아니라, 을유광복 직후 국민 대다수가 초근목피로 연명하던 절대빈곤의 시대를 깨끗이 벗어나게 하였으며 결국 오늘날 경제 대국의 한국을 낳은 모태요 뿌리요 원동력이 되었음은 주지의 사실이다. 그런데 마치 아무리 좋은 제도도 순기능만 있고 역기능이 없는 완전한 제도가 존재하지 않는 것처럼, 아무리 좋은 교육사상이나 교육철학도 강점만 있고 약점이 없는 영원불변의 교육사상은 존재할 수 없는 것이다. 하물며 상술한 순기능 못지않게 그 치명적인 역기능이 적지 않는 '성공지향적 교육목적관'의 적폐가 우리 교육과 우리 사회를 더욱 황폐화시키고 있는 실정을 직시할 때 이제 그 순기능을 극대화하고 그 역기능을 극소화할 수 있는 대안 모색이 절실히 요청된다.

일찍이 그리스의 철학자 아리스토텔레스(Aristoteles)와 로마의 교육사상가 키케로(Cicero)는 "교육의 목적은 행복한 생활에 있다."고 하였으며 르네상스 시대의 비토리노(Vittorino)는 "학교가 즐거운 집이 되어야 한다."고 역설하였다. 또한 인문주의 교육사상가 에라스뮈스(D. Erasmus)는 "인간을 행복하게 하는 제1수단도 교육이요, 제2수단도 교육이요, 제3수단도 교육."이라고 말함으로써 교육이 바로 '행복의 열쇠'임을 강조하였다. 18세기 범애주의 교육사상가 바제도(J.B. Basedow)와 잘츠만(C.G. Salzmann)은 국가, 민족, 종교 및 성별 등을 초월하여 모든 인류의 행복증진을 교육의 목적으로 삼는 '범애학교'를 실제로 설립하여 직접 운영하기도 하였다(최관경, 2003, p. 18).

특히 20세기에 있어 "학교라는 곳이 노이로제에 걸린 학자보다는 행복한 청소부를 길러내는 곳이어야 한다."고 역설한 닐(A.S. Neil), 그리고 프롬(E. Fromm)과 크리슈나무르티(I. Krishnamurti) 등도 이구동성으로 한결같이 "교육은 인간을 행복하게 하는 데 그 목적이 있다."고 역설하였다. 그런데 우리의 교육 현장을 직시해 보면 행복한 학교가 아니라 오히려 불행한 학교를 연상하게 할 만큼 너무나 기막힌 모습을 엿볼 수 있다. 가령 "내일은 개교기념일이므로 하루 쉬는 날"이라고 선생님이 말하면 거의 대부분의 학생이 '신난다'고 마구 박수를 치는 실정이다.

더욱이 절대적 빈곤시대의 전통적인 선발기능(selection function) 교육관에서 과감히 벗어나 새로운 발달기능(development function) 교육관의 시대적 대세에 성공적으로 순응하려면 새로운 교육 패러다임이 요청된다. 21세기의 경쟁력은 억지로 공부나 일을 하는 데서 나오는 것이 아니라 자신의 삶을 즐기는 재미와 행복에서 나온다. 타인과의 경쟁이 삶의 목적이 된 사회에서는 그 사회 전체의 경쟁력도 하락한다. 사람들이 오직 타인을 이기기 위해 어떤 일을 하는 것이 아니라 내적인 희열 때문에 어떤 일에 몰입하는 사회만이 진정한 경쟁력을 가질 수 있는 것이다(김상봉, 2004, p. 298). 소위 머리 좋은 사람은 부지런한 사람을 당할 수 없고, 부지런한 사람은 즐기는 사람을 당할 수 없는 것이다.

미국 존스홉킨스대학교의 존 가트너(J. D. Gatrner) 교수는 가벼운 조증(躁症, hypomania), 즉 재미가 있어서 약간 흥분한 상태의 지속성이 21세기 성공이나 경쟁력의 주요요인이라고 주장한다. 우리가 행복을 느낄 때 신경계는 부교감신경이 우위가 되므로 스트레스가 줄어든다. 스트레스가 줄면 활성산소의 발생이 억제되므로 장 내의 세포 균형은 좋은 균이 우세한 상태가 된다. 그리고 장 내 환경이 좋아지면 이러한 상태가 부교감신경을 통해 뇌의 시상하부로 전달되고 그 정보를 대뇌가 접수해 '아, 행복하다.'라고 다시 실감하게 된다(Hiromi, 2007, pp. 229-232). 실제로 사람의 몸과 마음은 따로 떼어서는 생각할 수 없는 관계에 있다. 진정한 행복을 느낄 때 면역 기능도 활성화된다. 공부나 일 때문에 정신적으로 압박을 받으면 교감신경이 우위가 되어 스트레스가 늘어나고, 반대로 행복감으로 가득 차게 되면 부교감신경이 우위가 되어 스트레스가 줄어들면서 차츰 행복감을 느끼게 된다. 행복한 하루하루의 경험과 행복한 학창 시절의 삶이 결국 행복한 인생을 낳는다. 행복한 인생은 '사랑'으로 가득 차 있다. 사람은 혼자서는 행복해질 수 없다. 부모의 사랑을 받고 친구와 우정을 나누고 사랑하는 반려자를 만나 새로운 생명을 잉태하고 자식을 낳아 사랑을 베푸는 선순환의 삶이 자자손손 이어지게 되는 것이다.

이런 관점에서 새 교육목적관으로서 행복지향적 교육목적관을 제창하려고 하는 데 그 주요 특성은 〈표 14-4〉와 같다.

〈표 14-4〉 전통적 교육목적관과 새 교육목적관의 비교

성공지향적 교육목적관	행복지향적 교육목적관
'수단적 목적관'의 삶	'통합적 목적관'의 삶
'성공지상'주의	'행복한 성공'주의
목표와 목적의 '의식화'	목적과 이념의 '내면화'
선발기능 교육관	발달기능 교육관
위인지학(爲人之學)의 삶	선(先) 위기지학(爲己之學)과 후(後) 위인지학(爲人之學)의 삶
'외재적 가치' 추구의 삶	'내재적 가치'와 '외재적 가치' 추구의 삶
결과로서의 행복(보람)	과정과 결과로서의 행복(살맛과 보람)
'목표' 차원의 성공	'목표 · 목적 · 이념' 차원의 성공
'분별지'의 삶	'무분별지'의 삶
'해야 해야 어서 져라'는 자살적인 삶	'해야 해야 지지마소'의 일향락(一向樂)의 삶
이겨야 성공한다(필승의 논리)	믿어야 행복하다(신뢰의 논리)
가져야 성공한다(소유의 논리)	알아야 행복하다(지혜의 논리)
속여야 성공한다(잔꾀의 논리)	정직해야 행복하다(양심의 논리)
죽여야 성공한다(상극의 논리)	살려야 행복하다(상생의 논리)
성공해야 행복하다(돈의 논리)	행복해야 성공한다(행복의 논리)

첫째, 성공지향적 교육목적관은 현재와 과정을 무시한 채 오로지 미래와 결과만을 소중히 여기는 반면, 행복지향적 교육목적관은 '현재와 미래' 그리고 '과정과 결과'를 다함께 소중히 여기는 통합적 목적관의 전형이다.

둘째, 단원목표, 수업목표, 교육목표의 달성에서 볼 수 있는 것처럼 성공지향적 교육목적관은 구체적이고 단기적인 '목표' 수준의 성취를 크게 벗어나지 못하는 반면, 행복지향적 교육목적관은 '목표와 목적 및 장기적인 이념' 차원의 성취와 실현을 함께 지향한다.

셋째, 행복지향적 교육목적관은 부와 출세, 권력 및 쾌락과 같은 외재적 가치만을 추구하는 것이 아니라 내재적 가치와 외재적 가치를 동시에 추구하는 삶을 낳는다.

넷째, 목표와 목적을 내면화하는 삶을 낳는 행복지향적 교육목적관은 목표와 목적을 의식화함으로써 '해야 해야 어서 져라'는 자살적인 삶을 낳는 성공지향적 교육목적관에서 벗어나, '해야 해야 지지마소'라는 살맛나는 삶을 낳는다.

다섯째, 무분별지의 삶을 지향하는 행복지향적 교육목적관은 차별과 왕따 그리고 계속적인 불안감을 낳는 분별지의 삶에서 벗어나, 모든 차별과 불안감을 제거하는 초월적인 삶을 낳는다.

여섯째, 성공지향적 교육목적관은 출세와 성공만을 추구하는 위기지학(爲己之學)의 삶을 체질화시키는 데 반해, 행복지향적 교육목적관은 위기지학의 바탕 위에 위인지학(爲人之學)의 삶을 추구하게 한다.

일곱째, 행복지향적 교육목적관은 진정한 성공의 의미를 내포하고 있는 교육목적관으로서 결국, ① 알아야 행복하다(지혜의 논리), ② 살려야 행복하다(상생의 논리), ③ 정직해야 행복하다(양심의 논리), ④ 믿어야 행복하다(신뢰의 논리), ⑤ 행복해야 성공한다(행복의 논리)는 삶을 낳게 한다.

여덟째, 이상의 특성을 종합해 볼 때, 결국 행복지향적 교육목적관은 그간 우리 교육을 지배해 온 출세주의와 성공지향적 교육목적관을 과감히 벗어나, 홍익인간의 교육이념을 학교교육 현장에서 구현화하는 데 결정적으로 기여하는 초석과 토대가 될 것이다.

5) 행복지향적 교육목적관과 기초주의의 관계

만약 지구에서 살아가고 있는 우리 인간에게 필요한 것들을 이 지구가 제공해 줄 수 있기를 희망한다면, 인간 사회가 변해야 한다는 시실이다. 즉, 우리가 살아가는 방법, 우리가 몸담고 있는 국가와 공동체를 이끌어 가는 방법, 나아가 지구 전체의 차원에서 우리가 상호 교류하고 통합하는 방법을 터득해야 한다. 그런데 교육이야말로 우리의 생활 방식과 태도에 근본적인 변화를 꾀하는 이와 같은 발전에서 그 주도적 역할을 할 수 있기 때문에 교육은 곧 '미래의 힘'인 것이다. 결국 교육은 영원한 인류의 생명력이다. 기초의 무시는 화근이요, 기초의 중시는 행복의 원천이다(한기언, 2002b, p. 20).

청뢰는 1965년에 쓴 『교육사』의 부제를 '행복한 생활을 위한 인간형성사'로 명명

(naming)하였다. 그는 교육의 중심 과제가 "'행복한 생활'을 보장하게 하는 필수조건 자체"(한기언, 2002a, p. 174)라고 규정하면서 교육과 행복의 깊은 관계를 강조하고 있다. 전통과 개혁의 조화를 통한 인간 형성의 논리인 기초주의의 기본틀을 중심으로 '홍익인간'과 행복지향적 교육목적관의 유기적인 관계를 그려 보면 〈표 14-5〉와 같다. 전통적인 출세지상주의와 수단적 목적관의 삶을 낳는 성공지향적 교육목적관은 홍익인간의 교육이념 구현화에 걸림돌이었다. 반면에 현재와 미래, 교육의 과정과 결과, 살맛과 보람의 통합과 조화를 지향하는 통합적 목적관의 삶을 낳는 행복지향적 교육목적관은 홍익인간의 교육이념을 구현화하는 데 최대의 디딤돌이 될 것이다.

성공이 행복의 열쇠가 아니라 행복이 성공의 열쇠다(박옥춘, 2006, p. 118). 우리 모두가 전통적인 출세지상주의와 성공지향적 교육목적관의 굴레에서 과감히 벗어나 홍익인간(멋)의 교육이념 실현과 구현화를 위해 한결같이 행복지향적 교육목적관을 갖고 살아가는 것이 우리 교육을 살리고 우리 사회와 나라를 살리고 세계평화와 인류공영의 이상실현에 기여하는 길임을 알 수 있다.

〈표 14-5〉 행복지향적 교육목적관과 기초주의의 관계

구분	전통주의	진보주의	기초주의
기초	전통	개혁	창조 (전통과 개혁의 조화)
교육이념	출세주의(성공)	자아실현(무이념)	홍익인간(멋)
삶의 유형	수단적 목적관의 삶	본질적 목적관의 삶	통합적 목적관의 삶
교육목적관	성공지향적 교육목적관	성장지향적 교육목적관	행복지향적 교육목적관
행복의 유형	결과로서의 행복 (보람)	과정으로서의 행복(살맛)	지속적인 총체적 만족감(행복)

일찍이 인도의 시성(詩聖) 타고르(Tagore)는 '동방의 등불'이라는 그의 시에서 "한국이 동방의 밝은 빛이 되리라."고 하였고, 루마니아의 신학자요 작가인 게오르규(C.V. Gheorghiu)는 "한국 민족은 고난의 수령 속에서 스스로의 슬기와 용기로 일어

난 민족이기 때문에 동방의 빛이 한국 땅에 비쳐올 것"이라고 단언하였다. 또한 러셀(B. Russell)은 "교육이야말로 새로운 세계와 새로운 역사를 창출하는 열쇠"라고 역설하였다. 더욱이 괴테(J.W. Goethe)는 "행복이란 타인을 행복하게 하여 주려는 노력의 부산물"이라고 규정하였다. 톨스토이(L.N. Tolstoy)는 "남을 사랑하는 것이 행복"이라 하였고, 슈바이처(A. Schweitzer)도 "남을 위하여 자기를 희생하는 것이 행복"이라고 하였다. 프롬(E. Fromm)도 "진정한 행복이란 소유하는 것이 아니라 다른 사람의 삶에 기여하는 데서 이루어진다."고 하였다. 이들의 공통점은 행복이란 '섬김과 봉사 그리고 자기희생'을 통하여 간접적으로 온다는 것이다(최관경, 2003, pp. 7-8에서 재인용). 또한 우리의 행복은 결코 경쟁에서 이기는 데 있지 않고 조화롭게 더불어 사는 데 있다(정운찬, 2007, p. 152).

이상의 관점에서 볼 때 우리의 교육이념인 홍익인간이야말로 우리 모두를 행복하게 하고 결국 한국을 세계의 중심 국가로 만들며 나아가 세계평화와 인류공영의 이상 실현에 기여하게 하는 최고의 가치요 궁극적 목적임을 알 수 있다. 그동안 세계 각국은 '힘의 논리'나 '돈의 논리'로써 지배되었는데 앞으로는 인류공영의 이상 실현을 지향하는 홍익인간의 교육이념이 실천되는 '멋의 논리'이어야 한다(한기언, 2002a, pp. 151-152)고 역설한 청뢰에 의하면, 널리 남을 이롭게 한다는 것은, 즉 널리 남에게 이로운 사람이 된다는 것 그 자체가 지극히 '멋있는' 일이기 때문에 멋의 논리가 바로 홍익인간의 정신인 것이다(한기언, 2002b, p. 3). 널리 남을 유익하게 하는 사람이 곧 남을 행복하게 하는 사람이고 남을 행복하게 하는 사람만이 진정으로 행복한 사람이다. 따라서 홍익인간은 멋있는 사람이요 행복한 사람의 전형이다. 이상의 논의를 종합해 볼 때 마치 최고선(最高善, summum bonum)이 결국 최고진(最高眞, summum verum)과 최고미(最高美, summum pulchrum)와 한점에서 만나듯이, 기초주의(멋)와 행복지향적 교육목적관(행복) 그리고 홍익인간(인류공영)은 한곳에서 만남을 알 수 있다.

4. 맺음말

온 인류가 지구촌 시대의 지구가족으로서 '다 함께 살아가야 할 대망의 21세기'를 맞이한 지도 벌써 7년째가 되었다. 우리는 아무리 어려운 상황에 놓이더라도 결코 절망하거나 포기해서는 안 될 것이다. 희망을 버리는 것은 죄악이다.

사실상 조선시대에는 중국 것을 배우고 본받다가 중독(中毒)에 걸리고, 일제 강점기 35년 동안에는 일제를 따르고 본받다 왜독(倭毒)에 걸리고, 을유 광복 이후에는 무조건 서양 것을 따르고 본받다가 양독(洋毒)에 걸림으로써 소위 3독으로 깊이 빠져들기 시작할 즈음에, 청뢰는 '전통과 개혁의 조화를 통한 인간 형성의 논리'요 '모든 사람의 인생을 예술적 경지에까지 승화시키는 인간 형성'의 기본원리인 기초주의를 제창하였다. 모든 것에는 기초가 있다는 전제 아래 특히 '교육에 있어서의 기초'를 인간 형성의 핵 사상으로 간주하는 기초주의는 '교육적 의미로서의 기초'를 여섯 가지 의미로 규정하고 있다.

이 글에서는 '교육이념이 곧 교육의 기초'라는 문제의식 아래 우리의 공교육붕괴 현상을 하루속히 극복함과 동시에 인류공영의 홍익인간 교육이념을 적극적으로 구현할 방안 모색을 위해, ① 기초와 교육이념의 중요성, ② 홍익인간의 교육이념과 그 구현화의 저해요인, ③ 성공지향적 교육목적관의 순기능과 역기능, ④ 행복지향적 교육목적관의 특성, ⑤ 행복지향적 교육목적관과 기초주의의 관계 등을 유기적으로 고찰하고 기술하였다.

사실상 부존자원이 거의 없는 우리나라에서 그동안 우리 교육을 압도적으로 지배해 온 성공지향적 교육목적관이 결국 세계 제일의 교육열을 낳고, 세계 3위의 높은 진학률을 낳았으며, 더욱이 을유 광복 직후 국민 대다수가 초근목피로 연명하던 절대 빈곤의 나라를 세계 10위의 경제대국으로 크게 발전시킨 성장과 발전의 원동력이 되었다고 해도 과언이 아니다. 성공지향적 교육목적관이 이처럼 교육의 발전과 국가의 발전 그리고 국민의 삶의 질 향상에 크게 기여해 왔음에도 불구하고, 해가 갈수록 그 역기능의 적폐가 오히려 그 성과와 그 순기능을 크게 압도해 가고 있다는 비판의 목소리가 날로 커지고 있는 것이 한국교육의 현실이다.

누구나 바라는 '성공' 그 자체는 나쁜 것이 아니다. 또한 꿈을 키워 주고, 노력과 인내 그리고 선의의 경쟁심과 의미 있는 삶을 낳는 성공지향적 교육목적관은 그 표면적 순기능이 크기 때문에 우리의 교육을 주도적으로 지배해 오고 있는 것이다. 그렇지만 수단적 목적관의 전형인 성공지향적 교육목적관은 우리 교육의 기초요 토대요 지도원리이면서 인류공영의 세상을 낳게 하는 최상의 가치요 궁극적 목적의 원동력인 홍익인간의 교육이념을 구현하는 데 최대의 걸림돌이었을 뿐 아니라 그 잠재적 역기능이 치명적이다. 그러므로 성공지향적 교육목적관의 단점을 극소화하면서 홍익인간의 교육이념 구현화에 큰 디딤돌이 될 수 있는 대안으로 통합적 목적관의 전형인 행복지향적 교육목적관의 도입이 시급하다.

행복지향적 교육목적관은 결국 성공지향적 교육목적관의 역기능을 극소화하고 그 순기능을 극대화할 수 있는 교육관이지, 결코 성공지향적 교육목적관을 완전히 폐기하려는 교육관이 아니다. 이젠 바야흐로 어서어서 세월이 빨리가기를 바라는 수단적 목적관의 전형으로서 홍익인간의 교육이념 구현화를 철저히 무력화시키면서 동시에 공교육 붕괴 현상을 가속화시킨 '성공지향적 교육목적관'을 과감히 탈피할 때가 도래하였다. 물론 기초가 튼튼한 멋진 새집을 짓기가 쉽지 않지만, 더욱이 조상 대대로 살아온 종가를 헐고 자손만대로 살아갈 새집을 짓는 일이 몇 배나 더 어렵듯이, 그동안 우리 교육을 압도적으로 지배해 온 성공지향적 교육목적관을 불식하고 행복지향적 교육목적관을 새롭게 도입하는 일은 너무나 힘든 과제이다. 그러나 우리의 힘으로 기필코 우리의 교육을 살리고 우리나라를 살리고 더 나아가 인류공영의 이상실현에 기여하려면 정면 돌파의 의지로 행복지향적 교육목적관을 하루속히 도입하여 그 정착에 전력을 쏟아야 할 것이다. 왜냐하면 마치 고질병에 걸려 생사의 기로에 선 중환자가 건강을 되찾으려면 진통제나 대증요법과 같은 소극적인 치료에서 과감히 탈피하여 대수술과 근본적인 체질개선과 같은 적극적인 치료가 있어야 하듯이, 공교육 붕괴 현상에 직면한 우리의 학교교육도 땜질식 대증요법에서 하루속히 벗어나 본질적이고 근원적인 해결책을 보다 적극적으로 강구하는 정면돌파식 발상의 전환이 급선무이기 때문이다.

새삼 강조하지 않더라도 행복한 스승이 행복한 학교와 행복한 제자를 낳고, 불행한 스승이 불행한 학교와 불행한 제자를 낳기 마련이다. 무엇보다도 먼저 교육자가 행복해야 학습자가 행복하고 이들이 자라 결국 온 국민과 온 겨레가 행복해질 수 있다. 그러므로 성공지향적 교육목적관이 아닌 행복지향적 교육목적관을 신봉하는 모든 교육자가 스스로 언제나 행복한 사람(happy camper)이 됨과 동시에 언제나 행복의 메이커(maker)가 되어 한결같이 행복한 제자를 기르고 행복한 학교를 만듦으로써 날마다 홍익인간의 교육이념 구현화에 실제로 기여하게 될 것이다.

끝으로 전통과 개혁의 조화를 통한 인간 형성의 논리인 기초주의를 반세기 전에 제창함으로써 이 글의 튼튼한 토대와 기초를 제공해 주셨고, 더욱이 만 가지가 부족한 저에게 큰 사랑을 한결같이 베풀어 주신 청뢰 한기언 교수님과 김혜경 교수님 내외분께 뜨거운 감사를 드립니다. 동시에 두 손 모아 두분이 다같이 '행복한 여생과 만수무강'을 누리시기를 간절히 기원하면서 기조연설을 마칩니다. 감사합니다.

✪ 참고문헌--

고범서(1994). 행복의 윤리학-자아실현과 행복. 서울: 도서출판 소화.
김상봉(2004). 학벌 사회. 서울: 도서출판 한길사.
김성곤(2002). 다문화 시대의 한국인. 서울: 열음사.
김승호(1996). 스콜라주의 교육목적론. 서울대학교 대학원 박사학위 논문.
김영호(2006). "통일지상주의적 역사인식비판". 시대정신(창간호), 148-190.
문교부(1958). 문교개관. 서울: 문교부.
박부권(1985). "한국 교육이념 소고". 새교육 제38권 5호, 16-21.
박옥춘(2006). 미래형 자녀 교육법. 서울: 예담.
백범정신선양회(1992). 백범일지. 서울: 하나미디어.
변형윤 외(1986). 한국의 학파와 학풍. 서울: 도서출판 우석.
복거일(2007). 이념의 힘. 경기: 나남.
손인수(1987). 한국교육사. 서울: 문음사.
신극범(2004). 교육만이 희망이다. 대전: 에디션.
오인탁(1991). "평화 교육의 과제와 우리 교육의 과제". 우리교육 제20호.
오인탁(1997). "기초주의의 잠재적 지평: 홍익인간의 복권". 기초주의 40주년 기념행사준비위원회. 교육의 세기와 기초주의. 서울: 교육과학사.
유네스코 21세기 세계교육위원회(1997). 21세기 교육을 위한 새로운 관점과 전망. 서울: 도서출판 오름.
이거룡(1998). 두려워하면 갇혀 버린다. 서울: 명진출판.
이기정(2007). 학교개조론. 서울: 미래M&B.
이동진 편역(2007). 세계의 명언 I. 서울: 해누리.
이종각(1990). 한국 교육학의 논리와 운동. 서울: 문음사.
장기표(2007). 부부사랑 그 지혜로운 행복. 서울: 도서출판 밀알.
정범모(1989a). "교육의 본질과 이념(I)". 교육연구 제9권 10호, 14-17.
정범모(1989b). "교육의 본질과 이념(II)". 교육연구 제9권 11호, 14-17.

정범모(1989c). "교육의 본질과 이념(III)". 교육연구 제9권 12호, 14-16.
정범모(1997). 인간의 자아실현. 서울: 나남출판.
정운찬(2007). 가슴으로 생각하라. 서울: 따뜻한 손.
조명기 외(1986). 한국사상의 심층연구. 서울: 도서출판 우석.
최관경(1983). 교육목적에 관한 연구. 한양대학교 대학원 박사학위 논문.
최관경(1991). "교육목적관의 비교". 교육 이념과 실현(죽당 안상원박사 회갑기념논문). 서울: 성우출판사.
최관경(1997). "기초주의 목적론". 기초주의 40주년 기념행사준비위원회. 교육의 세기와 기초주의. 서울: 교육과학사.
최관경(1999). "한국대학의 교육이념". 부산교육대학교 학생생활연구 제19집, 63-112.
최관경(2002). "21세기 참스승의 꿈과 삶". 부산교육대학교 제1회 국제학술대회 자료집, 127-160.
최관경(2003). 행복과 행복교육. 부산: 서림애드콤.
최관경(2006). "행복지향적 교육목적관과 성공지향적 교육목적관". 한국교육학회 2006 춘계학술대회 자료집(상), 561-576.
최관경 외(2003). 교육 사상의 이해. 서울: 형설출판사.
최정호(1989). "무사상의 사회, 그 구조와 내력". 계간사상(창간호), 8-55.
최재천(2007). "어우르는 자들이 살아남는다.", 안철수 외. 당신에게 좋은 일이 나에게도 좋은 일입니다. 서울: 고즈윈.
한기언(1968). 한국 교육의 이념과 역사의식의 문제. 서울: 서울대학교출판부.
한기언(1973). 기초주의. 서울: 배영사.
한기언(1979). 현대인과 기초주의. 서울: 배영사.
한기언(1988). 한국인의 교육철학. 서울: 서울대학교출판부.
한기언(1989). "한국 교육철학의 모색-기초주의를 중심으로". 한국 교육학회교육철학연구회. 교육철학 제7호, 7-17.
한기언(1990). 상황과 기초: 구상교육철학으로서의 기초주의. 서울: 서울대학교출판부.
한기언(1992). 한국교육이념의 연구. 서울: 태극문화사.
한기언(1994a). 교사의 철학. 서울: 양서원.
한기언(1994b). 교육국가의 건설-교육의 세기와 기초주의. 서울: 양서원.
한기언(1996a). 한국 현대 교육철학. 서울: 도서출판 하우.
한기언(1996b). "교육이념과 철학". 한국교원단체총연합회(편). 한국교육연감, 84-91.
한기언(1997). "기초주의의 탄생과 성장". 교육의 세기와 기초주의. 서울: 교육과학사.
한기언(1999). 기초주의 교육학. 서울: 학지사.
한기언(2001). 기초주의 교육적 나침반. 서울: 기초주의연구원.
한기언(2002a). 교양으로서의 교육학-교육의 세기와 기초주의. 경기: 한국학술정보[주].
한기언(2002b). 21세기 새 스승상의 정립. 부산교육대학교 제1회 국제학술대회 자료집 1-24.
한기언(2003). 21세기 한국의 교육학. 경기: 한국학술정보[주].

한기언(2004). 기초주의 세계. 서울: 기초주의연구원.

허 숙(2007). "우리 교육의 사회적 정신병리". 한국교육과정학회 소식지 제61호.

홍웅선(1989). 한국 교육이 추구하는 인간 특성. 경기: 한국정신문화원.

Bosch, Philippe. 김동문 역(1999). 행복에 관한 10가지 철학적 성찰. 서울: 자작나무.

Brown, Leslie, M. (1970). *Aims of Education*. N.Y. Teacher College Press of Columbia University.

Hill, Napoleon. 김정수 역(2007). 나폴레온 힐 성공의 법칙. 서울: 중앙경제평론사.

Hiromi, Shinya. 이근아 역(2007). 병 안 걸리고 사는 법. 서울: 도서출판 이아소.

Kneller, George F. (1984). *Movements of Thought in Modern Education*. N.Y.: John Wiley & Sons.

Ulich, Robert (1950). *History of Educational Thought*. N.Y.: American Book Company.

Ulich, Robert (1955). *The Human Career*. N.Y.: Haper & Brothers.

Ulich, Robert (1961). *Philosophy of Education*. N.Y.: American Book Company.

제15장

이상주의 사회형과 기초주의 교육이념

- 막스 베버와 한기언에 대한 사상적 비교 연구 -

김정양

1. 들어가며

막스 베버(M. Weber, 1864~1920)와 한기언(Ki-Un Hahn, 1925~2010)을 비교한다고 하는 것은 좀 무리가 있는 것 같다. 우선 두 사람은 공간적으로나 또 시간적으로나 서로 다른 차원에 있었던 학자들이다. 공간적으로 막스 베버는 유럽대륙의 독일에서 태어났으며, 한기언은 동북아시아의 반도 한국에서 태어났다. 그리고 그들은 서로 만나본 적도 없다. 시간적으로 한기언은 막스 베버가 서거한 지 5년 만에 세상에 태어났기 때문이다. 이렇듯 공간과 시간에서 서로 다른 차원에 살았던 사람들인데 어떻게 비교될 수가 있겠는가? 또 막스 베버는 사회학자요 경제학자 등으로 알려져 있고, 한기언은 순수한 교육학자이다. 그러므로 사상적으로도 서로 다른 배경을 가진 학자들이다. 그러나 이 두 사람에 관한 비교는 매우 흥미롭고 또 의미 있는 일이 아닐 수 없다. '이상형(Idealtyp)'을 추구하는 면에 있어서 그들은 서로 공통되는 점이 있다. 막스 베버는 종교적인 가치관에서 '개인적인 이상형(Privater Idealtyp)'을, 또 사회적인 윤리관에서 '사회적인 이상형(Sozialer Idealtyp)'을 추구했는가 하면, 한기언은 기초주의 교육이념을 가지고서 '인간의 이상형'과 그러한 개인이 모인 '사회의 이상형'을 추구한 바 있다. 이 글은 이 두 가지 점에서 서로 간의 사유적인 공통분모를 이야기하고자 하는 것이다. 우선은 이 두 학자의 삶에 관하여 간단히 고찰해 본다. 시대적인 정황과 삶에 대한 자세 등에서도 공통되는 점이 없지 않다. 그러고는 그들의 학문적인 방법론과 체계에 있어서 '이상형'에 관한 추구를 비교해 보는 것이다. 결론에서는 막스 베버의 한계점과 한기언의 한계에 대한 극복을 이야기함으로써 한기언의 교육사상이 막스 베버보다 앞섰고 또 그가 넘어서지 못한 한계를 한기언이 극복했음을 주장하고자 하는 것이다. 이러한 비교 연구는 현시대적인 상황에서 볼 때에 매우 중요한 일이라 사료된다.

2. 막스 베버와 그의 시대

막스 베버가 일곱 살 되던 해인 1871년 독일은 비스마르크(O. E. L. von Bismarck)에 의해 통일되었다. 그런데 비스마르크에 의한 독일의 통일은 단순한 의미의 프러시아의 아니면 독일 국민의 민족적인 단합에 그치는 정도를 넘어섰다. 독일의 통일은 더 나아가 비스마르크의 정치적인 수완이 유럽 전역으로 번지게 된 역사적인 대사건이었다. 막스 베버는 어린 시절부터 이러한 새로운 독일제국의 통치체제와 유럽에서의 독일의 지위를 세심히 지켜보면서 성장했다. 그가 어렸을 때뿐만 아니라 생을 마감하는 순간까지 비스마르크를 숭경했던 이유는 독일의 운명은 유럽 전체의 운명과 연결된다고 생각한 자신의 신념 때문이기도 했다.

그러나 막스 베버는 자라나면서 자신이 처해 있는 새로운 국가체제에 대한 회의를 품게 된다. 많은 젊은이가 당시의 비스마르크를 존경하고 그의 정치노선을 추종했으나 막스 베버는 비스마르크에게서 정치적 천재성과 함께 한계성도 인식했다. 그는 학창 시절에 이미 친구에게 "비스마르크에 의하여 독일판도는 크고 강하게 만들어졌으나 독일 국민은 작고 나약하게 되고 말았다."고 이야기한 일이 있다(Marianne Weber, Max Weber, 1926, p. 32). 비스마르크의 통치권은 독일의 통일된 판도와 정비례하여 성장하는 반면에, 국민의 자유로운 비판의식은 갈수록 약해만 가는 그러한 시대가 장차 커다란 비운을 불러오게 될 것을 막스 베버는 일찍부터 예견했다.

비스마르크가 실각되고 1889년에 황제 빌헬름 2세(Wilhelm II)가 재상의 자리까지 겸직하게 된 일이 생겨났다. 막스 베버는 당시의 정황을 근심하면서 다음과 같이 말했다. "이 화려한 보나파르트풍의 궁중예식은 궁극적으로는 우리의 원하는 바가 아니다. 엄청난 속도로 질주하는 기차에 타고서 전철기(轉轍機)의 방향이 올바로 설정되었는가 걱정하고 있는 그런 느낌이 든다"(Erich Hula, 1963, p. 154). 이와 같이 정면적으로 황제를 비난했던 그는 독일의 외교정책이 걷잡을 수 없는 속도로 빗나가고 있음을 어느 누구보다도 제일 먼저 감지했었다. 그는 또 목사가 된 친구 나우만(F. Naumann)에게 다음과 같이 말했다. "황제라는 한 인간의 자질과 역량에만 책임을 전가해서는 안 된다. 현재 야기되고 있는 모든 정치적인 실책에 대하여는 황제 주변의 인물들과 그가 이끄는 조직 전체가 책임을 져야 마땅할 것이다. 자세히 말하자면 비스마르크의 작품들과 아직 성숙하지 못한 지금의 정치가들의 역량 등이 문제가 되는 것이다"(Erich Hula, 1963, p. 155).

그는 정의사회의 구현을 위한 정치풍토를 위하여서는 우선은 황제의 권한이 제한되고 다수의 의견을 수렴하는 의회정치가 절실히 필요하다고 역설했다. "영국의 왕은 통치권과 함께 명예도 가지고 있다. 그러나 독일의 황제는 올바른 의미의 권한도 명예도 가지고 있지 않다. 이러한 결과는 역사라는 등대가 잘 말해 주고 있다. 독일의 황제는 오로지 그림자일 뿐이다. 그러나 영국의 왕은 그렇지 않다. 호엔촐레른(Hohenzollern) 왕가(독일 황실을 뜻함)는 영국의 왕실이 장교의 권한을 가지고 있다고 하면 하사관 정도에 지나지 않는다. 그저 명령하고 호령하면 절대복종하고 부동자세를 취하는 수준이라고나 할까. …… 이러한 형편을 독일 국민이면 누구나 다 알고 있다"(Erich Hula, 1963, p. 155). 이렇게 경고한 막스 베버는 이미 세계대전의 검은 먹구름을 예견했던 바 1914년 제1차 세계대전의 발발을 눈앞에 보게 된다.

1914년 9월에 막스 베버는 독일이 벨기에를 합병하려는 계획에 대하여 완강히 반대한다는 기사를 『프랑크푸르트 차이퉁』에 발표했다. 그는 국제외교관계와 독일의 허약한 정치체제에 대하여 정통하고 있었기에 독일의 이와 같은 행위는 자멸의 위기를 불러오게 된다고 역설하지 않을 수 없었다. 1917년에는 역시 같은 신문에 그의 정치적인 신념을 피력한 「새로운 독일을 위한 의회와 정부(Parlament und Regierung im neugeordneten Deutschland)」라는 장문의 논문을 발표하기도 했다. 여기에서 막스 베버는 의회정치와 민주주의로 정치체제를 바꾸어야 하는 일이 시급하다고 주장했다. 이와 같은 개혁은 전쟁을 종식시키고 평화를 기약하게 하는 시대적인 요청이라고 그는 굳게 믿었다. 그에 의하면 의회정치는 황제와 소수의 측근

장군의 독단적인 권한을 제한할 수 있으며 민주주의는 국내외의 평화를 도모하여 눈앞에 다가온 비극을 모면할 수 있는 유일한 방법이었다. 그러나 이와 같이 절실한 역사적인 음성에 귀를 기울이지 아니한 빌헬름 2세가 이끄는 독일은 그 이듬해에 연합군에 의해 패망하고 만다.

그러면 4년간의 전쟁에서 독일이 얻은 것은 무엇인가? "과연 이런 참상이 필요했는가? 인류의 아름다운 문화의 전당을 시체의 산더미 위에, 눈물의 망망대해 속에 그리고 아직도 죽어 가는 사람들의 신음소리 위에 건립할 수밖에 없었다는 우매한 일……." 이것은 살아남은 한 독일병사의 일기장에 기록된 내용이다. 이토록 비참하게 된 독일의 판도를 내다보면서 막스 베버는 결코 놀라거나 절망하지 않았다. 이렇게 역사가 귀결되리라는 것을 그는 이미 예견했기 때문이다. 국토의 폐허와 국민의 굶주림을 눈앞에 보면서 그는 독일의 미래를 꿈꾸는 일을 포기하지 않았다. 그는 미래의 이상적인 사회형이 도래하리라는 사실을 믿어 의심하지 않았다. 믿음은 산을 떠서 옮길 수 있다고 한다. 그러나 믿음 하나만으로서는 폐허가 된 독일의 사회와 도덕성을 저버린 양심의 세계를 재건할 수는 없었다.

막스 베버는 용감하게도 베르사이유로 향했다. 거기에서 패전국과 승전국 간의 조약의 체결을 지켜보았고 또 독일 편에서의 항변을 호소하는 문서를 스스로 기안하기도 했다. 다시 독일로 돌아온 막스 베버는 『프랑크푸르트 차이퉁』에 연속하여 「독일 장래의 국가체제(Deutschlands künftige Staatsform)」라는 논문을 기고했다. 이 논문에 반영된 그의 정치이념은 오늘날 독일의 민주적인 의회정치의 근간을 이루고 있다. 야스퍼스(K. Jaspers)가 막스 베버를 철학자라고 주장했으나 트뢸치(E. Troeltsch)는 막스 베버를 철두철미하게 정치가로 단정했다. 그의 학적인 공헌과 철학적인 사유는 트뢸치에 의하면 부수적인 것에 지나지 않았다. 막스 베비는 통치권을 손에 쥔 정치가의 자리에는 한번도 앉아본 일이 없었다. 그래서 야스퍼스는 손이 없는 라파엘(Raphael)과 비교하면서 그림을 그릴 수 없는 화가의 비운으로 정치가로서의 막스 베버의 처지를 설명했다. 그러나 그의 시대는 막스 베버에게 빼어난 정치적인 사상을 낳게 하여 후세의 정치인들에게 가장 이상적인 교사가 되게 했던 것이다.

1871년 비스마르크의 독일제국 건설은 젊은 막스 베버에게는 세계사로 내닫는 독일의 웅건한 발걸음으로 여겨졌다. 당시 비스마르크의 염원은 프랑스와 영국 그리고 러시아와의 외교관계를 슬기롭게 펴 나아가는 것이었다. 이러한 외교적인 과업은 독일의 힘을 동서로 확산하여 유럽의 주인이 되는 초석을 이룩하게 되기 때문이다. 바로 이 과업이 성공하게 되면 독일은 세계사의 광장에서 막강한 힘을 가진 신흥국가로 그 모습을 드러낼 수 있는 것이다. 그런데 1918년의 독일은 그렇지 못했다. 전쟁이 한참 진행 중이었던 1916년에 막스 베버는 다음과 같은 내용을 『프랑크푸르트 차이퉁』에 발표했다.

> "우리가 지금 이 전쟁에서 더 이상 큰 희생을 입지 않으려면 통일된 독일제국을 포기하는 일이다. 그러면 라인 지방은 프랑스와 조약을 맺고 프러시아는 러시아와 조약을 맺음과 동시에 전쟁을 종식시킬 수 있다. 어디까지나 이러한 평화조약은 작은 규모의 전쟁에서 비롯된 것으로 해석될 수 있기 때문이다.
>
> 그러나 독일제국의 이름으로 전쟁을 계속하게 되면 대규모의 세계대전을 일으킨 데 대한 책임을 모면하지 못하게 될 것이다. 지금은 7백만의 인구를 가진 나라가 아니라 7천만의 인구를 가진 나라가 된 것이 우리의 피하지 못할 숙명인 것이다. 이러한 숙명은 곧바로 역사에 대한 책임과 연관되고 있다. 지금은 무겁디무거운 운명의 추에 나라 전체의 명예와 영달이 달려 있으니 이 문제를 어떻게 해결하리요? 역사를 거슬러 올라갈 수 없음이 우리의 안타까운 현실이요, 우리가 머지않아 세계사의 엄정한 그리고 격노한 얼굴을 보게 될 것이요, 이 사실은 후세에 자자손손 지워지지 아니하는 기억으로 남게 될 것이다"(Karl Jaspers, Max Weber, 1958, p. 25).

막스 베버의 이와 같은 음성은 이스라엘의 역사에 나타난 수많은 예언자의 음성과도 흡사했다. 그는 1920년에 두 편의 아름다운 강의노트를 남겼다. '정치에로의 소명(Beruf zur Politik)'과 '학문에로의 소명(Beruf zur Wissenschaft)'이란 뮌헨대학교의 강의는 자신의 마음과 자신의 처한 시대를 있는 그대로 읊어낸 백조의 노래와도 같은 것이었다. "참된 것은 진리 그 자체이다."라고 말한 막스 베버는 '지적인 정직함(Intellektuelle Rechtschaffenheit)'의 차원에 도달하는 것이 '학문에로의 소명'이라고 하는 가르침을 남겼다. 그는 폐렴에 걸려서 괴로운 가운데에서도 독일 국민에게 '학문에로의 소명'과 '정치에로의 소명'을 올바로 가르치는 교육이 절실하다는 소신을 피력했다. 막스 베버는 법학도로서 학문을 시작하여 경제, 사회 분야에 혁혁한 공적을 남긴 학자가 되었다. 그가 살았던 시대는 정치적인 일대의 혼란기였기에 막스 베버는 이러한 역사의 음성에 순종하기 위해 정치가가 되어야만 했다. 그의 부인은 병마에 시달리고 있는 막스 베버를 간호하면서 "이제 곧 나라에서 당신을 부르게 될 겁니다. 당신은 건강만 지키고 있으면 됩니다."고 말했다. 막스 베버 자신도 독일 국민을 이끌어 나가는 최고의 통치자의 자리에 앉게 되는 날을 고대한다고 부인에게 말하기도 했다(Marianne Weber, Max Weber, 1926, p. 688). 그러나 그는 이러한 고무적인 소식을 듣지 못한 채 1920년 7월 14일 56세를 일기로 그의 파란만장한 인생을 마감하고 말았다.

그가 교육에 대한 생각을 조금만 일찍 했더라면 막스 베버는 교육학의 대학자로도 명성이 남았을 것이다. 그러나 그는 만년에 음악학에 몰두해 있었다. 화성학의 합리적인 원리 속에서 이상주의 사회형(Idealtypus)을 찾아내려는 생각에서였다. 그는 고대 그리스와 이집트의 음악 그리고 중국과 인도의 음악도 연구했다. 유럽의 음악사에 보인 화성학의 합리적인 원리는 그대로 합리적인 사회구조를 건립하는 데 적용될 수 있다는 특유한 생각으로 음악사회학의 서장을 여는 일에 심혈을 기울였다. 그의 부인은 남편의 유고에서 「음악에 있어서의 합리적인 그리고 사회학적인 원리(Die rationalen und soziologischen Grundlagen der Musik)」라는 논문을 1921년에 간행해냈다. 법, 경제, 사회, 정치의 제반 질서의 원형을 음악의 원리에서 찾아보려 했던 그의 간곡한 노력은 사회학자인 막스 베버가 처음 시도하여 거기에서 그치고만 아쉬운 경우였다. 법, 경제, 사회, 정치, 문화, 종교, 예술 등에 심오한 식견을 쌓았던 막스 베버는 사회과학 분야에서 갈릴레이(G. Galilei)와도 같은 지위를 확보하게 되었다. 그의 종교사회학에 대한 많은 논문은 이상주의 사회형을 찾아나가는 이정표가 되기도 했다.

일찍부터 마르크스의 공산주의 사상에 반기를 들었던 그는 「프로테스탄트(protestant) 윤리와 자본주의 정신」이라는 종교사회학적인 논문을 발표함으로써 공산주의가 붕괴된 이 시대에 다시 한번 '황야의 이정표'가 되고 있는 셈이다. 그러나 막스 베버는 서양에서 태어나 성장하면서 서양인으로서의 범주를 넘지는 못했다. 한편 그는 서양인으로서는 어느 누구보다도 동양에 대한 관심이 깊었고 또 동양에 대하여서 실로 많은 것을 이해하고 있었다. 그러나 막스 베버는 자신이 처했던 공간과 시간을 뛰어넘을 수는 없었다.

3. 한기언과 그의 시대

이토 히로부미(伊藤博文) 사후 1910년 덕수궁에 던져진 한일합병이란 동양사의 한 작은 돌멩이는 자신의 비참한 말로에서 멈추지 않고 계속 굴러 1912년의 105인 사건과 1919년의 독립운동을 야기시켰다. 이 두 사건은 일본으로 하여금 세계사가 드물게 마련해 준 축복의 기회였지만, 일본인은 이를 그냥 지나치고 말았다. 하나는 일본이 조선의 민족사상과 독립정신을 말살하려고 날조해 낸 사건이요, 또 하나는 당시 억눌렸던 조선이 독립을 선포하여 전 국민이 일제의 탄압에 항거 봉기한 사건이다. 1868년 메이지유신(明治維新) 이후 일본이 진정한 의미의 동양평화를 위해 중국과 한국을 위시한 아시아의 여러 나라와 공동번영의 기회를 모색했더라면 적어도 제1차 세계대전 직후인 1919년 세계사가 마련해 준 축복의 기회를 놓치지는 않았을 것이다. 1919년 3·1운동이 있은 후 1920년부터는 한반도에 대한 일제의 탄압은 이른바 문화통치라는 미명하에 약간의 변화가 나타나기 시작하였다.

한기언(韓基彦, 1925~2010)이 태어난 1920년대에는 이와 같은 역사의 소용돌이에서 남강 이승훈(1864~1930)이 오산학교에 이어 민립대학(民立大學)을 설립할 계획이 생겨난 때였다. 이 대학의 발기취지문(發起趣旨文)에는 다음과 같은 내용이 있다.

> "오인(吾人)의 운명을 여하히 개척할까? 정치냐, 외교냐, 산업이냐? 물론 차등사(此等事)가 모두 필요하도다. 그러나 그 기초가 되고 요건이 되며 가장 급무가 되고 가장 선결의 필요가 있으며 가장 힘있고 가장 필요한 수단은 교육이 아니기 불능(不能)하도다. 하고(何故)오하면 알고야 동(動)할 것이요, 알고야 일할 것이며 안 이후에야 정치나 외교도 가히 써 발달하게 할 것이다. 아지 못하고 어찌 사업의 작위(作爲)와 성공을 기대하리요? 다시 말하면 정치나 외교도 교육을 대(待)하여서 비로서 그 효능을 진(盡)할 것이요 산업도 교육을 대(待)하여서 비로서 그 작흥(作興)을 기(期)할 것이니 교육은 오인(吾人)의 진로를 개척함에 재(在)하여 유일한 방편이요 수단임이 명료하도다"(한기언, 1973, pp. 289-290).

이와 같은 민립대학의 취지문은 비단 남강 이승훈뿐만 아니라 도산 안창호(1878~1938), 인촌 김성수(1891~1955), 김마리아(1892~1944), 상허 유석창(1900~1972) 등이 운동을 통하여 또는 학업을 통하여 한 가지로 교육이념에 정진하고 있었다. 한반도 전체가 민족이 세운 하나의 커다란 대학처럼 생각될 만큼 도처에서 교육에 대한 열풍이 불기 시작했고 일제(日帝)는 이를 심히 두려워하여 저지하기에 안간힘을 다 쏟고 있던 때였다. 이처럼 교육정신이 우선은 독립투사들에 의하여 그러고는 많은 젊은 선각자에 의하여 편만해가고 있을 즈음 이러한 시대적인 흐름에 편승(便乘)하여 한기언은 약관 13세인 1938년에 관립경성사범학교(서울대학교 사범대학의 전신)에 입학을 하게 된다. 교육입국(教育立國) 내지는 교육국가 건설이 그의 필생의 사업이 되어야 하는 것은 시대의 사조가 어린 소년인 그에게 그렇게 가르쳤으리라.

이렇게 하여 7년이란 세월이 흘렀다. 세계사는 한반도를 일본인들의 손에 맡기지 아니했다. 1945년 8월 15일 민족해방의 날이 도래한 것이다. 이제부터는 한반도에서는 모든 것이 다 가능하게 되었다. 역사의 시곗바늘은 다시금 0시에 놓여 있었다. 그러면 이러한 역사의 현장에서 우리 한민족의 교육문제는 어떻게 수행되어야 할 것인가? 이 0시의 시간에 심지어는 사회의 혼돈을 야기시키는 자유마저 허용되고 있었다. 한기언은 나이 20세에 다시 한번 자신의 교육자로서의 길을 다짐했다. 그 자신은 이때의 결심에 대하여 다음과 같이 술회하고 있다.

> "사실 1945년 8월 15일 직후가 바로 내가 경성사범학교 8년 과정을 졸업한 때였습니다. 을유광복의 기쁨으로 온 천지가 들떠 열기 가득 찬 시기였습니다. 직업선택의 기회만 하여도 활짝 열리어 모든 것이 생각만 해도 가능하게 된 호기가 도래한 것입니다. 그러기에 우리 동기생만 하여도 꼭 교육계에 머물러 있어야 한다거나 교육학을 전공해야 할 의무도 없게 된 때였던 것입니다. 모든 것이 해방을 계기로 출발선에 다시 서게 된 것입니다. 당시 만 20세였던 나 역시 8 · 15 해방을 계기로 하여 나 자신의 장래에 대하여 다시 한번 근본적으로 생각해 볼 기회가 왔다고 생각했습니다. 여러 날을 두고 생각한 끝에 결론을 내리게 된 것은 교육학자가 되겠다는 것이었습니다"(한기언, 1989, p. 90).

한기언은 서울대학교 사범대학의 학부과정과 대학원과정을 마치고 모교에서 교수가 되는 좁은 길을 택했다. 경제, 사회, 정치의 공백기에 그에게는 보다 넓은 길 곧 화려한 인생설계에 대한 유혹이 없지는 않았을 것이다. 한기언은 필자에게 그때의 일을 돌이켜 보면서 이렇게 이야기하기도 했다. "화려한 옷을 갈아입는 데에는 5분이란 시간이면 족하겠으나 나의 내면적인 세계를 가꾸는 데에는 평생이 소요될 것이라고 그 당시에는 생각했습니다." 5분이면 해결되는 문제에 전 인생을 걸어야 할 필요가 있을까? 해방 직후에는 5분 이내에 일확천금을 할 수 있는 방법이 도처에 널려 있었기에 이 일에 인생을 걸고 나선 사람들도 적지는 않았었다. 그러한 사람들 중에서 오늘날 성공한 재벌들 몇몇을 헤아려 볼 수도 있다. 그러나 20세의 한기언과 20세 때의 막스 베버의 인생설계는 그런 것이 아니었다. 바로 한순간의 남다른 결단으로 인해 그들은 인생의 만년에 홍익인간의 모습을 드러내게 된 것이다.

교육학자의 길을 담담히 걸어가던 한기언에게 또다시 운명의 장해물이 나타났다. 그것은 1950년 6월 25일에 발생한 한국전쟁이었다. 당시의 사범대학에는 좌익사상의 경향을 지닌 학생이 많이 있었다. 학부학생 당시 한기언은 학생회의 연구부장을 맡아서 학회지와 대학신문을 발간해 낸 일이 있었다. 1949년 7월에 그는 이미 사범대학을 졸업했으나 그의 학부 시절의 활동과 이후의 사상적인 정황으로 인해 인민군이 서울에 진입하자 그는 우익사상가로 지목되어 체포를 당하지 않으면 안 되게 된 것이었다. 구사일생으로 한기언은 생명을 건 탈주의 모험을 세 번씩이나 감행해야 했다. "마음에 간곡한 원이 있으면 그의 생명은 연장된다."는 옛말이 있다. 한국적인 교육철학의 집대성을 꿈꾸었던 한기언의 마음 깊은 곳에는 필사적으로라도 살아남아야 한다는 간곡한 원이 자리잡고 있었다. 그는 부산에 피난 가서 그곳에서 모교인 사범대학에서 강단에 서게 되는 영광을 얻었다. 이제 그는 그의 숙원인 학문을 다시 계속하게 된 것이다. 1919년 독일의 판도와 다를 바 없이 한반도는 폐허가 되었고 국민의 양심의 세계는 깊이 병들어 있었다.

이때 한기언에게 막스 베버와도 같은 미래에 대한 꿈을 심어 준 선배의 학자들이 있었다. 이인기(李寅基), 김계숙(金桂淑), 김기석(金基錫)의 세 교수였다. 특히 김기석은 그의 『현대정신사』(1956)에서 쓰러지는 서양과 일어나는 동양에 대한 신념과 함께 동양의 밝은 미래를 한기언에게 시사(示唆)해 준 일도 있다. 한기언은 역사철학에서 흔히 논의되는 '변하는 것' 속의 '변하지 아니하는 것'에 대한 변증법에 대해 깊이 생각했다. 때에 따라 상황은 얼마든지 변할 수 있다. 그러나 기초(基礎)라고 하는 것은 변치 아니하는 영항(永恒)한 것이다. '기초'와 '상황', '전통'과 '개혁', '이론'과 '실제' 등의 변증법적인 관계에 대한 사유에 그는 깊이 몰입했다.

전쟁이 끝나고 서울로 환도하고 난 이후 한기언에게는 미국으로 초빙되는 또 하나의 영광이 기다리고 있었다. 미국 국무성의 교환교수 초청으로 컬럼비아대학교에 1년간 머무를 수 있게 된 것이었다. 그는 미국의 대 교육학자 존 듀이(John Dewey)의 제자인 윌리암 킬패트릭(W. H. Kilpatrick, 1871~1963) 교수를 직접 만나서 존 듀이의 사상을 깊이 연구할 수 있는 절호의 기회를 포착하기도 했다. 이때에 그의 나이 32세였다. 원효가 의상과 함께 당나라로 유학을 떠나기로 결심한 그 같은 나이에 한기언도 미국으로 유학을 떠나게 된 것이었다. 이때에 그에게 일어난 가장 중요한 것은 루터(M. Luther)가 에르푸르트(Erfurt)대학교의 종탑에 있는 골방에서 얻은 체험과 유사한 교육학자로서의 체험과 각오였다. 이것은 컬럼비아대학교의 기숙사인 휘티어 홀(Whittier Hall) 307호의 방에서 1957년 9월 어느 날 '기초주의(Foundationism)'라고 자신의 학문의 체계를 명명(命名)하게 된 것이다.

한국에 돌아와 '기초주의'를 제창하게 되면서 그가 말하는 '기초'는 어느 구조물을 설명할 때에 단순한 의미로 사용하는 '기반'이나 '밑바닥' 등을 의미하는 것이 아님이 알려지기 시작했다. 한기언이 그의 교육사상을 설명하기 위해 사용하고 있는 '기초'라는 단어의 뜻은 '기초에서 시작하여 기초에 이르는 경지' '진리' '지고선(至高善)' …… 이러한 실로 높이 고양(高揚)된 의미이다. 그래서 '기초'라는 개념은 한기언에게는 첫째로는 교육이념의 총체요, 인간 형성의 핵심이요, 윤리적인 이념이요, 더 나아가서는 종교적인 '구원의 길'이기도 하다. 그가 말하는 '기초'는 한 개의 핵을 말하며 여기에서 3이념(시간, 자유, 질서)과 6개념(문화, 생활, 지성, 인격, 협동, 봉사)이 파생되기에 이른다. 한기언은 컬럼비아대학교에서 얻은 '기초주의'의 이론을 처음으로 『교육평론』이라는 학술지에 기고한 논문에서 설명하고 있다. 그 이후 『새한신문』에 "전통과 개혁의 조화를 통한 인간 형성의 논리 서장"이라는 제목으로 '기초주의'에 대한 그의 심오한 변증법적인 사유를 발표하였다.

이렇게 하여 한기언은 1973년에 『기초주의』라는 소책자를 펴내면서 '기초주의학회'를 결성할 계획을 세운다. 1979년에는 『현대인과 기초주의』, 1990년에는 『상황과 기초』 등의 저서를 펴내면서 한국교육철학의 근간을 이루게 되는 '기초주의'를 학문적으로 부단히 체계화해 나가고 있는 것이다. 그의 기초주의는 인간 형성의 논리이면서 사회개혁의 원대한 이상(理想)이기도 하다. 그러면 입지한 지 반세기 동안 연구하고 갈고 닦아 3이념과 6개념의 깨달음이 있기까지 그 상황과 경과는 어떠했는가? 한기언은 한국의 빼어난 교육철학의 집대성이라 일컬어질 '기초주의'의 확립에 관하여 매우 겸손한 자태로 "문화적 삼각파도현상의 결과"라고 설명하였다. 이러한 명명(命名)은 사회학적으로는 "문화의 접경현상(接境現象)"이라고 말하는 것이다.

한기언은 학부 학생 시절에 서울대학교 사범대학 내에 '해양연구부'를 만들어 초대 회장이 된 일이 있었다(한기언, 2006). 우리나라가 삼면이 바다로 둘러싸인 반도인데 신라 시대에 이미 청해진을 중심으로 한 해양연구가 활발했었다는 역사적인 사실에 기인한 그의 생각에서 출발된 것이다. 원래 '삼각파도현상'이라고 하는 것은 해양학적인 개념이다. 서로 다른 세 방향으로부터 파도가 몰아쳐 한 장소에서 마주치게 되면 이것이 하늘 높이 치솟아 올라 산과 같은 거대한 삼각형을 이루었다가 다시 수면으로 내려오게 되는데 파도가 세차지 아니해도 이때에 발생하는 에너지에 의해 매우 큰 선박도 전복되고야 마는 엄청난 것이라고 한다. 이러한 현상은 바다 한가운데에서 일어날 수도 있고 또 해변 가까운 곳에서 일어날 수도 있다. 사상의 흐름도 마찬가지일 것이다. 원효가 당나라 유학을 포기하고 다시 서라벌로 돌아왔지만 불교사조의 삼각파도현상이 한반도에서 일고 있었기 때문에 그는 중국에 가지 않았어도 대학자가 될 수 있었다. 그는 삼분오열(三分五裂)되었던 당대의 불교교리를 하나의 체계로 모아 집대성했다. 다시 말하면 중국과 고구려와 신라의 불교사상이 세 개의 파도를 이루어 원효라고 하는 한 인격체에서 만났을 때에 이른바 '문화적 삼각파도현상'이 발생하게 된 것이다. 이러한 현상에서 파생되는 광대한 정신적인 에너지가 원효의 방대한 학문체계를 탄생시킨 것이 아닐까?

한기언은 일제 강점기에 절실했던 교육의 필요성과 미국에서 얻은 교육사상과 한국의 전통적인 '멋'에 대한 이상이 서로 마주치게 되면서 이른바 '문화적 삼각파도현상'이 일어나 그 결과로 학문의 집대성이 이룩되었다고 주장한다. '기초주의의 학문체계'를 자신의 사유와 부지런함과 또 자기만의 특유한 노력의 결과라고 해석하지 아니하고 오로지 자연발생적인 현상으로 설명하고 있는 것은 그의 '지적인 정직'의 높은 차원이기도 하다. 사실 루터의 나타남은 그 자신의 노력 여하에 기인된 것이기도 하겠지만 오늘날에 와서는 그 당시의 시대적인 요청이요 역사적인 필연이었다고 해석되고 있다. 루터 자신은 에르푸르트대학교의 종탑에서 이와 같은 시대적인 요청과 역사적인 필연에 순응했을 따름이다. 만일에 루터가 아니었다면 어느 누구라도 그 일을 해냈어야만 했기 때문이다. 막스 베버의 경우도 마찬가지였다. 한기언이 스스로 자신의 학문적인 체계를 '문화적 삼각파도현상'의 결과라고 말하는 것은 바로 원효나 루터나 베버와 같은 경우로 이해되어야 할 것이다. 바로 이와 같은 생각에서 '기초주의'로 인한 인간 형성의 지고현상(至高現象)을 한기언은 스스로 드러내 보이고 있는 것이다. 지금도 부단히 학문에 정진하고 있는 그의 모습은 '기초에서 시작하여 새로운 기초에 이르려는' 참신한 학자의 양태(樣態)이기도 하다. 이러한 한기언은 '기초주의'라고 하는 이른바 교육학의 천로역정(天路歷程)을 걸어온 한 순례자나 다를 바 없다.

4. 프로테스탄트의 윤리와 자본주의 정신

막스 베버는 20세기에 독일이 배출해 낸 드물게 보는 학자이다. 그는 십대의 소년 시절에 이미 법학을 공부하겠다는 결심에서 로마 시대의 사회와 법을 연구했다. 당시 로마역사의 대가 몸젠(T. Mommsen)에게서 로마의 역사에 대해 철저히 공부한 막스 베버는 이미 학창 시절에 역사학자로서의 식견을 쌓는 데에도 탁월한 경지를 개척했다. 또 그의 자연과학에 대한 깊은 관심사는 사회과학을 연구하는 데에도 큰 영향을 끼쳤다. 주관적인 가치의 부여가 자칫하면 편견을 가지게 되므로 사회과학에서는 우선은 가치를 배제하고 나서 객관성을 가지고 철저하게 분석하고 고증하는 학문방법론을 부르짖기도 했다. 뿐만 아니라 종교와 예술에 대한 이해에 집념한 것은 오늘날 그의 지식의 경계와 깊이를 가늠하기 어려운 정도이다. 그리고 서양의 역사뿐만 아니라 동양의 역사인 고대 중국과 인도의 사상 그리고 유대교의 사상에 미치기까지 막스 베버가 탐구한 지식의 세계는 그 수평선의 끝이 보이지 아니하는 망망대해를 방불케 하고 있다. 그래서 그의 사상 전반을 이해하는 일은 물론 그가 쓴 글 몇 줄을 이해하는 것조차도 난해하여 마치 사상의 세계에서 미로를 헤매는 것과도 흡사하다. 야스퍼스는 막스 베버의 이러한 분위기를 '체계와 질서가 무시된 사상의 집대성'이라고까지 명명했다.

막스 베버에게 있어서 그의 사상 깊은 데에 자리하고 있는 개념은 '인간이해'이다. 전 생애를 통틀어 인간을 이해하는 일이 그에게는 가장 중요했다. 로마 시대를 연구하여 그 당대의 경제, 사회, 법질서에 관심을 가지게 된 것이나 종교의 윤리를 깊이 연구한 것이나 서양뿐만 아니라 동양에 대한 관심을 가진 것이나 전쟁 중에 의무병으로 일선에 나서서 봉사한 것 등을 보아도 그의 관심사는 과거와 현재와 미래라는 시간의 축과 동서양으로 펼쳐지는 넓은 공간의 축에서 살아 활동하는 인간 자체에 대한 끝없는 탐구였음을 우리는 잘 알 수 있다. 그러면 인간에 대한 규명이란 어떠한가? 흔히 인류학자들은 인간을 '사색하는 인간(Homo Sapiens)' '일하는 인간(Homo Faber)' '음악하는 인간(Homo Musicus)' 등으로 설명한다. 그러나 막스 베버의 인간이해의 출발은 "인간은 종교인이다(Homo Religionis)."라는 전제이다. 그래서 그는 종교사회학적인 논문을 발표했다. 인간이 사회적인 동물인데, 이때의 사회적인 여건은 그에 의하면 '종교에 대한 관심사'에서 비롯되는 것이기도 했다. 막스 베버는 중국의 유교, 인도의 힌두교 그리고 불교, 유대교 등을 깊이 연구하기 시작했다. 각 종교의 심오한 가르침과 그 사회적인 영향에 관한 관심을 가지고 인간이해에 나선 막스 베버는 결국에는 기독교의 윤리에 대한 절대적인 예찬에 도달하게 되었다. 카톨릭교회보다는 개신교, 즉 루터교의 소명의식과 고난극복에 대한 의지는 자본주의 형성에 가장 으뜸가는 윤리관이었다는 새로운 발견으로 인해 그는 『프로테스탄트의 윤리와 자본주의 정신』이라는 명저를 출간한다.

이 글의 핵심은 인간을 종교인으로 이해하면서 그중에서도 개신교의 윤리관에 대한 분석적인 연구결과 그러한 윤리관은 자본주의 정신이라는 열매를 맺게 하는 씨앗이라고 하는 사실을 발견했다고 하는 것이다. 그러면 이것이 그가 추구하는 이상주의 사회형과 어떤 관계가 있는가? 종교의 윤리관과 음악에 대한 화음질서를 병합하게 되면 막스 베버에 의하면 이상주의 사회형이 현현되리라는 것이다. 종교의 윤리는 선한 것에 대한 추구, 즉 정의사회 구현을 위한 기틀이 되고 음악적인 질서는 그 자체가 '합리적이고 사회적인 원리'에 해당되기 때문에 종교적인 그러면서도 예술적인 인간의 모든 행위는 그에 의하면 이상주의 사회를 실현하는 주춧돌이요 나아가 지름길이 되는 것이다.

종교, 철학, 논리, 음악, 예술 제반 분야에서 유럽에서 꽃피운 정신문화는 오직 유럽만의 고유한 문화의 유산임을 강조한 막스 베버는 기독교 문화권의 합리성, 우수성을 강조하면서 비기독교 문화권에서는 이러한 문화의 양상은 찾아보기 힘들다고 역설하고 있다. 그래서 자본주의 역시 유럽에서만 대두된 특유한 것으로서 단순히 인간의 기본욕구충족을 위한 경제수단에 대한 개발만이 아니라 성숙한 인간사회의 매우 합리적인 양태라고 강조하고 있다. 자유로운 노동(die Freie Arbeit)은 그 자체만으로 자본주의 형성의 지름길이 되지는 못한다. 사실 자본주의의 역사는 지난 과거 500년 전에 대두된 경제혁명이 아니라 이미 5,000년 전 인간 문화사의 시작과 함께 동반되어 온 사건이다. 메소포타미아(Mesopotamia)의 문화나 고대 인도의 모헨조다로(Mohenjo-Daro)의 문화 발상 때부터 페니키아의 상인들, 아라비아의 대상들에게 이르기까지 그들 나름대로 오늘날과 흡사한 자본주의가 형성되어 있었다. 인간이 경제력을 가지고 또 부를 축적해 가는 과정이 어떻게 최근 500년경에 비로소 가능한 것이었겠는가? 그래서 최근 학자들은 막스 베버의 프로테스탄트의 윤리관이 자본주의 정신을 형성했다는 이론을 맹렬히 비판하고 나선다(Cohen, 2002). 종교와 경제발전과의 사이에는 상호관계가 있을 수 없으며, 자본주의 정신은 인간의 경제력 확보에 대한 거의 본능적인 충동에 기인된 것으로서 자본의 형성이 때로는 종교에 미치는 영향이 지대하다고 주장하여 막스 베버 이론의 정반대의 입장을 이야기하고 있다(Wallerstein, 1989).

그러나 막스 베버에게 '자본주의'라는 개념이나 더 나아가 '자본주의 정신(Kapitalistischer Geist)'이라는 개념은 단순한 역사상에 나타난 자본주의 형태나 자본제일주의 또는 자본우상주의와 같은 것을 의미하는 것이 아니다. 또 마르크스(Karl Marx)의 프롤레타리아(proletariat)와 부르주아지(bourgeoisie)의 대립과 같은 의미의 자본주의 개념을 뜻하는 것도 아니다. 또는 '최대다수의 최대행복'과 같은 공리주의(功利主義)에서의 자본지상주의와 같은 개념도 아니다. 막스 베버가 말하는 '자본주의 정신'은 지극히 합리적인 인간사회에 있어서의 가장 높은 의미의 사회적인 합리성을 의미하는 것이다. 그에 의하면 인간사회의 발전에 있어서 구경(究竟)의 단계인 이상적인 형태로서의 자본주의 정신은 개인생활과 사회의 구조를 건전한 방향으로 이끌 수 있는 최종적인 어떤 의미에서는 플라톤적인 이상향(Utopia)이기도 하다. 그가 깊이 연구한 인간 '개인의 이상형'과 '사회적 이상형'과 연계되는 차원이 아니고서는 그의 프로테스탄트의 윤리와 자본주의 정신이라는 명제가 제대로 이해되지 않는다.

1905년 막스 베버는 미국을 여행했는데 거기에서 그는 영국과 미국의 사회에서 자본주의 정신의 표징(標徵)을 읽을 수 있었다. 특히 막스 베버는 벤저민 프랭클린

(Benjamin Franklin)의 경우를 연구했다. 출판사를 영위하는 기업인으로서 경제는 물론 정치와 과학에 있어서 막대한 영향을 끼친 프랭클린은 참신한 기독교 신자였다. 오늘날 미국의 수도는 워싱턴이지만 1700년대에는 필라델피아였다. 그것은 프랭클린이 그 도시를 정치적인 그리고 경제적인 중심지로 만들어 놓았기 때문이다. 특히 1776년 7월 4일 선포된 「미국의 독립선언서」의 내용을 기초한 프랭클린에게서 막스 베버는 청교도적인 순종의 정신과 철저한 소명의식으로 그의 전 생애가 채워져 있음을 발견했다. 그의 그러한 생활신조가 자신의 삶은 물론 미국 사회에서 자본주의 정신을 불러일으켰으리라는 생각과 함께 독일로 돌아온 막스 베버는 종교의 윤리관과 자본주의 정신에 관한 연계성을 탐구하기 시작했다. 가톨릭교회의 수도사들이나 불교의 승려들은 '속세를 떠난 금욕주의(禁慾主義, Weltfluechtige Askese)'를 추구하기 때문에 그러한 삶의 유형에서는 자본주의 정신은 대두될 수 없다. 또 중국의 유교 윤리 역시 경제의 발전이나 사회의 발전에는 저해의 요인이 있음도 알아냈다. 유대교 역시 철저한 율법주의(律法主義) 내지는 종제주의(宗制主義)로 인하여 자율적인 경제활동과 자본주의 정신은 고취될 수 없다고 하는 결론에 도달했다.

오직 칼빈주의(Calvinism)와 퀘이커(Quaker) 교단의 윤리가 '현세적인 금욕주의(Innerweltliche Askese)'를 삶의 이상으로 여기면서 신께 대한 철저한 순종과 소명의식으로 일관하고 있다는 결론에 도달했다. 막스 베버에 의하면 바로 여기로부터 '서양의 현대 자본주의 정신(Westliche moderne kapitalistischer Geist)'이라고 하는 두드러진 사회현상이 형성되기에 이른 것이다. 독일의 경우는 루터교의 소명의식 역시 자본주의 정신을 불러일으키는 요인이 되기는 했으나 칼빈주의의 예정론이나 신께 대한 순종에 관한 윤리관이 결여되어 있어서 프로테스탄트의 윤리처럼 자연현상적인 자본주의 정신은 형성되지 않는다고 생각했다. 그러나 루터의 철저한 '믿음에 의해서만(sola fide) 의로워질 수 있다'는 개념과 '십자가의 고난을 통해서(via crucis)'라는 개념은 한 개인에게 정직함, 자신감, 확신, 기다림, 인내심 등을 길러 주어 '개인적인 이상형'에게 이바지함이 적지 않다고 생각했다. 이러한 개신교의 윤리관은 막스 베버에 의하면 영국, 독일, 미국 등지에 이른바 고유한 '서구적인 현대 자본주의 정신'을 불러일으키게 된 것이다. 이렇게 하여 19세기가 20세기로 옮겨 오면서 이른 바 '대서양 시대(The Atlantic Era)'가 열리기에 이르렀다.

막스 베버는 그의 종교사회학적인 논문들을 통해 인간 한 사람 한 사람의 '개인적인 이상형(Privater Idealtyp)'이 모이고 쌓이고 하여 한 국가의 '사회적인 이상형(Sozialer Idealtyp)'이 형성되리라는 유토피아적인 사유를 전개해 나아갔다. 그러나 전기한 바와 같이 그는 경제이론과 사회개혁론과 정치적인 결심에만 열중했을 뿐 교육 자체에 대한 관심사는 미미했었다.

5. 기초주의 교육입국(敎育立國)의 이상

한기언은 앞에서 서술된 바 '그의 시대'에 있어서 약관 13세 때에 이미 교육학을 공부하기로 결심했다. 그것은 그에게 이미 '교육입국에 대한 비전'이 있었기 때문이다. 교육입국에 대한 이상! 그것은 그의 생 전체를 통하여 변함없이 흘러내리는 거대한 사상의 물줄기를 이루어 마침내 '기초주의'라고 하는 한국교육사상의 체계를 확립하기에 이른다. 그는 1958년「현행 교육의 학적기대 비판」이라는 논문에서 기초주의의 제창에 대하여 다음과 같이 말하였다.

> "기초주의(Foundationism)를 제창한다. 교육술어로서 기초주의라는 말이 달리 있는 것이 아니다. 그러나 우리가 종래 착잡된 교육사상의 수용에 바빠 도리어 생기 있고 신념에 가득 찬 산 교육을 미처 하지 못한 한이 있다면, 그것은 교육 현상의 가장 기본적인 과제에 정면으로 대결하는 일을 여러 가지 이유로 천연했던 탓은 아니었던가? 인간관, 사회관, 교육목적, 교육제도, 교육방법 등의 기초를 파고들어감으로써 착잡한 교육 현실을 정리, 해결해 갈 수 있을 것이다. 무슨 주의나 무슨 사상에 사로잡힘으로써 이루 헤아릴 수 없이 범하는 과오에서 벗어나려면 우리는 무슨 주의나 사상을 넘어서서 교육 현상에 개재하는 기본적인 과제를 올바르게 바라보고 정리하며 해결해 가는 태도가 필요하다. 이와 같은 태도에 대해서 우리가 굳이 이름을 붙여 부를 필요가 있고 다른 주의나 사상과 구별할 필요가 있다면 나는 이것을 기초주의라고 부르면 어떨까 한다. 그러나 명칭이 문제가 아니라 태도가 문제일 것이다"(한기언, 2002, p. 24).

한기언은 막스 베버와 마찬가지로 '인간의 이상형'과 '사회의 이상형'을 추구했다. 막스 베버가 '개인적인 이상형'을 종교의 영역에서 그리고 '사회적인 이상형'을 경제와 사회영역에서 찾으려고 한데 비하여 한기언은 이것을 그의 교육이념인 기초주의에서 찾으려고 한 것이 같은 시도이면서도 같지 않은 점이다. 인간은 시간과 공간의 두 개의 축이 마주치는 좌표 속에 던져져 있다. 시간에 대한 의식은 곧 역사의식을 낳게 되어서 과거, 현재, 미래에 대한 시간의 축에서 한기언은 전통(과거), 주체(현재), 개혁(미래)의 세 가지의 시간적인 차원을 생각했다. 이 세 차원은 다시 시간(전통), 자유(주체), 질서(개혁)의 3이념으로 전개된다. 여기에서 그는 인간의 생활공간에서 파생되는 문화, 생활, 지성, 인격, 협동, 봉사라는 6개념을 또한 생각하게 된다. 막스 베버의 '개인적인 이상형'이나 '사회적인 이상형'은 한기언에 의하면 바로 이러한 시간과 공간의 차원을 풀이한 3이념 6개념에서 실현될 수 있는 것이다.

올바른 '인간관'과 올바른 '사회관'은 곧 교육의 궁극적인 목적인 바, 이것은 교육의 제도와 교육의 방법에 의하여서만 이룩될 수 있는 것이다. 또한 그에 의하면 역사적 자아를 탐구해 내려면 '문화'와 '생활'의 전승을 무시할 수가 없다. 역사적인 자아에 대한 각성은 곧 '지성의 함양(涵養)'과 '인격의 고양(高揚)'에로 내닫는다. 그리고 역사적인 자아의 실현은 '협동'과 '봉사'라는 사회적인 측면 속에서 가능하다. 간단하게 말하여 그의 기초주의 교육이념은 이렇게 시간과 공간 속에서 삶을 영위해 가는 인간 일반의 자아에 대한 발견과 연결된다. 이렇게 하여 자아에 대한 탐구, 각성, 실현에 나아가는 어떻게 보면 이것은 막스 베버보다도 더 구체적인 '인간적인 이상형'과 '사회적인 이상형'에 대한 추구와 실현이기도 하다. 그렇기 때문에 한기언의 기초주의는 막스 베버의 개인과 사회의 '이상형'에 대한 구체적인 추구요 나아가 이에 대한 적극적인 실현과정이라고 말할 수 있다. 역사의 주체인 인간은 한기언에 의하면 '전통'에 있어서 자신을 깨닫고 인식하며, 자신을 '주체'로서 각성하여 자신을 재발견한 다음, '개혁'을 통하여서 또 하나의 새로운 전통을 이룩해야 하는 것이다. 이는 그의 기초주의 사상에서 핵을 이루는 '전통과 개혁의 조화'인 것이다. 이때에 주체는 전통과 개혁의 중간에서 새로운 전통 곧 창조라고 하는 것을 이룩하게 되는 것이다. 한기언은 "기초주의의 논리"에서 다음과 같이 말한다.

> "그러므로 기초주의에서는 언제나 '전통'과 '주체'와 '개혁'이라는 세 가지 차원을 강조한다. 이 세 가지는 언제나 존재하며 이 세 가지가 곱하여 질 때에 창조가 이루어진

다. 그러므로 기초주의는 그 본질상 창조의 논리인 교육철학인 것이다."

한기언이 말하는 '전통' '주체' '개혁'은 또한 시간의 이념, 자유의 이념, 질서의 이념으로 구체화된다. 즉, 전통 속에서 역사적인 자아를 발견하는 것은 곧 시간의 이념이다. 역사적인 자아를 주체로 인식할 때에 여기에는 자유의 이념이 따르게 된다. 이러한 주체가 개혁을 도모할 때에 여기에는 반드시 질서가 있어야 하는 것이다. 시간과 자유와 질서와 …… 막스 베버의 '개인적인 이상형'은 한기언에게서는 '교육적 인간상' 또는 '역사적 의식인' 등으로 나타난다. 막스 베버에게 있어서 종교라고 하는 것은 역사, 자유, 질서, 교육 등의 개념들이 총망라된 분야로, 그의 '종교적 인간상'은 한기언의 '역사적 의식인' '교육적 인간상' '멋있는 인간상' 등과 일맥상통하는 바가 있다. 헤겔(G. W. F. Hegel)이 말한 바 "이성적인 것은 합리적이고, 합리적인 것은 이성적이다."라고 한 것처럼 막스 베버는 절대종교의 합리성을 예찬하면서 프로테스탄트의 윤리관의 합리성을 제창하기에 이른다.

한기언에 의하면 기초주의의 핵인 3이념 6개념으로 모든 인간이 교육될 때에 그 사회는 이상형을 이룰 수 있는 것이다. 이것이 그가 바라는 교육입국의 이상인 것이다. 그에 의하면 '새로운 시대의 개막'은 곧 '21세기의 서장'인 바 이 새로운 시대는 다름없는 '지구촌 시대의 개막'을 뜻한다. 이러한 새로운 시대, 21세기는 '교육의 세기'이기도 하다. "새로운 시대의 지향할 바는 무엇인가? '교육의 세기'라고 본다. 교육이야말로 세상에서 우리가 지니고 있고, 누리고 있는 인류의 소산물인 '문화'에 새로운 생명을 불어넣는 새로운 문화창조를 가능하게 하기 때문이다. 인류 모두가 공존, 공영하기 위해서도 개개 민족이나 개개 국가는 말할 나위도 없거니와 지구촌 시대라고 일컬어지는 새로운 시대에 있어서는 인류 전체가 '교육'에 주력하는 이른바 '교육의 세기'를 창출해야만 되는 것이다." 이렇게 부르짖는 한기언의 음성은 막스 베버의 당시보다도 더 절박한 '인간의 이상형' '사회의 이상형'을 기다리는 간곡한 외침이기도 하다.

그는 21세기를 전망하면서 정치나 군사력과 같은 '힘의 논리'나 경제력과 같은 '돈의 논리'에 앞서 '멋의 논리' 곧 '교육의 힘에 의한 인간개조의 논리'를 부르짖고 있는 것이다(한기언, 2002, p. 117). 그러므로 '새로운 세계질서'는 '이(利)의 추구'로부터 벗어나 '의(義)의 추구'에 나서야 할 때가 된 것이다. 막스 베버는 한때 프로테스탄트의 윤리를 기틀로 한 자본주의 정신은 단순한 '이의 추구'가 되어서는 안 되며 '의의 추구'가 되어야 한다고 역설한 바 있다. 루터의 '인간은 오직 믿음에 의해서만(sola fide) 의로워진다'고 한 신념을 토대로 하여 현대적 자본주의 정신을 막스 베버는 '개인적인 이상형'과 '사회적인 이상형'에 마주 세우려고 했다. 그러나 그것은 적어도 19세기나 20세기 전반에서나 인정될 수 있었다. 오늘날은 지구촌이 프로테스탄트, 즉 개신교의 윤리만으로 통용되는 시대가 아니다. 많은 비기독교국가와 기독교국가가 하나의 지구촌을 이루고 있는 것이다. 지금 우리가 처해 있는 21세기는 이른바 이러한 '지구촌 시대의 개막'으로서 이것을 '교육의 세기'라고 명명한 한기언에 의하면 그의 기초주의 교육이념에 의해서만 '의의 추구'를 일삼는 참신한 '인간의 이상형'과 '사회의 이상형'을 기대해 볼 수 있는 것이다.

한기언은 과감하게 '교육국가 건설'에 대한 웅건한 소원을 피력한다. "21세기의 개막을 눈앞에 두고 나의 소원이요 우리의 소원이 있다면 그것은 무엇일까? 단적으로 말해 우리 민족, 우리나라가 정말 잘되어야겠다는 것이다. 뿐만 아니라 나아가서는 온 인류와 세계 전체가 잘되어야겠다는 것이다. 이 엄청난 소원을 푸는 데 있어서 가장 기초가 되고 중핵이 되는 것이 우리들 교육자 한 사람 한 사람일 것이다." 이렇게 말하면서 그는 교육의 세기에 있어서 교육자의 포부와 '꿈', 비전 등을 구체적으로 제시한다. 스스로 '창조의 논리'라고 한 기초주의 교육이념을 가지고 그는 새로운 교육자상을 건립함과 동시에 이렇게 하여 세계만방에 자랑할 한국만의 고유한 '교육국가 건설'을 꿈꾸고 있다.

막스 베버가 말하는 이상주의 사회형이란 오직 유럽과 북미대륙에 국한된 '이(利)'와 함께 '의(義)'를 추구하는 현대적 자본주의 정신에서 실현된다고 하는 것이 '대서양 시대'에서의, 즉 20세기에서의 서양사상에서 통용된 과제였다. 그러나 다가오는 '태평양 시대' '지구촌 시대'에서는 그러한 한 종파의 윤리관에 국한된 그리고 또 지역적으로 유럽과 북미대륙에 국한된 좁은 의미의 이상주의는 현시대적인 추세로 보아 낙후된 학설이요 이미 극복된 논리이기도 하다. 막스 베버가 내세운 가장 으뜸되는 관심사로서의 인간의 문제, 즉 '이상적인 인간형'은 종교적인 윤리와 체험에서 찾을 수 있는 것이 아니라 한기언의 생각과 같이 교육정신과 교육제도와 교육방법에서 찾을 수 있는 것이다. 그가 기초주의에서 부르짖는 '전통과 개혁의 조화를 통한 인간 형성의 논리'는 곧 막스 베버가 한때 간곡히 바랐던 '개인적인 이상형'과

'사회적인 이상형'을 구현하는 근본이념이요 실현과정인 것이다.

6. 맺음말

이 짧은 글에서는 막스 베버와 한기언의 생애와 학업과 사상에 관하여 비교해 보았다. 두 사람이 처했던 사회적인 정황은 세계대전의 참상이었다. 막스 베버는 제1차 세계대전으로 유럽이 황폐되고 인간의 찬연했던 문화가 스스로의 파괴행위로 말미암아 소멸되었다. 이때의 참상은 어느 한 병사의 일기장에 기록으로 남았다. "과연 이런 참상이 필요했는가? 인류의 아름다운 문화의 전당을 시체의 산더미 위에, 눈물의 망망대해 속에 그리고 아직도 죽어 가는 사람들의 신음소리 위에 건립할 수밖에 없었다는 우매한 일……." 인간은 이러한 파괴와 괴멸을 일삼는 전쟁을 그칠 줄을 모른다. 막스 베버는 이러한 비참한 생의 정황 속에서 영원히 지워지지 아니하는 인간과 사회의 '이상형'을 생각해 보았다. 그것은 '이상형(Idealtyp)'이라기보다는 실현이 불가능한 '이상향(Utopia)'이라 해야 할 것이었다. 한기언 역시 제2차 세계대전의 참상과 한국전쟁을 체험한 사람으로서 "어떻게 하면 인간을 궁극적으로 교육시킬 수가 있겠는가?" "어떻게 하면 인간의 이상형을 교육이념으로 실현해낼 수가 있겠는가?" 하는 문제를 품에 안고 어린 13세의 소년 시절부터 평생 교육학 연구에 전념하였다. 인간에 관한 규명과 함께 인간의 원모습을 재조명해 보고자 노력한 이 두 학자는 서로 공통된 관심사에서 출발하여 평생을 오로지 탐구하는 자세로서 일관하였다. 막스 베버는 '개인적인 이상형'을 종교적인 가치관 위에서 이해하려 했고, '사회적인 이상형'을 사회윤리관 위에서 이해하려 하였다.

한기언은 '사회적인 이상형'이 따로 있는 것이 아니라 빼어난 인간, 즉 '인간의 이상형'이 이루어지면 그들의 모인 사회가 자연 '사회적인 이상형'으로 나타나게 될 것으로 믿었다. 따라서 그가 노력한 분야는 기초주의라는 교육이념으로 개인을 철저히 교육시켜서 '이상적인 인간'으로 육성시키는 것이었다. 그러면 '사회적인 이상형'은 현상학적인 측면과 함께 자연발생적으로 나타나게 되는 것이기도 했다. 그것이 그가 주장한 시간과 공간의 축에 서 있는 인간을 3개념과 6이념으로 이해하려한 것이다. 한기언에 의하면 그의 기초주의 교육이념으로 한 인간이 빼어나게 다듬어져 '역사적 의식인' '교육적 인간상' '멋있는 인간상' 등으로 성숙되어야 하는 것이다. 지금은 바로 하나님의 축복이 임하는 '은혜의 때'이니 그것은 한기언에게는 '교육의 세기'로 명명되어지고 있는 것이다. 막스 베버는 종교적인 가치관 위에서 인간의 '개인적인 이상형'과 '사회적인 이상형'을 추구하려 했다. 그러나 종교처럼 편견의 편견으로 짜여 있는 분야도 없을 것이다. 역사 속에는 벌써 여러 차례 종교개혁이라고 하는 두드러진 현상들이 나타나곤 하였다. 그것은 니체(F.W. Nietzsche)가 경고한 바 '모든 가치의 전도'가 곧 종교적인 가치관에서 파생되는 것이기도 했다. 현재 가톨릭, 개신교, 유교, 불교, 이슬람교 등에서 보는 바와 같이 한없이 분파되는 종파와 교파의 분위기에서는 '이상형'은 찾아볼 수가 없게 되는 것이다. 그러나 교육이념은 서로 하나가 되는 가치관으로 짜여져 있다. 한기언의 기초주의 교육이념은 이러한 면에서 종교적인 편견을 극복하는 것이면서 나름대로 높은 차원의 종교적인 가치관에 도달한 경지라고 이해될 수가 있다. 마르크스가 "종교는 국민의 아편이다."라고 말하지 아니했다 하여도 독선적인 때로는 위선적인 가치관을 가지고 여지없이 분파되고 분란을 일으키는 것을 올바른 교육이념이라고 말하지는 못할 것이다. 한기언의 기초주의 교육이념은 그렇기 때문에 막스 베버의 사유의 한계를 극복할 수가 있었다. 인간 일반이 예외없이 처해 있는 시간과 공간의 축에서 3개념 6이념을 이야기하는 것으로서 한기언은 범종교적인 더 나아가 범윤리적인 가치관을 추구하게 된 것이다.

한기언이 학수고대하고 있는 '교육의 세기'란 무엇인가? 기존의 온전치 못한 종교적인 가치관과 인류를 파멸로 이끄는 그릇된 사회윤리관을 바로잡을 수 있는 새로운 제3의 이념이 아니고서는 이룩될 수 없는 것이 그가 제창하는 '교육의 세기'임을 이 글의 결론에서 이야기하고자 하는 것이다. 그러므로 한기언의 기초주의 교육이념은 한국 역사에 나타난 특유한 교육철학이라고 말할 수 있다. 한국뿐만 아니라 지구촌 전체의 인간을 위한 '개인적인 이상형'에 대한 추구이며, 이를 실현해가는 우렁찬 그러면서도 고난 어린 외로운 인생길을 걸어왔던 한 교육가의 '천로역정'이라고 말할 수 있다.

❂ 참고문헌

한기언(1973). 한국사상과 교육. 서울: 양서원.

한기언(1989). 교육의 세기. 서울: 양서원.

한기언(2002). 기초주의 교육학(한기언교육학전집2). 경기: 한국학술정보[주].

한기언(2006). 두 손을 비워 두어라(한기언교육학전집51). 경기: 한국학술정보[주].

Cohen, J. (2002). *Protestantism and Capitalism: The Mechanism of Influence*. New York.

Erich Hula (1963). *Max Weber zum Gedächtnis*, Köln p. 154.

Karl Jaspers, Max Weber (1958). *Politiker Forscher Philosoph*, München p. 25.

Marianne Weber, Max Weber (1926). *Ein Lebensbild*, Tübingen p. 32.

Wallerstein, I. (1989). *The modern World System III: The Second Era of Great Expansion of the Capitalist World-Economy*. San Diego.

제16장

중학교 교가 가사의 교육적 가치 탐구

권혜인 · 한용진

1. 들어가며

대부분의 사람은 초 · 중 · 고 그리고 대학을 다니면서 교가를 불렀던 기억을 갖고 있다. 비록 교가가 공식적 교육과정에 있는 것은 아니지만, 학교에 입학하면서 가장 먼저 배우는 것이 교가이며, 교내 행사가 있을 때마다 애국가와 함께 교가를 부르면서 알게 모르게 그 가사로부터 교육적 영향을 받게 된다. 기본적으로 교가는 "학교의 기풍과 건학 정신을 발양시킬 목적으로 특별히 지어 학생들에게 부르게 하는 노래"(한국민족문화대백과, 1991, p. 332)이며, 교육은 지고지선(至高至善)의 가치를 지향하는 것이기에, 교가 가사 역시 학교의 교육정신과 이상을 담고 있는 노랫말이다. 또한 이를 통해 애교심을 비롯하여 함께 노래를 부르는 이들에게 하나의 공동체라는 소속감과 협동심을 느낄 수 있도록 해 준다. 결국 교가를 만들 때, 특히 작사자는 어떤 특정한 가치를 염두에 두고 노랫말을 쓰기에, 교가의 가사에는 각 학교 나름의 교육적 가치가 포함되어 있다고 할 수 있다.

이러한 교가의 교육적 영향과 관련하여 관련주의(關聯主義, Referentialism) 관점[1)]

1) 음악과 관련하여 다루어지는 미학적 관점은 관련주의, 형식주의(形式主義), 표현주의, 절대표현주의 등이 있다. 관련주의가 음악의 언어적 성격을 중시한다면, 형식주의는 음악의 형식과 구조에 관심을 집중한다. 표현주의는 음악의 상징적 성격을 중시하여, 음악으로 인간의 존재나 삶의 느낌을 의미화하고 예술을 통해 삶의 경험을 느끼고 이해하고자 한다. 절대표현주의는 음악의 의미와 가치는 음악 안에 있으나 음악 외

에 따르면 음악의 의미와 가치를 담고 있는 외적 메시지는 대개 가사(歌詞)로 표현된다. 즉, 관련주의는 음악의 의미와 가치가 음악 바깥에 있으며 외부와 관련되어 있다고 보기에, 교가를 부름으로써 교가의 노랫말로부터 영향을 받는다는 것이다. 특히 메시지(message)가 가치 있고 구체적이며 정확하게 전달되는 음악일수록 가치 있는 음악으로 인정받는다. 결국 메시지를 담은 가사는 음악의 의미와 가치 전달의 도구이자 수단으로 음악 외적의 실용적 목적을 위해 기여할 수 있다(권덕원 외, 2008, pp. 60-61). 이와 같은 관련주의적 미학 관점이 모든 음악과 음악 작품의 가치를 설명하고 이해하는 데는 무리이지만 교가의 존재 이유와 가치에 대해서는 충분한 미학적 근거가 될 수 있다고 생각된다.

따라서 이 글의 목적은 현행 서울시 중학교 교가 가사에 나타난 교육적 가치 지향성이 어떠한가를 탐구해 보는 것이다. 이를 위하여 서울시에 소재한 중학교 269개교의 교가 가사에 나타난 다양한 어휘를 한기언의 기초주의(基礎主義) 교육학의 '교육적 지식론'(한기언, 1990, pp. 557-618)에 입각한 여섯 가지 가치영역인 ① 정신적 · 종교적 가치, ② 사회적 · 건강적 가치, ③ 진리 가치, ④ 도덕 가치, ⑤ 물질 가치, ⑥ 심미 가치에 의거하여 분석해 보고자 한다. 이 글을 통해 살펴보고자 하는 바는 다음 세 가지로 정리될 수 있다.

- 각 학교의 교가 가사는 어떠한 가치영역을 중시하고 있는가?
- 각 가치영역별로는 어떠한 단어들이 얼마나 사용되고 있는가?
- 가치영역별 차이가 나타나는 이유를 어떻게 해석하여야 하는가?

이 글의 대상이 된 서울시 중학교의 교가는 해당 학교 홈페이지를 통해 수집하였기에, 홈페이지를 통해 교가를 공개하지 않았거나, 공개된 교가의 악보 · 가사가 분명하지 않아 확인이 어려운 학교는 연구 대상에서 제외하였다. 대략 400여교의 서울시 중학교 중에서 연구 대상으로 삼은 학교는 269개교로 전체의 약 67%에 해당하며, 학교의 목록은 〈참고문헌〉 뒤 〈부록〉에 가나다순으로 정리해 놓았다.

적의 영향이 음악 내부에 이미 포함되어 있다고 보는 관점이다(이홍수, 1990, pp. 49-53).

2. 교가의 교육적 이해와 분석틀

1) 교가 연구의 현황

대부분의 교가는 학교가 개교될 당시 설립자나 교장이 작사하고 외부의 도움을 얻어 작곡하는 경우가 많다(윤병화, 2011, pp. 114-115). 그리고 이들 작사자나 작곡자들은 자신만의 개성이나 학교설립 취지 이외에도 학교가 위치하고 있는 곳의 지리적 · 역사적 전통과 풍토, 자연환경으로 산이나 강의 이름 그리고 학생들에 대한 기대 등 다양한 교육적 가치를 고려하게 된다. 교가에 관한 기존 선행연구를 한국교육학술정보원에서 검색해 보면 대략 석사학위 논문 13편과 일반 연구논문 9편 등 총 22편을 찾을 수 있다.[2] 먼저, 간행된 시기별로 살펴보면, 1970년대와 1980년대에 각기 1편씩이 검색되었고, 1990년대에 2편, 2000년대에 들어와 2009년까지 11편 그리고 2010년과 2011년 2년 사이에는 무려 7편 등 최근 들어 그 연구가 급속히 늘어나고 있음을 알 수 있다. 특히 2000년대에도 2004년까지의 전반부가 4편인데 반해, 2005년부터 2009년까지의 후반부는 7편이다. 또한 22편의 논문이 다루고 있는 연구 대상을 초 · 중 · 고의 학교급별로 정리해 보면 다음 <표 16-1>과 같다.

초등학교가 9편으로 가장 많고, 중학교 7편, 고등학교 8편이며, 기타 3편 등 총 27편[3]으로, 초 · 중 · 고가 비교적 고르게 연구되고 있음을 알 수 있다. 기타의 경우 정영교(1981)의 연구는 자연관을 중심으로 교가를 의미론적으로 연구한 것이며, 안병삼의 연구 논문 두 편(2011a, 2011b)은 1940년대부터 현재까지 중국 길림성 지역의 조선족학교 130개교의 교가를 수집하여 연구한 것인데, 유치원 단계에서 대학교 및 통합학교까지 다양한 수준에서 다루고 있으며 현행 우리나라의 학제와도 맞지 않는 부분이 있기에 기타에 넣어 별도로 산정하였다.

---

2) 학술연구정보서비스인 RISS(http://www.riss.kr/index.do)를 통해 '교가'를 검색해 보면, 총 6,798건(학위논문 2,823건, 국내학술지 1,493건, 단행본 2,189건 등)이 등장한다. 하지만 그 대부분은 주격조사 '가'가 불교나 선교, 학교, 무교 등의 다른 단어와 결합된 것으로, 교가(校歌)와 관련된 연구물만을 한정하면 예상 외로 연구물이 많지 않다. (검색일: 2012. 10. 25.)

3) 이는 공정자(1996)의 연구가 초등학교와 고등학교를 모두 대상으로 하였고, 김종하 · 금요찬(2004) 및 김종하(2008)의 연구가 초 · 중 · 고를 모두 다루고 있기에 중복 산정하였기 때문이다.

〈표 16-1〉 학교급별에 따른 교가 연구 현황

학교급별	초등학교	중학교	고등학교	기타
논문편수	9	7	8	3
연구자 (연도)	김정숙(1977) 공정자(1996)* 김성화 외 2인(2002) 김종하 · 금요찬(2004)* 김은희(2008) 김종하(2008)* 백은경(2008) 김은희 · 김서경(2009) 윤병화(2011)	박주연(1996) 김종하 · 금요찬(2004)* 김재은(2008) 길태숙(2008) 김종하(2008)* 김혜정(2009) 김미영(2010)	공정자(1996)* 설창환(2001) 김종하 · 금요찬(2004)* 한현진(2002) 김종하(2008)* 김지애(2010) 전정은(2010) 김소형(2012)	정영교(1981) 안병삼(2011a)** 안병삼(2011b)**

* 초 · 중 · 고 혹은 초등학교와 고등학교를 동시에 다룸.
** 길림성 지역의 조선족학교로 유치원, 소학교, 중 · 고등학교, 대학교, 통합학교 등을 다룸.

지금까지 교가 관련 연구 경향을 내용적 측면에서 살펴보면 크게 세 가지로 나누어 살펴볼 수 있다. 첫째, 교가 자체가 갖고 있는 '음악적 측면'으로, 가락이나 리듬(박자), 화성, 빠르기 등을 다루는 것으로, 상당수 교가 연구물이 이에 해당한다. 둘째, 교가를 작사, 작곡한 사람을 비롯하여 설립주체나 개교년도, 지리적 · 역사적 여건 및 환경 변화 등과 관련된 '외형적 측면'이다. 셋째, 학교의 건학이념이나 교육이념, 학교가 위치하고 있는 자연경관 요소로 산이나 강의 이름, 그리고 학교 상징물로 교화나 교목 등 교가 가사에 나타난 어휘를 분석하는 '언어적 측면'이다. 물론 연구과정에서는 이상 세 가지 유형 중에서 몇 가지를 함께 활용하기도 하며, 연구 방법상 설문을 활용하여 실태 분석을 병행하기도 하였다. 김정숙(1977)을 비롯하여 박주연(1996), 설창환(2001), 한현진(2002), 김은희(2008), 백은경(2008) 등의 연구는 가사와 악곡을 모두 분석한 것이며, 김재은(2008), 김미영(2010), 전정은(2010) 등도 작곡가와 가사, 악곡을 모두 분석하는 등 '음악적 분석'과 '외형적 분석'을 함께 활용하고 있다. 한편 교가 가사의 '언어적 분석'을 시도한 연구물로 교가 가사의 자연적 의미를 분석한 정영교(1981)의 「교가의 의미론적 연구: 자연관을 중심으로」와 교가 가사를 사람, 사물, 사건, 상태, 추상물, 위치 명사 등으로 분류한 김지애(2010)의 「강원도 내 고등학교 교가 가사 연구: 명사를 중심으로」가 있다. 또한 교육이념에 주목한 연구물로는 교육이념을 지(智) · 덕(德) · 체(體) · 충(忠)을 분석한 김은희

(2008)의 연구가 있으며, 김소형(2012) 역시 서울 지역 고등학교 교가의 교육이념을 분석하면서 지 · 덕 · 체 · 충의 틀을 활용하였다. 한편 윤병화(2011)는 대전 지역 초등학교 교가 속 용어를 지명과 교육이념으로 나누고, 다시 교육이념은 지 · 덕 · 체로 구분하여 관련 용어 분석을 시도하였다. 기존 선행연구들의 연구 유형별 분석 요소를 유형화하여 정리해 보면 다음 〈표 16-2〉와 같다.

〈표 16-2〉 교가 연구물의 유형별 분석 요소

분석 유형	내용 요소
음악적 분석	• 가락 • 조성 • 리듬(박자) • 음역 • 형식(구조) • 화성 • 빠르기 • 연주형태 • 악곡 길이 • 가사와 가락의 조화
외형적 분석	• 개교년도 • 설립주체(공사립) • 남학교/여학교/남녀공학 등 • 작곡가와 작사가 • 지리적 역사적 여건 및 환경 변화(행정구역)
언어적 분석	• 교육이념/건학이념 • 상징물(교화, 교목 등) • 자연경관 요소(산, 강 등)

이 글은 기존의 교가 연구에서 일반적인 음악적 분석이나 외형적 분석보다 교가 가사의 '언어적 분석'을 시도한다는 점에서 정영교(1981)나 김은희(2008), 김지애(2010), 윤병화(2011), 김소형(2012) 등의 선행연구와 공통되지만, 서울 지역의 중학교에 한정하였고, 특히 교가 가사에 나타난 다양한 어휘를 교육적 가치 탐구라는 관점에서 분석하기 위하여 한기언의 기초주의 교육학에 기반한 6가지 교육적 가치 영역에 입각하고 있다는 점에서 그 차별성을 확인할 수 있다.

2) 교가 가사의 교육적 분석틀: 기초주의 교육학

기초주의 교육학의 교육이념은 '1핵 3이념 6개념'으로 요약된다. 1핵인 기초를 중심으로 시간 · 자유 · 질서의 3이념이 구조를 이루고 이것이 문화 · 생활 · 지성 · 인격 · 협동 · 봉사의 6개념으로 세분화된다. 기초주의는 전통 · 주체 · 개혁의 차원에서 시간성과 나를 중심으로 개인 · 가정 · 학교 · 국가 · 세계로 생활권이 확대되는 공간성을 모두 포함한다. 교육에서는 존재론, 가치론, 인간론, 교육자론(교육상),

지식론, 교육방법론, 연구방법론, 교육제도, 교육사관, 학문적 구조 등 10개의 영역을 아우르는 방대한 규모를 가진 교육철학이다(박의수, 2010, pp. 11-12). 기초주의 3이념 6개념 영역은 구적 가치 체계를 이루며, 각각의 영역에 관련된 교육사상을 구성하면 [그림 16-1]과 같다(한기언, 1990).

한기언의 기초주의에서 다섯 번째로 다루고 있는 '교육적 지식론'은 "어떤 지식이 가치 있으며 교육에서 다루어져야만 되는가?"(한기언, 1990, p. 562)라는 고민에서 비롯되고 있다. 과거 동양의 교육은 육예(六藝: 禮樂射御書數)로, 서양 중세는 3학4과의 7자유학과로 표현되고 있다. 이처럼 동서양 공히 무엇을 배워야 한다고 정해 놓고는 있지만, 어떤 이유로 그러한 과목들을 배워야 하는가에 대한 교육적 설명은 따로 찾아보기 어렵다. 그런 면에서 한기언의 기초주의에 비추어 본 교

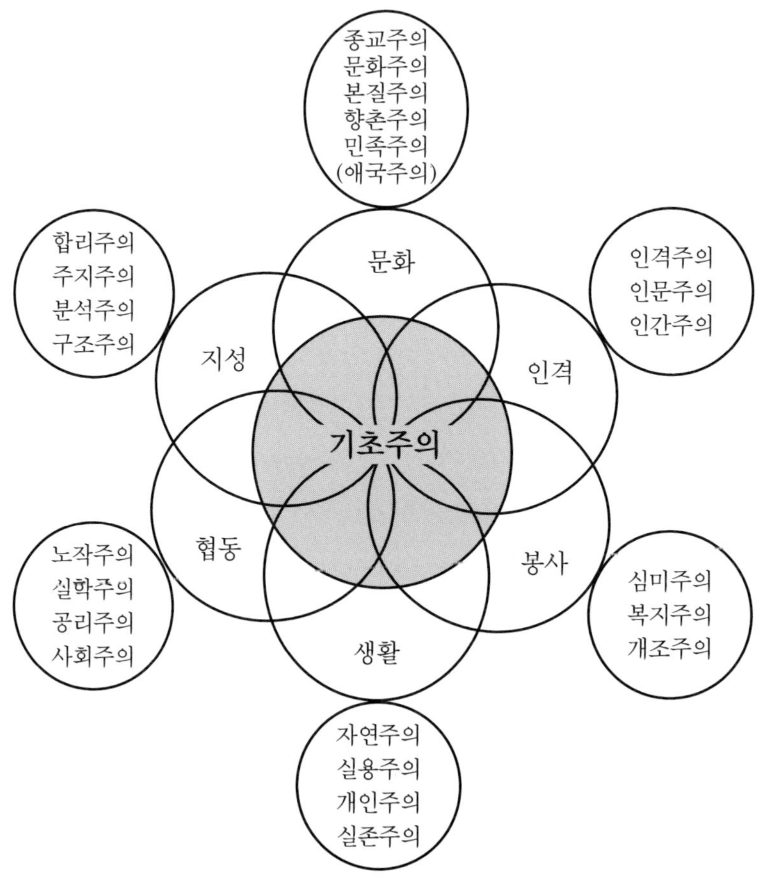

[그림 16-1] 기초주의 가치체계와 관련 교육사상

육적 지식론의 분석은, 동서양의 기본교과를 비롯하여 NEA의 '중등교육과정위원회'(1938~1940), 피닉스(P. H. Phenix)의 '일반교육의 교육과정'(1964), 허스트(P. H. Hirst)의 '지식의 형성'(1965), 허스트 및 피터스(R. S. Peters)의 '지식의 형성'(1970), 콜버그(L. Kohlberg)의 '청소년의 도덕성 발달과정', 블룸(B. S. Bloom)의 '교육목표 분류학에서 본 교육내용' 등을 기초주의의 6개념으로 분석하고 있다. 〈표 16-3〉은 기초주의 교육과정의 특성과 육예 및 7자유학과만을 정리한 것이다. 서양의 7자유학과 교육내용이 지성과 문화 영역에 집중되어 있음을 알 수 있다.

〈표 16-3〉 기초주의에 비추어 본 교육적 지식론의 분석

기초주의의 교육과정							육예	7자유학과
구성 요소			교육적 필요	교과목	학문영역			
기초	전통	문화	언어와 문학, 사상과 인문과학, 역사의식과 역사학	역사(국사), 국어, 외국어	어학(국어, 외국어), 종교학, 역사학, 문화인류학		서(書)	문법, 수사학
기초	전통	생활	생명의 보존과 체육, 의식주와 자연과학, 인간관계와 사회과학	체육, (지리), 가정, 지학(地學), 교련	지학, 생물학, 보건학, 의학, 체육학, 가정학, 군사학, 지리학, 정치학, 사회학, 사회심리학		사(射) 어(御)	(건축학) (의학)
기초	주체	지성	셈하기(수학)	과학, 수학	자연과학(물리학, 화학), 수학 철학, 논리학		수(數)	천문학, 논리, 수학, 기하
기초	주체	인격	행동규범(윤리학)	도덕(국민윤리), 교육학	윤리학 교육학		예(禮)	-
기초	개혁	협동	인간관계와 사회과학	사회, 실과	농수상공학(실과) 경제학, 법률학		-	-
기초	개혁	봉사	미적 생활과 예술 (+문학)	예능	문학, 예술, 미학, (종교학)		악(樂)	음악

출처: 한기언(1990), pp. 568-572에서 발췌 · 정리.

기초주의 교육학의 교육적 가치 체계는 문화 · 생활 · 지성 · 인격 · 협동 · 봉사의 6개념을 기반으로 구성되는데, 이는 전근대사회의 '효(孝) · 성(誠) · 공(公) · 관(寬) · 근(勤) · 신(信)'의 덕목과 시공을 넘어 보편성을 가진 개념인 '성(聖) · 건(健) · 진(眞) · 선(善) · 부(富) · 미(美)'에 해당한다. 신창호는 기초주의 가치 체계를 〈표 16-4〉와 같이 정리하였는데, 문화는 정신적 · 종교적 가치 영역, 생활은 사회적 · 건강적 가치 영역, 지성은 진리 가치 영역, 인격은 도덕 가치 영역, 협동은 물질 가치 영역, 봉사는 심미 가치 영역에 속한다고 하였다.

〈표 16-4〉 기초주의의 기본 체계

1핵	기초(基礎)					
3이념 6개념	시간(時間)		자유(自由)		질서(秩序)	
	전통(傳統)		주체(主體)		개혁(改革)	
	문화(文化)	생활(生活)	지성(知性)	인격(人格)	협동(協同)	봉사(奉仕)
상황성	정신적 · 종교적 가치	사회적 · 건강적 가치	진리 가치	도덕 가치	물질 가치	심미 가치
전통성	효(孝)	성(誠)	공(公)	관(寬)	근(勤)	신(信)
보편성	성(聖)	건(健)	진(眞)	선(善)	부(富)	미(美)

출처: 신창호(2008), p. 29.

이 글에서는 기초주의 6개념과 관련하여 상황성에서 제시하는 여섯 가지 가치를 교가 가사 분석의 틀로 사용하고자 한다. 기존의 선행 교육 연구에서 쓰인 가치와 이념의 준거가 지 · 덕 · 체나 지 · 덕 · 체 · 충 등이었는데, 이는 교양과 인격을 갖춘 균형과 조화의 전인교육(全人敎育)에서도 유용한 가치 준거이었다. 즉, 지육(智育) · 덕육(德育) · 체육(體育)은 머리 · 마음 · 몸에 비유되며 오랫동안 교육의 체계와 균형을 잡아 주는 역할을 해 왔다. 또한 충이라는 개념이 따로 추가된 것은 그동안 개인보다 왕이나 국가를 우선시하던 사회 현상과도 관련된다고 하겠다. 그러나 다원화된 현대사회에서는 지 · 덕 · 체(충)의 준거만으로 설명하기 힘든 다양한 가치가 제기되고 있다. 이를테면 진리 가치에 밀려 그 중요성을 인정받지 못하던 미적 가치는 창의성(創意性)이 강조되는 오늘날 진리 가치와 비교 우위를 가리기 힘들 만큼 나란히 인정받고 있다. 기초주의 6개념은 지성에서 지육, 인격에서 덕육, 생활에서 체육을 다루면서 추가적으로 문화, 협동, 봉사 등의 영역도 포괄하고 있다.

3. 교가 가사의 교육적 가치 탐구

1) 정신적 · 종교적 가치

이 가치는 기초주의 6개념의 문화영역에 해당하며, 전통성의 효(孝)의 덕목과 보편성의 성(聖)의 가치와 연결된다. 상황성의 정신적 · 종교적 가치도 문화 가치에 비견된다. 한기언에 따르면 문화는 생활 방식의 총체를, 효는 가정 도덕규범으로서 부모의 내리사랑과 자녀의 치사랑을, 성은 종교적 고등 감정을 나타낸다(한기언, 2002, pp. 133-136). 문화란 어느 지역에 살고 있는 사람들의 생활이나 행동양식, 사고방식 등을 의미하며, 문화를 공유하는 사람들의 의식과 무의식에 도덕적 기준으로 작용한다. 인류는 역사를 통해 예술, 종교, 언어, 사상, 과학, 풍습 등의 업적을 발전시켜 왔고, 사회의 여러 제도와 관습을 형성해 왔다. 문화적 소산은 '문명'이라 부른다(조경원, 1990, pp. 23-24). 인류의 생존과 번식은 생물학적인 과정을 통해서 이루어질 수 있으나, 문명과 문화의 존속은 교육에 의한 문화의 전달 과정을 통해야 한다. '사회화'로 대표되는 문화 가치의 교육은 사회의 가치, 습관, 풍습, 신념 등을 가르친다. 학교에서 교육은 개인보다 집단을 우선하며, 인류 문화를 계승하고 이를 유지 · 발전시키는 데 기여하고 있다.

교육에서 문화 가치는 전통의 계승, 문명과 사회의 발전에 기여하는 역할을 담당한다는 점에서 정신적 · 종교적 가치와 연결된다. 즉, 정신적 · 종교적 가치는 교육을 통해 전통문화를 이해하고 이를 향유할 때 문화에 대한 자긍심과 자부심이 자연스럽게 생겨나며 이것이 자발적인 헌신과 사랑으로 연결될 때 애국적 인간상에 가까워질 수 있기 때문이다. 이에 해당하는 교가 가사의 어휘들을 정리해 보면 다음 〈표 16-5〉와 같으며, 빈도상 상위에 속하는 용어들을 따로 정리해 보았다.

〈표 16-5〉 정신적 · 종교적 가치 영역의 단어(총 88종)

상위 빈도순: 겨레(120), 나라(84), 역사(74), 터전(터: 52), 창조(48)
가나다순: 강산, 강토, 개척, 고향, 그릇, 근본, 기둥, 기슭, 길, 낙원, 내일, 넋, 동방, 동산, 동천, 마당, 마루, 맥박, 무궁, 무궁화, 문화, 반만년, 반석, 배달, 백두대간, 백의, 보금자리, 봉황, 미래, 민족, 번영, 벌, 벌판, 봉, 뿌리, 살림터, 삼천리, 새날, 샘물, 샘터, 서라벌, 선인, 성, 성스런, 성터, 세기, 세대, 세상, 수도, 스승, 신앙, 아침, 얼, 역군, 영광, 영예, 영원, 옛님, 옛터, 오백년, 오천년, 요람, 울타리, 유구, 은총, 이념, 인류, 일꾼, 전당, 젊음, 정신, 조국, 조상, 주인, 지표, 집, 천혜, 초석, 하늘, 학원, 한가람, 홍익인간, 홍인지문

교가 가사에서 정신적 · 종교적 가치는 겨레, 나라, 역사, 터, 창조 등의 용어로 나타나며, 우리 민족과 역사를 상징하는 백의민족(白衣民族), 반만년, 백두대간, 무궁화, 봉황, 삼천리, 홍익인간, 홍인지문 등의 단어와 관련이 깊다. 이 가치는 공간성에 기반하며(강산, 벌판, 터, 기슭, 울타리 등) 역사성(계속성)의 특성을 가지는(옛, 영원, 미래, 내일 등) 거시적 관점임을 확인할 수 있다. 또한 이 가치는 대부분 명사로 표현된다는 것이 특징적이다. 가장 높은 빈도의 '겨레'는 소학에서 비롯된 단어로, 같은 핏줄을 이어받은 민족을 의미하기에, 이를 통해 혈연 계보를 중시하는 민족의 역사와 전통문화를 강조하고자 하였음을 엿볼 수 있다.

2) 사회적 · 건강적 가치

사회적 · 건강적 가치는 기초주의 6개념의 생활영역에 해당하며, 전통성의 성(誠)의 덕목과 보편성의 건(健)의 가치와 연결된다. 기초주의에서 성(誠)은 '참'을 의미하며, '참'이란 진실 · 진리, 성실, 착실 그리고 내실 있는 '자기 충실'을 의미한다. 내적 충실을 위해 노력할 때 성밀성 · 정교성 · 정확성 · 완전성을 지향할 수 있는 것이다. 또한 '참'이란 '인내'를 의미한다. 그런 면에서 건(健)은 정신과 신체의 건강을 모두 아우르는 가치이다(한기언, 2002, pp. 136-140). 몸과 마음의 건강은 불가분이다. 사회적 · 건강적 가치의 건(健)은 유한한 시간과 자원을 가진 인간의 존재를 인정하는 데에서부터 시작한다. 몸과 마음이 건강하다는 것은 건강한 지식, 생활 습관, 태도를 가지고 건강한 삶의 목표를 추구하는 것이다. 건강적 가치가 주는 힘은 그 자체로 행복과 즐거움을 주며, 다른 모든 가치에 대한 도구이며 수단이다.

성(誠)은 삶에 성실한 것이다. 꾸준하게 맡은 바를 이어 나가는 저력이라고도 할 수 있다. 사회적 · 건강적 가치 영역으로 분류된 교가 가사의 어휘들을 정리해 보면 〈표 16-6〉과 같다.

교가 가사에서 사회적 · 건강적 가치는 힘, 갈고 닦아, 성실하게, 튼튼하게, 부지런하게 등으로 많이 나타나며, 생활 습관 및 그 실천과 관련이 깊다. '참'의 의미에서 살펴보았듯이 사회적 · 건강적 가치는 올바른 지향점을 꾸준하고 충실하게 지속하는 과정성과 실천성을 강조한 미시적 관점임을 확인할 수 있다. 사회적 · 건강적 가치는 대부분 형용사와 동사로 표현된다는 것이 특징적이다.

〈표 16-6〉 사회적 · 건강적 가치 영역의 단어(총 37종)

상위 빈도순: 힘(힘써: 71), 갈고 닦아(68), 성실하게(34), 튼튼하게(27), 부지런하게(26)
가나다순: 건아, 건강한, 굳센, 깨우치자, 꾸준히, 끈기 있게, 끊임없이, 다지고, 단련, 드높여, 모아, 몸, 묵묵하게, 받들어라, 빛내라, 새겨, 생명, 쉬지 말고, 실천, 쌓아, 씩씩하게, 열심, 용감, 웅비, 이루리라, 자라자, 정성 다해, 줄기차게, 찬란하게, 체, 체력, 키워, 펼쳐

3) 진리 가치

진리 가치는 기초주의 6개념의 지성영역에 해당하며, 전통성의 공(公)의 덕목과 보편성의 진(眞)의 가치와 연결된다. 지성은 선택과 결단의 순간에 냉철한 비판력을 가질 수 있는 힘이다. 지성은 '학문(學問)'을 통해 연마할 수 있다. 학문을 한다는 것은 진리를 탐구하는 것이다. 학자는 인류에 기여하는 진리를 밝히기 위해 학문을 해야 하지만, 일반인도 현대를 살아가는 필수적인 교양과 합리적 사고력을 갖추기 위해 학문을 해야 한다. 그럼으로써 반성적 사고 능력을 키울 수 있다(한기언, 2002, pp. 144-148). 이 영역으로 분류된 교가 가사의 어휘는 〈표 16-7〉과 같다.

교가 가사에서 진리 가치는 배우고 익힘, 슬기, 진리, 지혜, 동량(인재) 등으로 나타나는데, 진리 가치는 이를 표현하는 단어의 종류가 많지 않은 점, 몇 단어에 몰려 있는 점, 주로 명사로 표현되는 점이 특징적이다. 교가가 제정되었던 시대적 상황과 역사적 배경을 추측할 수 있는 실학, 경제와 같은 단어가 가사로 쓰이기도 했다. 인재를 뜻하는 동량(棟樑)은 오늘날 인재(人材)라는 단어로 이를 대신하여 사용되고 있으나 교가에서 동량의 쓰임은 여전히 유효함을 확인할 수 있다.

〈표 16-7〉 진리 가치 영역의 단어(총 26종)

상위 빈도순: 배우고 익힘(배움, 익힘: 178), 슬기(116), 진리(82), 지혜(26), 동량(14), 학문(14)
가나다순: 경제, 교훈, 길잡이, 면학, 문학, 배움터, 상아탑, 실학, 예지, 이성, 인재, 지능, 지성, 진, 진실, 총아, 큰 그릇, 탐구, 학교, 학업

4) 도덕 가치

도덕 가치는 기초주의 6개념의 인격영역에 해당하며, 전통성의 관(寬)의 덕목과 보편성의 선(善)의 가치와 연결된다. 올바른 판단과 행동을 이끄는 인격은 사람의 행동 경향이 조직된 전체이다. 다시 말해 한 개인의 행동을 통제하고 예언하게 하는 도덕적 · 정신적 특질의 전체이다. 훌륭한 인격은 만들어진다. 예부터 인격 도야는 지적 도야만큼 중요하게 여겨 왔다. 인격 도야가 뒷받침되지 않은 지적 도야는 반도덕적 행위와 직결될 수 있기에 특히 경계되어 왔다. 유교를 따른 우리나라는 전통적으로 도덕교육을 중시했다. 관의 교육은 숭례 사상을 적은 숭례문의 현판에서 분명하게 드러나는데, 자기가 싫어하는 것을 결코 남에게 강요하지 않고 스스로에게 지극히 엄격하되 타인에 대해서는 너그럽게 대하도록 하는 것이 바로 관의 정신이다. 원광(圓光)의 세속오계(世俗五戒) 중 '살생유택'에서는 관의 생활 태도를 찾아볼 수 있다. 역사적으로 경(經)과 사(史)의 교육을 비롯한 『소학』, 김정국의 『경민편』, 이이의 『격몽요결』, 박세무의 『동몽선습』, 이덕무의 『사소절』 등이 도덕교육, 인격교육의 좋은 예이다(한기언, 2002, pp. 151-152). 도덕 가치는 스스로의 도덕적 신념과 규범에 의해 자신을 완성하려는 노력과 관계된다. 성숙한 인격자는 도덕 가치를 지니고 이성적으로 스스로를 통제할 수 있는 능력을 갖춘 자이다. 이 영역으로 분류된 교가 가사의 어휘는 〈표 16-8〉과 같다.

교가 가사에서 도덕 가치는 정기, 빛, 꿈, 기상, 뜻 등으로 나타났다. 인격에는 도덕적 의미가 부가되어 있는데, 도덕은 집단과 환경 속에서 살아가는 방식에 관련한 바람직한 행동 기준이다(두산대백과사전). 교가 가사에 이념과 이상을 의미하거나 상징하는 단어가 명사와 형용사로 표현되는 점이 특징적이다. 우리 민족과 관련하여 학, 솔 등이 등장하기도 하며 빛, 별, 샛별, 광명, 등불, 횃불 등 빛과 연관된 단어가 많다. 마음의 올바른 상태를 뜻하는 깨끗함(한), 맑은(음), 순결, 정숙 등의 단어가 도덕적 본보기의 상태로 비유되고 있다.

〈표 16-8〉 도덕 가치 영역의 단어(총 69종)

상위 빈도순: 정기(99), 빛(98), 꿈(95), 기상(83), 뜻(75)
가나다순: 거룩, 겸손, 고결, 공덕, 관용, 광명, 구비, 기개, 기하, 깃발, 깨끗함(한), 꽃, 늠름, 다정스런, 다정, 대의, 덕, 도, 도덕, 등대, 등불, 마음, 맑은, 바른, 사명, 상서, 샛별, 생각, 선, 소망, 솔, 순결, 씨, 양심, 어짐, 열매, 예절, 용기, 의연, 의인, 인격, 인정, 자유, 자율, 자주, 장엄, 절개, 정서, 정성, 정숙, 정의, 진보, 참됨, 창의, 초롱불, 푸른, 학, 행운, 향기, 횃불, 희망

5) 물질 가치

물질 가치는 기초주의 6개념의 협동영역에 해당하며, 전통성의 근(勤)의 덕목과 보편성의 부(富)의 가치와 연결된다. 물질 가치는 시너지 효과로 설명될 수 있다. 시너지 효과는 상승효과, 종합효과라고도 하는데(두산동아, 1996, pp. 603-604) 각 기능의 공동 작용 · 협동으로 인해 부분의 이익의 합보다 큰 전체의 이익을 가져올 때를 말한다. 일찍이 우리 민족은 협동의 긍정적 가치를 이해하고 있었다. 노동 공동체인 농촌의 품앗이는 노동력이 집중적으로 필요한 시기에 협동 노동 방식을 통해 협력과 협동의 가치를 실천한 예일 것이다. 협동의 가치는 역사적으로 우리 민족이 외세 침략의 시련을 겪을 때나 범국민적 · 범국가적으로 근면 · 자조 · 협동을 펼친 새마을운동과 같은 사회운동에서 그 가치의 빛을 발하였다. 이 영역으로 분류된 교가 가사의 어휘는 〈표 16-9〉와 같다.

교가 가사에서 물질 가치는 우리, 손에 손(손잡고), 모아, 협동, 뭉쳐, 한 등의 단어로 나타났다. 교가 가사에서 협동에 속하는 단어로 '우리'가 월등한 빈도수로 등장하는데, 다른 가치 영역과는 다르게 대명사가 사용된 것이 특징적이다. 아들딸, 너와 나, 오누이, 벗, 언니아우 등 인간관계와 관련된 단어가 등장하며, '우리 ○○학교' 와 같이 소속감을 강조하는 표현이 자주 등장한다.

〈표 16-9〉 물질 가치 영역의 단어(총 31종)

상위 빈도순: 우리(164), 손에 손(손잡고: 18), 모아(11), 협동(10), 뭉쳐(9), 한(마음/덩이: 9)
가나다순: 가족, 너와 나, 다함께, 단결, 마주잡고, 벗, 부강, 사이좋게, 서로 도와, 서로서로, 아들딸, 어우르다, 언니아우, 오누이(오뉘), 오순도순, 외침, 우정, 조화, 합심, 협력, 협조, 형제, 화목, 화합

6) 심미 가치

심미 가치는 기초주의 6개념의 봉사영역에 해당하며, 전통성의 신(信)의 덕목과 보편성의 미(美)의 가치와 연결된다. 봉사영역이 심미 가치에 해당되는 이유는 보수나 대가를 바라지 않는 봉사자들의 헌신이 아름답기 때문이다. '신'의 가치는 무한한 인간 신뢰에 기초하며 '신의'와 '지조'로 발현되어 왔다. '신'의 가치는 우리나라 교육 사상과 역사 곳곳에서 찾아볼 수 있다. 구체적으로, 세속오계에서는 '붕우유신(朋友有信)'이라 하여 친구 사이에 믿음이 있어야 한다고 했다. 동학 사상에서는 성(誠)·경(敬)과 함께 신(信)을 강조하였다. '신'의 모범적 인물로 정몽주나 김약항은 '지조신의인'이라 부르며 칭송하였다(한기언, 2002, pp. 156-158). 심미(審美)는 대상을 보고 느끼는 아름답거나 추하다는 고유한 지각 방식이자 경험이다. 심미 가치는 내재적이고 도구적인 성격으로 심미적 경험을 통해 인식된다. 이 영역으로 분류된 교가 가사의 어휘는 〈표 16-10〉과 같다.

교가 가사에서 심미 가치는 (온)누리, 사랑, 보람, 아름다운, 세계 등으로 나타나며 '나눔' '베푸는' '봉사' '희생' 등의 이타적인 마음이 표현되는 등 이념과 이상을 의미하거나 상징하는 단어가 주로 명사로 표현되는 점이 특징적이다. 봉사적 삶은 종교와도 가깝다. 대다수의 종교에서 자선을 중요한 종교적 실천덕목으로 여기기 때문이다. 이와 관련하여, 기독교를 연상시키는 '주' '하나님' '믿음' '소금' '축복' 등과 불교를 연상시키는 '무량광명(無量光明)' '영겁' '연화' 등을 봉사 가치에 포함시킬 수 있다. 일부 사립학교에서는 '혜당(조희재)여사' '법정(法頂)선생' '신사임당' 등 건학 정신을 상징하는 인물을 가사에 직접적으로 포함시키기도 했다. 심미 가치의 비중은 비교적 낮게 나타났다. 해방 이후 우리나라는 비록 홍익인간의 이념을 「교육법」에 포함시켰지만, 현실적으로는 산업화를 통해 "잘 살아보세"라는 국가의 경제성장에 더 치중하였다. 따라서 인간 형성보다 경제적 성장을 우선하는 교육부국(敎育富國)의 기본정책은 교육이 국가발전의 수단으로 간주되었고, 국민 개개인의 삶의 수준을 향상시키는 교육복지의 개념은 소홀히 다루어질 수밖에 없었다. 결국 학교의 설립과 교가 제정과정에도 이러한 교육을 통해 나라를 세우려는 교육입국(敎育立國)의 관점이 작용하였기에, 교가 가사의 교육적 가치 중 봉사와 관련된 심미 가치가 상대적으로 소홀히 다루어진 것이라 볼 수 있을 것이다.

〈표 16-10〉 심미 가치 영역의 단어(총 25종)

상위 빈도순: (온)누리(80), 사랑(41), 보람(34), 아름다운(31), 세계(13)
가나다순: 나눔, 무량광명, 몸바쳐, 미, 믿음, 법정선생, 베푸는, 봉사, 선구자, 소금, 신사임당, 연화, 영겁, 영기, 인도, 주, 축복, 평화, 행복, 혜당여사, 희생

4. 맺음말

이 글에서는 비록 공식적 교육과정에는 포함되어 있지는 않지만, 학교의 교육정신이나 이상 등을 담은 교가를 학생들이 부르는 과정을 통해 교육적 가치가 학생들에게 내면화된다는 전제에서 중학교 교가 가사에 나타난 교육적 가치 지향성을 탐구해 보았다. 미학적 관점에서는 관련주의 관점을 채택하였고, 교육학적으로는 기초주의의 교육적 지식론에 입각한 6가지 가치 영역을 분석틀로 활용하였다. 교가는 작사가나 작곡가의 개성, 설립취지 이외에도 교육이념을 포함한다. 학생들이 배우고 익혀야 할 의미 있는 용어들이 포함되는 교가의 가사는 그런 점에서 교육적으로 매우 가치 지향적일 수밖에 없다. 이 글에서는 서울시 중학교 269개교의 교가 가사의 단어(어휘)를 기초주의 교육학의 여섯 가지 가치영역인 ① 정신적 · 종교적 가치, ② 사회적 · 건강적 가치, ③ 진리 가치, ④ 도덕 가치, ⑤ 물질 가치, ⑥ 심미 가치에 의거하여 분석함으로써 단위 학교들의 교육적 가치 지향성을 살펴보았다. 또한 단어(어휘)의 분류과정에서 의미가 모호한 경우는 가사의 맥락에 근거하여 분석하였다. 다음 〈표 16-11〉은 269개 중학교의 교가 가사를 기초주의 지식론에 입각한 여섯 가지 가치영역에 의거하여 분석한 것으로, 각 영역별 빈도수 상위 5순위까지의 단어와 얼마나 많은 어휘가 사용되고 있는가를 정리한 것이다.

〈표 16-11〉 가치 영역별 상위 5단어(빈도수) 및 어휘 종류

6개념 / 6가치 / 빈도순위	문화	생활	지성	인격	협동	봉사
	정신적 · 종교적	사회적 · 건강적	진리	도덕	물질	심미
1	겨레 (120)	힘/힘써 (71)	배우고 익힘 (178)	정기 (99)	우리(164)	(온)누리 (80)
2	나라 (84)	갈고닦아 (68)	슬기 (116)	빛 (98)	손에 손 (18)	사랑 (41)
3	역사 (74)	성실하게 (34)	진리 (82)	꿈 (95)	모아 (11)	보람 (34)
4	터 (52)	튼튼하게 (27)	지혜 (26)	기상 (83)	협동 (10)	아름다운 (31)
5	창조 (48)	부지런하게 (26)	동량/학문 (14)	뜻 (75)	뭉쳐/한 (9)	세계 (13)
어휘 종류	88종	34종	26종	69종	31종	25종

이상의 교가 가사 분석을 통해 확인된 내용을 정리해 보면 다음과 같다.

첫째, 연구 대상인 269개 학교의 교가 가사에는 도덕 가치와 정신적 · 종교적 가치가 98% 이상 반영되어 있으며, 그다음으로 진리 가치(92%), 사회적 · 건강적 가치(89%), 물질 가치(84%) 등이 나타나고 있는데 반해, 심미 가치가 반영된 학교는 대략 2/3인 67%이다. 또한 269개교 중에서 여섯 가지 가치영역을 모두 갖춘 학교는 131개교(48%), 다섯 가지 가치영역을 갖춘 학교는 100개교(37%), 네 가지 가치영역을 갖춘 학교는 31개교(11%)이다. 그리고 5개교(0.01%)는 세 가지 가치영역만을, 2개교(0.007%)는 두 가지 가치영역만을 다루고 있다는 점에서 교가 가사의 가치영역이 매우 편협함을 알 수 있다. 85%이상의 학교가 다섯 가지 이상의 가치영역을 갖추고 있으나, 세 가지 이하의 가치영역만을 논하는 학교도 7개교(2.6%)로 확인되었다.

둘째, 교가 가사에 사용된 어휘 종류를 기준으로 보면 정신적 · 종교적 가치(88종)

가 가장 다양하고, 그다음으로 도덕 가치(69종)이다. 사회적 · 건강적 가치(34종), 물질 가치(31종), 진리 가치(26종), 심미 가치(25종) 등은 어휘 수도 상대적으로 적음을 알 수 있다. 교육 가치에 따른 품사와의 상관관계도 나타났다. 사회적 · 건강적 가치에는 동사와 형용사가 많이 쓰이며, 물질 가치에는 대명사가 많이 보인다. 그 외의 대부분 가치영역에는 명사의 비중이 높음을 알 수 있다. 이 밖에도 단어(어휘)의 종류는 가치영역에 따른 비중순과 상관관계가 있는 것으로 확인되었다. 또한 도덕 가치와 물질 가치에서 특정 단어의 빈도가 월등히 높은 점도 두드러진다. 이러한 결과를 통해 교가를 새롭게 제정하거나 개정함에 있어 폭넓은 단어(어휘)가 균형 있게 가사에 반영될 수 있도록 해야 할 것이다.

셋째, 교가 가사에 도덕 가치와 정신적 · 종교적 가치가 많이 나타나는 것은 유교의 효도사상이나 윤리적 규범 등이 교육 전반에 뿌리 깊게 남아 있음을 의미한다고 하겠다. 특히 봉사의 개념과 관련된 심미 가치가 교가 가사에 상대적으로 적게 나타난 것은 비록 남을 널리 이롭게 한다는 홍익인간의 이념이 「교육법」(현재는 「교육기본법」) 속에 포함되었음에도 불구하고, 산업화를 통한 경제발전을 보다 우선시하던 사회 분위기 속에서 실제 교가 가사에는 이러한 기본 이념이 제대로 반영되지 못하였기 때문이라 할 수 있다. 일상생활과 관련된 사회적 · 건강적 가치나 물질 가치 등도 도덕 가치와 정신적 · 종교적 가치보다 상대적으로 적은 것은 여전히 전통적 사회 규범이 교가 작사 과정에 강조되고 있었기 때문으로 보인다.

결국 이 글을 통해 교육적 요소로서의 교가의 가치를 재확인할 수 있었다. 또한 교가 가사가 담고 있는 교육적 가치를 학교 교육 활동에 적극적으로 활용하는 방안에 대하여 다시 고민해야 할 필요성을 느끼게 되었다. 그런 면에서 앞으로 만들게 되는 교가 가사는 시대와 사회에 맞는 교육적 가치를 편협하지 않도록 균형 있게 담아내면서도, 학생들의 눈높이에 맞게 홍미로운 어휘를 폭넓게 활용할 수 있도록 노력하여야 할 것이라 생각된다. 또한 각 학교별로 고유한 건학이념이나 교육목적이 교가 가사를 통해 어떻게 구현되고 있는가에 관한 구체적 정황에 대한 후속연구도 필요하다고 하겠다.

✪ 참고문헌

공정자(1996). 교가 연구: 서울시 초등, 고등학교의 경우. 교육문화연구, Vol. 2, 193-256.

권덕원 외(2008). 음악 교육의 기초. 경기: 교육과학사.

길태숙(2008). 식민지시기 재만조선인의 삶과 기억: 재만조선인 항일투쟁노래의 과거와 현재적 의미: 〈신흥무관학교 교가〉를 중심으로. 동방학지, Vol. 144, 75-101.

김미영(2010). 충청남도에 소재한 중학교의 교가 분석. 공주대학교 교육대학원 석사학위 논문.

김성화, 김종하, 이정호(2002). 초등학교 교가에 나타난 경관요소의 특성에 관한 연구: 대구시 초등학교를 대상으로. 대한건축학회논문집: 계획계, Vol.18 No. 3, 121-128.

김소형(2012). 교가의 음악적 특징 분석 및 개선방안 연구: 서울시 고등학교 교가를 중심으로. 경희대학교 교육대학원 석사학위 논문.

김은희(2008). 초등학교 교가의 음악적 특성에 관한 연구. 부산교육대학교 대학원 석사학위 논문.

김은희, 김서경(2009). 부산지역 초등학교 교가의 음악적 특성 분석. 음악교육, Vol. 10, 83-110.

김재은(2008). 중학교 교가 분석 연구: 대전광역시를 중심으로. 충남대학교 교육대학원 석사학위 논문.

김정숙(1977). 국민학교 교가의 가사와 악곡의 특성. 계명대학교 교육대학원 석사학위 논문.

김종하, 금요찬(2004). 초 · 중 · 고등학교 교가에 나타난 경관요소의 상징성에 관한 연구: 경관요소 중에서 산을 중심으로. 대한건축학회지회연합회논문집, Vol. 6 No.3, 23-30.

김종하(2008). 교가에 나타난 대구시의 경관특성에 관한 연구: 대구시 관내 초 · 중 · 고등학교의 교가 · 교화 · 교목을 중심으로. 대한건축학회논문집: 계획계, Vol.24 No.10, 185-192.

김지애(2010). 강원도 내 고등학교 교가 가사 연구: 명사를 중심으로. 강원대학교 교육대학원 석사학위 논문.

김혜정(2009). 중학교 교가의 현실과 문제점에 대한 연구: 대구광역시를 중심으로. 대구가톨릭대학교 교육대학원 석사학위 논문.

두산동아 백과사전연구원 편(1996). 두산세계대백과사전 7권. 서울: 두산동아.

박의수(2010). 기초주의 관점에서 본 인격교육. 한국교육학연구. Vol. 16 No. 3, 5-28.

박주연(1996). 중학교 교가의 문제점과 개선방안. 숙명여자대학교 교육대학원 석사학위 논문.

백은경(2008). 초등학교 교가의 분석 연구: 전국 50개 초등학교를 중심으로. 전북대학교 교육대학원 석사학위 논문.

설창환(2001). 고등학교 교가의 문제점과 개선방안: 대구광역시를 중심으로. 계명대학교 대학원 석사학위 논문.

신창호(2008). 기초주의의 '질서' 이념과 교육의 '개혁'적 성격: 온고이지신의 관점. 한국교육학연구, Vol.14 No.1, 27-43.

안병삼(2011a). 중국 조선족학교 교가의 가사연구. 한국학연구, Vol. 39, 391-424.

안병삼(2011b). 중국 조선족학교 교가 분석: 길림성을 중심으로. 인문연구, Vol. 62, 391-424.

윤병화(2011). 대전 초등학교 교가 가사 연구. 고고와 민속, Vol. 14, 95-137.

이홍수(1990). 음악교육의 현대적 접근. 서울: 세광음악출판사.

이홍수(1992). 느낌과 통찰의 음악교육. 서울: 세광음악출판사.

전정은(2010). 고등학교 교가 분석 및 인식도 조사 연구: 인천광역시를 중심으로. 강원대학교 교육대학원 석사학위 논문.

정영교(1981). 교가의 의미론적 연구: 자연관을 중심으로. 경희대학교 교육대학원 석사학위 논문.

조경원(1990). 교육학의 이해. 서울: 이화여자대학교출판부.

한국민족문화대백과사전편찬부, 한국정신문화연구원(1991). 한국민족문화대백과사전 3권. 경기: 한국정신문화연구원.

한기언(1977). 교육의 역사철학적 기초. 서울: 실학사.

한기언(1990). 상황과 기초: 구상교육철학으로서의 기초주의. 서울: 서울대학교출판부.

한기언(2001). 21세기 한국의 교육학. 경기: 한국학술정보[주].

한기언(2002). 기초주의 교육학. 경기: 한국학술정보[주].

한기언(2003). 기초주의. 경기: 한국학술정보[주].

한명희, 고진호(2005). 교육의 철학적 이해. 서울: 문음사.

한용진 외(2007). 교육학개론. 서울: 학지사.

한현진(2002). 고등학교 교가의 문제점과 개선방안. 숙명여자대학교 교육대학원 석사학위 논문.

〈부록〉

서울 지역 연구 대상 중학교 목록(269개교)

ㄱ	가락, 가원, 강동, 강명, 강북, 강일, 개운, 개원, 거원, 건대부속, 경서, 경신, 경원, 경일, 경희여자, 경희, 고덕, 공릉, 공진, 공항, 광남, 광성, 광신, 광양, 광운, 광장, 광희, 구룡, 구산, 구의, 금호여자, 길음
ㄴ	난우, 남강, 노곡, 노원, 노일, 녹천
ㄷ	단대부속, 당곡, 당산서, 당산, 대경, 대림, 대명, 대방, 대성, 대신, 대영, 대원국제, 대청, 대치, 덕산, 덕수, 덕원, 도곡, 도봉, 동대문, 동대부속여자, 동대부속, 동도, 동마, 동명여자, 동북, 동원, 동일, 둔촌, 등명, 등원
ㅁ	마장, 면목, 목동, 무학, 문래, 문성, 문일, 문정, 미성, 미양
ㅂ	반포, 방배, 방산, 방이, 방학, 배명, 배화여자, 백운, 번동, 보성, 보인, 봉은, 봉화, 북악, 불광, 불암
ㅅ	삼각산, 삼선, 삼성, 상경, 상계제일, 상계, 상도, 상명사대여자, 상명, 상봉, 상신, 상암, 상원, 상일여자, 상현, 서라벌, 서문여자, 서연, 서운, 서울문영여자, 서울사대부속, 서울사대여자, 서울여자, 서일, 서초, 석관, 석촌, 선덕, 선유, 선일여자, 선정, 성내, 성덕여자, 성보, 성사, 성서, 성신여자, 성심여자, 성암여자, 세륜, 세화여자, 송곡여자, 송파, 수락, 수서, 수송, 수유, 숙명여자, 숭실, 숭의여자, 숭인, 신광여자, 신구, 신도림, 신도봉, 신도, 신동, 신림, 신명, 신목, 신반포, 신방학, 신사, 신상, 신서, 신암, 신양, 신연, 신원, 신월, 신일, 신창, 신천, 신현
ㅇ	아주, 안천, 압구정, 양진, 양화, 언북, 언주, 여의도, 역삼, 연북, 연신, 연천, 염광, 영남, 영란여자, 영림, 영서, 영원, 영파여자, 예일여자, 오금, 오륜, 오주, 옥정, 용강, 용곡, 용마, 용문, 용산, 원묵, 원촌, 월계, 월곡, 윤중, 은성, 은평, 을지, 이대부속, 인왕, 인창, 일신여자
ㅈ	자양, 잠실, 장안, 장원, 장위, 장충, 장평, 재현, 전농, 전동, 전일, 정신여자, 정원여자, 정화여자, 종암, 중계, 중대부속, 중앙, 중원, 중평, 중화, 증산, 진관, 진선여자
ㅊ	창덕여자, 창동, 창문여자, 창북, 창일, 창천, 천일, 천호, 청담, 청량, 청운, 청원, 충암
ㅌ	태랑, 태릉
ㅍ	풍납, 풍성
ㅎ	하계, 한강, 한대부속, 한성여자, 한양, 한영, 한울, 한천, 행당, 혜원여자, 홍대부속, 홍은, 화계, 환일, 휘경, 휘문

제17장

한국교육학의 모색

- 청뢰 한기언과 기초주의 -

우용제

1. 들어가며

이 글은 청뢰 한기언 교수가 제창하고 정립한 기초주의가 어떤 배경에서 구상되었는지, 그 내용과 지향이 무엇인지를 이해하고, 현재의 관점에서 '계승과 발전'이라는 시각으로 볼 때 어떤 노력이 필요한지를 검토한 것이다. 한기언 교수의 연구 성과와 업적은 한국 현대 교육학의 전체를 포괄할 만큼 넓고도 깊다. 따라서 이 글은 기초주의에 한정하였으며, 제한적인 분석과 시론적인 논의이다. 또한 필자가 철학적 분석에는 익숙하지 못해서 기초주의의 구조, 그 내포와 외연을 엄밀하게 분석하여 논의하는 것은 분수 넘는 일이다. 기초주의에 대한 종합적인 분석과 검토는 후일 다른 동학과 후학들의 연구를 기다릴 필요가 있다.

2. 기초주의 제창의 배경

기초주의(Kichojuii, Foundationism)는 청뢰 한기언 교수(1925~2010)가 구상하여 발전시킨 교육철학이자 교육이론이다. 1957년 미국 컬럼비아대학교에서 교환교수로 연구하던 중 착안하여 명명하였다. 1966년에는 '전통과 개혁의 조화를 통한 인간 형성의 논리'로 주제화하여 제창하였으며, 1973년에는 독립된 저서를 통해 하나의 정식화된 체계로 제시(정립)하였다.[1] 한기언 교수는 이후 2010년 유명을 달리할 때까지 기초주의를 완성하는 데에 매진하였다. 포괄성과 시의성을 갖춘 통정된 사상 체계로 만드는 데에 반세기가 넘는 기간 동안 혼신의 힘을 기울였다.

기초주의를 이해하는 데에는 한기언 교수의 생애를 살펴보는 것이 중요하다. 한기언은 1925년 서울에서 태어나 일찍 어머님을 여의고, 외가에서 외증조모의 보호 아래 성장하였다. 지금의 경동초등학교의 전신인 뚝도(纛島)공립보통학교에 6년간 재학하였다. 당시로서는 최우등생들이 입학할 수 있었던 경성사범학교에 진학(1938년, 13세)하여 1945년까지 8년간(보통과 5년, 본과 3년) 수학하였다. 해방 직후 이른바 국대안에 의해 설립된 서울대학교 사범대학에 2학년으로 편입하여 1949년에 졸업하였다. 1949년 서울대학교 대학원에 진학하였고, 1952년에 「교육상담방법론」이라는 논문으로 석사학위를 취득하였다. 1954년 전임강사를 시작으로 서울대학교 사범대학 교수로 재직하였고, 1990년 정년퇴직하였다. 대학 졸업 이후 초등과 중등학교에서도 짧은 기간 동안 교원 생활을 하였다. 교환교수로서 1957~1958년(1년) 미국 컬럼비아대학교에서 연구하였고, 서울대학교 구제 박사학위제도에 따라 1970년 「한국교육의 민주화과정에 관한 교육사상사적 연구」라는 논문으로 문학박사를 취득하였다. 또한 1982년부터 2년간 한국교육학회의 26대 회장을 역임하였다. 정년 이후에도 출강과 집필을 통해서 기초주의의 완성에 집중하였다. 현재까지 한국학술정보[주]에서 '한기언교육학전집'이 총서 형식으로 간행되고 있다.

표면적으로 보면 한기언 교수는 모범생이자 우등생으로서 순탄한 인생 역정을 지낸 것처럼 보인다. 그렇지만 우리 사회가 겪어 온, 일제에 의한 식민 지배-미군정, 분단과 전쟁, 개발 독재와 산업화-민주화에 이르는 고난과 역경 속에서 벗어나 있을 수 없었다. 한기언 교수는 식민지 교육, 해방 공간의 이념 경쟁과 전쟁, 압축 성장과 권위주의를 경험하면서, 이를 내면적으로 극복하면서 학자로서 공부의 길을 저돌적으로 개척한 '고학생'이자 '독학생'이었다.

한기언 교수가 교육학자로 성장하는 데에는 다음 세 가지 계기가 중요해 보인다.

첫째, 경성사범학교에서 일제의 식민교육과 사범교육의 정형을 세례받았다는 점

1) 한기언(1973), 『기초주의』, 서울: 배영사.

이다. 한기언 교수는 모범적 학생이자 예비 교원으로서 일본의 식민지 교육학을 체득하였다.

둘째, 이러한 경험이 해방을 맞으며 자기반성의 계기가 되었다는 점이다. 해방(을유광복)은 그에게 식민지 모범 학생으로부터 독립된 민족국가의 학생으로 탈바꿈하는 자각의 기회가 되었다.

셋째, 서울대학교 사범대학에 편입하고, 대학원에 입학하여 수학하는 동안 수용하게 된 미국 교육학의 영향이 중요하다. 1957년 교환교수로서 미국에서 연수를 받는 시기에 이르기까지 독학의 방식으로 미국의 현대 교육사조를 비롯한 새로운 교육학의 동향을 학습하였다. 그는 당시 교수진들에 의해 해설된, 일본으로 수입된 독일의 교육학도 학습하였다. 특히 수학의 과정 중에서 겪은 전쟁을 통해서는 이념과 혁명의 공허함을 배웠다는 점도 고려해야 할 점이다.

한기언 교수가 기초주의를 제창하고 정립하게 되는 배경을 이해하는 데에는 다음의 두 가지 자료가 도움이 된다.

기초주의의 제창

교육술어로서 기초주의라는 말이 달리 있는 것은 아니니다. 그러나 우리가 종래 착잡된 교육사상의 수용에 바빠 도리어 생기 있고 신념에 가득 찬 산 교육을 미처 하지 못한 한이 있다면 그것은 교육 현상의 가장 기본적인 과제에 정면으로 대결하는 일을 여러 가지 이유로 천연하였던 탓은 아니었던가. 인간관, 사회관, 교육목적, 교육제도, 교육방법 등의 기초를 파고들어 감으로써 착잡한 교육현실을 정리, 해결해 갈 수 있을 것이다. 무슨 주의나 무슨 사상에 사로잡힘으로써 이루 헤아릴 수 없게 범하는 과오에서 벗어나려면 우리는 무슨 주의나 무슨 사상을 넘어서서 교육 현상에 개재하는 기본적인 과제를 올바르게 바라보고 정리하며 해결해 가는 태도가 필요하다.[2)]

새로운 한국교육철학의 정립

…… 첫째, 당시 우리나라 교육계를 지배한 교육철학은 말할 나위도 없이 '진보주의(進步主義)'였다. 한편 서서히 본질주의(本質主義)와 항존주의(恒存主義), 실존주의(實存主義)와 개조주의(改造主義)의 소개도 보이기 시작하였다. …… 이것을 초극하

2) 한기언(1958), "현행교육의 학적 기대 비판", 교육평론 III-6.

> 는 새로운 교육철학의 창조를 상망하게 되었다. …… 둘째, 기초로부터 다시 본질추구를 해야 하며 그러한 시기에 우리는 살고 있다고 보았다. …… 우리는 을유광복 당시 모든 것이 파괴되어 있어 원점에 서 있는 감이 짙었다. 선진국가의 경우에 있어서는 기성 학문체계의 압력으로 해서 여간해서 대담하게 하나의 독자적이며 독창적인 이론체계를 구축하려고 나서기는 어려운 것이다. 그런데 우리는 어떤가? 어차피 이제부터 시작이니 그렇다면 새로운 학문적 설계도를 마련하여 거기에 따라 교육개혁도 가능한 것이 아니겠는가? …… 셋째, 교육의 핵심이요 본질은 '기초'에 있다고 보고, '기초'란 진리를 뜻한다고 보았다. …… 나는 '기초의 발견'에 대해 명명 당시에 있어서도 그렇거니와 그 후 시일이 흐르고 나의 지견의 폭과 깊이가 생겨 가면 갈수록 더욱 확신을 굳혀 가고 있다.[3]

이를 통해서 확인되는 점은 우선 기초주의는 한국교육의 실제를 이끌 수 있는 이론체계로 구상되었다는 점이다. 즉, 한국교육의 현실을 바라볼 수 있는 관점으로 약점과 결함은 물론 특징을 밝힐 수 있어야 한다고 생각했다. 동시에 이러한 점들을 정리하고 해결할 수 있는 지침이나 원리의 체계가 되어야 했다.

또 하나는 기초주의를 구상함에 있어서 당대의 미국의 교육사조가 주요한 참조가 되었다는 것이다. 당시 미국교육을 선도한 것으로 알려진 진보주의를 위시한 항존주의, 본질주의, 재건주의(再建主義) 등이 교육철학의 모델이었다고 할 수 있다. 그렇지만 기초주의를 외래 사조의 단순한 모방으로 보기는 어렵다. 한기언 교수는 주의나 주장이 교조화되는 경향을 '강조의 허위'로 지적하고 그것에 빠질 위험성을 끊임없이 경계하였다.[4] 한기언 교수는 언제까지나 남의 학설의 소개만으로 그칠 것이 아니라 진정한 자기 목소리를 정립하는 것이 교육학자의 책무임을 늘 강조하였기 때문이다.[5]

---

3) 한기언(2006), 『두 손을 비워 두어라』(한기언 교육학전집 51), 경기: 한국학술정보[주], pp. 29-31.
4) 한기언(2006), 『두 손을 비워 두어라』(한기언 교육학전집 51), 경기: 한국학술정보[주], p. 31.
5) 한기언(2006), 『두 손을 비워 두어라』(한기언 교육학전집 51), 경기: 한국학술정보[주], p. 27.

3. 기초주의의 형식과 내용

기초주의는 인간 형성의 기본원리이자 논리체계로 제시되었다. 그것은 1핵, 3이념 그리고 6개념으로 구성되어 있다. 기초는 핵에 해당하고 시간, 자유와 질서는 기본 이념이며, 문화, 생활, 지성, 인격, 협동과 봉사는 핵심 가치이다. 이들은 인류가 오랜 역사 속에서 구현해 왔거나, 구현하려고 했던 대표적인 이념과 가치들이다. 그런 만큼 역사적인 보편성이나 일반성을 지닌 가치로 보아도 무리가 없다.

기초주의를 구성하는 이러한 핵심 개념들은 일정한 논리적 구조를 지니고 있다. 구상(球狀)의 구조 안에서 논리적으로 위계화되어 있는 하나의 가치체계이다. 이 체계의 논리성은 이념과 가치들의 내적인 의미 연관 속에서 확보되며, 자기완성적이다. 또한 그 체계성은 구(球)라고 하는 형태가 보여 주듯이 밖을 향해 열려 있는 동시에 안쪽으로는 닫혀 있다. 이것을 하나의 개념도로 제시하면 다음과 같다.

〈표 17-1〉 기초주의의 구조

1핵	3이념	6개념
기초	시간	문화
		생활
	자유	지성
		인격
	질서	협동
		봉사

기초주의를 외부에서, 일반적 관점으로 해석하는 일은 쉬운 일이 아니다. 그것은 기초주의에 내재해 있는 논리적인 체계성과 정합성에 의해서 규율되고 있기 때문이다. 교육적 존재론에서 교육학의 구조로 이어지는 10개 항목(교육적 존재론, 교육적 가치론, 교육적 인간론, 교육자론, 교육적 지식론, 교육적 방법론, 교육연구방법론, 교육제도론, 교육사관론, 교육학의 구조)으로 구성된 '교육구조적 이해'의 틀이나 '교육적 나침반'은 기초주의를 해석하는 기준이 되고 있다. 이 틀에 의해서 기초주의 핵

개념인 기초를 어떻게 해석하고 있는지를 예시하면 다음과 같다.

〈표 17-2〉 기초의 교육구조적 이해

	기초
1. 교육적 존재론	1핵: 기초
2. 교육적 가치론	3이념: 시간 · 자유 · 질서 6개념: 문화 · 생활 · 지성 · 인격 · 협동 · 봉사
3. 교육적 인간론	역사적 의식인
4. 교육자론	대애지순인(大愛至醇人)
5. 교육적 지식론	기초의 발견
6. 교육적 방법론	기초에의 주력 · 자기 향도
7. 교육연구방법론	창조의 이론
8. 교육제도론	발전과 통정의 율동적 자기 전개
9. 교육사관론	역사적 편차
10. 교육학의 구조	교육의 '구(球)'적 인식

외부적 관점에서의 일반적 이해의 어려움은 핵심 개념인 기초의 의미를 해설하는 것에서도 확인된다. 한기언 교수는 기초주의의 1핵에 해당하는 기초의 의미에 다음의 여섯 가지 특성으로 설명하고 있다.

- 인간 형성의 핵 사상으로서의 기초
- 진리로서의 기초
- 창조의 논리로서의 기초
- 교육적 평가기준으로서의 기초
- 교육이념으로서의 기초
- 지남성(指南性)으로서의 기초[6)]

이러한 비유적이고 우회적인 정의와 해설에서 기초가 인간의 삶과 교육에서 지고의 가치이자 이념임을 쉽게 인지할 수 있다.

6) 한기언(2004), 『기초주의의 세계』(기초주의연구원, 미간행 인쇄물)

보다 실제적인 입장에서 기초주의를 이해하기 위해서 6개념의 하나인 '협동의 개념'에 대해서 살펴보자. 기초주의에서 협동은 질서의 이념 아래 배정된 가치이다. 협동은 물질 가치로서 부(富)의 정당한 추구와 관련되어 있다. 인간은 생업을 가지고 살아가며, 생계를 위해 물질적 가치를 추구한다. 기초주의에서는 생업을 갖는 일, 분업화된 직업의 세계에 참여하는 원리가 협동이다. 그리고 물질적 가치, 즉 부는 이것에 대한 반대 급부이다. 이런 관련 속에서 협동은 물질 가치로 규정되며, 이것의 추구는 정당한 방법에 의거해야 한다는 내적 규율이 부가된다.

협동 가치의 상위 이념은 '질서'이다. 질서의 이념은 '협동'과 '봉사'라는 두 가치가 두 기둥이 되어 받치고 있는 구조물인 셈이다. 봉사는 심미(審美) 가치로서 순수한 헌신을 의미한다. 질서의 이념은 사회와 역사라는 바다에서 한 척의 배가 협동과 봉사라는 두 노에 의지해 균형을 유지하고 있는 상태에 비유될 수 있다.

협동 가치는 다시 교육적 나침반으로서의 10개 준거에 의해서 다음과 같이 해석되고 예시된다. ① 교육적 존재론: 기초, ② 교육적 가치론: 협동, ③ 교육적 인간론: 노작적 인간, ④ 교육자론: 개척자, ⑤ 교육적 지식론: 협동영역, ⑥ 교육적 방법론: 발표(실천), ⑦ 교육연구방법론: 연구연마, ⑧ 교육제도론: 시민교육, ⑨ 교육사관론: 개혁일치형, ⑩ 교육학의 구조: 제5영역(교과교육학 I: 교육과교육학, 도덕과교육학, 국어과교육학, 사회과교육학, 수학과교육학, 과학과교육학, 음악과교육학, 미술과교육학, 체육과교육학, 가정과교육학, 실업과교육학, 외국어과교육학) 등과 같은 구조 안에 배치되어 있다. 이러한 구조 안에서 협동이란 가치와 실제적 의미가 체계적으로 해설되고 있다. 그래서 기초주의에서 협동이란 가치가 무엇이고, 어떤 실제적 함의가 들어 있는지를 이해하기 위해서는 이러한 의미의 내적 연관을 고려해야 할 필요가 있다.

기초주의의 질서 이념과 그 하위 가치인 협동과 봉사의 삼각관계를 일상의 언어로 표현한다면 다음과 같이 서술할 수 있다. 즉, 한 사회가 나름의 질서를 확보하고 유지하기 위해서는 사회 구성원의 협동(참여)과 봉사(헌신)가 필요하다는 것이다. 필자는 이렇듯 복합적인 구조와 개념적 연관이 내장되어 있는 기초주의를 세 명제로 제시하고, 이에 대해 한 가지 질문을 제기하고 싶다. 단순화와 오해의 위험을 무릅쓰고 정리한 명제들은 다음과 같다.

- 교육의 본질은 기초이다. 그것은 교육에 내재하는 동시에 외재(초월)하는 원리이다.
- 교육의 역사는 자유와 질서라는 이념(의 구현)을 향한 진화의 과정이다.
- 교육의 실제에서 실현해야 할 가치는 문화, 생활, 지성, 인격, 협동, 봉사 등이다.

필자의 질문은 기초주의가 교육이론인가 아니면 교육원리인가 하는 점이다. 아마도 이 질문에 답하는 일은 두 가지 관심을 포함한다. 하나는 기초주의를 어떻게 이해할 것인가 하는 점이고, 다른 하나는 기초주의를 어떻게 계승하고 발전시킬 것인가 하는 과제이다.

필자는 '인간 형성의 기본원리이자 논리체계'로서의 기초주의는 실제와 실천을 위한 원리로 제시하였으며, 그것을 강력하게 지향하면서 정립되어 왔다고 생각한다. 만일 그렇다면 상식적인 이해를 위한 일반적인 해설이 가능해야 한다. 다시 말하여 기초주의의 1핵, 3이념과 6개념은 일상적인 술어로 해석될 수 있도록 진술되어야 한다. 실제적인 의미와 의의를 담고 있는 명제나 진술의 체제로 서술되어야 한다. 앞에 요약된 세 명제가 교육의 현실을 이끌며 적용될 수 있도록 구체적이고 실제적인 원리로 재해석되거나 번역되어야 한다.

그렇지만 기초주의의 개념적 구조가 지니고 있는 정합성과 포괄성, 종합성은 교육의 실제와 실천을 위한 것이 아니라, 교육과 교육학이 무엇이고 어떤 일을 해야 하는지를 이해하기 위한 이론적 안목이나 기준으로서의 특징을 보여 준다. 다시 말하여 이해를 위한 교육이론의 특성이 강하다는 것이다.

교육의 실제와 실천을 위해서 기초주의의 이론적 포괄성과 정합성이 반드시 긍정적인 것은 아니다. 기초주의의 이론적 심화가 반드시 현실에서의 실질적인 성과를 보장하는 것은 아니다. 오히려 실천과 적용에 부정적인 영향을 미칠 수 있다.

기초주의는 지난 반세기 이상을 한기언 교수 개인의 지적인 실험실 안에서 진화되어 왔다. 여기에서 벗어나 이제는 현실 속에서 실험되고 적용되며 실천되어야 할 때이다. 교육원리는 실천을 전제로 한다. 그런 만큼 교육원리는 실천 속에서 자기 조절의 과정을 겪을 수밖에 없다. 기초주의가 교육이론이 아닌 교육원리로서 현실을 향하기 위해서는 기초주의 이념과 가치 그리고 구조가 실제의 관점에서 재해석되어야 한다. 기초주의의 합목적성은 적용 가능성과 실용성을 기준으로 실제적 원리나 지침으로 제시되어야 한다.

요컨대 기초주의가 실제적인 원리나 지침이 되기 위해서는 다음의 두 가지가 필요하다. 하나는 이념과 가치의 체계와 구조를 보다 단순화할 필요가 있다. 다른 하나는 이념과 가치들이 일반적인 덕목 형태가 아닌 실천적이고 실제적인 원리들로 다시 구조화하여 논리적으로 진술되어야 한다.

실제와 실천을 위한 기초주의의 단순화와 재구조화가 반드시 그동안 기초주의가 발전시켜 온 내재율과 배치되어야 할 이유는 없다. 그것은 기초주의 이념적 지향과 가치들을 손상하지 않고 그 정합성을 깨뜨리지 않는 범위에서도 모색될 수 있다. 기초주의의 이론적 정합성과 실천적 원리 체계로의 구조적 단순화는 병행될 수 있는 것이다. 이것이 기초주의가 지니고 있는 포괄성과 정합성이 이론적 자족에 머물지 않고 실천적 지향을 실현하며 진화해 가야 할 길이다.

4. 맺음말

기초주의는 한기언 교수가 모색한 한국 교육학(교육철학)의 한 가지 실험적 모형이자 성과이다. 한기언 교수는 해방과 분단, 전쟁 그리고 압축성장이라는 우리 현대사의 굴곡을 딛고, 외래의 교육사조와 사상을 넘어서서, 우리의 독자적인 교육학을 창조하고자 하였다. 우리의 역사적 경험에 뿌리를 두고, 현재를 반성하고 개혁하기 위한 설계도로서, 토착적이고 자생적 교육학을 만들고자 하였다. 또한 미래를 지향하는 보편적인 교육학으로 발전시키고자 하였다. 필자는 이 점이 기초주의에 대한 이해에서 제일 중요한 요소라고 생각한다.

한국의 교육학자라면 이러한 관심과 지향이 지니는 의의에 대해서 누구도 부인하지 못한다. 그리고 많은 교육학자가 누누이 강조해 왔다. 그렇지만 아직도 한국 교육학은 무엇이어야 하고, 어떤 성과가 그것의 모범이 될 수 있는지에 대해서는 수렴된 의견이 없는 것도 현실이다. 한기언 교수의 기초주의도 이와 동일한 수준과 방식으로 그 위상을 평가받아 왔다. 한국교육학의 모색과 추구에는 동의하지만, 그 형식과 내용의 실체인 기초주의에 대해서는 동의를 얻지 못하는 형국에 있었다고 할 수 있다. 다시 말해 실제로는 우리 교육학의 주변부에 머물러 있었다는 것이다.

필자는 그 이유 가운데 한 가지를 기초주의 내부에서 찾을 수 있다고 생각하였다. 이론적 종합성, 포괄성, 정합성이 오히려 기초주의의 독자성을 잠식하였다는 것이다. 이론적 종합성, 포괄성의 추구는 사상과 이론을 구성하는 데에 핵심적인 요소이다. 그렇지만 내면적 정합성은 그 외연과의 긴장 속에서만 의미와 의의를 지닌다는 것이 필자의 생각이다. 그렇기 때문에 기초주의는 교육의 실제와 실천을 위한 교육원리의 논리적인 체계로 새롭게 번역되고 진술될 필요가 있다.

◎ 참고문헌

기초주의 40주년 기념행사준비위원회 편(1997). 교육의 세기와 기초주의. 서울: 교육과학사.

청뢰 한기언 교수 고희기념논문집 간행위원회(1994). 교육국가의 건설-교육의 세기와 기초주의(청뢰 한기언 박사 고희기념 논문집). 서울: 양서원.

청뢰 한기언 교수 정년기념논문집 간행위원회(1990). 한국교육학의 성찰과 과제(청뢰 한기언 교수 정년기념 논문집). 서울: 교육과학사(비매품).

한기언(1973). 기초주의. 서울: 배영사.

한기언(1988). 한국인의 교육철학. 서울: 서울대학교출판부.

한기언(1990). 상황과 기초: 구상교육철학으로서의 기초주의. 서울: 서울대학교출판부.

한기언(2004). 기초주의의 세계. 서울: 기초주의연구원. (미간행 인쇄물)

한기언(2006). 두 손을 비워 두어라(한기언교육학전집 51). 경기: 한국학술정보[주].

제18장

기초주의 관점에서 본 일본의 학교교육

남경희

1. 기초주의의 가치체계

1957년에 제창한 '기초주의(基礎主義, Foundationism)'에서 한기언은 기초주의의 논리는 전통과 개혁의 조화에 있다고 보았다. 기초주의에서 기초는 단순히 우리가 이해하는 기본이니 입문, 초보라는 뜻 이상으로 모든 사물에 있어서 인류가 도달한 최고 경지이자 진리로 파악된다(한기언, 2003, p. 45). 기초주의에서 강조하는 교육적 가치는 1핵 3이념 6개념의 가치체계를 지닌다.

1핵 사상은 기초로서 모두 여섯 가지 특성을 지니고 있다(한기언, 2007, p. 192). 즉, ① 인간 형성의 핵 사상으로서의 기초, ② 진리로서의 기초, ③ 창조의 논리로서의 기초, ④ 교육적 평가기준으로서의 기초, ⑤ 교육이념으로서의 기초, ⑥ 지남성(指南性)으로서의 기초를 말한다. 3이념은 시간, 자유, 질서의 이념으로 시간은 전통의 차원에 속하는 것이고, 자유는 스스로에 의거한다는 것이며, 질서는 제반 법규의 준수 및 새로운 문화 창조를 의미한다. 이는 동의이어(同義異語)로 한기언은 '밝은 눈, 찬 머리, 뜨거운 가슴' '지-인-용(知-仁-勇)' '지혜-사랑-힘' 등을 들고 있다(한기언, 2003, p. 183). 3이념은 각각 2개의 개념으로 이루어진다. 즉, 시간의 이념에서 문화와 생활, 자유의 이념에서 지성과 인격, 질서의 이념에서 협동과 봉사라는 개념으로 세분되어 6개념을 구성한다.

기초주의에서 이와 같은 1-3-6이라는 철학적 의미를 지닌 기호로서의 교육적 가치체계는 〈표 18-1〉과 같다.

〈표 18-1〉 기초주의의 1-3-6 교육적 가치체계

1핵	3이념	6개념
기초	시간	문화
		생활
	자유	지성
		인격
	질서	협동
		봉사

출처: 한기언(2003), p. 82.

또한 6개념의 교육적 가치와 관련된 인간의 기본적 특성 및 교육적 필요는 다음 〈표 18-2〉와 같다. 이러한 틀은 한 국가의 교육목표가 어디에 있는지를 평가해 볼 수 있는 도구로 사용할 수 있다는 점에서 유용성을 지닌다.[1)]

〈표 18-2〉 인간의 기본적 특성 및 교육적 필요

교육가치	교육적 필요	기본적 인간성	인간적 특성(교육적 인간상)
1. 문화	문화적 전통의 요청	기호의 사용 (언어~문자)	인류 문화에 대한 경외심과 공정한 민족애 · 조국애를 지닌 인간
2. 생활	기본적 인간성	초보적 신체기술	세계적 시야를 지니고 행복한 생활을 영위하는 인간
3. 지성	실제 개인의 요청	구성적 활동	사물을 합리적으로 처리할 수 있는 능력을 지닌 인간

1) 실제로 한기언은 상기의 틀에 의해 한국, 대만, 말레이시아, 일본, 필리핀 등의 국가 교육목표를 3가지 유형으로 분류하였다(2003, pp. 112-113). 한국과 대만은 3이념 6개념에 비교적 고른 분포를 이루고 있는 나라로, 말레이시아는 3이념 중에서 질서 이념에 해당 목표가 없는 나라로, 일본과 필리핀은 질서의 이념 중에서 봉사 개념에 해당 목표가 없는 나라에 속한다. 반면, 우리나라 「교육기본법」에서는 3이념 6개념을 잘 반영하고 있는 것으로 분석하고 있다(2003, pp. 185-187). 대표적인 표현을 발췌하여 보면, 애국애족의 정신(문화), 조화 있는 사회생활(생활), 진리탐구의 정신과 과학적 사고력의 배양(지성), 견인불발(堅忍不拔)의 기백과 심미적 정서의 함양(인격), 근검노작(협동), 인류 평화 건설에 기여(봉사) 등을 들 수 있다.

4. 인격	이상적 · 개인적 필요	도덕적 책임	사회정의의 양심과 풍부한 인간성을 기반으로 지닌 인간
5. 협동	실제 사회의 요청(직업)	기본적 사회기술	직업에 긍지를 지니며 노동애호의 태도를 지닌 인간
6. 봉사	이상적 · 사회적 필요	유희	(세계 민주) 시민으로서의 사회연대감과 인간에 대한 무한한 신뢰감을 지닌 인간

출처: 한기언(2003), p. 96.

이 글에서는 기초주의의 1핵 3이념 6개념의 관점에서 일본의 「(개정) 교육기본법」, '살아가는 힘(生きる力)'을 비롯한 교육개혁 문서, 「2008 개정 학습지도요령」,[2)]「교육재생회의 제언(提言)」 등에 나타난 일본의 교육 현실을 알아보고 이의 개선과 구현을 위한 노력을 고찰하고자 한다. 그리고 이를 바탕으로 일본교육에서의 전통과 개혁의 율동적 자기 전개의 모습을 확인해 보고자 한다.

2. 일본의 교육 현실과 기초주의

일본의 「교육기본법」, 「학습지도요령」, '살아가는 힘', 「교육재생회의 제언」 등에 나타난 일본의 교육 현실을 기초주의의 3이념과 관련하여 살펴보기로 한다.

1) 시간의 이념과 「교육기본법」의 개정

2006년 12월 아베(安倍) 정권 아래서 일본의 「교육기본법」이 1947년 제정 이후 60년 만에 개정되었다. 여기서는 자주 및 자립정신, 정의와 책임, 공공의 정신, 일본과 향토의 사랑 등을 강조하고 있다. 그런데 개정 「(개정) 교육기본법」(2006. 12. 22. 법률 제120호)의 전문과 교육목표에 대하여 일본교육법학회 이토 스스무(伊藤進)는 2006년 5월 27일 '교육기본법안의 폐안을 요구하는 성명'에서 다음과 같은 문제점이 있음을 지적하였다(cafe.daum.net).

2) 「2017 개정 학습지도요령」은 확실한 학력을 표방한 「2008 개정 학습지도요령」을 계승, 보완하였다는 점에서 이 글에서는 「2008 개정 학습지도요령」을 비교의 준거로 하여 살펴보았다.

먼저, 국민 한 사람 한 사람의 자주적이며 자율적인 인격 형성을 보장하고 있는 현행법을 국가의 교육에 대한 권력 통제를 정당화하는 법으로 전환시키고자 한다는 점이다. 교육의 자주성을 보장하던 「교육기본법」 10조 1항[3]을 바꾼 법안 16조 1항[4]에서는 "교육은 …… 이 법률 및 타 법률이 정하는 바에 의해 행해져야만 하는 것"이라 하여 법률의 힘으로 교육을 통제하고자 하는 의도가 분명하게 드러나고 있다는 것이다.

다음으로 '애국심'과 '공공심'을 비롯한 수많은 덕목을 '교육목표'(법안 2조)로 세우고, '태도를 기른다'는 문언을 통해 도덕규범을 강제적으로 내면화시키는 방식을 도입하고 있다. 즉, 법안 2조[5]의 주요 부분은, 고시(告示)에 불과한 학습지도요령의 '도덕' 부분을 법률 규정으로 '승격'시킴으로써 도덕률에 강제력을 부여하려는 것으로, 이는 사상 및 양심의 자유를 보장하는 「헌법」 19조에 저촉된다는 것이다.

이처럼 이번 개정은 국가 권력의 교육에 대한 통제와 더불어 덕목의 강제적 내면화를 도모하기 위해 국가주의적 이데올로기를 강화하고 있다. 이러한 흐름 속에서 역사 및 사회 교과서 왜곡을 통하여 그리고 도덕의 교과화 시도를 통하여 미래 세대에게 왜곡된 역사관과 영토 의식을 심어 주고 애국심 등 덕목을 강요하고 있다.[6]

2) 자유 이념과 확실한 학력의 추구

일본 사회는 1980년대에 들어와서 4차에 걸친 임시교육심의회의 답신을 통해 학생의 개성과 다양성을 강조하는 여유교육(유도리교육)의 시대를 열고, 1989년 및 1998년의 교육과정을 통해 이를 본격적으로 시행하기 시작하였다. 그러나 2000년

3) 「교육기본법」(2006) 제10조 (1항) 교육은 부당한 지배에 복종하는 것이 아니라, 국민 전체에 대해 직접 책임을 지고 행해져야 한다. 교육행정은 이것의 자각 아래 교육의 목적을 수행하는 데 필요한 제 조건의 정비 확립을 목표로 행해지지 않으면 안 된다.

4) 「교육기본법」(2006) 제3장 교육행정
제16조 (1항) 교육은 부당한 지배에 복종하는 것이 아니라, 이 법률 및 타 법률이 정하는 바에 의하여 행해져야만 하는 것으로, 교육행정은 국가와 지방공공단체와의 적절한 역할 분담 및 상호 협력 아래, 공정하고 적정하게 행해지지 않으면 안 된다.

5) 본 장에 「(개정) 교육기본법」 제2조를 게재하였으니 이를 참조 요망.

6) 독도를 일본 고유의 영토로 규정하고, 한국이 불법 점거하고 있다고 하면서 국제법상 정당한 근거에 기초하여 독도를 정식으로 영토에 편입한 경위를 언급하고 있다. 또한 전전(戰前)의 침략행위와 전범 처리를 인정한 동경재판사관을 거부하고 침략사관을 옹호하면서 일제 강점기에 자행된 일본군 위안부 문제, 강제 징병·징용 등의 야만적 역사 행위를 부인하고 있다.

을 전후하여 학생들의 학력 저하에 대한 불안이 가중되자 이에 대한 비판이 고조되었다. 즉, 여유교육에 따라 기초 · 기본의 지식 · 기능이 학생들에게 충분히 체득되지 않고 있다는 것이다.

이러한 비판에 따라 2002년에 확실한 학력이 제창되고 기초 · 기본을 중시하는 방향으로 선회하여 「학습지도요령」을 일부 개정하였다. 그리고 2008년 3월에 「학습지도요령」을 전면적으로 개정하여 확실한 학력을 본격적으로 추진하였다(남경희, 2009). 「2008 개정 학습지도요령」은 국제학력조사(Programme for International Student Assessment: PISA)에 나타난 학력 동향을 감안한 교육과정으로 기초적 · 기본적인 지식 · 기능의 습득과 더불어 그 활용을 중시하였다.[7] 이렇게 내용과 능력의 균형을 도모하는 교육으로 회귀한 결과, 2006년에 현저히 하락했던 일본 학생들의 피사(PISA) 성적이 2012년에는 다시 상위권에 오르게 되는 등 학력회복의 조짐이 나타나기 시작하였다.[8]

이와 같은 흐름 속에서 중앙교육심의회는 2014년 11월 20일 「초등 · 중등교육에 있어서 교육과정의 기준 등의 이상에 관하여」라는 답신을 통하여 지식의 습득과 이의 활용을 재차 강조하면서 확실한 학력을 보다 강하게 추구하는 방향으로 나아갔다(文部科學省, 2014). 나아가 일본의 국립교육정책연구소(國立敎育政策硏究所)에서는 차기 「학습지도요령」의 개정을 염두에 두고 핵심역량(Key Competency/Core Competencies)을 중심으로 한 능력 중시 방향을 강조하였다. 이러한 방향에 따른 제반 검토에 기반을 두고 2017년에 「학습지도요령」을 개정하여 실시하고 있다.

---

7) OECD(경제협력개발기구)는 2003년 '핵심역량의 정의와 선택'이라는 데세코(DeSeCo)프로젝트에서 미래세대에게 필요한 핵심역량으로 도구의 상호작용적 활용 능력, 이질적 집단에서의 교류 능력, 자율적인 행동력이라는 3개의 범주를 제시했다. 여기서 주목할 점은 종래의 교육이 추구해 온 지식 · 기능 중심의 학력으로는 해소할 수 없는 새로운 능력을 제기했다는 점이다. 2000년에 시작된 OECD 주관의 PISA(국제학력조사)에서도 같은 맥락에서 학교 커리큘럼만이 아니라 학생의 장래 생활에서 중요하다고 생각되는 능력을 중시한다. 이에 따라 일본도 2008년 교육과정을 통한 PISA형 학력의 추구와 더불어 2013년 국립교육정책연구소의 '21세기형 능력'을 통해 기초력 · 사고력 · 실천력의 3개 항목을 핵심역량으로 제시하고 이를 추진하고 있다(石井英真, 2015).

8) 일본은 OECD의 2012년 국제학력조사 결과, 독해력 4위, 수학적 소양 7위, 과학적 소양 4위로 2009년의 독해력 8위, 수학적 소양 9위, 과학적 소양 5위보다 순위가 대폭 향상되었다(남경희, 2016, p. 29; 國立敎育政策硏究所, 2013, pp. 4-15).

3) 질서 이념과 살아가는 힘의 추구 및 「교육재생회의 제언」

일본 사회는 1980년대 이후 집단괴롭힘을 비롯한 학교 폭력, 등교 거부, 자살 등의 사건이 급증하고, 사회성이 결여되거나 인간관계가 제대로 형성되지 않는 학생이 증가하는 상황에 직면하였다. 이에 따라 1996년의 제15기 중앙교육심의회는 답신을 통하여 학교교육에서 '살아가는 힘(生きる力)'의 육성을 강조하였다(남경희, 1999, 2015; 教育改革硏究會編, 1996, p. 13). 일본 학생들의 실태를 감안하여 변화 가운데에 스스로를 상실하지 않고 삶의 가치를 감지하는 삶의 방식을 선택하고 실행하는 힘을 강조한 것이다.

또한 아베 정권에서는 2006년의 교육재생회의(教育再生會議) 및 2013년의 교육재생실행회의(教育再生實行會議)의 보고서를 통해 집단괴롭힘에 대해 신속하게 대응할 것을 제언하였다.[9] 이에 따라 문부과학성(文部科學省)에서는 출석정지 조치, 「집단괴롭힘 방지 대책 추진법」의 제정, 스쿨카운셀러의 배치 등의 정책을 시행하고 있다(남경희, 2014).

이러한 노력에 따라 집단괴롭힘은 양적으로 다소 감소하는 경향을 보이고 있지만, 질적 측면에서는 점차 음습화, 지능화, 장기화하는 등으로 일본 사회의 해결하기 어려운 고질적인 사회문제가 되고 있다.

---

9) 교육재생회의에서는 집단괴롭힘 문제에 나사적으로 대처해 왔음에도 크게 효과를 거두지 못하자 2006년 11월 29일 '집단괴롭힘 문제에 대한 긴급제언(いじめ問題への緊急提言ー教育關係者, 國民に向けて)'을 통해 세 가지를 주문하였다. ① 학교는 학생에 대하여 집단괴롭힘은 반사회적인 행위로서 절대로 용서되지 않고, 이를 방관하는 자도 가해자라는 것을 철저하게 지도한다. ② 학교는 문제를 일으키는 학생에 대하여 지도, 징계 기준을 명확히 하고 의연하게 대응한다. ③ 교원은 피해 학생에게 지켜주는 사람이 있다는 지도를 철저하게 한다(남경희, 2015, p. 506).

또한 교육재생실행회의에서는 2013년 2월 26일 '집단괴롭힘의 문제 등의 대응에 관한 제1차 제언'을 통해 집단괴롭힘을 빠른 단계에서 발견하고 대응하는 것이 교육재생에서 긴급한 과제로 인식하고 다음을 요청하였다. ① 도덕의 교과화에 따른 도덕교육의 강화, ② 집단괴롭힘에 대처하여 가기 위한 기본적 이념과 체제를 정비하는 법률 제정, ③ 학교, 가정, 지역, 모든 관계자가 집단괴롭힘에 대해 책임 있는 체제 구축, ④ 가해자에 대한 의연하고 적절한 지도, ⑤ 체벌 금지의 철저 및 아동의 자발적 행동을 촉진하는 부(部) 활동 지도의 가이드라인 책정 등이다(남경희, 2015, pp. 506-507).

3. 일본의 교육개혁과 기초주의

1) 학교교육의 기본 목표와 기초주의

2006년 「(개정) 교육기본법」에서는 전문에서 21세기를 살아갈 마음이 풍부한 인간 형성의 이념을 다음과 같이 밝히고 있다(文部科學省, 2006).

> 우리 일본 국민은 꾸준한 노력에 의하여 쌓아 온 민주적이고 문화적인 국가를 더욱 발전시킴과 동시에 세계의 평화와 인류의 복지 향상에 공헌하는 것을 바란다. 우리는 이 이상을 실현하기 위해 개인의 존엄을 중시하고, 진리와 정의를 희구하고, 공공의 정신을 존중하고, 풍요로운 인간성과 창조성을 겸비한 인간의 육성을 꾀함과 동시에 전통을 계승하고 새로운 문화 창조를 지향하는 교육을 추진한다.

이어서 2006년 「(개정) 교육기본법」 제1조 및 제2조에서는 일본교육의 목적과 목표에 대하여 규정하고 있다(文部科學省, 2006). 제1조에서는 교육 목적으로 인격의 완성을 지향하고 있다. 즉, 평화롭고 민주적인 국가 사회의 형성자로서 필요한 자질을 구비한 심신이 모두 건강한 국민의 육성을 도모하고 있다. 제2조에서는 이러한 목적을 실현하기 위해 달성해야 할 다섯 가지 목표를 다음과 같이 설정하고 있다. 여기서는 지덕체의 조화로운 발달(1호)을 기본으로 하면서, 개인의 자립(2호), 타자와 사회와의 관계(3호), 자연과 환경과의 관계(4호), 일본의 전통과 문화를 기반으로서 국제사회를 살아가는 일본인(5호)이라는 관점에서 설정하고 있다.

1. 폭넓은 지식과 교양을 체득하고, 진리를 구하는 태도를 함양하고, 풍부한 정보와 도덕심과 동시에 건강한 신체를 기른다.
2. 개인의 가치를 존중하고, 그 능력을 신장하며, 창조성을 기르고, 자주 및 자율의 정신을 기름과 동시에 직업 및 생활과의 관련을 중시하고, 근로를 중시하는 태도를 기른다.
3. 정의와 책임, 남녀의 평등, 자타의 경애와 협력을 중시함과 동시에 공공의 정신에

바탕을 두고 주체적으로 사회형성에 참가하고, 그 발전에 기여하는 태도를 기른다.

4. 생명을 존중하고, 자연을 중시하며, 환경보전에 기여하는 태도를 기른다.
5. 전통과 문화를 존중하고, 이들을 보호하고 발전시켜 온 국가와 향토를 사랑함과 동시에 타국을 존중하고, 국제사회의 평화와 발전에 기여하는 태도를 기른다.

「(개정) 교육기본법」에 나타난 이상의 다섯 가지 목표를 기초주의의 3이념 6개념의 가치체계에 따라 분류해 보면, 일본의 학교교육에서 추구하고 있는 교육이념과 개념은 〈표 18-3〉과 같다. 이를 보면 일본은 교육목표에서 기초주의의 3이념 6개념을 모두 포괄하고 있다는 것을 알 수 있다. 개정 전의 「교육기본법」에서는 일본의 경우, '질서' 이념의 하나인 '봉사' 개념이 없는 것으로 분석되고 있다(한기언, 2003, p. 115)는 점에서 교육목표의 설정에 변화가 있음을 알 수 있다.[10)]

〈표 18-3〉 일본의 교육목표 분석

기초주의		관련목표	내용
시간의 이념	문화	5호	전통과 문화 존중, 국가와 향토 사랑
	생활	1, 2호	심신의 조화적 발달, 직업 및 생활과의 관련 중시
자유의 이념	지성	1호	폭넓은 지식과 교양 체득, 진리 탐구 태도 함양
	인격	2, 3호	정의와 책임, 생명존중 및 자연 중시, 개인의 가치 존중, 공공 정신에 터한 사회형성 참가 태도
질서의 이념	협동	3호	근로 중시 태도, 자타의 경애와 협력 중시
	봉사	5호	타국 존중, 국제사회의 평화와 발전에 기여 태도

그런데 한기언은 다음과 같이 기초주의의 논리는 전통과 개혁의 조화에 있다고 보고 있다(2003, p. 45).

나는 '기초주의=전통과 개혁의 조화=멋=정수와 우아'라고 보는 것인데 '기초'라

10) 1947년에 제정된 「교육기본법」에는 「(개정) 교육기본법」 제2조의 '목표' 대신 '교육의 방침'을 설정하고 있다. 여기서는 "교육의 목적을 달성하기 위해서는 학문의 자유를 존중하고, 실제 생활에서 자발적인 정신을 함양하고, 자타의 경애와 협력에 의하여 문화의 창조와 발전에 공헌하도록 노력하지 않으면 안 된다."라고 기술하고 있다. 현행 「교육기본법」처럼 목표를 여러 개의 항목으로 나누어 언급하지 않고 교육의 방침을 천명하고 있는 방식을 채택하고 있다.

는 말은 단순히 우리가 이해하는 바 '기본'이니 '입문' '초보'라는 뜻 이상으로 실은 모든 사물에 있어서 인류가 도달한 '최고경지'요, '진리'라는 것으로 파악하였다.

이러한 한기언의 기초주의의 논리에서 본다면, 일본의 「(개정) 교육기본법」은 아베 내각의 우경화 방침에 따라 내셔널리즘을 지나치게 강화하는 방향으로 나갔다고 하는 점에서 '전통과 개혁의 율동적 자기 전개'라는 기초주의의 본질과는 상치된다 하겠다. 한기언은 박정희 정권 시대에 만들어진 우리의 「국민교육헌장」을 기초주의 가치체계인 3이념 6개념의 틀로 분석한 결과 기초주의 이념 구조에 그대로 맞아 들어간다고 하고 있다(2003, pp. 102-108).[11)]

그러나 「국민교육헌장」 역시 3이념 6개념의 틀에는 부합하였지만 국가주의(國家主義)의 가치를 담은 헌장을 통해 국민교육과 국민정신의 획일화를 도모하였다는 비판을 받았다는 점에서 '전통과 개혁의 조화'라는 기초주의 본질과는 상치된다 하겠다. 이러한 결과 「국민교육헌장」은 1994년부터는 우리의 초 · 중 · 고 교과서와 우리 사회에서 완전히 사라지는 역사적 사태를 가져왔다.

한일 양국 모두 이와 같은 상치는 기초주의라는 1핵 사상의 본질인 진리 추구와는 거리가 멀기 때문으로 생각된다.

2) 학교교육의 기본 방향과 기초주의

한기언(2003)은 '발전(發展)과 통정(統整)의 율동적 자기 전개'에서 '학(學: 배움)'과 '사(思: 생각)'에 대해 다음과 같이 설명하고 있다.

우리는 어떠한 경우에도 배우기를 멈추어서는 안 될 것이다. 그런데 단순히 배운다

11) 한기언은 「국민교육헌장」을 1핵 3이념 6개념의 틀로 다음과 같이 분석하고 있다(2003, pp. 106-107).
(1핵) 전통과 개혁: 상부상조의 전통, 창조의 힘과 개척의 정신
(3이념 6개념) 시간의 이념: (조상의 빛난 얼을) 오늘에 되살려/인류공영에 이바지할 때다. ① 문화: 학문과 기술을 익히며, ② 생활: (애국애족이) 우리의 삶의 길이며.
자유의 이념: 자유와 권리에 따르는 책임과 의무를 다하며/자유세계의 이상을 실현하는 기반이다. ① 지성: 능률/창의/(민족의) 슬기를 모아, ② 인격: 성실한 마음.
질서의 이념: 새 역사를 창조한다./(공익과) 질서 ① 협동: (명랑하고 따뜻한) 협동정신/(창의와) 협동/(국가건설에) 참여하고, ② 봉사: 공익/봉사하는 (국민정신을 드높인다).

> 는 것만으로는 충분치 않다. 아무리 힘이 들고 귀찮아도 반드시 자기 머리로 생각할 줄 알아야 할 것이다. '학(學)'과 '사(思)'라는 말이 되겠는데 달리 말하면 발전과 통정의 율동적 자기 전개가 필요한 것이다(한기언, 2003, p. 62).
>
> '기초주의'의 구조적 특성으로 말하면, 종래 교육사상에서는 '생활권 확대의 원리(공간성의 원리, 듀이는 개인과 사회의 대립을 조화로 극복하였다)' 아니면 '문화재의 전달 및 창조'라는 의미에서 발설되었던 바 '시간성의 원리'를 강조해 오던 재래의 경향에 대해서 시간성과 공간성의 원리를 아울러 생각해 보자는 것이다. '역사[시간성]'와 '사회[공간성]'의 대립을 조화시켜 보자는 것이다(한기언, 2003, p. 46).

이러한 학과 사의 측면에서 학교교육의 기본 방향을 검토해 보면 다음과 같다.

(1) 학교교육의 기초 · 기본으로서 학과 사

일반적으로 기초는 토대에, 기본은 기둥에 해당한다고 하나 오늘날에는 양자를 구별하지 아니하고 '기초 · 기본'이라는 하나의 단어로 사용된다. 중앙교육심의회 위원인 고지마 구니히로(兒島邦宏)는 기초 · 기본을 다음과 같이 세 가지 측면에서 파악한다(1998, pp. 28-29). 즉, 기본 생활 능력으로서, 각 교과의 기본 사항으로서, 사회생활에서 필수 불가결한 요소로서 기초 · 기본이다.

① 기본 생활 능력으로서 기초 · 기본: 기본 생활 능력으로서 기초 · 기본은 사회생활을 영위하는데 체득해 두지 않으면 지장을 초래하는 내용이나 능력을 말한다. 또 학교생활이나 교과 · 영역과 관련하여 그것의 토대나 전제가 되는 능력이나 내용, 즉 학습에 필요한 지식이나 기능으로 ㉠ 읽기, 쓰기, 셈하기의 3R, ㉡ 각 교과에서의 기초적인 지식 · 기능 내용이다.

② 각 교과의 기본 사항으로서 기초 · 기본: 각 교과의 기본 사항으로 '각 교과 내나 교과 간에 횡적인 기본적 개념이나 법칙, 교과의 구조, 학습 방법 등 과학적이고 합리적인 사물의 관점이나 사고방식'을 말한다. '학교지(學校知)'로서 과학적인 개념이나 법칙으로서의 '내용지(內容知)' 뿐만 아니라 사물을 보는 관점, 사고방식이나 학습 방법으로서의 '방법지(方法知)'라는 측면에서의 기초 · 기본으로 ㉠ 각 교과 등의 기본적인 개념, 구조, ㉡ 각 교과 등의 기본 기

능이나 학습 기능, 학습 방법이다.

③ 사회생활에서 필수 불가결한 요소로서 기초 · 기본: 사회생활을 주체적, 창조적으로 살아가는 데 필요한 자질, 능력으로, ㉠ 사고력, 판단력, 표현력, 문제해결력이라고 하는 새로운 사고방식이나 안목으로 성립되는 지적 능력, ㉡ 자기 확립을 도모함과 동시에 함께 배우고, 함께 살아가는 사회적 능력, 인간이해의 의식이나 태도, ㉢ 평생에 걸쳐 스스로의 건강을 유지 · 증진하고 활기차게 살아가는 건강이나 체력이다.

이러한 점에서 상기의 ①, ②는 기초주의의 학(學: 배움)에 해당하고, ③은 사(思: 생각)에 해당한다고 할 수 있다. 또한 ②는 시간성의 원리이고, ①, ③은 공간성의 원리라고 할 수 있다. 일본교육에서 이러한 학과 사, 시간성과 공간성의 원리는 '살아가는 힘'이나 「학습지도요령」을 통해 추구되고 있다. 이를 구체적으로 살펴보면 다음과 같다.

(2) 일본교육의 기본방향과 이념으로서 '살아가는 힘'에서의 학과 사

21세기 일본교육의 이상과 방향에 관하여 제15기 중앙교육심의회는 1996년 7월 19일 '21세기를 전망한 일본교육의 이상에 관하여'라는 제1차 보고서를 발표하였다. 이 보고서에서 중심적인 축이 되고 있는 핵심 단어는 '살아가는 힘(生きる力)'이다. 집단괴롭힘, 등교거부 증가, 수험공부에 쫓기는 학교생활, 가정이나 지역사회의 교육력 저하 등에 따라 이를 극복하기 위해 제안된 '살아가는 힘'은 전인적인 힘으로서 일본교육의 기본 방향과 이념의 역할을 해 오고 있다.

전인은 지정의(知情意)가 골고루 조화된 원만한 인격을 가진 사람으로 균형감 있는 인간적 자질이나 능력을 의미한다. 지적인 자질 · 능력 측면에 기울었던 학력관과는 달리 살아가는 힘에 있어서는 이를 계승하면서도 덕육과 체육의 측면을 첨가하여 지덕체를 균형감 있게 육성하는 것을 중시하고 있다. 이러한 점에서 살아가는 힘에서는 지적 측면에 치우친 교육에서 지덕체를 강조하는 교육으로 회귀하고 있음을 알 수 있다. 상기의 보고서에서는 살아가는 힘에 대해 다음의 네 가지 점을 부연하여 설명하고 있다(남경희, 1999, p. 9; 教育改革研究會編, 1996, pp. 14-15). 즉, 사회를 살아가는 데 필요한 지식, 문제해결 능력, 유연한 감성, 건강한 체력이다.

① 필요한 지식: 책 속에서의 지식만이 아니라 실제로 사회를 살아가는 데 있어서의 삶의 지혜이다.
② 문제해결 능력: 단순히 과거의 지식을 기억하고 있는 것이 아니라 스스로 과제를 발견하고, 스스로 생각하고, 스스로 문제를 해결하여 가는 자질과 능력이다.
③ 유연한 감성: 이성적인 판단력이나 합리적인 정신만이 아니라 아름다운 것이나 자연에 감동하는 마음이라는 유연한 감성을 포함한다.
④ 건강한 체력: '살아가는 힘'은 건강이나 체력 등을 지탱하는 기반이다.

이상과 같이 '살아가는 힘'은 지덕체가 골고루 조화된 원만한 인격을 가진 사람으로서 전인성과 더불어 학(學)과 사(思)를 아울러 추구하고 있음을 알 수 있다. 이처럼 '살아가는 힘'에서는 지적인 측면만이 아니라 정의적인 측면을 학력 개념에 포함시키고 있다. 아동들의 생활환경과 학교교육의 황폐화에 따라 내면적인 인격구조의 발달 가운데에 학력을 위치시키고 있는 것이다(松下佳代編, 2015, pp. 146-147). 기존의 학력 개념에 대한 관점을 전환한 것이다.

(3) 일본의 현행 「2008 개정 학습지도요령」에서의 학과 사

일본의 「2008 개정 학습지도요령」에서는 '살아가는 힘'이라는 이념의 공유와 더불어 기초적 · 기본적인 지식 · 기능의 습득, 사고력 · 판단력 · 표현력 등의 육성을 추구하고 있다(中央教育審議會/工藤文三 解說, 2008).

① '살아가는 힘'이라는 이념의 공유: 확실한 학력을 추구하는 「2008 개정 학습지도요령」은 '살아가는 힘'이라는 이념을 공유한다. 확실한 학력은 기초적 · 기본적인 지식 · 기능의 습득, 사고력 · 판단력 · 표현력의 육성과 더불어 전인성을 추구하는 살아가는 힘에 의해 뒷받침되는 것이 필요하다는 것을 강조하고 있다.
② 기초적 · 기본적 지식 · 기능의 습득: 사회변화나 과학기술의 진전 등에 따라 사회적 자립 등의 관점에서 아동들에게 지도하는 것이 필요한 지식 · 기능과 확실한 습득을 도모하기 위해 학교 등에서 반복하는 것이 효과적인 지식 · 기

능 등이 필요하다는 것이다.

③ 사고력 · 판단력 · 표현력 등의 육성: 각 학교에서 아동들의 사고력 · 판단력 · 표현력 등을 확실하게 함양하기 위하여 각 교과의 지도에서 기초적 · 기본적인 지식 · 기능의 습득과 더불어 관찰 · 실험 · 리포트 작성 · 논술 등 각 교과의 지식 · 기능을 활용하는 학습활동을 충실하게 하는 것을 중시한다.

이처럼 「2008 개정 학습지도요령」에서도 '살아가는 힘'의 전인성의 함양과 더불어 학(學)과 사(思)를 통해 습득형과 탐구형의 학습을 아울러 추구하면서 확실한 학력을 육성하고자 하고 있다. 이상과 같이 기초학력(Basic Academic Competence)은 상기의 ② 기초적 · 기본적 지식 · 기능의 습득과 ③ 사고력 · 판단력 · 표현력 등의 육성 및 ① '살아가는 힘'의 전인성을 포괄하고 있다. 여기서는 기초학력을 정의적인 면을 포함하는 인격의 일부로 보고 있다는 점에서 기초학력은 지성과 인격을 포괄하는 기초주의의 자유 이념과 매우 관련이 깊다 하겠다.

4. 일본의 교육개혁 구현과 기초주의

학교교육의 기본 목표 및 방향 구현 측면에서 기초주의를 생각해 볼 때 현행 일본의 교육과정인 「학습지도요령」을 고찰해 볼 필요가 있다. 학교교육의 기본 목표나 방향은 교육과정을 통해 구현되기 때문이다. 기초주의라는 관점에서 「2008 개정 학습지도요령」에서의 교육내용에 관한 주된 7가지 개선 사항 중에서 '(6)소학교 단계에서 외국어활동'을 제외하고 나머지 5가지 개선 사항과 '(7)'항 중 직업교육에 대하여 살펴보면 다음과 같다(中央教育審議會, 2008, pp. 53-68).

1) 주된 개선 사항

(1) 언어활동의 충실

'언어활동의 충실'에서는 각 교과 등에서 언어활동은 논리나 사고 등의 지적 활동만이 아니라 의사전달이나 감성 · 정서의 기반임을 강조한다. 국어과에서는 이들

언어의 역할에 따라 적확하게 이해하고, 논리적으로 사고하고 표현하는 능력, 상호 입장이나 생각을 존중하고 전달하는 능력을 육성하는 것과 언어 · 문화에 접해 감성이나 정서를 함양하는 것을 중시하도록 하고 있다. 그리고 사회, 과학, 수학, 음악, 미술, 체육, 도덕, 가정, 특별활동, 종합적 학습시간 등에서도 이러한 능력을 함양하도록 하고 있다.

(2) 이수(理數)교육의 충실

학문으로서 이과와 수학의 각 분야에 관한 지식과 기술을 습득하도록 일본 고등학교에 2016년부터 '수리교과'를 두게 되는데, 2008년의 「학습지도요령」의 '이수(理數)교육의 충실'에서는 지식기반사회에서 과학기술은 경쟁력과 생산성 향상의 원천이 되고 있음을 강조한다. 따라서 학교교육에서는 과학기술의 토대가 되는 이수교육을 충실히 해야 할 필요가 있음을 강조한다. 수업시수의 증가, 기초 · 기본적인 지식 · 기능의 확실한 정착을 위한 반복학습, 사고력 · 표현력의 육성을 위한 관찰 · 실험과 리포트 작성, 논술, 수량이나 도형에 관한 지식 · 기능을 실제의 장면에서 활용하는 활동을 할 시간을 충분히 확보할 필요가 있다는 것이다.

(3) 전통과 문화에 관한 교육의 충실

'전통과 문화에 관한 교육의 충실'에서는 국제사회에서 활약하는 일본인의 육성을 도모함에 있어 국가나 향토의 전통과 문화를 수용하고 이의 장점을 계승 · 발전시키기 위한 교육을 강조한다. 세계에 공헌하는 것으로서 국가나 향토의 전통과 문화에 관한 이해를 심화하고 존중하는 태도를 체득하는 것이야말로 글로벌 사회에서 자신과는 다른 문화와 역사에 경의를 표하고, 이에 입각한 사람들과 공존할 수 있다는 것이다. 이는 국어, 사회, 역사, 음악, 미술, 공예, 서도, 기술, 가정, 보건체육 등의 교과에서 적극 함양하도록 하고 있다.

(4) 도덕교육의 충실

「(개정) 교육기본법」 전문의 인간 형성의 이념과 관련하여 '도덕교육의 충실'에서는 인간 존중의 정신과 생명에 대한 경외의 마음[염(念)]을 구체적인 생활 속에서 살리는 것을 통해 주체성이 있는 일본인을 육성하도록 하고 있다. 이를 위해 도덕적인 심정, 판단력, 실천 의욕과 태도 등의 도덕성을 기르는 것을 목표로 하면서 학교의 교육활동 전체를 통하여 행하도록 하고 있다.

(5) 체험활동의 충실

'체험활동의 충실'에서는 타자, 사회, 자연환경 속에서 체험활동을 통하여 타자와 공감하는 것과 사회의 일원이라는 것을 실감하는 것에 의해 배려하는 마음과 규범의식을 함양하도록 하고 있다. 또한 자연의 위대함이나 아름다움과 마주하며 문화예술에 접하거나 널리 사물에 대한 관심을 높이고 문제를 발견하거나 곤란에 도전하고, 타자와의 신뢰관계를 쌓고 사회성과 풍부한 인간성을 형성하도록 하고 있다. 이러한 활동으로는 봉사체험활동, 직장체험활동, 자연체험활동 등이 있고, 특별활동 시간이나 종합적 학습시간 등을 통해 실천하도록 하고 있다.

(6) 직업교육의 충실

사회변화의 대응 관점에서 교과 등을 횡단하여 개선해야 할 사항으로 정보교육, 환경교육, 노작교육, 직업교육, 식육(食育), 안전교육 등을 예시하고 있는데, 이 중에서 직업교육에 관해 살펴보면 다음과 같다.

현대사회에서 진로를 둘러싼 환경의 변화 속에서 장래 아동들이 직면할 여러 과제에 유연하게 대응하고, 사회인 · 직업인으로서 자립하여 가기 위해서는 아동 개개인의 근로관 · 직업관을 육성하는 직업교육을 충실하게 할 필요가 있다는 것을 강조한다. 이를 위해 특별활동에서 바람직한 노동관 · 직업관을 육성하고, 종합적 학습시간, 사회과, 특별활동에서 직장 견학, 직장체험활동, 취업체험활동 등을 통해 직업교육을 체계적으로 하도록 하고 있다.

2) 기초주의의 입장에서의 고찰

이상에서 고찰한 주요 개선 사항을 기초주의의 3이념 6개념의 관점으로 분류하여 보면, '(1)'항 언어활동 및 '(2)'항 이수교육은 지성 개념, '(3)'항 전통과 문화에 관한 교육은 문화 개념, '(4)'항 도덕교육은 인격 및 생활 개념, '(5)'항 체험활동은 봉사 개념, '(6)'항의 직업교육은 협동 개념을 구현하고 있다고 하겠다. 따라서 '(1)'항,

'(2)'항 및 '(4)'항은 자유의 이념에 해당하고, '(3)'항과 '(4)'항은 시간의 이념, '(5)'항과 '(6)'항은 질서의 이념을 구현하는 것이라 하겠다. 이를 통해 일본의「교육기본법」의 목표에서 제시된 교육은 교육과정인「학습지도요령」을 통해 기초주의의 3이념 6개념을 구체적으로 구현해 가고 있음을 알 수 있다.

5. 맺음말

한기언이 제창한 기초주의의 가치체계는 1핵 3이념 6개념으로, 이 글에서는 이를 분석틀로 하여 일본의 교육현실에 대해 고찰하고 지향점을 논하였다.

먼저, 일본의 교육현실을 기초주의의 3이념 관점에서 고찰하여 보았다. 첫째, 시간의 이념에서 볼 때, 아베 정권의 우경화에 따른 덕목의 강제적 내면화, 개인의 인격 형성에 대한 국가 권력의 통제가 강화되고 있다. 둘째, 자유의 이념에서 볼 때 여유교육에 따른 학력 저하 현상이 나타나자 2000년대에는 오히려 여유교육에서 벗어나 확실한 학력을 추구하였고, PISA 결과로 성과를 거두자 이를 더욱 강화하고 있다. 셋째, 질서의 이념에서 볼 때 집단괴롭힘, 등교거부, 자살 등의 증가에 따라 '살아가는 힘'을 강조하고, 이의 방지 대책을 다각도로 강화하고 있으나 여전히 고질적인 사회문제로 남아 있다.

다음으로 기초주의 관점에서 교육개혁 및 이의 구현에 대해 고찰해 보았다. 첫째, 교육의 기본 목표에서는「(개정) 교육기본법」을 통해 기초주의의 취지에 부합하는 방향으로 나아가고 있으나 전통과 개혁의 율동적 자기 전개 측면에서는 조화와 균형을 살리지 못하고 있다. 둘째, 교육의 기본 방향에서는 습득형과 탐구형의 교육과 아울러 지덕체를 균형 있게 추구하기 위해서 교육개혁문서를 통해 학과 사와 더불어 전인성을 중시하는 방향으로 나아가고 있다. 셋째, 교육 목표 및 방향의 구현에서는「2008 개정 학습지도요령」및 이를 계승한「2017 개정 교육과정」을 통하여 구체적으로 실천하고 있다.

이상과 같이 일본은 '살아가는 힘'과 종전 및 현행「학습지도요령」에서 지식기반사회에 대응하는 확실한 학력의 육성에 주력하고 있다. 또한,「(개정) 교육기본법」과 현행「학습지도요령」에서 기초주의의 6개념에 해당하는 가치를 규정하고 이를 구현하고 있다. 한편으로 기초라는 1핵 사상의 본질인 '전통과 개혁의 조화를 통한 인간 형성의 논리'에서 볼 때 일본의 교육은 「(개정) 교육기본법」 및 교과서 왜곡 등을 통한 인격형성의 국가적 통제 강화로 국수주의(國粹主義)에 기울고 있다는 점에서 조화나 진리 추구라는 기초주의의 본질과는 거리가 멀다고 할 수 있다.

이는 일본의 「교육기본법」 제1조에서 규정하는 교육의 궁극적 목적인 '인격의 완성'이라는 측면에서 볼 때 '인격의 완성'과 '국민의 육성'이라는 두 가지 변인 간의 긴장 관계가 균형을 잃고 있다는 점에서 바람직하지 못하다 할 것이다. 우리 역시 과거의 「국민교육헌장」(1968)은 이러한 긴장 관계가 순종하는 국민의 육성이라는 국수주의 쪽으로 기울어 비판을 받아오다가 역사의 뒤안길로 사라지게 되었다는 점은 일본의 교육이 눈여겨봐야 할 시사점이라 하겠다.

일본의 교육은 단지 일본 국내만의 문제가 아니라 한국, 중국, 대만을 비롯한 동아시아의 문제라 하겠다. 이들 국가와의 역사, 영토, 문화, 국제이해 등의 문제가 복잡하게 얽혀 있기 때문이다. 따라서 일본교육이 기초주의의 본질에 부합하는 방향으로 나아갈 때 국제사회의 일원으로서 역사를 직시하고 주변국에 대해 반성과 책임을 다할 수 있는 국민을 육성할 수 있을 것이다.

✪ 참고문헌

남경희(1999). 일본의 교육개혁 보고서상의 '살아가는 힘'. 사회과교육학연구, 3호, 1-21.

남경희(2009). 확실한 학력을 지향하는 일본의 학력중시 정책. 한국일본교육학연구, 14(1), 41-54.

남경희(2014). 일본의 도덕교육의 성립 · 전개와 도덕의 교과화 시도. 한국일본교육학연구, 19(1), 1-18.

남경희(2015). 일본 사회의 집단괴롭힘에 대한 인식 진전과 접근. 한국초등교육, 26(4), 495-513.

남경희(2016). 전후 일본에서 학력 논쟁과 학력관의 동향. 한국일본교육학연구, 21(1), 21-36.

한기언(2003). 기초주의. 경기: 한국학술정보[주].

한기언(2007). 기초주의의 세계. 자생적 한국교육학 기초주의의 세계. 고려대학교 교육문제연구소 2007년 국제학술대회, 189-225.

石井英眞(2015). 今求められる学力と学びとは. 日本標準.

國立教育政策研究所(2013). OECD生徒の學習到達度調査.

教育改革研究會編(1996). 中央教育審議會 審議のまとめ. 解説と關聯資料. 學校運營研究 7月號臨時增刊 No. 452. 明治圖書.

教育再生會議(2007). 社會總がかりで教育再生を(第二次報告-公教育再生に向けた更なる一歩と「教育新時代」のための基盤の再構築-).

教育再生實行會議(2013). いじめの問題等への對應について(第1次提言).

兒島邦宏(1998). 生きる力 を育てる教育課程. 明治圖書.

中央教育審議會/工藤文三 解説(2008). 中央教育審議會答申 全文と読み解き解説. 明治圖書.

松下佳代編(2015). 新しい能力 は教育を變えるか. ミネルヴァ書房.

文部科學省(2006). 教育基本法.

文部科學省(2014). 初等中等教育における教育課程の基準等の在り方について(中央教育審議會答申).

文部科學省. 新學習指導要領 全文. http://www.mext.go.jp/a_menu/shotou/new-cs/1383986.htm에서 2019.11.1. 인출.

文部科學省. 小學校學習指導要領總則. http://www.mext.go.jp/a_menu/shotou/new-cs/1383986.htm에서 2019.11.1. 인출.

cafe.daum.net/heungbuso/BY2K/340에서 2016. 7. 25. 인출.

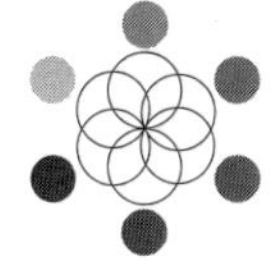

제19장

기초주의와 교육학 연구

- 동양의 인문정신과 일본 연구 -

홍현길

1. 들어가며

‘기초주의’란 서울대학교 사범대학 교수를 역임한 한기언(1925~2010) 박사(이하 한기언)가 주장하고 있는 교육사상이자 교육철학이며, 나아가 한기언의 철학이라고 하겠다. 우리는 학교를 중심으로 가정이나 사회에서 끊임없이 교육을 해 왔으며 또한 하고 있다. 이때 기초주의가 내세우는 기초주의 교육학을 알고 참고한다면 학교를 비롯하여 가정이나 사회에서의 교육이 더 바람직한 교육이 되리라 생각한다. 이와 같은 의도에서 기초주의 교육학이 무엇인가를 고찰하고자 한다. 그런데 이 글을 발표하는 학술회는 여러 분야가 함께 발표하는 종합 학술대회로 그 취지를 동양의 인문정신 연구에 두고 있기에 한국과 일본 및 중국이라는 동양 삼국의 인문정신에 대한 기초주의의 연구를 또한 본 주제의 실천 일례로 제시하고자 한다.

연구방법은 먼저 기초주의가 어떤 사상인가를 현대 사상과 철학의 기반에서 파악하며, 한기언의 전집을 중심으로 기초주의 교육학이 무엇인가를 고찰하는 문헌연구방법이 된다. 또한 동양 삼국의 인문정신에 대한 기초정신을 현재까지의 삼국의 역사와 문화를 고찰하여 규명하는 연구방법으로 활용하고자 한다.

2. 기초주의는 어떤 교육사상인가

1) 구조기능주의 측면

모든 사상에는 주장하는 사람의 인생과 지혜가 들어 있어 다른 사람이 그것을 정확히 고찰하기는 매우 어렵다고 하겠다. 특히 70여 년의 짧은 민주주의 역사 속에 서양의 교육사상에 기대온 대한민국 교육 현장에서 교육학을 연구하고 실천한 경험과 직관을 중심으로 만들어진 기초주의라는 교육사상은 더욱 그러하다.

한기언의 『21세기 한국의 교육학』을 보면 '교육의 구(球)적 인식이라는 장에서 교육의 구조가 구(球)임을 강조'하고 있다.[1] 즉, 한기언은 모든 지식[2]은 기초를 중심으로 구조를 이루고 있음을 언급하고 있다. 이에 이 글은 구조주의적 발상이 기초주의의 기저를 이루고 있다고 생각하며, 나아가 구조주의(構造主義)를 더욱 발달시킨 구조기능주의가 아닌가 생각하게 된다. 그래서 이 글은 기초주의를 구조기능주의 입장에서 고찰해 보고자 하며, 그러기 위해서는 구조기능주의에 대해 간단히 설명해 보고자 한다.

일반적으로 학문은 필로소피(philosophy)라는 철학을 기초로 시작되었다. 그러나 과학의 발달과 함께 20세기에 이르러는 필로소피 대신 사이언스(science)라는 과학이 기초를 이루게 된다. 그러자 과학은 인간의 모든 사상에 큰 영향을 미치게 된다.

그런데 과학에는 생명에 관하여 세 가지 관점이 있다. 생명을 하나의 살아 있는 기운으로 보는 생기론(生氣論, vitalism), 정교한 기계처럼 보는 기계론(mechanism), 사람의 몸처럼 스스로 활동 기능을 가진 구조로 보는 유기체론(organism)이다. 그런데 과학의 발달과 함께 점점 유기체론의 비중이 커지기 시작한다.

이 유기체론은 유기체가 구조의 전형이므로 사상계에 구조주의적 관점이라는 영향을 주게 된다. 프랑스의 언어학자 소쉬르(F. de Saussure, 1857~1913))는 1911년 『일반언어학 강의』를 통해 구조언어학을 발표하며, 프랑스의 민족학자인 레비스트

1) 한기언(2003), pp. 84-113.

2) 여기서 지식이란 광의의 지식으로 우주 삼라만상의 정확한 모든 정보를 말한다.

로스(C. Levi-Strauss)는 1949년 『친족의 기본구조』를 통해 구조주의를 주장한다. 스위스의 심리학자 피아제(J. Piaget, 1896~1980)는 1951년 『구조주의』를 통해 구조주의를 자세히 설명한다.

그런데 당시의 구조주의에는 구조 자체의 얼개가 명확하지 못한 블랙박스라는 비평이 있게 된다. 그래서 당시의 구조주의를 주장하는 학자들은 자기 나름대로 구조의 블랙박스를 화이트박스로 만들고자 노력한다.

그런 가운데 1953년에는 생명설계도인 디엔에이(DNA)의 발견이라는 산업혁명 이래의 역사적 큰 사건이 일어난다. DNA로 인해 생명체라는 유기체의 구조가 화이트박스로 밝혀지게 된다. 또한 DNA에 의해 생명체 구조에는 기능이라는 메커니즘이 통합되어 있음을 알게 된다. 그래서 구조에 기능을 통합한 구조기능주의가 나타나며 이를 후기구조주의라고도 한다. 미국의 사회학자이자 하버드대학교 교수인 파슨스(T. Parsons, 1902~1979)의 사회 시스템의 구조기능의 분석에 의한 AGIL이론[3]은 구조기능주의를 대표하는 일례가 되고 있다.

이 글은 기초주의야말로 구조기능주의에 의해 이루어져 있는 우리나라 최초의 교육사상이 아닌가를 생각해 본다. 왜냐하면 기초주의는 기초라는 구조의 핵을 '1핵 3이념 6개념'의 기능으로 설명함으로써 기존의 미지영역인 교육 현상을 화이트박스로 만들고 있기 때문이다.

2) 기초주의의 '어브덕션'이라는 발상의 측면

기초주의는 한기언이 사범학교와 사범대학의 학생 시절 10년간 수영선수 생활에서 생각하게 되었고, 서울대학교 사범대학 조교수 시절 1957년 컬럼비아대학교에 교환교수로 가서 기숙사에서 창안하게 되며, 귀국하여 1958년 『교육평론』 8월호에 「현행교육의 학적기대 비판」이라는 논문을 통해 '기초주의'라는 주제가 소개되어 세상에 나타나게 된다.[4]

이러한 기초주의의 내용은 어떠한 것인가? 가장 중요한 내용은 '1핵 3이념 6개념'

3) A는 적응(adaptation), G는 목적달성(goal attaintment), I는 통합(integration), L은 잠재적 패턴유지와 긴장처리(latent pattern maintenance and tension management)를 뜻하며 모든 구조는 AGIL에 의해 발전해가는 기능으로 되어 있다는 이론.

4) 고려대학교 교육문제연구소 편(2007), pp. 183-184.

이다. 한기언의『기초주의』라는 저서와 고려대학교 교육문제연구소 2007년 국제학술대회에서 그 자신이 말년에 정리한 원고를 참조로 설명하면 다음과 같다.

1핵 3이념 6개념에서 1핵은 바로 '기초'를 말하며, 이 기초는 인간 형성의 핵 사상으로의 기초, 진리로서의 기초, 창조의 논리로서의 기초, 교육적 평가기준으로의 기초, 교육이념으로의 기초, 방향을 가리켜 지시하는 지남성으로의 기초라는 여섯 가지 특성을 지니고 있다.[5)]

그런데 이와 같은 기초는 교육적 가치론에서 볼 때 3이념인 시간·자유·질서와 6개념인 문화·생활·지성·인격·협동·봉사라는 가치체계로 되어 있다.

이러한 내용을 설명하기 전에 먼저 어떻게 1핵 3이념 6개념이 만들어졌는가를 고찰해 보고자 한다. 우선 한기언의 저서에서 찾아보면 어떻게 만들었다는 충분한 설명이 없다. 그러나 한기언의 1핵 3이념 6개념에 대한 설명을 보면 하나의 발상이 있음을 생각할 수 있다.

이 발상이 어떠한 발상인가를 일본 쓰쿠바대학(筑波大学) 교수인 문화인류학자 가와키다 지로(川喜田二郎)의『발상법』이라는 저서를 참고로 설명해 보고자 한다. 그는 아리스토텔레스가 귀납적(induction)이나 연역적(deduction) 추리 방법 외에 어브덕션(abduction: 가추)이라는 추리방법을 제창했다고 하였다. 그런데 이상하게도 귀납적 방법과 연역적 방법만 후세에 널리 사용되고 어브덕션은 사용되지 않았다. 단 미국의 프래그머티즘(pragmatism)의 제창자인 퍼스(C. S. Peirce, 1839~1914)가 어브덕션을 이용하여 헤겔의 변증법은 정확한 논리학이 아니라고 비판한 후 말년에 변증법의 논리학에 공감하는 기록이 있을 정도이다.[6)]

그런데 우리가 연구 논문을 쓰고자 할 때 연구하고자 하는 주제에 필요한 자료를 모으기 시작한다. 그리고 직·간접으로 관련 있는 자료를 중심으로 연역적으로 추리를 하거나 조사나 실험을 통해 귀납적으로 추리를 하거나 한다. 전자를 서재과학적 방법이라고 하고, 후자를 실험과학적 방법이라 한다. 그런데 실제로 연구하려는 주제에 관해 직접 관찰해 보면 서재과학적 방법이나 실험과학적 방법 외에도 많은 자료가 있음을 알게 된다.

이 자료들을 모아 엄밀히 관찰하면 하나의 논리를 추리할 수 있다. 이를 어브덕

5) 고려대학교 교육문제연구소 편(2007), p. 192.
6) 川喜田二郎(1967), pp. 4-20.

션이라고 한다. 원래 어브덕션이란 말은 아이를 속여 유괴하거나 남의 것을 빼앗거나 날치기하는 등의 불순한 의미의 말이나, 여기서는 여러 가지 자료에서 무언가 새로운 아이디어를 끌어낸다는 의미로 쓴 것이다.

가와키다 지로는 어브덕션을 '발상법'(가추, abduction)이라고 번역하며 야외과학적(野外科學的) 방법이라고 한다. 야외과학이란 현장의 과학이라고 그는 말한다. 물론 어브덕션에서 사용하는 자료에는 서재과학이나 실험과학의 자료도 포함될 수 있다. 가와키다 지로는 이 어브덕션이라는 발상법을 체계화하여 자기 이름을 붙여 'KJ법'이라고 하여 학계에 발표함으로써 현재 KJ법은 논리 이론의 하나로 세계에 알려져 있다.[7] 그러면 KJ법은 구체적으로 어떠한 추리방법인가? 이에 대한 설명은 1967년 발행된『발상법』과 1970년의『속(續)발상법』을 참조해 주기 바란다.

그런데 이와 같은 어브덕션의 설명에서 볼 때 한기언의 기초주의의 중심 이론인 1핵 3이념 6개념은 바로 이 어브덕션 의해 구성된 이론이라 생각할 수 있다. 한기언의 저서인『기초주의』에는 많은 자료를 총망라한 어브덕션 어프로치를 볼 수 있기 때문이다.

그러나 한기언의 기초주의는 KJ법보다 10년 전에 만들어졌으므로 한기언이 KJ법을 참고한 것으로 볼 수는 없다. 특히 기초주의나 KJ법이 서로 참고했다는 언급이 없는 것으로 보아 KJ법이 만들어지기 전에 한기언은 기초주의의 과학적 방법으로 어브덕션을 사용했다고 생각할 수밖에 없다. 물론 한기언의 어브덕션과 KJ법이 같은가 다른가에 관해서는 또 하나의 연구가 되리라 생각한다. 그러나 모든 자료를 총망라하여 관찰한다는 어브덕션의 방법론은 같다고 하겠다. 그러면 기초주의의 중심이론인 1핵 3이념 6개념은 어떤 의미인가를 설명해 보자.

---

7) 川喜田二郎(1967).

3. 기초주의의 1핵 3이념 6개념의 의미

기초주의의 1핵 3이념 6개념의 내용을 알기 쉽게 표로 만들면 다음과 같다.

〈표 19-1〉 1핵 3이념 6개념

1핵	3이념	6개념
기초	시간	문화 · 생활
	자유	지성 · 인격
	질서	협동 · 봉사

그런데 이 내용을 설명하기는 그리 쉽지 않다. 그래서 이 글에서는 한기언 자신이 언급한 내용으로 설명해 보고자 한다. 한기언은 우리나라 교육의 기초를 '멋'으로 보며 이 '멋있는 사람'을 알기 쉽게 '현대적 선비'로 표현하고 있다. 다시 말해 한기언은 기초주의로 본 우리나라 교육에서의 기초를 '멋'으로 보고 '멋있는 사람', 즉 '현대적 선비'를 형성하는 것이 우리나라의 교육이며 바로 우리나라의 기초주의임을 언급하고 있다.[8] 물론 이 글은 한기언이 기초를 '멋'에 두는 발상을 어브덕션 어프로치에서 나왔다고 본다.

이상과 같은 한기언의 '멋'에 관한 기초주의에서의 설명이 매우 복잡하여 이 글은 구조기능주의의 측면에서 알기 쉽게 '멋'이라는 기초와 시간 · 자유 · 질서라는 3이념과 문화 · 생활 · 지성 · 인격 · 협동 · 봉사라는 6개념과의 관계를 설명해 보고자 한다.

우리나라의 예부터 내려오는 말 속에는 '멋'이라는 단어가 있다. 이 '멋'이라는 말을 사람과 연관시켜 '멋있는 사람'이라는 말로 사람의 됨됨이를 평가하기도 하였다. 왜냐하면 '멋있는 사람'이라고 할 때 그 밑바탕에는 반드시 '좋은 사람'이라는 의미가 들어 있기 때문이다.

이렇게 우리나라 사람들이 말하는 '멋있는 사람'은 '문화' '생활'을 하여 자기의 인생이라는 '시간'을 더욱 의미 있게 만드는 사람이며, '지성'과 '인격'을 닦아 '자유'의

8) 한기언(2003), pp. 51-68.

의미를 높이는 사람이고, '협동'과 '봉사'를 통해 '질서'의 의미를 크게 하는 사람이라고 하겠다. 이와 같이 여섯 가지 개념을 형성하면서 3이념을 높이거나 높여 가면서 기초가 탄탄한 사람을 멋있는 사람이라고 하겠다.

이와 같이 '멋있는 사람'에 대한 '1핵 3이념 6개념'에 관한 설명은 역으로 '6개념 3이념 1핵'으로도 다음과 같이 설명할 수 있다. 즉, '문화'와 '생활'은 자기 인생이라는 '시간'을 '멋'있게 하며, '지성'과 '인격'을 갖추면 갖출수록 '자유'를 '멋'있게 누리게 되며, '협동'과 '봉사'의 생활을 하면 할수록 '질서'를 '멋'있게 한다.

이상의 설명은 '멋'이라는 '기초'를 알 때 '멋있는 사람'이 형성된다는 주장, 즉 '기초주의' 교육원리의 기본이라고 하겠다.

4. 기초주의 교육학이란

기초주의가 말하는 교육학은 바로 기초를 갖춘 사람을 형성하는 것이 교육이며 이 교육이 이루어지도록 하는 이론체계를 말한다. 그런데 기초주의가 말하는 교육학을 보면 교육학의 구조를 공과 같은 구(球)로 생각하는 데서부터 시작한다. 그래서 기초주의를 구상(球象)교육철학이라고 한다.[9] 이 글은 이 말의 의미를 알아보는 데서부터 시작하고자 한다.

한기언은 교육이나 교육학 나아가 기초주의의 구조를 구(球)로 생각한 데는 독일의 유치원 창설자인 프뢰벨(F. Fröbel, 1782~1852)의 구에 대한 생각과 일치하는 것 같다.[10] 이에 프뢰벨의 구에 대한 생각을 정리해 보면 다음과 같다.

프뢰벨은 해, 달, 별 및 물방울 등 우주의 큰 것부터 물방울이나 고체의 미세한 가루 한 알의 모양까지 공처럼 둥글게 된 것은 그 안의 힘이 방해를 받지 않고 자유롭게 나타나서 생긴 형태라고 말한다. 그래서 구의 형태만이 모든 힘이 자유롭게 활동하는 공간이 되고 자연법칙이 존재하게 되며 이 자연법칙에 의해 자연의 모든 사물이 형체를 가지고 존재하게 된다. 즉, 구의 형태만이 힘의 자유로운 활동이나

9) 고려대학교 교육문제연구소 편(2007), p. 194.
10) 한기언(2003), pp. 100-105.

일정한 자연법칙이 존재할 수 있는 것이다.[11)]

프뢰벨의 이와 같은 구에 관한 생각은 19세기의 생각이지만 21세기 현대 물리학에 의한 자연관에서 볼 때도 매우 일리 있는 생각임을 알 수 있다. 한기언 역시 이 점을 생각하여 일치된 생각을 하였다고 생각할 수 있다.

이와 같이 구의 측면에서 기초주의를 보면, 기초라는 하나의 핵이 3이념인 시간 · 자유 · 질서라는 목표를 높이는 속에 6개념인 문화 · 생활 · 지성 · 인격 · 협동 · 봉사로 나타나고 있으며, 또한 이 6개념은 교육적 존재론 · 교육적 가치론 · 교육적 인간론 · 교육적 지식론 · 교육적 방법론 및 교육자론 · 교육연구방법론 · 교육제도론 · 교육사관론 · 교육학의 구조라는 10개의 측면에서 각각 형성되고 있다. 그런데 이러한 기초의 핵이 3이념의 목표에서 6개념으로 형성되어 나타나며 발달하는 현상은 구 모양의 구조 속에서만 이루어진다는 것이다. 왜냐하면 구만이 스스로 활동하여 살아가게 하는 공간이기 때문이다.

그러면 기초주의가 말하는 교육학은 어떻게 설명할 것인가? 기초주의에서는 교육학 역시 하나의 구 형태이며 교육기초학이 구의 핵으로 구의 가장 심층부에 있으며 다음 층에 교육방법학이 있으며 그리고 껍질 층에 교과교육이 있다고 말한다.[12)]

물론 교육기초학과 교육방법학 및 교과교육학은 하나의 구에 각각의 층을 이루고 있으므로 서로 활발한 관계 속에 작용하고 있다는 말이 된다. 그런데 심층의 핵으로 있는 교육기초학을 보면 교육사학과 교육철학이 제1영역에 있다. 이 제1영역은 교육학의 시작과 끝이 되는 교육기초학이라고 기초주의는 말하고 있다. 그리고 교육인간학, 교육심리학, 교육사회학, 비교교육학을 교육기초학의 제2영역으로 들고 있다.

중간층인 교육방법학으로는 학습지도학, 향도학, 교육과정학, 교육측정평가학, 교육연구방법학, 교육공학 등을 교육방법학의 제3영역으로 들고, 교육행정학, 교육재정학, 가정교육학, 유아교육학, 초등교육학, 중등교육학, 고등교육학, 특수교육학, 교육생리학, 교육위생학, 교육윤리학, 교사학 등을 교육방법학의 제4영역으로 들고 있다.

---

11) 한기언(2003), p. 100.

12) 고려대학교 교육문제연구소 편(2007), p. 258.

가장 외곽의 교과교육학으로는 교육과교육학, 도덕과교육학, 국어과교육학, 사회과교육학, 수학과교육학, 과학과교육학, 음악과교육학, 미술과교육학, 체육과교육학, 가정과교육학, 실업과교육학, 외국어과교육학을 교과교육의 제5영역으로 넣고, 제6영역으로 사회교육학, 평생교육학을 넣고 있다. 그런데 이러한 영역은 편의상 나눈 것이라 한다.

이러한 교육학의 구적 구조—교육기초학의 6개의 학(學)과 교육방법학의 18개의 학 및 교과교육학의 14개의 학—가 어떤 기능을 하는가를 이 연구는 앞에서 인용한 한기언의 '멋'이라는 '기초'로 설명해 보고자 한다.

기초주의에 의하면 이상의 교육학이 교육을 어떻게 할 것인가를 연구할 때는 제일 먼저 교육기초학을 연구하는 데서 시작한다. 그것도 교육기초학의 제1영역인 '교육사학'과 '교육철학'이다. 이 두 학을 통해 세계의 여러 나라가 어떻게 교육해 왔는가에 관해 역사적으로 알게 되며 또한 바람직한 교육이 무엇인가를 생각하게 된다. 그러나 이 두 학문을 연구하는 것은 세계의 교육을 역사적으로 알고 바람직한 교육이 무엇인가를 생각하는 데에 머물지 않는다.

한국의 경우 대한민국의 교육사학과 대한민국의 교육철학을 통해 대한민국의 바람직한 교육이 무엇인가를 알지 않으면 안 된다. 그러기 위해서는 교육기초학의 제2영역인 교육인간학, 교육심리학, 교육사회학, 비교교육학을 알고 이에 의해 대한민국 교육사학과 대한민국 교육철학을 고찰하지 않으면 안 된다. 왜냐하면 교육이란 한기언의 말대로 "전통과 개혁의 조화를 통한 인간 형성의 논리"[13]이기에 교육과 인간, 교육과 심리학, 교육과 사회학 및 교육학을 서로 비교하는 비교교육학을 알아야 교육의 논리를 충분히 세울 수 있기 때문이다. 이러한 교육기초학의 연구를 통해 대한민국 교육학의 기초로 '멋'의 개념이 나왔다고 하겠다.

그러면 이렇게 해서 발견된 '멋'이라는 기초, 즉 '멋있는 사람'이라는 대한민국 교육학의 '기초'를 발달시켜 '전통과 개혁의 조화 속에 멋있는 대한민국 사람의 형성 논리'라는 대한민국 교육학이 되기 위해서는 제3영역인 교육방법론의 학습지도학, 향도학, 교육과정학, 교육측정평가학, 교육연구방법학, 교육공학 등의 교육방법 일반론을 통해 '멋있는 대한민국 사람 형성의 방법학'을 만들지 않으면 안 된다. 또한

13) 한기언(2002), p. 76. 상기 인용문은 기초주의에 대한 정의이나 같은 책 p. 75에서 한기언은 기초주의를 나의 교육이론이요 교육철학이라고 말하고 있다.

이 방법학은 교육방법론 제4영역의 교육행정학, 교육재정학, 가정교육학, 유아교육학, 초등교육학, 중등교육학, 고등교육학, 특수교육학, 교육생리학, 교육위생학, 교육윤리학, 교사학 등을 알고 있으므로 방법론을 충분히 세울 수 있는 것이다.

이처럼 '멋'이라는 기초주의의 기초가 교육기초학에 의해 발견되고 이것이 '전통과 개혁의 조화 속에 멋있는 대한민국 사람의 형성 논리'라는 기초주의로 교육방법학에 의해 만들어질 때 이 논리를 기능화한 교과교육학의 14학이 만들어져 교육 현장에서 실천되는 것이다. 이 심층구조인 교육기초학 6개학이 통합하여 대한민국 교육의 기초인 '멋'을 찾아내고 '멋있는 대한민국 사람의 형성 논리'를 다음 구조인 교육방법학 18개학이 통합하여 만들어 내며 이 논리가 교과교육학 14개학이라는 기능으로 나타나 교육함으로써 '멋있는 사람의 형성'이 이루어지는 바로 기초주의가 말하는 교육학이 형성되는 것이다. 바로 이렇게 '멋있는 사람의 형성'이라는 기초주의 교육을 만드는 것을 우리나라의 '기초주의 교육학'이라 한다.

5. 기초주의 교육학의 실천 사례: 동양 삼국의 인문정신

동양이라고 하면 서양과 대비되는 말로 중동과 인도를 비롯하여 동남아시아와 동아시아 등 범위가 넓다고 생각한다. 그러나 여기에서는 동아시아의 중국과 대한민국 및 일본이라는 세 나라를 말하는 것으로 제한하고자 한다.

그리고 인문정신이라고 하면 여러 가지로 말할 수 있겠으나 이 글에서는 다음과 같이 말하고자 한다. 사람은 먼저 살아온 사람들의 생활 방식 속에 함께 살면서 자기들이 사는 방식을 또한 만들어 간다. 다시 말해 사람들이 생과 사를 반복하는 속에 사람들이 사는 방식도 이어져 오고 새로 만들어지고 한 것들이 누적된다. 이 누적된 사람들의 사는 양식을 문화(文化) 또는 인문(人文)이라 하며 이 속에는 사람들의 삶의 양식만이 아니고 양식을 만드는 정신이 들어 있다. 이 글에서는 이를 인문정신이라고 말하고자 한다.

그러면 동양 인문정신이란 무엇인가? 동양 삼국인 중국, 대한민국, 일본이라는 나라에서 각각 살아온 사람들의 사는 방식인 각각의 문화 속에 들어 있는 정신을 말한다고 하겠다. 이렇게 말해 놓고 보면 동양 인문정신을 구체적인 말로 표현하는 데는 연구자의 관점에 따라 여러 가지로 말할 수 있게 된다.

이 글에서는 동양 인문정신을 동양 삼국의 사람들이 살아오는 속에 가장 중요하게 사용해 온 정신을 구체적으로 들어 언급하고자 한다. 특히 이 글은 기초주의에서의 동양 인문정신을 말하고자 하므로 동양 삼국의 사람들이 가장 중요하게 생각해 온 정신 가운데 가장 기초가 되는 정신을 들고자 한다. 그러면 동양 세 나라의 인문정신의 기초가 되는 정신은 각각 어떤 것인가?

이 글에서는 중국의 '서(恕) 정신'과 대한민국의 '역지사지(易地思之) 정신', 일본의 '오모이야리(思遣) 정신'을 들고자 한다. 그 이유는 이 정신들이 각각 자기 나라가 현재에 이르기까지 있게 한 원동력이 되는 정신으로 보기 때문이다. 그러면 이제부터 이 정신들을 다음과 같이 고찰해 보고자 한다.

1) 중국의 인문정신의 기초정신으로의 서(恕) 정신

중국의 서(恕) 정신이 문자로 나타난 것은 공자(孔子, BC 551~BC 479)의 『논어』의 「안연편」과 「위령공편」[14]에서이다. 「위령공편」을 보면 제자 자공(子貢)이 공자에게 "한마디 말로서 이 몸이 다할 때까지 행할 만한 것이 있습니까?"라고 묻자, 공자는 "바로 서(恕)이다. 자기가 하고자 하지 않는 것을 남에게 베풀지 않는 것이다[기소불욕 물시어인(己所不欲 勿施於人)]."라고 말한다. 즉, 서(恕) 정신은 자기가 원하지 않는 것은 남도 원하지 않으므로 남에게 행하지 말라는 내용이다. 또는 자기가 하고 싶지 않은 것은 남도 그럴 것이니 윗사람이라고 해서 강제로 시키거나 하지 말라는 말이다. 물론 자기가 원하지 않는 것이란 좋지 않은 일을 말하는 것이 된다. 이 말에서의 특징은 자기 생각과 남의 생각을 같게 보고 자기가 바라지 않는 것은 남도 바라지 않는다는, 즉 남과 자기를 같은 위치에서 보는 평등의 자세라고 하겠다. 이러한 서(恕) 정신은 공자의 중요한 가르침이므로 사회주의를 지향한 중국이나 민주주의를 지향하는 대만이나 다 갖추고 있다고 하겠다.

특히 이 정신은 사회주의 중국의 13억 인구를 이끌어 가는 지도자인 시진핑(習近平, 1953~)의 가훈이라고 홍콩의 『다궁바오(大公報)』가 보도했다고 2012년 11월

14) 이기동(1991), pp. 397-521.

15일『코리아헤럴드』경제지가 언급하고 있다[15] 그래서 그런지 2014년 7월 9일부터 이틀간 베이징에서 개최하는 미국과 중국의 제6차 전략경제대화의 기조연설에서 시진핑은 '기소불욕 물시어인'이라는 서(恕) 정신을 언급했다고 2014년 7월 9일『경향신문』이 보도하고 있다.[16]

2) 대한민국의 인문정신의 기초정신으로의 역지사지 정신

우리나라 사람들은 남과의 관계가 좋지 않은 사건이나 사고를 대할 때는 "역지사지(易地思之)의 마음이 부족했다느니 또는 없다느니"라는 말을 흔히 한다. 그 뜻은 "입장을 바꿔 생각한다."는 말이다.

그런데 이 말이 한자어로 된 것을 보면 매우 오래전부터 사용되었음을 짐작할 수 있으나 누가 어떻게 만들었는지 아니면 어디에서 왔는지 알기가 어렵다.

단 '입장을 바꾼다'는 역지(易地)의 말이 중국의 고서인『맹자』의「이루장구하」[17]에 맹자(孟子, BC 372경~BC 289)가 직접 말한 "처지를 바꾸면 그렇게 했다."는 의미의 '역지즉개연(易地則皆然)'이라는 말이 있다. 여기에서 역지라는 말을 기초로 역지사지란 말이 생긴 것이 아닌가라는 말이 있다.

『맹자』라는 고전은 맹자가 직접 썼다는 설과 제자들이 썼다는 설이 있으나 우리나라에 전해진 것은 삼국 시대로 보며 특히 통일신라 때 국학에서 가르쳤다는 기록이 있다. 맹자가 본격적으로 연구된 것은 고려 말이자 조선 초기에 주희의『맹자천설』이라는 책이 전해지면서라고 한다.[18]

맹자의 본격적인 연구인 고려 말이나 조선 초기에 '역지사지'라는 말이 생겼다고 본다면 6백년 넘는 세월이 된다. 여하튼 '역지사지'라는 말을 우리는 인간관계에서 잘못된 경우 아주 많이 사용하는 말로 우리의 인간관계에서 화목을 이루는 매우 중요한 말로 생각하는 하나의 정신이라 하겠다.

---

15) http://news.heraldcorp.com/view.php?ud=20121115000388&md=20121118003305_BL

16) http://blog.naver.com/coresian59/220659815891

17) 이기동(1991), p. 408.

18) 이기동(1991), pp. 11-16.

3) 일본의 인문정신의 기초정신으로의 오모이야리 정신

일본의 '오모이야리(おもいやり: 思い遣り)'라는 말은 '오모이야루'라는 동사의 명사형이며 한자로는 '생각을 보낸다'는 의미의 '사견(思遣)'을 쓰고 있다. 그 의미는 일본에서 가장 널리 사용되고 있는 『고지엔(広辭苑)』이라는 사전을 보면 "자기의 입장에 비교하여 남의 입장을 생각하는 것으로 동정(同情)"이라고 적혀 있다.

이러한 일본의 '오모이야리'라는 말은 1185년경인 가마쿠라(鎌倉) 시대 초기에 편찬된 『신고금화가집(新古今和歌集)』에도 사용된 것을 보면, 일본에서 이 단어가 오래전부터 사용되었음을 알 수 있다.[19)]

현재의 일본 사회를 보면 오모이야리가 철저히 실천되고 있는 사회임을 알 수 있다. 예를 들면, 지하철 안에서는 휴대전화를 사용하는 것을 삼가고 벨소리도 진동으로 해 달라는 방송이 나오며, 실제로 휴대전화를 사용하는 모습을 보기 어려울 정도이다. 또한 쓰레기를 버리는 것도 쓰레기를 가져가는 날 전날 밤에 쓰레기를 두는 장소에 분류별로 내놓아야 한다. 집에서도 밤 10시 이후부터 아침 10시까지는 이웃에 방해되는 소리를 내서 안 되며, 이 시간에 전화 거는 것도 삼가는 사람이 많다. 일본은 한마디로 사회 전체가 오모이야리 생활을 하도록 되어 있다고 하겠다.

4) 동양 삼국의 인문정신과 현재의 동양 삼국의 관계

우리나라 남한의 95배에 해당하며 무려 13억 명 이상이 거주하는 거대한 중국은 사회를 개인보다 우선시하는 사회주의 국가로 사회를 유지하고 발전하는 기본 정신으로 서(恕) 정신을 내세우고 있다. 특히 13억의 지도자인 시진핑이 이 정신을 직접 언급하고 있다.

물론 현재의 중국 사회를 보면 사기 등의 범죄가 적지 않으며 서(恕)의 정신이 충분히 사회에 작용하고 있다고 보기는 어려운 점도 있다. 그러나 거대한 중국이 2010년부터 미국 다음가는 세계 제2의 경제대국으로 또는 군사대국으로 발전하고 있는 것을 보면 서(恕)의 정신이 크게 작용하고 있음을 생각하지 않을 수 없다.

대한민국의 경우는 중국과 달리 자본주의를 바탕으로 한 민주주의를 지향하는

19) 岩波文庫(1972), p. 208.

나라이다. 그래서 그런지 역지사지의 정신보다는 돈을 중시하여 일어나는 여러 가지의 사건과 사고가 끊이지 않고 있다. 특히 사회를 이끌어 가는 사람들이 권력과 자기이익 중시의 패거리를 만드는 것을 볼 때, 국민에 대한 역지사지 정신은 매우 부족함을 말하지 않을 수 없다. 특히 학교교육을 보면 학벌사회의 영향으로 일류학교에 들어가야 한다는 입시중심의 교육은 역지사지 정신을 기르고 발전시켜야 할 도덕교육을 무력화시켜 도덕수업은 형식에 머문 모습이 되고 있다.

그러나 이러한 대한민국이 세계 경제 대국의 하나가 되고 음악 등의 예술분야에 한류바람을 세계적으로 일으키고 있는 현상을 보면 역지사지 정신이 적지 않게 활동하고 있다고 말하지 않을 수 없다. 단지 역지사지 정신이 패거리나 지연, 학연, 혈연 등의 제한 속에 움직이고 있는 것이 문제라고 하겠다.

일본의 경우는 1868년 메이지유신(明治維新)을 계기로 천황의 나라가 되었으며, 당시의 인구는 3천4백만 명 정도로 보고 있다. 메이지(明治)천황은 3천4백만 국민이 천황을 신으로 하여 충과 효를 다하도록 신도와 신사를 만들었으며 또한 많은 축제(마쓰리)를 만들어 오모이야리 정신으로 3천4백만 국민이 하나가 되도록 하고 있다. 나아가 학교와 사회교육을 통해 오모이야리 사회체제를 만들었다. 그러나 당시의 일본 사회는 천황은 교황 같고 천황 밑의 고급관료나 직장의 주인들은 신부나 주교, 대주교 같은 천주교에서 볼 수 있는 계급체제(hierarchy)의 사회와 유사했다고 하겠다.

이러한 일본은 오모이야리 정신에 의해 강력한 전체주의 국가, 제국주의 나라가 되었으며 그 결과 우리나라와 중국을 괴롭히는 나라가 되었고 나아가 독일, 이탈리아와 손잡고 제2차 세계대전의 추축국이 되었다. 미국과의 전쟁에서 원자탄에 의해 1945년 천황이 직접 항복방송을 함으로써 일본제국은 망하고 만다.

현재의 일본은 우리나라처럼 자본주의를 기반으로 한 민주주의를 지향하나 천황이 그대로 존재하고 있으며, 메이지유신 이후에 만든 사회체제가 너무도 강력하여 자유와 평등의 민주주의 나라가 되었다고 하기는 어렵다고 하겠다.

그러나 일본이 1945년 멸망 당시는 완전히 가난한 나라가 되었으나 한국전쟁으로 인해 조선특수라는 경제적 부흥 속에 1950년에서 1955년 사이에 36억 달러를 벌어들인다. 이 돈은 당시의 일본 돈으로 1조 2,960억 엔이 되며, 1955년의 일본 예산이 9,915억 엔인 것을 보면 얼마나 많이 벌었는가를 알 수 있다. 일본은 이 돈을 살려 1968년에 독일을 누르고 미국 다음의 세계 제2경제대국이 되었지만, 2010년 10월에 중국에 밀려 세계 제3경제대국이 되었다. 오늘날 지진이나 화산, 태풍 등 자연환경의 악조건 속에서도 1억 2천만이 넘는 일본인 사회가 건재한 것은 오모이야리 정신의 힘이라 생각하지 않을 수 없다.

이상과 같이 현재의 중국과 대한민국 및 일본의 인문정신의 기초를 고찰하였다. 그런데 대한민국을 이웃으로 하여 존재하고 있는 세 나라의 관계를 보면 과연 인문정신을 가지고 있는가를 생각할 정도로 바람직하지 못하다고 하겠다.

한국과 일본은 과거사와 독도 문제로 서로가 대립해 있으며, 특히 일본의 혐한론은 문제가 되고 있다. 한국과 중국은 북한을 사이에 두고 사드(THAAD: 종말단계 고고도 지역방위체계)배치 문제나 서해 중국어선의 불법어업 등으로 냉정한 사이이다. 일본과 중국 역시 과거사 문제와 댜오위다오(센카쿠) 섬의 영토문제, 한 · 미 · 일 동맹과 중국의 영토보호 관계 등으로 매우 긴장된 상태가 되어 있다.

세 나라가 각각 자기의 입장과 남의 입장을 동등하게 생각하고 이해하는 인문정신의 기초인 서 정신, 역지사지 정신, 오모이야리 정신을 가지고 있으면서 세 나라의 사이는 왜 서로 적을 보듯 대립관계를 이루고 있는가이다.

5) 기초주의 교육학의 실천-한국, 중국, 일본 삼국의 기초정신 형성

이 글은 동양의 인문정신의 기초정신으로 한국의 역지사지 정신, 중국의 서 정신, 일본의 오모이야리 정신을 고찰하였다. 세 나라의 정신은 말은 다르나 그 의미는 남의 입장과 자기 입장을 동등하게 생각하며 좋지 않은 일을 남에게는 삼가는 평등 정신으로 매우 바람직한 정신으로 같다고 하겠다. 그러나 세 나라의 이와 같은 좋은 정신은 각각 자기 나라에 묶여 나라 밖에는 미치지 못하는 닫힌 정신이 되고 있다고 하겠다.

이 닫힌 정신을 열린 정신으로 바꾸려면 어떻게 하는가를 생각하지 않을 수 없다. 왜냐하면 닫힌 정신은 지금과 같은 적대시하는 관계를 더욱 악화시켜 결국 삼국을 비생산적으로 이끌며 자멸이나 공멸하는 방향으로 갈 수 있기 때문이다.

이 글은 고찰한 기초주의의 교육학의 측면에서 보면 세 나라가 같은 의미의 좋은

정신을 가지고 있으므로 각각 이 정신을 기초로 교육하는 방법을 생각할 수 있다. 즉, 중국은 한국과 일본을 포함한 관계를 서(恕) 정신으로 해결하는 교육을, 한국은 중국과 일본을 포함한 관계를 역지사지(易地思之) 정신으로 해결하는 교육을, 일본은 한국과 중국을 포함한 관계를 오모이야리(思い遣り) 정신으로 해결하는 교육을 할 것을 제안할 수 있다.

교육방법은 구체적 문제를 토론하는 방법이며, 토론 교재는 세 나라가 함께 제작하면 더욱 효과가 있으리라 생각한다. 이러한 문제는 우선 세 나라의 정상이 회담을 통해 결정하며 세 나라 교육담당자들이 구체화시키면 될 것이다.

이렇게 기초주의가 세 나라에게 정신교육을 제안하는 이유는 물론 세 나라가 서로 발전하고 잘사는 나라가 되자는 데에 있다. 그러나 그 저변에는 또 하나의 이유가 있음을 말하지 않을 수 없다. 중국의 13억 인, 한국의 5천만 인, 일본의 1억 2천만 인의 DNA를 조사해 본다면 어떤 지도가 그려질 것인가이다. 이 글은 세 나라의 대부분의 사람이 같은 조상의 형제라는 민족지가 그려질 것이라 생각한다. 세 자식의 싸움을 부모는 어떻게 볼 것인가? 서 정신 · 역지사지 정신 · 오모이야리 정신으로 부모의 마음을 생각해 볼 수는 없는가?

6. 맺음말

이 글은 한국일본교육학회를 세운 한기언의 기초주의를 바탕으로 한 교육학을 고찰한 연구이며, 또한 학술회의 취지를 참고로 중국 · 한국 · 일본의 동양 삼국의 인문정신의 기초인 서 정신과 역지사지 정신, 오모이야리 정신의 교육을 기초주의 교육학의 예로 제시한 연구이다.

또한 이 글은 한기언의 기초주의가 구조기능주의와 어브덕션 어프로치라는 새로운 발상에 의한 교육학이자 교육철학이며 교육사상임을 규명하고자 했다. 나아가 기초주의란 교육만이 아니고 모든 분야에 의미를 부여할 수 있는 사상이자 철학이 될 수 있음을 알 수 있었다고 하겠다. 그러나 기초주의 교육학에 관한 이 글에는 부족한 점이 많으리라 사료되며 이 점을 연구과제로 남겨 두고자 한다.

◎ 참고문헌

고려대학교 교육문제연구소 편(2007). 자생적 한국교육학: 기초주의의 세계. 2007년 국제학술대회 발표논문집, 2007년 11월 16일.
이기동(1991). 논어강설. 서울: 성균관대학교출판부.
이기동(1991). 맹자강설. 서울: 성균관대학교출판부.
한기언(2002). 교양으로서의 교육학. 경기: 한국학술정보[주].
한기언(2003). 21세기 한국의 교육학. 경기: 한국학술정보[주].
한기언(2003). 한국교육철학의 정립 기초주의. 경기: 한국학술정보[주].

川喜田二郎(1967). 發想法. 東京: 中央公論社.
川喜田二郎(1970). 續發想法. 東京: 中央公論社.
岩波文庫(1972). 新古今和歌集. 東京: 岩波書店.

경향신문(2014. 7. 9.). 미 · 중 전략경제대화, G2 갈등 출구 '험로'
http://blog.naver.com/coresian59/220659815891
헤럴드경제(2012. 11. 15.). 시진핑 가훈은 '기소불욕 물시어인(己所不欲 勿施於人)'
http://news.heraldcorp.com/view.php?ud=20121115000388&md=20121118003305_BL

제20장

기초주의 관점에서 본 모리 아키라

- 교육자적 특질을 중심으로 -

한용진 · 신현정

1. 들어가며

이 글의 목적은 일본의 교육학자인 모리 아키라(森昭, 1915~1976)가 생각하는 인간 형성의 교육자적 특질이 청뢰(淸籟) 한기언(韓基彦, 1925~2010)의 기초주의(基礎主義)가 지향하는 인간 형성의 논리, 즉 기초주의 교육자론과 어떻게 관련되는가를 살펴보는 것이다. 모리 아키라는 『교육인간학(敎育人間學)』(1961)과 유고집 『인간형성원론(人間形成原論)』(1977)을 남긴 교육학자로 인간 생성 및 인간 형성으로서의 교육을 주창하였다. 한편 기초주의는 한국교육학회 회장을 지낸 한기언에 의해 1957년에 제창된 교육철학이다. 지난 2007년에는 고려대학교 교육문제연구소 주관으로 기초주의 제창 50주년 기념행사로 「자생적 한국교육학: 기초주의의 세계」라는 주제로 국제학술대회를 개최한 바 있다. 한국인의 교육학을 정립하기 위해 노력해 온 기초주의는 기본적으로 "전통과 개혁의 조화를 통한 인간 형성의 논리"이며, "모든 사람의 인생을 예술적 경지에까지 승화시키는 인간 형성의 기본원리"(한기언, 1979, p. 82)이다.

기초주의의 인간 형성 교육논리는 크게 ① 왜: 교육의 이념, ② 무엇을: 교육적 인간상, ③ 어떻게: 교육의 과정이라는 세 가지 논점을 가지고 있다. 기초주의의 교육자론은 그중에서 무엇을, 즉 '교육적 인간상'에 관한 물음을 현시화한 것이다.

이때 '교육자'란 단지 교직에 근무하는 교사들만을 지칭하는 것은 아니다. 한기언(2003, p. 169)은 "우리 모두가 교육자가 되어야 한다."라고 주장하며, 이러한 관점을 "21세기의 새로운 교육자관이라 해도 좋을 것"이라 하였다. 그의 이러한 생각은 근대 공교육 발달이 기존의 가정교육이나 사회교육을 소홀히 하게 함으로써 모든 교육행위를 오로지 학교교육에만 일임하려는 현상을 낳게 되었고, 이는 우리 사회나 인류의 장래를 위해서도 결코 바람직하지 않다는 전제에서 비롯된 것이다. 과거 농경사회에서 촌로(村老)들조차 '교육자적 자세'와 '역할'을 견지하고 수행했다는 점에서 교육자의 범위를 학교교육의 범주를 넘어 지역사회와 연계하면서, 예전과 같이 사회교육이나 가정교육이 담당해야 할 역할을 복원·확대하려는 생각이다. 비록 명시적이지는 않지만, 교육자의 범주를 직업적 교사에 한정하지 않고 교육자의 범주를 좀 더 확대하여 생각해 본다면, 인간 형성의 학으로서 교육학을 연구하는 학자뿐만 아니라 스스로 자기 성장의 삶을 추구하는 교육자적 자세와 역할을 견지하며 살아가는 모든 사람도 당연히 교육자로 간주되어야 할 것이다.

모리 아키라는 교육과 인간 형성에 대하여 원리적·철학적이며 또한 통합적·순환적 작업을 시도하였다. 즉, 현대적 의미의 '교육'은 전통적 공동체와는 분리된 근대의 산물이며, 이러한 '교육'은 근대 이후로 공동체가 해체되면서 대량으로 출현한 추상적 '인간'과 밀접히 관련되고 있다는 것이다. 교육을 깊고 넓게 살펴보는 그는 인간존재론적 '인간형성론'과 인간형성론적 '인간존재론'이라는 두 개의 물음을 되묻는 작업을 통해(皇紀夫 外編, 2008, p. 140) 교육과 인간의 문제를 천착하고 있다.

이 글은 기본적으로 한기언과 모리 아키라의 저서 등 관련 연구물을 토대로 하는 문헌연구이다. 2절에서는 오늘날 우리가 직면하고 있는 인문학의 위기와 관련하여 기초주의의 교육자론에 대하여 검토해 보고, 3절에서는 모리 아키라의 삶과 사상을 통해 그가 도달하고자 하였던 교육자적 특성에 대하여 살펴보고자 한다. 이는 급격한 시대 변화 속에서도 어떻게 하면 주체적 인간으로 살아갈 수 있는가에 대한 실천적 고민임과 동시에 우리는 왜 교육자적 삶을 지향해야 하는가에 대한 학문적 근거를 도출하는 작업이 될 것이다.

2. 역사적 상황과 기초주의의 교육자상

오늘날 우리는 마치 15～16세기 '대항해 시대'를 맞아 새로운 항로를 개척하는 사람들과 마찬가지 고민을 갖고 살아가고 있다. 즉, 지금 세계는 급변하고 있으며 우리의 일상생활 또한 빠른 변화를 좇아가는데 급급하다. 특히 제4차 산업혁명 시대를 맞으며 논의되는 '기술적 실업'은 2030년까지 전 세계 직업 40억 개 중 20억 개가 사라질 것이라는 비관적 전망을 내놓고 있다(프레시안, 2016. 12. 10.). 망망대해의 불안감을 줄여 주기 위해 대항해 시대에 나침반이 있었던 것처럼 현대인들에게도 불확실한 미래에 자신의 삶의 방향을 알려 줄 교육적 나침반이 필요하다. 특히 이러한 나침반은 급속한 시대변화 속에서도 각자의 인생이 나아갈 방향을 알려 줄 수 있어야 한다는 점에서 단순히 공간적 방향만을 알려 주는 나침반이 아니라, 역사적 맥락을 일깨워 주는 교육적 나침반이 되어야 할 것이다.

이러한 교육적 나침반에 대한 요구는 교육철학의 연구영역에서 꾸준히 요구되었고, 한기언의 기초주의는 교육철학적 관점에서 전통과 개혁의 조화를 통한 교육자론을 통해 이러한 교육적 나침반의 한 사례를 제시하고 있다. 특히 한기언(2003, pp. 168-170)은 미래 사회의 시대정신이 '불확정(不確定) 시대'라는 점과 지구촌 시대의 다원화 사회에서 교육자의 역할이 무엇인가를 묻고, 이에 대한 대답으로 변동사회에서 인류가 가장 주력해야 할 분야가 교육이라고 보고 있다. 즉, 지금까지 인류가 직면하지 못했던 전혀 새로운 시대를 맞이함에 있어 교육의 중요성과 이를 담당할 교육자의 역사의식을 강조하고 있는 것이다. 그의 교육철학을 이해하기 위해서는 우선 그가 제시한 기초주의의 교육자상을 살펴볼 필요가 있다. 〈표 20-1〉은 한기언의 기초주의 3이념과 교육자상을 정리한 것으로, 기초주의의 3이념인 시간의 이념과 자유의 이념 그리고 질서의 이념을 토대로 '역사적 교육자상'과 '이상적 교육자상'을 연구자가 정리한 것이다.

먼저, 기초주의에서 교육자에게 요구되는 첫 번째 자질은 학생 혹은 스스로의 삶을 잘 인도할 수 있도록 솔선수범하는 '향도자'를 들고 있다. '향도자'는 시간의 이념과 관련하여 기본적으로 예리한 '역사의식'을 갖고 있어야 한다. 기초주의에서는 예리한 역사의식 배양에 필요한 두 가지 능력으로 '(시사)정보수집능력'과 '정보판단

능력'을 말하고 있다(한기언, 2003, pp. 171-174). 특히 오늘날처럼 데이터나 정보가 넘치는 시대일수록 단순히 시사나 정보를 습득하는 능력보다 이를 선별하여 자신에게 필요하고 의미 있는 내용으로 가공 · 판단할 수 있는 후자의 능력이 더욱 중시되어야 할 것이다. 또한 단기적이기보다는 중장기적 시간 관념 속에서 가치판단을 할 수 있기 위해서는 확고한 역사의식이 전제되어야 한다.

〈표 20-1〉 기초주의의 3이념과 교육자상

기초주의 3이념	역사적(歷史的) 교육자상	이상적(理想的) 교육자상
시간(時間)의 이념	역사의식(歷史意識): 솔선수범(率先垂範)의 향도자(嚮導者)	통찰성(洞察性): '밝은 눈'
자유(自由)의 이념	고매인격(高邁人格): 대애지순(大愛至醇)의 지성자(知性者)	수월성(秀越性): '찬 머리'
질서(秩序)의 이념	개척정신(開拓精神): 교회불권(教誨不倦)의 개척자(開拓者)	독창성(獨創性): '뜨거운 가슴'

교육자에게 요구되는 두 번째 자질로는 공리권세(功利權勢)를 넘어서 진리의 공도(公道)를 공구(功究)하는 고매한 인격의 '지성인'을 들고 있다. 기초주의는 자유의 이념과 관련하여 '대애지순(大愛至醇)'을 강조하고 있다(한기언, 2003, pp. 174-178). 원래 대애지순은 그가 졸업한 경성사범학교의 교훈으로 학생에 대한 지고(至高)하고 순일(純一)한, 그리하여 변하지 않는 큰 사랑을 말하는 것이다. 이때 교육자의 학생에 대한 사랑은 가르침과 배움의 교학상장(教學相長)이며, 동반성장하는 것이기에 스스로 도덕적이고 인격적으로 성숙한 인간이 되기를 지향한다. 페스탈로치(J.H. Pestalozzi)가 교육을 통해 인간은 태어날 때의 동물적 단계에서 사회적 단계를 거쳐 도덕적 단계에까지 이르도록 해야 한다는 주장 역시 인간의 자유로운 자기성장과 관련된다고 하겠다.

그리고 교육자에게 요구되는 세 번째 자질로 새로운 인간 형성의 철학 혹은 교육이론을 창도하려는 정신을 가진 교회불권(教誨不倦)의 '개척자'를 들고 있다. 한기언은 공자의 유가사상은 춘추시대의 '법'사상으로 대표되는 힘을 앞세운 시대정신과 유약(柔弱)의 원리를 내세우는 노장사상(老莊思想)의 양극단을 초극한 중용과 충서(忠恕)의 정신으로, 위대한 교육자는 교회불권의 개척자 정신을 갖추어야 한다고 하였다(한기언, 2003, pp. 179-183). 특히 제국의 권력(權力)과 자본의 금력(金力)에 공통되는 '힘[력(力)]'의 논리에 대한 저항방식은 단지 현실로부터 거리를 두며 스스로 은둔 자족하는 소극적 방식이기보다, 자신이 속한 현실 속에 끝까지 참여하며 삶을 개선하여 더 나은 사회를 만들려는 정신이며, 이는 기초주의에서 말하는 질서의 이념과 관련된 교육자로서의 기본 자질이다. 교회불권의 개척자 정신이 발휘된 비근한 예로 2016년 세월호 사건 이후 전개되던 '촛불집회'를 들 수 있다. '촛불집회'는 정치에 대한 민중의 불만을 표시하는 방식에서 폭력을 배제하고 최대한 질서 정연한 축제의 집회를 통해 자신들의 정치적 주장을 관철시켰다는 점에서 민주주의의 새로운 지평을 연 개척정신의 세계적 귀감 사례가 된다.

한기언(2003, pp. 183-185)은 앞에서 살펴본 세 가지 역사적 교육자상을 통해 교육의 세기인 21세기에 요구되는 이상적 교육자상으로 '밝은 눈으로서의 통찰성(洞察性)'과 '찬 머리로서의 수월성(秀越性)' 그리고 '뜨거운 가슴으로서의 독창성(獨創性)'이라는 세 가지 요소를 제안하고 있다. 특히 〈표 20-1〉로 정리되는 것처럼 역사적 교육자상으로서의 '향도자, 지성인, 개척자'와 이상적 교육자상으로서 요구되는 '통찰성, 수월성, 독창성'은 교육사 연구를 통해 얻어진 인류의 지혜와 함께 교육철학을 통해 기대되는 이상적 가치라는 이중성을 종합적으로 반영한 것이다.

이 같은 교육사와 교육철학의 만남이라는 관점과 관련하여 모리타 히사토(森田尚人)는 기존의 일본 교육학설사(教育學說史) 연구는 주로 교육사를 전문으로 하는 연구자들에 의해 이루어졌음을 인정하면서도 수입 이론의 외재적 현상이 아니라 각각의 교육학설 이론을 내재적으로 분석함으로써 일종의 원리에 의해 통괄(統括)되는 연구 활동의 자각 필요성을 논하고 있다(小笠原道雄 外, 2014, p. 6). 이는 데라사키 마사오(寺崎昌男, 1981, p. 7)가 일본에서의 교육학설사를 "메이지유신 초기 이래 미국이나 유럽의 교육학이나 교육이론의 수입과 그 성쇠(盛衰) 유행의 역사에 불과하였다."고 보는 시각을 넘어서기 위한 노력이기도 하다. 이러한 현상은 그동안의 교육이론이 어떠한 형태로든 교육실천(혹은 교육정책)을 통해서 검증되지 않으면 안 된다는 '과학으로서의 교육학'의 입장이 강조되어 왔고, 일본의 교육학설사에도 이러한 실증주의적 관점이 강하게 반영된 것인데, 기존의 교육사학 연구 풍토에 더하여 사변적이고 가치지향적인 교육철학적 연구방식을 접목하려는 시도로 보인다.

결국 모리타 히사토가 『일본교육학의 계보(日本教育學の系譜)』 서론에서 말하고

자 하였던 것은 "과학으로서의 교육학은 교육의 실천이나 사실을 단순히 누적하는 것으로, 이를 비교 연구하는 것을 넘어서 사실 관련이 어떠한 관점에서 그리고 어떠한 근거에 의거하여 그러한 인식에 이르게 되었는가를 보여 주지 않으면 안 된다."(小笠原道雄 外, 2014, p. 7)라는 문제의식이었다. 이때 근대적 의미에서 '과학'이라는 용어는 주로 수치화되고 입증할 수 있는 '실증과학'만을 제한적으로 말하는 것이라 할 수 있다. 하지만 비록 과학적 특성을 반영하는 근대 학문을 통해 교육학뿐만 아니라 심리학이나 사회학, 역사학 등이 발전해 온 것은 사실이지만, 과학만으로는 인간의 본래 모습을 온전히 설명하기 어려운 부분이 남아 있음을 간과해서는 안 될 것이다. 따라서 '과학으로서 교육학'에서 말하는 과학(科學)이라는 용어를 단순히 사이언스(science)로 해석하여 실증 가능한 방식의 연구방법만으로 인간을 탐구하려 하기보다는, '학문(wissenschaft)' 전반을 포괄하는 의미로서 과학 개념을 이해하여야 보다 온전한 인간연구가 가능할 것이다.

그렇기에 오늘날 세계나 인간을 설명하려는 인문학으로서의 담론이 과학주의의 틀에 사로잡혀 인간의 본 모습을 잃고 있었던 것은 아닌지 반성해 보고, 이러한 현상이 인문학의 위기를 낳은 원인이라면 오히려 인문학의 본래적 담론 방식이나 서사(敍事)의 전통을 다시 부활시키기 위해 노력하여야 할 것이다. 특히 현대사회에서는 지나치게 지금-여기(here & now)를 강조하고 효율성 및 유용성을 가치판단의 척도로 삼아 숭상하는 경제지상주의(經濟至上主義) 관점이 강하기에, 이 역시도 인문주의적 학문 탐구방식을 어렵게 만드는 또 하나의 요인이라 할 수 있다.

이러한 현상을 교육학에 한정하여 살펴본다면, 오가사와라 미치오(小笠原道雄)의 관점에 주목할 필요가 있다. 그는 오늘날 교육학을 실천현장에서 유리된 '아카데미즘 교육학', '강단교육학'이라 규정하며, 특히 전후인 1960년대 이래로 교육실천에 보탬이 되지 않는 사상이나 이론을 경시하는 경향(小笠原道雄 外, 2014)이 강하게 나타나고 있었다고 하였다. 이러한 이론 경시의 풍조는 실천학으로서의 교육학을 강화시켜 주는 것으로 '분석'과 '수치화'를 통해 현실적인 교육문제의 해결에 유효하게 작용하여 왔고, 이러한 유용성을 교육(과)학 연구의 중요한 요소로 판단해 왔다. 하지만 교육학 본연의 모습에 요구되는 또 다른 관점은 오히려 어떠한 현상의 원인을 성찰하고, 이를 종합적으로 사고할 수 있는 통합적 규준(規準)을 제시해 줄 수 있는 교육철학적 사고이다. 그런 의미에서 모리 아키라의 『교육인간학: 인간생성으로서의 교육』과 『인간형성원론』에 나타난 인간에 대한 탐구 시도는 21세기에 요구되는 교육자의 모습을 보여 주는 하나의 사례로서 일본교육에 대한 이해와 함께 현대사회가 안고 있는 인문학적 위기를 넘어설 수 있는 시야를 제공해 줄 수 있을 것으로 기대된다.

3. 교육자로서의 모리 아키라

1) 삶의 형성과정과 업적

모리 아키라의 생애와 사상적 업적에 관해서는 그의 제자였던 다나카 쓰네미(田中每實)[1]가 잘 정리해 놓았기에 이를 참고하여 서술하고자 한다(이하 皇紀夫 外編, 2008, pp. 137-138 참조). 1915년(大正4), 가고시마현(鹿児島縣)에서 도시 생활하는 시골 지주의 아들로 태어난 모리는 유년기에 다이쇼(大正) 민주주의 시대를 맞게 된다. 즉, 제1차 세계대전 승전국의 지위를 누리던 무렵인 1920년을 전후한 시기에 일본 사회는 비교적 문화적으로 자유롭고 풍요로운 분위기가 확산되고 있었다. 하지만 유년기와 달리 모리의 사춘기 및 20대까지의 자기 형성기에는 일본 사회가 1931년 만주사변을 시작으로 1937년 중일전쟁, 1941년 태평양전쟁의 확산 그리고 1945년 패전에 이르기까지 제국주의 전쟁의 화마에 온통 휩싸여 있었다. 1933년 18세 청년 모리는 가고시마를 떠나 구마모토(熊本)의 제7고등학교 이과(理科)에 입학하여 자연과학을 전공하였지만, 1936년 졸업할 때에는 이과에서 문과로 이미 전과(轉科)한 상태였다. 또한 같은 해 교토제국대학(京都帝國大学) 문학부 철학과로 입학하였지만, 그의 관심은 점차 교육학으로 옮겨 가게 되었다. 1945년 7월에 30세였던 모리는 군대에 소집되었으나 8월 패전과 함께 제대하여, 1946년에는 간사이대

1) 다나카 쓰네미는 교토대학 고등교육연구개발추진센터를 거점으로 전국적으로 확산된 FD(Faculty Development: 대학교수 직무연수)의 '상호연수형(相互研修型)' 모델의 창안자로도 잘 알려져 있는 인물인데, 이미 오사카대학(大阪大學) 재학 중일 때부터 모리에게 배웠기에 모리교육학(森教育學)의 학설사적 연구전문가라 할 수 있다(小笠原道雄 外, 2014, pp. 36-37). 그의 연구물로는 皇紀夫 外編(2008), 『日本の教育人間學』 제7장 모리의 교육인간학(森の教育人間学一統合學と原理論を循環する生成理論)과 小笠原道雄 外(2014), 『日本教育學の系譜』 제4장 모리 강독(森を読む一教育的公共性から世代繼承的公共性へ) 등이 있다.

학(關西大學) 법문학부 교육학 조교수로 근무하게 되었다.

그는 평생에 걸쳐 눈앞의 교육현실에 휘둘리지 않는 자신만의 교육이론을 정립하기 위하여 고독하고 힘들게 원리화(原理化)하는 작업을 계속하였다는 점에서 한기언의 기초주의만을 일관되게 주장하던 삶의 방식과도 유사하다. 모리의 학문적 경력과 업적을 정리해 보면, 1948년『교육이상(教育理想)의 철학적 탐구』를 비롯하여『교육철학 서론: 교육철학의 한계상황』을 출판하였고, 1949년 6월에는 간사이대학에서 오사카대학(大阪大學) 법문학부로 옮겨 강사를 거친 후, 12월에는 조교수가 되었다. 1950년에는『금일의 교육원리』, 1952년에는『경험주의의 교육원리』 등을 출간하였고, DAAD 제1회 급비생(給費生)으로 독일연방공화국에 유학하였다가, 이듬해인 1953년에 귀국하였다. 1954년에『독일 교육이 시사(時事)하는 것』을 썼고, 1955년에는 야스퍼스의『대학의 이념』(번역),『교육의 선천성과 내면성』 등 독일 교육철학에 관한 책을 출판하였다. 1957년 교육철학회 이사를 역임하였고, 1958년에는『모든 사람이 원하는 도덕교육』을 출간하였다. 이 시기 모리의 사상적 고뇌와 관련하여, 다나카는 "모리의 이론 전개의 전기는 교토대학(京都大学)에서의 수학시대에 철학에서 교육학으로 전향한 것이고, 이어서 독일교육학을 중심으로 하는 교육학에서 패전 이후 듀이 경험주의와의 격투(格闘) 및 도덕교육론의 전개 등으로 특징지을 수 있다."(小笠原道雄 外, 2014, p. 303)고 하였다.

46세인 1961년 그의 대표 저서인『교육인간학-인간생성으로서의 교육』이 간행되었고, 같은 해에 오사카대학 문학부 교수(교육철학 · 교육사강좌)로 승진하였다. 1965년에는 전미교육협회『교육의 현대화』(공역)를 출판하였고,『미래로부터의 교육-현대교육의 성립과 과제』(1966)와『현대교육원론』(1967)을 간행하는 등 활발한 저술활동에 매진하였다. 1968년에 일본교육학회 이사가 되었고, 1972년 망막 박리(剝離)로 입원하였다. 같은 해 오사카대학 문학부에서 인간과학부(인간형성론강좌)로 옮기게 되었으며, 간사이(關西)교육학회 부회장을 역임하였다. 1973년『인간을 위한 교육: 유아(幼兒)』를 출판하였는데, 1975년 12월 골종양으로 입원하였고 이후 투병생활을 하게 된다. 1976년 8월『인간형성원론』 집필을 개시하였지만, 12월 1일 병이 심해지면서 구술 작업으로 대신하게 되었고, 결국 12월 18일 영면(永眠)하였다. 그가 세상을 떠난 다음 해인 1977년『인간형성원론(人間形成原論)』이 모리 아키라(森昭) 저작집(著作集) 제6권으로서 출판되었다. 그의 대표 저작인『교육인간학』

(1961)이 간행된 지 10여 년이 지나 다시 구성하려고 했던『인간형성원론』(1977)은 결국 그가 세상을 떠날 때까지 완성하지 못한 채 유작으로 간행되었던 것이다.

이 글에서 모리 아키라를 살펴보고자 하는 것은 그가 살아온 60여 년의 짧지 않은 일생 동안, 일본 사회는 다이쇼 민주주의에서 제국주의적 군국주의 그리고 다시 전후 미국식 민주주의로 급격한 변화를 맞고 있었기에 이러한 혼란 속에서 인간 형성에 대한 교육적 고민은 오늘날 우리에게도 시사하는 바가 클 것으로 기대되기 때문이다. 특히 그는 30세에 군대에 소집되었다가 패전을 경험하였고, 이후 절대주의 천황제 이데올로기에서 벗어나 미국식 민주주의의 수용이라는 새로운 시대 전환의 극적 체험을 하였다. 특히 패전 이후의 혼란과 어려움 속 급속한 경제성장을 이루는 과정에서, 과연 교육의 역할과 교육학의 존재이유가 무엇인지에 대하여 고민하게 된다는 점에서 한기언의 '기초주의'의 탄생 과정과도 유사한 인생 체험을 공유하고 있다고 생각된다. 다만 모리의『교육인간학』(1961)보다 한기언의 기초주의 제창(1957)은 4년 빨랐지만『기초주의』가 책자로 간행된 것은 1973년이었다. 또한 모리의 대표 저작인『인간형성원론』은 1977년에 간행되었고, 한기언의『상황과 기초: 구상교육철학으로서의 기초주의』는 1990년에 간행되었다. 이 글에서는 기초주의의 관점에서 본 모리 아키라의 교육자적 특질을 '고쳐짓기형 향도자(嚮導者)' '자기성전(自己成全)의 지성인(知性人)' '세대계승적 개척자(開拓者)'의 세 가지 유형으로 분류해 보고자 한다.

2) '고쳐짓기'형 향도자

앞에서 살펴본 바와 같이 30세가 될 때까지 모리의 삶은 '공간적'으로는 규슈(九州)의 제일 남단 가고시마(鹿児島)에서 구마모토(熊本)로, 그리고 다시 전통문화를 간직한 옛 수도 교토로 이동하고 있으며, '학문적'으로는 구제(舊制) 고등학교에서의 자연과학에서 인문과학으로의 전과, 나아가 교토제국대학에서의 전공은 철학에서 교육학으로 지속적으로 변화되고 있다. 일생 동안 하나의 우물만 파는 식의 일생현명(一生懸命) 혹은 일소현명(一所懸命)을 강조하는 일본인적 삶과는 상당히 거리가 있는 '고쳐짓기형' 삶의 방식이다.

이 고쳐짓기라는 용어는 모리 연구자인 다나카가『교육인간학』(皇紀夫 外編,

2008, p. 145)에서 사용한 표현인데, 그 근원은 나카이 히사오(中井久夫)가 말한 것으로 수렵민의 미분회로적(微分回路的) 인지와 농민의 적분회로적(積分回路的) 인지를 대비시키고, 전자를 '세상고치기(世直し)'로 후자를 '고쳐세우기(立て直し)'로 설명한 것(中井久夫, 1982; 皇紀夫 外編, 2008, p. 153)에서 비롯된다. 즉, '세상고치기'는 칭기즈칸(Genghis Khan)의 몽골제국에서 볼 수 있는 것처럼 완전히 새로운 시대를 열어 주는 개혁 방식인데 반해, '고쳐세우기'는 기존의 것을 수정 · 보완하며 살아가는 점진적인 개혁 방식이다. 창업(創業)과 수성(守成)의 변증법이 인류의 역사를 지배해 왔다고 한다면, '고쳐세우기'는 수성의 또 다른 방법이라 할 수 있다.

다나카는 나카이가 사용한 '고쳐세우기(立て直し)'라는 용어를 '고쳐짓기(建て直し)'로 바꾸고 있지만, 기본적으로는 자신이 속하는 사회의 전체 구조를 통째로 변혁시키는 것이 아니라 부분 개량적인 방식으로 고쳐 나가는 개혁 발상으로 모리의 삶의 방식을 표현하고 있다. 다만, 다나카가 생각하는 모리는 원래 자신의 주변성에 대한 성실한 반응으로 파라노이아(paranoia, 편집증)형이었지만, 누적되는 주변성에서 유래하는 불안정성이, 오히려 모리에게 스키조프레닉(schizophrenic, 정신분열증)형인 전체 직각적(直覺的) 인식을 갖게 해 주었다(皇紀夫 外編, 2008, p. 139)는 것이다. 즉, 파라노이아형을 기반으로 하는 스키조프레닉형 인식은 유형적 사고의 반복을 착실하게 돌파해 가는 힘을 갖게 해 주었기에, 모리의 문장은 철저하게 추고(推敲)된 것이며, 저서는 강박적일 정도로 빈틈없이 정리된 구성적 특징이 엿보인다는 것이다.

결국 모리는 만년의『인간형성원리』를 통해 무엇보다도 상호주관적으로 합의 가능한 실천적 목표가 상실되어 깊은 혼미에 빠져 있는 교육 상황에서 궁극적인 교육목표를 탐구하는 원리적 · 철학적인 교육실천학의 전개를 시도하고 있다. "교육목표에 관한 상황적 혼미는 오히려 현대인 한 사람 한 사람에게 자신의 전(全) 생애를 통해 실존적인 의미모색과 가치모색을 과제로 삼도록 한다."(皇紀夫 外編, 2008, p. 143)는 생각은 모리로 하여금 실존적 모색을 통해 '교육의 궁극적 목표'에 관한 고찰을 시도하도록 하였지만, 애석하게도 이에 관한 충분한 논의가 끝나지 못한 채 향년 61세로 세상을 떠났기에 이러한 고민은 결국 유고작으로 간행되었던 것이다.

어떤 목표를 세우고 살아갈 것인가보다는 현재의 삶을 강조하는 근대적 교육학은 특정한 목표를 설정하기보다 그때그때의 흥미와 관심을 중시하는 아동중심의 진보주의적 교육이론으로 대표된다. 하지만 소명의식이 사라진 현대인들에게 특정한 삶의 목표를 따로 세우지 않고 그냥 살아가는 것은 과녁 없는 활쏘기와 같다고 할 수 있다. 즉, '어떤 인간으로 살아갈 것인가'에 대한 궁극적 질문으로서 '교육적 인간상'을 생각하지 않는다면, 우리는 그냥 되는대로 살다가 인생을 마치게 될 것이다. 부르제(P. Bourget)는 "우리는 (인생을 계획하여) 생각하는 대로 살아야 한다. 그렇지 않으면 사는 대로 생각하면서 자신의 인생을 끝마치게 될 것이다(Il faut vivre comme on pense, sans quoi l'on finira par penser comme on a vécu)."라 하였다. 어떤 꿈을 꾼다고 항상 그 꿈대로 삶을 살아갈 수 있는 것은 아니지만, 삶에 대한 밑그림조차 없다면 그 어떤 삶도 실현될 수 없을 것이기 때문이다. 그러나 급변하는 시대 상황 속에서 일생 동안 하나의 목표를 세우고 살아가기는 어려운 시대가 되었기에, 오히려 상황에 따른 '고쳐짓기형 향도자'가 교육적으로 더 의미 있게 다가오는 것이다. 모리의 생애와 관련하여 다나카는 다음과 같이 표현하고 있다.

> 전시하 총력전을 위한 총동원체제로부터 패전 이후 경제전을 위한 총동원체제로 옮겨 가는 시대 상황 아래에서, 모리의 '고쳐짓기'형 인식은 매우 중요한 존재 의의를 가진다. 시대가 요구한 것은 현상유지도 구조변혁도 아닌 전중기(戰中期)로부터의 연속성과 비연속성이 바로 이러한 '고쳐짓기'를 지탱하는 이론이었기 때문이다. 그러나 시대 상황은 1970년대 후반 이후 경제주의의 자기해체와 함께 다시 한번 크게 전환하였다. 모리는『인간형성원론』에서 새로운 시대 상황이 요구하는 '고쳐짓기 그 자체의 고쳐짓기'라는 이론적 과제를 예감하고 선취적으로 수행하려고 하였다. 그러나 이 작업은 저자의 죽음으로 갑작스레 중단되었던 것이다(皇紀夫 外編, 2008, p. 139).

그가 살아온 시대가 파란만장하고 우여곡절이 많았음은 앞에서도 살펴본 바이지만, 전통과 개혁의 균형을 판단할 수 있는 한기언의 기초주의 교육론은 다음 다섯 가지 유형을 통해 역사의식을 판단할 것을 제안하고 있다(한기언, 1979, pp. 91-97).

첫째, 전통일치형으로 시대를 주도하는 교육이상과 사회체제가 다 같이 그동안 시인해 온 가치체계를 계속적으로 유지 강조하는 경우이다.

둘째, 전통불일치형으로 사회가 혼란한 시대에 처하여 이것을 바로 잡기 위하여 교육사상은 전통을 지향하는 경우이다.

셋째, 개혁불일치형으로 사회가 시대적 타성으로 보수성을 보이는데 반해서 교육사상은 이것을 개혁하고자 미래지향성을 보이는 경우이다.

넷째, 개혁일치형으로 사회나 교육사상이 다 같이 구각(舊殼)에서 벗어나 새로운 가치체계를 구축하고 이것을 구현해 보려고 하는 경우이다.

다섯째, 전통 · 개혁 동시형으로 19세기 초 나폴레옹(B. Napolen)의 지배를 받던 프러시아와 같이 한편으로는 독일 민족의 긍지를 되살리기 위하여 문화적 전통을 발굴하고 체계화에 힘쓰면서, 다른 한편으로는 후진성의 극복을 위하여 근대화에 힘쓰는 경우이다.

그런 면에서 모리가 살던 시대는 다이쇼(大正) 민주주의 시기의 '개혁일치형'에서 출발하여, 쇼와(昭和) 전기의 교육사상이 개혁을 지향하였지만 군국주의적 통제 속에서 성공하지 못하는 '개혁불일치형'을 거쳐, 천황제 전체주의 체제 속에서 교육조차도 기왕의 가치체제에 순응하던 '전통일치형', 그리고 전후에는 미국식 민주주의의 영향으로 새로운 교육사상을 적극 받아들이려던 '개혁일치형'으로 다시 한번 전회하고 있다. 2010년대 일본은 아마도 아베 정권하에서 복고주의적 색채를 강조하면서도 세계화를 진행해야 하는 전통개혁동시형이 아닌가 생각되는데, 급변하는 사회적 상황이야말로 교육자가 자신의 삶을 '고쳐짓기' 하는 과정에서 역사적 의식인의 가치를 몸에 익히고 스스로 '향도자'의 삶을 살아가는 상황이라 할 수 있다. 역사의식의 '향도자'로서의 교육자적 자질은 기초주의의 시간의 이념에 기반하는 것으로, 모리에게 있어서 이는 '고쳐짓기'형 인식에서 더 나아가 '고쳐짓기의 고쳐짓기'로 발전하였다. 그렇기에 기초주의적 관점에서 '향도자'로서의 교육자에게는 시대 변화에 대한 역사적 통찰성이라는 '밝은 눈'이 더욱 요구되는 것이다.

3) 자기성전(自己成全)의 지성인

모리(森昭, 1977, p. 143)에 의하면 인간이란 "자연의 피조물로 태어나 역사의 창조자가 되는 존재이며, 또한 평생을 통해서 자연적 생명을 살면서 동시에 역사적 세계에 사는, 그리고 그런 까닭에 세계와의 사이에도 자기와의 사이에도 분열을 깊게 해 가면서 하나의 인격적 주체로서 자기를 만들어 가는" 존재이다. 인간존재는 '창조적 비확정자'이고 '실존적 다중분열자'이며 '세계에 열린 동물'이고 '자기에게 눈 뜨게 되는 자'이며 '저편에 생각을 뻗치는 자'(森昭, 1977, p. 95)이기에, 각자의 평생을 통한 자기형성적 노력이 조건만 갖추어진다면 평생성취라든가 자기완성을 가능하게 하고, 각자의 의미모색이나 가치모색은 단지 상황적 필연성에 의해 강요되는 것이 아니라, 오히려 인간의 본질적 규정에 필연적인 것이라 할 수 있다.

그는 "인간이란 어떠한 규정에 의해서도 결정적인 방식으로는 정의될 수 없는 기묘한 존재이며, 정확히 말하면 여러 가지 규정으로 '다양하게 생성될 수 있는' 특이한 동물"(皇紀夫 外編, 2008, p. 141)이라고 보았다. 그렇기에 평생 걸리는 자기형성이라는 활동은 인간존재의 본질규정에 의해서도 강요된다. 『인간형성원론』의 중심적 술어는 '의미모색' '가치모색' '평생성취' '자기성전' '생명고교(生命鼓橋)' 등인데, 이것들은 모두 현대라는 시대 상황의 필연성에 의해 촉발되는 각자의 자기규정 내지 자기형성의 노력을 구성하는 요소들(森昭, 1977, p. 19)이라는 것이다.

아키타 히데야스(秋田英康)는 모리의 『교육인간학』에 대한 구상이 인간의 자기규정을 위한 '유의미한 행동'을 어떻게 하면 '내면적인 자각'으로까지 연결시킬 수 있도록 하느냐에 대한 고민으로부터 출발하였다(秋田英康, 2000, p. 101)고 주장한다. '유의미한 행동'과 '내면적인 자각'의 연결 고리로 그는 '퍼스낼리티(personality)'에 착목했던 것 같다. 모리는 '퍼스낼리티'를 '인격'이라고 하는 경험과학적 측면이 번역어가 아닌 '인간됨'이라는 심리학적 관점으로 해석하고 생물학적 인간에서 심리학적 인간으로 변화해 가는 인간 형성의 과정을 '퍼스낼리티'의 획득으로 파악하였다. 즉, 인간을 둘러싼 환경과 인간 개개인의 심리적 · 물리적 체계는 역학적으로 연결되어 있으므로(森昭, 1955, p. 125), 한 개인의 인간 형성 과정은 각 개인의 고유한 독자성 형성이라는 결과물의 생성과정인 것이다.

현대 교육이 안고 있는 고민 중의 하나가 포스트모더니즘에 의해 개개인의 다양성 인정을 통해 하나의 통일적이고 전통적 가치를 다음 세대에 그대로 전달하는 것 혹은 인생에 있어 어떤 목표 설정이나 방향성을 정립하는 주장이나 이념을 흔쾌히 받아들이기 어렵게 되고 있다는 점이다. 교육목표에 관한 이러한 상황적 혼미는 현대인 개개인이 자신의 전 생애를 통해 실존적인 의미모색과 가치모색을 과제로 삼게 하는 것이다.

『인간형성원론』에서 논하고자 남겨 놓은 최후의 과제로서 모리 자신이 지적한 것은 교육의 목적론이었고, 『교육인간학』에서는 '인간 생성 그 자체가 목적'이라는 말이 여러 번 강조된다. 다나카는 "인간 생성은 얼핏 개인적 생성과 사회적 생성으로 나누어지고, 양자의 관련이 생산적 인격과 민주적 사회와 (한쪽의 생성이 다른 쪽의 생성을 서로 전제하는) 상호생성적인 순환으로 논하여지고 있다."(皇紀夫 外編, 2008, p. 152)고 모리의 이론을 설명하며, 여기에는 마르크스주의적인 결정론을 협동주의(協同主義)라는 집단적 자기결정론에 의해서 극복하려고 했던 전전(戰前) 교토학파(京都學派)의 발상이 듀이의 프래그머티즘적 논의를 빌어서 새삼 전개되는 것이라 하였다.

모리의 '자기성전'의 과정을 돌아보면, 초기에는 다나베 하지메(田邊元), 기무라 모토모리(木村素衛) 등에게서 배운 교토학파의 적자(嫡子)로서 이론적 행보(皇紀夫 外編, 2008, p. 145)를 보여 주고 있지만, 패전 이후 선배 세대 연구자들이 공직에서 추방되어 갑자기 중견 교육학자로 처신하게 되면서 모리는 교토학파를 넘어서려는 노력을 보여 주고 있다.

다나카는 교토학파의 특징에 대하여 '이론의 자기전개운동과 생명론의 전통'이라는 두 가지를 제시하고 있다(皇紀夫 外編, 2008, p. 146). 이는 철학에 있어서 서양과 동양의 만남을 시도하였던 니시다 기타로(西田幾多郞, 1870~1945) 이래로, 수입이론에 자족하지 않고, 빈약하지만 나름대로 자신의 사색에서 출발하고 또한 전체성을 향해 끊임없이 자기 생각을 원리화하려는 이론의 '자기'전개운동과 함께, 이보다 더 한층 기저(基底)에 깔려 있는 그리고 때로는 비합리성 혹은 신비주의로 퇴락(頹落)할 우려조차도 있는 강렬한 생명론적 파악의 전통이다. 하지만 다나카에 의하면, 모리는 "생명론이라는 이론의 기본적 특질과 이론의 전체화로 가는 무한운동이라는 형식적 특질만을 계승하고, 자칫하면 비합리적 신비주의(神秘主義)라든가 초국가주의 등과 결부하기 쉬운 내용은 대부분 거부"(皇紀夫 外編, 2008, p. 146)하였다는 것이다.

한기언의 기초주의 역시 식민지로부터 독립국으로의 극전 전환 속에서 무비판적으로 수입되던 외국 교육이론(교육학)을 넘어서기 위한 노력에서 탄생한 것이었다. '발전과 통정의 율동적 자기 전개'라는 표현에서 볼 수 있는 것처럼 급변하는 시대상황 변화 속에서 최선의 중용적 '기초'를 탐구하려는 자율성은 고정된 것이 아니라 생명체처럼 변화에 적응하는 특징을 갖는 것이지만 신비주의나 종교주의(宗教主義)와는 거리가 먼 것이다. 기초주의의 '자유의 이념'에 기반하는 고매인격을 바탕으로 한 지성인으로서의 교육자적 자질은, 모리에게 있어서도 모든 사람이 자신의 삶에 대한 실존적인 의미모색과 가치모색을 통한 자기성전(自己成全)을 의미하는 것으로, 기초주의적 관점에서 본다면 지성인으로서의 교육자는 지덕겸비, 즉 대애지순의 수월성이라는 '찬 머리'로 상징될 수 있다. 박애(博愛)의 정신이 결핍된 냉철한 이성은 겨울왕국을 낳게 할 뿐이기에, 찬 머리에는 대애지순의 정신이 필수적이다.

4) 세대계승적 공공성의 개척자

교육에 있어서 자유의 이념이 개개인의 주체적 '자율성'에 기반하는 것이라 한다면, 교육은 '공공성'의 중시라는 또 다른 측면을 간과할 수 없다. 교육의 공공성을 모리는 세대계승적 공공성의 관점에서 풀어 가고 있다는 점에서 개척자적 교육자의 자질을 보여 준다. 전후, 모리는 독일 유학을 통해 '교육인간학'이라는 학문에 관심을 갖게 되었지만, 동시에 자신의 고민을 통해 '인간형성원론'이라는 새로운 학문적 고민을 제기하고 있다. 즉, 그의 삶 속에서 '교육인간학'과 '인간형성원론'이라는 두 개의 학문구상은 어떻게 자리매김하여야 하는 것일까? 이에 대하여 모리 자신은 '교육인간학'은 한 편으로는 여러 이론의 통합과 실천이념의 원리적 해명을 하는 활동이라 규정함과 동시에 다른 한편으로는 실천이념에 관해 본격적으로 교육학적인, 즉 교육철학적 · 교육실천학적인 검토를 시작하기 전에 이에 관련되는 여러 학문성과의 '질서 매김'이라든가, '중계' 등의 정리라는 준비를 위한 '예비학'으로 규정하고 있다(森昭, 1961, p. 361, p. 423). 전자로 본다면 교육인간학은 인간형성원론을 후반 부분으로서 포섭하는 것이지만, 후자로 본다면 교육인간학은 인간형성원론이라는 후반의 준비를 위한 예비학에 불과하게 된다.

다시 말해서 모리는 『교육인간학』의 과제를 '인간 제(諸) 과학의 성과를 통합함으로써 실천적 이념을 해명하는' 것으로 정리하고 있는데, 동시에 이 저서에서는 제과학의 '성과를 배우는 데 급해서' '후반의 이념적 논급(論及)은 불충분'(森昭, 1961, p. 846) 했다고도 서술하고 있다. 이와 관련해서 다른 곳에서는 두 개의 결함으로,

생물학이라든가 심리학의 학문적 성과에 대한 접근에 비해서 사회과학적 접근이 미약하다는 점과 '철학적 고찰의 재료와 문제는 분명해졌지만 고찰 그 자체는 불충분'하다는 점이 아직도 극복되지 않은 채 남아 있다고도 지적하고 있다(森昭, 1961, p. 7). 이 같이 자신의 학문에 대한 반성적 자세는 그의 삶 자체가 인간 형성을 위한 교회불권의 모습을 보여 주는 것이라 할 수 있으며, 끊임없이 탐구하는 교육자적 삶을 살아가고 있다는 점에서 개척자 정신을 보여 주고 있는 것이라 할 수 있다.

이와 같은 모리의 구상에 대하여, 다나카는 "실천적 이념의 원리적 · 철학적인 고찰은 초월적 · 외재적인 것이 아니고, 사회과학의 지견(知見) 등을 매개로 해서 언제나 경험적 · 현실적으로 상황적 책임에 응답하는 방식으로 전개된다."(皇紀夫 外編, 2008, pp. 141-142)고 하였다. 경험적 현실을 원리적 고찰보다 우선하고자 하는 그의 학문적 자세는 오늘날 우리가 경험하는 현실과 이론의 분리에서 무엇을 우선하여야 할 것인가에 대한 방향성을 제시해 주는 것이기도 하다. 고도 경제성장이 궤도에 오르고 거대한 학교복합체가 윤곽을 나타내기 시작한 이 시기에, 모리는 민감하게 자기 자신의 궤도를 수정하고, 새롭고 엄청나게 거대한 사회적 현실에 길항(拮抗)할 수 있는 전체적 이론의 구축에 착수하였다는 점에서 독창적이다.

오늘날 현실과 관련하여 자본주의의 발달과정에서 우리 사회의 모든 노력은 경제적 총력전을 통한 GDP 수치 높이기로 수렴되고 있는데, 이로 인해 정작 인간다운 삶의 진면목은 잃어버리게 되는 것은 아닐지 우려된다. 4차 산업혁명의 물결과 지식정보사회라는 표현 속에서 경제적 성공은 때로 더 낮은 임금을 찾아 기존의 생산시설이 해외로 이전되는 등 산업의 공동화(空洞化)를 초래하고 있고, 경제 이외의 다른 영역에 대한 가치는 소홀히 취급되는 경향이 나타나고 있다. 인문학적 위기는 바로 이러한 경제 제일주의적 사고방식에서 필연적인 것일지도 모른다.

인간의 가치조차도 물화(物化)되는 상황에서 생활영역의 모든 것은 뿌리 깊은 의미 상실감을 낳고 있다. 다나카는 이러한 현상을 통해 "사회과정 전반의 제도 피로 현상에 대응하여 만들어진 거대한 학교복합체 역시 심각한 기능장애에 직면해 있다."(皇紀夫 外編, 2008, p. 150)고 전제하고, "열심히 살면 살수록 오히려 헛수고했다는 도로감(徒勞感)이 늘어나게 되는 구조 속에서 본래 '살기' 위한 수단에 불과한 경제영역이 (마치) 자기 목적적 가치를 가진다고 여겨지게 되었다."(皇紀夫 外編, 2008, p. 151)고 정리하고 있는데, 모리는 "'교육 이전(以前)'의 생물학적인 사실로부터 출발하여 '교육 이상(以上)'의 실존적 · 인격적인 문제에까지 이르는 장대한 통합이론을 구축해서, 이 거대한 사회적 현실에 대항하려고 하였던 것"(皇紀夫 外編, 2008, 149)이다. 이 같은 시도는 전후 모리가 듀이 등의 프래그머티즘을 딜타이나 야스퍼스 등의 독일 계통의 논의와 통합하려고 하였고, 나아가 이론과 실천을 관련시키려 하였다는 점에서도 알 수 있다.

구석구석까지 제도화된 세계에서 인간은 인위(人爲)에 대한 자연의 반란에 직면해서 더 한층 심화된 인위화(人爲化)가 아니라, 도리어 인위의 재(再) 자연화를 통해 해결책을 찾아내야 할 것이다. 이와 관련하여 다나카는 "시스템의 외부를 자연이라고 부른다면, 우리는 이미 시스템에 대한 자연의 반란에 직면하고 있다고 말할 수 있다."(皇紀夫 外編, 2008, pp. 150-151)고 하였다. 비근한 예로 아토피라든가 화분증(花粉症:꽃가루 비염), 천식 등 면역체계에 장애가 발현하는 빈도의 증가나 생리적 수준에서 치밀어 오르는 울화증, 참을성 없는 어린이들, 자기냄새환각[자기취환각(自己臭幻覺)]이라든가 거식증 등 자기 신체와의 괴리에 직면해 있는 젊은이들의 등장, 그리고 등교거부라든가 학교 밖 청소년의 급속한 증가 등은 '인위의 인위화'로 인한 폐해로 지적될 수 있다.

하지만 자연에 대한 인간의 '부단한 인위화'와 '인위의 인위적 재자연화'라는 양립하기 어려운 두 가지 과제를 동시에 달성하는 것은 그리 간단한 일은 아니다. 그렇기에 다음 세대를 위한 지속가능한 발전을 위한 교육(Education for Sustainable Development: ESD)과 같이 해결하기 어려운, 세대를 넘어서는 교육의 공공적 과제, 즉 세대계승적 공공성의 문제가 우리 앞에 남아 있는 것이다. 새로운 문제를 해결하기 위하여 기초주의의 질서의 이념에 기반하는 교회불권의 개척자로서의 교육자적 자질은 모리에게 있어서 사회적 현실에 그대로 순응하기보다는 길항(拮抗)할 수 있는 이론을 구축하려는 시도에서 찾아볼 수 있다. 즉, 자유의 이념에 기반한 자기성전의 과정은 교육적 공공성을 세대계승적 공공성으로 발전시키려는 모리의 개척자적 시도를 통해 드러나는 것으로, 기초주의 관점에서 이러한 교육자는 교회불권의 독창성을 실천하려는 '뜨거운 가슴'을 필요로 하는 것이다.

4. 맺음말

이 글은 기초주의의 관점에서 일본 교육학의 한 계보를 이루고 있는 모리 아키라(森昭)의 교육사상을 청뢰 한기언의 기초주의 교육자론에 입각하여 그의 교육자적 특질이 무엇인가를 확인해 보고자 하였다. 일반적으로 교육자라고 하면 학교에서 가르치는 일을 담당하는 교사를 지칭하는 것이지만, 근대교육의 교사-학생의 이분법적 사고방식에서 벗어나면 교육자란 자신의 삶을 교육적으로 살아가는 모든 사람을 지칭하는 것이라 할 수 있다.

한기언의 기초주의는 1957년 한국에서는 처음으로 '인간 형성의 교육논리'로 제창되었는데, 어쩌면 모리 아키라가 『교육인간학』(1961)에서 말한 '인간 생성 그 자체가 목적'이라는 말과 통하는 바가 있다고 생각된다. 기초주의는 크게 교육에 관하여 세 가지 질문을 던지고 있다. 첫째는 '왜'의 문제로 '교육의 이념'을 다루고 있으며, 둘째는 '무엇을'의 문제로 교육적 인간상을, 그리고 셋째는 '어떻게'의 문제로 교육의 과정(過程)에 관하여 언급하고 있다.

특히 모리가 유고작인 『인간형성원론』(1977)에서 논하고자 한 교육 목적론은 '인간생성'의 문제였고, 이는 개인적 생성과 사회적 생성으로 나누어진 양자의 관련성을 생산적 인격과 민주적 사회와의 상호생성적인 순환으로 설명하는 것이었다. 기초주의의 교육자상은 3이념(시간의 이념, 자유의 이념, 질서의 이념)에 입각하여 각기 역사적 교육자상과 이상적 교육자상의 통합적 시도로도 설명될 수 있다. 즉, 한기언의 역사적 교육자상은 역사의식을 가진 '향도자'이며, 고매인격을 가진 지성인 그리고 개척정신을 지닌 (선구적) 개척자로 이는 각기 이상적 교육자상으로서 통찰성으로서의 '밝은 눈', 수월성으로서의 '찬 머리' 그리고 실천적 독창성으로서의 '뜨거운 가슴'과 대응된다. 이는 모리의 인간 형성의 상호생성적 순환의 문제와 관련하여 듀이의 미국식 프래그머티즘 교육학을 딜타이나 야스퍼스의 독일식 정신과학적 교육학과 통합하려고 하였고, 나아가 이상적(理想的) '이론'과 현실적(現實的) '실천'을 통합하려 하였다는 점으로도 확인될 수 있다.

기초주의의 관점에서 본 모리의 교육자적 자질을 정리해 보면, 첫째, '고쳐짓기형 향도자(嚮導者)'이다. 즉, '고쳐짓기형 향도자'는 시간의 이념과 관련된 역사의식을 지닌 '향도자'이기에 시대적 상황 변화에 맞추어 인간생성의 문제를 '고쳐짓기'형 인식에서 더 나아가 '고쳐짓기의 고쳐짓기'로 발전시켜야 하며, 이는 시대 변화에 대한 역사적 통찰성이라는 '밝은 눈'이 요구되는 작업인 것이다.

둘째, '자기성전(自己成全)의 지성인(知性人)'은 자유의 이념과 관련된 고매인격의 지성인이기에 진리에 대한 탐구정신 못지않게 인류에 대한 박애의 마음을 갖고 있는 지덕겸비인으로, 『대학』에서 말하는 지어지선(止於至善)의 수월성이라는 '찬 머리'로 상징될 수 있다.

셋째, '세대계승적 공공성의 개척자(開拓者)'는 질서의 이념과 관련된 교회불권의 선구자이기에 자연에 대한 인간의 '부단한 인위화'와 '인위의 인위적 재자연화'라는 양립하기 어려운 두 가지 과제를 동시에 달성하려는 독창성을 실천하려는 '뜨거운 가슴'을 필요로 한다.

결국 모리 아키라를 통해 본 일본의 교육은 '고쳐짓기의 고쳐짓기'와 '자기성전'의 과정 그리고 세대계승적 공공성을 통해 단지 외국 이론의 소개가 아니라 '이론의 자기전개운동'을 낳았고, '생명론의 전통'을 통해 실천적 이념의 원리 · 철학적 고찰과 자연에 대한 '인위의 인위적 재(再)자연화'라는 과제를 제기하고 있다. 이를 기초주의 3이념과 대응시켜 본다면, 역사적 교육자상으로서 향도자와 지성인, 개척자의 모습이며, 이상적 교육자상으로 요구되는 통찰성과 수월성, 독창성이 구현된 모습이라 하겠다.

✪ 참고문헌

한기언(1973). 기초주의(배영사신서 6). 서울: 배영사.
한기언(1979). 현대인과 기초주의-현대사회와 기초주의의 역할. 서울: 세광공사.
한기언(1990). 상황과 기초: 구상교육철학으로서의 기초주의. 서울: 서울대학교출판부.
한기언(2003). 기초주의 교육학. 경기: 한국학술정보[주].

森昭(1955, 초판 1937). 教育の実践性と内面性-道徳教育の反省. 黎明書房.
森昭(1961). 教育人間學: 人間形成としての教育(森昭著作集 第4, 5卷). 黎明書房.
森昭(1977). 教育形成原論(森昭著作集 第6卷). 黎明書房.

寺崎昌男(1981). 日本教育學說史研究の方法と意味. 教育學研究, 48(2).

小笠原道雄, 田中毎實, 森田尚人, 矢野智司(2014). 日本教育學の系譜; 田中毎實, 第4章, 森昭を読む- 教育的公共性から世代繼承的公共性へ. 勁草書房.

中井久夫(1982). 分裂病と人類. 東京大學出版會.

秋田英康(2000). 森昭の問い「教育人間学の構想」まで. 臨床教育人間学, pp. 95-106.

皇紀夫, 矢野智司 編(2008). 日本の教育人間學; 田中毎實, 第7章, 森昭の教育人間学; 統合學と原理論を循環する生成理論. 玉川大學出版部.

프레시안(2016. 12. 10.). 이민희, 케인스 '기술적 실업' 예언하다. http://www. pressian.com/news/article.html?no=145601에서 2017. 2. 5. 인출.

부록

기초주의 이해의 길

〈부록〉

기초주의 이해의 길

-『한기언교육학전집』 단상기(斷想記) -

지난 (2001년) 9월 28일에 『한기언교육학전집』의 목차 구상을 한 데 이어, 다음날인 29일부터 어제 10월 12일까지 15일간에 걸쳐서 『한기언교육학전집 -기초주의 이해의 길-』을 탈고할 수 있었다. 이것은 54권에 이르는 나의 글과 기간본 그리고 사진 선집 등에 관한 나의 짤막한 단상기이다. 너무도 나의 속마음을 거의 여과 없이 쓴 글이기에 완전히 벌거벗은 기분이 든다. 그러나 한 권의 책, 한 묶음의 글, 사진 선집 등에도 솔직한 속마음은 있기에 감히 글로 남기려 한다.

-『미국일기』, 『히로시마일기: 일본인의 교육철학』은 그 후 추가 계약된 것임[1)]-

1.『교육철학 및 교육사』(양서원, 1985)

이 책을 『한기언교육학전집』 첫 번째로 드는 까닭은 내가 주력해 온 학문 분야인 '교육사 교육철학'의 집약적 표현이라는 것, 또 하나는 제14장이 '기초주의'로 되어 있어 교육사 교육철학적 맥락에서 본 기초주의의 위상 표시도 되리라고 생각해서였다. 특히 '별장'으로 게재한 두 편의 논문은 더욱 이 점을 분명히 하고 있다.

2.『기초주의 교육학』(학지사, 1999)

나는 지금에 있어 나의 주저로 『상황과 기초: 구상교육철학으로서의 기초주의』(1990)를 꼽고 있다. 그리고 이 책 『기초주의 교육학』은 '기초주의 입문서'로 감히 뽑고 싶다. 서장과 결장, 본문 12개 장, 그 모두가 나의 교육이론이요, 교육철학인 '기초주의' 안내의 글이며, 가장 요약된 글들이라 하겠다. 또 제5장(pp. 140-141)의 '기초주의 건강법'과 제10장(pp. 221-222)에 게재한 네 개의 명구(名句)도 아울러 읽어 주셨으면 한다.

---

1) 출판사 사정으로 『히로시마 일기: 일본인의 교육철학』은 간행되지 못하였고, 그 대신 『한기언교육학전집』 제55권으로 『나의 교육신조 25』와 『한기언교육학전집』 제56권으로 『도쿄일기』가 간행됨.

3.『상황과 기초: 구상교육철학으로서의 기초주의』(서울대학교출판부, 1990)

나는 공식적으로 이 책을 '나의 주저'라고 밝히고 있다. 그리고 여러 교육학 동지의 협조로 나온 고희 기념 논문집인 『교육국가의 건설』(1994)과 쌍을 이루는 것으로서, 기초주의 발전을 위하여 학문적 시사점이 클 것으로 생각하고 있다.

4.『한국현대교육철학-기초주의의 탄생과 성장』(도서출판 하우, 1996)

지금 와서는 이 책을 낸 것은 잘했다고 스스로 납득하고 있다. 물론 내가 낸 책치고 잘했다고 생각하지 않은 책은 여태까지 한 권도 없지만 말이다. 이 책은 본문의 15개 장 하나하나 모두 충실한 내용이어서 스스로 귀한 글이라고 생각하고 있다. 그러면서도 특히 '별장'으로 마련한 제1편: 기초주의의 발현과 제2편: KICHOJUII = Foundationism은 귀한 글들의 모음집이 되어서 두고두고 기념이 될 것으로 생각하고 있다. 감사!

5.『한국인의 교육철학』(서울대학교출판부, 1988)

한국인의 생활철학을 나타내는 표현이 무엇인가를 다년간 생각해 온 끝에 찾아낸 것이 '멋'이라는 말이다. 이 책에는 한국인 형성의 핵 사상으로서의 '멋'의 교육철학적 해명을 시도하였다. 또한 '멋 = 기초'라는 관계에서 멋의 논리와 기초주의에 대하여 교육철학적 해명을 한 것이 이 책의 공헌점이라 하겠다. 이 책이 나왔을 때 『동아일보』에 서평이 크게 나온 것이 인상적이었다.

6.『기초주의-한국교육철학의 정립』(배영사, 1973)

'기초주의'를 명명(1957)한 지 16년째 되는 1973년에 이 책 『기초주의』가 나온 것이다. 나로서는 그간 신중에 신중을 기해 온 터였다. 배영사 이재영 사장의 권유가 이 책 간행에 있어 큰 계기가 되었음을 다시 한번 밝혀 둔다. 그만큼 나로서는 기초주의를 널리 알리는 데 대하여 신중을 기하려고 했던 것이다. 『한국교육의 이념』(1968)에서 신호탄을 올린 기초주의에 관한 두 번째 저술이자, '기초주의'가 저서명으로 나온 최초의 기념물이기도 하다. 수만 부가 팔린 나의 베스트셀러이다.

7.『현대인과 기초주의-현대사회와 기초주의의 역할』(세광공사, 1979)

합동통신사 교양강좌로 의뢰가 왔을 때, 나는 주저 없이 이 책 이름을 연제로 알려 주었다. 이 연제에 따라 준비한 원고가 즉각 책이 된 것이다. 뜻하지 않게 강연 요청이 있었던 것도 기뻤고, 지체 없이 책으로 간행할 수가 있어서 더욱 좋았다. 박광희 사장의 호의에 감사할 따름이다.

이 책에는 나의 인생관(23~27)과 교육학적 자서전(27~37)도 써 놓았기에, 어떤 의미에서는 저자 한기언의 진솔한 일면이 숨김없이 피력된 책이라고도 하겠다. 『기초주의』(1973)의 자매편이라고 하면 좋을 것이다.

8.『교육의 세기』(양서원, 1989)

자기가 쓴 책 치고 널리 읽히기를 바라지 않는 책은 없을 것이다. 그럼에도 이 책을 독자의 입장을 생각할 때, 부피도 알맞고 책 내용도 여러 연령층에 맞도록 각기 장을 달리하여 쓴 글도 있고 해서 감히 일독하기를 권하고 싶은 책이다. 말할 나위도 없이 이 책 전체에 흐르고 있는 주조음은 '기초주의'이다. 특히 이 책은 평생 나의 학문적 뒷바라지를 하다 세월이 간 아내 김혜경 교수의 회갑에 즈음하여 헌정한 책이다. 아내의 고희기념문집으로는 『새로운 여성의 길』(1998)이 있다. 이렇게 기념하는 책들이 나온 것을 크게 다행한 것으로 생각하고 있다.

9.『한국사상과 교육』(일조각, 1973)

제2회 한국교육학회 학술상 수상작이다. 이 책이 간행된 직후의 수상이어서 더욱 기뻤다. 서평도 『동아일보』에 오천석 박사의 저서와 함께 나란히 게재되어 영광이었다. 전혀 뜻하지 않은 서평 게재이기에 신문을 보고서야 비로소 안 일이기도 하다. 저서명의 연유로 말하면 새로 시작한 계절제 교육대학원(경희대학교)에 『한국사상과 교육』이라는 공통필수과목을 마련하여 그 담당교수가 되었기 때문이었다. 1971년의 일이다. 이 책은 분명 상기 신설 강의와 깊은 관련을 가진 것임을 이 기회에 밝혀 둔다.

10.『동양사상과 교육』(법문사, 1978)

『한국사상과 교육』의 자매편으로 나온 책이 바로 이 책 『동양사상과 교육』이다.

동양교육사에 관한 단독 저서를 늘 생각해 온 나로서는, 우선 이 책 간행으로 자족할 수밖에 없는가 보다. 왜냐하면 나의 학문적 최대 관심사는 '기초주의'의 이론적 심화에 있기 때문이다. 그래도 이 책 역시, 실은 '기초주의'의 이론적 기초 다짐에 있었으니, 나의 학적 관심은 오로지 '기초주의'에 있음이 분명하다 하겠다. 서문에 『서양사상과 교육』도 가까운 시일 내에 간행하겠다는 예고를 한 것은, 지금까지 해내지 못한 것을 자성하고 있다. 결코 책 예고는 하는 것이 아님을 알게 하는구나.

11. 『교육의 역사철학적 기초-한국교육의 세계 교육사교육철학적 좌표』 (실학사, 1975)

생각하건대 아마도 이 책이 나에게 있어서는 유일한 최대 쪽수 책이 되는 것이 아닌가 한다. 1,102쪽 분량이다. 책 부피를 얇게 하기 위해서 출판사에서 특별히 배려하여 사전류에 쓰이는 얇고 질긴 특수지를 사용하여 양장본 케이스까지 마련한 예쁘장하고 품위 있는 대저가 되었다.

부피만이 아니라 내용 역시 나에게 있어서는 기념할 만한 중요 내용으로 되어 있어, 나는 이 책 간행을 은근히 자랑스럽게 생각하고 있다. 고인이 된 나의 애제자 정순목 박사가 한국교육사연구회 회장으로, 이 책 출판기념회를 성대하게 해 준 것을 어제 일 같이 생생하게 상기할 수가 있다. 오직 감사할 따름이다. 낙동강이 흐르는 안동의 영호루에서의 출판 축하연이었다.

12. 『한국교육철학의 구조』 (을유문화사, 1977)

이 책의 서평이 두 편 있어 적어 둔다.

1) 김정환 교수(고려대) 『월간중앙』 1977년 5월호(pp. 350-351)
2) 한동일 교수(성균관대) 『중앙일보』 1977년 5월 10일

뜻하지 않게 이렇게 서평이 두 편이나 나온 것을 접했을 때, 나 자신 저절로 힘이 솟아오른다. 이 책은 서문 첫머리에도 썼거니와, '한국교육학사의 기조에 대한 비교교육철학적 연구'를 주제로 삼은 것이다. 이리하여 "한국인의 생활철학: 멋, 한국인의 이상상: 선비, 한국인의 사유방식: 참"을 중국 및 일본과의 관계에서 그 독자

성을 밝혔던 것이고, 인간 형성의 논리인 '기초주의 교육철학의 구조'를 논급했던 것이다.

13. 『한국교육의 이념』(서울대학교출판부, 초판 1968; 증보판 1974)

나의 교육이론이요, 교육철학인 '기초주의'가 학계의 인정을 받게 된 계기는 저서로는 바로 이 책 『한국교육의 이념』(1968)이다.

이 책은 200자 원고지 800매 길이의 것인데, 단숨에 써낸 책이기도 하다. 그 직접적 계기는 1968년 1월 15일 한국교육학회 교육사교육철학연구회에서 '한국교육이념 연구'(연간 시리즈) 1번 타자(발표자)로 지명되었기 때문이었다. 1967년 12월 하순에는 이미 탈고된 상태였다. 이 원고 내용을 연초 세배를 온, 서울교육대학교 이태근 교수에게 장시간 설명한 것이 첫 구두 발표였다. 이태근 교수는 훗날 '기초주의'의 '3이념 6개념'의 틀을 사용하여 논문 「아시아 6개국 초등교육목표 분석」을 발표하였다.

14. 『한국교육이념의 연구』(태극문화사, 1992)

『한국교육의 이념』(1968) 서문에서 훗날 『한국교육의 이념 연구』를 낼 생각임을 밝힌 지 24년 만인 1992년에서야 마침내 『한국교육이념의 연구』를 낼 수 있어서 대단히 기쁘게 생각하고 있다. 이 책 중에서도 가장 요약된 장이 제6장 '한국교육이념의 정립'이다. 그리고 여타 각 장이 있음으로 해서 나의 의도한 바 '한국교육이념'의 해명이 잘되었음은 물론이다.

또한 서문에서도 제시한 바 '교육이념의 6가지 특성', 즉 원리성, 정향성, 가치성, 보편성, 이상성, 평가성은 기초주의 교육이념 설정의 이론적 준거라 하겠다.

15. 『교육관의 확립-한국교육의 새로운 좌표』(한국능력개발사, 1979)

이 책은 서울대학교 교육학과 (제14회) 졸업생인 김화영 사장이 운영하는 능력개발사에서 나왔다. 같은 해 내가 기획 편집한 『교육명저해제』도 함께 출간되었다.

이 책 중에서 특히 제5장 1930년대 교육학 진흥운동, 제6장 한국교육학 정초의 역사적 자기 전개, 제7장 한국비교교육학의 과제와 전망은 『한국교육의 이념』(증보판, 1974)에 실린 「증보의 장」 중 1. 현대한국교육학서설, 2. 교육학의 계보, 3. 한국교육의 이념 및 교육사학연구와 함께 읽으면 '한국교육학사'의 맥락 이해에 도움이 되리라고 생각하고 있다.

나의 학적 관심이 실은『한국교육학사』에 있기 때문이기도 하다. 그리고 전지 한 장 크기로 된 도표 부록은 이 책의 또 하나의 특기할 일이라 하겠다.

16-a.『21세기 한국의 교육학』(기초주의연구원, 2000)

기초주의: 네 시작은 미약하였으나, 네 나중은 심히 창대하리라(욥 8: 7).

이 책은 공식적으로 발간된 것은 아니고, 임의출력하여 복사제본한 12부여서 희귀 서적이라 하겠다. 셋째 아들 만공 한용진 박사(고려대학교 교수)가 나고야대학(名古屋大学) 객원교수로 출발하기 직전이라 가장 바쁠 때임에도 불구하고, 나를 위하여 간행 작업을 감행, 마침내 이 책이 세상에 나오게 되었다. 이 책을 볼 때마다 셋째 아들의 효심과 노고에 고마움과 미안함을 느끼고 있다. 고맙다, 용진아!

이 책은 간행을 갈망했던 만큼 그 내용에 대해서도 크게 만족하고 있다. 이 책이 나옴으로써 다시금 '기초주의' 연구에 더 한 층의 전진이 가능해지고 있다.『전집』제17권인『교양으로서의 교육학』역시 이렇게 해서 다시 한 권의 책으로 마련하게 된 것이기도 하다. 이 책 간행의 의의는 자못 큰 것이었다고 나는 믿고 있다.

16-b.『21세기 한국의 교육학』(한국학술정보[주], 2001)

*『한기언교육학전집』중 첫 번째로 발간됨.

이 책은 2000년 만공 한용진 교수가 애써 만들어 준 책의 정식 출간본이다.『한기언교육학전집』제16권으로 나왔다『전집』으로 간행된 첫 번째 책이라는 데서도 그 간행의 의미는 크다. 또 만공이 애써 만들어 준 책이 저본이 되어 산뜻하게 나온 것이니, 만공의 노고를 다시 한번 치하한다. 비록 속도는 느리지만 이리하여 '한국학술정보(주)'에서『전집』이 내가 희망한 순서에 따라 한 권 한 권 간행되고 있으니 기쁘고 감사한 일이다.

17.『(대항해 시대의 교육적 나침반) 교양으로서의 교육학-교육의 세기와 기초주의』(한국학술정보[주], 2002)

*『한기언교육학전집』중 두 번째로 발간되었고, 부제를 '교육의 세기와 기초주의'라고 하였다.

1) 교육학의 성립과 발전
2) 한국교육학 정립의 논리
3) 인생과 교육적 나침반
4) 한국인의 교육자 정신
5) 멋있는 사회 만들기
6) 홍익인간교육의 새로운 비전
7) 교육의 세기와 기초주의
8) 기초주의 교육학
9) 기초주의의 원형

18. 『교육원리』(삼영출판사, 1961)

이제 와서는 어찌 된 일인지, 나의 수중에는 이 책이 오직 한 권만이 남아 있다. 한 권 밖에 없고 보니 갑자기 더욱 귀하다는 생각이 든다.

이 책은 나의 외우(畏友) 김동성 교수가 부탁해 온 것을 계기로 출판에 이르렀다. 당시 나는 어느 출판사와 계약한다는 전제 없이 원고를 써놓은 상태였다. 마침 김 교수가 자기 아는 사람이 건축 사업에 실패하여 출판사를 냈는데, 한 형이라면 준비된 원고가 있을 것 같아 묻는다기에 이 책 원고를 넘겼던 것이다. 지금도 나는 출판사 계약과는 관계없이 내가 내고 싶은 책 원고를 써서 탈고되면 보자기에 싸 놓고 있다. 지금도 몇 개의 보따리가 있다. 듀이의 "나의 교육학적 신조" 한영 대역을 〈부록 1〉에 수록해 두었다. 이것 하나만 하여도 뜻깊게 생각한다.

19. 『교육원리』(박영사, 1963)

이 책은 박영사의 안원옥 사장의 초청에 따라 삼영출판사가 출판업을 그만둔 시점과 아울러 2년 전에 간행된 원고 내용을 새로이 하여 출판한 것이다. 삼영출판사본도 재판까지 나왔으나, 처음부터 인세를 제대로 지불하지 않다가 나중에는 사장이 자취를 감추어 버렸다. 박영사 측에서는 약간의 위자료 지불까지 생각하였기에, 나는 중개한 김동성 교수에게 계속 이 사실을 전했으나 끝내 나타나지 않았다. 내가 인세를 청구하는 것인 줄로 겁먹었던 모양이다.

이미 말한 바와 같이 박영사판인 『교육원리』는 내용을 크게 달리하여, 나 자신 학문적 성장의 기회로 삼았다. 이 책은 그 후 판을 달리하며 장장 20년 가까이 호평리에 간행되었다. 박영사의 안 사장으로부터 다시 새로운 교육원리 집필 의뢰가 있어 나온 책이 『교육원리－교육철학개설』(1982)이다.

20. 『교육원리-교육철학개설』(박영사, 1982)

이 책은 내가 일본 국립교육연구소(國立教育研究所) 객원 연구교수를 마치고 귀국하던 그 날, 집 현관에서 전화벨 소리를 들으며 구두 계약이 된 책이다. 전에 나온 『교육원리』와는 전혀 구상과 내용을 달리하였다. 이것은 박영사의 안 사장의 요청이기도 하였다. 나는 전부터 새 책을 구상한 것이 있었는데, 그 내용을 이 책에 담기로 하였다. 이 책은 어떤 의미에서는 『교육사상사』로도 쓸 수 있는 것이요, 그러기에 그냥 『교육원리』라 하지 않고, 부제를 '교육철학개설'이라 하였던 것이다. 특히 제9장 '기초와 교육'은 가장 요령 있게 '기초주의'에 대하여 해설한 장이기도 하다. 또 이 책을 가리켜 '인류의 교육적 예지의 집약적 결정체'를 한 권에 담아 보려고 한 책이라고 해 보았다.

21. 『교육학개론』(익문사, 1979)

나는 '교육의 세기'라는 표현을 그간 수없이 사용해 왔다. 저서명이 된 『교육의 세기』 역시 이러한 나의 교육적 신조의 고백이라 하겠다. 이 책 서문에 인용한 나의 글 '교육의 세기 ―한국교육학의 독창적 개성화와 세계교육학적 공헌'이라는 글은 이러한 나의 생각의 진솔한 표현임을 특히 강조하고 싶다. 일독 있으시기를 권한다.

이 책에는 각 장마다 단 몇 줄의 글로써 그 장의 요지를 표현하도록 했다. 맨 끝장인 제10장 '교육학의 과제'에서는 유달리 긴 표현의 글이 실려 있다.

"미래사회는 '교육의 세기'가 되어야 하리라고 보거니와 한국교육학의 독창적 개성화가 이루어질 때 세계 교육학적 공헌이 가능해질 것이요, 우리 민족은 '교육의 세기'의 선도자로서의 영광을 누리게 될 것이다."(이하 생략)

22. 『교육학개론』(법문사 초판본 1979; 증보판본 1986)

이 책은 그동안 나의 저서를 몇 종류 내오던 법문사 사장의 『교육학개론』 출간 요청에 응한 결과이다. 마침 익문사가 인쇄업만 하기로 하고 출판사업을 그만두게 된 것도 새로이 『교육학개론』을 쓰게 된 계기가 된 것이다. 이번 역시 이 책 간행을 계기로 원고 수정에 힘써 질적 향상을 도모하였다.

이 책은 서울대학교 사범대학 교직과정 중 내가 담당하는 과목의 강의 교과서로서도 거의 정년에 이르기까지 (증보판이 나옴으로써) 계속 사용한 책이기도 하다. 나의 회심의 교육학 개론서이다. 증보판에는 '부록: 멋의 논리와 기초주의의 의미'가 첨부되어 일관된 나의 학적 주장을 부각시키도록 하였다.

23.『교육학개설-현대 교육학의 이해』(박영사, 1984)

박영사에서도 『교육학개론』을 써 달라는 요청이 들어왔다. 그래서 나는 이미 법문사에서 낸 『교육학개론』이 있으니 내용도 달리할 뿐더러 책 이름도 달리할 것을 주장, 결국 현대교육학의 이해가 내용인 『교육학개설』을 내기에 이르렀다.

이 책은 서울대학교 박사과정 공통필수과목으로 설정된 『교육학사』 강의 교재로 정년에 이르기까지 요긴하게 사용하였다. 이 책 끝부분인 제12장 '교육학의 전망'은 기초주의를 내용으로 한 것이다. 나의 관심사는 교육학사적 관점에서 주지주의(主知主義)에서 구조주의(構造主義)에 이르는 열 가지 교육학과의 관계에서 기초주의 교육학의 학적 위상 확인에 있었다고 하리라.

24.『현대교육사조』(법문사, 1965)

이 책은 간행된 지 근 40년이 되어 오는 셈인데, 비교적 최근까지도 각 대학의 『현대교육사조』 강의에서 교재로도 사용되어 온 것 같다. 이상하게도 『현대교육사조』라는 이름의 책이 서점에서도 별로 찾아볼 수 없는데, 그런 관계로 이 책이 교재로 오래도록 사용되어 왔는지도 모르겠다. 나로서는 나의 다른 저서의 경우도 그렇거니와, 일단 책으로 낸 뒤에는 개정판 내는 일에 손을 대지 않으려 하고 있다. 그 까닭은 다른 새 책 간행에 나의 시간과 정력을 쏟기 위해서였던 것이다. 이 책은 비록 간행 연도가 오래되었지만, 책 자체로서의 가치는 시간을 뛰어넘는 것으로 나 자신은 생각하고 싶다. 한기언 교육학의 발전 과정 구명에 있어서 이 책이 차지하는 비중이 절대적이기 때문이라 하겠다.

25.『교육사-행복한 생활을 위한 인간형성사』(법문사, 1965)

이 책은 내가 정년 가까울 때까지 서울대학교 사범대학 교직과정 '교육사' 강의에 교재로 사용한 정든 책이다. 나로서는 지금도 그 구상에 있어서 매우 잘했다고 내심 자부하고 만족해하고 있는 책이다. 한국교육사를 중심에 두고 동서교육사를 아울러, 고대로부터 현대에 이르기까지 줄기차게 설파한 교육사 입문서인 것이다.

이홍우 교수가 교육학과 학과장일 때 특히 요청이 있어, 서울사대 교육학과 1학년 1학기에 『교육학개론』과 『교육사』를 동시에 강의하게 되었던 것은 그 후 몇 년 계속되었던 것인데, 나의 좋은 추억도 되고 훌륭한 시도였다고 생각한다. 교육사와 교육학개론 강의야말로 교육학 전공생에게는 알파와 오메가와 같다는 생각에서였을 것이다.

26. 『교육사학-교육정신사 서설』(세광공사, 1980)

이 책은 세광공사 박광희 사장의 요청에 의하여 저술한 것인데, 『교육사학』이라고 저서명을 붙인 데는 두 가지 의미가 있었다. 하나는 법문사에서 나온 『교육사』와 구별하기 위해서였고, 또 하나는 학문으로서의 교육사를 강조하기 위해서였다. 후자의 견지는 앞으로도 계속 발전시켜야 될 제목인 줄로 안다.

나의 논문 「교육사학의 학문적 구조」(1988) 및 「교육사학의 이론과 전망」(1987)은 교육사학 연구를 위한 나의 마스터 플랜 제시이기도 하다. 학문은 여러 세대에 의하여 계승 발전되는 것이기에 그 윤곽을 내비친 것뿐이다.

말할 나위도 없이 이 책 역시 나는 법문사판 『교육사』와는 전혀 다른 구상을 가지고 쓴 것이기에 이 책이 지니는 의의는 결코 작지 않다고 믿고 있다.

27. 『한국교육사』(박영사, 초판본 1963; 증보판본 1983)

한 권의 책을 쓴다는 것은 학자로서의 명운을 건 것이요, 불타는 학문적 정열과 굳건한 신념 없이는 불가능한 것이라고 본다. 이 책은 곧 나의 학문적 사명 의식에서 발동한 것이었다. 이때 내가 이 책을 내지 않으면 학자로서의 나의 사명에 충실치 못한 것이라고 스스로를 채찍질해 가면서 감연히 저술에 전념, 마침내 한 권의 책이 나오게 할 수가 있었던 것이다.

지금 돌이켜 생각해 보니, 이 책의 간행의 의의는 너무도 큰 것이었다고 스스로 만족해하고 있다. 이 책이 발간된 후 얼마 안 되어 일본에서 번역본이 나오게 된 일이라든가, 또 초판본 간행 20년째 되는 1983년에 증보판이 나오게 된 것 역시 나로서는 기쁜 일이라 하겠다. 한국교육사학 전공자가 나날이 증가 추세에 있어 이들 후학에 대한 나의 학문적 기대 또한 크기만 하다. 장하도다! 우리 후학들이여!

28. (일역본) 『한국교육사』 (井上義巳 공역) (東京: 廣池學園広出版部, 1965)

서명원 박사가 언젠가 나에게 "내가 하와이대학교 이스트 웨스트 센터에 들렀더니 한기언 교수의 책인 『한국교육사』가 한국어판과 일역본이 나란히 도서실에 꽂혀 있는 것을 보았지. 그런데 일역본 책이 장정이나 지질이 더 좋아 보이더군." 하시는 것이었다. 이 일역본은 우리나라의 외서(外書) 판매점 서가에도 꽂혀 있어 함종규 교수 등 몇몇 분이 보았노라고 인사를 해 온 적이 있다.

컬럼비아대학교에서 은사 벽계 이인기 교수님을 통해서 알게 된 규슈대학(九州大学)의 이노우에 요시미(井上義巳) 교수에게 이 책을 보낸 것이 계기가 되어 마침내 일역본이 나오게 된 것이다. 또 벽계 선생의 도쿄대학 교육학과 동기 동창인 히라쓰카 마스노리(平塚益德) 박사가 이노우에 교수의 은사라는 인연도 겹쳐서 마침내 출간을 보게 된 것이다. 두 분의 서문도 받게 되어 매우 뜻깊게 생각하고 있다.

29. 『서양교육사』 (박영사, 초판본 1962; 증보판본 1988)

지금 나의 수중에는 이 책 발간 직후 고려대학교의 왕학수 교수로부터 보내온 엽서 한 장이 있다. 그 내용은 다음과 같다.

> (전략) 취송 금번은 귀하의 다년간 연구하신 보람 있어 서양교육사를 발간하시와 진지한 학구적인 품도에 깊은 학문적 훈향(薰香)을 교육학계는 물론 시정 소생과 같은 사람에게까지 풍겨 주셔서 그 높은 공적을 진심으로 경하하오며 삼가 감사 드리는바 입니다. (후략)

나에게는 분에 넘치는 치하의 서신이었다. 이 책은 1957~1958(1년간) 미국에서의 연구생활의 성과도 담긴 기념품이라 하겠다. 초판본 나온 지 26년 되던 1988년에 증보판이 나왔으니, 나로서는 이 사실 하나만 하여도 기쁘고 감사할 따름이다.

30-a. 『한국교육사상사연구』 (서울대학교출판부, 1969)

이 책은 서울대학교 박사학위 청구논문을 출간한 것이다. 그러기에 학위청구논문 제목이 속 겉장 상단에 괄호로 "한국교육의 민주화과정에 관한 교육사상사적 연구"라고 표기되어 있기도 하다. 이 논문 통과는 우리나라에서는 교육학 전공자로서의 최초의 박사학위 수여를 의미하였다. 즉, 서울대학교는 물론 우리나라 전체로서도 제1호가 된 것이다. 나의 경우는 석사학위 역시 교육학 전공자로서는 전국적으로(서울대는 물론이고) 제1호였기에 나에게는 오직 영광일 뿐이다. 국내에서의 박사학위 취득의 길을 열었다는 의미에서 후학들로부터 크게 축하를 받았다.

30-b. (박사학위청구논문)「한국교육의 민주화과정에 관한 교육사상사적 연구」 (서울대학교출판부, 1969)

이 논문을 책으로 낸 것이 앞에 든 『한국교육사상사연구』이다. 그리고 논문 심사과정을 통하여 뒷부분을 생략함이 좋다고 하여 수정본을 낸 것을 다시 책으로 낸 것이 다음에 든 『한국교육의 민주적 전통』이다. 그리고 수정 논문은 원제대로 『한국교육의 민주화과정에 관한 교육사상사적 연구』라 했던 것이다. 당초 청구논문 원본에 비해서는 얇은 책자가 된 셈이다.

31. 『한국교육의 민주적 전통-인간존중의 교육사상』(동아출판사, 1971)

이미 통과된 박사학위 논문을 이러한 제목으로 다시 책으로 낸 것이다. 이것은 동아출판사 김상문 사장의 절대적인 후의 덕택이다. 감사하고, 감사하다.

박사학위 논문 제출이 1969년이었고, 심사 진행 중인 1969년 가을에는 하버드대학교 연경학사 연구 기금으로 일본의 히로시마대학(廣島大学) 교육학부 객원교수로 가서 마음껏 연구생활을 누리고 있었다. 주심인 서명원 박사의 지시에 따라, 1970년 4월 급거 귀국, 구두 시험(최종심)이 있었고, 이 해 8월 졸업식에서 문학박사 학위를 받았다. 은사 학현 김계숙 교수님께서 직접 식장에 나오셔서 나의 장래를 축복해 주셨다. 이러한 사연들이 담긴 논문이요, 책자이다.

32. 『대학의 이념-대학의 전통과 개혁의 지표』(세광공사, 1979)

지금 와서 생각해 보니, 대학교육에 관하여 쓴 이 책의 의미는 매우 큰 것임을 새삼 느끼게 된다. 이보다 앞서 번역 간행한 『대학의 미래』(1978)와 그 후 나온 번역서 『학문의 전당』(1984) 역시 나의 대학교육에 대한 관심 표시라 하겠다. 일본 히로시마대학에서 의뢰가 있어 동 대학 「대학교육연구센터」(1980)에서 행한 강연을 비롯하여 국내에서도 여러 대학에서 대학교육과 관련된 강연을 한 것 등 그 모두가 『대학의 이념』을 낸 연고와 무관하지 않다는 생각이 든다. 이 책의 제8장 '미래 대학의 이념－교육학적 대학의 개념'(pp. 207-310)은 나의 지론을 제시한 것임을 특히 강조해 둔다.

33. 『서울대학교의 정신』(양서원, 1991)

이 책 첫머리에는 나의 은사이시오, 장인이시기도 한 서은(西隱) 김기석 교수님에 대한 헌사가 적혀 있다. 비록 책의 부피는 작으나 이 책이 지니는 뜻은 크기에, 서은 선생에게 올리기로 하였던 것이다. 「서울대학교 동창회보」에 연재한 원고에 "맺는 글을 대신하여－서울대학교의 미래"라는 글(pp. 167-196)을 첨가하여 한 권의 책이 되게 하였다.

이 책이 나올 때 혼자 생각으로는 '매년 서울대학교에 합격한 신입생들에게 입학 축하로 한 권씩 나누어 주면 얼마나 좋을까' 했던 것인데, 나의 재력이 그 꿈을 오늘에 이르기까지 이루지 못하고 있다. 그들이 이 책을 읽음으로써 대한민국의 문화발전에 크게 기여하는 거목으로 자라나 주었으면 하는 염원에서였던 것이다.

34. 『교사의 철학』(양서원, 1994)

나의 고희 기념 논문집인 『교육국가의 건설』과 함께 논문집 증정식에 오신 여러 분께 이 책 『교사의 철학』을 드릴 수 있었다는 것을 나는 큰 다행으로 여기고 있다. 항상 여러분의 애호만 받고 있는 나로서는 드릴 수 있는 것은 역시 내가 쓴 책이 아닐까 한다. 이 책의 간행과 고희 기념 행사가 맞아 떨어져 천만 다행이었다.

내가 직접 가르침을 받았던 서은 김기석 선생과 벽계 이인기 선생 두 분 스승님을 기리는 글도 이 책에는 수록되어 있어, 비록 짧은 글(제9장, 제10장)이라고는 하는 나로서는 길이 기념이 됨도 사실이다. 또, 이 책 헌사는 선고 한영우 공과 선비 김이분 여사에게 올린 것으로서, 부모님의 가의 없는 사랑을 항상 느끼고 있다.

35. 『교육학입문 3-교육방법』(풍국학원, 1956)

1954년 교재용으로 낸 『향도론』이 있으나, 그것은 등사판본이었다. 그러므로 나의 정식 처녀작은 『교육학입문3』이라 해야 할 것 같다. 실은 본래 나도 3부작을 생각하고 있었다. 교육원리, 교육사, 교육방법이었는데, 출판사측에서는 다른 저자가 낸 전2권이 있으니, 『교육방법』 간행을 바라는 것이었다. 훗날 『교육원리』와 『교육사』가 각각 나왔으니, 이 책 『교육방법』과 아울러 나의 꿈이었던 "교육학 입문" 3부작은 오늘날 완간되었다고 하리라.

꿈 많은 조교수 시절에 쓴 이 책은 두고두고 기념이 되는 책이라 하겠다. 나는 고지식하리만큼 나의 직위를 조교수, 부교수, 교수라 정확히 적어 두었기에, 저작 당시의 직위도 확실히 알 수 있다.

36.『한국교육사-세계교육사적 맥락에서 본 한국교육사상사』(녹음강의: 카세트테이프 20회) (한국방송통신대학출판부, 1989)

* 전집 제36권에서는 제1부 녹음: 한국교육사상사, 제2부 새 책: 『한국교육사상사』로 개제

서울대학교 부설로 방송통신대학이 창설되던 당시부터, 나는 '한국교육사' 강의를 줄곧 담당해 왔었다. 교재물을 둘이서 써야 했는데, 그때마다 주임교수로서 새롭게 입안하여 공동집필하곤 하였다. 따라서 방송녹음도 수없이 해마다 해 왔다. 어느 해인가는 학년 초에 감기 때문에 녹음할 때 크게 고생한 적도 있었다. 간간이 녹음 중에 기침 소리가 들어 있었던 것은 아니었던가 싶다. 그 후 재방송을 듣던 사람들은 아마 내가 계속 감기에 시달리고 있다고 착각했었을지도 모르겠다.

이 녹음 강의는 나의 정년 가까운 때의 것인데, 감히 회심작이라고 생각하고 있다. 나의 자연스러운 강의 음조를 남기게 된 것을 나는 지극히 기쁘게 여기고 있다.

37.『사회생활과교육』(재동문화사, 1960)

나의 학문생활 및 교수생활을 통하여 새로운 교과목인 '사회생활과(Social Studies)'가 차지하는 비중은 매우 크다. 대학 학부시절에 나는 '사회생활연구회'(1974)를 창립하여 초대 회장이 된 것을 비롯하여, 1952년 봄부터는 모교인 서울대학교 사범대학에서 전공필수과목으로 『사회과교육학』 강의를 담당, 1975년에 이르기까지 사회과교육학 연구 및 교수에 힘쓴 바 있다. 현재 학회로서 굳건한 위치를 차지하고 있는 '한국사회과교육학회'(1968) 역시 초대 학회장을 지낸 일 등으로 하여 학적 인연은 대단히 깊다.

이 책 『사회생활과교육』(1960)은 나의 학문적 신념의 결정체라고 생각하고 있거

니와, 이 책을 저술하는 데 있어서 몇 번이고 스스로의 학문적 신념을 심각하게 검토해 보았던 일들이 다시금 나의 뇌리에 되살아나고 있다. 기념할 만한 책이다.

38. 『국민학교 사회과교육』 (서울대학교출판부, 1973)

* 전집 제38권에서는 『초등학교 사회과교육』으로 개제(改題)

이 책은 서울대학교 부설 한국방송통신대학의 교과서로 쓴 책이다. 당시 교무처장이었던 이용걸 교수가 공식적으로 나에게 부탁한 것은 "여태까지 쓴 책과도 달리하되, 참신한 내용이 되도록 혼자서 맡아 달라"고 했던 것이다. 결국 나는 이 제의와 요청을 기꺼이 받아들여 나 자신으로서는 회심의 저작물이 되게 해 보았던 것이다.

이용걸 교수의 제의를 액면대로 한다면 나는 '기초주의에서 본 국민학교 사회과교육'이 되게 하면 되는 것이었으나, 이 책은 어디까지나 방송통신대학의 교과서라는 것을 감안하여 약간 기초주의를 엷게 한 것 또한 사실이다. 그러나 지금 와서 감히 말할 수 있는 것은 이 책은 분명, 교과교육학 영역에서 쓴 기초주의 이론서라 할 수 있다.

39. (번역본) 『교육사상사』 (한국번역도서주식회사, 1957)

이 책은 문교부의 외국도서 번역사업으로 로버트 울리히(Robert Ulich)의 『History of Educational Thought』를 번역한 것이다. 나는 이 책을 처음 읽고 큰 감명을 받았으며, 그 후 번역자로 선정됨에 따라 그 완성을 보기에 이르렀던 것이다. 이 책의 원고 정리에 절대적인 힘이 된 것은 아내인 김혜경 교수였다.

당시 내가 미국 국무성 초청 교환교수로 도미, 컬럼비아대학교에서 연구생활 중이던 1957년에 이 책이 완간되었으며, 얼마 후 재판되어 널리 읽혔다. 나로서는 학문적인 영감을 얻게 된 책이라고 하였다. 여담이지만, 고맙게도 이 책의 원고료가 나의 첫 소유인 답십리 집 구입자금이 되었다는 것을 적어 둔다. 그 후 나의 집은 점점 그 크기를 크게 하게 되었다.

40. (번역본) 『대학의 미래』 (중앙일보사, 1978)

이 책은 퍼킨즈(James A. Perkines)의 『The University in Transition』을 중앙일보사의 요청에 의하여 번역 간행한 것이다. 대학교육에 큰 관심을 가지고 있는 나로서는 흔쾌히 받아들일 제의였던 것이다. '중앙신서11'로 되어 있다. 이 신서 시리즈로서는 비교적 초기에 속한다. 그러니 만큼 나로서도 기분이 좋았던 것이 당시의 솔직한 심정이었다. 중앙일보사의 요청에 따라 이 책 제4부에는 내가 쓴 '대학이념의 변천과 역사'라는 글을 첨가하였다. 자세히는 알 수가 없으나, 약간 책의 부피를 늘릴 필요가 있었던 게 아닌가 한다. 첨가 원고가 이 책 내용과 무리 없이 이어진다고 판단되었는지 지금의 내용대로 책이 간행된 것이다.

41. (번역본) 『교육철학』 (서울대학교출판부, 1980)

이 책은 고야마 이와오(高山岩男)의 『교육철학』을 번역한 것이다. 한국일본학회 편 일본 문화총서 제3권으로 간행된 것이다. 번역사업의 재정적 후원은 국제교류기금에 의한 것이었다. 한 달여 만에 완역을 하였다.

나는 이 책(원서)이 나온 즉시, 바로 내가 찾던 개성적인 교육철학서라고 지목하여 어느 날인가 번역해 보리라고 벼르고 있었던 것이다. 그것이 마침 한국일본학회의 일본문화총서의 한 권으로 선택되어, 마침내 나의 뜻을 자연스럽게 달성할 수가 있어 매우 기분 좋은 추억으로 남게 되었다.

저자는 순수철학자로서 일본 패전 전까지만 하여도 '교육철학'을 비하하는 입장의 사람이었다. 그러던 저자가 일본의 패전을 계기로 크게 깨달아 교육의 중요성을 강조하게 되고 스스로 '교육철학'을 쓰게까지 된 것이다. 그렇다! 교육철학은 대단히 중요한 분야이다.

42. (번역본) 『학문의 전당』 (삼성미술문화재단, 1984)

이 책은 데이비드(J. ben David)의 *Centers of Learning-Britian, France, Germany, United States*-를 번역한 것이다. 뜻하지 않게 삼성문화재단 쪽으로부터 이 책의 번역 의뢰가 왔다. 나는 이 책의 내용이 좋기에 두말없이 응락하여 마침내 출간을 보게 되었다. 뜻깊은 번역서 한 권이 늘게 된 것이다. 영국, 프랑스, 독일, 미국 대학의 비교 연구서로서 매우 뛰어난 책이라고 지금도 생각하고 있다.

지금 와서 다시 생각해 보니, 나에게 이런 좋은 책을 번역해 달라고 직접 나의 연구실까지 찾아와 준 문화재단 사무국장에 대하여 고마운 생각이 든다. 어떻든 이리하여 이 책은 나와 '번역'이라는 인연을 맺어, 오늘도 나의 서가에 자리 잡고 있다.

43. (번역본) 『(교육사상) 화속동자훈(和俗童子訓)』 (광일문화사, 1989)

이 책은 가이바라 에키켄(貝原益軒)의 『화속동자훈』, 『양생훈』, 『가도훈(家道訓)』을 번역한 것이다. 한국일본학회가 기획한 '일본사상총서' 제3권으로 선정되어 번역 간행하기에 이르렀다. 이 총서 각 권의 부피를 균일하게 한다는 기준에 비추어, 가이바라의 이른바 십훈서(十訓書) 중, 상기한 세 교훈서만을 수록하기로 했던 것이다. 가이바라의 책을 택한 까닭은 근대 이전의 일본 교육사상을 대표하는 학자는 가이바라가 가장 적임자라고 판단하였기 때문이었다.

번역에 대한 재정적인 지원은 일본 연구진흥기금에 의한 것으로서, 『교육철학』에 이어 두 번째로 한국일본학회 기획의 번역사업에 참여한 셈이 되었다. 그때마다 '교육' 관계서를 낼 수 있어서 다행으로 생각하고 있다.

44. (번역본) 『현대아시아의 교육-그 전통과 혁신』 (교육연구사, 1990)

이 책은 우마코시 토루(馬越徹) 편저를 번역한 것이다. 마침 우마코시 교수가 나에게 출간 즉시 보내온 것을, 그 후 본인 승낙을 얻어 번역 간행에 이르게 된 것이다. 나와 우마코시 교수와의 학연에 대해서는 '한국판에 붙이는 글'에도 누누이 피력되어 있거니와, 사제지간이라는 말을 그가 하듯이 나는 그가 뜻을 세워 한국유학을 왔을 때, 서울대학교에서 지도교수로 인연을 맺을 수 있었다. 나와 그와의 인연은 나의 인생 가운데서도 특기할 만한 중요한 사실이다. 마침 교수 정년이 임박했던 시기에 번역 얘기가 되었던 것인데, 이렇게 아담한 책으로 나오게 된 것이 나로서도 큰 기념이 된다.

청출어람이라는 말이 있듯이 우마코시 교수는 오늘날 제1급의 학자로서 국제적으로 크게 활약하고 있다. 마음 든든하고 기쁘기 이를 데 없다.

45. (편저) 『교육명저해제』 (한국능력개발사, 1979)

나는 개인 저서를 그간 비교적 많이 출간할 수 있었다. 이 점을 행운으로 여기고 감사하고 있었다. 그런데 이에 못지않게 나는 이 『교육명저해제』가 간행된 것을 한편 감하하고, 한편 무척 기뻐하고 있다. 사실 단독 저서는 혼자의 노력이 좌우하는 것이지만, 이 책과 같이 수많은 사람이 함께 뜻을 모아 마침내 한 권의 책이 되게 한다는 것은 여간 어려운 일이 아니다. 그 대신 나온 책의 내용은 도저히 혼자서는 해내지 못할 만큼 전문적이고 짜임새 있어 두고두고 간직하고 싶은 책이 되었다. 편찬사업에 있어 제1부 한국 편, 제2부 동양 편, 제3부 서양 편을 맡아 주셨던 분과 위원장인 손인수, 이학철, 김정환 세 교수와 여러 위원 및 집필자 제 교수에게 깊은 감사를 표시한다.

46. (회갑기념논문집) 『한국교육학의 탐색』 (고려원, 1985)

이 책은 나의 회갑 기념 논문집이다. 편집 위원회를 대표하여 김선양, 손인수, 이돈희, 한공우 네 명의 교수가 크게 수고하였다. 출판사인 고려원 역시 이 기념 논문집 간행에 성의를 다해 준 것을 고맙게 생각하고 있다.

집필진 역시 쟁쟁한 23명의 현역 교수들로 이루어져 호화판으로 나의 일생일대의 영광을 누린 셈이 되었다. 더욱이 책 구상에 있어서는 앞의 네 대표위원이 중심이 되어, 기념 논문집이라는 한정된 의의를 떠나서도 단독 저서로 널리 읽힐 만한 내용으로 되어 있다. 이것을 의식하여 출간과 동시에 네 명의 교수 명의로 된 책(즉, 회갑기념관계부분을 제외시킨)을 냄으로써 오늘날까지 널리 읽히고 있다. 우리나라 교육학계의 일대 비약을 보인 기념 논문집이라 하겠다.

47. (정년기념논문집) 『한국교육학의 성찰과 과제』 (교육과학사, 1990)

이 책은 나의 교수 정년 기념 논문집이다. 간행 위원장 이돈희 교수를 중심으로 간행 위원 김선양, 김안중, 김영우, 문형만, 박선영 다섯 분 교수의 노고로 마침내 아담한 한 권의 기념 논문집이 완성되었다. 또한 논문을 써 주신 열다섯 분들께 감사드린다. 여기에 게재된 논문은 결국 '한국교육학의 성찰과 과제'에 관련된 것으로서, 나는 지금도 좌우에 두고 각 논문을 음미해 보고 있다. 나를 위하여 써 주신 여러 교육학 동지에게 감사할 따름이다.

교수 정년에 즈음하여 이러한 귀한 문집을 받게 되었으니 나는 진정 행복한 사나이라 하겠다. 대단히 감사합니다.

48. (고희기념논문집) 『교육국가의 건설-교육의 세기와 기초주의』 (양서원, 1994)

이 고희 기념 논문집은 편집 위원장 차석기 교수, 부 위원장 유봉호 교수 그리고 편집위원 김선양, 김신일, 김영우, 이돈희, 이병진, 조도근, 황응연 제 교수의 덕택으로 사륙배판의 대저로 간행될 수가 있었다.

책의 구성은 『상황과 기초: 구상교육철학으로서의 기초주의』(1990)에 크게 의거한 것으로서, 이 고희 기념 논문집에 수록된 제 논문과 함께 읽을 때 기초주의 이론은 한 단계 높은 전개가 예상된다. 그만큼 이 기념 논문집에 담긴 제 논문은 귀한 내용들이라 하겠다.

집필에 참가해 주신 여러 교육학 동지 제위께 충심으로 감사드린다. 그리고 다시 한번 차석기 편집 위원장의 헌신적인 노고에 대하여 깊은 감사를 표하신다.

49. (기초주의40주년기념논문집) 『교육의 세기와 기초주의』 (교육과학사, 1997)

이 기념 논문집은 과분하게도 내가 네 번째로 받은 논문집이다. 세 번 받기도 어려운데, 네 번이나 이렇게 훌륭한 내용의 기념 논문집을 받게 되었으니, 학자로서 또한 교육자로서 이 이상 복 받기는 어려운 것이 아니겠는가 하고 혼자서 몇 번이고 그 고마움을 반추하고 있다. 나는 틈나는 대로, 몇 번이고 이 『기초주의 40주년 기념 논문집』을 서가에서 꺼내어서 읽고 또 읽고 있다.

이번에도 이돈희 교수가 기초주의 40주년 기념행사 준비위원회 위원장이 되어 주어서 기념 세미나, 축하연, 기념논문집 간행 등을 앞장서서 맡아 주었다. 도와주신 모든 분께 마음속 깊이 감사하고 있다. 정말 감사합니다.

50 『청뢰 교육학적 자서전: 교육자의 길(제1권) 사진으로 본 나의 삶(人生航跡)』 (한국학술정보[주], 2002, 2004 개정판)

나의 자서전 3부작 중, 첫째 권은 『사진으로 본 나의 삶(인생항적)』이다. 330장의 사진을 여섯 영역으로 나누어 배열해 보았다. 그리고 각 영역 중 5장씩을 선정, 모두 30장은 이 사진첩의 특선으로 정리해 보았다. 여섯 영역이란 "① 개인사진, ② 가족사진, ③ 나의 스승, 나의 벗, ④ 학창시절, ⑤ 연구활동, ⑥ 교육자로서"라는 분류를 말한다. 그러므로 '사진으로 본 나의 삶(인생항적)'의 요약은 특선 30장이라 하겠다.

51. 『청뢰 교육학적 자서전: 교육자의 길(제2권) 두 손을 비워 두어라』 (한국학술정보[주], 2006)

나의 자서전 제2부는 1980년에 탈고한 『두 손을 비워 두어라』이다.

이 말은 언뜻 듣기에 선문답 같지만, 지나온 날을 돌이켜 보니 사람이 살아가는 데 있어서는 실력 축적이 제일이요, 항상 두 손을 비워 두는 것이 현명하다는 것을 알아서 하는 말이다. 나의 은사이신 장리욱(張利郁, 1885~1983) 선생님께서는 "이 세상을 슬기롭게 사는 사람은 누군가 한 눈 뜨고 꿈꾸는 사람일게다." 하고 말씀하셨는데, '두 손을 비워 두어라'라는 신조 역시 일맥 통하는 길이 있지 않을까 한다. 1980년에 탈고한 것이라 내용은 차치하고라도 표현도 서투르나, 하나의 기록으로 그대로 남기기로 하였다.

52.『청뢰 교육학적 자서전: 교육자의 길(제3권) 어깨의 힘을 빼고』
(한국학술정보[주], 근간)[2)]

돌이켜 보면 나의 일생은, 흑판을 앞에 놓고 배우다가 성년이 되어서는 흑판을 뒤로하고 배우는, 교학상장의 삶이요, 교육자, 교육학자의 일생이었다 하리라. 교육학적 자서전 제3부인 '어깨의 힘을 빼고'에서는 본문을 모두 40개의 제목으로 나누어서 '나의 교육에의 신앙고백'을 한 셈이 되었다.

나의 강의를 들은 수많은 분의 덕택으로 나는 계속 성장할 수가 있었다. 지금도 나는 건강이 허락하는 한 교육학자로서 자기 성장에 힘쓰고, 조금이라도 우리 민족에 세계인류 발전에 기여할 생각으로 있다.

53.『청뢰 수상기-소리 없는 소리』(한국학술정보[주], 근간)[3)]

원고지 약 1,800매의 글을 수록한 것이 이『청뢰 수상기』이다. 글의 배열은 역 연대순으로 하였다. 단위는 1년 단위로 하였다. 따라서 책 첫머리는 2000년 정월 초하루부터 시작해서 12월 말로 끝나고 있다. 다음은 1999년 연초부터 시작해서 연말까지, 이러한 요령으로 계속 연대는 과거로 소급해 간다.

여기에 실린 글은 공개할 것을 전제로 한 것이 아니었기에 너무도 솔직한 나의 심정 고백이 되어서, 때로는 본의 아니게 나와 가까운 사람에게 상처를 줄 내용이 될런지도 모르겠다. 이제 와서 그런 개소를 제외시키는 것도 정직하지 못할 것 같아 눈 딱 감고 책자로 내기로 하였다.

---

2) 원고분실 미간행.

3) 원고분실 미간행.

54. 『미국일기』(한국학술정보[주], 2005)

1957년부터 1958년에 이르는 동안 주로 아내 김혜경 교수에게 보낸 편지의 묶음이다. 미국 국무성 초청 교환교수로 1년간 컬럼비아대학교에서 연구생활을 한 것은 나를 교육학자로 키우는 결정적인 자양소가 되었다. 나는 이 주어진 시간을 후회 없이 보낸 것을 지금도 만족스럽게 여기고 있다. 매일, 그 날 있었던 일, 느낀 일을 아내에게 직접 이야기하듯이 편지로 써서 보낸 것이었기에, 이 무렵의 소장학자의 미국생활에 대한 하나의 자료가 될까 한다.

55. 『히로시마일기』(한국학술정보[주], 근간)[4)]

『미국일기』를 쓴 여세를 몰아 또 하나의 책으로 엮은 것이 이 책이다. 1969년 가을부터 1970년 봄까지 꼭 반년간, 히로시마대학 교육학부 객원교수로 지낸 생생한 기록이다.

이 『히로시마 일기』 역시 『미국일기』와 마찬가지로, 주로 아내에게 보낸 편지를 옮겨 본 것이다. 본시 원고지에 정리해 두었던 것인데, 이번에 한글 위주로 다시 원고 정리한 것이다. 내용은 그때 보낸 편지 그대로이다. 그리고 분량 관계로 별도로 그간 내가 발표한 논문들을 『일본인의 교육철학』이라 하여 한 권으로 묶어 본 것이다.

4) 원고분실 미간행. 대신 전집 제55권으로 『나의 신조 25』와 제56권으로 『도쿄일기』가 2020년 2월에 간행됨.

『한기언교육학전집』 목록 일람

◎ 전집 목록

1. 교육철학 및 교육사 (양서원, 1985)
2. 기초주의 교육학 (학지사, 1999)
3. 상황과 기초: 구상교육철학으로서의 기초주의 (서울대학교출판부, 1990)
4. 한국현대교육철학-기초주의의 탄생과 성장 (도서출판 하우, 1996)
5. 한국인의 교육철학 (서울대학교출판부, 1988)
6. 기초주의-한국교육철학의 정립 (배영사, 1973)
7. 현대인과 기초주의-현대사회와 기초주의의 역할 (세광공사, 1979)
8. 교육의 세기 (양서원, 1989)
9. 한국사상과 교육 (일조각, 1973)
10. 동양사상과 교육 (법문사, 1978)
11. 교육의 역사 철학적 기초-한국교육의 세계교육사교육철학적 좌표 (실학사, 1975)
12. 한국교육철학의 구조 (을유문화사, 1977)
13. 한국교육의 이념 (서울대학교출판부 초판, 1968; 증보판, 1974)
14. 한국교육이념의 연구 (태극문화사, 1992)
15. 교육관의 확립-한국교육의 새로운 좌표 (한국능력개발사, 1979)

16-a. 21세기 한국의 교육학 (기초주의연구원, 초판본, 2000)

16-b. 21세기 한국의 교육학 (한국학술정보[주], 개정판본 2001)

17. (대항해 시대의 교육적 나침반) 교양으로서의 교육학-교육의 세기와 기초주의 (한국학술정보[주], 2002)
18. 교육원리 (삼영출판사, 1961)
19. 교육원리 (박영사, 1963)
20. 교육원리-교육철학개설 (박영사, 1982)
21. 교육학개론 (익문사, 1979)
22. 교육학개론 (법문사 초판본, 1979; 증보판본, 1986)
23. 교육학 개설-현대 교육학의 이해 (박영사, 1984)

24. 현대교육사조 (법문사, 1965)
25. 교육사-행복한 생활을 위한 인간형성사 (법문사, 1965)
26. 교육사학-교육정신사 서설 (세광공사, 1980)
27. 한국교육사 (박영사 초판본, 1963; 증보판본, 1983)
28. (日譯本) 한국교육사 (韓基彦, 井上義巳 공역), (東京: 廣池學園出版部, 1965)
29. 서양교육사 (박영사 초판본, 1962; 증보판본, 1988)
30-a. 한국교육사상사 연구 (서울대학교출판부, 1969)
30-b. (박사학위청구논문)「한국교육의 민주화 과정에 관한 교육사상사적연구」(서울대학교출판부, 1969)
31. 한국교육의 민주적 전통-인간존중의 교육사상 (동아출판사, 1971)
32. 대학의 이념-대학의 전통과 개혁의 지표 (세광공사, 1979)
33. 서울대학교의 정신 (양서원, 1991)
34. 교사의 철학 (양서원, 1994)
35. 교육학입문3-교육방법 (풍국학원, 1956)
36. 한국교육사-세계교육사적 맥락에서 본 한국교육 사상사 (녹음강의: 카세트테이프 20회)(한국방송통신대학출판부, 1989)
 * 전집 제36권에서는 제1부 녹음:『한국교육사상사』, 제2부 새 책:『한국교육사상사』로 개제
37. 사회생활과 교육 (제동문화사, 1960)
38. 국민학교 사회과교육 (서울대학교출판부, 1973)
 * 전집 제 38권에서는『초등학교 사회과교육』으로 개제
39. 교육사상사 (번역본, 한국번역도서주식회사, 1957)
40. 대학의 미래 (번역본, 중앙일보사, 1978)
41. 교육철학 (번역본, 서울대학교출판부, 1980)
42. 학문의 전당 (번역본, 삼성미술문화재단, 1984)
43. 교육사상-화속동자훈 외 (번역본, 광일문화사, 1989)
44. 현대 아시아의 교육-그 전통과 혁신 (번역본, 교육연구사, 1990)
45. 교육명저해제 (편저, 한국능력개발사, 1979)
46. 한국교육학의 탐색 (회갑기념논문집, 고려원, 1985)
47. 한국교육학의 성찰과 과제 (정년기념논문집, 교육과학사, 1990)

48. 교육국가의 건설-교육의 세기와 기초주의 (고희기념논문집, 양서원, 1994)
49. 교육의 세기와 기초주의 (기초주의40주년기념논문집, 교육과학사, 1997)
50. 사진으로 본 나의 삶(人生航跡)
    (청뢰 교육학적 자서전: 교육자의 길 제1권, 한국학술정보[주], 2002)
51. 두 손을 비워 두어라
    (청뢰 교육학적 자서전: 교육자의 길 제2권, 한국학술정보[주], 2006)
52. 어깨의 힘을 빼고
    (청뢰 교육학적 자서전: 교육자의 길 제3권, 한국학술정보[주] 미간행)
53. 청뢰 수상기(隨想記): 소리 없는 소리 (한국학술정보[주] 미간행)
54. 미국일기 〈전집54권〉 (한국학술정보[주], 2006)
55. 히로시마 일기-일본인의 교육철학 (한국학술정보[주] 미간행)
    (2001. 10. 31. 09:20 탈고)

전집 55권으로는 『히로시마일기』 대신 『나의 교육신조 25』가 간행(2020.02.)되었고, 전집 56권으로 『도쿄일기』가 간행(2020.02.)됨.

〈출전 일람〉

제1부 〈기초〉 기초주의의 세계

제1장 한기언, "나의 인생, 나의 학문". 고려대학교 교육문제연구소 2007년 국제학술대회 자료집 자생적 한국교육학: 기초주의의 세계, 제2부 제1장 pp. 179-188.

제2장 한기언, "기초주의의 세계". 자생적 한국교육학: 기초주의의 세계, 제2부 제2장 pp. 189-225.

제3장 한기언, "기초주의 교육적 나침반". 자생적 한국교육학: 기초주의의 세계, 제2부 제3장 pp. 226-262.

제4장 한기언, "기초주의 교육철학의 구조도". 자생적 한국교육학: 기초주의의 세계, 제2부 제5장 pp. 291-305.

제2부 3이념 6개념의 현대적 해석

제5장 정재걸(2007), "기초주의와 시간의 이념". 교육사학연구, 17(2), 105-128.

제6장 이윤미(2008), "기초주의 교육학에서의 자유의 이념과 현대 교육". 교육문제연구, 32, 1-19.

제7장 신창호(2008), "기초주의의 '질서' 이념과 교육의 '개혁'적 성격: 온고이지신(溫故而知新)의 관점". 한국교육학연구, 14(1), 27-44.

제8장 강성현(2020), "한국 군대문화의 정립 방향 모색-기초주의적 관점을 중심으로-", 고려대학교 교육문제연구소 · 고려대학교 BK21+ 아시아에듀허브사업단 · 기초주의연구원 편, 기초주의의 현대적 이해(청뢰 한기언 교수 10주기 기념학술대회), 2020. 02. 04. (고려대학교 미디어관), pp. 36-50.

제9장 나병현, "교육과 삶과 생활": 새로 집필

제10장 최광만, "'민주주의와 교육'에 나타난 지성의 한계와 가능성": 새로 집필

제11장 박의수(2010), "기초주의 관점에서 본 인격교육". 한국교육학연구, 16(3), 5-28.

제12장 우용제, "기초주의와 협동": 새로 집필

제13장 한용진(2020), "봉사의 개념과 멋 – 심미 가치의 '미'와 '멋'의 관계를 중심으로-". 고려대학교 교육문제연구소 · 고려대학교 BK21+ 아시아에듀허브사업단 · 기초주의연구원 편, 기초주의의 현대적 이해(청뢰 한기언 교수 10주기 기념학술대회), 2020. 02. 04. (고려대학교 미디어관), pp. 66-76.

제3부 기초주의의 교육실제적 적용

제14장 최관경, "기초주의와 교육목적관". 고려대학교 교육문제연구소 2007년 국제학술대회 자료집 자생적 한국교육학: 기초주의의 세계, 제1부 기조강연, 15-57.

제15장 김정양, "이상주의 사회형과 기초주의 교육이념: 막스 베버와 한기언 비교 연구": 새로 집필

제16장 권혜인, 한용진(2013), "중학교 교가 가사의 교육적 가치 탐구". 교육문제연구, 46, 129-148.

제17장 우용제(2015), "한국교육학의 모색: 청뢰 한기언과 기초주의". 한국교육사상연구회 2015년 학술대회 논문집, 63-71.

제18장 남경희(2016), "기초주의 관점에서 본 일본의 학교교육". 한국초등교육, 27(4), 25-40.

제19장 홍현길(2016), "기초주의와 교육학연구 – 동양의 인문정신과 일본연구를 포함하여". 한국일본학회 학술대회 자료집, 228-235.

제20장 한용진, 신현정(2017), "기초주의 관점에서 본 모리 아키라(森昭)-교육자적 특질을 중심으로". 한국일본교육학연구, 22(1), 27-46.

〈부록〉『한기언교육학전집』 단상기(斷想記)

한기언, "기초주의 이해의 길", 고려대학교 교육문제연구소 편(2007). 자생적 한국교육학: 기초주의의 세계, 2007년 국제학술대회 자료집 제2부 제4장 pp. 263-290. 수정 보완.

찾아보기

인명

[국내 인명]

[동양권 인명]

내용

ㅇ

ㅊ

ㅋ

ㅌ

◎ 집필진 소개

한기언(韓基彦: HAHN Ki-Un)
서울대학교 대학원 석사 및 박사. 서울대학교 명예교수, 한국교육학회장 역임, 기초주의 교육학 제창. 저서:『기초주의 교육학』,『상황과 기초: 구상교육철학으로서의 기초주의』,『한국현대교육철학』 등.

한용진(韓龍震: HAHN Yong Jin)
고려대학교 대학원 석사 및 박사. 현) 고려대학교 교수, 교육사학 · 교육기초학 전공. 한국교육사학회장, 안암교육학회장, 한국일본교육학회장 역임. 저서:『근대 이후 일본의 교육』,『근대 한국 고등교육 연구』 등.

강성현(姜星炫: KANG Sung Hyun)
고려대학교 대학원 석사 및 박사. 전) 웨이난(渭南) 사범대 객원연구원. 저서:『중국인, 천의 얼굴』,『중국인은 누구인가』,『동아시아 근대교육사상가론』(공저),『차이위안페이 평전』(역서) 등.

권혜인(權慧仁: KWON Hae-In)
이화여자대학교 음악대학 졸업, 고려대학교 대학원 석사. 현) 한성여자고등학교 음악 교사. 한국고등학교합창연합회 상임위원, 예림회 회원,『음악 교과서』 집필(2007, 2009). 관심분야: 교가, 음악 교육, 교재 연구, 교육사철학 등.

김정양(金政陽: KIM Chung Yang)
연세대학교 신학과 졸업, 독일 베를린 훔볼트대학교 철학박사. 전) 연세대학교 교목, 독일 베를린 · 브란덴부르크 학술원 교수. 저서:『神은 죽었다 그러나 神은 살아있다』,『21세기 핵시대의 여명』 등.

나병현(羅炳賢: NAH Byung Hyun)
서울대학교 대학원 석사 및 박사. 전) 국회연구관, 서울대학교 BK교수, 교육철학 전공, '교육철학공동체: 교육공간-대화' 연구소장. 저서:『현대사회와 교육의 이해』(공저),『대화와 소통의 교육철학』(공역),『미래사회의 교육양식과 평가체제 연구』 등.

남경희(南景熙: NAM Kyong-Heui)
서울교육대학교 사회과교육과 졸업, 서울대학교 행정대학원 석사, 일본 쓰쿠바대학(筑波大學) 대학원 박사. 현) 서울교육대학교 명예교수. 한국일본교육학회장 역임. 저서:『日本을 묻다: 거꾸로 가는 일본의 35가지 풍경』,『21세기 우리 교육의 새로운 지평』 등.

박의수(朴義洙: PARK Eui-Soo)
고려대학교 대학원 석사 및 박사. 현) 강남대학교 명예교수, 교육사 · 철학 전공. 한국교육철학학회 회장 역임. 저서:『도산 안창호의 생애와 교육사상』,『민족교육의 사상사적 조망』(공저),『인성교육』(공저),『좋은 교육』(공저) 등.

신창호(申昌鎬: SHIN Chang-Ho)

한국학중앙연구원 석사, 고려대학교 대학원 박사. 현) 고려대학교 교수, 교육철학 전공. 한국교육철학학회 회장 역임. 저서: 『유교의 교육학 체계』, 『민주적 삶을 위한 교육철학』 등.

신현정(申賢貞: SHIN Hyun-Jung)

고려대학교 대학원 석사 및 박사. 전) 가나가와(神奈川) 치과대학 교수. 현) 중부대학교 교수. 저서: 『일본어 능력시험의 달인이 되는 법』, 『기적의 대학: 국제교양대학은 어떻게 글로벌 인재를 키워내는가』(역서), 『샐러드 기념일』(역서) 등.

우용제(禹龍濟: WOO Yong Je)

서울대학교 대학원 석사 및 박사. 현) 서울대학교 교수, 교육사 전공. 한국교육사학회장 · 교육사학회장 역임. 저서: 『근대한국초등교육연구』(공저), 『조선후기교육개혁론연구』, 『한국유학사상대계V-교육사상편』(공저) 등.

이윤미(李玧美: LEE Yoon Mi)

위스콘신대학교 대학원 박사. 현) 홍익대학교 교수, 비교교육사 · 교육사상 전공. 한국교육사학회장 역임. 저서: 『한국의 근대와 교육』(2006), *Modern education, textbooks and the image of the nation*(New York: Routledge, 2000) 등.

정재걸(鄭在傑: JUNG Jae Geol)

서울대학교 대학원 석사 및 박사. 현) 대구교육대학교 교수, 교육사학 전공. 저서: 『우리 안의 미래교육』, 『오래된 미래교육』, 『삶의 완성을 위한 죽음교육』 등.

최관경(崔冠卿: CHOI Kwan Kyung)

서울대학교 대학원 석사, 한양대학교 대학원 박사. 현) 부산교육대학교 명예교수, 교육철학 전공. 저서: 『교육 목적과 한국 교육: 누구를 위한 교육인가?』, 『교육사상의 이해』 등.

최광만(崔光晩: CHOI Kwang Man)

서울대학교 대학원 석사 및 박사. 현) 충남대학교 교수, 교육사학 전공. 한국교육사학회장 · 교육사학회장 역임. 저서: 『조선시대 교육사 탐구』, 『조선 후기 교육사 탐구』 등.

홍현길(洪顯吉: HONG Hyun Kil)

일본 쓰쿠바대학(筑波大學) 대학원 석사 및 박사. 전) 가천대학교 교양학부 교수. 현) 가천대학교 명예교수, 도덕교육학 전공. 한국일본교육학회장 역임. 저서: 『일본의 도덕과 도덕교육』, 『히로이케 치쿠로의 도덕교육론』 등.

기초주의의 세계
The World of Foundationism

2021년 9월 10일 1판 1쇄 인쇄
2021년 9월 20일 1판 1쇄 발행

지은이 • 기초주의연구원 편
한기언 · 한용진 · 강성현 · 권혜인 · 김정양 · 나병현 · 남경희 · 박의수
신창호 · 신현정 · 우용제 · 이윤미 · 정재걸 · 최관경 · 최광만 · 홍현길

펴낸이 • 김진환
펴낸곳 • (주) 학지사
04031 서울특별시 마포구 양화로 15길 20 마인드월드빌딩
대표전화 • 02)330-5114 팩스 • 02)324-2345
등록번호 • 제313-2006-000265호

홈페이지 • http://www.hakjisa.co.kr
페이스북 • https://www.facebook.com/hakjisa

ISBN 978-89-997-2515-9 93370

정가 25,000원

저자와의 협약으로 인지는 생략합니다.
파본은 구입처에서 교환해 드립니다.